唐山玉清观道学文化丛书

董沛文 / 主编

参同集注

——万古丹经王《周易参同契》注解集成

东汉 魏伯阳 ◎ 等著

周全彬 盛克琦 ◎ 编校

【第四册】

宗教文化出版社

目 录

第二十六卷 参同直指 ………………… 清·刘一明（1569）
  点校说明 ………………………………………（1569）
  《参悟直指》序 ………………………………（1571）
  张紫阳真人《读参同契》文 ………… 宋·张伯端（1572）
  《参同契直指》序 ……………………………（1572）
  《参同契经文直指》 ………………… 东汉·魏伯阳（1574）
    上篇 …………………………………………（1574）
    中篇 …………………………………………（1588）
    下篇 …………………………………………（1595）
  《参同契》笺注原序 …………………………（1603）
  《参同契》直指笺注 ………………… 东汉·徐景休（1603）
    上篇 …………………………………………（1603）
    中篇 …………………………………………（1613）
    下篇 …………………………………………（1620）
  三相类原序 …………………………………（1626）
  《参同契》直指三相类 ……………… 东汉·淳于叔通（1626）
    上篇 …………………………………………（1626）
    下篇 …………………………………………（1631）
  附录：
  《参同契直指释义》跋 ……………………… 张德广（1635）

第二十七卷 周易参同契集韵 ……………… 清·纪大奎（1636）
  点校说明 ………………………………………（1636）
  序 ……………………………………………（1637）

《周易参同契集韵》目录 …………………………………… (1637)
《周易参同契集韵》前卷上 ………………………………… (1639)
周易参同契三篇总叙 ………………………………………… (1639)
《参同契》上篇 ……………………………………………… (1641)
  四象章第一 ………………………………………………… (1641)
  御政章第二 ………………………………………………… (1642)
  顺时章第三 ………………………………………………… (1644)
  先天坎离章第四 …………………………………………… (1646)
  后天复姤章第五 …………………………………………… (1653)
《周易参同契集韵》前卷中 ………………………………… (1659)
《参同契》中篇 ……………………………………………… (1659)
  虚无章第一 ………………………………………………… (1659)
  性命章第二 ………………………………………………… (1663)
  男女章第三 ………………………………………………… (1667)
  孤阴章第四 ………………………………………………… (1669)
《周易参同契集韵》前卷下 ………………………………… (1670)
《参同契》下篇 ……………………………………………… (1670)
  伏食纲领章第一 …………………………………………… (1670)
  金木交并章第二 …………………………………………… (1672)
  龙虎呼吸章第三 …………………………………………… (1674)
  三五为一章第四 …………………………………………… (1676)
  药物比喻章第五 …………………………………………… (1678)
  末章总结 …………………………………………………… (1680)
《周易参同契集韵》后卷上 ………………………………… (1681)
周易三相类三篇总叙 ………………………………………… (1681)
《三相类》上篇 ……………………………………………… (1682)
  三圣作《易》章第一 ……………………………………… (1682)
  六十四卦体用章第二 ……………………………………… (1683)
  先天八卦进退章第三 ……………………………………… (1686)
  河图四象章第四 …………………………………………… (1692)

《周易参同契集韵》后卷中 …………………………… (1695)
三相类中篇 ………………………………………… (1695)
抱一章第一 ………………………………………… (1695)
守中章第二 ………………………………………… (1697)
内养旁门章第三 …………………………………… (1700)
《周易参同契集韵》后卷下 …………………………… (1701)
三相类下篇 ………………………………………… (1701)
两弦合精章第一 …………………………………… (1702)
变化还丹章第二 …………………………………… (1705)
刀圭入口章第三 …………………………………… (1709)
终始相因章第四 …………………………………… (1712)
交感自然章第五 …………………………………… (1713)
《火记》源流章第六 ………………………………… (1715)
外药旁门章第七 …………………………………… (1716)
末章总结 …………………………………………… (1717)
四象归根章注 ……………………………………… (1718)
《周易参同契集韵》后卷末 …………………………… (1720)
法象歌 ……………………………………………… (1720)
鼎器歌 ……………………………………………… (1726)
《俞氏〈参同契发挥〉五言注》摘录 ………………… (1729)
点校说明 …………………………………………… (1729)
法象歌 ……………………………………………… (1739)
鼎器歌 ……………………………………………… (1743)
附录：
纪大奎传 ……………………………………《清史稿》(1747)

第二十八卷 参同契金隄大义 …………… 清·许桂林(1748)
点校说明 …………………………………………… (1748)
《参同契金隄大义》序 ……………………………… (1750)
参同契河图 ………………………………………… (1751)
上篇 ………………………………………………… (1751)

中篇 ·· (1761)

下篇 ·· (1769)

鼎器歌 ··· (1771)

附录：

许桂林传 ································ 《清史稿》(1774)

第二十九卷　周易参同契秘解 ········· 清·吕惠连(1775)

点校说明 ·· (1775)

重校《古文参同契》序 ···················· 清·马一贞(1777)

《古文参同契秘解》序 ····························· (1777)

《古文参同契秘解》原序 ················ 清·青阳山人(1779)

《参同契分节秘解》第一卷 ························ (1780)

上篇 ·· (1780)

《参同契秘解》自序卷二 ··························· (1828)

重注《古文参同契秘解分章》卷二 ················ (1831)

中篇 ·· (1831)

《参同契重注秘解》分节第三卷 ··················· (1869)

《参同契秘解》自序 ································· (1869)

下篇 ·· (1870)

后叙 ·· (1914)

重注《古文参同契秘解分章》卷四 ················ (1914)

《参同契秘解》自序 ································· (1914)

《笺注》上篇 ··· (1916)

《参同契秘解分章注》第五卷 ····················· (1960)

《参同契秘解》自序 ································· (1960)

中篇 ·· (1962)

下篇 ·· (1977)

后叙 ·· (1992)

《参同契秘解》自序 ································· (1992)

《参同契三相类第一卷秘解》卷之六 ············· (1996)

上篇 ·· (1996)

《参同契三相类第二卷秘解》卷七 …………………… (2023)
  下篇 …………………………………………………… (2023)
  后叙 …………………………………………………… (2029)

第三十卷 《参同契》诸家序跋汇编 周全彬 辑录(2031)

一、《参同契》之序跋提要类………………………………(2031)
  1. 赞魏伯阳《参同契》……………………… 隋·青霞子(2031)
  2. 《参同契》序…………………………………… 元·吴澄(2031)
  3. 《古文周易参同契》序………………………… 明·杨慎(2032)
  4. 《古文参同契》后序………………………… 明·张愈光(2033)
  5. 《参同契分节》序…………………………… 明·徐献忠(2034)
  6. 跋《参同契》后……………………………… 明·熊过(2035)
  7. 《考定周易参同契》序………………………… 明·王樵(2036)
  8. 注《参同契》序………………………………… 明·徐渭(2037)
  9. 《古文参同契集解》序……………………… 明·蒋一彪(2038)
  10. 敬书西厓先生手写《参同契》卷后…… 朝鲜·李万敷(2040)
  11. 题《古文参同契》后…………………… 朝鲜·许筠(2041)
  12. 《参同契衍义》序……………………………… 清·汪琬(2041)
  13. 参同契校正序………………………… 朝鲜·朴守俭(2043)
  14. 《参同契证易解》序………………………… 清·屈大均(2044)
  15. 注石函古本《参同契》自序………………… 清·陈其扬(2045)
  16. 《参同契》序………………………………… 清·程嗣立(2046)
  17. 刻《参同契》序……………………………… 清·朱骏声(2047)
  18. 书《参同契》………………………………… 清·余廷灿(2048)
  19. 《参同契》识…………………………………… 清·王谟(2049)
  20. 《周易参同契》序…………………………… 清·郑观应(2049)
  21. 《参同契》写本跋………………………………… 马一浮(2050)
  22. 庚辰孟春仙学院听讲《参同契》已毕作歌
       见意 ……………………………………………… 吴竹园(2051)
  23. 道家类《参同契》案语……………………………… 任松如(2053)
  24. 《周易参同契注》三卷 ……… 清·《四库全书总目》(2053)

25.《参同契注》二卷 …………… 清·《四库全书总目》(2053)
26.《古参同契集注》六卷 ……… 清·《四库全书总目》(2054)
二.诸家论《参同契》类 ………………………………………… (2054)
　　1.《参同契》论 ………………………………… 宋·蔡权(2054)
　　2.钟筠溪论《参同契》 ………………………… 明·钟筠溪(2056)
　　3.徐文长论《参同契》 ………………………… 明·徐渭(2058)
　　4.朱晦庵谓《参同契》非虚语辨 ………… 朝鲜·李德弘(2066)
　　5.《参同契》句读二则 ………………………… 清·张尔岐(2068)
　　6.读《参同契》 ………………………………… 清·王钺(2069)
　　7.李光地论《参同契》 ………………………… 清·李光地(2069)
　　8.吴名凤论《参同契》 ………………………… 清·吴名凤(2074)
　　9.孙诒让论《周易参同契》 …………………… 清·孙诒让(2076)
　　10.杭辛斋论《参同契》 ……………………………… 杭辛斋(2077)
　　11.《古文参同契集解》三卷 ………………………… 余嘉锡(2079)
　　12.马叙伦读《周易参同契》 ………………………… 马叙伦(2082)
　　13.《参同契》的年代 ………………………………… 胡适(2083)

附录：《周易参同契》研究文献索引 …………………………… (2086)
　　一、《周易参同契》注本存世目录 …………………………… (2086)
　　二、《周易参同契》研究论文 ………………………………… (2087)
　　三、《周易参同契》研究学位论文 …………………………… (2100)
　　四、《周易参同契》研究专著 ………………………………… (2101)
　　五、英、韩、日《周易参同契》研究专著及论文 ………… (2103)

后　记 ……………………………………………… 周全彬(2107)

第二十六卷

参同直指

清 刘一明 注

点 校 说 明

1.《参同直指》一卷,清刘一明注。刘一明(1734—1821),原名刘万周,字一之,号秀峰、悟元子、南台子、素朴散人等,为丘祖龙门宗派第十一代,山西曲沃县人。一明自十七岁因读《吕祖传》而知慕道,后千里参学,转益多师,得歇心于齐丈人处。晚年居甘肃金县、兴隆二山,大开门庭,广渡有缘,著述甚富,辑集刊版于嘉庆间,后迭有重刊,流布颇广。

2.《参同直指》,一明乃依古本,分魏伯阳《经文》、徐景休《笺注》、淳于叔通《三相类》作注,但一明所谓古本,其序云:"乾隆壬寅岁,偶得无名氏翁真人注、上阳子陈真人注,其经、注各分一类,节序前后相贯,经自经,注自注,补塞自补塞,文自文,序自序,米盐分判,皂白显然,千百年真经之冤屈,至此方伸。二注,陈较于翁,尤为整齐,因取陈本为据。"按:无名翁真人即宋人翁葆光,葆光有《悟真篇注》,但遍考书目,皆未有所谓翁注《参同契》者。而陈上阳之注《参同契》,非用所谓"古本"作注,用上阳注割裂于古本之下,始于明姚汝循校刊的《参同契分节解》,故一明之翁注《参同契》一说,颇觉可疑。

3.刘一明之注《参同契》,一扫丹家以铅汞龙虎解《参同契》之成例,倡言"灵知"、"真心"等说。究其实,不外重元神、元精、元气,以后天返先天,持己炼心,修德积善,其亦为修道之共法,《参同契》一书亦不外斯旨。

4.本篇用中医中药出版社据清嘉庆常郡护国庵本并光绪上海翼化堂本两本校勘补缺之影印本作整理。原书《参同契》经文部分，系影印嘉庆护国庵本；《参同契》笺注及《三相类》部分，则用光绪上海翼化堂本影印。原书脱漏之处，则有填补痕迹。校者整理时，也参考了《太谷派遗书》第三辑第四册，为太谷派祖师周太谷弟子张积中《〈参悟直指〉节释》一书，《节释》系张积中手抄刘一明《参同直指》，考此抄所保存的刘一明的《参悟直指·序》及后来清嘉庆护国庵本与光绪上海翼化堂刊本所缺失的魏伯阳序言，可知张抄本所据当别系一刊本，或更早于护国庵本，故此次整理点校时，也有所参考，文中简称"张抄本"。兰州古旧书店影印上海翼化堂本《参同契直指》（此本只影印了《直指》经文部分，无"张紫阳真人《读参同契》文"、"参同契直指序"两篇文字），民国江东书局石印出版之《道书十二种》本，也间取用参校。后附张广德"《参同契直指释义·跋》"一文，也可了解太谷派史料之用。

周易参同契直指

《参悟直指》序[1]

考之上古之世，民风淳朴，天真不伪。圣人经书，多以无为自然之道垂教，而有为渐修之功罕言之。降之后世，风移气变，民事日多。若以无为之道修持，不入空寂，便归茫荡，不但于命无涉，而亦于性无补，此金丹有为之学所由贵也。自后汉魏伯阳真人准《易》道而作《参同契》，以有象比无象，以有形喻无形，细分阴阳五行之理，精演修持火候之序，遂有砂汞银铅、龙虎金华、姹女黄芽、流珠木精等药名；又有炉鼎、阴符阳火、屯蒙既济未济、节节火候，凡此原欲后之学者，探赜索隐，穷神知化，入于奥妙之理耳。及宋张紫阳真人，仍本《参同》之旨，推广其义，作《悟真篇》，发《参同》所未发，较之《参同》，尤为显明详细，金丹之道，无余蕴矣。无如后世迷徒，不知个中妙义，执象扭文，以有形有象之物，妄加笺注，或认为炉火，或认为闺丹，或认为搬运，或认为静守，以讹传讹，以盲引盲，并不知《参同》、《悟真》为何书矣。

予年二十即慕此道，初看《参同》、《悟真》，茫然无知。参询多人，俱皆射覆猜枚，指象说象，望空说空，求其通晓言外之意、象中之理者，千无一人。后因病疴，外游西秦，得遇吾师龛谷老人。示其头绪，数言之下，顿释群疑。始知《参同》可参而同，《悟真》实悟其真。但恨离师太早，其于深微奥妙处，未得究竟十三年之久。复遇仙留丈人，细分何者为性命，何者为阴阳，何者为五行，何者为先天，何者为后天，何者为文烹，何者为武炼，何者为老嫩，何者为止足，何者为进阳火，何者为退阴符，何者为结丹，何者为脱丹，一一揭示，如子掌上。始知的一切外象比语，皆所以出意，得象可以忘言，得意可以忘象矣。但恨自己志弱力

---

[1] 此序嘉庆本、翼化堂本均无，据张抄本补。

薄，不能上报师恩，爰取《参同》、《悟真》，焚香告天，再三斟酌，加笔细注。凡一切比象喻言，尽皆剐肉见骨，破核见仁，句句落实，字字归真，名之曰《参悟直指》。若有志士，见而阅之，不烦思索，可以一目瞭然。更肯行持，直登彼岸。自不能行，劝人行之，亦聊以消悟玄背师之罪愆耳。

刘一明

张紫阳真人《读参同契》文

大丹妙用法乾坤，乾坤运兮五行分。五行顺兮常道有生有死，五行逆兮丹体常灵常存。一自虚无兆质，两仪因一开根；四象不离二体，八卦互为子孙。万象生乎变动，吉凶悔吝兹分。百姓日用不知，圣人能究本源。顾易道妙尽乾坤之理，遂托象于斯文。否泰交则阴阳或升或降，屯蒙作则动静在朝在昏。坎离为男女水火，震兑乃龙虎魄魂。守中则黄裳元吉，遇亢则无位而尊。既未①慎万物之终始，复姤昭二气之归奔。月亏盈应精神之衰旺，日出没合荣卫之寒温。本立言以明象，既得象以忘言。犹设象以指意，悟其意则象捐。达者惟简惟易，迷者愈惑愈繁。故知修真上士读《参同契》，不在乎泥象执文。

《参同契直指》序

七返九还金液大还丹之道，为天地所秘，为鬼神所忌，历圣口口相传，不记文字。所以学道者如牛毛，明道者如麟角。加之傍门三千六百，曲径七十二家，以邪混正，以假乱真，虽有一二志士，玉石不分，若非负天纵之姿、高明之见者，其不为邪道所惑也有几人哉？东汉魏伯阳真人，得长生阴真人之传，会悟圆通，了却大事，垂悯后生好道之流，准易道而作《参同契》，分上、中、下三篇。首叙御政之道，中叙养性之理，末叙伏食之方，罗列三条，贯通一理，别开门户，多设寓言，接引方来。以

---

① 既未，原本作"既大"，今改。

有象比无象,以有形示无形,其中药物火候,无一不备。书成之后,证诸青州从事景休徐公,徐公遂笺注三篇,发明《契》中奥妙。魏真人又传同郡淳于叔通,淳于氏又作《三相类》上、下二篇,补塞《参同契》之遗脱,于是金丹之理尽出而无余蕴矣。如三翁者,皆觌面参证,心印成书,非他一切摸仿猜疑可比。此又《参同》中之《参同》,后世万卷丹经皆本于此,所以人皆称为万古丹经之王。朱子作《考异》,注解《参同》,程子、象山亦尝赞美,可知此书为儒、道之所共赏者也。窃念此书,流世已久,次序紊乱,注疏家各出己见,或以前者为后,后者为前,或以经文与注语相混,或将序文与正文夹杂,不但文意不贯,次序大错,且并不分何者是经,何者是注,何者属于魏,何者属于徐,何者属于淳于?竟似魏真人一人之书。更有无知之辈,或流而为采战,或误而为烧炼,毁谤圣道,埋没真宗,大失三翁度世之婆心,其罪尚可言乎?

乾隆壬寅岁,偶得无名氏翁真人注、上阳子陈真人注,其经、注各分一类,节序前后相贯,经自经,注自注,补塞自补塞,文自文,序自序,米盐分判,皂白显然,千百年真经之冤屈,至此方伸。二注,陈较于翁,尤为整齐,因取陈本为据。其正文次序似有不贯者,略为更移,分节注释。其中一切比象喻言,悉皆破为粉碎,与大众细看直指,何者是炉鼎,何者是药物,何者是阴阳,何者是五行,何者是先天,何者是后天,何者是火候,何者是烹炼,何者是内外,何者是始终?朴实尽露,肯綮全现。书成之后,名曰《参同直指》。倘有同志者见而阅之,则知《参同》之道,乃历圣口口相传之秘,而悟元之注,亦非野狐葛藤之语。正文节序,或有不贯之处,尤赖后之高明者改正焉。

时大清嘉庆四年岁次己未春王正月元旦日栖云山素朴散人悟元子刘一明自序于自在窝中

《参同契》原序[①]

会稽鄙夫,幽谷朽生。挟怀朴素,不乐权荣。栖迟僻陋,忽略利名。

---

① 此序嘉庆本、翼化堂本均无,据张抄本补。

执守恬澹,希时安宁。晏然闲居,乃撰斯文。欲叙大易,三圣遗言。察其旨趣,一统共论。务在顺理,宣耀精神。神化流通,四海和平。表以为历,万世可循。叙以御政,行之不繁。引内养性,黄老自然。含德之厚,归根返元。近在我心,不离己身。抱一毋失,可以长存。配以伏食,雄雌设陈。挺除武都,八石弃捐。审用成物,世俗所珍。罗列三条,枝茎相连。同出异名,皆由一门。非徒累句,谐偶斯文。殆有其真,砾砾可观。使予敷伪,却被赘愆。名《参同契》,微览其端。辞寡意大,后嗣宜遵。委时去害,依托丘山。循游寥廓,与鬼为邻。化形而仙,沦寂无声。百世而下,遨游人间。敷陈羽翮,东西南倾。汤遭厄际,水旱隔并。柯叶萎黄,失其华荣。各相□负,安稳长生。

魏伯阳

《参同契经文直指》上篇

东汉 魏伯阳真人 著

栖云山悟元子刘一明 解

上 篇

（叙以御政）

乾刚坤柔,配合相包。阳禀阴受,雄雌相须。须以造化,精气乃舒。坎离冠首,光映垂敷。玄冥难测,不可画图。圣人揆度,参序元基。四者混沌,径入虚无。六十卦周,张布为舆。龙马就驾,明君御时。和则随从,路平不邪。邪道险阻,倾危国家。

大道无声无臭,非色非空,有何可言？然无声无臭中而藏阴阳,非色非空里而含造化,果若无言,阴阳消息何以知？造化机密何由晓？故古人云：道本无言,言以显道。天不私道,龙马负图出河,泄露天机；伏羲氏则之而画先天八卦,又重而为六十四卦；降之文王,又变出后天八卦,衍而为后天六十四卦,分而为三百八十四爻,而又系之以辞,明吉凶之理；宣圣十翼,阐羲、文之义。于是先天、后天之理详明且备,天地造化之道昭昭矣。故《易》之一书,为中国希贤、希圣之理窟,修道立德之根本。儒门之所遵者此书,道门之所则者此书。黄帝《阴符》,老子《道德》,其理其义,皆与《易》理暗合。然诸圣奥语妙义,后世罕能测其端倪,难以窥其畔岸。即有一二良材志士,总得一言半语,亦无下手处。伯阳仙翁,老婆心多,推诸圣度世之心,准易道而发《阴符》、《道德》之秘,千百比喻,曲尽其说,盖欲人人成道,个个了真。后来丹经子书,皆本《参同》而作。是以《参同》为万古丹经王。丹经之名,实本于此,金丹之名亦始于此。夫人秉天地阴阳五行之气而生身,身中即有此阴阳五行之气、阴阳五行之德。气属命,德属性,是性命乃天地阴阳五行之气而成。修性修命之学,离天地阴阳五行之道,再无别术矣。易即天地阴阳五行之道,能明易道,而圣道可知。故易道以乾坤为首而叙卦。《参同》亦以乾坤为首而叙道,是《参同》之理,本于易理也。《易》以乾坤为首者,乾者健也,取象为天,天阳而至刚,刚主健,故曰乾刚;坤者顺也,取象为地,地阴而至柔,柔主顺,故曰坤柔。乾坤定位,刚柔相包,乾阳之气禀与,坤阴之气承受,一雌一雄,相资而行造化,则阳之精、阴之气得以舒畅而生万物矣。《易》以坎离为中者,坎外阴而内阳,象月;离外阳而内阴,象日。日月者,天地之精魂,代天地而行造化,乃气运之冠首。日照月临,光映垂敷,四时行而万物生长收藏,皆自然而然。天地刚柔之所以能舒精气,日月来往之所以能垂光耀,还有个无形无象物事在内运动,其理至神至妙,难以测识,不可画图。故圣人揆度阴阳消息,参序其元本根基,以示其奥。四者混沌,径入虚无者,《易》以乾坤为体,坎离为用,四者混沌,而归于虚无一气,一气流行,阴而阳,阳而阴,阴阳交错,始于屯蒙,终于既未。余六十卦,阴阳迭运,张布而为舆,龙马就驾,运毂正轴,以行造化,此《易》之大略也。首出庶物之圣,乘六龙以御天,动静随时,一与《易》准,不敢稍有差错。盖《易》以阴阳和平为本。御政者,观天道,执天行,是谓能和,和则万民随从,王道坦坦,路平不邪矣;御政者,违天道,失天行,是谓不和,不和则上下不应,邪道险阻,倾危国家矣。比之修道者,以刚健柔顺为体,以刚柔中正为用。刚柔合一,如乾坤之匹配;刚柔中正,如坎离之光垂。刚柔相当,健顺混成,精气充足,心君虚灵,浑然天理,心正而身可修矣。盖治身、治国,一理也,心正、君正一道也。未有君不正而能御时,未有心不正而能全道。仙翁首以易理御政,提出为纲领,特以性命之道,一易道,修身之事如御政。不明易道者,不能修性命;不明御政者,不能修身心。易道、御政,皆以阴阳相和为本,修持性命,舍阴阳相和之道,其外再无二法矣。此节重在一和字,和则路平不邪,不和则邪道险阻,学者可不先知其和乎?后附一图以备参考。

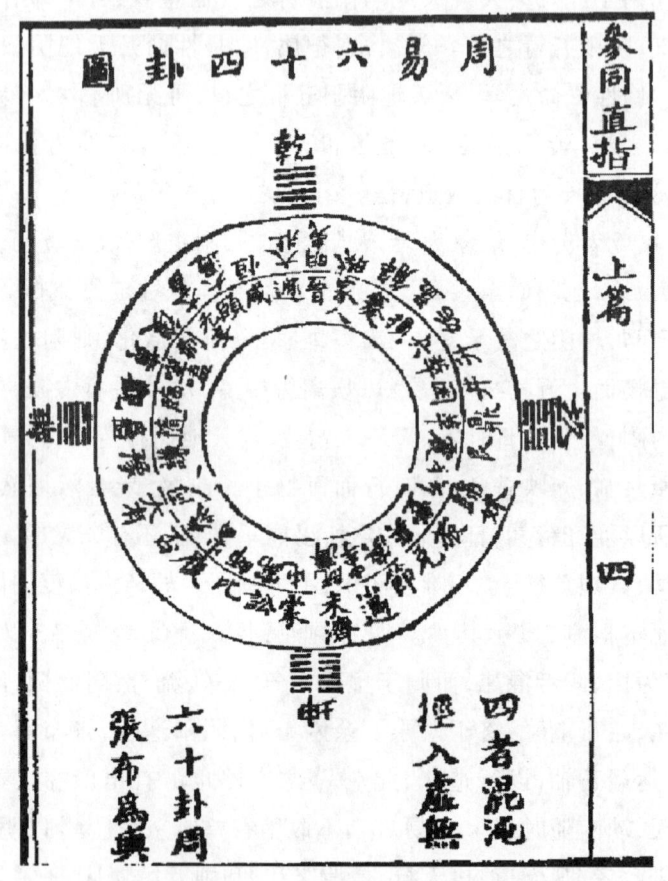

君子居其室,出其言善,则千里之外应之。谓万乘之主,处九重之位。发号出令,顺阴阳节。藏器俟时,勿违卦月。屯以子申,蒙用寅戌。余六十卦,各自有日。聊陈两象,未能究悉。立义设刑,当仁施德。逆之者凶,顺之者吉。按时发令,至诚专密。谨候日辰,审察消息。纤芥不正,悔吝为贼。二至改度,乖错委曲。隆冬大暑,盛夏霜雪。二分纵横,不应漏刻。水旱相伐,风雨不节。蝗虫涌沸,群异傍出。天见其怪,山崩地裂。孝子用心,感动皇极。近出己口,远流殊域。或以招祸,或以致福,或兴太平,或造兵革。四者之来,由乎胸臆。动静有常,奉其绳墨。四时顺宜,与气相得。刚柔断矣,不相涉入。五行守界,不妄盈缩。

上节言阴阳相和,而后可以有为矣。但有阴阳,必有生杀,生杀分明,阴阳相须。以之治国,则国可以治,以之修身,则身可以修。盖修真之道,所以法天效地,一言一行,必须谨密,暗合天地造化,方能与天地合德,夺天地之气数为我有。《系辞传》曰:君子居其室,出其言善,则千里之外应之。夫修辞立其诚,所以进德也。因其进德,所以言必诚。室者,人所不知而己所独知之地,居其室,而能慎其独,则静观密察,言不妄出,一出其言,言必尽善。言善则有信,有信则行无不当,可以动天地,感人物,故千里之外应之。御政之主,观天道,执天行,发号出令,必顺阴阳之节,而不敢有违于天行者。盖以言行,君子之枢机,枢机之发,荣辱之主也。修道者,用刚用柔,效御政者,发号出令,顺阴阳节,未有心不正而身不修,性不尽而命不立者也。何为发号出令,顺阴阳节?阳节所以生发万物,阴节所以收敛万物。修道有进退之法,当阳而用阳,当阴而用阴。用阳者进也,用阴者退也,进退各有其节,是谓天人合发,顺阴阳而号令也。藏器俟时,勿违卦月者,一年十二月,上六月属阳,下六月属阴。自子至巳,复、临、泰、大壮、夬、乾,六阳卦统之;自午至亥,姤、遁、否、观、剥、坤,六阴卦统之。阴阳卦气,各行其时。十二月行六十卦,共三百六十日;一日行一爻,共行三百六十爻;一月三十日,行五卦共三十爻。自冬至后行起,始于屯蒙,终于既未。如屯蒙二卦:屯乃坎震合卦䷂,坎为水,震为雷,雷在水中,阳动于阴中也。屯以子申者,坎在子,为水,水生于申,旺于子,阳气至子而升,阳用事也。蒙乃艮坎合卦䷃,艮为山,坎为水,水在山下,阳气止于阴中也。蒙用寅戌者,艮在寅藏火,火生于寅,库于戌,阳气至戌而藏,阴用事也。屯主生阳,蒙主养阳。修丹之道,藏器于身,待时而用。当进阳而阴中返阳以进火,如屯阳动阴中也；当阳足而阳中运阴以退火,如蒙阳止阴中也。余六十卦,各自有日者,一月五卦,三百六十日,行六十卦,即上节六十卦周,张布为舆也。聊陈两象,未能究悉者,举此屯蒙两卦,反正之象,其余五十八卦,一反一正,各行卦气,可以类推而知,不必究悉矣。六十四卦,只言六十卦者,盖造化之道,以乾坤为体,以坎离为用,六十卦皆乾、坤、坎、离四卦,一阴一阳变化而生出者也。修道者若知此中消息,则明损益,知昏晓,以乾坤为体,以坎离为用,一动一静,而六十卦自然而然,不执卦象,自合卦象也。立义设刑,当仁施德者,义刚主刑,仁柔主德。当刚而刚,以义施刑；当柔而柔,以仁施德。设刑以去客气,施德以养正气,义以成仁,仁以济义,仁义并行,刑德两用,大丹始成。违此者,则阴阳乖戾而凶；顺此者,则阴阳调和而吉。故必按节候,发令施为,神明默运,志诚专密,防危虑险,谨候阳生阴生之日辰,审察消息而运用之,不敢稍有懈怠也。诚之一字,为修道者成始成终之物,纤芥不正,便为不诚。不诚则悔吝为贼,阴阳不时,二至改度,阴阳不和,二分纵横,有等等凶象发现,纵大道在望,未许我成。果其刚柔中正,一诚格天,凶可变吉,险可得易,即如孝子诚心,便可感动皇极。昔大舜遭父母之难,号泣旻天,略无怨言,完廪浚井,莫敢有违。瞽瞍焚廪掩井,皆不得死。天之报孝子也如此。修道者,若能以人心合天心,颠倒阴阳,只在片时。天有违乎？天不我违,而况于人乎？况于鬼神乎？近出己口,远流殊域者,即君子居其室,出其言善,则千里之外应之；若居其室,出其言不善,则千里之外违之。故或招祸,或致福,或兴太平而百骸俱理,或造兵革而六贼猖狂,吉凶祸福,皆在心胸一念之间耳。盖言者心之声,有诸内,形诸外,心正则言善,致福而兴太平；心不正则言不善,招祸而兴兵革。故必动静有常,奉其绳墨,不偏不倚,随时随事,顺之逆之,与四时阴阳之气相得,则用刚用柔,皆得其当,于此断而有准。《系辞传》曰：动静有常,刚柔断矣者,即此之谓也。刚柔有断,自不至于宜刚而涉于柔,宜柔而入于刚。金、木、水、火、土,五行各守其界,五元五德,各安其位,亦自不妄盈缩,浑然一气,天理流行而不息矣。此节重在动静有常一句,能动静有常,即是发号出令；顺阴阳节,即是五行守界；不妄盈缩,即是君子居其室,出其言善。一有常而志诚专密,无行不顺,无言不善。逆之顺之,进之退之,无可无不可矣。

易行周流,屈伸返覆。幽潜沦匿,变化于中。包囊万物,为道纪纲。以无制有,器用者空。

上节言发号出令,必顺阴阳节而后得吉。人或以为有心作为,而实非有心也。试思易卦之行,一气上下,周流六虚,其屈伸返覆之机,幽潜沦匿,虽不可见、不可闻,然至无而含至有,至虚而含至实,其中变化无穷,包囊万物,为道之纪纲。盖屈伸返覆者,一阴一阳之谓道;变化于中者,阴阳不测之谓神。以神运道,以道显神,是以无而制造其有,以器用而归于空。易,无思也,无为也,寂然不动,感而遂通。天下之故,易何心哉?性命之道,一易道也。易无心,修道亦无心,无心之用,顺时而用。顺时者,顺其理也。顺理而行,动出于天,不自于人,何心之有哉?

故推消息,坎离没亡。言不苟造,论不虚生。引验见效,校度神明。推类结字,原理为证。坎戊月精,离己日光。日月为易,刚柔相当。土王四季,罗络始终。青赤白黑,各居一方。皆秉中宫,戊己之功。

上节言有以无为用,但无之用,人难测度,故圣人推阴阳来往消息、坎离会合没亡,以有象比无象,以有形喻无形。言不苟造,论不虚生,引其所验而见效者,校度其阴阳神明之用,推其类而结字,原其理而为证,使人易知易会。如坎纳戊为月精,离纳己为日光,阴中含阳,阳中含阴,以日上月下,合而为易,取刚柔相当之义,此推其同类相从而结字也。又如土王四季,罗络金、木、水、火而为一气,始而终,终而始,始始终终,流行不息。青木、赤火、白金、黑水,各居一方,皆秉中宫之土调和而相合之。是相合之功,皆赖戊己。金、木、水、火、土,混而为一,是谓攒簇五行,此原理为证也。推类原理,无可以因有而知,空可以因器而晓矣。

朔旦为复,阳气始通。出入无疾,立表微刚。黄钟建子,兆乃滋彰。播施柔暖,黎蒸得常。临炉施条,开路正光。光耀渐进,日以益长。丑之大吕,结正低昂。仰以成泰,刚柔并隆。阴阳交接,小往大来。辐辏于寅,运而趋时。渐历大壮,侠列卯门。榆荚堕落,还归本根。刑德相负,昼夜始分。夬阴以退,阳升而前。洗濯羽翮,振索宿尘。乾健盛明,广被四邻。阳终于巳,中而相干。姤始继序,履霜最先。井底寒泉,午为蕤宾。宾伏于阴,阴为主人。遁世去位,收敛其精。怀德俟时,栖迟昧冥。否塞不通,萌者不生。阴伸阳屈,没阳姓名。观其权量,察仲秋情。任蓄微稚,老枯复荣。荠麦芽蘖,因冒以生。剥烂肢体,消灭其形。化气既竭,亡失至神。道穷则返,归乎坤元。

　　上节言推阴阳消息,坎离没亡以立言。此节合下节,皆申明阴阳消息,引验见效之义。何以见阴阳消息?如冬至朔旦,日从南回北,地下一阳生,在卦为复☷☳,阳气始通,阳为主而阴为宾,《复·象辞》曰:出入无疾。特以阴阳始交,出入俱无疾伤。出之者,阳当进也;入之者,阴当退也。立表微刚者,表所以验晷影之长短。微刚者,阳气方生也。立表以测日影方长,即知地下阳气方生也。微阳方生,律应黄钟,月建于子,为十一月,阳进之兆,于此滋而渐彰。天之阳气播施而始物,地之阴气柔暖而生物,黎蒸皆得天地阴阳相交之气,资始资生,而得其常矣。比之修道者,刚气方振,其气尚微,当养此一点生机,以为返本还元之根基,而不可须臾有离者也。日自冬至渐回至小寒,二阳生,在卦为临☷☱,大造炉中,阳气施条,开通道路,光耀始进,晷影于此益长,月建在丑,律应大吕,为十二月。比之修道者,刚气浸长,临炉下功,条理身心,抑阴以开路,扶阳以正光,渐次而进,功夫不缺,亦如日之益长也。日自小寒回至立春,三阳生,正气结满地中,自低而昂,天气从此上升,地气从此下降,内阳外阴,在卦为泰☷☰。泰者,刚柔并隆,阴阳交接,小往而大来。阴顺阳健,其气温和,如辐辏成轮,阴阳同途,浑然一气,月建在寅,为正月。比之修道者,刚气进于中正,客气伏首,阴阳调停,性情和平,刚而不燥,柔而不懦也。日自立春回至春分,运而趋时,由温而渐热,四阳生,在卦为大壮☳☰,月建在卯,为二月。卯者,木旺之地,生德之门。然大壮内藏不壮,故此时榆荚堕落,还归本根,德中带刑,刑德相负,阴阳分离,昼夜从此而分,日渐长而夜渐短。比之修道者,阳刚之气壮盛,须当沐浴温养,归于本根,以戒不虞,俟其阴气自退,阳气自长,不可强制,以招客气,所谓勿忘勿助者是也。日自春分渐回至清明,自此阳气渐长,阴气渐消,阴气将尽,阳气将纯,五阳生,在卦为夬☱☰,月建在辰,为三月。夬者，决阴以退，阳气升而前进也。比之修道者，刚气旺盛，阴气微弱，从此可以洗濯一身积习之旧染，抖去人心平生之宿尘，振羽翩而一往直前矣。曰振者，振发道心之刚气也；曰索者，索求人心之秽污也。以道心制人心，无微不入，不使有一毫客邪之气留于方寸之内也。日自清明回至立夏，六阳生，在卦为乾☰，月建在巳，为四月。乾健盛明，光被四邻，两间纯是阳气，万物于此而皆荣旺矣。比之修道者，阳刚进于纯粹至精，复见乾元面目、良知良能、浑然天理，而无一毫人欲之私，如一轮红日，照于天中，万般阴邪，尽皆消灭。此进阳火之事，用九之道也。阳气至巳而极，阳极必阴，即有阴气相干。日自立夏交夏至，自北而回南，地中一阴生，在卦为姤☰。从此阴气继阳气，而序有履霜之兆。一阴生，非有霜之时，然霜之履，即于此始，乃阴气之最先者。当此之时，井底泉水寒凉，应地气也。月建在午，为五月，律应蕤宾，阴气宾伏地下，阳气当退，阴气当进，而阴为主人矣。比之修道者，阳刚增进于极盛，必须将此阳刚保守，煅炼成个永久不坏之物，方为极功。保守之功，即运阴符之功。阴符者，阳极当以阴养之，以阴养阳，阳气不亢，阴阳符合之谓。阴符之阴，非外客气之阴，乃阳气收敛退出之真阴。这边真阳退，那边真阴生，真阴生而假阴自消自化。若阳气不退，真阴不现，阳极必阴。一阴潜生，客气又来，得而复失，大事去矣。故阳刚进至于纯，阴符之所必用。亦如五月之姤，而阴为主人矣。但用阴须要认的真假，真阴顺其真，假阴顺其假，顺真能养阳，顺假能伤阳。故姤之《象传》既曰：勿用取女，不可与长。又曰：天地相遇，品物咸章。一真一假，天地悬隔。故坤卦初爻，有履霜坚冰至之戒。此用阴所当谨慎者也。日自夏至回于小暑，二阳退而二阴生，在卦为遁☰，月建于未，为六月，阳气从此收敛。比之修道者，遁世去位，收敛精神，怀德俟时，栖迟昧冥，韬明养晦，大智若愚，大巧若拙，不使有客气乘间而伤也。日自小暑，渐回至立秋，三阳退而三阴生，在卦为否☰，月建在申，为七月。此时天气下降，地气上升，万物闭塞而不通，虽有萌者而不生也。比之修道者，刚道退于中正，柔道进于中正，刚柔相当，以柔养刚，真阴用事，如没阳姓名矣。日自立秋回至秋分，四阳退而四阴生，在卦为观☰，月建在酉，为八月,于时为仲秋,刑中有德,任蓄微稚,老枯复荣。如万物皆敛,而荞麦反发芽长蘖,因冒以生。比之修道者,刚为柔养,生机在内,虽外暗而内实明,亦如仲秋,刑中有德也。日自秋分回至寒露,五阳退而五阴生,在卦为剥䷖,月建在戌,为九月,阳气从此消灭其形,万物殒落。比之修道者,剥烂后天幻化之肢体,消灭有形刚燥之气性。化气既竭,无识无知,亡失至神,不神而神矣。日自白露回至立冬,六阳退,六阴纯,道穷则返,在卦为坤䷁,月建在亥,是为十月,纯阴无阳。比之修道者,刚气退藏,养到空无所空,归于无声无臭,至静之地矣。过此而往,静极复动,别有妙用也。附六阴六阳一图,以备参考。

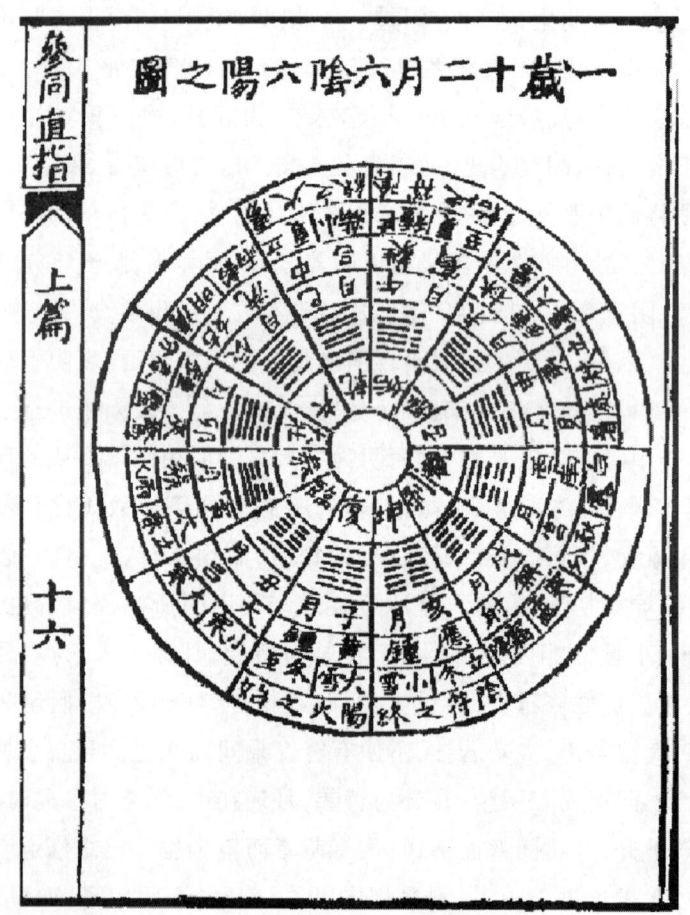

晦朔之间，合符行中。混沌鸿濛，牝牡相从。滋液润泽，施化流通。天地神明，不可度量。利用安身，隐形而藏。始于东北，箕斗之乡。旋而右转，呕轮吐萌。潜潭见象，发散精光。毕昴之上，震出为征。阳气造端，初九潜龙。阳以三立，阴以八通。三日震动，八日兑行。九二见龙，和平有明。三五德就，乾体乃成。九三夕惕，亏折神符。盛衰渐革，终还其初。巽继其统，固际操持。九四或跃，进退道危。艮主进止，不得逾时。二十三日，典守弦期。九五飞龙，天位加喜。六五坤承，结括终始。韫养众子，世为类母。上九亢龙，战德于野。用九翩翩，为道规矩。阳数已讫，讫则复起。推情合性，转而相与。循环璇玑，升降上下。周流六爻，难可察睹。故无常位，为易宗祖。

　　上节以一岁十二月，比阴阳进退之道；此节又以一月三十日，比阴阳进退之道。总以明顺阴阳节之运用耳。月与日，一岁十二会，每月一会。当晦朔之间，日月相合，如符契行于中道。中道者，黄道，日行之道。日道月道，相交而行，正在晦尽朔初之时。当此之时，阴阳二气相交，混沌鸿濛，牝牡相从，阳抱阴，阴抱阳，和气抟聚，滋液润泽，阳施而阴化，一气流通。然其牝牡相从，施化流通之机，无形无迹，不可见，不可知，虽天地神明，不可度量，而况于人乎？比之修道者，虚极静笃，利用安身，隐形而藏，万物难伤，造化难移。盖天地能役有形，不能役无形；能役有气，不能役无气；能役有心，不能役无心也。始于东北，箕斗之乡者，月光至东北全消，纯阴之象，《易》所谓东北丧朋也。旋而右转，呕轮吐萌，阴下生阳，潜潭见象，发散精光。于毕昴西南坤地，坤中孕震，现蛾眉之光，是谓震出为征，阳气造端之始，《易》所谓西南得朋也。此时微阳初生，在乾卦为初九之潜龙。比之修道者，静极而动，虚室生白，一点真灵之光，从黑暗中发出。这一点真灵，易失而难寻，幸而见之，急须收入壶中，以为返本还元之基。保之惜之，须臾不可有离者也。月之阳光，于三日而立基，阳气于八日而始通。通者，阴气始与阳气相通而和平也。三立者，三日震动；八通者，八日兑行。光有兑象，阴中阳半，其平如绳，似乎弓弦，是谓上弦，在乾卦为九二之见龙。比之修道者，阳刚进于中正，则和平有明，阴气顺从，不隐不瞒，可以不为外物所伤矣。月至十五,三五德就,光气圆满,三阳纯全,乾体乃成,在乾卦为九三之夕惕。比之修道者,精神充足,刚气壮盛,三五合一,金丹有象。然阳极于上,必亏折于下,盛衰相革,终还其初。夕惕者,防危虑险,以戒不虞也。月至十八,一阴潜生,光气始亏,巽继其统,阳光于此渐退。比之修道者,刚气进添至极,须当以柔接之,固济操持,保养其刚,在乾卦为九四之或跃。或之者,疑之也。疑其进退,于道有危,谨慎之至也。月至二十三日,阳中阴半,有艮之象,其平如绳,亦似弓弦,是谓下弦,艮主进而当止。比之修道者,阳刚退于中正,刚柔合一,不偏不倚之谓中矣。当此之时,须当沐浴,不得逾时,退之太过。在乾卦为九五之飞龙,飞龙者,刚健中正,纯粹之精,刚而不至躁,柔而不至懦,通权达变,惟精惟一,允执厥中。如月二八一斤,金水相停,光进不至于极,光退不至于暗,到此地位,良知良能,道心常存,人心安静,浑然天理,止于至善,复见本来刚柔如一之面目,我命由我不由天。天即我,我即天,与天为徒,岂不加喜乎?月至三十,六五坤承,阳光尽藏,纯坤之象。阳气一周,从坤而始,从坤而终。是坤者,结括阳气之始终者也。惟其结括阳气之始终,故韫养众子,又复阴极生阳,世为类母,生生不息。在乾卦为上九之亢龙,亢者,阳之极也。阳光退至于纯坤,得坤温养,其气充满于内,静极而动,阴阳抟聚,故有战德于野之象。此亢龙战野,与《周易》乾、坤上九、上六辞稍别。《周易》亢龙,以阳太过言之,战野以阴不顺言之;《契》中亢龙,以阳到纯处言之,战野以阴阳相合抟聚言之。须要看战德二字,战德于野,是明示有阳德,不可无阴德。借阴养阳,阳气极而返于本根,又从阴中复发,故下文紧接曰:用九翩翩,为道规矩。翩翩,飞翔上下之义。乾卦曰:用九,见群龙无首,吉。修道者,能如月光盈亏之规矩,当进刚而即进刚,当用柔而即用柔,变化随时,刚柔有准,翩翩不定,或上或下,迎之不见其首,随之不见其后,刚之迹俱化,不刚而刚,刚而不刚,惟见于空。刚而养到空地,阳之数已讫,归于坤元,阴极生阳,讫则复起,推情合性,转而相与。大药发生,由微而著,如璇玑循环,升降上下,周流于六阴六阳之爻位。此乃至神至妙之天机,先天而天弗违,后天而奉天时,非寻常之可能察睹者。故易之阴阳,无一定常位,而乾坤六阴六阳,为易之宗祖。其余六十二卦,皆乾坤阴阳随时变化之所出。识得乾坤阴阳变化之道,是得其易之宗祖。用九用六,不失其时,进之退之,六十二卦,皆在运用之中。自合一岁日,行南北之节候;自契一月,月光盈亏之气机。不必泥文执象,可以得象忘言,得意忘象矣。附月光盈亏图,以备参考。

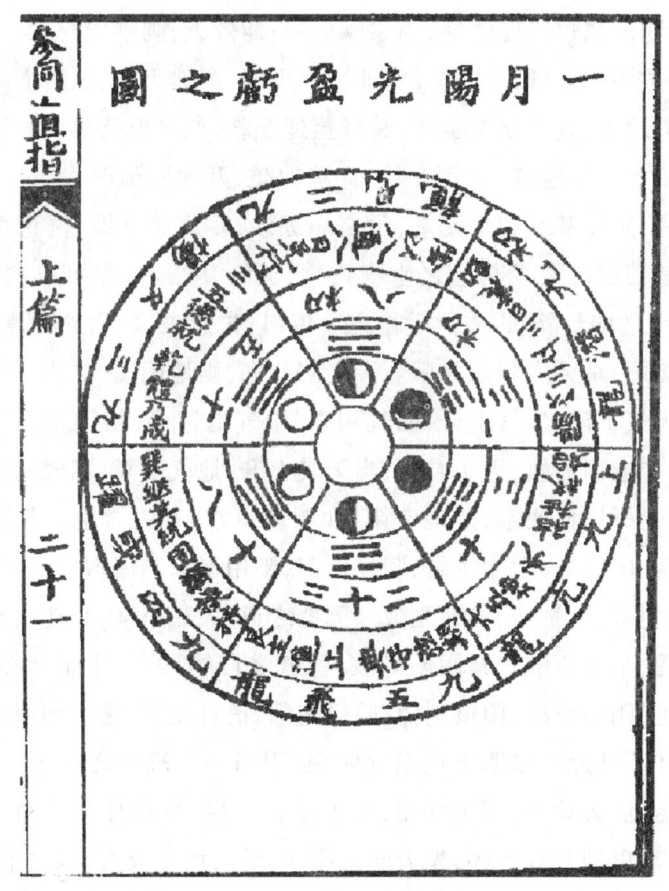

恒顺地理,承天布宣。玄幽远眇,隔阂相连。应度育种,阴阳之元。寥廓恍惚,莫知其端。先迷失轨,后为主君。无平不陂,道之自然。变易更盛,消息相因。终坤复始,如循连环。帝王承御,千载常存。

上二节以一岁一月,指示阴阳互用之理,详明且备矣。夫修真之道,一阴一阳之道,阳主刚健,阴主柔顺。进阳者,进刚健也;运阴者,运柔顺也。进刚健必进于中正,方为健;运柔顺必运于中正,方为顺。刚至中正,刚而不躁;柔至中正,柔而不懦。刚中有柔,柔中有刚,则本性圆明,不偏不倚之谓中,金丹结矣。但金丹之道,以天地为炉鼎,刚必如天之无物能伤,则健得矣;柔必如地之无物不载,则顺得矣。恒顺地理者,法地之柔顺,无物不载,无物不生也;承天布宣者,效天之刚健,无物不始,无物能屈也。能法地,则柔顺配地;能效天,则刚健配天。果能刚健如天,柔顺如地,则易知简能,即良知良能,浑然天理,至善而无恶矣。试观天上地下,其气至玄至微,其形至远至眇,似乎彼此隔阂,又却其气潜通而相连。相连者,应其度数,育其种类,万物皆随时发生。其发生处,即是阴阳元基。这个元基,虽玄幽远眇,寥廓而难即,恍惚而难测,莫可知其端倪。然观其地之生物长物,莫知其端者,亦可以稍知其端矣。《易》之坤卦辞曰:先迷后得主。传曰:先迷失道,后顺得常。盖地至阴而无阳,承天之阳以为阳。天之阳气来,则地阳;天之阳气去,则地阴。当天气下降,地气上升,阴气用事,阳气退避,万物闭塞而不通,是地无阳,如迷而失轨,无主君也;当天气上升,地气下降,阳气用事,阴气顺命,万物拆甲而通泰,是地有阳,如顺而得常,有主君也。先迷失轨,阳极而阴,阴用事;后为主君,阴极而阳,阳用事。阳用事,万物通,如地之平;阴用事,万物塞,如地之陂。天地之道,大往小来,小往大来,无有阳而不阴,平而不陂。其阴阳平陂,皆道之自然,虽天地亦无心也。故变易之道,阴阳更盛,阳极则阴,阴极则阳,消息相因,终于坤而又复始,如循连环。凡此皆以明天地阳健阴顺、阴阳一气流行之理也。若帝王承天御治,法天效地,刚柔并用,与天地合其德,与日月合其明,与四时合其序,与鬼神合其吉凶,先天而天弗违,后天而奉天时,以之治世则世治,以之修道则道成,内可成己,外可成人。虽千载常存,享寿无量,较之常人,更为甚易。昔伏羲、神农修此道而享寿万余,黄帝修此道而乘龙上天,此为征验也。

御政之首,鼎新革故。管括微密,开舒布宝。要道魁柄,统化纲纽。爻象内动,吉凶外起。五纬错顺,应时感动。四七乖戾,誃离俯仰。文昌统录,诘责台辅。百官有司,各典所部。原始要终,存亡之绪。或君骄佚,亢满违道;或臣邪佞,行不顺轨。弦望盈缩,乖变凶咎。执法刺讥,诘过贻主。辰极守正,优游任下。明堂布政,国无害道。

明堂,一本明君。

以上借易理,或言天道,或言王道,或言圣道,分而论之。此节总结局于御政,以明返还之功。返还者,后天中返先天,有为之功用,故曰御政之首。鼎新革故,返还之道,欲其取新也。然欲取新,莫先于革故。故者,旧染之污也。革去旧染之污,则人心静矣。鼎者,煅炼药饵之器。所以取物之新,鼎中之物炼新,则道心生矣。管括微密者,戒慎乎其所不睹,恐惧乎其所不闻,在至隐至微处下功力,所以使人心之柔顺也;开舒布宝者,化裁存乎变,推行存乎通,于一举一动处运神机,所以发道心之刚健也。人心柔顺,道心刚健,则革故而鼎新,鼎新而故自无,浑然天理,至善而无恶矣。然其鼎新革故之要道,总在道心耳。要道魁柄者,魁柄为北斗第七星,一名标星,一名破军星,又名天罡星。天罡统造化之权,为北极执法之臣。所以运周天之星宿,为众星之纲纪,造化之要道。天罡动之得正,则五纬众星各守其位,二十八宿皆应时而转,不失节候而吉;动之稍错,则五纬众星不顺其常,二十八宿皆乖戾谬离,失其次序而凶。凡此皆因人事谋为臧否感之。文昌星共六星:一曰上将,二曰次将,三曰贵相,四曰司禄,五曰司命,六曰司寇,乃天之六府。主集记天道,统录休咎,诘责人间,台辅百官有司,各典所部之善恶。善则垂象吉,恶则垂象凶。原其垂象吉凶之始,要其人间祸福之终,可以知其存亡之绪矣。故或君骄佚,亢满自居,有违治道;或臣邪佞,行不顺轨,失其政事。必致天象朔望盈缩,乖变失常,而著凶咎。此其责,在执法之臣不严,为人刺讥,且贻过于主,害莫大焉。盖魁柄随时运动,则辰极守正,居于其所,游优任下,而众星共之。交宫过度,运动四时,万物生成。执法者,谨慎顺轨,则君王恭已南面,坐明堂而布政事,帝道遐昌。修道者,道心之真情,具有刚气,如天上之魁柄,国家之执法者也;道心之真知,主乎觉照,如天上之文昌统录也;道心之主宰,如天上之辰极、人间之国君也。真情不昧,五元五德,彼此相生,浑然一气,如魁柄所指不忒,五纬错顺,应时感动也;假情一发,五物五贼,彼此相克,各一其性,如魁柄所指有错,二十八宿乖戾谬离俯仰也。真知觉照,鉴察六根门头、七情六欲、五物五贼之妄动,如文昌统录,各典所部之善恶也;心君主宰中正,如辰极居所守正,国君明堂布政也。修道者,而能振道心制人心,则真情不昧,真知常存,阴气渐化,阳气渐纯,鼎新革故,性定命凝,自有为而入无为,百体俱理,万虑俱息,更何有骄亢违道,邪佞失轨,凶咎之害乎？噫,修真之道,亦一御政之道。若明御政之吉凶,则修真之吉凶可知。仙翁上篇,首以御政比修真,妙哉,微哉!

《参同契经文直指》中篇

东汉 魏伯阳真人 著
栖云山悟元子刘一明 解

中 篇

（引内养性）

将欲养性,延命却期。审思后末,当虑其先。人所秉躯,体本一无。元精云布,因气托初。阴阳为度,魂魄所居。阳神日魂,阴神月魄。魂之与魄,互为室宅。性主处内,立置鄞鄂;情主营外,筑垣城郭。城郭完全,人物乃安。爰斯之时,情和乾坤。乾动而直,气布精流;坤静而翕,为道舍庐。刚施而退,柔化而滋。九还七返,八归六居。男白女赤,金火相拘。则水定火,五行之初。上善若水,清而无瑕。道之形象,真乙难图。变而分布,各自独居。类如鸡子,白黑相符。纵广一寸,以为始初。四肢五脏,筋骨乃俱。弥历十月,脱出其胞。骨弱可卷,肉滑若铅。

若铅,一本若饴。

古仙云:修性先修命,方入修行径。修命不修性,此是修行第一病。盖性为阴,命为阳,阴阳两用,性命双修,方能入于形神俱妙、与道合真之境。故未修性之先,须急修命,既了命之后,又当修性。未有不修命而超凡,未有不修性而入圣。仙翁引养性之道,而首提曰:将欲养性,延命却期。正以示欲养其性,不可不先延命也。若是上智利根,不待修命,而即修性,一了百当,直登圣域。然上智之人少,中、下之人多。若不先修命而即养性,则为一己之阴,倘有一毫渗漏,未免有抛身入身之患。故必先修有为返还之道,以固其命基;再行抱一无为之道,以了其性宗。性命兼了,不生不灭,与天地同长久矣。但延命之道,却期之道也。却期者,却其死期之谓。能却死期,方能延命。然欲却期,须要审思其如何死?审思如何死,尤当先虑如何生?生者先也,死者后也。孔子曰:未知生,焉知死?盖未知如何生,即不知如何死。既知如何生,即知如何死。能知生死之机,于是却其死而延其生,不难矣。原夫人所秉驱,体本一无,因凡父凡母男女交合,元精元气托初,自无而生有。男之气属阳,女之气属阴,阴阳二气交度,男女魂魄即居于其间。魂为阳神如日,魄为阴神如月,魂魄互为室宅。魂属性,主处内,立置鄞鄂之密室;魄属情,主营外,筑垣城郭之外宅。鄞鄂如内之五脏六腑,城郭如外之四肢百骸,城郭完全,而人物方能安居于内。爰此阴阳交度之时,男女以情相合,如乾上坤下,乾坤相配,乾动而直,气布精流;坤静而翕,为道之舍庐。在男刚道,一施而退;在女柔道,化而滋生。阴阳二气,凝而成象,胎元已结。九者,金之数;七者,火之数;八者,木之数;六者,水之数。九还七返,八归六居,金、木、水、火之气,皆入胎中。九还七返,八归六居,与逆用还返之义不同。此返还,乃男女阴阳之气,返归于胎中,自外入内之说。盖男之精白,属金;女之血赤,属火。金火之气相拘,抟聚一处,金中有水之气,火中有木之气,则水定火。火去炼金,水去济火,木去生火,金去生水,金、木、水、火,自相熏蒸,其中变化,自有真土,此五行所生之初也。胎中虽是五行变化,当阴阳交度之际,暗中即有一点先天造化入内,而先生水。这个水,乃先天先地而生,清而无瑕,为道之形象,真乙难图,至无而含至有,至虚而含至实,男女精血,非此水亦不能为工。是水也,无形而能生形,是以变化不测,一变为水而生肾,二变为火而生心,三变为木而生肝,四变为金而生肺,五变为土而生脾。变而分布,独居一方。然虽独居一方,而五行之气仍聚一处,类如鸡子,白黑相符。黑为阴,白为阳,阴阳符合,一气浑含,故曰:纵广一寸,以为始初。始初者,根本也。一气为根本,根本立则枝干自发,故曰:四肢五脏,筋骨乃俱。言四肢、五脏、筋骨,皆自一气变化而成全也。弥历十月,气足形全,脱出其胞,骨弱可卷,肉滑如铅。此生人之道则然。若人审明此生身之理,调和吾身真阴真阳,逆而修之,仍守胎中之一息,结为圣胎,温养十月,身外有身,造化由我,可以却死,可以延生矣。噫,逆则成仙之道,固不易知;而顺则生人之道,亦难以晓。若知生人之道,而颠倒之间,即是成仙之道。奈何人不审思生人之道,而妄想学仙,岂不可叹乎?

坎男为月,离女为日。日以施德,月以舒光。月受日化,体不亏伤。阳失其契,阴侵其明。晦朔薄蚀,掩冒相倾。阳消其形,阴凌灾生。男女相胥,含吐以滋。雌雄错杂,以类相求。金化为水,水性周章;火化为土,水不得行。男动外施,女静内藏。溢度过节,为女所拘。魄以铃魂,不得淫奢。不寒不暑,进退合时。各得其和,俱吐证符。

上节言生人之道,系阴阳相合而成。此节乃推广其类,而证修仙之道,非阴阳相合,灵胎不结也。如坎卦为男,其体阴,象月;离卦为女,其体阳,象日。月本黑体,纯阴无阳,借日生光,每月晦尽朔初,与日一会。日以施德,月以舒光,是月受日化,而黑体得以生明,乃不亏伤也。此日月以时而交则然。若日与月,失其契合常道,阴差阳错,月之阴气,侵伤日体,晦朔日蚀,掩其光辉,阳消其形,阴凌而灾生矣。盖日道月道,交斜而行,当交之时,日在下,月在上,日景射月,而月生明。若南北同度,东西同度,其体相对,掩冒其光,阴阳相争而不和,在朔则为日蚀,在望则为月蚀。日蚀者,阴掩其阳也;月蚀者,阳掩其阴也。日蚀、月蚀,二者皆阴阳过胜之故。又如男女相胥,一含一吐,而能滋种。凡物雌雄杂乱,同类相交,而方孕族,此皆阴阳相交,生生不息之道。又如金化为水,水性周流不息而成章;火化为土,土厚壅积,塞滞其水而水不得行。又如男主动而外施,女主静而内藏。若男贪女色,淫欲过度,交合过节,失其男动之本体,男反为女所拘制。此二者,阴阳和而不和,生中带杀,反生其灾矣。即此以观,则知阴阳贵于和合,尤贵于和合得其中正。得其中正,为真阴真阳;不得中正,为假阴假阳。真假之分,只在中正与不中正之间耳。修道者,用魄之真情,所以铃魂之灵性也。魄即道心,真知之刚情;魂即人心,灵知之柔性。柔性主进退而少裁制,遇物留连,见景生情,刚情多果断而有主宰。魄以铃魂,以情之刚,铃性之柔,则人心静而道心彰,性情相合,刚柔一气矣。然虽以道心制人心,得其人心柔顺即已。若制之太过,常以人心为事,则必道心又昧,明极反暗,道心中,人心乘间而生,性情乖戾,吉化为凶,故曰不得淫奢也。不寒不暑者,性不乱而情不迷,勿忘勿助之功;进退合时者,闲其邪而存其诚,执中用权之道。大小无伤,两国俱全,各得其和,无损于彼,有益于我,性情吐真,阴阳混成,证于日月,合符行中之道矣。

关关雎鸠,在河之洲。窈窕淑女,君子好逑。雄不独处,雌不孤居。玄武龟蛇,蟠虬相扶。以明牝牡,竟当相须。假使二女共室,颜色甚姝,苏秦通信,张仪合媒,发辩利舌,奋舒美辞,推心调谐,合为夫妻,弊发腐齿,终不相知。若药物非种,名类不同。分两参差,失其纲纪。虽黄帝临炉,太乙执火,八公铸炼,淮南调合,立宇崇坛,玉为阶陛,麟脯凤脂,把籍长跪,祷祝神祇,请哀诸鬼,沐浴斋戒,冀有所望。亦犹和胶补釜,以硇涂疮,去冷加冰,除热用汤,飞龟舞蛇,愈见乖张。

分两参差,一本分剂。

上节言阴阳相当,进退合时,方能修道有功;此节言孤阴寡阳,一切非类之弊,使人晓悟,改邪归正耳。《易》曰:一阴一阳之谓道。盖以有阴有阳,阴阳相合,方谓道;孤阴寡阳,阴阳各偏,不谓道。故宣圣删《诗》,而以《关雎》之篇为首者,特示其君子之道,造端乎夫妇也。夫妇之道,即阴阳造化之道。凡天地间有情无情之物,牝者皆属阴,为雌、为妇;牡者皆属阳,为雄、为夫。一牝一牡,一雌一雄,一妇一夫,一阴一阳,彼此相须,方有造化。在人,男女同居而生育;在物,龟蛇蟠虬而孕种。举此二者,则牝牡相须、雌雄相合之理,可以类推而知。假使二女同室,颜色甚姝,结为夫妻,岂能相知而生育?此理之显而易见者。世间修道盲汉,不知阴阳配合之理,牝牡相须之道,舍自己真阴真阳、性命之根,而求身外与我种类不同之物,或流而为采战,或误认为炉火,或立坛而拜斗朝真,或斋戒而请哀诸鬼,冀望延年长寿,长生不死,亦犹和膠补釜,以硇涂疮,去冷加冰,除热用汤,是欲龟飞蛇舞。龟焉能飞?蛇焉能舞?岂不愈见乖张乎?仙翁此节,首提关雎、龟蛇、牝牡相须之理,次以非类不同开示后学，可谓慈悲之至，一切盲汉，可以悟矣。

上德无为，不以察求；下德为之，其用不休。知白守黑，神明自来。白者金精，黑者水基。水者道枢，其数名一。阴阳之始，玄含黄芽。五金之主，北方河车。故铅外黑，内怀金华。被褐怀玉，外为狂夫。金为水母，母隐子胎；水为金子，子藏母胞。真人至妙，若有若无。仿佛太渊，乍沉乍浮。退而分布，各守境隅。采之类白，造之则朱。炼为表卫，白里真居。方圆径寸，混而相拘。先天地生，巍巍尊高。旁有垣阙，状似蓬壶。环匝关闭，四通踟蹰。守御密固，阏绝奸邪。曲阁相通，以戒不虞。可以无思，难以愁劳。神气满室，莫之能留。守之者昌，失之者亡。动静休息，常与人俱。

金华，一本黄华；相拘，一本相扶；曲阁，一本曲閤。

上节言修道，必须寻同类有情之物，方能济事。若非其类，万无一成。但修道有二法：一以道全形之事，一以术延命之事。上德者，以道全其形，抱元守一，行无为之道，即可了事，故曰：上德无为，不以察求也。下德者，以术延其命，由勉抵安，行有为之道，方能还元，故曰：下德为之，其用不休也。夫上德之所以不察求者，以其上德之人，天真未伤，客气未入，若顿悟本性，无修无证，直超彼岸，察求之功无所用；下德之所以用不休者，以其天真已亏，知识已开，虽能顿悟本性，不能斩然驯顺，必用渐修之道，增减之功，增而又增，减而又减，直至无可增减，义精仁熟，方到休息之处，此不休之用所由贵也。上德下德，身分不一，故其用亦异。若下德者到义精仁熟时，亦与上德者同归一途也。所谓或安而行之，或利而行之，或勉强而行之，及其成功一也。试明下德其用不休之旨，不休之用，即后天中返先天之道，后天中返先天，即知白守黑之道。白者，莹净道心也；黑者，晦暗人心也。知其白，则道心实；守其黑，则人心虚。道心实，则真知常存；人心虚，则灵知不飞。真知、灵知两而合一，刚柔相配，其中恍惚有象，杳冥有精，而神明自来矣。神明即先天真一之气，又名先天真一之精，又名谷神。谷神乃阴阳二气混合之神。阴阳分散，此神晦暗，其体黑而失其明，如神明去矣；阴阳相合，此神莹净，其体白而复其明，如神明来矣。故曰：知白守黑，神明自来。何谓白者金精，黑者水基？盖道心所具之真知为真情，其德原自刚健，为乾家之物，取象为金精；人心所藏之灵知为真性，其德本来柔顺，为坤家之物，取象为水基。灵知本不属水而属火，因其灵知藏于人心，能守其人心之黑，则人心虚极静笃。灵知柔顺，邪火消灭，与真知恍惚中相逢，杳冥中有变，和气熏蒸，而生真一之水，是黑为水之基耳。夫水者，天一所生，乃道之枢纽，为五金之主，阴阳之本，内含黄芽，有北方河车之正气。何以知之？人心灵知虚静，客气不来；道心真知发现，生气复还。如草木在地中萌芽，其色黄嫩，其质纯水，故名黄芽。因其阳气从水中而上生，又名河车；因其阳气自阴中生出，又名神明。其实黄芽、河车、神明，皆形容道心真知，一点刚健之正气耳。比象黑铅，外黑内白，内怀金华，又如被褐怀玉，外为狂夫也。人自先天交于后天，妄情生欲水，金为水母也。后天中返先天，黑中有白，精一之水，又生真知之真情，而母反隐于子胎，是水反生金矣。精一之水，又借真情而生，水为金之子，先天中运后天真情之金，生精一之水，而子又藏于母胞，是金又生水矣。金生水者，顺其所欲，所以诱彼之欢心，后天而奉天时也；水生金者，逆运其机，所以固我之命宝，先天而天弗违也。金水互生，顺逆两用，彼我无伤，而真人生于其间矣。真人，即上所谓神明，又曰圣胎，乃先天虚无真一之气，凝结而成象者。这个真人，至神至妙，非色非空，即色即空。乍沉者，寂然不动也；乍浮者，感而遂通也。色空不拘，动静自然，至无而含至有，至虚而含至实，阴阳五行之气，无不俱备，故曰：退而分布，各守境隅。当圣胎凝结，真人有象，五元五德，混然一气，五物五贼，各守境隅，不但不能害道，而且有以助道。采之类白者，始而虚室生白，圣胎凝结也；造之则朱者，既而以火炼金，圣胎坚固也；炼为表卫者，外丹成就也；白里真居者，内丹圆明也；方圆径寸者，外圆内方，而内外一气；混而相拘者，神凝气聚，而神气混合，内外如一。神气混合，一灵妙有，法界圆通，先天地生，巍巍尊高。造化不得而拘，万物不得而屈，入于真空无碍，浑然一中之境，故曰状似蓬壶也。到此地位，圆陀陀、光灼灼，良知良能，复见娘生本来面目。原本到手，须当防危虑险，固济牢封，故曰旁有垣阙也。环匝关闭，四通踟蹰者，所以防外患，外物不入也；守御密固,阏绝奸邪者,所以除内贼,内念不出也;曲阁相通,以戒不虞者,戒慎乎其所不睹,恐惧乎其所不闻,无隐不照,无微不察,如曲阁相通,幽明如一,不使有丝毫邪气留于方寸之中也;可以无思,难以愁劳者,有用用中无用,无功功里施功,非有愁劳强作,但只无思无为,精一执中而已。以上警戒法语,是欲学者,临时谨慎,不容稍有懈怠,自取咎吝耳。盖圣胎凝结,神气充足,阳极必阴,易于致凶。守之则十月胎全,丹熟而昌,失之则霎时气散神飞而亡。故圣人于此,住火停轮,用阴符之道,刚以柔济,一动一静,一休一息,常与道俱,弃有为而入无为,由了命而后了性,在未生身处下功夫也。此下德为之,其用不休,由勉强而归自然之道。到得自然之处,与上德者,同是一事。以上言命理,以下言性理,学者着意。

　　内以养己,安静虚无。原本隐明,内照形躯。闭塞其兑,筑固灵株。三光陆沉,温养子珠。视之不见,近而易求。勤而行之,夙夜不休。伏食三载,轻举远游。跨火不焦,入水不濡。能存能亡,长乐无忧。道成德就,潜伏俟时。太乙乃召,移居中洲。功满上升,膺箓受图。

　　修真之道,性命必须双修,工夫还要两段。外药所以了命,内药所以了性。外药者,外夺造化,以复先天;内药者,内保本真,以化后天。先天所以脱幻身,后天所以脱法身。世间迷人,不知圣贤立言妙义,误认外药为炉火,内药为孤修。殊不知先天真阳,从虚无中来,乃属于彼,故谓外药;先天既来,归根复命,即属于我,故谓内药。内外之分,性命之界,两者同出而异名,同谓之元之又元。节首提出内以养己,则内外之理昭昭矣,正合篇首将欲养性,延命却期之旨。己者,性也。当金丹成就,命基已固,急须修性,以脱法身。修性之道,乃炼神还虚之一着,故此节直指曰:内以养己,安静虚无。盖养性之道,须要安身于虚,静心于无,身心两忘,期必至于形神俱妙,与道合真而后已。原本隐明,内照形躯者,韬明养晦,允执厥中也;闭塞其兑,筑固灵株者,惜气养神,惟精惟一也;三光陆沉,温养子珠者,精、气、神三宝精华,皆收敛于内,护持丹元,须臾不离也。原本灵株、子珠,皆圣胎之别名。圣胎有气无质,故曰视之不见。虽视不见,近在我身,切在心胸,人所不知,而己独知。须宜绵绵若存，勿忘勿助，日乾夕惕，勤而行之，夙夜不休。十月丹熟，群阴剥尽，时至脱化，身外有身。更加三年乳哺之功，伏其气以壮神，食其时以固形，则来去自如，轻举远游，跨火不焦，入水不濡，聚则成形而存，散则化气而亡，无灾无难，长乐无忧。到此地位，道成德就，太乙乃召，移居中洲，洞天福地，与群真共受天禄，更来尘世，积功累行，三千功满，八百行完，玉帝敕诏，紫府受职，大丈夫之能事毕矣。

《参同契经文直指》下篇

东汉 魏伯阳真人 著

栖云山悟元子刘一明 解

下 篇

（配以伏食）

惟昔圣贤，怀玄抱真。伏炼九鼎，化迹隐沦。含精养神，通德三光。津液腠理，筋骨致坚。众邪辟除，正气长存。积累长久，变形而仙。忧悯后生，好道之伦。随傍风采，指画古文。著为图籍，开示后昆。露见枝条，隐藏本根。托号诸名，覆谬众文。学者得之，韫椟终身。子继父业，孙踵祖先。传世迷惑，竟无见闻。遂使宦者不仕，农夫失耘，商人弃货，志士家贫。吾甚伤之，定录此文。字约易思，事省不繁。披列其条，核实可观。分两有数，因而相循。故为乱辞，孔窍其门。智者审思，用意参焉。

用意参，一本用意观。

性命之道，得其真者，勤而行之，立竿见影。古来成道者，代不乏人。《仙传》云：拔宅者八百，飞升者三千，坐脱立亡、小成者不可枚举。拔宅者，如黄帝焉，如许旌阳焉，如张天师焉；飞升者，如正阳翁焉，如葛仙翁焉，如河上公焉，如纯阳翁焉。以上圣贤，皆炼七返九还金液大丹而成。若舍此道，冀望成真，万无是理。金丹之道，怀玄抱真，伏炼九鼎之道也。玄者，神妙不测，变化无端，气之谓；真者，至善无恶，浑然元仁，理之谓。气属命，理属性。怀玄者，所以立命也；抱真者，所以尽性也。伏者，伏其气，所以养浩然正气，命由自造也；炼者，炼其真，所以全本来天真，性不有昧也。九者，纯阳无阴之数。自古圣贤，皆怀玄抱真，伏之炼之，归于纯阳无阴，为金刚不坏之物，是谓伏炼九鼎，非后世九鼎炉火服食，亦非御女闺丹九鼎之邪说。若是炉火闺丹，何言怀玄抱真？昔黄帝太湖炼九鼎乘龙上天公案：太湖为坎龙，为乾阳，乃是取坎中之阳，以填离中之阴，复还乾体，归于纯阳之谓，何得以九鼎为有象之九鼎乎？惟此伏炼九鼎之道，大智若愚，大巧若拙，隐沦其迹，韬明养晦，含藏精神，默运神功，以窃造化之权，以盗阴阳之气。《易》曰：与天地合其德，与日月合其明，与四时合其序，与鬼神合其吉凶。惟其能合，所以通德三光，天关在手，地轴由心。以之保精则精粹，而津液腠理；以之养气则气足，而筋骨致坚。众邪辟除者，退阴也；正气常存者，进阳也。进阳退阴，加功伏炼，久而阴尽阳纯，形化为气，气化为神，神化为虚，身外有身，羽化登仙。成己之后复成物，垂悯后生，好道之伦，趋入旁门，不知真道，于是指画古文，著作图籍，开万世之聋聩，作百代之阶梯。然其义深奥，仅露枝条，至于本根，恐泄天机，不敢直吐，故隐藏耳。隐藏者，非不言也，乃隐于言语之外、寓意之中耳。后人不知古人妙旨，托诸真名号，妄作妄注，错谬古文，以误后学。如《阴符》天真皇人讲语、《南华列御寇》、《玉清金笥录》，皆后人指古人名号，妄续妄著者。后之学人，不识真假，一遇此等谬文，韫椟终身，如获至宝，父传于子，子传于孙，以迷传迷，以盲引盲，遂至宦者不仕，农夫失耘，商人志士，各废其业，终无一成。仙翁慈悲，作《参同契》，字约而思之易入，事省而行之不繁，列其条而核其实。其中火候分数、药物斤两，无不详明且备，可谓拔天根而钻理窟，真足为天人眼目、性命孔窍，有志者见之，宜审思细参，久而自见端倪。奈何后世，或指为纳甲之书，或猜为炉火之事，或取为御女之证，此孔子不得不哭麟，卞和不得不泣玉，虽仙翁亦无如何也。

河上姹女，灵而最神。得火则飞，不见尘埃。鬼隐龙匿，莫知所存。将欲制之，黄芽为根。物无阴阳，违天背元。牝鸡自卵，其雏不全。夫何故乎？配合未连。三五不交，刚柔离分。施化之精，天地自然。火动炎上，水流润下。非有师导，使其然也。资始统正，不可复改。观夫雌雄,交媾之时,刚柔相结,而不可解。得其节符,非有工巧,以制御之。男生而伏,女偃其躯。秉乎胞胎,受气元初。非徒生时,著而见之。及其死也,亦复效之。此非父母,教令其然。本在交姤,定置始先。

刚柔相结,一本相纠。

上节言古来圣贤,皆怀玄抱真,而得成道。夫怀玄抱真,刚柔相当,阴阳混合之道也。姹女者,离中之阴,在人为人心之灵知。人心具有识神,识神流性不定,借灵生妄,如河上淫奔之女,故象河上姹女。因其姹女,其性流荡,见景生情,故灵;惟其灵,逐风扬波,故神。是谓昭昭灵灵之识神。此神喜动不喜静,心火稍起,则飞扬腾空,如鬼隐龙匿,无影无踪,莫知所存矣。将欲制之,黄芽为根者,黄芽为坎中之阳,在人即道心之真知,真知具有真情,真情内含真意,乃是一点生机,别名曰黄芽。真意属土,真土一现,阳气生机即回,如黄芽在地中,从根而渐长也。灵知之流性属阴,真知之真意属阳,以真意制流性,拄杖稳定,识神不得而起,人心不得而发,灵知亦归于真知。不但灵知不飞,而且能养真知。真知灵知,两而合一,阴阳相应,生机不息矣。《易》曰:一阴一阳之谓道。若物无阴阳,违天背元,牝鸡自卵,其雏不全。特以配合不连,五行不交,刚柔分离,非天地一阴一阳施化自然之道,皆不能生育。阳施阴化,其精流通,方是自然之道,方能万物生育。比如火性炎上,水流润下,非有师导,资于本始;雌雄交姤,刚柔相结,非有工巧,出于同类。又如男生而伏,女偃其躯,非徒生时著见,即死亦然,非有父母教令,本在交姤,定置始先。凡此皆阴阳二气感应,有莫之为而为,莫之致而至者也。修道者,若舍阴阳之道,则孤阴不生,独阳不长,违天背元,生机已息,焉能保命?焉能全形?故必真知灵知,阴阳相合,方能济事也。

太阳流珠,常欲去人。卒得金华,转而相因。化为白液,凝而至坚。金华先唱,有顷之间。解化为水,马齿阑玕。阳乃往和,性情自然。迫促时阴,拘蓄禁门。慈母养育,孝子报恩。严父施令,教敕子孙。五行错王,相据以生。火性销金,金伐木荣。三五与一,天地至精。可以口诀,难以书传。子当右转,午乃东旋。卯酉界隔,主客二名。龙呼于虎,虎吸龙精。两相饮食,俱相贪便。遂相衔咽,咀嚼相吞。荧惑守西,太白经天,杀气所临,何有不倾?狸犬守鼠,鸟雀畏鹯,各得其功,何敢有声?不得其理,难以妄言。竭殚家产,妻子饥贫。自古及今,好者亿人。讫不谐遇,希有能成。广求名药,与道乖殊。

　　上节言姹女得黄芽,方能制伏。此节申明制伏之火候。夫人所具灵知之流性,出入无时,莫知其乡,乱人之心思,耗人之精神,伤人之性命,如太阳流珠,无时停息。然虽无时停息,若得道心真知之金华以配之,则灵知得真知制伏,转而相因,灵归于真,以性求情,以情归性,化为白液,一气混合,凝而至坚矣。真知灵知既凝,阴阳相合,和气熏烝,真知之金华,顷刻之间,刚变为柔,解化为真一之水,恍惚有物,杳冥有精,如马齿珊玕焉。马齿比其坚白,珊玕比其温柔。金华化水,即上所云化为白液也;马齿珊玕,即上所云凝而至坚也。真知金华,既变为真一之水,白嫩而坚;灵知太阳流珠,即化为虚灵之火,而往和之。金华先唱者,真情不昧也;阳乃后和者,真性不迷也。情不昧,性不迷,火不炎上,水不下流,水火相济,性情和平,归于不识不知,顺帝之则,自然之域矣。性情自然,方是凝而至坚,犹有一身后天阴气未化,足为道累,必须将一身阴气化尽,方能大道完成。迫促时阴者,却除邪气,时刻谨慎也;拘蓄禁门者,护持正气,须臾不离也。禁门即元牝之门,为生门死户,乃生杀之舍,阴阳之窍,生我在此,死我在此,结胎在此,脱胎亦在此,守之者存,失之者亡,为至紧至要之关口,所以号为禁门。此个门,人人出入,个个来往,但百姓日用而不知耳。若有人问此门形象,吾则曰:天之下,地之上,日之西,月之东,十字路头,四会场中,明晃晃开一孔窍,远观细如毫毛,近看大似世界,其中万象森罗,百宝俱备,有天造地设家当,不知有人认得否?若有人认得,则迫促邪阴,于死我处返其本,拘蓄正阳,于生我处还其元,可以随心运用,左之右之,无不宜之矣。但还元返本之道,总是调和性情,混合阴阳之理。若要调和性情,须先辩明五行生克之道:金生水,金为水母,水为金子;木生火,木为火父,火为木子。金本生水,水中又能生金,是谓慈母养育,孝子报恩也;木本生火,火中又能成木,是谓严父施令,教敕子孙也。金生水,木生火,顺生也;水生金,火生木,逆生也。又有五行错王,相据以生之道。如火性能以销金,金被火克而色足,能以生明;金性能以伐木,木被金克而成器,得以生荣之类。三五者,金生水一五,木生火一五,土居中央自为一五。一者,一气也。五行相生相克,克以成生,生以全克,生克随时,一气流行,始而终,终而始,神化不测,在天地则为至精,在丹道则为至宝。此中顺逆生克之天机,可以口诀,难以书传也。难以书传者,以其顺逆生克之天机,有火候、有工程、有先后、有急缓,差之毫发,失之千里。书何尝不传火候?何尝不传工程?但言之而言不及,论之而论不尽耳。仙翁老婆心多,既云难以书传,而又不得不以书传者,特欲以书传之,使后世学者,就文穷理,求师印证也。书传者何事?即传火候工程耳。子为六阳之首,乃一阳来复之时,逢子自左而右转,以至于巳,六阳全,此进阳火之事,行刚道也;午为六阴之首,乃一阴来姤之时,遇午自西而东旋,以至于亥,六阴纯,此运阴符之事,用柔道也。卯酉者,阴阳出入之门户。卯为木,在东,为主,司生气;酉为金,在西,为客,司杀气。木性柔,象龙;金情刚,象虎。有杀有生,有主有客,生杀并用,主客相当,性情一气,如龙呼于虎,虎吸龙精,两相饮食,俱相贪恋,衔咽咀嚼,自然结丹。比如荧惑为火星,宜在于南,若守于西,是火去克金;太白为金星,宜在夜行,若经天昼现,是阴侵其阳。二者皆反其常,系杀气所临,必有倾败大事之凶。又如狸犬守鼠必得鼠,鹯拘鸟雀必得功。即此数事以观,阴阳失时必倾败,阴阳有准必成功。以上皆书之所传者。修道者仅玩其所取之象,不待其所藏之理,妄猜私议,误认为五金八石,流于炉火,烧铅炼汞,竭殚家产,妻子饥寒。自古及今,无数学人,自负聪明,不求明师口诀,广求名药,以假为真,愈求愈远,与道乖戾,终无一成,可不叹诸?

丹砂木精,得金乃并。金水合处,木火为侣。四者混沌,列为龙虎。龙阳数奇,虎阴数偶。肝青为父,肺白为母。肾黑为子,心赤为女。脾黄为祖,子午行始。三物一家,都归戊己。

上二节言姹女、黄芽、流珠、金华,凡以明调和阴阳之功耳。夫调和阴阳之功,即是攒簇五行之功。故此节言攒簇五行之事,申明调和阴阳之妙用也。丹砂象火,在人为灵知之神,即前姹女、流珠之别名也。木性柔,在人为灵知之柔性;金情刚,在人为真知之刚情,即前黄芽、金华之一物也。灵知之神，出于柔性，故为木之精。因其性柔而少果断，人心识神借灵生妄，未免真中有假。然得真知金情制之，识神不得用事，人心安静，灵返本性，火中又生木。木性爱金顺义，金情恋木慈仁，而金木相并。灵知者，先天所秉之灵气；真知者，先天所秉之正气。此灵此真，本来合一，灵而有真，真而至灵，真空妙有，所谓一点真灵者是也。因交后天，识神用事，灵者有昧，真者入假，彼此间隔，于是气性发而妄情起，一身纯阴矣。识神者，历劫轮回之种子，生生死死之根蒂，若不将此一物除灭，性命终非我有。除灭之法，非真知之真情不能。真知之情，具有先天真一之气，此气至大至刚，能以退群魔、斩三尸。真情一现，识神渐消；识神消，而人心不起；人心不起，灵知不飞；灵知不飞，真性自现。真性现而与真情相会，合而为一，是谓金木交并。金木既交并，则金中有真水，在人为真精，真情真精，合为一家，是谓金水合处；木中含火，在人为元神，元神真性，合为一家，是谓木火为侣。外而金木相并，内而水火相济，四者混沌而为一气，仍是一阴一阳相合之理，故曰列为龙虎。龙为木，属于阳，生数三，为奇；虎为金，属于阴，生数四，为偶。龙虎者，性情之法象。性、情、精、神虽分四象，而实一情一性统之。虽是一情一性统之，其实到性情相合时，总是先天一气统之。一气浑然，内含四象；四象混合，仍是一气。金丹之道，后天中返先天，攒簇五行，和合四象，凡以为调和阴阳耳。阴阳调和，即是龙虎相会，故丹成曰龙虎大丹。比如幻身，亦借阴阳五行而成。肝青为木，为父；肺白为金，为母；肾黑为水，为子；心赤为火，为女；脾黄为土，为祖。盖后天幻身，非五行不能成形；先天真身，非五行不能凝结。所异者，颠倒顺逆之间。顺之则生人生物，逆之则成圣成仙。何谓顺？肝木藏魂，性浮而主喜；心火藏神，性炎而主乐；肾水藏精，性流而主哀；肺金藏魄，性沉而主怒；脾土藏意，性滞而主欲。属于后天。何谓逆？木性浮而使沉，木归于根，喜化为仁；金性沉而使浮，金还其元，怒化为义；水性下而使上，水归于源，哀化为智；火性上而使下，火返其真，乐化成礼；土性滞而使和，土返于阳，欲化为信。属于先天。至人者，修其先天，化其后天，逆运其机，以夺造化之权，以转生杀之柄。其妙在乎抑阴扶阳，用六而不为六所用,用九而不为九所用也。九者阳之数,六者阴之数,一阳生为子,一阴生为午。子午者,阴阳之始。一阳生而进阳火,水木居焉;一阴生而运阴符,火金居焉。进阳运阴,各随其时,其中有信。土居中央,混合百神,功归戊己。戊以和阳,主运外;己以和阴,主养内。戊己相合,内外如一。二土结为刀圭,是谓三物一家。《金丹四百字》所谓:铅汞归真土,身心寂不动者。即本此也。盖金水属于身,木火属于心,戊己属于意,统精、气、神三物,炼精化气,炼气化神,炼神还虚。到此地位,身心如一,永无渗漏之患。但所谓身心者,非幻身肉心,乃不可见之身心。不可见之身,即本来一点浩然刚正之气;不可见之心,即本来一点虚灵不昧之性。所谓意者,非意念之意,即本来不动不摇之天,则谓之真意,又谓真信。后人不知古人立言奥意,认身为幻化之身,认心为肉团之心,认意为意念之意。执心意者,入于寂灭之学;认幻身者,认为搬运之功。噫,以此为道,乃邪道耳,非正道也。彼安知道乃先天之学,不落于有无形象,别有个心传口授之秘诀,直超彼岸,立跻圣位耶!

　　刚柔迭兴,更历分布。龙西虎东,建纬卯酉。刑德并会,相见欢喜。刑主伏杀,德主生起。二月榆落,魁临于卯。八月麦生,天罡据酉。子南午北,互为纲纪。一九之数,终而复始。含元虚危,播精于子。

　　上节言攒簇五行、阴阳合一之功,此节言阴阳合一之妙用。金丹之道,刚柔相合之道。刚中有柔,柔中有刚,刚柔互相迭兴,更历分布,随时变通耳。何谓刚柔迭兴,更历分布?龙性属木,为德,本居于东卯阳位,而今反建纬于西酉阴位,是刚更历而布于柔地,此以性求情也;虎情属金,为刑,本居于西酉阴位,而今反建纬于东卯阳位,是柔更历而布于刚地,此以情归性也。以性求情,刑中有德;以情归性,德中有刑。刑中有德,德中有刑,刑德并会,性情相见,刚柔和合,如夫妻相得而欢喜矣。试以天地造化之道论之,造为德,化为刑。刑主杀,所以伏藏万物;德主生,所以起兴万物。生以荣旺之,杀以收敛之。有刑有德,有生有杀,生而杀,杀而生,刑而德,德而刑,而造化得以流行不息矣。然犹有生中有杀,杀中又有生之道。如二月万物皆生,榆荚反落,魁星辰时临卯,罡星辰时指酉,此生中有杀也;八月万物皆收,荞麦反生,罡星戌时指酉,魁星戌时临卯,此杀中有生也。盖罡星所指处吉,有生气也;魁星所临处凶,有杀气也。二月榆落,八月麦生,此皆刑德并会之象。修道者知得此刑德并会之机,方可下手。子南午北,互为纲纪者,子属水,在人为元精;午属火,在人为元神。子在南,水居火位;午在北,火居水位。是精一之水,去克元神之火,刑也,杀也。然水上火下,水火有相济之功,是以精养神,以神保精,刑中有德,德中有刑也。刑中有德,德中有刑,刑德阴阳,互为纲纪,而生先天真阳。阳生于一,而成于九,阳极而阴接,阴极而阳起,终而复始,阴阳并用,刑德两全,无伤于彼,有益于我。彼我会则性情合,性情合则金丹结。然其最要处,在一阳来复之时。此时与天地合其德,与日月合其明,与四时合其序,与鬼神合其吉凶。盖以此时有先天元精元气在焉。虚危二星,位居子地,乃阴阳二气交会之处,即修道者安身立命之处,易错而难逢,此时正宜刑德并用,刑以防阴,德以养阳。若有德无刑,客气乘间而入,先天有伤,大事去矣。仙翁以播精于子一句,示人以刑德并用,下手之诀,天机大露矣。

如审遭逢,观其端绪。以类相况,揆物始终。五行相克,更为父母。母含滋液,父主秉与。凝精流形,金石不朽。审专不泄,得以成道。立竿见影,呼谷传响。岂不灵哉,天地至象。若以野葛十寸,巴豆一两,入喉辄僵,不得俛仰。当此之时,周文揲蓍,孔子占象,扁鹊操针,巫咸扣鼓,安能令苏,复起驰走?

以上修炼金丹大道,内外药物,阴阳符火,精且详矣。但恐学者无大福分,不能遇真师耳。如其遭逢庆幸,得遇真师,当究其大道之端绪,审其同类之药物,揆度下手之始,完全之终,而后可以修为。盖一处不知,即一处有迷,知之不精,即行之不到。所谓差之毫发,失之千里。五行相克者,金克木,木克土,土克水,水克火,火克金也;更为父母者,金生水,水生木,木生火,火生土,土生金,五行相生,彼此互为父母也。五行之中,水木属阳,为父;火金属阴,为母。父主刚,母主柔。母含滋液者,柔以成物也;父主秉与者,刚以生物也。一生一成,金、水、木、火,二五之精,妙合而凝,品物流形矣。修道者,能明五行生克之理,阴阳互运之机,宜刚即刚,宜柔即柔,刚柔归于中正,圣胎凝结,无形生形,十月气足，露出法身，不生不灭，与金石不朽。若有知而审专不泄，勤行不怠者，决得成道，如立竿见影，呼谷传响，其灵验最为迅速。要之，天地非阴阳不能生物，性命非阴阳不能结丹，天地造化之道，乃金丹之至象也。后世迷人，不究真阴真阳之理，趋入旁径，到老无成，妄言修道为虚妄，圣贤之文为虚文，彼特未之深思耳。试观后天野葛、巴豆之毒，入口即便尸僵，虽圣贤仙佛，亦难救苏。况金丹乃先天至宝，岂有得之而不能永寿长生者哉？金丹之能长生，犹之巴、葛之能致死。人之不思，愚之甚矣。紫阳欲向人间留秘诀，未逢一个是知音，正为此耳。

《参同契》笺注原序

《参同契》者，辞寡而道大，言微而旨深。列五帝以建业，配三皇而立政。若君臣差殊，上下无准；序以为政，不至太平；伏食其法，未能长生；学以养性，又不延年。至于剖析阴阳，合其铢两，日月弦望，八卦成象，男女施化，刚柔动静，米盐分判，以易为证，用意健矣。故为立注，以传后贤。惟晓大象，必得长生，强己益身。为此道者，重加意焉。

《参同契直指笺注》上篇

东汉景休徐真人 撰

栖云山悟元子刘一明 解

乾坤者，易之门户，众卦之父母。坎离匡廓，运毂正轴。牝牡四卦，以为橐籥。覆冒阴阳之道，犹工御者，准绳墨，执御辔，正规距，随轨辙。处中以制外，数在律历纪。

金丹之道，一易道也。易道以乾坤为父母，丹道以乾坤为炉鼎。有父母，然后有男女，有男女，则阴阳交感，造化于中，生生不息。有炉鼎，然后采药物，有药物，而水火烹煎，革故鼎新，复归本真。《参同》以乾、坤、坎、离四卦为纲领者，盖以乾坤者，易之门户，众卦之父母也。《周易》以乾坤为六十四卦之首，故为易之门户。六十四卦，共三百八十四爻,凡阳爻皆属乾,凡阴爻皆属坤,阴阳交错,虽分六十四卦、三百八十四爻,总是乾坤二卦,一阴一阳,变化之所出,故乾坤为众卦之父母。此注《契》文:乾刚坤柔,配合相包,阳禀阴受,雌雄相须,须以造化,精气乃舒一段之义。精气舒而造化行,六十四卦在是矣。

坎离者,乾坤之继体,内藏乾坤阴阳中正之气,代乾坤而行造化,为六十四卦之匡廓。匡者,周围之谓;廓者,空大包廓之谓。周围空大,无物不在范围之中。此注《契》文:坎离冠首,光映垂敷,玄冥难测,不可画图一段之义。运毂正轴者,轴为车轴,毂为轮毂。轴所以载车,主静;毂所以行车,主动。易以乾坤为体,如车轴也;以坎离为用,如毂轮也。运毂正轴。体不离用,用不离体也。牝牡四卦,即乾、坤、坎、离四卦。乾牡坤牝,坎牡离牝也。橐籥者,橐无底,两头开,物属阴者,为牝;籥有底,一头开,物属阳者,为牡。橐所以包物,籥所以通气。乾、坤、坎、离四卦,牝象阴之成物,牡象阳之生物。覆冒阴阳之道,如橐之包物,籥之通气。覆冒者,统摄之谓。盖易以乾坤为体,坎离为用,即统摄阴阳造化之全功。乾、坤、坎、离四卦立,犹工人准绳墨而正规矩,犹御者执御辔而随轨辙,处中以制外,则其余六十卦,皆在四卦动静之中。如律历一纪之序,自然而然矣。此注《契》文:四者混沌,径入虚无,六十卦周,张布为舆一段之义。修道者,能以刚柔为体,以中正为用,处中以制外,化裁推行,变通不拘,则吾身自有一部《易》理。而六十四卦,即在方寸之中,亦橐籥阴阳之道,与天地合德,与日月合明,与四时合序,与鬼神合吉凶,有何大丹不结、大道不成乎?

月节有五六,经纬奉日使。兼并为六十,刚柔有表里。朔旦屯值事,至暮蒙当受。昼夜各一卦,用之依次序。即未至晦爽,终则复更始。日月为期度,动静有早晚。春夏据内体,从子至辰巳。秋冬当外用,自午讫戌亥。赏罚应春秋,昏明顺寒暑。爻辞有仁义,随时发喜怒。如是应四时,五行得其理。

晦爽,一本昧爽;日月,一本日辰;得其理,一本其序。

上言乾、坤、坎、离,覆冒阴阳之道,其数在于律历纪矣。夫律应一月,纪应一岁。一年三百六十日,行卦三百六十爻,其余二十四爻,属于四卦。爻尽周而复始。一月五六三十日，经纬卦象，奉日而运。一日两卦，三十日，共六十卦，其余四卦，即乾、坤、坎、离也。乾、坤、坎、离，所以运动六十卦，不在卦气之列。一月前十五日为阳，刚也；后十五日为阴，柔也。阳生于前，为里；阴生于后，为表。是六十卦，统三十日，三阴三阳，相为表里，一日昼夜，各行一卦。每月朔旦行卦，昼则屯卦值事，夜则蒙卦值事，昼夜两卦十二爻，一时一爻，十二时，十二爻。如是行去三十日，共行三百六十爻。始于屯蒙，终于既未，终则复始。此注《契》文：屯以子申，蒙用寅戌，余六十卦，各自有日一段之义。至人者，默通造化，暗合阴阳，以日月为期度，当动方动，当静方静，一动一静，不失其时。一日有早晚，当进阳即进阳，如春夏据内体，从子至辰巳，而行六阳之卦；时当用阴即用阴，如秋冬当外运，自午讫戌亥，而运六阴之卦。当赏而赏，以应春之生气；当罚而罚，以应秋之杀气；当昏而昏，收敛阳气以应寒；当明而明，振发阳气以应暑。一赏一罚，应春秋之气，而刑德皆当，赏罚分明，或昏或明，顺寒暑之节，而昏明有时，进退合宜。一喜一怒，效仁义之爻，而喜怒得常，生杀有道。如是则四时应，五行顺，而丹道之能事毕矣。盖丹道所以和四象，攒五行。四象和，五行攒，丹头已得，从此再进脚步，大道可冀矣。

天地设位，而易行乎其中矣。天地者，乾坤之象也；设位者，列阴阳配合之位也。易谓坎离，坎离者，乾坤二用。二用无爻位，周流行六虚。往来既不定，上下亦无常。

天地者，乾坤之法象；乾坤者，天地之性情。《太易》以乾上坤下定位，是天位乎上，地位乎下，一阴一阳，配合造化在内，而易之道，即行于天地之中矣。易者，上日下月成字，取其日月上下来往也。月者，坎之象；日者，离之象。坎中实，取象月中有兔；离中虚，取象日中有乌。坎离者，乾坤之继体。乾坤相交，乾之一爻，入于坤腹，坤实成坎；坤之一爻，入于乾体，乾虚成离。离者，乾之继体；坎者，坤之继体。离中之阴，乃坤家中正之阴；坎中之阳，乃乾家中正之阳。坎离具乾坤中正之德，代乾坤而施为，象天地无为，日月变动。是坎离者，乃乾坤二用也。坎离取象为日月，则易之坎离，即日月也。坎之月魄盈亏，一月一周天；离之日魄南北,一年一周天。坎离二用,无一定之位,周流于东、西、南、北,上下六虚空廓之处,一来一往,却无定止,一上一下,亦无常法。《周易》以乾坤为首,以坎离为中,以既济、未济为终者,是承天地造化,皆日月来往上下运用之。此注《契》文:易行周流,屈伸反复,幽潜沦匿,变化于中,包囊万物,为道纪纲一段之义。修道者,能明此中之义,以乾坤为炉鼎,以坎离为药物,一刚一柔,俱归中正,则天关在手,地轴由心,可以动,可以静,可以动中静,可以静中动,可以动静无碍,浑然天理,一气流行矣。

易者,象也。悬象著明,莫大乎日月。日合五行精,月受六律纪。五六三十度,度竟复更始。穷神以知化,阳往则阴来。辐辏而轮转,出入更卷舒。易有三百八十四爻,据爻摘符,符谓六十四卦。晦至朔旦,震来受符。当斯之际,天地媾其精,日月相撢持。雄阳播玄施,雌阴化黄包。混沌相交接,权舆树根基。经营养鄞鄂,凝神以成躯。众夫蹈以出,蠕动莫不由。

上言坎离二用,周流六虚而行易。盖以易者,阴阳造化之象也。《系辞传》曰:悬象著明,莫大乎日月。日月者,天地间显而易见之大象也。虽凡夫俗子,亦皆知此。日月来往,盈亏消长,及其至也,即具圣贤之姿者。若无师指,不得而知之。不得而知者,特以日月来往盈亏、消长之机,幽深潜暗,神化不测也。日,一年一周天,分春、夏、秋、冬之四季,应木、火、金、水之四气,每季有土王十八日,和合四象,四季温、热、凉、寒,昼夜长短,乃五行之精气,故曰日合五行精;月,一月一周天,每月与日一会,一年十二会,每月有弦望晦朔,承日光远近而进退,六月夜长,六月夜短,应律吕以成十二月之一纪,故曰月受六律纪。每月五日为一候,共六候,一候五度,六候共合三十度,为三十日,度尽而晦,晦而复始,积日而月,积月而岁。万物春生夏长,秋敛冬藏,皆日月神化之功。神者,日月合一之神;化者,日月往来之化。万物非神不生,非化不成,一而神,两而化。惟其神,所以能化;惟其化,所以能神。能神能化,所以神化不测。人能穷其一之如何神,即知两之如何化。阳往阴来,阴往阳来,如辐辏轮转,无有停息,即一神也。阳气出而万物气舒,阳气入而万物气卷,出入卷舒,随时变化,此两化也。一神两化,行三百六十日一岁之运。易有三百八十四爻,按三百六十日之期,其余二十四爻,以备乾、坤、坎、离四卦之数,不在三百六十之内。据爻摘符者,一爻三符,一日行两卦,有三十六符,一月六十卦,共有一千零八十符,合乾、坤、坎、离四卦,共该一千一百五十二符。每月晦朔之间,子时一符之中,阴极生阳,坤中孕震。当斯之时,天地构精,乾坤合体,日月撢持,坎离相济。雄阳播玄施,动以舒气;雌阴化黄包,静以滋养。混混沌沌,此接彼交,阴阳二气,凝结一块,如造权作舆,以为衡车之根基。造衡者,先造权,权就而衡依权,造作方有准则;造车者,先造舆,舆成而车依舆,造作方有规矩。权舆者,车衡之根基;震阳者,造化之根基。根基已立,一气经营变化,自无而有,先养内之鄞鄂,由微而著,凝神成躯,后成外之形象。经营养鄞鄂者,如月光晦朔方受符也;凝神以成躯者,如月光初三方显象也。此日月交会,月受日精,生光之道。是道也,生生之道,生人生物,皆是此道,故曰:众夫蹈以出,蝡动莫不由。《系辞传》曰:天地绵缊,万物化醇。男女构精,万物化生。凡天地间属阳者,皆为男,属阴者,皆为女。男女构精,众夫皆蹈此道而出。即蠢动含灵之物,亦莫不由此道而生。举日月相交之道,而凡具阴阳之气,可以类推而知。此注《契》中:幽潜沦匿,变化于中,包囊万物,为道纲纪,以无制有,器用者空一段之义也。

于是仲尼赞鸿濛,乾坤德洞虚。稽古当元皇,关雎建始初。冠婚气相纽,元年乃芽滋。圣人不虚生,上观显天符。天符有进退,屈伸以应时。

上言阴阳混沌交接,无中生有,则知阴阳不合而无生气。《中庸》谓:君子之道,造端乎夫妇。盖以夫妇之道,即君子造道之端,故道费而隐,虽夫妇之愚,可以与知焉。夫妇之不肖,可以能行焉。及其至也,察乎天地,其大无外,其小无内,天地之间,全是道气。小而夫妇,大而天地,总不出此一阴一阳相合之道。昔宣圣赞《易》而首乾坤,赞鸿濛也。上乾下坤,其中洞虚,一气浑然,生物之德,即是鸿濛。删《诗》而首《关雎》,稽元皇也。男冠女婚,其气相纽,阴阳合一,生机芽滋,号曰元年。

鸿濛者，造化之窍；元皇、元年者，造化之始。乾坤合德，即是鸿濛。男女合情，自有芽滋。凡此皆示人以阴阳并用之理耳。盖圣人不虚生于世，成己成物，愿人人为圣贤，个个了性命，故上观天符，显露阴阳进退屈伸之机。如先天卦，离左坎右，震一阳，兑二阳，乾三阳，自左而进伸；巽一阴，艮二阴，坤三阴，自右而退屈。又如后天卦，乾、坎、艮、震，三阳进伸于东北；巽、离、坤、兑，三阴退屈于西南。此皆显天符之事。天符千变万化，总不离阴阳配合之道也。此注《契》文：故推消息，坎离没亡至原理为征一段之义也。

　　故易统天心，复卦建始萌。长子继父体，因母立兆基。消息应钟律，升降据斗枢。三日出为爽，震庚受西方。八日兑受丁，上弦平如绳。十五乾体就，盛满甲东方。蟾蜍与兔魄，日月气双明。蟾蜍视卦节，兔者吐生光。七八道已讫，屈折低下降，十六转受统，巽辛见平明。艮值于丙南，下弦二十三。坤乙三十日，东北丧其朋。节尽相禅与，继体复生龙。壬癸配甲乙，乾坤括始终。七八数十五，九六亦相应。四者合三十，阳气索灭藏。象彼仲冬节，草木皆摧伤。佐阳诘贾旅，人君深自藏。象时顺节令，闭口不用谈。天道甚浩广，太玄无形容。虚寂不可睹，匡廓以消亡。谬误失事绪，言还自败伤。别叙斯四象，以晓后生盲。

　　虚寂，一本虑寂。

　　上言天符有进退屈伸应时之道。应时而进退屈伸，皆天心运用之，故易理变化，内统天心。天心无形无象，不可见，因阴阳交感，一点生机从虚无中露出，而始足以见之。《易》之复卦《象传》曰：复其见天地之心乎？复者，阴极阳生，坤中孕震，阳气始萌，在节为十一月建子。震之一阳，自乾宫来，乃乾之继体，为乾之长子，乾为父，故曰长子继父体；震之一阳，生于纯坤之下，坤为母，故曰因母立兆基。兆者，始也；基者，本也。阴极阳生，乾坤相交，恍惚中有物，杳冥中有精，生机于此兆始返本。此生机即是天心，即是震之一阳，因其无物不借此而生，故谓生机；因其在阴阳交感之中而现，故谓天心；因其静极而后动，故谓震。其实生机也，震阳也，总是天心也。这个天心，无处不有，无时不在，然处处有，时时在，人难测度，故不见。当十一月建子，万物地中萌芽，人皆知其生机又动,故可见耳。曰天心者,阴中生出之阳也;曰天地之心者,在阴阳交感之处方现也。其实天地之心、天心,总是一心,不过就方现、已生论之耳。这个天心生机,生生无穷,其消息升降,皆易理统之。消息应钟律,升降据斗枢者,如月建子,一阳生,在卦为复,律应黄钟,斗枢指子;建丑,二阳生,在卦为临,律应大吕。斗枢指丑之类是也。六阴六阳十二卦,统十二月,应十二律,据斗枢所指十二位,十二月阴阳消息升降,斗枢旋转,皆天心变化之。而易之六阴六阳卦统之,非易统天心乎?以上注《契》文:朔旦为复至归乎坤元一段之义。又如每月晦朔之间,日月交会,月受日光,一日、二日、三日,傍晚纯黑之体,一点微阳下生,在卦为震,现蛾眉之光于西南庚方,是谓震纳庚也;渐至初八,二阳生,在卦为兑,象光生一半,为上弦,现于南方丁地,是谓兑纳丁也;历至十五,三阳全,在卦为乾,光辉满轮,现于东方甲地,是谓乾纳甲也。阳极又阴,屈折低下。十八,一阴生于光辉之下,在卦为巽,光辉方缺,平明现于西方辛地,是谓巽纳辛也;二十三,二阴生,在卦为艮,光缺一半,为下弦,平明现于南方丙地,是谓艮纳丙也;二十八日,平明微阳消于东北乙地,光华于此尽消;至三十日,阴气纯全,在卦为坤,是谓坤纳乙也。月至西南庚方生光,《易》所谓西南得朋也;自东北光尽,《易》所谓东北丧朋也。节尽相禅,晦而又朔,阴极又阳,震继体而又生光,终而复始。壬癸配甲乙,乾坤括始终者,壬阳癸阴,甲阳乙阴。壬水清,乃乾阳之气所生;癸水浊,乃坤阴之气所化。壬配甲,乾纳甲壬也;癸配乙,坤纳乙癸也。每月前半月属阳,乾家之事;后半月属阴,坤家之事。由震而乾,由巽而坤,是乾坤三阳三阴卦,统括一月之始终。乾括阴中生出之阳,七八一十五日;坤括阳中生出之阴,九六一十五日。七八、九六共合三十日。月之阳光一周灭藏,此一月盈亏、消息、进退、屈伸之象,而《易》之三阴三阳卦统之。虽三阴三阳卦统之,而实乾坤二卦统之;虽乾坤二卦统之,而实天心一点生机统之。非易统天心乎?此注《契》文:晦朔之间至为易宗祖一段之义。

以上言一岁一月,阴阳进退屈伸,皆自然而然,无非天心运用之。盖阳进而伸者,天心之舒畅;阴退而屈者,天心之卷藏。阳固谓之天心,阴亦不得不谓之天心。阳亦从天心而阳,阴亦从天心而阴。阴阳俱天心之所出。天心混于阴阳之中,阴阳不在天心之外,但天心见端处,总在静极始动之间。故象彼仲冬节,草木尽皆摧伤,阴之极矣。阴极阳必生,先王至日闭关,商旅不行,后不省方,深藏不动,盖佐微阳而养天心之生机耳。

　　修道者若能象其时而顺节令,如先王闭关,虚极静笃,则先天之气从无而有,黑中生白,天心复见,凝而为一黍之珠,温之养之,脱胎换骨,长生不死,直有可必。噫,只此象时顺节令一句,已了金丹妙旨,更有何说?故可以闭口不用谈矣。金丹之道,始终只是修持天心一味大药。象时顺节令,则天心常存,由嫩而坚,由微而著,日久功深,永远不坏,所谓知其一而万事毕者即此,何用谈乎?然天道之理,浩广无边,太玄之气,无形无容,至虚至寂,视之不见,将何而立匡廓以为范围乎?天道太玄,皆天心之别名。天心虚寂不可见,即不能立匡廓以为范围。若强谈之,必有谬误。失其天心浩广虚寂流行之事绪,不足以揆方来,言之反而自败其德,不如不言为妙。但道本无言,言以显道,果若不言,何以接引后学?故借易道别叙乾、坤、坎、离四象,以一岁乾坤阴阳来往,一月坎离日月合离,显露天心端倪,以晓后生之盲耳。自象彼仲冬节至以晓后生盲,注《契》文:恒顺地理至千载常存一段大意。通节以天心为脉,借一岁阴阳,一月盈亏,演出一神两化之天机。末段归到无形无象、无言语处,天心全神俱露,曰甚浩广,曰无形容,曰不可睹,真空而含妙有,妙有而藏真空,天心本象,这个而已。此不言而言,言之至者。虽系注《契》文,而仙翁探赜索隐,发《契》文所未发,可谓拔天根而凿理窟,犹恐人难会悟,结句云:别叙斯四象,以晓后生盲,使学者自有象穷无象,以有形穷无形耳,其慈悲大矣哉!

　　八卦布列曜,运移不失中。元精眇难睹,推度效符证。居则观其象,准拟其形容。立表以为范,占候定吉凶。发号顺时令,勿失爻动时。上观天河文,下序地形流。中稽于人心,参合考三才。动则循卦节,静则因象辞。乾坤用施行,天地然后治。(一本下有可不慎乎,宜去之。)

　　上观天河文,一本上察河图文;天地然后治,一本天下。

上言别叙四象,以晓后生之盲。四象者,乾、坤、坎、离也。《易》以乾坤为体,坎离为用。乾、坤、坎、离,体用相需,而震之阳生,艮之阳止,巽之阴伏,兑之阴现,皆顺坎离运用。故后天八卦方位,乾、坎、艮、震、巽、离、坤、兑,分居八方,布于二十八宿列曜之次,以行卦气,运移四时八节,七十二候。然八卦之中,运行卦气者,坎离二卦也。坎象月,离象日,日行中道,月行九道,日月南北来往,运移不定。然日月交会处,总不失其中道。后天八卦方位,离居南,坎居北,坎离居中正之位,即象日月运移中道也。中道者,黄道,即日行之道,又为日月交会之道。日月交会之处,有天地元精在焉。元精无形无象,眇而难睹,日之能照,月之能临,皆元精之神功也。惟人也,亦有此元精也,此精为性命之根,生死之本,非后天有形有象之浊物,乃先天无形无象之至宝,亦眇而难睹。既眇而难睹,如何得为我有?然能推其阴阳来往之度数,效其日月交会之符证,居则观其卦爻交错配合之象,即有穷无,准拟其形容,恍惚之中寻有象,杳冥之内觅真精,有无相入,可见其真。既见其真,下手修为,可以立表以为范矣。表者,所以定日晷之长短。比之修道者,心君清静,主宰在中,即为规范,可以不为外物所瞒矣。占候定吉凶者,候即用阴用阳之时候。用之当则为吉,用之不当则为凶。发号顺时令者,当进阳而即进阳,所以发号以行德也;当运阴而即运阴,所以发号以施刑也。刑德进退,顺其春夏秋冬之令,不失其刚柔爻动之时,则先天元精,自然从虚无中结就。是道也,一天地之道也。修道者,必须上观天河东、西、南、北、众星之运转,下察地形高、低、上、下、众水之流通;中稽人心仁、义、礼、智、秉彝之天良。参考三才之道,合为一道,动则循卦节而刚柔迭兴,静则因象辞而吉凶细辨,效天法地,用九用六,施行随时,健顺合一,归于中正之道,浑然天理,而吾身天地然后治矣。吾身天地,即本来所秉阳健阴顺之德。健顺德合,阴阳气和,德配天地,从容中道,圣人矣。然不知天文,不明地理,则人心理欲混杂,不晓变通之道,非执中即执一,如何得到从容中道之地?然后治三字,有致知力行,无穷功夫在内,学者须要深玩。此节注《契》文:御政之首,鼎新革故一段之义。

若夫至圣,不过伏羲,始画八卦,效法天地。文王帝之宗,结体演爻辞。夫子庶圣雄,十翼以辅之。三君天所挺,迭兴更御时。优劣有步骤,功德不相殊。制作有所踵,推度审分铢。有形易忖量,无兆难虑谋。作事令可法,为世定是书。素无前识姿,因师觉悟之。皓若褰帷帐,瞋目登高台。《火记》①六百篇,所趣等不迷。文字郑重说,世人不熟思。寻度其源流,幽明本共居。窃为贤者谈,曷敢轻为书。若遂结舌瘖,绝道获罪诛。写情著竹帛,又恐泄天符。犹豫增叹息,俛仰缀斯愚。陶冶有法度,未可悉陈敷。略述其纲纪,枝条见扶疏。

等不迷,一本不殊;枝条,一本枝叶。

天地神化之道,无声无臭,非圣人不能知,非圣人不能行。自开辟以来,道即垂象,而人不识。河出图,洛出书,圣人则之。伏羲氏则河图,仰观俯察,始画八卦,重而为六十四卦,泄露造化天机;降之文王,变为后天八卦,揲蓍衍为后天六十四卦,分为三百八十四爻,又系以吉凶悔吝之辞,而天时人事之道昭彰矣;后至宣圣作十翼,索隐钩深,以辅易道,其天时人事,顺逆变化之理,无不详明且备矣。天生三圣,迭兴制作,御时度世,传流万世之命脉。虽步骤有前后,而功德等不殊。东汉伯阳魏真人,踵易道而作《参同契》,推度卦爻吉凶悔吝之理,审辨丹道药物火候之分铢,以有形化无形,以有象比无象,使人易于会悟耳。

此书乃真人为世而定,非为名而著也。素无前识姿,因师觉悟之者,是徐翁自谓自不能识其书之奥妙,因先得阴真人指示,有所觉悟,乃见此书而故识。噫,徐翁天纵之姿,尚于《参同》不能前识,必有师授而后觉悟,何世之迷人,予圣自雄,不求真师,妄议私猜,取古人一、二公案,说道论德,以为大悟,及问《参同》,九不知一,以是为悟,差之多矣。殊不知此书,为列仙丹书之祖,后来紫阳《悟真》、杏林《复命》、毗陵《还元》、紫清《地元》、长春《西游》,皆本此书而作。上士达人,得师一诀,细阅此书,扩充识见,如在暗室,褰去帷帐,忽然光明,如登高台,瞋目眺望,无处不见。虽《火记》六百篇,可以等趣而不迷矣。《火记》六百篇,即《周易》六十四卦。易十为百者,取火候最详最细,愈炼愈精之义,非

―――――――

① 火记,原本作"火计",据注文及诸本改。

六十四卦之外,别有六百篇《火记》也。其《契》文郑重之说,重复再三者,盖以学人畏难,不肯极深研几,故重复以提撕耳。若肯博之以文,约之以礼,远取诸物,近取诸身,寻其道之源,度其道之流,源流皆知,幽明皆通,是谓知道。此等法语,可为知者道,难与不知者言也。若非贤者,安可轻泄?不敢轻泄,亦不敢绝道获诛,犹豫叹息,俯仰著作,以待知音耳。至于陶冶煅炼之法,抽添进退之序,必待口诀,非文字可陈,略述纲纪,露其枝条,以明道之大略耳。

噫,仙翁注《参同》,千言万语,譬示多端,精矣,详矣。而犹谓未可悉陈,略述纲纪。奈何后世学人,闻其一言半语,而即自足自满,不肯深造,直谓道无可言,真仙翁之罪人也,岂不可悲哉!

《参同契笺注直指》中篇

东汉　景休徐真人撰
栖云山悟元子刘一明解

阳燧以取火,非日不生光。方诸非星月,安能得水浆?二气玄且远,感化尚相通。何况近存身,切在于心胸。阴阳配日月,水火为效征。

修真之道,全是盗天地虚无之气,窃阴阳造化之权。《阴符经》曰:其盗机也,天下莫能见,莫能知。天下不见不知,方能盗之。若能见能知,则为后天,而非先天。所修者,一己之阴,安能凝结圣胎、无中生有,形神俱妙也?且如阳燧本无火,借日而即生火;方诸本无水,映星月而即得水。阳燧方诸,与日月相隔,不知几万余里,而有无相感,即能通气。何况先天之气,近在我身,切在心胸,岂有不能感化者乎?其不能感化者,皆因阴阳不能和合之故。如果和合,则先天之气,自虚无中来,一时辰内管丹成矣。盖吾身之阳性阴情,如天上之日月;吾身之真精元神,如日月之水火;吾身玄牝之门,如阳燧与方诸。玄牝立而性情通,性情通而精神旺,精神旺而金丹生。亦如阳燧取火,方诸取水,两者相形,一物生焉。此无中生有之效征也。《道德经》云:谷神不死,是谓玄牝。玄牝之门,是谓天地根。玄阳也,主动;牝阴也,主静。玄牝之门,即生阴生阳之门,即有动有静之门,故谓天地根。这个门,有谷神存焉。谷神者,阴阳两而合一之神,谷神动静而生阴阳,阴阳相合,又生谷神。玄牝,谷神也。顺之则生人而成幻身,逆之则生仙而成真身。顺逆之间,真幻大别。仙翁以阳燧取火,方诸取水,二气感通之象示人,妙矣哉!此节注《契》文:将欲养性与坎男为月二段之大意。

是非历脏法,内观有所思。履行步斗宿,六甲以日辰。阴道厌九一,浊乱弄元胞。食气鸣肠胃,吐正吸外邪。昼夜不卧寐,晦朔未尝休。身体日疲倦,恍惚状若痴。百脉鼎沸驰,不得清澄居。垒土立坛宇,朝暮敬祭祠。鬼物见形象,梦寐感慨之。心欢意喜悦,自谓必延期。遽以夭命死,腐露其形骸。举措辄有违,悖逆失枢机。诸术甚众多,千条有万余。前却违黄老,曲折戾九都。明者省厥旨,旷然知所由。

省厥旨,一本审厥旨;垒土,一本黑土。

修真之道,一得永得,至简至易,知而行之,立跻圣位。在儒,则为中庸之道;在道,则为金丹之道;在释,则为一乘之道。其要在乎刚柔相当,性情相合,诚一不二耳。世之学人,不遇真师,趋入旁门,或有定心止念,习内观者;或有步罡履斗,炼六甲者;或有行九一邪术,弄元胞者;或有运呼吸之气,而绝粮者;或有昼夜不卧,而恍惚若痴者;或有子午行气,而百脉沸驰者;或有垒土立坛,而与鬼怪为邻者。如此等类,千条万余,举措有差违,悖逆失大道,本期永寿,反而伤生。前违黄老之教,自遭九都之戾。彼岂知世间有七返九还金液大丹,能以女转成男,老变为童,长生不死乎?若有明哲志士,遇真师而明大道之旨,旷然而知修真所由之路,不在三千六百门也。此节注《契》文关关雎鸠一段之意。

上闭则称有,下闭则称无。无者以奉上,上有神德居。此两孔穴法,金气亦相胥。

上言明者省厥旨,旷然知所由。省者,省何旨?知者,知何由?即省此金丹之旨,知此返还之由也。夫金丹之道,有有为、无为二法。上德者,行无为之道以了性;下德者,行有为之道以了命。上德行无为之道者,以其上德者,天真未伤,阴阳和合,人心窍闭,道心常存,则称有也;下德行有为之道者,以其下德者,天真已亏,阴阳散涣,道心窍闭,人心用事，则称无也。有者，有道心而无人心；无者，无道心而有人心。无道心即下德，有道心即上德。故下德之无，须奉上德之有，去人心而增道心，从无而守有也；上德之有者，盖有神德常居，养道心而防人心，借有而化无也。人心去则为真无，道心固则为真有。真无者，真阴也；真有者，真阳也。真无、真有，此两孔穴法，金气亦相胥也。两孔穴，即真无、真有二穴；法者，即有为、无为二法。金气者，先天真一之气，号为水中金。此气恍恍惚惚，杳杳冥冥，非色非空，非有非无，有无相形，一物生焉，故两孔穴。用法修之，金气相胥于中而凝结焉。不曰金气相胥，而曰金气亦相胥，此中大有秘密。盖道心具有真知之情，属金，其气至刚至大，充塞天地，万物难屈，故谓金气。此气异名多端，曰金华，曰水中金，曰真铅，曰先天气，曰神明，曰神德，曰元精，曰黄芽，归到实处，总是真知神明之德耳，此神德也。上德者，行无为之法，防危虑险，以保养之；下德者，行有为之法，渐采渐炼，以返还之。能保养，而有者归于纯粹；能返还，而无者仍复于有。有为、无为二法，总以成全此神德金气一物耳，故曰金气亦相胥。上德、下德，所争者有为、无为，及至金气煅炼成宝，后天阴气化尽，形神俱妙，与道合真，则有无俱不立，天地悉归空，更何有上德、下德之别乎？此节注《契》文：上德无为，不以察求，下德为之，其用不休之义。

以金为隄防，水入乃优游。金计有十五，水数亦如之。临炉定铢两，五分水有余。二者以为真，金重如本初。其三遂不入，火二与之俱。三物相含受，变化状若神。下有太阳气，伏烝须臾间。先液而后凝，号曰黄舆焉。岁月将欲讫，毁性伤寿年。形体如灰土，状若明窗尘。捣治并合之，持入赤色门。固塞其际会，务令致完坚。炎火张于下，昼夜声正勤。始文使可修，终竟武乃陈。候视加谨慎，审察调寒温。周旋十二节，节尽更须亲。气索命将绝，休死亡魄魂。色转更为紫，赫然成还丹。粉提以一丸，刀圭最为神。

相含受，一本既合度；如灰土，一本为灰土。

上节言上德、下德，有为、无为二法，此节细言下德有为之妙用。下德者，有为之道，后天中返先天也。后天中返先天，先要知真金一味大药。此金非世间之凡金,乃吾固有真知之真金也。此金经火煅炼,与天地并长久,与日月共光明,故丹成之后,名曰金丹。以其丹由金成,临炉下功,首以金为隄防。隄防者,隄防金之生水也。隄防金生水者,将以为入水计耳。入水者,非入泛滥之水,乃入精一之水。丹道用金之事大,入水之事亦不小。防金在于不即不离之功,入水在于不急不缓之妙。不即不离,杀中有生;不急不缓,柔中藏刚。优游者,从容自然,以逸待劳,以静候动耳。防金入水之妙,莫先知其金水之本数。真知之真金,自一阳复而渐至于纯全,圆陀陀,光灼灼,通幽达明,如十五之月,光辉盈轮,无处不照,取数为十五两,此金之本数也。有一分金,即生一分水,有一两金,即生一两水。如月十六,一阴潜生,至三十日,光辉尽消,复为黑体,取数亦为十五两,故曰:金计有十五,水数亦如之。用水之法,别有妙用,不得以本数用之。比如水之本数固有十五两,生到五分,则为有余之水,已不可入矣。只生到二分,则为精一之真水,正宜入之。水真则水能生金,是母隐于子胎,子报母恩也。金不泄气,无伤于金,故金重如本初,不失其十五两之本数也。若水生到三分,亦谓有余,遂不堪入。学者须要知的水有清浊之分、壬癸之别。壬水清,属阳;癸水浊,属阴。壬水有气而无质,为精一不二之真水;癸水纯阴而有质,为泛滥交杂之污水。二分水,如泉中方出未流之水,至清至洁,壬水也;三分水,已流而染尘;五分水,渐流至远,已混浊不堪,此皆癸水也。丹道入水只取其气,不取其质。用质伤其金,用气辅其金,故以二分之水,辅助十五两之金也。然入水得真,入火亦不可无候。火者,虚灵之神,阴阳之和气,水用二分,火亦须用二分。二分之火,如初燃之火,温而不燥,明而无焰。水用二分,不失其金之重;火用二分,不克其金之体。如是配合,则水来济火,而火不燥;火来炼金,而金生明;金来生水,而水有本。水火相济,金火同宫,三物自相含受,变之化之,神妙不测矣。盖三物含受,是三而归一。鼎炉之中,药即是火,火即是药,药火相生,和气熏蒸,内有太阳灵光,一点真火煅炼,须臾之间,真金溶化成液,由嫩渐坚,变白为黄,号曰黄舆。黄者,中色,舆者土象,金具燥气,遇火而燥气顿消,刚化为柔,刚柔如一,阴阳混合,归于中正之地,名曰黄舆,又名金丹。圣人修炼大丹，攒年至月，攒月至日，攒日至时，以法追摄，于一时辰内，天地造化夺尽，阴阳五行夺尽，万物气数夺尽，易错难逢，倘差之毫发，失之千里，毁性伤寿，得而复失。当此之时，须宜大用现前，外观其形，形无其形，内观其心，心无其心，形体俱忘，无烟无火，如灰如土，如明窗尘。捣治并合者，刚柔俱化，形迹全无也；送入赤色门者，虚灵不昧，无微不照也；固塞其际会，务令致完坚者，还丹在一时，温养须十月，固济牢封，须臾不离，不到胎完神全之时，而温养之功不得休歇也；炎火张于下，昼夜声正勤者，自有天然真火，炉中赫赫长红也；始文使可修者，一时之功，用文火以合丹也；终竟武乃陈者，十月温养，用武火以炼己也；候视加谨慎者，候视一气之存亡，谨之慎之，防危虑险也；审察调寒温者，审察火候之度数，不燥不冷，寒之温之，调和相当也；周旋十二节，节尽更须亲者，朝进阳火，暮运阴符，阴阳符火，周而复始，循环无端，功夫不息；气索命将绝，休死亡魄魂者，功夫到日，百脉俱息，气血融化，犹如小死。当此之时，七魄已亡，三魂已死，情性精神，凝结不散，如痴如醉，只有先天一点清阳之气，而法身成矣。此身名曰金刚不坏之神，又曰清净法身，又曰紫金丹。金丹至紫，赫赫至阳，浑无一点阴气夹杂矣。噫，此丹之大不过一粉、一提、一刀圭，其神通妙用，能出死入生，能点枯骨复活，能开瞽目复明，服之者立跻圣位。此下德者有为之法，无中守有之妙诀。此节注《契》文：知自守黑至常与人俱一段之义。其所注之义，较《契》文尤为精详，其中火候细微，大露天机。学者若于此节中打的通彻，则修丹妙用，可得其大半矣。

耳目口三宝，闭塞勿发通。真人潜深渊，浮游守规中。旋曲以视听，开阖皆合同。为己之枢辖，动静不竭穷。离气内营卫，坎乃不用聪。兑合不以谈，希言顺鸿濛。三者既关楗，缓体处空房。委志归虚无，无念以为常。证难以推移，心专不纵横。寝寐神相抱，觉寤候存亡。颜色浸以润，骨节益坚强。排却众阴邪，然后立正阳。修之不辍休，庶气云雨行。淫淫若春泽，液液象解冰。从头流达足，究竟复上升。往来洞无极，怫怫被容中。反者道之验，弱者德之柄。耘耔宿秽污，细微得调畅。浊者清之路，昏久则昭明。黄中渐通理，润泽达肌肤。初正则终修，干立未可持。一者以掩蔽,世人莫知之。

内营卫,一本荣卫;不辍休,一本辄休。

上节言有为之功,精且详矣。此节承上节而言无为之要。无为者,抱元守一之道,乃上德之事。虽是上德之事,而下德者,还丹到手,命基已固,即与上德者同一行持,自有为而入无为矣。但守中抱一之德,非是空空无为,其中有保先天、化后天之功,须要万缘俱息,诸尘不染,身心大定,方能济事。夫身心不定者,皆因耳、目、口,三毒害之耳。耳听乎声,目视乎色,口发乎言,身随耳、目、口移之,心由声、色、言动之。心动身移,真性不明,虽还丹到手,法身难脱,难免阳极生阴,得而终失之患。若闭塞三毒,不令发通,三毒可转而为三宝,不但不能为害,而且能以致福。闭塞者,非工家闭目、闭口、塞耳之谓,乃非礼勿视、非礼勿听、非礼勿言之义。非礼勿视,则视者尽礼,闭其非礼之目也;非礼勿听,则听者尽礼,闭其非礼之耳也;非礼勿言,则言者尽礼,闭其非礼之口也。极之,见色不色而目闭,遇声不声而耳闭,非时不言而口闭。如能闭塞此等耳、目、口,则内念不得而生,外物不得而入,身心不动,真人潜于深渊,无识无知,动静如一,而浮游守规中矣。规者,所以取圆,圆即中,中即圆也。守规中,即允执厥中之义;潜深渊,即惟精惟一之义。精一执中,身心不动不摇矣。旋曲以视听者,回光返照,黜聪毁智,收敛精神也;开阖皆合同者,心死神活,闲邪存诚,勿忘勿助也;为己之枢辖者,己为私欲,辖枢所以克己也;动静不竭穷者,或动或静,功夫不间断也;离气内营卫者,离为火为神,火动则神狂而忿生,纳于营卫,则惩忿而心火下降,神即定矣;坎乃不用聪者,坎为水为精,水泛则精摇而欲生,不用其聪,则窒欲而肾水上潮,精即化矣。兑为金为情,其性主悦,金燥而情动,则心悦而泄气。言者心之声,希言则心静情忘,有真悦而阴阳和,一气浑沦而顺鸿濛矣。离、坎、兑三者,统精、气、神为内三宝,外而耳、目、口闭塞,内而精、气、神安静。内外三宝,既能关楗,则内念不出,外物不入,缓其真人之体,处于空房矣。缓者,不即不离,以逸待劳之意;空房者,空中有体,非顽空,乃真空。真空者,空而不空,故下文紧接曰:委志归虚无,无念以为常也。委志是不空,无念则又空。丹书所谓只灭动心,不灭照心者是也。证难以推移,心专不纵横者,专心而致志也;寝寐神相抱,觉寤候存亡者,寤寐而不忘也。如是用功,六根门头无漏,不但真人法身有养,即后天幻身亦自健壮,颜色浸润,骨节坚强,理有可决。排却众阴邪,然后立正阳者,群阴化尽,金丹成熟,功夫不到不方圆也。然后二字,大有深意,古仙云:一毫阳气不尽不死,一毫阴气不尽不仙。若稍有一点阴气未化,是犹祸根。虽大道在望,未许我成。故修道者,必修至于纯阳无阴之地而后已也。既能排去众邪,正阳立而稳妥,从此加功而不辍休,神清气爽,如云雨之行,解燥除烦,淫淫若春泽,寒气尽化,液液象解冰,积滞顿消。从头流达足者,从头至尾而细微条理;究竟复上升者,颠倒逆施,而自卑登高;往来洞无极者,一气运用,而心坚志远;怫怫被容中者,万物皆空,而无私无虑;反者道之验者,能返朴,即成道之验也;弱者德之柄者,能柔弱,即刚强之本也。果能耕耘历劫之污秽,细调本来之天真,虽始而浊,终而清,初而昏,久而明。黄中渐通理,润泽达肌肤,诚之于中,达之于外,根心生色,归于形神俱妙之地。

此节言浅意深,其示验证处,多以幻身为喻,其实内藏温养法身之诀。试玩节首真人潜深渊,浮游守规中之句,可知是有为之后,而又无为之道。若仅以炼己测之,殊失仙翁妙意。真人者,圣胎也,方才炼己,真人犹未现象,如何潜深渊而守规中?学者须要知的此节是注《契》文内以养己一段之义;耳目口三宝,闭塞勿发通,真人潜深渊,浮游守规中四句,即注《契》文:内以养己,安静虚无,原本隐明,内照形躯四句也;自旋曲以视听,至然后立正阳二十句,即注三光陆沉,温养子珠二句也;自修之不辍休至细微得调畅十二句,即注勤而行之,夙夜不休也;自浊者清之路至润泽达肌肤四句,即注伏食三载至长乐无忧六句也。

至于《契》文道成德就云云六句,显而易会,故不及之。可知此节是修命之后,而又修性之事。结尾指出初正则终修,干立末可持,而愈晓然矣。初正干立者,始而有作以修命也;终修末持者,末而无为以了性也。性命必须双修,工夫还要两段。上德者,不待修命而即修性,行此段功夫,便可了却大事;下德者,必先修命而后修性,命实到手,再行此段功夫,方入圣基。故曰:初正则终修,干立末可持也。但上德者无为，下德者有为，须要知的先天真一之气。盖上德者无为，抱元守一，即守此一气也；下德者有为，后天中返先天，即返此一气也。若不知上德者无为，便落于空寂；不知下德者有为，便执于幻相。有为也不是，无为也不是，所谓知其一万事毕者，正为此耳。修道者，若不遇明师，此一气掩蔽于后天之中，隐而不见，如何能知？故曰：一者以掩蔽，世人莫知之。学者可不急求真师乎？

《参同契笺注直指》下篇

东汉徐景休真人 撰
栖云山悟元子刘一明 解

下　篇

　　推演五行数，较约而不繁。举水以激火，奄然灭光明。日月相薄蚀，常在朔望间。水盛坎侵阳，火衰离昼昏。阴阳相饮食，交感道自然。名者以定情，字者以性言。金来归性初，乃得称还丹。吾不敢虚说，仿效圣人文。古记题龙虎，黄帝美金华。淮南炼秋石，玉阳加黄芽。贤者能持行，不肖毋与俱。古今道由一，对谈吐所谋。学者加勉力，留念深思维。至要言甚露，昭昭不我欺。

　　金丹之道，阴阳调和之道也。阴阳和则生丹，阴阳背则败道。推演五行生克之数，而即知金丹之道，至约而不繁也。比如举水激火而火灭，水克于火也；日在朔而蚀，阴盛于阳也；月在望而薄，阳盛于阴也。又如月体水盛而阳光亏，日色火衰而白昼昏，凡此皆阴阳偏孤，两不相济之象。若阴阳相应，随时交感，道出自然，有何侵伤乎？人之真性属阳，真情属阴，本来阴阳一气，性情相合，浑然天理，不识不知，顺帝之则。不识不知者，性之体也；顺帝之则者，情之用也。性情自然，皆出无心，此两者同出而异名，如名之有字。名以定情，情比名也；字以性言，性比字也。名字总称一物，性情岂有两件？因交后天，真中有假，阴阳分离，性情相背，彼此不和，如水盛坎侵阳，火衰离昼昏，真情变为假情，真性变为假性矣。金丹之道，推情合性，假中寻真，杀中求生，使阴阳相合，仍还当年浑然天理，不识不知，顺帝之则之本来面目，称之曰还丹。还丹者，还其本来原有之物，而非有增有减，又曰还原返本。吾不敢虚说，仿效圣人文者，是仙翁自叙所注，系有本之谈，而非无稽之语。这个还丹，古来圣贤，方便立名，等等不一。古记称曰龙虎丹，黄帝称曰美金毕，淮南称曰秋石，玉阳称曰黄芽，《参同》称曰金砂、曰刀圭，总以形容还丹一物耳。此道也，上士闻之，勤而行之，故曰贤者能持行；下士闻之，大笑去之，故曰不肖毋与俱。何为古今道由一，对谈吐所谋？夫金丹大道，乃历代圣贤，口口相传，心心相授，彼此对谈，吐其所谋，乃是真知灼见之学问，非妄猜私议可比。虽成道有先后，而修持则惟一。即如《参同》之理，魏、徐二翁，同学于阴真人，其所著所注，魏证之于徐，徐证之于魏，皆对谈吐谋，岂有虚谬？学者若能勉力思维，忽的得其要领，涌身钻入理窟，犹如仙翁对谈所谋，勤而行之，决定成道，则仙翁昭昭不我欺矣。奈之何，世之愚徒以《参同》目为烧炼凡砂凡汞之事，负却仙翁当年著书婆心，便为毁谤圣道，真地狱种子，而不知悔悟，尚自称修真之士，岂不愧死？此节注《契》文惟昔圣贤一段之义。

胡粉投火中，色坏还为铅。冰雪得温汤，解释成太玄。金以砂为主，禀和于水银。变化由其真，终始自相因。欲作伏食仙，宜以同类者。植禾当以谷，覆鸡用其卵。以类辅自然，物成易陶冶。鱼目岂为珠，蓬蒿不成槚。类同者相从，事乖不成宝。燕雀不生凤，狐兔不乳马，水流不炎上，火动不润下。世间多学士，高妙负良材。邂逅不遭遇，耗火亡资财。据按依文说，妄以意为之。端绪无因缘，度量失操持。捣治羌石胆，云母及矾磁。硫磺烧豫章，泥汞相炼治。鼓下五石铜，以之为辅枢。杂性不同类，安肯同体居。千举必万败，欲黠反成痴。侥幸讫不遇，至人独知之。稚年至白首，中道生狐疑。背道守迷路，出正入邪蹊。管窥不广见，难以揆方来。

上节题明金来归性，乃称还丹，若舍性情，以万般与我非类之物，而欲保命全形，岂有此理？且如腻粉，乃黑铅烧成，投火仍化为铅；冰雪乃寒水所结，得温则解化为水；朱砂乃水银所变，见火则仍化水银；黄金加水银为白色，见火则即还其黄。凡此等类，变化皆由本性之真，所以始而可以此物化彼,终而可以彼物化此,始终相同,易于为功。岂有欲作伏食仙,而不用同类之物,能以济事乎?伏者,伏藏先天之气,而不妄动之意,即孟子所谓我善养吾浩然之气者是也;食者,以虚求实,腹实之义,即孟子所谓其为气也,至大至刚,以直养而无害,则塞于天地之间者是也。养浩气至于充塞天地,造化不拘,万物难移,方是伏食。人秉先天一点浩然正气而成人,必伏食浩然正气而方成道,非伏食一切不类之物也。比如植禾以谷,覆鸡用卵,类辅自然,物即成就,非有相强。鱼目不成珠,蓬蒿不成槚,燕雀不生凤,狐兔不乳马,水不炎上,火不润下,情不相同,性不相类,而欲有济,如何能之?世间多少学士,自负良材,不求真师。间闻金丹之说,疑为炉火烧炼,据按古文,妄议私猜,失其操持,耗费资财,煅炼五金八石等物,妄冀服食长生。殊不知此等杂性之物,与我不类,安能在体常居?千举万败,不知悔悟,犹生痴想,自谓侥幸不遇,福分浅薄,至死不悔。噫,此等之辈,忘其本念,中道生疑,出正入邪,而犹自欺欺人,以为有得,以旁门外道之事,著书立论,以盲引盲,管窥蠡测,何可以揆方来乎?此节注《契》文河上姹女一段之义。

金入于猛火,色不夺精光。自开辟以来,日月不亏明。金不失其重,日月形如常。金本从月生,朔旦日受符。金返归其母,月晦日相包。隐藏其匡廓,沉沦于洞虚。金复其故性,威光鼎乃熺。

上节言欲作伏食仙,宜以同类者。同类者为何物?即吾本来所具天良之真性,落于后天,即道心所发真知之情者是也。此情在五行属于金,丹书皆曰真金。此金历万劫而不坏,为圣贤之阶梯,仙佛之种子,欲了性命,舍此真金,别无他术矣。试观世间凡金,其性至刚,其体最坚,入火则愈炼愈明,所谓真金不怕火炼者是也。金色之精光,不因猛火所夺,犹如日月之光辉,不因照临所亏者相同。自开辟以来,万物有生有灭,有存有亡,惟日月其形如常。金重经久不减,是金与日月同光明,同长久也。凡金如是,而真金可知。夫真金之真知,为无情之情,真空而含妙有,不着于色象有无之形,为阴中之阳,有象于月光,故曰金本从月生也。金从月生,则金丹之功运,宜效月之盈亏而进退之。月本纯阴,映日而生光,光即金之象。月当朔旦,日来受符,月得日光而孕震,初三一阳现于坤地,是金返归其母也。土能生金,故坤土为金之母,金返于母,所谓西南得朋。自一阳、二阳、三阳,十五光辉满盈,盈而又亏。十六一阴胎内,至三十晦,东北丧朋,日包月体,而为纯坤,隐藏匡廓之形,沉沦灭迹,入于洞虚之地矣。比之修丹者,虚极静笃之中,真知灵知合一,忽有一点真灵之光发现,其光名曰神明,又谓黑中白,又谓水中金,又谓先天真一之气。如月借日光,一阳生于坤地也,由微而著,光辉圆满,真灵常存。又用十月温养之功,防危虑险,收敛精神,不露圭角,隐藏沉沦,归于无何有之乡,亦如月光晦而无迹,日月相抱如一矣。金复其故性者,真知之情与灵知之性,混而相合,情归于性,性定情忘,不识不知,顺帝之则,金还其元矣。威光鼎乃熺者,熺为火色。当情归于性,性恋其情,情即性,性即情,良知良能,寂然不动,感而遂通,灵知不昧,火返其本矣。金还元,火返本,金火同宫,药即是火,火即是药,炉中赫赫长红,是谓威光鼎乃熺。鼎而曰光,虚灵之鼎;光而曰威,刚健之光。刚健虚灵,有气无质,万物难伤,真金复于本性也。此节注《契》文太阳流珠至凝而至坚一段之义。

　　《火记》不虚作,演《易》以明之。偃月法炉鼎,白虎为熬枢。汞日为流珠,青龙与之俱。举东以合西,魂魄自相拘。上弦兑数八,下弦艮亦八。两弦合其精,乾坤体乃成。二八应一斤,易道正不倾。

　　上节言金火同宫,金复其本性矣。然金复本性,有阳火阴符之运用。若工夫不到,不能方圆也。《火记》不虚作,演《易》以明之者,火实无火,托阴阳相和之气以为火。然阴阳有盈虚消长之节,此圣人《火记》之所以作也。其作非悬虚之语,乃准诸易卦爻象、吉凶悔吝以立言。《易》之坎卦象月,月属水,月在西南纯阴之下,微阳吐露,名曰水中金,其光偃仰,故谓偃月。此阳进阴消之机,故取象偃月为炉鼎,非取坎为炉鼎。偃月之光,从西而生,故取象为金,为白虎,在人为情。金生水,虎能咥人,为妄情;水生金,虎能护人,为真情。真情发现,水不泛滥而归源,则真精生,故白虎真情,为熬炼真水之枢纽。所谓五行颠倒用,虎向水中生也。《易》之离卦象日,日属火,象流珠。火生于木,火中具有木气,取象为青龙,在人为性。木生火,龙能伤人,为气性;火生木,龙能生人，为真性。真性发现，火不生焰而返本，故曰青龙与之俱。所谓五行不顺行，龙从火里出也。龙性属阳为魂，虎情属阴为魄，水中生金，火中生木，真情真性相会，魂魄自相拘束，两而不离矣。魂魄相拘，阴中有阳，如坎，如月上弦之金八两；阳中有阴，如离，如月下弦之水半斤。刚柔俱归中正，金水相停，水火相济，真性真情，两弦之气，合而为一，复于乾刚坤柔，易简良知良能之本体，与天为徒，与地为配，金丹凝结，命基永固。此易理变化之道，所以为贵而不倾败也。此节注《契》文金华先唱至何敢有声一段之义。

世人好小术，不审道浅深。弃正从邪径，欲速阏不通。犹盲不认杖，聋者听商宫。投水捕雉兔，登山索鱼龙。植麦欲获黍，运规以求方。竭力劳精神，终年无见功。欲知伏食法，事约而不繁。

上节言调和阴阳，火候必准诸易理，方济大事。若背易理，即不是道。古仙云：形以道全，命以术延。延命之术，能以窃阴阳，夺造化，转乾坤，运日月，回斗柄，扭气机，位天地，育万物，乃古今来理窟中第一大术，惟天生智慧之大人，能以行之。彼一切愚迷小人，不审道之深浅，专好小术，弃正从邪，入于旁门，犹盲不认杖，聋不听音，捕雉兔于水，索鱼龙于山，植麦欲获黍，运规以求方，是皆枉劳精神，空费功力。彼岂知神仙伏食大法，约而不繁，一时辰内管丹成哉？此节注《契》文不得其理至与道乖戾一段之义。

子午数合三，戊己号称五。三五既和谐，八石正纲纪。呼吸相含育，伫息为夫妇。黄土金之父，流珠水之子。水以土为鬼，土镇水不起。朱雀为火精，执平调胜负。水盛火消灭，俱死归厚土。三性既合会，本性共宗祖。

上节提出伏食之法，约而不繁。其法为何法？即调和五行，混而为一之法也。子属坎，坎为水；午属离，离为火。坎纳戊，离纳己。坎中实，真知也，戊即真知之信；离中虚，灵知也，己即灵知之信。坎一离二，数合为三，戊己土居中央，其数称五。外则取坎填离，以真一之水，而济灵明之火；内则流戊就己，以刚健之信，而合柔顺之意。是为三五和谐。三五既和谐，则先天性情精神，而统后天精神魂魄，则八卦阴阳定位，而造化纲纪正矣。八石者,八卦之象也。阳为纲,阴为纪。坎离者,八卦之用。坎离和谐,其余六卦,阴阳俱皆相随而和谐,各得其正矣。纲纪既立,一动而为呼,呼则生阳;一静而为吸,吸则生阴。一阴一阳,动静相关,呼吸相通,彼此含育,情性和合,伫息而为夫妇。先天之气,自虚无中来,凝而为一黍之珠矣。以上注《契》文丹砂木精至都归戊己一段之义。水、火、土三者,乃丹道中之要物。三者合,则生丹生圣,而复先天;三者离,则生人生物,而落后天。盖土能生金,水能生木。土生金,故黄土为金之父;水生木,故流珠为水之子。土何以能生金?用离己虚灵之真意,去克坎地混离之浊水,以求真知之金情,故土镇水不起也。水何以能生木?用坎中精一之真水,去克离宫烈焰之燥火,以全灵知之木性,故水盛火消灭也。所可异者,水以灭火,何可土镇?火调胜负,何可水灭?特以水有混杂之水,有精一之水;火有烈焰之火,有温和之火。土镇之水,乃混杂之水;水灭之火,乃烈焰之火。混杂之水涸,精一之水生;烈焰之火息,温和之火现。俱死归厚土者,土镇水,水干而泥成土;水灭火,火灭而灰化土。相生相克,克中有生,真知灵知相合,真情真性同气,刚柔俱归中正,如乌兔会于黄道。药即是火,火即是药,水、火、土三姓一家,结为一粒黍米金丹,而共宗祖矣。阴阳相合,始谓共宗祖。若不到阴阳相合处,犹有偏孤,未是浑然一气景象,不得谓共宗祖。正《契》文:含元虚危,播精于子之奥义。虚危,乃阴阳交会之处,亦日月合符行中之处,故有元精在焉。元精者,金丹之别名,亦即宗祖之谓。以上注《契》文刚柔迭兴至播精于子一段之义。

巨胜尚延年,还丹可入口。金性不败朽,故为万物宝。术士伏食之,寿命得长久。土游于四季,守界定规矩。金砂入五内,雾散若风雨。熏蒸达四肢,颜色悦泽好。发白皆变黑,齿落生旧所。老翁复壮丁,耆妪成姹女。改形免世厄,号之曰真人。

金丹之道,一得永得,至灵至神,立竿见影,知之者直登彼岸。奈何世人多不信心,以为世间必无此事。试思巨胜,乃后天有形滓质之物,人久服之,亦能延年。而况金丹为先天至宝,修成入腹,岂有不能长生者乎?凡金其性坚刚,尚能经久不败,为万物之宝,真金其气纯阳,岂有伏食而不能成仙者乎？土游于四季，而四时八节，各循规矩，自然流行不息。人服金砂，而四肢百体，变形易色，自能脱灾免厄。若有志士，得师口诀，自有为而入无为，了性了命，形神俱妙，与道合真，号曰真人，寿与天齐。至于四肢坚固，颜色悦泽，发白转黑，齿落重生，犹其余事耳。此节注《契》文如审遭逢一段之义。

仙翁《笺注》三篇，体贴伯阳之意，发《参同》所未发。其中药物火候，无一不露。但恐人无肯心，无大福分，自不能见真。序云：惟晓大象，必得长生。仙翁岂欺我哉？

三相类原序

《参同契》者，敷陈梗概。不能纯一，泛滥而说。纤微未备，阙略仿佛。今更撰录，补塞遗脱。润色幽深，钩援相逮。旨意等齐，所趋不悖。故复作此，命《三相类》。大易性情，各如其度。黄老用究，较而可御。炉火之事，真有所据。三道由一，俱出径路。枝茎花叶，果实垂布。正在根株，不失其素。诚心所言，审而不误。

《参同契直指三相类》上篇

东汉　叔通淳于真人撰
栖云山悟元子刘一明解

三相者，一相大易性情，一相黄老之术，一相炉火之事。三道由一，故名三相类。类者，亦契合之义。

上　篇

法象莫大乎天地兮，玄沟数万里。河鼓临星纪兮，人民皆惊骇。晷影妄前却兮，九年被凶咎。皇上览视之兮，王者退自改。关楗有低昂兮，害气遂奔走。江河之枯竭兮，水流注于海。

金丹之道，最幽最深，至神至妙，暗合乾坤，默通造化，能以有形入无形，以无象生有象。故古来仙真，上观天符，下察地理，穷阴阳，夺造化，保命全形，完成大道也。仙翁首以天地示法象者，盖以大道无形，而天地有象，即有以形无，即实以示虚。而虚无之道，昭昭乎见于象矣。象者，比象，言此物象彼物也；法者，效法，法象者，效法此象也。天地之象，至大至显，易见易知。试观天地悬隔，不知几万余里，地下之吉凶未起，而天上之变象已垂。上天之气运稍错，而地下之悔吝即至。何以故？此感彼应，形相隔而气相通也。玄沟者，天下地上中空之处，以其阔大无边，玄渺难测，故为玄沟。河鼓、星纪，皆星名。河鼓临于星纪之位，是不循度数；日之晷影妄有前却，是失其正道。二者皆反其常。反常，则水旱灾生，兵疫祸患之凶咎，未有不至者。故皇王见其象，而退居悔过，以挽天心。比之人生之初，性情纯一，阴阳和合，及至二八，养为纯阳之体，是谓上德之人。当此之时，苟非天纵之圣贤，而能保此一点真阳之气者，有几人哉？一切世人，俱顺行造化，阳极生阴，阴一生而先天变为后天，阳渐消，阴渐长，恣情纵欲，弃真从假，所谓五行顺行，法界火坑也。亦如星移本位，日晷妄行，凶咎立至者同也。若是至人，远取诸物，近取诸身，行金丹有为之道，返本还元。所谓五行颠倒，大地七宝，如皇王占象御治，鼎新革故，变凶为吉，拨乱反治者同也。关为门外之铁关，楗为门内之木楗。门有关楗，而盗贼害气自远；道有关楗，而阴魔邪怪自灭。何则？关以防内、楗以防外。防外者，防其外来之客气；防内者，防其内生之私欲。内外严密，则内念不出，外邪不入，阴渐退，阳渐长，四象可和，五行可攒，如江河众水，朝宗于海，而不分派横流。至圣云：一日克己复礼，天下归仁焉。正关之楗妙旨，退改之效征也。

天地之雌雄兮，徘徊子与午。寅申阴阳祖兮，出入复更始。循斗而摇光兮，执衡定元纪。

摇光，一本招摇。招摇非斗中之星，不能定元纪，应是摇光，今作摇光解。

上言法象取乎天地，则是金丹之道，一天地之道也。天地之道，一阴一阳之道。天为雄为阳，地为雌为阴。阳生于子极于巳，阴生于午极于亥。一日一夜，子午运转，是谓天地之雌雄，徘徊于子午也。夏至日出于寅入于戌，冬至日出于辰入于申。夏至后日渐南，冬至后日渐北，终而复始，是谓寅申阴阳祖，出入复更始也。摇光，乃北斗之标星，又名天罡星，又名破军星。天罡所坐者凶，所指者吉。月建于子，则坐午指子，水旺而火衰；月建于午，则坐子指午，火旺而水衰。十二月皆如是坐指，一岁一周天。北斗第六星为衡星，罡星在前，衡星在后，运四时而行造化，故曰：循斗而摇光兮，执衡定元纪。学者若能知的吾身阴阳发生之时，出入之度，扭转罡星，斡回斗柄，则天关在手，地轴由心，因时采药，勤功烹炼，复我先天原本，亦不难也。但此罡星，人不易知，亦不易见，若非真师指示，谁敢饶舌？所谓日月常加戌，时时见破军。破军前一位，誓愿不传人。罡星一名破军，破军前一位，即所指之方。所指之方，有先天真一之气，乃生物之祖气。古来仙真，皆采此一气，而了命了性。所谓得其一，万事毕者，即此一气也。丹经子书，不肯直指罡星为何物，一气在何处者，恐为匪人所得，有遭天遣耳。悟元子斗胆，今为祖师传真写神，稍露天机。若有志士见之，心知默会，此乃鬼神所示，非悟元之罪也。

夫吾之真正罡星，不是别物，即道心之真知也。真知具有先天至阳之气，此气统阴阳，含五行，为性命之根，道德之源，藏而为真性，发而为真情，性也情也①，皆是至真之物。其分性情者，以动静论之耳。此气本来原是我家之物，因落后天，假陷其真，真知有昧，聪明外用，妄念内生，狐朋狗党，真知变为假知，生气化为杀气，先天之气，不属于我。如我家之物，走失他家，罡星坐于我，而指于他矣。今欲返还先天，须要在他家盗来。盗之之法，杀机中求生机，妄情中求真情，真情吐而真知现，真知现而回光返照。罡星指内而不指外，生气收内而不散外，可以和四象，可以攒五行，可以了性命，可以完大道。但恐人无志气，费不得心思穷理，下不得功夫寻真，不得亲见罡星耳。噫，可与知者道，难与不知者言也。

---

① 性也情也，民国江东书局石印本作"性情有也"。按：张抄本与原本同。细考原本，"性也情"三字显系今人之填补。

升熬于甑山兮,炎火张设下。白虎导唱前兮,苍液和于后。朱雀翱翔戏兮,飞扬色五彩。遭遇罗网施兮,压之不得举。嗷嗷声甚悲兮,婴儿之慕母。颠倒就汤镬兮,摧折伤毛羽。

既知造化权衡,须合四象五行。甑为藏水之器。甑山者,鼎也;炎火者,炉也。升熬于甑山者,水在上也;炎火张设下者,火在下也。水在上,火在下,以真一之精,养虚灵之神,水火相济也。白虎在西为金,为真情;青龙在东为木,为真性。苍液,即木性之精,金情刚,木性柔,金本克木,木本畏金。白虎导唱前者,金情恋木慈仁,推情而合性也;苍液和于后者,木性爱金顺义,以性而求情也。驱虎就龙,以龙就虎,性情相投,金木相并。朱雀者,火之象。四象之中,惟火最灵,其性好飞,稍有触犯,翱翔腾空,炫耀五彩,水、火、金、木,皆受其伤。修丹者,须先将此一物,降伏驯顺,方能济事。遭遇罗网,施压之不得举者,尽炼己之功,惩忿窒欲,不使火之妄动也;嗷嗷声甚悲,婴儿之慕母者,火不妄动,燥性消化,火归于源,神依于性矣;颠倒就汤镬,摧折伤毛羽者,炼己炼到无己时,邪火下降,真水上升,水火熏蒸,气质俱化,四象和合,从此可以炼大药矣。

漏刻未过半兮,鱼鳞狎鬣起。五色象炫耀兮,变化无常主。滫滫鼎沸驰兮,暴涌不休止。接连重叠累兮,犬牙相错距。形似仲冬冰兮,阑玕吐钟乳。崔嵬而杂厕兮,交积相支柱。阴阳得其配兮,淡泊而相守。青龙处房六兮,春华震东卯。白虎在昴七兮,秋芒兑西酉。朱雀在张二兮,正阳离南午。三者具来朝兮,家属为亲侣。

上节言攒簇药物之功,此节明结丹火候之用。当四象和合,五行攒簇,是已药物入于乾鼎,急用坤炉中一点真火煅炼之。片刻之间,五行混化,先天之气,自虚无中生出,故曰:漏刻未过半兮,鱼鳞狎鬣起。鱼为水中之阳物,喻先天阳气发现。鳞狎鬣起,先天阳气,得真火熏蒸,腾跃变化之象。五色炫耀者,五行一气也;变化无常者,潜跃不定也;滫滫鼎沸驰,暴涌不休止者,药气方化而弱嫩也;接连重叠累,犬牙相错距者,药气由嫩而渐凝也;形似仲冬冰,阑玕吐钟乳者,由散而聚,凝结坚固也;崔嵬而杂厕,交积相支柱者,由杂而纯,药气返阳也;阴阳得其类,淡泊而相守者,阴阳相当,浑然一气。药即是火,火即是药,自有天然真火,炉中赫赫长红,无容调和之力,须当淡泊相守,防危虑险,沐浴温养,以行无为之功矣。青龙处房六,春华震东卯者,青龙,木之象;房者,水之星;六者,水之数。木居水地,木得水而有养,春旺行阳气也。白虎在昴七,秋芒兑西酉者,白虎,金之象;昴者,火之星;七者,火之数。金居火位,金得火而生明,秋旺运阴气也。朱雀在张二,正阳离南午者,朱雀,火之象;张者,火之星;二者,火之生数。火居正南午,在金木之间,阳极阴生之处,象夏至交接阴阳,炼度刑德者也。金、木、火三者来朝,丹鼎结为亲侣。水生木,木生火,火生金,金生水,虽三者而具四象之气。四象聚于鼎中,自烹自煎,圣胎无质生质,无形生形,自然变化矣。此内药天然真火之法象,与前之白虎、苍液、朱雀不同。前言其外,此言其内。外者,后天中返先天,出于人力;内者,已返回之先天,出于天然。此内外火候之别,学者须于此处着眼。

本之但二物兮,末而为三五。三五并与一兮,都集归一所。治之如上科兮,日数亦取甫。先白而后黄兮,赤黑达表里。名曰第一鼎兮,食如大黍米。自然之所为兮,非有邪伪道。山泽气相烝兮,兴云而为雨。泥竭遂成尘兮,火灭化为土。如蘖染为黄兮,似蓝成绿组。皮草煮成胶兮,曲蘖化为酒。同类易施功兮,非种难为巧。惟斯之妙术兮,审谛不诳语。传于亿后世兮,昭然自可考。焕若星经汉兮,昺如水宗海。思之务令熟兮,反覆视上下。千周灿彬彬兮,万遍将可睹。神明或告人兮,心灵乍自悟。探端索其绪兮,必得其门户。天道无适莫兮,常传与贤者。

并与一,一本为一,一本危一;或告人,一本忽告人。

此节总结全篇大意。夫金丹之道,乃阴阳五行之道。始而和合阴阳以成还丹,末而三五归一以成圣胎,故曰:本之但二物兮,末而为三五。三五和谐,浑然一气,大道成矣。然修丹之道,采药有时,烹炼有法,火候有数,功夫不到,未许完成。故先黑中取白以为丹母,次则以白造黄,以结圣胎。赤者为火,黑者为水。表里者,内外二药也。金丹之道,药虽有内外之别,而水火烹炼之功,不到十月胎完之后,不得休歇。

始而炼己，既而炼药，终而温养，始终内外，全赖水火收功，故曰赤黑达表里。所谓功夫不到不方圆也。名曰第一鼎者，只此一乘法，余二皆非真也。食如大黍米者，丹成九转，号曰黍米之珠，人得食之，寿与天齐，长生不老。此珠从虚空中结就，离种种法，乃阴阳自然交感之气而成，非炉火采战等等邪伪之术，强扭强捏，无益有损者同也。且如山泽通气而为雨，泥水竭干而成尘，火灭为土，蘖染为黄，以蓝成绿，以皮煮胶，以曲为酒，皆自为之为。此何以故？盖其类相同，易于施功。若两不相涉，欲以耕石种稻，缘木求鱼，虽巧何用？大抵人生非凡父凡母之精血，而幻身不成，非灵父圣母之阴阳，而法身难就。法身幻身，皆赖阴阳而成就，是不过顺逆不同，圣凡有别耳。一切常人，只知顺行阴阳，至于逆用之道，万中无一知者。《参同》之道，神矣，妙矣！其神妙者，在乎用阴阳之术以立言。其理切，其道大，乃脚踏实地之功夫，非悬虚不实之邪说，真万世修道之阶梯，性命之津梁。其说详明，焕若星之经汉；其理撮要，昺如水之朝宗。学者若能熟思谛审，探端索绪，久则神明默告，心灵乍悟，必得其门户，而钻入理窟矣。天道无私，常传贤者，盖道为天地所贵，非大忠大孝者不传，非大德大行者不授。果是贤者，有何不传不授哉？噫，君子得之固穷，小人得之轻命。

《参同契直指三相类》下篇

东汉 叔通淳于真人 撰

栖云山悟元子刘一明 解

下 篇

（一名《鼎器歌》）

圆三五，寸一分。口四八，两寸唇。

此名《鼎器歌》，虽名鼎器，而药物火候，无不在内。圆者，不偏不倚，活活泼泼，允执厥中之谓。三为木之生数，五为土之生数，一为水之生数。一、三、五皆阳数，故谓圆。口象方，方者，变化裁制，随时运用之谓。四为金之生数，八为木之成数，两为火之生数，二、四、八皆阴数，故谓口。口为呼吸出入之道,一呼为阳为伸,主生,象八木;一吸为阴为屈,主收,象四金。唇者,上下两片,主动。唇动而气嘘,象二生火。一、三、五阳数,属于天,天象圆,为乾鼎;二、四、八阴数,属于地,地形方,为坤炉。圆主阖,方主辟,以圆为体,以方为用,以金、木、水、火、土攒簇一气为准则,此鼎器之所以成也。

长尺二,厚薄均。

尺二者,十二寸也。在一岁为十二月,在一月为十二候,在一日为十二时。厚者,多也;薄者,寡也;均者,相停也。以年、月、日、时六阴六阳进退之节,为阳火阴符调停之度数也。

腹齐三,坐垂温。

腹者,鼎腹,贮药之器;三者,精、气、神三品大药。腹齐三者,鼎内精、气、神三药齐备,即《易》所谓鼎有实也。坐者,不动不摇之谓;垂者,沉潜充满之谓;温者,冲和之谓。坐垂温者,精、气、神凝聚一处,常沉潜冲和,而一意不散,《道德经》所谓道冲而用之也。

阴在上,阳下奔。

阴者,水也,象坤器中有水;阳者,火也,象乾鼎中有火。水在上,火在下,水火烹煎。火不燥,水不寒,水火相济。精养神而神固精也。

首尾武,中间文。始七十,终三旬。二百六,善调匀。

修丹之功,首用武火以炼己,尾用武火以温养。盖炼己不熟,还丹不结,温养不足,圣胎不成。至于中间凝结圣胎,只用片刻文火之功,立得造化到手,故曰:首尾武,中间文。然首尾武火,亦有分别。丹道以炼己为始,以温养为终。人心放荡已久,积习已深,为修行之大害,最难降伏。若炼己不到万有皆空之时,未许还丹。此武火之功居多。及其结丹以后,防危虑险,沐浴温养,少有懈怠,圣胎成而复败,故亦用武火之功。虽用武火,十月胎完,即便休歇,较炼己之功少,比如一百日,用七十日武火炼己,三十日武火温养,其余二百六十日,亦如此调匀火候,不使毫发有差耳。此仙翁以日行三百六十日一周之期,比丹道始终火候之功用,非以三百六十日定火候之日数,学者细辩。

阴火白,黄芽铅。两七聚,辅翼人。

阴火者,汞性之火;阳火者,铅情之火。两者,火之生数,属阴;七者,火之成数,属阳。当外药和合丹头之际,用本性中一点虚灵之火,煅炼铅情,黑中生白,虚实生光,故曰阴火白;当内药和合丹头之际,用真情中一点天然真火,烹煎先天真一之气,无质生质,渐能变白为黄,故曰黄芽铅。白者犹有阴质,黄者阴尽而阳纯矣。《龙虎经》曰:洁白见宝,可造黄舆者,即此白黄之义。内外二火,一生一成,始而阴火生药,既而阳火成药。阴阳二火相聚,由生而熟,真人气足神全,待时飞升,故曰辅翼人。辅翼者,扶助而行也;人者,即圣胎之真人。言用阴阳二火,成全圣胎也。

　　赡理脑,定升玄。子处中,得安存。来去游,不出门。渐成大,性情纯。却归一,还本原。善爱敬,如君臣。至一周,甚辛勤。密防护,莫迷昏。路途远,复幽玄。若达此,会乾坤。刀圭霭,净魄魂。得长生,居仙村。

　　修真之道,穷理尽性,以至于命之道。若不修命,焉能养性?夫命者,色身上事;性者,法身上事。命之不了,色身难离,性之不了,法身难脱。仙经云:只修命,不修性,此是修行第一病。只修祖性不修丹,万劫阴灵难入圣。性命修修①,方为了当。上言两七聚,辅翼人,已是圣胎凝结,命基坚固,从此可以修性以脱法身矣。此一段言修性之事。修性者,即面壁出神之功。面壁之说,非是静坐面对石壁、土壁,乃是对景忘情,有无不立,万物皆空,如面于壁而一无所见之义。旁门以静坐面壁谓之面壁,岂知面壁之理乎?试申修性面壁之理:赡理脑者,赡,养也,理即性也。脑在一身之最上处,头之后,系耳目视听不及之处。此言养性,必至于声色俱化,空无所空,至静之境,方为极功。盖修道不到极静之境,不但阳神不得出,即阴神也不得出。果养性至于极静,则性命皆了,形神俱妙,时至脱化,定升玄都。即佛祖所云吾为汝保任此事,决定成就之意。然未到脱化之时,不可急迫,须当温养,故曰:子处中,得安存。子,即圣胎法身。当两七聚,辅翼人,已是圣胎完全,如子在胞中,稳稳当当,安存而待时矣。若时候已到,任其自然来去。然虽法身能以

① 修修,疑为"双修"之误。

来去出入，不可使出躯壳而远游。渐次老成，性情纯一，原本坚固，方可远行。不迷不惛，顷刻千里，聚则成形，散则成气矣。爱敬如君臣，谨护持也；辛勤至一周，恐惛迷也。道至身外有身，已到不生不灭之地。然道之路途幽远，玄而又玄，无有穷尽，若再重安炉，复立鼎，子又生孙，孙又生枝，千百亿化，不可量矣。学者若能达此，以上公案，乾坤不难会，刀圭可以服，魂魄当时净，得长生而居仙村，直有可必也。

乐道者，寻其根。审五行，定铢分。谛思之，不须论。深藏守，莫传文。御白鹤，驾龙麟。游太虚，谒仙君。录天图，号真人。

世间多少盲修瞎炼之辈，或寂灭守空，或闺丹邪行，或炉火服食，或搬精运气，是皆不知性命之根本。故修道者如牛毛，成道者如麟角。仙翁慈悲，提出寻根二字，大是醒人。根者，先天虚无之一气；一者，生天生地生万物，为道之根。学道者，能知其一则万事毕；修道者，能得其一则金丹结。欲寻其根，急当求师一诀，并审其五行之生克，攒簇之妙用，药物之铢两，火候之分数。既得其诀，谛思其妙，得意忘言，大智若愚，大巧若拙。勤而行之，三千功满，八百行完，跨鹤乘麟，白日飞升，号为真人，其乐为何如乎？

仙翁补塞遗脱，《三相类》上、下二篇。上篇言还丹大丹、内外二药调和之层次；下篇论鼎器、运火自始至终之层次。二篇其言最简，其理最明，其法至详，其事至整。总《参同》大意，别立其言，自成一书，皆《参同》所未道及者，故谓补塞遗脱。言补其《参同》之所遗，塞其《参同》之所脱者也。自有《三相类》，而《参同》始能无遗无脱。仙翁虽未注《参同》，而实全《参同》，承先启后之功，岂浅鲜哉！

附录：

《参同契直指释义》跋

甲戌春暮，(德)广于退谷楼上检得山左先德手抄之刘一明《参悟直指》一册。适斋中存有此书刊本，校读一过，敬谂为黄崖太夫子将《参同契》、《笺注》、《三相类》各原文及刘一明原注加以删节评订之本也。惟书名《参悟直指》，刘序亦云《悟真篇》并为注释。兹篇则仅存《参同直指》，岂《悟真直指》阙佚耶？抑未经我太夫子节释耶？黄崖丙辰之变，业籍荡然。(德)广搜辑十年，并此仅得太夫子遗著十八集，均敬录汇存于《归群宝籍》正续篇之内。惟内有《法华经评注》藏吴慕渠丈家。(德)广多方吁觅，迄不可得，将永永萦系于魂梦之间。今此篇孤本，竟于无意得之，实可谓至幸也已。爰恭录一通，以垂后世。

乙亥秋归群小子张德广谨识

第二十七卷

周易参同契集韵

清·纪大奎 注

点校说明

1.《周易参同契集韵》，六卷，清纪大奎注。纪大奎（1746—1825），字向辰，号慎斋，江西临川龙溪人。大奎少从父学《易》，长即宦游四方，嘉庆间为四川什邡知县、合州知州，道光二年（1822）告老还乡。

2.纪氏之校订《参同契》，"以云阳朱氏《阐幽》注本最佳"，故"每章首集本文，次附按语，又次引朱氏旧注"。虽云以《参同契阐幽》为据，但其所谓依韵重新排列《参同契》正文，则仍以古本《参同契》作参考，以四言、五言为区分。四言部分《参同契》三卷三篇，五言部分为《三相类》三卷三篇，其划分调整似来自于葛洪《神仙传》谓魏伯阳作"《参同契》、《五相类》凡二卷"之说。《集韵》中之批注，为大奎未定草稿，其侄纪应鈗在校刊时以"辨论详密，足为此书指迷，因悉次其辞"，故"附于各章朱注之下，复首加按字以别之，读者或亦参观而有得也。"今观纪氏批注，实为读朱注之笔记，间有心得语，但也多不知语，诚以丹道必待师传，方能知其究竟也。

3.本篇以清咸丰壬子（1852）年刊本作整理，无校本。原本有脱落处，则据《参同契阐幽》作补充。整理时，原注部分段落的起止，用"〇"分隔号作标示。末附《清史稿》纪大奎传记，以见其读《参同契》外事功之所在。

周易参同契集韵

序

《易》以道阴阳，阴阳生于太极，循环于卦象。故气以顺理者也，理以宰气者也。有天地之《易》，有人身之《易》。羲、文、周、孔之《易》冠诸经，天地之《易》也，三才之道，无所不包，万物之理，无所不具；伯阳之《易》，以附诸纬，人身之《易》也。人身一小天地，以吾之心合天地之心，以吾之气合天地之气，而道见焉。故理者，气之原也；气者，理之充也。后世阴阳之说，溺于气而离其理，附于《易》而实悖于《易》。伯阳之《易》，得《易》之理者也。故朱子取之，顾其书易置颠倒，不复可订。学者各以其意会之，期合于《易》理而已矣。余读《易》之余，间复浏览是书，于伯阳作书之精义及朱子《考异》之深心，未能遽有所得，辄喜其辞韵古奥，略为次叙，更立篇章，疏其大意，以资吟讽。分为《参同契》三篇，《三相类》三篇，三以显参，类以表契，统而名之曰《周易参同契集韵》，以是为余之集古焉，可也。

嘉庆丁巳一阳月慎斋纪大奎

《周易参同契集韵》目录

前卷
周易参同契三篇总叙
上篇
四象章第一
御政章第二
顺时章第三

先天坎离章第四

后天复姤章第五

中篇

虚无章第一

性命章第二

男女章第三

孤阴章第四

下篇

伏食纲领章第一

金木交并章第二

龙虎呼吸章第三

三五为一章第四

药物比喻章第五

末章总结

后卷

周易三相类三篇总叙

上篇

三圣作易章第一

六十四卦体用章第二

先天八卦进退章第三

河图四象章第四

中篇

抱一章第一

守中章第二

内养旁门章第三

下篇

两弦合精章第一

变化还丹章第二

刀圭入口章第三

终始相因章第四

交感自然章第五

火记源流章第六

外药旁门章第七

末章总结章第八

附:四象归根章注

末章

法象歌注

鼎器歌注

应鈖谨按:伯考《周易参同契集韵》六卷,每章首集本文,次附按语,又次引朱氏旧注;《悟真》三篇,附录《集韵》之后,每篇首列原诗,次引朱注《悟真篇》;后又摘录俞氏《参同契发挥》五言注。皆当日所手订,故合为一编。此外尚有批辞数百余条,俱未定草稿。然其□抉摘疑义辨论详密,足为此书指迷,因悉次其辞,附于各章朱注之下,复首加按字以别之,读者或亦参观而有得也。

《周易参同契集韵》前卷上

临川纪大奎向辰 辑订

胞侄纪应鈖 校字

定州杨照藜素园 校刊

周易参同契三篇总叙

此序原本最在后,为自叙启后章第三十六。

按:是书各本互异,余所见以云阳朱氏《阐幽》注本最佳。此所云原本,即朱氏本也。

郐国鄙夫,幽谷朽生。挟怀朴素,不乐权荣。栖迟僻陋,忽略令名。执守恬淡,希时安宁。晏然闲居,乃撰斯文(一段)。歌叙大易,三圣遗言。察其旨趣,一统共论。务在顺理,宣耀精神。神化流通,四海和平。表以为历,万世可循。序以御政,行之不烦(二段)。引内养性,黄老自然。含德之厚，归根返元。近在我心，不离己身。抱一毋舍，可以长存（三段）。配以伏食，雄雌设陈。挺除武都，八石弃捐。审用成物，世俗所珍（四段）。罗列三条，枝茎相连。同出异名，皆由一门。非徒累句，谐偶斯文。殆有其真，砾硌可观。使予敷伪，却被赘愆。命《参同契》，微览其端。辞寡意大，后嗣宜遵（五段）。委时去害，依托邱山。循游寥廓，与鬼为邻。化形而仙，沦寂无声。百世一下，遨游人间。敷陈羽翮，东西南倾。汤遭厄际，水旱隔并。柯叶萎黄，失其华荣。吉人相乘负，安稳可长生（六段）。

按：叙分六段，首段十句，言其隐居著书之事；次段歌叙大易十二句，叙上篇御政之旨。《传》云：昔者圣人之作《易》也，将以顺性命之理，故曰务在顺理。精神者，性命之要也。精属命，神属性。神化流通者，一以御两，两化而一神也。三段引内养性八句，叙中篇养性之旨不离命，故云：近在我心，不离己身。一者，身心合而为一也。云阳朱氏云：祖性本是一体，分为两用便属身心二物。心即妙有真空也，身即真空中妙有也，身心两家会归祖窍便是真一。四段配以伏食六句，叙下篇伏食之旨。朱氏云：以魂魄相制而言谓之伏，以龙虎相吞而言谓之食。又云：世俗所珍者黄白之物，故借似说真，寓言金丹伏食之妙用也。五段罗列三条十四句，总叙《参同契》命名之旨。朱氏云：《参同契》者，三家相参，同出一门，乃契无上至真之妙道耳。末段十六句，自隐其姓名。此书所立种种异名，无非隐语，故并自隐其名，以寓其隐语著书之意见。读者当言外自悟，不可拘文害意，执爻泥象也。

又按：此书上篇言大易性情，如君令臣从，御政之象，以见精炁之御于神也；中篇言黄老养性无为之功，并非独修一心，乃性命双修之理，以见神之合精炁也；下篇言炉火伏食有为之功，并非强作妄为，乃炼含真精真炁以成其神也。三者之道，无非精、炁、神炼合为一之理。此见有为无为皆御政之要道，其宗旨实不外于《易》也，故曰《周易参同契》云。

又按：精、炁、神三者，诸书名色有元炁、元精、元神、真精、真炁、真神、凡精、凡炁、凡神。坎中一阳，先天元炁也；内交呼吸，后天真炁也，口鼻呼吸之炁则浊矣。离中一阴，先天元精也；元炁之动，后天真精也，人道交感之精则浊矣。乾宫本体,先天元神也;方寸虚灵,后天之神也,即真意也,思虑识神则浊矣。中宫有神室,先天之乾、后天之离,本属一体,故乾神常居离宫,为身主宰,方寸之中,上通天谷。故主宰一存,即无邪视邪听,惟阴神流转,则乾坤不能安居室中,驰于耳、目、口、鼻而出矣。放心一收,不使阴神用事,则耳、目、口三宝之灵皆返于心,而乾神敛于内,百体听令矣。故首篇御政以天心为主,心曰天君,指乾性也。

《参同契》上篇

（共五章）

四象章第一

原本为四象环中章第十六。是编姑以己意,颠倒辞韵,纂集成篇,如诗家之有集唐,乃一时之私见,非经文必当如此也。故每章悉注原本次序,庶不忘其旧焉。

乾坤刚柔,配合相包。阳禀阴受,雌雄相须。须以造化,精气乃舒。坎离冠首,光耀垂敷。玄冥难测,不可画图。圣人揆度,参序元机。四者混沌,径入虚无。六十卦周,张布为舆。龙马就驾,明君御时。和则随从,路平不邪。邪道险阻,倾危国家。

按:此章统言易卦之纲领。

《阐幽》节录:

云阳朱氏曰:乾元为天地之始,坤元为万物之母,两者自相配合,雌雄相须,始成造化。造者,自无而之有;化者,自有而之无。自无而之有,则真空形为妙有,乾中藏坤;自有而之无,则妙有返为真空,坤中藏乾。乾中藏坤,是为太乙元精;坤中藏乾,是为元始祖炁。主宾颠倒,造化之妙见矣,故曰:须以造化,精炁乃舒。此言乾坤交而生坎离药物。○离为至阴之精,坎乃至阳之炁,造化得之,而为日魂月魄,光明普照,能生万物;吾身得之,而为日精月华,光明撮聚,能产大药。岂非坎离冠首,光曜垂敷乎?学道之士,倘能法乾坤以立炉鼎,攒坎离以会药物,日精月光,两者自然凝聚盘旋于祖窍之中,混混沌沌,复返先天虚无一炁,大药在其中矣,故曰:四者混沌,径入虚无。此言坎离交而归乾坤祖窍也。○除却乾、坤、坎、离四卦应炉鼎药物，余六十卦，循环布列，配乎周天。在一日为子、午、卯、酉，在一月为晦、朔、弦、望，在一年为春、夏、秋、冬，周流反复，循环不息，有张布为舆之象。既有舆，不可无马以驾之。何谓龙马？龙以御天，主于飞腾；马以行地，主于调服。作丹之时，神炁相守，不敢飞腾，御天之乾龙，化为行地之坤马，步步循规蹈矩，有若人君统御臣下，立纲陈纪，一毫不敢懈弛。丹道以身为舆，以意为马，御之者心君也。当采取交媾之时，仗心君之主持，防意马之颠劣，稍一不谨，未免毁性伤丹，可不戒哉？总是一个主宰，在车则为御者，在政则为明君，在天则为斗柄，在丹道则为天心，皆言把柄在手也。○又曰：此章言乾、坤、坎、离自相造化，明先天环中之。

按：此乾坤交是起初元牝之交，与还丹乾坤交而结丹是两样。○会药物，是坎离二药产大药，大药在其中，又是坎离所生之药。此二种药如何分？此时如何便名大药？此大药是否即指两弦已合后之金丹？抑两弦未合，先亦有大药？○坎离交归祖窍，是二药归于中耶？祖窍是心肾之间否？此非驻药之地。○六十卦是初起火，尚未及朔望火候可知。但是会二药时之火，抑是产大药时之火？抑是交乾坤之火？○此便可云作丹之时耶？似太早。抑坎离药物亦可名丹耶？○神炁相守，不敢飞腾，何以云六十卦张布？岂二药会时神炁相守会毕之后，方布为舆耶？○采取是取二药耶？是二药后采大药耶？交媾是二药交媾耶？即乾坤初交耶？○环中之妙，是前升后降，其圆如环耶？抑内升内降，亦为环耶？抑六十卦环外，四卦混沌于中，合名环中耶？环字重乎？中字重乎？○二药方会于中，则六十火卦不得张布于外，抑会合之后环其中耶？未会之先环之耶？

御政章第二

原本为君臣御政章第五。

可不慎乎，御政之首。管括微密，开舒布宝。要道魁柄，统化纲纽。爻象内动，吉凶外起。五纬错顺，应时感动。四七乖戾，誃离俯仰。文昌总录，诘责台辅。百官有司，各典所部。原始要终，存亡之绪。或君骄佚，亢满违道；或臣邪佞，行不顺轨。弦望盈缩，乖变凶咎。执法刺讥,诘过贻主。辰极处正,优游任下。明堂布政,国无害道。

按:此章切言御政之要道。

《阐幽》节录:

朱氏曰:火候之要,彻首彻尾,防危虑险,无一刻不宜慎,若人君御政然,而尤当致谨其初基。盖金丹大道,以天心为主,精气为用,正犹人主之统御其臣下也。学人入室之始,一阳初动谓之首经,故喟然发端曰:可不慎乎,御政之首。管括微密者,静而内守,环匝关闭之意;开舒布宝者,动而应机,发号顺应之意。魁柄即斗杓,喻吾身天心。丹道作用,全仗天心斡运,斗柄推迁,动而正则罔不吉,动而邪则罔不凶。《系辞传》曰:爻象动乎内,吉凶见乎外。即其义也。斗杓顺动,则五纬与经星,罔不循其常度。一有不顺,则皆失其常度。此喻人天君妄动,则五官错谬,百脉沸驰,所谓毫发差殊不作丹者也。文昌犹人君之有六部,台辅犹人君之有相臣。相臣夹辅帝主,燮理阴阳,六部从而奉行之,则百官有司,不待诘责,自然各典所部矣。譬作丹之时,心君处中以制外,魁罡坐镇,斗杓斡旋,一水一火,调燮得宜,自然六根大定,百脉冲和,而无奔蹶放驰之失矣。○火候之一动一静,彻始彻终,慎则转亡为存,不慎则转存为亡。此一大事,君臣各有其责,而主之者惟君。臣之听命于君,犹气之听命于志也。天心之与人心,同出一原。天心稍或不顺,则天行立刻反常,不特五纬错谬、经星乖戾已也。天有执法之星,主刺讥过失,即太微垣中左右执法也。朝廷执法之臣,亦主刺讥过失。然违道之过,不在百官而在台辅,并不在台辅而在君主自身。此万化从心,反本穷源之论也。辰极,在天象为紫微垣,即北极所居;在人君为深宫内寝,晏息之所也。明堂,在天象为天市垣,乃帝星所临;在人君为朝会之所,通道于九夷八①蛮者也。心君所处,内有洞房,外有明堂,上应天垣,下同朝宁,故取御政之象。○此章即治道以明丹道,最为了然。丹道彻始彻终,不出天心运用。故君喻天心,臣喻药物,文昌、台辅喻三田、四象,执法之臣喻耳目之官,百官有司喻周身精气。吉者,受炁吉

---

① 八,原本误刻为"人"字,据朱元育《参同契阐幽》及上下文义改。

也;凶者,防成凶也。存喻片时得药,亡喻顷刻丧失。所贵乎御政者,必须外却群邪,内辅君主,心君端拱于辰极,万化归命于明堂,岂非还真之要道乎?

按:入室之始,一阳动为首经,此是产铅之初,非庚方之月象可知。记查对。此首经即前会二药之坎药耶?抑坎离二药所产之大药也?○动而应机,可见坎药动时,便用六十卦。但不知坎药升时,离药何候降而会之?若在屯末蒙初,则药方内降,火岂得另从外降?若蒙卦降毕,离药始降,又安保其不随火外落?若屯蒙皆在内一处升降,则何以为张布?何以为斗杓斡旋之象?此著急须参究。○或先采药会合,然后用火,天心自是天谷元神。若此处斡运,自然是内升外降、任升督降也。○玩后孝子、皇极注,则此天心又当是胸中之心。○又升时神在坎,降时神在离,似不皆以天心为斡运之主,所谓主宾颠倒也。此亦须参。

顺时章第三

原本为动静应时章第十七。

君子居其室,出其言善,则千里之外应之。谓万乘之主,处九重之室。发号出令,顺阴阳节。藏器俟时,勿违卦月。屯以子申,蒙用寅戌。余六十卦,各自有日。聊陈两象,未能究悉。立义设刑,当仁施德。逆之者凶,顺之者吉。按历法令,至诚专密。谨候日辰,审察消息。纤芥不正,悔吝为贼。二至改度,乖错委曲。隆冬大暑,盛夏霜雪。二分纵横,不应漏刻。风雨不节,水旱相伐。蝗虫涌沸,山崩地裂。天见其怪,群异旁出。孝子用心,感动皇极。近出已口,速流殊域。或以招祸,或以致福,或兴太平,或造兵革。四者之来,由乎胸臆。动静有常,奉其绳墨。四时顺宜,与气相得。刚柔断矣,不相涉入。五行守界,不妄盈缩。易行周流,屈伸反覆。

按:此章言御政之道,有动静刚柔;贵顺阴阳之时节也。此承上章明堂布政二句而申言之,皆统论火候之要,下二章遂分言之。

又按:屯以子申疑子升,蒙用寅戌疑寅灭或没,灭、戌形似,升、申音似。后人误疑而改之耳。子升者,自初爻而上;寅灭者,自上爻而下也。

《阐幽》节录:

朱氏曰：作丹之要，全在周天火候；火候之要，全在一动一静。时不可先，则当静以待之；时不可失，则当动以迎之。故曰：藏器俟时，勿违卦月。静极而动，万化萌生，屯之象也。内体纳子，外体纳申，水生在申，取萌生之义，故曰屯以子申。动极而静，万化敛藏，蒙之象也。内体纳寅，外体纳戌，火库在戌，取敛藏之义，故曰蒙用寅戌。两卦反覆，一昼一夜，便分冬夏二至。余六十卦，各有昼夜反对。在人引而伸之耳。二至既定，中分两弦，上弦用春分，本属卯木，然德中有刑，反为肃杀之义，故曰立义设刑；下弦应秋分，本属酉金，然刑中有德，反为温和之仁，故曰当仁施德。即所谓赏罚应春秋，当沐浴之时也。〇火候一静一动，如法令之不可违。凡进退往来，于二至二分界限处，立心务要至诚，用意务要专密，谨候其升降之日辰，审察其寒温之消息。《入药镜》所谓：但至诚，法自然是也。如冬至一阳初生，法当进火，然须养潜龙之萌，火不可过炎；夏至一阴初降，法当退火，然须防履霜之渐，火不可过冷。不当炎而过炎，则隆冬返为大暑；不当冷而过冷，则盛夏返为霜雪矣。至于二分阴阳各半，水火均平，到此便当沐浴，洗心涤虑，调燮中和，鼎中真炁，方得凝聚。若用意不专，纵横四驰，便于漏刻不应。水若过盛，则为水灾，火若过盛，则为旱灾，而盲风怪雨，不中其节矣。不特此也，倘漏刻不应，小则螟蝗立起，玉炉与金鼎沸腾，大则山川崩裂，金虎共木龙驰走。皆因心君放驰，神室无主，遂感召灾变。若此倘能回光内守，须臾不离方寸，若孝子之事父母，视无形而听无声，自然感动皇极。皇极者，天中之真宰，即吾身天谷元神也。先无元神，寂然不动，本无去来向背，但后天一念才动，吉凶祸福旋即感通。譬孝子之事父母，形骸虽隔，方寸潜通，千里之外，痾痒疾痛，无不相关，岂非近出己口，远流殊域乎？〇刚属武火，柔属文火。身心未合之际，当用武火以煅炼之，不可稍涉于柔；神炁既调之时，当用文火以固济之，不可稍涉于刚。故曰：刚柔断矣，不相涉入。有阴阳之炁，即有刚柔之质；有刚柔之质，即有动静之时。此吾身中真《易》也。真《易》周流一身，屈伸反覆，无不合宜。即如人君，发号出令，而千里之外皆应者矣。

　　按：复姤名大周，朔望名小周，此屯蒙亦名周天火候耶？〇乾坤者章注又以屯蒙为小周天。○蒙卦万化敛藏，离药究于何时会？○经文二分二至，与十二卦火恍惚相近，然何以又添入中分两弦一层？岂即朔望火候耶？不能如此早。盖朱氏固以朔望金丹之火，复姤还丹之火，紧接一时事。此屯蒙初入室之始功，安得遽云尔。○此六十卦火候，亦有沐浴等事，竟与大小周一样。○赏罚应春秋注解作大周天在屯蒙小周天之后，此又引入屯蒙周天内，何自歧也？○寒温消息，与紫阳日出后辨荣卫之寒温意同。然如何是寒温？岂坎离二药会时，尚非寒温之候？会合以后，应有温热起火之时与？又如何有寒时？抑荣卫不热即为寒耶？○一阳初生，养潜龙之萌。此又是坎药初动时进火，非二药会合后进火也。此著实难落脚。○沐浴时，鼎中真炁凝聚，此鼎在何处？○炉鼎沸腾，龙虎驰走，如何？小则、大则二字，一内炉鼎，一外药物耶？○神室无主，不离方寸等语，是胸中之心，为运火之主也。此似即真意欤？○胸中为己口，天谷为殊域，似不妥，恐是内外之象。○身心未合，如何便进火？乾坤交，然后有坎离药物。未合安得药、无药安得火？○身心未合，或是坎离二药未会。然则进火后方得二药会，究竟在何刻？抑沐浴时，鼎中真炁凝聚，即会药之时耶？神炁既调，是药已会耶？○屯之中用刚用武，蒙用柔用文耶？

先天坎离章第四

上节原本为坎离二用章第二，下节原本为坎离交媾章第十八。上节乾坤二用句下原有二用无爻位四句，又有幽潜沦匿六句，故推消息二句，原本在言不苟造句上。

天地设位，而易行乎其中矣。天地者，乾坤也；设位者，列阴阳配合之位也。易谓坎离。坎离者，乾坤二用。言不苟造，论不虚生。引验见效，校度神明。推类结字，原理为征。坎戊月精，离己日光。日月为易，刚柔相当。土王四季，罗络始终。青赤白黑，各居一方。皆禀中宫，戊己之功，坎离没亡。（上节）

晦朔之间，合符行中。浑沌鸿濛，牝牡相从。滋液润泽，施化流通。天地神灵，不可度量。利用安身，隐形而藏。始于东北，箕斗之乡。旋而右转，呕轮吐萌。潜潭见象，发散精光。昴毕之上，震出为征。阳气造端,初九潜龙。阳以三立,阴以八通。三日震动,八日兑行。九二见龙,和平有明。三五德就,乾体乃成。九三夕惕,亏折神符。盛衰渐革,终还其初。巽继其统,固际操持。九四或跃,进退道危。艮主进止,不得踰时。二十三日,典守弦期。九五飞龙,天位加喜。六五坤承,结括终始。蕴①养众子,世为类母。上九亢龙,战德于野。用九翩翩,为道规矩。阳数已讫,讫则复起。推情合性,转而和与。循环璇玑,升降上下。周流六爻,难以察睹。故无常位,为易宗祖。(下节)

　　此下二章紧承上章易行周流二句而详言之。易谓坎离,乃切实指点之辞;言不苟造十句,申明谓字中精义;土王四季六句,又申明坎戊二句之妙。所谓校度神明也,故推消息二句,结易谓坎离之意。消息即易行乎其中之消息也。

　　又按:此章上节以先天坎离东西为日月之精光,下节则以其余六卦为日月相受魄明生死之序。离日在东,故震、兑、乾自一阳、二阳以至三阳者,明生以至于望之象也,乾坤配合之内体也;坎月在西,故巽、艮、坤自一阴、二阴以至三阴者,魄生以至于晦之象也,乾坤配合之外体也。然先天卦象,自左而旋,犹月之自东而上也。而每日隐见之位,自右而转,则皆以初昏日在戌时定之。当望之月,戌时在辰;及魄生之月,戌时在甲。此巽卦初阴始隐地平者也。至下弦之月,戌时在丑,于地为东北,应于天之箕斗。此艮卦二阴在地平下六十度,则隐形而藏者,渐深而为安身之基矣,故曰:始于东北,箕斗之乡也。晦朔之月,戌时在戌,日月合符,阳将动矣,潜将见矣。及初三明生之月,戌时在庚,应于天之昴毕,此震卦初阳始出地平上十五度也;至初八上弦之月,戌时在未西南方,兑卦二阳出地平六十度矣。故曰:三日震动,八日兑行。故巽、艮、坤三魄之象,初昏右转于地平之内潜之义也;震、兑、乾三明之象,初昏右转于地平之外见之义也。末二句,故无常位,为易宗祖,应上节末句故推消息,坎离没亡。故坎离者,六卦之魄明也;六卦者,坎离之隐见也。后卷《三相类》上篇,始又推六卦纳甲之象,以发明此章之意,此节

---

① 蕴,注文作"韫"字。

尚未及纳甲之义。

又按：乾体为性，坎离二用为情，坎离合于乾坤，故曰：推情合性，转而和与。此明精、炁、神三者合而为一之理也。

《阐幽》节录：

上节。朱氏曰：坎为月，中纳戊土，戊土原从乾来，阳陷阴中，其精内藏，所谓杳杳冥冥，其中有精也；离为日，中纳己土，己土原从坤出，阴丽阳中，其光外用，所谓恍恍惚惚，其中有物也。戊己二土，可分可合。以四时言之：木旺于春，中寄辰土；火旺于夏，中寄未土；金旺于秋，中寄戌土；水旺于冬，中寄丑土。木、火、金、水，彻始彻终，无不包络于中央真土，故曰：土旺四季，罗络始终。以四方言之：青龙木德居东，朱雀火德居南，白虎金精居西，元武水精居北，故曰各居一方。北一西四，合而成五，是为戊土，杳冥之精，在其中矣；东三南二，合而成五，是为己土，恍惚之物，在其中矣。赖此戊己真土，调和水火，融会金木，使五行四象俱攒于中黄，而大丹结矣，故曰：皆秉中宫，戊己之功。盖坎离二物，不离真土，乃成三家。举二物，则四象在其中；举三家，则五行在其中。一切药物火候，无不在其中矣。乾坤之大用，尽于坎离，坎离之妙用，归于戊己。一部《参同契》，关键全在此处。○又曰：从无入有谓之息，息者，进火之候，坤三变而成乾也；从有入无谓之消，消者，退符之候，乾三变而成坤也。自朔旦震卦用事之后，历兑至乾；自月望巽卦用事之后，历艮至坤。其间不见坎离爻位，是谓坎离没亡。非没亡也，行乎六虚之间而周流不定耳。

按：中黄是心肾间之中宫，抑头上黄庭居中之处？○此大丹结是真正活子金丹否？○屯蒙是二物会时情性合之火候，积久至此，方是五行全处龙虎蟠否？想不知几时工夫，方得至此？○屯蒙初功，尚算不得戊己三家耶？此戊己攒簇与屯蒙时之坎离会药物，光景次第差别如何？至此时方有朔望火候方算得活子时否？

下节：朱氏曰：此章言坎离交而产药，应一月之晦朔弦望，乃小周天之火候也。○晦朔之间十句，言日月会合，为大药之根本也。造化之妙，不翕聚则不能发散，不蛰藏则不能生育。月本无光，受日魂以为光，至三十之夕，光尽体伏，此时日与月并行于黄道，日月合符，正在晦朔中间。吾身日精月光，一南一北，赖真意以追摄之，方交会于中黄神室，水火既济，正在虚危中间，虚极静笃，神明自生。即一刻中真晦朔也，故曰：晦朔之间，合符行中。造化之日月，以魂魄相包；吾身之日月，以精光相感。当神归炁穴之时，不睹不闻，无天无地，璇玑一时停轮，复返混沌，再入鸿濛。即此混混沌沌之中，真阴真阳自相配合，故曰：混沌鸿濛，牝牡相从。元牝相交，中有真种，元炁絪缊，杳冥恍惚，正犹日魂施精，月魄受化，自然精炁潜通，故曰：滋液润泽，施化流通。方其日月合符之际，天气降入地中，神风静默，山海藏云，一点神明，包在混沌窍内，无可觅处。此即一念不起、鬼神莫知境界，故曰：天地神明，不可度量。天入地中，阳包阴内，归根复命，深藏若虚，不啻龙蛇之蛰九渊，珠玉之隐川泽。谭景升曰：得灏炁之门，所以归其根；知元神之囊，所以韬其光。此之谓也。故曰：利用安身，隐形而藏。○始于东北十句，言艮之一阳，反而为震也。人知①月至晦日，乃失其明，不知实始于下弦。迨艮之一阳尽丧而为坤，在吾身为神入炁中，万化归根。此时阴极阳生，太阳真火即生于子。盖阳无剥尽之理，日月撙持，正在北方虚危之地。交会既毕，渐渐自北转西，月魄到此微露阳光，一点真火，隐然沉在北海中。渐渐逼露，一日二日，以至三日庚方之上，昏见一钩，坤中一阳，才出而为震。在身中为铅鼎初温，药苗新嫩。阳炁虽然发生，但造端托始，火力尚微，正应乾卦初九潜龙之象。到此只宜温养子珠，不得遽用猛火。此节言日月合璧，产出金丹大药，即系活子时作用。尹真人云：欲求大药为丹本，须认身中活子时。正此义也。晦朔之间，坎离交而成乾，乾为真金，故称金丹。所以金丹火候，专应乾卦六阳。○阳以三立六句，言二阳之进，而为兑也。月到上弦，鼎中金精始旺，龙德正中，故又为九二见龙之象。然震之一阳，才动于二阴之下，兑之一阴，已行于二阳之上，德中有刑，生中带杀。此沐浴之时也。○三五德就六句，言三阳到乾，阳极而阴生也。此时药已升鼎，金精盛满，光彻太虚。然盛

---

① 知，原本作"之"，据朱氏《参同契阐幽》及上下文义改。

极而衰,当防亏折,故有九三夕惕之象。正当终日乾乾之时,乾道渐渐变革,巽之一阴,已来受符,阳之终即阴之初,此守城之时也。○巽继其统四句,言一阴之退,而为巽也。乾体既纯,阳火过盛,当继之以阴符。全赖巽体一阴,为之固济操持,收敛阳炁。此时乾四之或跃,已变为坤四之括囊。盖金丹火候,只取乾中三阳,三阳退处便是三阴,进极而退,当防其道途之危。此虑险之时也。○艮主进止六句,言二阴之退而为艮也。一阳在上,硕果独存,阳之向进者,到此截然而止。此时水火均平,鼎中阳炁渐渐凝聚,渐渐归藏,时不可踰,恰当二十三日,典守下弦之期。乾五之飞龙在天,变为坤五之黄裳元吉,刑中有德,杀中带生,故有天位加喜之象。此亦沐浴之时也。○六五坤承六句,言纯阴返坤,阴极而阳生也。六五二字,虽似专指坤卦第五爻,实则一月弦望晦朔之统会也。一阳生于震,自朔到望,乃是乾之寄体;一阴生于巽,自望到晦,方是坤之本体。究竟彻始彻终,一点阳光,总属太阳乾精,特借坤中阴魄为之承载摄受耳。乾父之精,全赖坤母之体包承而结括之。自坤之初爻到五爻,一月之候,恰好完足,故曰:六五坤承,结括终始。六子总不出乾坤范围,但三男三女,各从其类。阳魂总是日光,属之乎乾;阴魄总是月精,属之乎坤。然三阴皆统体于乾者,乾元统天之旨也,父道也;三阳皆寄体于坤者,坤元承天之旨也,母道也。所以乾之世,在上九称宗庙爻,实为六子之父;坤之世,在上六称宗庙爻,实为六子之母。此以坤之承顺乎乾者言之,故曰:韫养众子,世为类母。金丹大药,其初原从坤炉中产出,方得上升乾鼎,升而复降,落在黄庭,养火之功,仍在坤炉,以静待一阳之复,彻始彻终,俱有母道。然则乾之上九变尽,则为坤之上六矣,不知阳无剥尽之理,硕果在上,巍然不动,此则京氏《火珠林易》,取上爻为宗庙不变之义也。所以坤上六爻曰:龙战于野,其血元黄。战野之龙,即乾上九之亢龙也。阴极而阳与之战,一战后方得和合,坤为无极之乡,故称于野。后天乾居西北,至阴之地,故又曰战乎乾。元属乾,黄属坤,得此一战,元黄始交,中孕阳精,便成震体。所以震为元黄,地中有雷,一阳初动,劈破鸿濛,转为朔旦之复矣。○用九翕翕十二句,言坎离二用,循环不穷,为通章结尾。乾之用九,得以兼坤,举乾九则坤六在其中矣。况金丹大道，本诸乾性，乾乃纯阳，必炼以九转而始就，故曰：用九翩翩，为道规矩。阳穷于九，化为少阴，先天之乾一，转作后天之离九。一既为九，九复为一，本来无首无尾，故曰：阳数已讫，讫则复起。坎中有金情，离中有木性，东西间隔，全赖斗柄斡旋其间，金情自来归性，故曰：推情合性，转而相与。古人设璇玑玉衡，象周天之运旋。只此性情二物，出日入月，一上一下，一升一降，经之为南北，纬之为东西。南北以子午为经，东西以卯酉为纬，若璇玑之循环运旋，莫测其端，此即卯酉周天之作用也，故曰：循环璇玑，升降上下。自震到乾，自巽到坤，三阳三阴，自相消息，中间不见坎离爻位。然日往月来，月往日来，其间进退消息，莫非坎离妙用，实无可见者，故曰：周流六爻，难以察睹。一日一月，把握乾坤，周流六虚，是谓无体之易。即此无体之易，统乎天心，为六十四卦、三百八十四爻之所从出，岂非无常位而为易之宗祖者乎？乾元统天，配成九转，故用九为道之规矩；日月为易，本无方体，故金丹为易之宗祖。互言之也。〇此章专言金丹作用。其初晦朔交会，取坎填离，情来归性，乃产一阳，是为金丹之基；既而庚方药生，从坤到乾，上升下降，配成三阳，是为金丹之用。所谓小周天火候是也。此是《参同契》中要紧关键，然必合下章观之，方尽其妙。

　　按：坎离交而产药，自入室之始白虎首经。坎离会药物，便已算交，不知积交许久，而后于今产药否？坎离交三字，非一时之功欤？抑此时又另有交之功欤？〇此名小周，屯蒙之六十卦周又何名欤？〇细玩后全注，此是采取，不得名小周天火候。〇一南一北，交会中黄神室。此时与初功乾坤交而生坎离药物，坎离交而归乾坤祖窍，其中次第差别如何？〇复还再入，以何时为初返初入？〇天气降入地中，是有象之景、是无象之景、是有物下去否？〇铅鼎初温，药苗新嫩，此即二药所生出之大药、大丹否？即一炁虚无中来否？不复是坎宫对汞之铅否？即真正金丹否？〇还丹逆上之物，即此物一粒一粒之著否？抑此才是两弦合体之物，还只算坎离金水二物之候？正子时又另生金丹否？〇又按：乾坤者章注又以屯直事、蒙当受为小周天。查朱氏六卦火候一周，即接十二卦大周，此六卦金丹之火，安得有六十卦之三十周？及终而复始之三百周耶？岂二者皆可名小周，何名之多混耶？○曰子珠，曰产出金丹大药，则此药已非两弦合体之金半斤，竟是金水二八已合而生之纯金一味也？然则前此必有两弦合精之时，系在何时？又不当在屯蒙六十卦内，抑屯蒙数足便是二八合体之时欤？抑上文合符行中，即二八合体，金水交融之时欤？然则此上弦乃喻火候之时，非两弦合体之一弦也，故云晦朔之间，坎离交而成乾欤？○子珠，本注又作炼己初功，说子珠如心中之神明耳。此处引用又似说庚方大药，何也？此等通用字不必泥否？○药已升鼎，自是乾鼎由内升也。○巽收敛，阳气如何如何敛？○进极而退如何退？火退则药随退，当降下否？火应自外退，药如何存于鼎否？○巽已退矣，如何艮卦尚云向进者截然而止？然则巽尚进耶？此语误否？○水火均平，是又有水，不是一味药矣。○鼎中阳炁如何凝聚又归藏？此是何鼎？然则丹藏乾鼎，火自退降，药自不退降邪？○下弦之日尚有飞龙黄裳之象，然则巽艮之退，是何谓邪？○纯阴返坤，飞龙之丹将入地耶？抑仍在天耶？○六五，他本作三十日解。○坤炉如何升乾鼎？是震、兑、乾三卦升之否？○如何复降？是巽、艮、坤降之否？药内降，火外降，不相碍否？○如何落在黄庭？有落下之物否？○黄庭何处？是心肾之间，非头上黄庭否？○落在黄庭，以静养阳复，可见随三卦落，不知如何随落？○既已落下，如何又是上九、上六？如何硕果在上，巍然不动？说得如此结实，如何有宗庙不变之象，此不可解。○岂落者自落，不变者自不变？此丹药竟分成上下二物耶？○然则正子时所得之丹，应有乾鼎上落下之物，与坤炉中物合成一丹耶？不得不如此谬想矣，奈何，奈何。○上云落在黄庭，养火坤炉，待一阳之复。此即仍是晦朔合符，璇玑停轮之时。何以又云战野之龙？即上九亢龙，得此一战，元黄始交，岂硕果巍然之物又下与坤交欤？然战与和合，毕竟有两样光景。○经文云讫则复起，又云循环璇玑，自应仍转为震来受符。今既云便成震体，又云为朔旦之复，是即接大周天火候矣。岂此六卦之火，只是一次？必两弦已合体之后，方有此一次，一次即转复卦。然则小周天活子时只有一个耶？然则十二时，意所到者，非此活子时耶？此实大要紧机关。○下章注何以又云活子时？所谓十二时，皆可为者,岂意所到只是此一次到耶?真混混。用九、用六如何著落?用九为九转,未闻有六转也。○大周天为九转,此何以言九转?岂即浑举下朔旦节之火于此六卦之末耶?故云乾乃纯阳,必炼九转而始就。即言必有下节工夫欤?○此书并不言及九六策数,此注用九,亦全不似策数,其为大周九转,似无疑义。但不知用六何著?○何以云阳穷于九化为少阴?是何著落?○先天乾一是何象?何以转作后天离九?岂即转入大周天九转之意耶?然何以九复为一?无首无尾,岂阳数已讫二①则复起,即复姤之循环耶?一九即复姤耶?○水、火、金、木从前许多交会工夫纯熟,方到得此际,何以又云东西间隔,斗柄斡旋耶?○金情归性,可见是大周天还丹事。下又以情归性为晦朔,真混混。○还丹后有卯酉周天,见《悟真》天地盈虚注。此所云经纬,想即还丹之卯酉周矣。然何以又接震到乾巽到坤,小周天之周流六爻。此却混乱不可解。○下又以配成九转及周流六爻为用九,金丹之互言,则是大小周互言也。○前解晦朔之间是天入地、神归炁,此却云坎填离、情归性,乃产一阳。两相矛盾,实不可解。岂互言之?实兼有之欤?混混。○乾刚坤柔章已云乾坤交而生坎离药物,可见起手乾坤便交。此又以乾坤交,别于坎离交,总乱人目。此不过是翻卦之火,不必别之为乾坤交也。○上升是三阳,下降如何成三阳?岂坤配之欤?真费解。○此小周,下大周,两般火候,何以云合?下章方尽其妙,实混乱耳目矣。岂用九句以下,即先举大周?此言尽用九以下之妙,非尽小周之妙欤?曲哉,曲哉!

后天复姤章第五

原本为乾坤交媾章第十九。

朔旦为复,阳炁始通。出入无疾,立表微刚。黄钟建子,兆乃滋彰。播施柔暖,黎蒸得常。临炉施条,开路生光。光耀渐寖,日以益长。丑之大吕,结正低昂。仰以成泰,刚柔并隆。阴阳交接,小往大来。辐辏于寅,进而趋时。渐历大壮,侠列卯门。榆荚堕落,还归本根。刑德相

---

① 二,疑为"而"字之误。

负,昼夜始分。夬阴以退,阳升而前。洗濯羽翮,振索宿尘。乾健盛明,广被四邻。阳终于巳,中而相干。姤始纪序,履霜最先。井底寒泉,午为蕤宾。宾伏于阴,阴为主人。遁世去位,收敛其精。怀德俟时,栖迟昧冥。否塞不通,萌者不生。阴伸阳诎,毁伤姓名。观其权量,察仲秋情。任畜微稚,老枯复荣。荠麦萌蘖,因冒以生。剥烂支体,消灭其形。化气既竭,亡失至神。道穷则反,归乎坤元。恒顺地理,承天布宣。元远幽眇,隔阂相连。应度育种,阴阳之原。寥廓恍惚,莫知其端。先迷失轨,后为主君。无平不陂,道之自然。变易更盛,消息相因。终坤始复,如循连环。帝王承御,千载常存。

按:此章乃还反之法也。诸书火候之义有三:小周以一日之子午辨其程,以月体之晦明辨其象;大周以一年之分、至启闭辨其程,以复姤十二卦之阴爻、阳爻辨其象。卯酉则无成文,意殆以天地之门户,日月之出入,轮转虚空,包含变化,为无程之程,无象之象,而先天乾、坤、坎、离四象,复返于混沌虚无之中矣。此金丹彻始彻终之要道与?记此以备考焉。

《阐幽》节录:

朱氏曰:此章言乾坤交而结丹,应一岁之六阳、六阴,乃大周天之火候也。○朔旦为复八句,言一阳之动而为复,乃还丹之初基也。前章言坎离会合,方产大药,是活子时作用,所谓一日内,十二时,意所到,皆可为者也。大药一产,即用先天纳甲,阳升阴降火候,谓之小周天。直待一周既毕,正子时到,方用大周天火候。何谓正子时?自震到乾,动极而静,自巽到坤,静极复动,致虚而至于极,守静而致于笃,一点真阳,深藏九地,是为亥子之交。迨时至机动,无中生有,忽然夜半雷声,震开地户,从混沌中剖出天地之心,方应冬至朔旦,故曰:朔旦为复,阳炁始通。所谓一阳初动处,万物未生时,此吾身中正子时也。一阳初复,其炁尚微,此时当温养潜龙,不可遽然进火。先王以至日闭关,内不放出,外不放入,皆所以炼为表卫,护此微阳,故曰:出入无疾,立表微刚。阳炁虽微,其机已不可遏,于十二律,正应黄钟,于十二辰,正应斗柄建子,皆萌动孳长,从微至著之象,故曰:黄钟建子,兆乃滋彰。阳火在下,铅鼎温温,自然冲融柔暖,群阴之中,全赖此一点阳精为之主宰,故曰:播施柔暖,黎蒸得常。黎蒸,在卦为五阴,在人为周身精气;得常者,在卦为一阳,在人为一点阳精,主持万化之象。此言一阳来复,立大丹之基也。○临炉施条六句,言二阳之进而为临也。进到二阳,炉中火炁渐渐条畅,从此开通道路,生发光明,光耀渐渐向进,而日晷益以长矣。维时斗柄建丑,律应大吕,先低后昂,亦进火之象。○仰以成泰六句,言三阳之进而为泰也。三阳仰而向上,正当人生于寅,开物之会,木德方旺,火生在寅,阴阳均平,故曰刚柔并隆。此时天炁下降,地气上升,小往大来,阴阳交接,亟当发火以应之。且正月律应太簇,故有辐辏趋时之象。○渐历大壮六句,言四阳之进而为大壮也。日出东方卯位,卯为太阳之门,在一岁为春分,律应夹钟,故曰侠列卯门。进火到四阳,生炁方盛,然木中胎金,生中带杀,故榆荚堕落归根,有德返为刑之象。春分昼夜始平,水火各半,是为上弦沐浴之时。○夬阴以退四句,言五阳之进而为夬也。五阳上升,一阴将尽,势必决而去之。三月建辰,律应姑洗,有洗濯羽翮,振索宿尘之象。如大鹏将徙南溟,则振翮激水,扶摇而上。河车到此,不敢停留,过此则进入昆仑峰顶矣。○乾健盛明四句,言六阳之纯而为乾也。四月建巳,律应中吕。此时阳升到顶,九天之上,火光遍彻,金液滂流,故有乾健盛明,广被四邻之象。然阳极于巳,一阴旋生,阴来干阳,故曰中而相干。就六阳而论,则以巳为终局;就终坤始复而论,则又以乾为中天。各取其义也。○姤始纪序六句,言一阴之退而为姤也。六阳到乾,阳极阴生,便当退火进水,巽之一阴,却入而为主,阳火极盛之时,鼎中已伏阴水。正犹盛夏建午之月,井底反生寒泉。履霜之戒,所以系坤初爻也。阴入为主,阳返为宾,姤之月窟,正与复之天根相对。律应蕤宾,亦主宾互换之象。○遁世去位四句,言二阴之退而为遁也。六月建未,律应林钟。二阴浸长,阳气渐渐收敛入鼎,如贤者之遁世,潜处山林,故曰:怀德俟时,栖迟昧冥。○否塞不通四句,言三阴之退而为否也。此时阳归于天,阴归于地,二炁不交,万物不生,七月建申,律中夷则。夷者,伤也。水生在申,能侵灭阳火,故有阴伸阳屈,毁伤姓名之象。○观其权量六句,言四阴之退而为观也。月出西方酉位,在一岁为秋分,律应南吕。金炁肃杀,草木尽凋,然金中胎木,杀中带生。所以物之老者转稚,枯者复荣,荠麦之萌蘖,遂因之以生,有刑返为德之象。秋分昼夜始平,水火各半,是为下弦沐浴之时。月令仲秋,同度量,平权衡,故开首曰观其权量。○剥烂肢体四句,言五阴之退而为剥也。九月建戌,律应无射,阴来剥阳,阳炁消灭无余。如草木之肢体,剥烂无余,惟有顶上硕果巍然独存,故曰:剥烂肢体,消灭其形。戌为闭物之会,由变而化,神炁内守,若存若亡,故曰:化炁既竭,亡失至神。要知形非真灭也,以剥落之极而若消灭耳;神非真亡也,以归藏之极而若亡失耳。即是六阴返坤之象。○道穷则返十二句,言六阴之返而为坤,终则复始也。十月纯阴建亥,律应应钟,乃造化闭塞之候,吾身归根复命之时也。盖人以乾元为性,坤元为命,有生以后,一身内外皆阴,故以坤元为立命之基。起初一阳之复,原从纯坤中透出乾元,积至六阳之乾,命乃全归乎性矣;既而一阴之姤,又从纯乾中返到坤元,积至六阴之坤,性又全归乎命矣。故曰:道穷则返,归乎坤元。性既归命,元神潜归炁中,寂然不动,内孕大药。正犹时至穷冬,万物无不蛰藏,天炁降入地中,地炁从而顺承之。藏用之终,既是显仁之始,一点天机,生生不穷,故曰:恒顺地理,承天布宣。天之极上处,距地之极下处,八万四千里,上极元穹,下极幽冥,似乎远眇而不相接,然日光月精,同类相亲,如磁石吸铁,一毫不相隔阂,故曰:元幽远眇,隔阂相连。天中日光,与地中月精,一阴一阳,及时交会,呼吸含育,滋生真种,便是先天乾元祖炁,故曰:应度育种,阴阳之元。元牝初交,大药将产,正当亥子中间、一动一静之间,为天地人至妙之机关,虽有圣哲,莫能窥测,故曰:寥廓恍惚,莫知其端。其初混沌未分,天心在中,元黄莫辨,故曰先迷失轨;既而鸿濛初剖,天根一动,万化自归,故曰后为主君。即《象辞》先迷后得主之义也。此时一阳复生,又转为初九之震矣。○无平不陂八句,言动静相生,循环无端,为通章结尾。晦之终即朔之始,亥之终即子之始,坤之终即复之始,迎之不见其首,随之不见其尾,故曰如循连环。○此章详言大周天火候,与上章首尾相足。盖坎离一交,方产大药;大药既产,方可采取;采取入炉,方可煅炼。上章说采取之候,此章才说煅炼之候。

其采取也，须识活子时作用，直待晦朔之交，两弦合精，庚方月见，水中生金，恍惚杳冥，然后觅元珠于罔象之中，运真火于无为之内，至于月圆丹结，是谓金丹。其煅炼也，须识正子时作用，直待亥子中间，一阳初动，水中起火，方用闭任开督之法，吹之以巽风，鼓之以橐籥，趁此火力壮盛，驾动河车，满载金液，自太元关逆流上天谷穴，交会之际，百脉归元，九关彻底，金精贯顶，银浪滔天，景象不可殚述。交会既毕，阳极阴生，既忙开关退火，徐徐降下重楼，此时正要防危虑险，涤虑洗心，直到送归土釜而止，谓之乾坤交姤罢，一点落黄庭。丹既入鼎，须用卯酉周天火候，才得凝聚。圣胎已结，更须温养，再加乳哺之功。及乎胎完炁足，婴儿移居上田，先天元神变化而出，自然形神俱妙，与道合真，是谓九转金液还丹。然此两般作用，一内一外，有天渊之别，从上圣师，口口相传，不著于文，魏公亦不敢尽泄天机，姑以一月之弦望晦朔喻金丹一刻之用，以一岁之六阴六阳喻还丹九转之功，自有真正火候秘在其中。学道遇师之士，自当得意而忘象矣。

　　按：一周毕，正子即到，何其易也。岂小周只有一周耶？合二章注观之，活子小周只有一次，紧记，紧记。○后章注又转为初九之震，岂大小二周循环不已，从小而大，从大又小，从小又大耶？如此则不止一次，特与大周循环无端耳。记考，记考。○正子时又另得大药欤？抑即前庚方之大药？炼之逆上，所谓复卦一阳生者，但是火之方生，非又生药欤？○此朔旦是冬至朔旦，以别于前朔旦欤？○前章初九潜龙，此又言潜龙，药火一理欤？○此何云炼为表卫？○此一点阳精主持万化，立大丹之基。然则前庚方之药，尚非大丹，必此正子复卦一阳方是丹。前庚方之丹，此时作何销案？岂由彼生此耶？○后何以又分前为采取？此为煅炼，明明以此阳火煅炼庚方震采取之丹，安得以此火为主持万化之一点？此实矛盾。○三阳亦阳进之时，如何有天气下降，小往大来，阴阳交接之象？○上弦水火各半，此是四阳盛长，何以各半？何以有水？此十二月卦何以又牵入晦朔章之上下弦？此逆行之火，又非合体之两弦，实不可解。○五阳时尚非退符，何以言阴退？一阴决去，是何等意象？○退火进水，水自何进？前云水火各半，此又阴生方进水也。○一阴如何入为主？巽阴是姤阴耶？抑即六卦之巽阴继统者耶？何故混两为一？○阳气收敛入何鼎？乾卦阳升到顶，散漫何处？历姤遁二卦始入鼎，又方渐渐收敛入鼎，是尚未入也。○遁卦阳收入鼎，否卦阳归于天，鼎在天可知。何以阴归于地？○姤卦阴入为阳之主，此又去阳而归地，不为阳主耶？地者降而下耶？○然则丹仍在上，火候之阴气自下，而丹不随气下欤？○月出庚方酉位，此下弦日当午之时也。何必以此等舛象添入作秋分，徒令人混乱于六卦之下弦，及合体之下弦欤？殆蛇足欤？抑另有妙谛欤？○阴火自退为剥，阳既归于天，阴归地矣。何以来剥阳？阳已归天入鼎，何以又消灭无余？岂归天者只一巍然之果？此外尚有众阳受消者欤？○一阳从坤中透出乾元，此岂非还丹真药？何以大周非采取，而反为煅炼庚方之药？此朱氏说之极不可晓者。○命既全归乎性，何以性全归命后，又要孕大药？性全归于命，元神归炁中，前收入鼎之阳，归于天之阳，尚在天否？归于坤命否？内孕大药，是有孕庚方之金丹，是孕复卦之乾元。○又云日光月精，呼吸含育，滋生真种，是又朔晦合符之候也。此又云先天乾元祖炁，则是又复卦一阳之候也。二者何居？○此时又说得元牝交耶？○大药将产，亥子中间，是晦朔之合符，是坤复之火候。请说。○一阳又转初九之震，是庚月之震初，是复卦之震初。若是复卦，何必以震初混入？若是庚月，是亥子中间，有两次阳生也。○意子时内原有此两动机，最初为活子，继之以正子，所以皆曰子时，实同在一时也。然则二候采药，四候妙用，即子时六候，活二正四欤？再参晦之终乃复之始，坤之终乃朔之始。盖坤复之间，有晦朔弦望也。注语又不符，奈何？○上章首尾相足，则上章之尾用九数句，即此章之火候。此章尾应度育种以下，又是晦朔合符机关欤？○上章采取，此章煅炼，明是一时一事。然则复卦注内所说之乾元等大药名色，即活子所采之圆月已结之丹，随火而上，非二物也。○两弦合精，自是本体全复，方有此活子时。○然则真火无为六卦，皆内升降也。○一阳初动，特火起耳。然月圆丹结之乾元，即在火中。火生于丹，挟丹而起也。○巽风是何物？巽在何处？○降下重楼，只是火降耶？抑所结之丹同降耶？重楼是喉否？此物岂可自喉下入胃腑耶？○

土釜是何处？是脐坤中之釜，抑乾顶亦有名土釜者？○落黄庭是何处？若从重楼下，岂非饮食之口脐腹之腹耶？《悟真》注云：非此口腹，乃方寸也。身有三方寸，是何方寸？○是每一周天毕，即落土釜黄庭耶？抑坤腹循环上下历若干周，然后一总落耶？一总落是并总一点，每周次次落是无数一点，即一粒复粒欤？○入何鼎？即中间真金鼎耶？何名卯酉周？《契》本文未见此象。○卯酉凝聚后，尚有几次坤复？○变化而出，方算九转耶？抑胎足变化在九转之后耶？九转是坤复耶？抑一次坤复名九转耶？毕竟坤复几次？○一内一外，可见六卦内升降，十二卦外升外结。金丹一刻，即每正子初之一刻矣。还丹九转，即六阴六阳是矣。大约亥、子、丑不在内。○真正火候，秘在何者之中？忘象之意何等？○此二火候有无息数多少之分？

《周易参同契集韵》前卷中

临川纪大奎向辰 辑订

胞侄纪应鈇 校字

定州杨照藜素园 校刊

《参同契》中篇

（共四章）

虚无章第一

上一节原本在炼己立基第六章之首，下三节原本在两窍互用第七章内，动静休息句，原在章末失之者亡句下。

内以养己，安静虚无。元本隐明，内照形躯。闭塞其兑，筑固灵株。三光陆沉，温养子珠。视之不见，近而易求。知白守黑，神明自来。白者金精，黑者水基。水者道枢，其数名一。阴阳之始，元含黄芽。五金之主，北方河车。故铅外黑，内怀金华。被褐怀玉，外为狂夫。

金为水母，母隐子胎；水者金子，子藏母胞。真人至妙，若有若无。仿佛大渊，乍沉乍浮。退而分布，各守境隅。动静休息，常与人俱。望之类白(望,一作采。),造之则朱。炼为表卫,白里真居。

方圆径寸,混而相拘。先天地生,巍巍尊高。旁有垣阙,状似蓬壶。环匝关闭,四通踟蹰。守御密固,阏绝奸邪。曲阁相通,以戒不虞。可以无思,难以愁劳。神气满室,莫之能留。守之者昌,失之者亡。

按:此章明黄老虚无中之妙于无不有,正于大易之理相符,非后人之所谓虚无也。〇首节即《道德经》致虚极、守静笃之意;元本隐明二句,指虚无中之元神,所谓吾以观其复也。开其兑,济其事者,万物并作之机;塞其兑,闭其门者,复归其根之机。归根曰静,静曰复命,筑固灵株之谓也;复命曰常,知常曰明,三光陆沉,温养子珠之义也;视之不见名曰夷,听之不闻名曰希,抟之不得名曰微,三者不可致诘,故混而为一,此神与精炁合一之理也。〇次节即两者同出而异名,同谓之元,元之又元,众妙之门之意。知其白,守其黑;知其雄,守其雌。乃阴阳有无之妙用,近而易求,故神明自来。白者、黑者,即两者之异名。道枢二句,见两者之同出;阴阳之始八句,所谓元之又元,众妙之门也。五金喻众妙之用。众妙者,五行之妙用也。〇三节即谷神不死,是谓元牝之意。母子隐藏,相为胞胎,元牝之妙理也;真人四句,即谷神不死之象。而元牝之分布各守者,能与真人相为动静休息,不相间隔也。天机兆于坎内,故望之类白;神室寄于离宫,故造之则朱。此坎离混沌之象,炼为表卫,白里真居,乃神与精炁相为表里之象。此四句即是后卷所云无者以奉上,上有神德居也。〇四节即元牝之门,是谓天地根之意。径寸即谷中也。有物混成,先天地生,即谷中之元神。旁有垣阙以下,形容元牝之门,而言其中绵绵之用。神炁满室,则三者混而为一,此所以为天地根也。守之者昌,即绵绵若存,用之不勤,天长地久之谓也。

《阐幽》节录:

一节:朱氏曰:此章言炼己之初基也。炼己即养己也。己即离中己土,为性根之所寄,只因先天乾性转作后天之离,元神翻作识神,心中阴气刻刻流转,不得坎中先天至阳之炁,无以制之。然先天一炁,从虚无中来,若非致虚守静之功,安得穷源反本哉?故曰:内以养己,安静虚无。生身受炁之初,本来一点灵明,人人具足,只因后天用事,根寄于尘,尘转为识,日逐向外驰求,未免背觉合尘,认奴作主,故必时刻收视返听,一点灵明自然隐而不露。从此默默内照,方知四大假合之躯,总归幻泡,当下便得解脱矣,故曰:原本隐明,内照形躯。兑为口,系一身出入之门户,凡元炁漏泄处,悉谓之兑,而总持于方寸之窍。《黄庭经》云:方寸之中谨盖藏。即闭塞之意也。即此方寸中间,有一点至灵之物,为生生化化之根株,故曰灵株。筑固者,不漏不摇也。三光,在天为日、月、斗,在人,离以应日,坎以应月,天心在中,以应斗枢,一坎一离,南北会合。反闻内照,真人潜于深渊;塞兑固守,元珠得于罔象。如此则天心寂然不动,而炼己之功就矣,故曰:三光陆沉,温养子珠。然本来一点灵光,倏有倏无,非近非远,只在目前,人却不识,索之身内不得,索之身外又不得,故曰:视之不见,近而易求。

　　二节:朱氏曰:此节直指水中之金,为先天丹母也。白即坎中真金,黑即离中真水。人能洞彻真空,静存妙有,一点神明自然从虚无中生出。《心印经》所谓:存无守有,顷刻而成也。只此便是金丹,便是后天返先天处。魏公又恐人不识金丹原本,故重提之曰:白者金精,黑者水基。言此白者,乃空劫中虚无元性也。元性本纯白无染,便是未生以前乾元面目,所云上德也,岂非金之精乎?黑者,乃虚无中所生之一炁也。一炁本鸿濛未分,便是团地一声以后坤元根基,所谓下德也,岂非水之基乎?先天金性,即浑成大道,尚无一之可名。及乎道既生一,露出端倪,便称天一之水,是为道之枢机,而金性藏于其中矣,故曰:水者道枢,其数名一。最初一点真水,中藏真金,为元炁生生之根本,故曰:阴阳之始,元含黄芽。黄芽指先天一炁而言也。正是乾家金精,能总持万化,为后天五行生成之真宰,而深藏北极太渊之中,故曰:五金之主,北方河车。五金者,借外炼银、铅、砂、汞、土,以喻身中五行之精。即此一物,以其外之纯黑也,故象铅;以其黑中含白也,故又有金华之象。外若狂夫,中藏圣哲,此言真铅之别于凡铅也。苟能知白守黑,则神明自来矣。金丹妙用,只在水中之金。此段特显其法象。《入药镜》云:水乡铅,只一味。《悟真篇》云:黑中有白为丹母。此之谓也。

　　按:此注既以坎中金为虚无中来之先天一炁,又以离中黑水为虚无中所生之一炁。大抵二者本一者之分，一炁本二者之合，故云然与？既以黑者为离中真水，又以水中藏金为北方真水，想来亦总是一者二者之机。大抵得汞之铅为真铅，得铅之汞为真汞，一切名象，当以意善会之。所谓同出异名，同谓之元，殆其机也。

三节：朱氏曰：此节重指金水两窍之用，并两而归一也。上节合言水中金，此又分言金水两体。乾中真金，隐在坤水包络中，故曰母隐子胎，所云下闭则称无也；坤中真水，藏在乾金匡郭内，故曰子藏母胞，所云上闭则称有也。金水互用，便是两弦之炁，两畔同升合为一，而真人出其中矣。仿佛太渊者，真人潜深渊也；乍沉乍浮者，浮游守规中也。金水交会之际，同在中央，及既交而退，真人处中，两者依旧分布上下，各守境隅矣。其初采取北方坎中之金，本来一片纯白，及至煅以南方离中真火，然后赫然发光，岂非采之类白，造之则朱乎？然此一点真种，非有非无，本质极其微妙，须赖中黄坤母，环卫而乳哺之，方得安居神室，不动不摇，故曰：炼为表卫，白里真居。此段言并两归一，乃药物入炉之象，所云：无者以奉上，上有神明居也。

按：金水同会中央，如何名字两畔同升？意犹两弦月之在天，魄明同体。上弦明生一半，下弦魄生一半，合乾坤为一欤？○真人即金丹欤？真人何以独居中？两者何以又分布上下？中黄何以有坤母？如何为环卫？既在中黄，何以名为上有神德居？岂乾宫有中黄、有坤母耶？种种实景，难以落脚（上有句注以奉上为归乾，又说到神明在中黄神室。）。○分布上下，想只是大药已采，静守中黄，上下不交，璇玑停轮之意。○此云并两归一，药物入炉，是六卦已采，庚月至于艮坤之时也。此时金水何以分布各守耶？○并两归一者，是两之并即为一耶？抑两又生一，而两者归于此一耶？

四节：朱氏曰：此节特显炉鼎法象，而火候即在其中。中黄神室之中，不过径寸，圆以象天，方以象地，中有真人居之，混混沌沌，形如鸡子。《黄庭经》云：方圆一寸处此中是也。径寸之地，即元关也。元关一窍，大包六合，细入微尘，未有天地，先有此窍，号为天中之天，内藏元始祖炁，岂非先天地生，巍巍尊高者乎？此窍当天地正中，左右分两仪，上下定三才,左通元门,右达牝户,上透天关,下透地轴,八面玲珑,有如蓬岛方壶之象,岂非旁有垣阙,状似蓬壶者乎？环匝关闭,四通踟蹰者,深根固蒂,牢镇八门,令内者不出也;守御密固,遏绝奸邪者,收视返听,屏除一切,令外者不入也。灵窍相通,本无障碍,然必防危虑险,故曰:曲阁相连,以戒不虞。定中回光,本无间断,又必优游自然,故曰:可以无思,难以愁劳。神室中元始祖炁,人人具足,本来洋溢充满,但人自不能久留耳,故曰:神炁满室,莫之能留。真人既安处神室,必须时时相顾,一刻不守,便恐致亡失之患,故曰:守之者昌,失之者亡。惟是一动一静,不敢自由,直与神室中真人,呼吸相应,彼动则与之俱动,彼静则与之俱静,彼休息则与之俱休息,勿助勿忘,绵绵若存,火候才得圆足。此段言炉鼎之象,而兼温养之功,即金炁相胥之作用也。

按:乾刚坤柔章以乾中藏坤为太乙元精,坤中藏乾为元始祖炁,此云中黄内藏元始祖炁,一在坎宫,一在中宫,何耶？是一耶二耶？卷下丹砂木精章,又以戊己真意为本来乾元祖炁。

性命章第二

原本为性命归元章第二十。幽潜沦匿六句,原在坎离二用第二章内;九还七返句上,原有刚施而退,柔化以滋二句。

将欲养性,延命却期。审思后末,当虑其先。人所禀躯,体本一无。元精云布,因气托初。阴阳为度,魂魄所居。阳神日魂,阴神月魄。魂之与魄,互为室宅。性主处内,立置鄞鄂;情主营外,筑为城郭。城郭完全,人物乃安。于斯之时,情合乾坤。幽潜沦匿,变化于中。包囊万物,为道纪纲。以无制有,器用者空。乾动而直,气布精流;坤静而翕,为道舍庐。刚施而退,柔化以滋。九还七返,八归六居。男白女赤,金火相拘。则水定火,五行之初。上善若水,清而无瑕。道之形象,真一难图。变而分布,各自独居。类如鸡子,黑白相扶。纵横一寸,以为始初。四肢五脏,筋骨乃俱。弥历十月,脱出其胞。骨弱可卷,肉滑若饴。

按:此章明无之生有,正以性之必不离命,即大易坎、离、乾、坤之理也。此养性之实功也。○又按:此章即《道德经》载营魄抱一之意,与上章步步相应。人所禀躯四句,言精、炁、神之本来相依为命也。体本一无,即虚谷元神为躯命之主宰。由是精依于炁,炁依于神,神之有精气,犹太极之有阴阳也。阴阳不测之谓神,故魂之与魄,互为室宅,阳在阴中,阴在阳中,所谓两在故不测也。一神为性,两化为情,故性主处内,情主营外,三者必炼而为一,常相表里。此四句似言归复之法。《还源》云:能知归复法,金宝积如山。则城郭完而人民安之效也。于斯之时以下,似言还反之法。还丹大药,仍不离虚无中召致。幽潜沦匿数句,似正言其妙。无者变化之宗,空者往来之道。《经》云:当其无,有车之用;当其无,有器之用;当其有无,有室之用。盖日魂月魄之情合乾坤,其机在坎离一阴一阳。潜匿于中,包囊变化,纲纪五行,自无而有,自空而运。坎自空上,乾动而直;离自空下,坤静而翕。此还反之机也。河图之数,自九而七、而八、而六,阳升阴降,四象逆转而归之、居之,立命之道得矣。六居紧跟上句为道舍庐,似即《法象歌》青龙、白虎、朱雀三者来朝之功候也。金火相拘,则金水二炁之相合者定。由是火灭于水,五行之用,复归于天一之初,澄清伴炁以养其灵胎,殆无为之火候也。黑白相扶,仍是道枢之本。此篇功候,始于水者道枢,其数名一,终于则水定火,五行之初,道之形象,真一难图。所谓得其一,万事毕者与?姑以此附参焉。

《阐幽》节录:

朱氏曰:此章言性命同出一源,立命正所以养性也。何谓性?一灵廓彻,圆同太虚,即资始之乾元也;何谓命?一炁絪缊,主持万化,即资生之坤元也。此是先天性命,在未生以前,原是浑成一物,本无污染,一落有生以后,太极中分,性成命立,两者便当兼修。然性本无去无来,命却有修有短。要做养性工夫,必须从命宗下手,故曰:将欲养性,延命却期。何谓却期?凡人之命,其来不能却[①],其去亦不能却。惟大修行人,主张由我,命既立住,真性在其中矣。人若不知本来真性,末后何归?了性是末后大事。不知欲要反终,先当原始,必须反覆穷究,思我这点真性,未生以前从何而来,既生以后凭何而立?便知了命之不可缓

---

① 却,原本作"命"字,据《参同契阐幽》及上下文义改。

矣,故曰:审思后末,当虑其先。受胎之时,父母精血,包罗凝聚,结成有形之体。我之真体,本同太虚,光光净净,本来原无一物,故曰:人所禀躯,体本一无。及至十月胎圆,太虚中一点元精,如云行雨施,倏然依附,直入中宫神室,作我主人,于是劈开祖窍,囷地一声,天命之性,遂分为一阴一阳矣。盖后天造化之气,若非先天元精,则无主而不能灵;先天元精,若非后天造化之气,则无所依而不能立。可见性命两者,本不相离,故曰:元精云布,因气托初。后天之造化,既分一阴一阳,阳之神为魂,魂主轻清,属东方木液;阴之神为魄,魄主重滞,属西方金精。两者分居坎离匡郭之内,故曰:阴阳为度,魂魄所居。盖命之在人,既属后天造化,便夹带情识在内,只因本来真性,掺入无始以来业根,生灭与不生灭,和合而成八识。识之幽微者为想,想之流浪者为情,情生智隔,想变体殊,颠倒真性,枉入轮回矣。所以学人欲了性者,当先了命。○阳神日魂至人民乃安十句,正言后天立命之功。后天一魂一魄,分属坎离。盖以太阳在卯,故离中日魂为阳之神;太阴在西,故坎中月魄为阴之神。两者体虽各居,然离己日光,正是月中玉兔,日魂返作阳神矣;坎戊月精,正是日中金乌,月魄返为阴神矣。故曰:魂之与魄,互为室宅。后天两物虽分性命,其实祖性全寄于命,盖一落阴阳,莫非命也。且命元更转为情,盖阴阳之变合,莫非情也。惟其性寄于命,故离中元精、坎中元炁,总谓之命;惟其命转为情,故日中木魂、月中金魄,总谓之情。只有祖窍中一点元神,方是本来真性。元神为君,安一点于窍内,来去总不出门,岂非性主处内,立置鄞鄂乎?精气为臣,严立隄防,前后左右,遏绝奸邪,岂非情主处外,筑城为郭乎?隄防既固,主人优游于密室之中,不动不摇,不惊不怖,故曰:城郭完全,人民乃安。始而处内之性,已足制情;既而营外之情,自来归性。宾主互参,君臣道合,此为坎离交会,金丹初基,立命正所以养性也。○爰斯之时至柔化以滋八句,言后天返为先天也。后天坎离,即是先天乾坤,只因乾坤一破,性转为情,从此情上用事,随声逐色,不能还元。至于两物会合,城郭完而鄞鄂立,则情来归性,离中之阴复还于坤,坎中之阳复还于乾矣,故曰:爰斯之时,情合乾坤。乾性至健,一点元神,为精气之主宰,至刚至直,而不可御,故曰:乾动而直,炁布精流。此言元神之立为鄞鄂,即所谓乾元资始者也。坤性至顺,乾中真炁流布,坤乃顺而承之,一点元神,绵缊化醇,韫养在中黄土釜,故曰:坤静而翕,为道舍庐。此言元神之本来胞胎,即所谓坤元资生者也。乾父刚而主施,不过施得一点真炁;坤母柔而主化,须在中宫时时滋育,方得成胎。故曰:刚施而退,柔化以滋。此言坎离会合,产出先天元神,即金丹妙用也。○九还七返至五行之初六句,言四象五行,混而为一炁也。坎离既复为乾坤,则后天之四象五行,无不返本还原矣。后天造化之妙,只是一坎一离,而千变万化,各异其名。以言乎坎离本位,则曰水火;以言乎两弦之炁,则曰金水;以言乎甲庚之用,则曰金木;以言乎伏炼之功,则曰金火。颠倒取用,不可穷诘,究只是水火二物。后天水火,虽分二物,究只是先天一炁。坎离既已复为乾坤,即此便是九还七返,八归六居,而化作先天一炁矣。○上善若水至各自独居六句,言先天一炁,为大丹之基也。盖道本虚无,始生一炁,只此一炁,鸿濛未分,便是先天真一之水,非后天有形之水也。学道之士,若能摄情归性,并两归一,才复得先天真水。水源至清至洁,此时身心打成一片,不染不杂,自然表里洞彻,有如万顷冰壶,故曰:上善若水,清而无瑕。真一之水,便是中宫一点鄞鄂,所谓太乙含真炁也。合之为一炁,分之则为两物,又分之则为四象五行,交会之时,五行变化,全在中央。既而木仍在东,金仍在西,火仍在南,水仍在北,各居其所矣。此段言真一之水,实为丹基。《入药镜》所云:水乡铅,只一味是也。学者若知攒五合四、会两归一之旨,鄞鄂成而圣胎结矣。○类如鸡子至肉滑若饴十句,特显法身之形象也。圣胎初凝,一点元神,潜藏神室,混混沌沌,元黄未剖,黑白未分,有如鸡子之状,故曰:类如鸡子,白黑相符。神室中间,方圆恰好径寸,法身隐于其中,优游充长,与赤子原初在母腹中一般造化,故曰:纵横一寸,以为始初。温养真胎,必须从微至著,始而成象,继而成形,四肢五脏,并筋络骨节之类,件件完备,具体而微,故曰:四肢五脏,筋骨乃俱。须知四象五行,包络法身,便如四肢五脏,法身渐渐坚凝,便如筋骨,非真有形象也。温养既足,至于十月胎完,赤子从坤炉中跃然而出,上升乾鼎,从此重安炉鼎,再造乾坤,别有一番造化。我之法身才得通天彻地,混合太虚,故曰:弥历十月,脱出其胞。而有骨弱可卷,肉滑若饴之象矣。此段言法身形象,与母胎中生身受炁之初同一造化,但顺则生人,逆则成丹,有圣与凡之别耳。

按:圣胎潜藏神室,方圆径寸,法身隐其中,此自是中宫也。温养既足,从坤炉中跃出上乾鼎,何以又在坤炉?神室、坤炉是一处、是二处?前云祖窍中一点元神,祖窍是否即神室?

男女章第三

上节原本为铅汞相投章二十六,下节原本为制炼魂魄章二十七,以类相求下原有金化为水四句,今入下篇三五为一章。刚施而退二句,原在上章九还七返句上。

河上姹女,灵而最神。得火则飞,不见埃尘。鬼隐龙匿,莫知所存。将欲制之,黄芽为根。物无阴阳,违天背原。牝鸡自卵,其雏不全。夫何故乎?配合未连。三五不交,刚柔离分。施化之道,天地自然。犹火动而炎上,水流而润下。非有师导,使之然者。资使统政,不可复改。观夫雌雄,交媾之时,刚柔相结,而不可解。得其节符,非有工巧,以制御之。若男生而伏,女偃其躯。禀乎胞胎,受气原初。非徒生时,著而见之。及其死也,亦复效之。此非父母,教令其然。本在交媾,定制始先。

坎男为月,离女为日。日以施德,月以舒光。月受日化,体不亏伤。阳失其契,阴侵其明。晦朔薄蚀,奄冒相倾。阳消其形,阴凌灾生。男女相须,含吐以滋。雄雌交杂,以类相求。故男动外施,女静内藏。溢度过节,为女所拘。魄以钤魂,不得淫奢。刚施而退,柔化以滋。不寒不暑,进退合时。各得其和,俱吐证符。

按:此章以男女相须明上章性命兼修之理。上节言男女相须,乃天地自然之符节;下节详言节符之得失,正以见男女相须之理。盖以世道易明者,喻丹道之不外阴阳,乃易道自然之符契也。○刚施而退,柔化以滋,则无溢度淫奢之患,所谓施化之道,天地自然之符证也。上节得其节符,下节阳失其契,俱吐证符,皆为《参同契》契字点照。

《阐幽》节录①：

上节：朱氏曰：此言真铅真汞，两物相制而为用也。以铅制汞，乃金丹之作用也。离本太阳乾体，性之元也，中藏一阴，系坤中真水，即是真汞，以其雄里包雌，又名姹女；坎本太阴坤体，命之元也，中藏一阳，系乾中真金，即是真铅，以其水中生金，又名黄芽。姹女喻后天之心，先天之性，本来寂然不动，转作后天之心，有感即通，潜天潜地，至灵至神，一刹那间，上下四方，往古来今，无所不遍，故曰：河上姹女，灵而最神。以分野而言，午属三河之分，离火所居，兼取情欲顺流之义。人心本来至灵，只因夹杂后天情识，未免易于逐物，所以触境便动，遇缘即生，刻刻流转，一息不停。正类世间凡汞，见火即便飞走，无影无踪，不可捉摸，故曰：得火则飞，不见埃尘。当其飞走之时，若鬼之隐藏、龙之伏匿，虽有圣者，莫测其去来所在，即孔子所谓出入无时，莫知其乡也，故曰：鬼隐龙匿，莫知所存。姹女本离中之阴，故取鬼象，离中之阴本属木汞，又取龙象，灵汞之易失，而难持若此。要觅制伏之法，须得坎中真铅。盖坎中一阳，本出乾金，原是我家同类之物，顺之则流而为情，逆之则转而为性，金来归性，返本还原，黄芽得与姹女配合，若君之制臣，夫之制妇，自然不动，张平叔所谓要须制伏觅金公是也，故曰：将欲制之，黄芽为根。此专言两物相制，与后流珠金华同旨。

下节：朱氏曰：晦朔之间，日月交并，阳魂能制阴魄，虽寄体阴中，光明之体常在。若阳光不能作主，陷在北海，无由自出，便失其交合之符节，未免反为阴所侵夺，而亏损光明矣，故曰：阳失其契，阴侵其明。阳既为阴所侵，遂致薄蚀之变。盖时当晦朔，一点阳精沉沦洞虚之中，火力尚微，水势转盛，阴盛便来掩阳，水盛转来冒火，相倾相夺，太阳当昼而昏，故曰：晦朔薄蚀，掩冒相倾。太阳之光，本出金性，圆明普照，万古不亏，但一受阴气相侵，其形未免暂消，而生薄蚀之灾矣，故曰：阳消其形，阴凌灾生。此六句言日月交感失道，立召灾变。在人为坎离初交，一阳沉在海底，动静之间，稍失其节，以至真火陷入水中，不能出炉，便

---

① 按：原本无朱元育氏上节之注文，疑有脱，故据朱氏《阐幽》，依据纪氏行文，稍节一、二字，补录于此，以成完璧，后俱同此。

应薄蚀之象。

孤阴章第四

原本在阴阳交感第三十章之首。

关关雎鸠,在河之洲。窈窕淑女,君子好逑。雄不独处,雌不孤居。元武龟蛇,盘虬相扶。以明牝牡,毕竟相胥。假使二女共室,颜色甚姝,苏秦通言,张仪结媒,发辫利舌,奋舒美辞,推心调谐,使为夫妻,弊发腐齿,终不相知。

按:此承上极言孤阴之失,申明物无阴阳,违天背原之意。以见黄老之虚无,并非独修一阴。此所以与大易阴阳之道相契也。

《阐幽》节录①:

朱氏曰:言阴阳之相感,各以其类也。一阴一阳之谓道,孔子著之《系辞》;偏阴偏阳之谓疾,岐伯著之《素问》。盖从上圣师,俱用真阴真阳同类之物,以超凡而入圣。所以《易》首乾坤,明阴阳不易之体;《诗》首关雎,喻阴阳交易之用。即世法而论,雎鸠匹偶,发好逑之章,一雌一雄之相应;龟蛇蟠虬,成玄武之象,一牝一牡之相须也。龟蛇配北方玄武,固属坎象;雎鸠配南方朱雀,确有离象。吾身中天元地牝之所以交,坎男离女之所以合,亦何以异于是哉?若洞明世间之法,即知出世法矣。○独修一物之非道也。在易道,坤与乾匹,离与坎匹,巽与震匹,兑与艮匹,皆是一阴一阳,各得其偶,方成交感之功。至于上火不泽,以兑遇离,两阴相从,便名睽卦。夫子《翼》之曰:二女同居,其志不同行。可见二女共室,以阴求阴,即逞苏、张之舌媒,合为夫妇,亦必终身不能相谐矣。独修一物是孤阴,此之谓也。

---

① 按:原本全脱此章朱氏《阐幽》注文,姑据《阐幽》注解录入。

《周易参同契集韵》前卷下

临川纪大奎向辰 辑订
胞侄纪应鈗 校字
定州杨照藜素园 校刊

《参同契》下篇

（共六章）

伏食纲领章第一

原本为三家相见章二十八。

丹砂木精，得金乃并。金水合处，木火为侣。四者混沌，列为龙虎。龙阳数奇，虎阴数偶。肝青为父，肺白为母。离赤为女，肾黑为子。子五行始，脾黄为祖。三物一家，都归戊己。

按：此章总论伏食之要。首提金木二句，为四象之纲。以四象之阴阳互用为五行之纪，而总归于戊己之中。此一章总挈，下二章分言其义，四章又合而申之，以见伏食有为之本于自然也。五藏特借喻五行。

《阐幽》节录：

朱氏曰：此章言身、心、意三家归一而成丹也。南方离火赤色，有丹砂之象，中藏真汞，即是木精，犹之北方坎水黑铅，中藏金精也。人但知火中有木，不识木中有金，盖木旺在卯，金炁即胎于卯，阳魂必得阴魄，其魂方有所归，金不离木也；人但知水中有金，不知金中有木，盖金旺在酉，木炁即胎于酉，阴魄不得阳魂，其魄将何所附，木不离金也。金木虽分为两弦，魂魄实并为一体，故曰：丹砂木金，得金乃并。天一生水，其象为元武，在人属肾中精，发窍于耳；地四生金，其象为白虎，在人属肺中魄，发窍于鼻。精与魄，同系乎身，故曰金水合处。地二生火，其象为朱雀，在人属心中神，发窍于舌；天三生木，其象为青龙，在人属肝中魂，发窍于目。魂与神，同系乎心，故曰木火为侣。凡人之身心，心自为心，身自为身，水火不交，金木间隔，所以去道日远。学道之士，若能于二六时中，含眼光，凝耳韵，调鼻息，缄舌气，四大不动，使精、神、魂、魄俱聚于中宫，水、火、木、金，并交于黄道，此四者混沌之象也。就此混沌之中，能使四象合而为一体，又能使一体分为两象。原是木火为侣，离中生出木液，是为龙从火里出；原是金水合处，坎中产出金精，是为虎向水中生。故有列为龙虎之象，张平叔所谓四象不离二体也。龙生于天三之木，其数非奇乎？奇者为阳，故称阳龙；虎生于地四之金，其数非偶乎？偶者属阴，故称阴虎。此言龙虎之本体也。若五行颠倒，则龙转作阴，虎转作阳矣。丹道之五行，原不系于五脏，魏公恐泄天机，秘母言子，姑借身中五脏，分配五行。常道之五行，木能生火，金能生水，能生者为父母，故有肝青为父，肺白为母之象；木三金四，一阴一阳也，所生者为子女，故有离赤为女，肾黑为子之象。水一火二，亦一阴一阳也。其曰子五行始者何？盖天一生水，得之最先，天开于子，所以居北方正子之位，实为五行之源，然后木、火、土、金，次第而生，故曰子五行始。坤土中藏祖炁，为金、木、水、火之所自出，故有脾黄为祖之象。盖水为五行之源，故取始义，即吾身祖窍之一也。土为五行之母，故取祖象，即吾身祖窍之中也。万化归一，一又归之于中，于此可悟归根复命之功矣。肝木之魂，心火之神，两者同出离中之心，为本来妙有中之真空，是一物也，所谓东三南二同成五也；肺金之魄，肾水之精，两者同出坎中之身，为本来真空中之妙有，是一物也，所谓北一西方四共之也。坎中有戊，离中有己，合为中土，独而无偶，是为真意，真意为本来乾元祖炁，是又一物也，所谓戊己还从生数五也。身心两家，本自难合，幸得真意勾引，遂混南北、并东西，相会于中黄土釜，结成一粒金丹，所谓三家相见结婴儿也。盖三物会归为一，而一又归之于中，是谓归根复命、返本还原之道。故总括之曰：三物一家，都归戊己。夫后天之身、心，即先天之性、命也，两仪之象也；后天之身、心、意，即先天之元精、元炁、元神也，三才之象也；后天之真土，即先天之浮黎祖土也，太极之象也。三物归于一家，即太极函三为一之象也。体道至此，信乎参天两地，混然天地之心矣。若能于百尺竿头，更进一步，向未生身处，彻证本来面目，方知天地有坏，这个不坏，虚空有尽，这个无尽。噫，其孰能知之哉？

按：此章作者已略露天机，注者遂开生面，读者幸具只眼，慎莫入宝山而空回可也。○四者混沌中能使四象合为一体，又能使一体分为两象。离中生出木液，坎中产出金精，此乌兔二药也妙。○子午行始，意坎药先生耶？万化归一，以坎药为主耶？一归于中，然则采药时不升乾鼎耶？抑升而后归中耶？屯火升之，蒙降之于中耶？归中之后，然后用屯蒙环其中耶？屯内升，蒙应外降，药不随之外降耶？抑蒙亦内降耶？刚柔表里，据内据外，易行周流反复，非内外左右之圆机耶？此宜细究。○水为祖窍之一，土为祖窍之中。中宫、坎宫皆名祖窍耶？○坎离本二物，今专以坎为一耶？○又，此章统屯蒙六十卦之境言之耶？专就两弦合体之时言之耶？二六时中等语，自是合始终言之，非专言两弦已成也。○此书屯蒙火候总未明晰。

金木交并章第二

原本为刑德反复章二十九。

刚柔迭兴，更历分布。龙西虎东，建纬卯酉。刑德并会，相见欢喜。刑主伏杀，德主生起。二月榆死，魁临于卯。八月麦生，天罡据酉。子南午北，互为纲纪。一九之数，终则复始。含元虚危，播精于子。

按：此承首章金木相并而言之，乃伏之义也。

《阐幽》节录：

朱氏曰：此章言龙虎两弦，刑德互用之奥也。丹道以水火为体，金木为用，子午定南北之经，卯酉运东西之纬，参伍错综，方应周天璇玑之度。以造化之常道而言，天道有一阴一阳，地道有一柔一刚，两仪既立，错为四象，子水居北，午火居南，卯木居东，酉金居西。从子到巳为阳刚，行乎东南；从午到亥为阴柔，行乎西北。分之为十二辰，又分为二十八宿，周天三百六十五度，各有一定之部位。惟天中斗柄一移，则子右转、午东旋，刚反为柔，柔反为刚，一切倒行逆施，一定之部位，到此乃无定矣，故曰：刚柔迭兴，更历分部。震木为龙，本居东方卯位；兑金为虎，本居西方酉位。惟更历分部，则龙反在酉，虎反在卯矣，东西为南北之纬，故曰：龙西虎东，建纬卯酉。龙秉东方生气，德之象也，惟龙转为西，则木气化而从金，德返为刑矣；虎秉西方杀炁，刑之象也，惟虎转为东，则金炁化而从木，刑返为德矣。金木交并，只在一刻中，若明反覆之机，自然害里生恩，宾主欢会，故曰：刑德并会，相见欢喜。人但知刑主于杀，殊不知杀机正伏在生机中；人但知德主于生，殊不知生机正藏在杀机内。故曰：刑主伏杀，德主生起。时当二月，卯木正旺，万卉敷荣，何以榆荚忽堕？盖卯与戌合，戌将为西方河魁，河魁正临卯位，生中带杀，故有榆荚之应，此正杀机潜伏，德返为刑之象也；时当八月，酉金正旺，百草凋谢，何以荠麦忽生？盖辰与酉合，辰将为东方天罡，正据酉位，杀中带生，故有麦生之应，此正生机隐藏，刑返为德之象也。既洞明造化之机，即知吾身之造化矣。修道者当两弦合体之时，必须斡运天罡，逆旋魁柄，外镇六门，内闭丹扃，洗心沐浴，只在片时，自然刑转为德，杀转为生，两物之性情，合并为一矣。卯东酉西，午南子北，周天之纲纪也。丹道用斗柄逆旋，东西之纬，既已反常，南北之经，亦必易位。何以明之？一阳生于子，所以火胎在子，然坎中太阳真火，原从南方而出，今者子右转而复归于南；一阴生于午，所以木胎在午，然离中太阴真水，原从北方而来，今者午东旋而复归于北。一水一火，有无交入，虽云相济，实反其所由生也。南北互易，则周天法象，无不随之翻转，故曰：子南午北，互为纲纪。后天五行逆用，全本洛书，洛书之数始于一，终于九。北方坎位居一，乾当西北，实开其先，所以乾之一阳，寄在坎中，坎之一即乾之始也；南方离位居九，坤位西南，实承其后，所以坤之一阴，寄在离内，离之九即坤之终也。今也子南午北，互易其位，则是坎更为终，转而成坤；离更为始，转而成乾。一既为九，九复为一，循环无端。在《易》为乾元用九，群龙无首之象，在丹道为九转之功，故曰：一九之数，终而复始。天一生水，北方坎位，正值虚危之度，为造化之根源。虚危二宿，在天当亥子中间，日月合璧之地；在人当任督之交，水火合发之处。盖虚属日、危属月，即是真水真火互藏其精，白紫清云：造化无声，水中火起，妙在虚危穴是也。学道之士，若能致虚守静，回南方离光，照入北方坎地，离中元精与坎中元炁，自相含育，至于虚极静笃，天人交应，一点真阳生在北海中，便可采作大丹之基矣，故曰：含元虚危，播精于子。○此言水火既济，以产大药，与前金木交并，原是一段工夫。盖子南午北，互为纲纪,日月之体也;龙西虎东,建纬卯酉,两弦之用也。乃其合并之妙,全在互藏生杀之机,只凭反覆一时沐浴,顿圆和合四象之功。当与上三家相见章参看。

按:右转东旋,倒行逆施,自是就还丹火候说,即南北宗源翻卦象也。至龙西虎东,自是两弦合体一节,本在南北翻卦之前,因其逆并之理相似,一气关通,故合并说之,非因南北翻后东西始并也。刚柔迭兴二句,本单说龙西虎东,朱氏误将子午逆提说起,便令人无处理会。○此处可悟身中之左右。○今按:刚柔迭兴十二句,言金木交并,两弦合体;子南午北六句,言南北翻卦。○子右转四句,或是言卯酉门户之险;龙呼六句,或形容沐浴之景;荧惑四句,自下雀桥而上;狸犬四句,自上雀桥而下。再考。○两弦合体时,亦云洗心沐浴,此非十二卦中之沐浴。但不知六卦上下弦之沐浴,抑是庚月木未产以前混沌之沐浴?盖上下弦之沐浴是金丹大药,乃金水两弦合后所产之一,非即金水两弦之药也。金木交并,自应在产药之前。○东西既已反常,南北亦必易位,二句却便明晰,次第稳合。○此云周天法象无不翻转,可见前此原应有左上右下顺转之卦象,其屯蒙之义欤?○用九二句,又可证合符行中之用九,即是复姤十二卦之九转也。○学道之士以下,又追言采取之初景,即合符时之牝牡相从也。○此言坎离精炁含育,即金木交并一段工夫,可见两弦合体即是晦朔合符。此乃一时沐浴,非上下两个沐浴也。可见两弦上下弦是两样。○又云三家相见章参看,则此乃真三五一也。

龙虎呼吸章第三

原本在性情交会第二十四章内。

子当右转,午乃东旋。卯酉界隔,主客二名。龙呼于虎,虎吸龙精。两相饮食,俱使合并。遂相衔咽,咀嚼相吞。荧惑守西,太白经天,杀气所临,何有不倾?狸犬守鼠,鸟雀畏鹯,各有其功,何敢有声?

按:此承首章龙虎阴阳而言之,乃食之义也。紧接上章播精于子句。二章语气一贯相承。○又按:金丹彻始彻终,皆有伏食之义。而究其实,则伏之为用,莫大于卯酉沐浴;食之用,莫大于乾顶交媾。荧惑守西,太白经天,疑聚火载金之象。下章则又还丹入口之机也。

《阐幽》节录：

朱氏曰：以常道五行言之，木生在亥，震木生于坎水，是谓龙从水里出；金生在巳，兑金产自离火，是为虎向火中生。丹道逆用则不然，从子右转到未，自北而西，以讫于南，中藏酉金，则金华产于坎中，而为上弦之气，所谓虎向水中生也；从午逆旋到丑，自南而东，以至于北，中藏卯木，则流珠取之离内，而为下弦之气，所谓龙从火里出也。但当子南午北，水火交入之时，一金一木，界限其中，木性在东为主，金情在西为客，未免性情间隔，宾主乖违，此时须用沐浴之法，万缘尽空，一丝不挂，存真意于规中，和合金情木性。至于金返在东，转而为主，木返在西，转而为客，主客互易其名，两弦之气始合而为一矣。○龙呼于虎六句，言两物之相并也。主客既已互换，则木龙反据酉位，而呼黑虎之气；金虎反据卯位，而吸赤龙之精。两者性情系恋，恣意交欢，相与饮食，合并为一，且其合并之时，遂相衔相咽，吞入口中，而结一黍之丹矣。此专发食字之义。○荧惑守西八句，言两物之相制也。火性能销金，则火入西方金乡，而为荧惑守西之象；金性能伐木，则金乘东方木位，而为太白经天之象。火克金，金转克木，右旋一周，无所不克，但取逆制，全用杀机，故曰：杀气所临，何有不倾？木见金，金见火，其情性自然降伏，譬若狸犬之捕鼠，鸟雀之畏鹯，一见即便擒住，两下寂然无声。此专发伏字之义。盖惟相并而不碍其相制，此生机之即寓于杀机也；惟相制而始得以相并，此杀机之逆转为生机也。一伏一食，方成还丹。伏食大义，昭昭如是，非旁门所谓服食之术也。

按：上章注既云东西既已反常，南北亦必易位，是以子南午北为两弦合后之逆行火候也。下章注又云子南午北，水火交入之时，金木界限其中，是又以子南午北为两弦将合之先之坎离交媾也。虽两者均可解说，但经文一句必言一事，此不可谓非朱氏之误矣。○若然，则子右转，不过言北一共四而上；午东旋，不过言南二同东三而下。盖三、四为客，而一、二主之使上下，乃河图生数在内之四象合一，并非言还丹逆上之火。如此，则上注周天法象翻转之语，可以不说，而用九九转数语，更非矣，不可谓非朱氏之误矣。○既相衔咽矣，然则吞入口中者谁，吞谁耶？

口是谁口耶？一黍之丹非有两个，然则龙虎二物并吞入我身方寸之口中耶？抑金气为主，虎吞龙入，虎口中而生一黍耶？○销金之火即离先下于坎之火耶？○朱氏截分金丹、还丹二层，此金木交并后，方将产金丹大药，何以即云成还丹？自乱其例耶？

三五为一章第四

原本在性情交会章第二十四章之首，在上章之前，合为一章。○金化为水四句，原在制炼魂魄章第二十七章内。

太阳流珠，常欲去人。卒得金华，转而相因。化为白液，凝而至坚。金华先倡，有顷之间。解化为水，马齿阑干。阳乃往和，情性自然。迫促时阴，拘畜禁门。慈母育养，孝子报恩。严父施令，教饬子孙。五行错王，相据以生。金化为水，水性周章；火化为土，水不得行。火性销金，金伐木荣。三五为一，天地至精，可以口诀，难以书传。

按：此章论伏食成功之妙也。伏食之功，出于阴阳倡和，情性自然之理。至于三五为一，正合河图中宫之象，乃易道天地之至精，其契合之微，有难以书传者。以人知伏食之有为，而不知其自然之妙故也。○金化为水四句，原在前篇坎男有为章内。今按此四句，与火性销金二句相因为用，正言五行错王，相据以生之理。金化水以制火，火即化土以制水，水定而水中之金亦定矣，火定而火中之木亦定矣。盖承上章荧惑守西，太白经天之功而终言其效，乃三五集归一所之妙用，而天地阴阳之至精也。

《阐幽》节录：

朱氏曰：太阳流珠六句，言两物之性情合而成金丹也。离中灵物，刻刻流转，本易走而难捉，捉之愈急，去之愈速，赖得坎中一点真铅，逆转以制之。真汞一见真铅，才不飞走。铅入汞中，汞赖铅之拘钤，铅亦得汞之变化，两物会入黄房，合成一炁，其炁先液而后凝，故曰：化为白液，凝而至坚。白者，金色；至坚者，金性也。盖金来归性，已结而成丹矣。○金华先倡六句，言两物交并，自相倡和也。坎男主倡，离女主和，坎中一阳，本自难于出炉，及其时至而出也，只在一弹指间，故曰：金华先倡，有顷之间。水中生金，金中复能化水，盖金华之液，即真一之水也。纲缊活动,无质生质,渐渐坚凝,有若马齿珊玕之状,故曰:解化为水,马齿珊玕。坎中之金液既升,离中之木液乃从而和之,一东一西,间隔已久,幸得真意勾引,相会黄房,木性爱金,金性恋木,一倡一和,出于性情之自然,非人力可强而致,故曰:阳乃往和,性情自然。阳即上文太阳流珠,以其外阳内阴,易于逐物流走,主和而不主倡,惟与金华之真阳相匹为夫妇,方不流走。此时已转为真阴,故有妇道颠倒之妙,不可不知。○迫促时阴六句,言拘制两物,会中宫而产真种也。坎中之金华既升,离中之流珠即降,两弦之炁相交,只在一时,时不可失,当以真意迫促之,两物相交,正当虚危中间,此时宜禁闭地户,翕聚真炁,不可一毫泄漏,故曰:迫促时阴,拘畜禁门。真种既归土釜,全赖中宫坤母为之温养哺育。始而母去顾子,如雌鸡之伏卵,时时相抱;既而子来恋母,若慈鸟之反哺,刻刻不离。故曰:慈母养育,孝子报恩。真种既存中宫,外面最要严谨隄防,牢镇八门,环匝关闭,不可一毫放松。譬如子当幼小之时,养育固赖慈母,教勑全仗严父,故曰:严父施令,教勑子孙。慈母喻文火,在神室中温养;严父喻武火,在门户间隄防;孝子喻真种,即金华流珠两物所结成者。自迫促时阴至此,俱属金丹作用,只在一刻中。○五行错王至难以书传,言作丹之时,五行颠倒之妙也。常道之五行,俱从顺生,如金生水、木生火之类。顺流无制,必至精气耗散,去死不远,生机转作杀机,所谓生者死之根也。丹道之五行,全用逆转,如流珠本是木龙,却从离火中取出,金华本是金虎,却从坎水中取出,水火互藏,金木颠倒,方得归根复命,故曰:五行错王,相据以生。错王者,即子南午北,互为纲纪之意;相据者,即龙西虎东,建纬卯酉之意。以常道言之,金在矿中,无由自出,木带阴气,岂能滋生?必先用南方木中之火,去煅北方水中之金,销矿存金,金华始得发露;旋用西方水中之金,来制东方火中之木,伐去阴气,木液方得滋荣。故曰:火性销金,金伐木荣。此即五行错王,相据以生之旨也。东三南二,合成一五;北一西四,合成一五;中央戊己真土,自成一五。是谓三五混南北、并东西,攒簇于中土之内,是之谓一。三五合而为一,乃造化至精至妙之理,把握乾坤,包括河洛,其间作用,必须师授,岂能笔之于书哉?故曰:三五为一,天地至精。可以口诀,难以书传。○此段言颠倒二物,则五行复归于一。末篇法象章云:本之但二物兮,末乃为三五。三五并为一兮,都集归一所。印证甚明。

按:铅入汞中,是金先升乾鼎,然后钤汞而降中宫耶?前数章但言金木会于中宫,未见金先升鼎之象也。○只此一事,又云金木,又云龙虎,又云铅汞,又云两弦,亦太繁矣。○先液后凝,竟凝成一物事耶?○金来归性,乃称还丹,此两物初并,尚未生金丹,何以用金来归性,已结而成丹。金丹还丹,不自乱其例耶?○金木交并后,又产一个真种为金丹。此云金归性结成丹,丹即金木之金,非又产一真种之金丹耶?○既云金结成丹,何以又云两物会中宫而产真种耶?忽以两夫妇生子为丹,忽以两夫妇结一个丹不必生子。奇怪,自乱其例。○真种归土釜,毕竟是坤宫是中宫?下句又言中宫,又言坤母,下又言既存中宫,坤宫有金鼎,土釜反在鼎上耶?○坤母是何物?即真意耳。○二火并用耶?门户何处?即元牝耶?南北武火交入,中间真种不受惊耶?何以成为温养耶?岂此时仍有外升降之火耶?即小周天耶?○如何用得煅字伐字?殊不似晦朔合符浑沌之景。○有何师授作用?

药物比喻章第五

原本为审察真伪章第二十五。

不得其理,难为妄言。竭殚家财,妻子饥贫。自古及今,好者亿人。讫不谐遇,希有能成。广求名药,与道乖殊。如审遭逢,睹其端绪。以类相况,揆物终始。五行相克,更为父母。母含滋液,父主禀与。凝精流形,金石不朽。审真不泄,得为成道。立竿见影,呼谷传响。岂不灵哉,天地至象。若以野葛一寸,巴豆一两,入喉辄僵,不得俛仰。当此之时,周文揲蓍,孔子占象,扁鹊操针,巫咸叩鼓,安能令苏,复起驰走?

按:此章承上难以书传,见人之求伏食于非类者,由不知其为五行天地之至理,与易道相契故也。立竿四句,正形容契字之义。

《阐幽》节录[①]:

---

① 按:此章朱注原本脱,今据《阐幽》补入。

朱子曰：言伏食有真伪，学道者所当早辨也。金丹大道，范围天地，包括易象，其理最为广大精微，必须洞晓阴阳，深达造化，方知其奥，岂不得其理者，可率意而妄谈哉？不得其理而妄谈妄作，往往流于炉火之术，至于家财竭殚，妻子饥贫，尚不觉悟，良可悯也。自古到今，好道者不啻千亿，但好者未必遇，遇者未必成。学道者如牛毛，成道者如兔角，良以抛却自家性命，却去入山觅汞，掘地寻铅，广求五金八石，认作不死之药，所以与大道一切乖殊耳。学人参师访道，当先具一只眼，倘有所遇，必察其端绪之所在，是真是伪，若是真师，决定洞晓阴阳，深达造化，只消叩以性命根源，并同类相亲、五行逆用之旨，彻始彻终，不得一毫模糊，则药物之真伪可得而揆，师承之真伪，亦可得而决矣，故曰：以类相况，揆物终始。○言五行逆克，以结大丹，正端绪之可睹者也。常道之五行，以相生为父母；丹道之五行，转以相克为父母。盖不克则不能生，杀机正生机之所在也。如金克木者也，然金才一动，便生出水来，木忘贪水之生，忘金之克，克者为父，克而能生者，即为母矣，推之五行，莫不皆然，故曰：五行相克，更为父母。母道属坤，主于资生，以静翕为德，交媾之时，既受真种于乾父，只在中宫滋育，渐成婴儿，故曰母含滋液。盖母取贪生忘克之义，即上章所云慈母养育也。父道属乾，主于资始，以动直为德，交姤之初，业已气布精流，生炁施之于坤母，即是真种，故曰父主禀与。盖父取以克为生之义，既上章所云严父施令也。一生一克，禀与者，凝聚资始之精；滋液者，流布资生之形。两者妙合，结成真胎，即上章所云五行错王，相据以生也。工夫到此，进进不已，法身便得长存，同金石之不朽。惟赖审固专一，而无一毫泄漏，方得成其至道耳。彻始彻终，只是以克为生，方见五行颠倒之妙。若知其妙，大丹立就，譬之立竿而影即见，呼谷而响即传，造化自然之法象，岂不至灵且验哉？此皆真道之验，其端绪可得而睹者，岂旁门伪术所得而混入也。○此节更端设喻，以见伏食之灵验也。世人但知毒药入口，死者不可复生，岂知金丹入口，生者不可复死。毒药入口，虽神圣不能令其复苏，金丹入口，虽造物能令其复死乎？惜乎世人明于彼而独暗于此也。且金丹即已入口，纵使啖以野葛，投以巴豆，亦不得而杀之矣。可见五行相克，凝精流形,金丹伏食之妙,洵若立竿而影即见,呼谷而响即传,讵可与非种之伪道同日而论哉?○此章专辨伏食之真伪,为万世学道人开一只眼,庶不被盲师瞒过耳。

末章总结

原本在伏食成功第三十一章之末。

勤而行之,夙夜不休。伏食三载,轻举远游。跨火不焦,入水不濡。能存能亡,长乐无忧。道成德就,潜伏俟时。太乙乃召,移居中洲。功满上升,膺箓受图。

按:此章总结全篇,言人当勤而行之,更由三载之后,进而至于能存能亡,则道成而德就矣。○此书三篇,皆实指能存之功,所谓炼精化炁,炼炁化神也。至存而能亡之妙,则炼神还虚,炼虚合道,有非言语所能形容者。故存者,五行存于阴阳也,阴阳存于太极也;亡者,太极本无极也,无极之妙,岂可得而言哉?然由上篇坎离没亡之义而精之,则即始可以知终。而四者混沌,径入虚无之妙,又未尝不于言外隐寓其机矣。

《阐幽》节录:

朱氏曰:大道知行并进,才得足目双全。老子云:上士闻道,勤而行之。故夙夜不休,方称勤行。伏食之功,得丹只在一时,然立基大约须百日,结胎大约须十月,至于乳哺温养,大约必须三载。陈翠虚云:片饷工夫修便得,老成须要过三年是也。然亦不可限定三年,视工夫之勤惰何如耳。温养既足,圣胎始圆,可以轻举而远游矣。怀元抱真之谓道,积功累行之谓德,两者全具,方可游戏人间,待时升举,故曰:道成德就,潜伏俟时。风尘之外有四海,四海之中有三岛,三岛之中有十洲。上岛曰蓬莱、方丈、瀛洲,中岛曰芙蓉、阆苑、瑶池,下岛曰赤城、元关、桃源。中有一洲曰紫府,乃太乙元君所居,勾管神仙功行之地。人若弃壳升仙,先见太乙元君,契勘功行,方得次第上升,故曰:太乙乃召,移居中洲。至于功满三千,大罗为仙,行满八百,大罗为客,遂飘然上征,而证无上真人之位矣,故曰:功满上升,膺箓受符。虽然此姑假法象而言,以接引中下之流,使不落断见耳。究而言之,中洲即是自己丹扃,太乙即是自己元神,上升即是自己天堂,膺箓受符即是复还自己乾元面目,而不随劫火飘沉者也。若洞明炼神合虚,炼虚合道宗旨,一切上升受符,直可等之于浮云,付之于太空矣。此魏公不尽言之意乎?

《周易参同契集韵》后卷上

临川纪大奎向辰 辑订
胞侄纪应鈊 校字
定州杨照藜素园 校刊

周易三相类三篇总叙

原本在大易情性之前,分为二节。

大易情性,各如其度。黄老用究,较而可御。炉火之事,真有所据。三道由一,俱出径路。枝茎华叶,果实垂布。正在根株,不失其素。诚心所言,审而不误。《参同契》者,敷陈梗概。不能纯一,纤微未备。缺略仿佛。今更撰录,补塞遗脱。润色幽深,钩援相逮。旨意等齐,所趋不悖。故复作此,命《三相类》,则大易之情性尽矣。

按:此自叙《三相类》三篇,所以明《参同契》三篇之理。大易情性,各如其度,上篇之旨也;黄老用究,较而可御,中篇之旨也;炉火之事,真有所据,下篇之旨也。三道由一八句,言三者之本出一原。故较者较其度也,据者据其度也。度,即前卷所谓得其节符,所谓情性自然者是也。《参同契》以下,言其所以更录补遗,以润色前三篇之意,而见其所趣之皆不悖于《易》。前叙云命《参同契》,微览其端;此云命《三相类》,则大易之情性尽矣。足见二卷详略相因之意。而黄老之无为,炉火之有为,莫非情性自然之节符矣。○朱氏云:《参同契》一书,原本河洛,敷陈羲象。盖示人以先天心易也,然必本黄老宗旨,假炉火法象,三家相参,同归于一,方契尽性至命之大道。然则御政也、养性也、伏食也,总括之,则曰三相类;一言以蔽之,则曰大易性情而已。盖日月为易,只是坎离二物,一阴一阳,一性一情,究不过身心两字。更能以中黄真意,和合身心,两者归中,便足冒天下之道。黄老之所养,养此而已;炉火之所炼,炼此而已。此其所以为《三相类》也,此《三相类》之所以为《参同契》也。黄老养性,似言黄帝、老子清净无为之旨。不知头有九宫,黄庭在中,为中央黄老君之所居,《黄庭经》云中部老君治明堂是也。至于炉火之事,假外象以喻内功也。○又云:譬如草木之类,至春而抽茎发枝,至夏而开花布叶,至秋而结果成实,究其发生之源,只在一点根株,直到穷冬之际,剥落归根,方显硕果生生之妙,故曰:枝茎华叶,果实垂布。正在根株,不失其素。素即太素之素,返本还原之意也。

又按:此卷上篇极言大易性情之微,而黄老之以性御情,炉火之反情合性,皆在其中;中篇约言黄老虚无中,孔穴相胥,清浊融化之妙,则炉火药物之事在是矣;下篇详陈炉火,两陈日月之妙,而重言其约而不烦,则黄老虚无之道在是矣。一为安炉立鼎之要道,一为采药运火之全功,两者相需为用,法度井井。二篇之末皆极言内外旁门之失,以见其必合于《易》者为正道,不合于《易》者为旁门。此三者之所以必相类也。末又以乱辞终之,括两家之蕴奥,以究性情之度焉。

又按:此云头有九宫,黄庭在中,与《黄庭经》上有黄庭相合。然他处言黄庭,又皆似指中黄,心下肾上之处,何矛盾欤?乾坤交媾罢,一点落黄庭,向疑为头上黄庭,而他书误解人身中。然朱氏所引于复姤章注内云:开关退火,降下重楼,送归土釜,谓之一点落黄庭,则又在土釜坤宫矣。不知古人何以必矛盾若此,此不可解也。○若上、中、下三田,皆有土,皆可名黄庭,则此等无定之名称,岂可不分别指出以致误人耶?

《三相类》上篇

(共四章)

三圣作《易》章第一

原本在祖述三圣第十三章之首。

若夫至圣,不过伏羲,始画八卦,效法天图。文王帝之宗,结体演爻辞。夫子庶圣雄,十翼以辅之。三君天所挺,迭兴更御时。优劣有步骤,功德不相殊。制作有所踵,推度审分铢。有形易忖量,无兆难虑谋。作事令可法,为世定此书。素无前识资,因师觉悟之。皓若褰帷帐,瞋目登高台。

按：首章重提三圣作《易》之功，以见二家之必取法于此也。○推度审分铢，即叙中各如其度之意。性有性之度，情有情之度。黄老得性之度，以御其情；炉火得情之度，以反其性。皆不外于《易》。

《阐幽》节录：

朱氏曰：孔子作十传以羽翼圣经，谓之《十翼》。《彖》、《象》、《文言》，专发文王后天之辞；《系辞》、《说卦》，兼明伏羲先天之象；《序卦》、《杂卦》，旁通流行之妙，反对之机。大约尽性至命之微言，穷神知化之奥义，无不悉备其中，使人从后天以返先天，而易道集其大成矣。

六十四卦体用章第二

原本为乾坤门户章第一。

乾坤者，易之门户，众卦之父母。坎离匡郭，运毂正轴。牝牡四卦，以为橐籥。覆冒阴阳之道，犹工御者，执衔辔，准绳墨，正规距，随轨辙。处中以制外，数在律历纪。月节有五六，经纬奉日使。兼并为六十，刚柔有表里。朔旦屯直事，至暮蒙当受。昼夜各一卦，用之依次序。既未至晦爽，终则复更始。日月为期度，动静有早晚。春夏据内体，从子到辰巳。秋冬当外用，自午讫戌亥。赏罚应春秋，昏明顺寒暑。爻辞有仁义，随时发喜怒。如是应四时，五行得其理。

按：此章统言易卦之体用，以发明前卷上篇四象、御政、顺时三章之要旨。刚柔有表里，动静有早晚，特别揭明前卷动静有常，刚柔断矣二句之义。屯直事者，意所到之义也；蒙当受者，阳施阴受之意也。据内体者，自坤而上；当外用者，自乾而下。

又按：屯蒙火候之象，说者颇多疑窦。意以六十卦反复凡三十周，有似一月之日数。终则复更始，积至三百六十周，得屯蒙反复之十二，有似乎一年之月数。而周天始毕，大约百日内外可足。虽不必刻定此数，而大端以此为准，故有百日功灵之说与。盖以子巳六阳时，应升卦之屯；午亥六阴时，应反卦之蒙。卦卦皆然，是六十卦之张布者，皆只如乾坤二卦也。故朔旦屯直事，既未至晦爽，与下章晦至朔旦，三日出为爽，义各不同。又屯蒙六十卦为小周渐积之取象，复姤十二卦为大周一时之取象,二者不同,然其理则又相通。故诸说往往有互用者,总不过火候假借之象耳。

又按:小周有几样取象:晦朔弦望是一象,金水两弦是一象,金逢望远又是一象,屯蒙六十卦是一象,三百八十四铢又是一象。数样各有其义,不可牵合,其为火候工程则一也。诸说并附考。

《阐幽》节录:

朱氏曰:易道之阴阳,不外乾坤;丹道之阴阳,不出性命。乾坤即性命也。然必穷取未生以前消息,方知天地于此造端,人身于此托始,丹道即于此立基。原夫鸿濛之先,一炁未兆,廓然太虚,无方无体,是谓真空。空中不空,是谓妙有。惟即有而空,故无始之始,强名曰天地之始;惟即空而有,故有始之始,曰万物之母。即有而空,便是太极本无极;即空而有,便是无极而太极。太极之体,本来无动无静。动而无动,乾之所以为天也;静而无静,坤之所以为地也。一动一静之间,人之所以为天地心也,而易之生生不息者,在其中矣。胚胎虽具,混沌未分,故曰太极函三。迨其静极而动,乾之一阳直彻于九地之下而坤承之,阴中包阳,实而成坎,是为天一生水,在天上为月;及其动极复静,坤之一阴直达于九天之上,而乾统之,阳中含阴,破而成离,是为地二生火,在天上为日。此由太极而生两仪,由两仪而生四象也。天地非日月不显,乾坤非坎离不运,故在易道,必以乾坤为体,坎离为用,何以言之?乾之为物,静专而动直,六十四卦之阳,皆出入于乾户,究竟只是最初一阳;坤之为物,静翕而动辟,六十四卦之阴,皆阖辟于坤门,究竟只是最初一阴。一阴一阳,便是真易,坎离得乾坤之正体。先天定位,本乾南坤北,后天翻卦,遂转作离南坎北,其实乾坤包罗在外,天地之匡廓,依然不动,而坎离之一日一月,自然运旋其中。小之为昼夜晦朔,大之为春秋寒暑,又大之为元会运世。譬若御车然,中心虚者为毂,两头转动者为轴,车待轴而转动,轴又待毂而运旋。坎离之于乾坤亦然。岂非坎离匡廓,运毂正轴乎?老子云:三十幅,共一毂,当其无,有车之用,此之谓也。乾坤门户,在丹道为炉鼎;坎离匡廓,在丹道为药物。火候出其中矣。○月节有五六至终则复更始,言小周天火候也。六十卦内外两体,无不反、对。反体，如屯、蒙、需、讼之类；对体，如中孚、小过之类。或表刚而里柔，或表柔而里刚，即屯蒙二卦，可以例举：如屯之一阳动于下，有朝之象；蒙之一阳止于上，有暮之象。昼夜反覆，两卦只是一卦。○日月为期度至五行得其理，言大周天之火候也。春夏秋冬四句，言冬夏二至交媾之候；赏罚四句，言春秋二分沐浴之候。如是而水、火、木、金，各乘一时气候，其中有真土调燮，全备造化，冲和之气，结而成丹，故曰：如是应四时，五行得其理。○上言小周天火候，应乎一月；此言大周天火候，应乎一年。须知此中作用，俱是攒簇之法：簇年归月，簇月归日，簇日归时，只在一刻中分动静，其中消息，全赖坎离橐籥，所谓覆冒阴阳之道者也。

按：合符章以六卦金丹之火为小周天，此又以六十卦百日之火为小周天，岂二者之火不同，而皆谓之小周天？何名之多混也。○春夏据内体四句，明明屯蒙火候之法，今以为大周，似误。○屯以子申节注，又引此赏罚应春秋释之，忽大忽小，何解书之多自混也？○屯蒙应一月，是以三十周为一月，六卦朔望之应一月，是以一周为一月。此处不可混看，朱氏殊未清出。○屯蒙究竟分内外否？朱氏总未见有易行周流反复之机，何也？岂竟不分内外，则刚柔表里之义何谓耶？朱氏此章表里二字，注得毫不分晓，竟不知其所谓。凡《契》中此等要紧分别之字句，必有显义，非泛文也，此急当考。

又曰①：此章皆以造化法象，明乾、坤、坎、离之功用。人身具一小天地，其法象亦然。乾为首，父天之象也；坤为腹，母地之象也。震为足，巽为股，近乎地，分长男、长女之象也；艮为手，兑为口，近乎天，分少男、少女之象也；坎为耳，离为目，运乎天地之中，独当人位，中男、中女之象也。其余四支百骸、三百六十骨节、八万四千毛孔，即众卦、众爻之散布也。然此有形有名者，人皆知之，孰知其无形无名者乎？父母未生以前，圆成周遍，廓彻灵通，本无污染，不假修证，空中不空，为虚空之真宰，所谓统体一太极也；既而一点灵光，从太虚中来，倏然感附，直入中

---

① 按：此一段注解系节录《阐幽》。

宫神室,作一身主人,所谓各具一太极也。主人既居神室,上通无谷,下通炁海,性命未分,尚是囫囫囵囵本来面目。迨中宫消息略萌,摄召太虚之气,从两孔而入,直贯天谷,而下达于炁海,乾下交坤,实而成坎,是为命蒂。坤中一阴,即随天气而上达于天谷,坤上交乾,破而成离,是为性根。于是囡地一声,脐带剪断,而性命遂分上下两弦矣,所谓穷取生身受气初,莫怪天机都泄尽者,此也。从此后天用事,有门有户,不出乾坤橐籥,运用全在坎离。坎沉炁海,元精深藏太渊九地之下,莫测其底,橐之用也;离升天谷,灵光洞彻太虚九天之上,直贯其巅,籥之用也。出日入月,呼吸往来,正当天地八万四千里之中,一阖一辟而分昼夜,一消一息而定晦朔,一惨一舒而别寒暑,一喜一怒而应春秋,四时五行,无不毕具,而造化在吾一身矣。故学者苟能启吾之门户,而乾坤炉鼎,可得而识矣;能运吾之毂轴,而坎离药物,可得而采矣;鼓吾之橐籥,而六十卦之阳火阴符,可得而行持矣。所谓顺之生人者,逆之则成丹也。

按:此段一点灵光当直指无始前最初一点而言,若后来辗转感附之灵光,便已掺入业根和合八识,非复最初太虚中来无污染之一点灵光矣。然其本体固在,修证解脱存乎人耳。故学《易》者,必穷至天地之始、太极之初,方有会处。○又按:以橐籥为阳火阴符之用,是屯蒙皆在内也。此四句似当互易:以橐籥为采坎离药物之妙,以运毂轴为行火符之妙。

先天八卦进退章第三

首句至蠕动莫不由,原本为日月合符章第三内;二用无爻四句,原在坎离二用第二章内;圣人不虚生四句、消息应钟律二句,原在天符进退第四章内;晦至朔旦句上,原有易有三百八十四爻,据爻摘符,谓六十四卦十八字;于是仲尼以下,原在天符进退第四章之首;元年乃芽滋下,原有圣人不虚生四句、故易统天心二句;三日出为爽句上,原有消息应钟律二句。

易者,象也。悬象著明,莫大乎日月。日含五行精,月受六律纪。五六三十度,度竟复更始。二用无爻位,周流行六虚。往来既不定,上下亦无常。穷神以知化,阳往则阴来。辐辏而轮转,出入更卷舒。圣人

不虚生，上观显天符。天符有进退，诎信以应时。消息应钟律，升降据斗枢。(上节)

　　晦至朔旦，震来受符。当斯之时，天地媾其精，日月相撢持。雄阳播元施，雌阴化黄包。混沌相交接，权舆树根基。经营养鄞鄂，凝神以成躯。众夫蹈以出，蠕动莫不由。于是仲尼赞鸿濛，乾坤德洞虚。稽古称元皇，关雎建始初。冠婚气相纽，元年乃芽①滋。长子继父体，因母立兆基。三日出为爽，震庚受西方(一作庚受)。八日兑受丁，上弦平如绳。十五乾体就，盛满甲东方。蟾蜍与兔魄，日月炁双明。蟾蜍视卦节，兔者吐生光。七八道已讫，屈折低下降。十六转受统，巽辛见平明。艮直于丙南，下弦二十三。坤乙三十日，阳路丧其朋。节尽相禅与，继体复生龙。壬癸配甲乙，乾坤括始终。(下节)

　　按：此章发明前卷上篇先天坎离章之旨。首提易者象也，以见取日月为身中子、午、卯、酉之象，与前卷易谓坎离相应。二用无爻位四句，承度竟复更始而言之；穷神知化四句，承往来上下而言之。圣人观其往来神化之天符，而知进退屈信之有时，升降消息之有枢。此上一节，发明前卷坎离章戊己之功，消息没亡之义也。晦至朔旦以下一节，则发明前卷晦朔之间一节之义。步步相应，其义愈明。至晦至朔旦，震来受符，即天符进退之始，诎极而将信之时也。重提当斯之时一句，以明诎信应时之机，因极言合符行中之妙。长子继父体二句，紧承元年乃芽滋，以见受符之义。继父体，则出而受之矣。故紧接三日出为爽，震受庚西方。此章于受符之始，郑重言之，较前卷合符之义尤为详悉。叙中所谓如其度者是也。紫阳所云白虎首经至宝，殆即此意。自此以下，文义显而易明矣。

　　又按：前卷明坎离二卦戊己之精，而六卦则但言其隐见之方，故此又以六卦之纳甲，申明其言外之意，以见甲、乙、壬、癸、丙、丁、庚、辛八干之皆不离戊己。所以表和合四象，攒簇五行之奥义。此至微妙之机也。纳甲之理，本原于先天八卦图。对待逆转，艮兑得丙丁之精，坎离

---

① 芽，原本作"牙"字，据注文及诸本改。

得戊己之精,震巽得庚辛之精,而乾南坤北为甲乙、壬癸终始之会,以统括六子,并言由月象取之。后人因三日初昏之月恰在庚方,适符震庚之说,遂附会以为言。诸儒不察其实,往往误以此为据。今按上弦兑月在丁,则日当酉末之时,与初昏之意,犹相近也。望月乾在甲,则日在庚,日尚见而月尚隐,不可谓之昏见。坤乙虽当晨后,而究非东北丧朋之位。若乾在壬则日方中,坤在癸则夜当半,其取象之意远矣。下弦之月,艮在丙则日在甲,并非东北箕斗之乡,然犹晨见也。若十八日魄生之月,巽在辛则日在巳,巳非平明之时,无所取之矣。不得已,即以十六日之月论,则日已在辰,亦不可谓之晨见。且辛在地平之内,虽晨亦不可谓之见,是则乾坤何所取纳于甲乙、艮巽何所取纳于丙辛?皆断断不可以强合者也。玩壬癸配甲乙,乾坤括始终二语,则此节本意原取先天六卦、八干之精,配合月之昏见晨没,以发明坎离戊己二用之奥义,与后人附会月象之说,并不相涉。所云巽辛见平明,艮直于丙南,犹言巽魄见平明,艮直于南,非以辛丙为方位也。庚、丁、甲、乙皆然。故庚丁曰受,言受日之精光,渐由平而盛满也。

又按:七八道已讫,似谓河图八在东,七在南。先天震、兑、乾自东而南,由一阳、二阳以至三阳,则阳信已极,故屈折下降。巽受统以至于艮坤,为河图自九折而至于六也。

《阐幽》节录:

上节:朱氏曰:月本无光,受日映处则有光。光生于日之所照,魄生于日之所不照,可见月体本无圆缺,惟受日光之所映以为圆缺。究竟月有圆缺,而日无盈虚,正犹世人后天之命,生老病死,倏忽无常,只有先天一点性光,圆明莹彻,万劫长存耳。○何谓穷神以知化,阳往则阴来?张子曰:一故神,两故化。据悬象之日月而论,似分两物。不知太阳中一点阴魄,即是真水;太阴中一点阳魂,即是真火。体则日月为易,用则水火互藏,是为阴阳不测之神。故必穷神所自来,乃知化所从出。一而未尝不两,两而未尝不一也。凡阴阳对待,一往一来,俱谓之化。神则浑然在中,寂然不动,无往无来矣。知化便是数往者顺,穷神便是知来者逆。日月往来,终古不息,若辐之辏毂,轮之转车。惟其神不可测,所以化不可穷耳。吾身日光月精,互相滋化,而总归于中宫,不动元神,一能兼两,悉与造化同其功用。○又曰:天符者,日月交会,乃天道自然之符,在丹道为一进一退之节候。盖自朔而望,为进阳火,阳伸阴屈,应从子到巳六时;自望而晦,为退阴符,阴伸阳屈,应从午到亥六时。圣人默观元化,知时不可失,每委志虚无以应之,所谓观天之道,执天之行是也。

下节:朱氏曰:一月之有晦朔,犹一日之有亥子也。晦朔中间,日月并会北方虚危之地,阴极阳生,一阳来复,正应震之初爻,故曰:晦至朔旦,震来受符。当其交会之时,天入地中,月包日内。天入地中,有媾精之象;月包日内,有撙持之象。乾主施精,以元中真阳下播于地,坤主受化,即以黄中真土顺承而包络之,故曰:雄阳播元施,雌阴化黄包。一元一黄,相为包络,形如鸡子。斯时日月停轮,复返混沌,就此混沌中,自相交媾,产出一点真种,丹基从此始立矣,故曰:混沌相交接,权舆树根基。坤中既得此一点真种,是为鄞鄂,须要经营保养,不可令其散失,久之渐渐凝聚,元神始成胚胎,震之一阳乃出而受符矣,故曰:经营养鄞鄂,凝神以成躯。夫此一点真种,乃大地众生命根,不特为吾人生身受炁之本,下至蠕动含灵之物,莫不由此一点以生以育,故曰:众夫蹈以出,蠕动莫不由。是道也,造化顺之以生物者,吾人当逆之以自生。所谓顺则成人,逆则成丹也。晦朔之交,即是活子时。元施、黄包,即是药产处,经营即是翕聚,鄞鄂即是元神。日月往来,莫非真火符候,要觅先天真种子,须从混沌立根基。○于是仲尼六句,此特为火候发端也。天道之大者,莫如五行;人道之大者,莫如五经。可以互相发明,而各有其原始焉。鸿濛即虚无一炁,乾为鼎中藏性根,坤为炉中藏命蒂,其间日月往来,洞虚之象。元皇喻元始祖炁,关睢喻两物相感,相纽喻二炁交并。元年芽滋,则一阳初动而真种生矣。○三日出为爽以下,推八卦纳甲,以验火候之进退也。欲知一月小周天火候,当取先天八卦纳甲细参之。晦朔之交,日月合符,乾坤未剖,元黄未分,阳光为阴魄所包,隐藏不见,此吾身归根复命时也。交会既毕,月与日渐渐相离,魄中生魂。至初三日,庚方之上,始露微光,震卦纳庚,进而得一阳。此元性初现,而铅鼎温温矣,故曰:三日出为爽,震庚受西方。至初八日,阳魂渐长,阴魄渐消,魄中魂半,昏见南方,是为上弦,兑卦纳丁,进而得二阳。此时元性又少现,而光透簾帏矣,故曰:八日兑受丁,上弦平如绳。至十五日,日月对望,阴魄全消,阳魂盛长,其光圆满,昏见东方,乾纳六甲,进而为纯阳。此时元性透露,而鼎中一点灵光,昼夜长明矣,故曰:十五乾体就,盛满甲东方。然此月魄,必与日魂合而成其明,实应蟾蜍、兔魄两象。蟾蜍以象太阳之精,兔魄以象太阴之光。盖蟾蜍潜伏水底,瞻视非常,时时嘘吸太阳金精,入于腹中,喻日魂施精于月,自外而吸入也。凡世间之兔,皆雌而无雄,遥望月中玉兔,即感而有孕,及其产也,又从口吐而生。喻月魄受日之光,自内而吐出也。离己日光,本来主施,坎戊月精,本来主化,日以施德,月以舒光。所以从下弦至朔旦,月出于西方酉位,全体吸取太阳精炁;从上弦到望日,月盈于东方卯位,乃全体发露太阳光明。故曰:蟾蜍与兔魄,日月炁双明。其所以取象蟾蜍、兔魄者,于蟾蜍正取其瞻视,于兔正取其能吐而生也。盖月光之圆缺,全注视日光以为进退。一阴生于巽,其光渐敛渐退,以至于晦,是为造化入机;一阳生于震,其光渐舒渐进,以至于望,是为造化出机。晦朔之交,日光吸入月魄中,相吞相啖,感而成孕,直待三日出庚,其光吞而复吐,自西转东,自庚转甲,至望日而光明圆满矣,故曰:蟾蜍视卦节,兔者吐生光。十五既望,阳极于上,盈不可久,息者不得不消,升者不得不降,阳火转为阴符,故曰:七八道已讫,屈折低下降。十六以后,阳反为宾,阴反为主,阳魂转受统摄于阴魄,魂中生魄,晨见辛方,巽卦纳辛,退而为一阴,此性归于命之始也,故曰:十六转受统,巽辛见平明。至二十三日,阴魄渐长,阳魂渐消,魂中魄半,是谓下弦,晨见丙方,艮卦纳丙,退而为二阴,此性归于命之半也,故曰:艮直于丙南,下弦二十三。至三十日,艮之一阳,自东北丧在乙方坤地,有东北丧朋之象,一点阳魂,全体敛入阴魄中,是为性返为命,而元阳复归于混沌矣,故曰:坤乙三十日,阳路丧其朋。然阳无剥尽之理,卦节既尽,消者不得不息,降者不得不升,剥之终即复之始,晦之终即朔之始。震之一阳,继体于乾父者,还复兆基于坤母,庚方之上,依然吐而生明,故曰:节尽相禅与,继体复生龙。○八卦纳甲，原本先天圆图，最为元奥。坎以中男纳戊，阴中包阳，月之体也；离以中女纳己，阳中包阴，日之体也。震长男，巽长女，纳庚与辛；艮少男，兑少女，纳丙与丁。一阴一阳，各各相匹，乾父独纳甲壬，坤母独纳乙癸。原始要终，首尾关键，包括六子在内，故曰：壬癸配甲乙，乾坤括始终。

按：金木两弦混沌中合体之后，庚方金丹未产之前，先另产出一点之真种，名为鄞鄂，为丹药之基。经营保养，渐渐凝聚，元神成胎，震阳乃出而受符，即金丹也。是先天真种子，为金木交并所结之黍珠耶？抑金丹为黍珠耶？下云一阳初动而真种生矣，又云震庚进得一阳，元性初现而铅鼎温温矣。两个都名一阳，毕竟真种是一阳耶？金丹是一阳耶？抑金丹初现，自是真正一阳？此一阳将动欲出，而真种先生耶？○炼己初功时，元牝一立，便须得真种元神，安处规中，为潜渊之真人，而后能得先天一炁虚无中来。一炁来，与元神相抱，而后始能招摄坎宫之药与离宫之药，所谓乌兔也。然则元神真种，久已在规中，何又至六百篇屯蒙全足之后，金木两弦交并合体之时，然后产此先天真种子耶？有两个真种子、两个元神耶？○想混沌时，元神寂灭于炁中，至是绝后再生耶？○又此即状若明窗尘注之一点真炁，瀹然上升者耶？然彼曰真炁，此曰真种元神，神即炁、炁即神耶？○想来丹药都有三层：金木交并之两弦合体是一层，先天真种子是二层，金丹是三层；元牝交通之谷神真人是一层，先天一炁是二层，乌兔药物是三层也。○此云欲知一月小周天火候，则知屯蒙乃一日小周天火候。通言之，则为一年小周天火候也。纳甲不过借月象以喻丹药之景，其庚、丁、甲等，实无关系。注自西转东、自庚转甲二语，误人不浅。盖丹法中本实有东西庚甲大关系，而非此震庚、乾甲之谓，不可不辨也。转字亦丹火中大关系，而此震至乾非转也，何为如此混用？○阴阳主宾，自是初功坎离药物、屯蒙火候之妙用，金水两孔穴法相须之至理。至此，金丹已透露之圆月，自应专就月光之升降消长以谨察之，不得比于坎离二药铅汞之功。金丹虽降，亦阳气自升自降，断无阴又为主之理。注阳反为宾，阴反为主之说，想亦偶然涉笔之误。盖阳丹藏入阴中，亦是阳自为主，非屯蒙升降之地，不得以其恍惚近似而通用之也。○卦节既尽,指六卦小周之复姤十二卦节也。朔晦之后有复姤,剥坤之后又朔晦,晦之终乃复之始,不得言朔之始,但此等亦大略言之而已。

河图四象章第四

此连上章于是仲尼以下,原本为天符进退章第四;八卦列曜四句,原在七八数十五四句之下;故易统天心二句,原在上章长子继父二句之上;象彼仲冬节十四句,原本另外四象归根章第三十五。

八卦布列曜,运移不失中。元精眇难睹,推度效符征。七八数十五,九六亦相应。四者合三十,阳气索灭藏。故易统天心,复卦建始萌。象彼仲冬节,竹木皆摧伤。佐阳诘商旅,人君深自藏。象时顺节令,闭口不用谈。天道甚浩旷,太元无形容。虚寂不可睹,匡郭以消亡。谬误失事绪,言还自败伤。别序斯四象,以晓后生盲。居则观其象,准拟其形容。立表以为范,占候定吉凶。发号顺时令,勿失爻动时。上观河图文,下察地形流。中稽于人心(朱子作人情),参同考三才。动则循卦节,静则因象辞。乾坤用施行,天下然后治。

按:此章发明前卷上篇后天复姤章之旨。首四句承上章天符斗枢之义,言八卦之运皆移于中。然先天圆图,中虚无物,至是而乾元之精但觉眇不可睹,因推其度数于河图,以验其符征焉。一章推度审分铢,言作《易》者审之于无兆难虑谋之初也;此章推度效符征,言用《易》者察之于元精眇难睹之际也。皆叙中所谓各如其度也。河洛七、八、九、六四象之数,合为三十,包运于外,以暗符地数之三十。而天数二十有五,暗藏于中宫之天五,又深藏于地十之中,故曰阳炁索灭藏。天五者,天地之心也。故易道统于天心,八卦进退之后,乾坤终始之际,天心几不可见。至于藏之又藏,索之于无可索之乡,此复卦建始之萌兆也。盖乾元之体,浑藏天五之中而用之,所以行必建始于六中之天一。象穷冬竹木摧伤之际,阳气深藏于内,此时只好顺天道于无言之表,养太元于虚寂之中。亡而后能存,静而后能动,而建始之机,可得而睹矣。此理微而难知,故别序斯九、八、七、六之四象,以晓后人。别序者,对前所举乾、坤、坎、离四象而言之也。乾、坤、坎、离四象,其机虽显而天心无象可寻,有类于盲者之见暗。此序七、八、九、六之四象,则中五隐然可见矣。盖一得五而为六,四得五而为九,九六者,北一西四之合于五也;二得五而为七,三得五而为八,七八者,东三南二之合于五也。故四象者,三五之合也。居者,静之时也。静则观此四象之合,以占候其天一之动。及动而发号,则顺其爻动之时而勿失。爻动时者,即前卷十二卦,自建始一阳之动,而临、而泰、而大壮、而夬、而乾,阳爻积而上;自姤而遁、而否、而观、而剥、而坤,阴爻积而下。五行逆用,乾坤颠倒之时也。故上察河洛文者,九还七返、八归六居,四象之逆转之妙也,所以禽聚阳气也;下序地形流者,水流自西而东,天水违行地之逆也,即后歌词中之江淮注海也。中稽于人情者(此段从朱子本,作情字解。),顺而达之,则情感而动以交于物;逆而摄之,则情反而静,以合于性。所谓推情合性,转而和与也。三才之道,逆之则圣,故动循卦节,潜见跃飞,逆而上也。自复至乾,而乾元之用行矣。静因象辞,顺承天施,先迷后得,敛而下也。自姤至坤,而坤元之用行矣。盖七八数十五,九六之数亦十五。则四者之行于外,无非天五地十之数,细缊相应于其间。天五者,乾元也;地十者,坤元也。元精之眇难睹者,于是乎合度而得其符征矣。抑又思之,河以通乾出天苞,洛以流坤演地符。上察河图文者,七、八、九、六,天之苞于外而为文者也;下序地形流者,洛书流坤之数,右转而相克者也。洛书相对合十,本在河图地十之中,犹天之包乎地然。故洛书之中五,即河图之中五,是中五为天地之心。中稽人心者(此段从原本,作心字解。),以吾之心合于中五天地之心,而三才之道同归于一矣。中五者,乾元之本体也。其初体立而后用行,故静而后能动,亡而后能存,即上文复卦建始萌,象彼仲冬节,竹木皆摧伤,佐阳诘商旅,人君深自藏,象时顺节令,闭口不用谈,天道甚浩旷,太元无形容,虚寂不可睹,匡郭以消亡,谬误失事绪,言还自败伤,别序斯四象,以晓后生盲云云之意。所谓循卦节也,至是则动而归于静,存而妙于亡。因象辞者,即孔子至哉坤元,大哉乾元之辞,及文王元亨利贞之辞。由是四象归于两仪,两仪归于太极,太极还于无极。乾坤之妙用既行,而乾坤之本体永得,此则性命之极功也。〇此章发明前卷复姤章言外之意,可谓尽矣。

前卷十二章节令已详，故此但举复卦建始萌，象时顺节令，勿失动静时，以浑括之，而不必更为胪列。此十二爻不再胪列，而上章震兑六卦再胪列者，盖表出纳甲之八干，补前卷之遗义，以申明坎戊离己之妙用，非复列也。〇按：此三章先言六十四卦之体用，而归于先天八卦之进退，又由先天八卦而归于河图四象之还返。愈穷而愈深，而终不外复姤之机。盖复姤一阴一阳，即后天坎离之中阴中阳，中阴中阳即先天乾元、坤元、河图中宫天五地十之精也。上章七八道讫，特借河图以括先天震、兑、乾三阳，巽、艮、坤三阴之象。此章方实发河图之理。又上章顺配先天以取象者，坎离二用之妙也；此章逆转以推度者，乾坤一元之大用也。其机微矣。

《阐幽》节录：

朱氏曰：天道以日月交会，故有进退屈伸；丹道亦取日月交会，其进退屈伸，莫非易也。而日月为易，实统之于天心。天心，是造化中间主宰，即太极也。先天之太极，造天地于无形；后天之太极，运天地于有形。在天正当南北二极之中，在人则当坎离二用之中。一坎一离，合而为易，统于天地正中之心，故曰易统天心。天心无所不统，而见之必于复卦，何也？盖天心之体，本来无动无静；天心之用，却正当一动一静，亥子中间。方其静翕之余，日月合璧，璇玑停轮，此心浑然在中，毫无端倪可见。至于虚极静笃，万化归根，忽然无中生有，静极生动，从穷阴中迸出一点真阳，逼露乾元面目，而丹基从此建立矣。所以孔子赞《易》曰：复其见天地之心乎？邵子曰：冬至子之半，天心无改移。即所谓复卦建始萌也。〇又曰：一动一静之理，贯乎三才。上乾下坤，结括终始，乃上天下地之位也；坎离之中炁，运移其中，乃中间人位也。即此已全具三才法象，即此一动一静之理，便通彻天地，包括河、洛。河图文，即指龙图而言。河图之数，五十有五，循环无端，圆以象天之动。地形流，即指洛书而言。洛书之位，四正四隅，统于中五，方以象地之静。人者，天地之心也。天地中间，是为人心，即邵子所谓一动一静之间，天、地、人之至妙至妙者也。盖此心非动非静，而又能动能静，参天两地，为造化之枢机，故曰：中稽于人心，参合考三才。动以应天，阴阳有进退，必循乎卦爻之节。静以应地,刚柔有表里,不越乎卦爻之辞。静极而动,真阳动于九天之上,是谓乾元用九,而元神升乎乾鼎矣;动极复静,真阴潜于九地之下,是谓坤元用六,而元炁归乎坤炉矣。元神为性,元炁为命,性成命立,天心端拱于中极,百节万神无不辐辏皈命,岂非乾坤用施行,天下然后治乎?

《周易参同契集韵》后卷中

临川纪大奎向辰 辑订

胞侄纪应鈫 校字

定州杨照藜素园 校刊

三相类中篇

（共三章）

抱一章第一

前十句原本在七章两窍互用之首,后六句原本在六章炼己立基之末。

上德无为,不以察求;下德为之,其用不休。上闭则称有,下闭则称无。无者以奉上,上有神德居（德,一作明。）。此两孔穴法,金气亦相胥。黄中渐通理,润泽达肌肤。初正则终修,干立末可持。一者以掩蔽,世人莫知之。

按:此章言两之归于一也,皆发明《道德经》之言。

《阐幽》节录:

朱氏曰:大道非一不神,非两不化。盖金丹妙用,只在后天坎离;坎离妙用,不出先天乾坤。究竟只是性命二字。性者,先天一点灵光,真空之体也。其体圆成周遍,不减不增,在天为资始之乾元,在人便是父母未生前本来面目,故名上德。此中本无一物,灵光独耀,迥脱尘根。若从意根下卜度推求,便失之万里。盖性本天然,莫容拟议,直是觅即不得,故曰:上德无为,不以察求。命者,先天一点祖炁,妙有之用也。其用枢纽三才,括囊万化,在天为资生之坤元,在人便是囡地一声时立命之根,故名下德。其中元炁周流,潜天潜地,变现无方。若向一色边沉空守寂,便堕在毒海。盖命属有作,不落顽空,一息不运即死,故曰:下德为之,其用不休。上闭则称有者,坤入乾而成离也。先天之乾,本是上德,只因坤中一阴上升乾家,阳炁从外而闭之,所谓至阴肃肃,出乎天者也。乾中得此一阴,性转为命,感而遂通,遂成有为之下德矣。人但知离体中虚,便认做真空,不知这一点虚处,正是真空中妙有,唤作无中有。下闭则称无者,乾入坤而成坎也。先天之坤,本是下德,只因乾中一阳下降坤家,阴炁亦从外而闭之,所谓至阳赫赫,发乎地者也。坤中得此一阳,命转为性,寂然不动,依然无为之上德矣。人但知坎体中实,便认作妙有,不知这一点实处,正是妙有中真空,唤作有中无。坤中既受乾炁,还以此点真阳,上归于乾,是谓反本还原,归根复命。自是先天神室中,产出一点鄞鄂,是为万劫不坏之元神,故曰:无者以奉上,上有神明居。神明之妙,固全在中黄正位,然非坎中真金之精上升,离中真水之炁下降,有无互入,两者交通成和,神明亦何自而生耶?故曰:此两孔穴法,金炁亦相胥。两孔穴,即坎离两用之窍妙,所谓元牝之门,世莫知者也。○又曰:炼己之功,在乎得一也。《度人经》云:中理五炁,混合百神。可见中黄丹扃,为万化统会之地。学道之士,从此温养子珠,勿忘勿助,久之神明自生,渐渐四通八达,身中九窍百脉、三百六十骨节、八万四千毛孔,一齐穿透,自然光润和泽,感而毕通,故曰:黄中渐通理,润泽达肌肤。丹道有初有终,有本有末。初者炼己,下手之功;终者入室,了手之事。初如木之有干,本也;终如木之有标,末也。然须知最初下手一步,便是末后了手一步,所谓但得本,莫愁末也。初基一步,便踏著正路,从此循序渐进,修持之功,自然节节相应。原始可以要终,即本可以该末矣,故曰:初正则终修,干立末可持。然则,孰为初孰为本,要在一者而已。未生以前,惟得一则成人;有生以后,能抱一即成丹。盖一生二,二生三,三生万物,顺去生人生物者,此一也;而三返二,二返一,一返虚无,逆来成圣成仙者,亦此一也。太上云:得其一,万事毕。又曰:谷神不死,是谓元牝。谷神至虚而至灵,其妙生生不已。从生生不已处,分出元牝。其体则一,其用则两。秘在掩蔽二字,掩者,掩其元门;蔽者,蔽其牝户。若非一者在中,岂能掩蔽?然非掩蔽于外,亦不成其为一。此中窍妙,纵饶慧过颜闵,莫能强猜,故曰:一者以掩蔽,世人莫知之。所云黄中,是指出祖窍之中;所云一者,是指出祖窍之一。知中则知窍,知一则知窍中之妙;知窍中之妙,便知本来祖性。便知守中抱一是养性第一步工夫。

按:《悟真》解三家相见,以离为妙有中真空,坎为真空中妙有。此又颠倒说。此等有无名色,彼此返似,虽无不可,然注书何必如此。〇晦朔章及他处产药之先,俱是天入地、乾交坤、神归炁,此又云坤中乾炁还以此点上归于乾,自此神室产出一点鄞鄂。凡注中所言紧要之事,总处处自相反,实不可解。〇奉上上字,既属归于乾,上有上字,又属中黄正位,虽皆在下田之上,然两上字相连,恐无两解之文义。〇《悟真》云先须炼己持心,又云得一万般事毕。是炼己最先,得一最后,中间工夫极多。今云炼己之功在乎得一,是炼己之功之时便须得一耶?抑由炼己而后采药、温养锻炼,以至于成功时之得一耶?岂有此混混者?此混以末后之得一,注此时之得一,牝牡骊黄耳。〇此得一是借名释之耳。〇温养子珠是已得金丹而养之耶?则在炼己后矣。前解子珠本句亦作炼己说,则此殊非金丹,特心中神明耳。然前注又以元珠罔象比之,是以金丹之象混注之。凡丹家之说,路路可安,乃如此。〇何以一齐穿透,得无积气通关之说耶?此著要紧。初功有如此好处也,紧记紧记。〇一者在中,如何掩蔽其元门?蔽其牝户,殆三宝闭塞勿发扬之意耶?〇又按:守中抱一,此心常住不散,便是掩蔽,即不闻不见,无眼、耳、鼻、舌、身、意之义否?只此甚妙甚难。

守中章第二

原本为关键三宝章二十二。

耳目口三宝,闭塞勿发扬。真人潜深渊,浮游守规中。旋曲以视听,开阖皆合同。为己之枢辖,动静不竭穷。离气内荣卫,坎乃不用聪。兑合不以谈,希言顺鸿濛。三者既关键,缓体处空房。委志归虚无,无念以为常。证难以推移,心专不纵横。寝寐神相抱,觉悟候存亡。颜色浸以润,骨节益坚强。辟却众阴邪,然后立正阳。修之不辍休,庶气云雨行。淫淫若春泽,液液象解冰。从头流达足,究竟复上升。往来洞无极,怫怫被谷中。反者道之验,弱者德之柄。芸锄宿污秽,细微得调畅。浊者清之路,昏久则昭明。

《阐幽》节录:

朱氏曰:此章言关键三宝,内真外应,乃养性之要功也。○修道之士,有内三宝,有外三宝。元精、元炁、元神,内三宝也;耳、目、口,外三宝也。欲得内三宝还真,全在外三宝不漏,《阴符》所谓九窍之邪,在乎三要是也,故曰:耳目口三宝,闭塞勿发通。外窍不漏,元神内存,前后会合,中间有一无位真人,潜藏深渊之中。深渊乃北极太渊,天心之所居,即元关一窍也。元关在天地之间,上下四方之正中,虚悬一穴,其大无外,其小无内,谓之规中,中有主宰,谓之真人,守而勿失,谓之抱一。然其妙诀,全在不勤不怠,勿助勿忘,有浮游之象,故曰:真人潜深渊,浮游守规中。此四句一章之纲领也。○坎属水,为元门;离属火,为牝户;兑为口,内应方寸。入室之时,当收视返听,转顺为逆。其门户之一开一阖,皆与元牝内窍相应,故曰:旋曲以视听,开阖皆合同。离中己土属阴主静,然体虽静而实易动,赖坎中真阳出而钤制之。若门之有枢,车之有辖,庶动静各有其时,而元炁不致耗竭矣,故曰:为己之枢辖,动静不竭穷。元窍中先天祖炁,本来鸿濛未剖,惜乎前发乎离,以泄其明;后发乎坎,以泄其聪;中发乎兑,以开其门。所存者几何哉?必也默默垂帘,频频逆听,则坎离之炁不泄矣,故曰:离炁纳荣卫,坎乃不用聪。括囊内守,混沌忘言,则兑口之炁不泄矣,故曰:兑合不以谈,希言顺鸿濛。即所谓耳目口三宝,闭塞勿发通者也。此中秘密,全在口字,此口是元关一窍,吞吐乾坤,因天机不可尽泄,姑取兑象,非世人饭食之口也。○三者既已关键严密,则我之真人,自然不扰不杂,优游于深渊之中,此中空空洞洞,别无一物,有若空房然,故曰:三者既关键,缓体处空房。先天一炁,原从虚无中来,必委致其志,虚以待之,至于六根大定,一念不生,方得相应。然所谓无念,只是常应常静,不出规中,非同木石之蠢然也。无念之念,是为正念,正念时时现前,方可致先天一炁,而有得药之时,故曰:委志归虚无,无念以为常。此事人人具足,本不难取证,有如立竿见影,世人取证之难,正以心志不专,时刻推移,纵横百出,遂望洋而返耳。倘绝无所病,则可以得之于一息矣,有何难证之道乎?故曰:证难以推移,心专不纵横。此心既不动移,十二时中,行住坐卧,不离规中,即到寝寐之时,向晦晏息,一点元神,自然与元炁相抱,如炉中种火相似。犹恐或致昏沉,必须常觉常悟,冥心内照,察规中之消息,候真种之存亡,故曰:寝寐神相抱,觉悟候存亡。如此用心,何虑金丹不结,真人不现,此即真人潜深渊,浮游守规中之节度也。○人之形神本不相离,真种一得,表里俱应,自然颜色润泽,骨节坚强,辟除后天阴邪之物,建立先天正阳之炁。盖一身内外,莫非阴邪,先天阳炁一到,阴邪自然存留不住。更能行之不辍,其效如神,周身九窍八脉、三百六十骨节、八万四千毛孔,总是太和元炁流转。但见如云之行,如雨之施,如泽之润,如冰之解,从昆仑顶上,降而到足,复从涌泉穴底,升而到头,彻头彻底,往来于空洞无涯之中,不相隔碍。盖天地间,山川土石,俱窒塞而不通,惟有洞天虚谷,窍窍相通。人身亦然,肌肉、骨节,俱窒碍而不通,惟有元窍虚谷,脉脉相通,与造化之洞天相似。元炁往来,洞然无极,正往来于虚谷之中也,故曰:往来洞无极,怫怫被谷中。此与上篇黄中渐通理,润泽达肌肤相似,俱金丹自然之验。○何谓反?常道用顺,丹道用逆,颠倒元牝,抱一无离,方得归根复命,岂非反者道之验乎?何谓弱?坚强者死之徒,柔弱者生之徒,专炁致柔,能如婴儿,自然把柄在手,岂非弱者德之柄乎?且辟却阴邪,则身中一切宿秽,悉耘锄而去尽矣。正阳既立,则元炁透入,细微悉调畅而无间矣。至于金丹始结,脉住炁停,复返混沌,重入胞胎,似乎昏而且浊,此吾身大死之时也。久之,绝后再苏,亲证本来面目,自然纯清绝点,慧性圆通,大地乾坤,俱作水晶宫阙矣,故曰:浊者清之路,昏久则昭明。前段言形之妙,此段言神之妙,形神俱妙,方能与道合真。

按:三宝不漏,当即前一者掩蔽之意。○炼己之功以下一篇注最妙。得一本是末后之著,然此时元牝立根基,便是一者工夫,亦可借言得一。此等活用字不必泥也。○此以坎为元门,离为牝户,亦有以离为元门,坎为牝户者。○此收视返听之功,是先以离下降,如何云坎中阳出而铃制之？若枢与辖，意离下坎，同至规中而铃制之欤？此有何天机不可尽泄之疑？殊非。○兑合不以谈，亦未尝不指言语之口，多言不如守中，政是一理，非以兑合为规中也。○此先天一炁，虚无中来，自然尚非指金丹。然则初产之坎药，亦可云先天虚无中来之一炁耶？又云可致先天一炁，而有得药之时，则此一炁系在未得药之先。此一炁究系何物？是如何光景情状？此即所谓丹头欤？此等活相名字不必泥耶？○又云正念时时现前，方可得先天一炁，正念岂非元神耶？岂非真人耶？然则又何物为先天之一炁耶？○又云一点元神自然与元炁相抱，何虑金丹不结、真人不现？然则元神是一物，元炁想即先天一炁是一物，至金丹则药足以后所结者。真人不现，又是火焰飞之真人，非潜渊之真人也。名愈多而愈乱，又并引之，则尤乱矣。以无字读之，方妙耳。○顶降至足，足升到头，是从何面升降？见何时事？在得金丹时，在未得金丹时，在合符两弦时，在未合符时，在得药时，在未得药时，想是得先天一炁时欤？是时尚未得药，乃有此兆欤？抑药之将得，必先有此兆欤？○又云金丹自然之验，然则是得金丹而后有此兆欤？抑此为得金丹之兆验欤？恐当是药足火足，两弦合符，得金丹之证验也。○顶至足，足至顶，或即金水前后三关各五分之妙欤？又云金丹始结，脉住炁停，大死之时，想是六卦初周之后，为复卦之始。抑是六卦、十二卦并周之后，又为合符混沌之始？紧要，再考。

内养旁门章第三[①]

是非历脏法，内观有所思。履罡步斗宿，六甲次日辰。阴道厌九一，浊乱弄元胞。食气鸣肠胃，吐正吸外邪。昼夜不卧寐，晦朔未尝休。身体日疲倦，恍惚状若痴。百脉鼎沸驰，不得清澄居。累土立坛宇，朝暮敬祭祀。鬼物见形象，梦寐感慨之。心欢意喜悦，自谓必延期。遽以夭命死，腐露其形骸。举措辄有违，悖逆失枢机。诸术甚众多，千条有万余。前却违黄老，曲折戾九都。明者省厥旨，旷然知所由。

[①] 按：原本脱此章目录及注文，据《阐幽》，"内养旁门章第三"即《阐幽》"明辨邪正章第八"，故据《阐幽》录入《契》文及略节朱注，聊补其缺。

朱氏曰：此章历指旁门之谬，以分别邪正也。欲知大道之是，当先究旁门之非。旁门种种邪谬，不可枚举，姑约略而计之：内观五脏，着于存想之旁门；履罡步斗，泥于符术之旁门；九浅一深，采阴补阳之旁门；吞服外气，吐故纳新之旁门；搬精运气，长坐不卧之旁门。○此五种旁门，俱是求之身内者。种种捏怪，勉强行持，究其流弊，至于身体疲倦，精神恍惚，周身之百脉，势必奔逸散驰，而无一刻清宁澄湛之时。求之身内者，其恶验如此。○祭炼鬼物、入梦现形之旁门。此是求之身外者。初时朝暮祭祀，妄冀鬼物救助，益算延年，不知反为鬼物所凭，流入阴魔邪术，既而或遭魔难，或遘奇疾。本欲长生，反夭厥命，腐露形骸，为世俗之所耻笑矣。求之身外者，其恶验又如此。○章首是非二字，直贯到底，言金丹大道，全在养性，非是此等旁门可得而混入也。养性工夫，即在前两章中，旁门反之，故招种种恶验。○举措辄有违至末，结言旁门之背道也。金丹大道，莫过养性，原本黄帝、老子虚无自然宗旨。故《阴符》、《道德》两经，直指尽性、尽命最上一乘法门，与三圣作《易》同一枢机。世人不悟，往往流入旁门，动辄千差万别，悖逆之极，全失其枢机矣。○以上所列五、六种，或求之身内，或求之身外，只是略举一隅。引而伸之，千条万绪，可以类推。大约非黄老复命归根之功，即非黄老九宫洞房之奥。此辈甘堕旁蹊，如却行求前，徒费曲折耳。明眼之士，亟发信心，参礼真师，穷取性命根源，本来面目，倘能于片言之下洞彻宗旨，方知本来一条平坦道路，人人可得，而由再加向上工夫，勤行伏炼，庶乎脱旁蹊，而超彼岸矣。

《周易参同契集韵》后卷下

临川纪大奎向辰 辑订

胞侄纪应鈫 校字

定州杨照藜素园 校刊

三相类下篇

（共八章，又乱辞二章。）

按：黄老无为之义最简，故中篇但举抱一守中之要，以发明前卷虚无性命之宗旨，而其意已足；炉火有为之功最大，故此篇详悉言之，以发明前卷伏食之义。首末郑重于《火记》之源流，不禁谆谆叹息，其意深矣。然此二篇，实相兼而行，中各互见其义。故末章总结二篇而归于本根，使学者披条见实，以得之于大易性情之中也。此篇层次条绪，最为难寻，深文隐语，苦心如见，忘象忘言，兢兢乎不敢必矣。

两弦合精章第一

上节原本为两弦合体章第九，下节原本为金返归性章第十。

《火记》不虚作，演《易》以明之。偃月法鼎炉，白虎为熬枢。汞日为流珠，青龙与之俱。举东以合西，魂魄自相拘。上弦兑数八，下弦亦如之。两弦合其精，乾坤体乃成。二八应一斤，易道正不倾。

金入于猛火，色不夺精光。自开辟以来，日月不亏明。金不失其重，日月形如常。金本从月生，朔旦受日符。金反归其母，月晦日相包。隐藏其匡郭，沉沦于洞虚。金复其故性，威光鼎乃熺。

按：从月生，俞五君①作日，谓月之光从日而生，每月朔旦与日相合，盖金火即日月也。存考。〇按：此章言金之复于坎性也。〇上节言坎离两弦之合，然后乾坤之体成；下节言金复于坎中，然后坎离两弦之精具。七韵中五提金字，极言金重之不可失。必须明归复之法，积满成坎，以交于离，则日月如常，金光满鼎，而两弦之形成，二八之数足也。演《易》即屯蒙六十卦之火候，由一月以至一年，则易道正而二八之精合，乾坤之体成矣。〇又按：此两弦乃坎离二用之精，与兑艮火候之二弦不同，彼单指晦望中两弦之一节而言。盖前后三门火候之各一门也。此则统六门之药物言之，前三门属金，后三门属水，金水相合，特假似于二弦之体，以明其象，非有所谓晦望也。上弦似不得言兑数意，然兑艮火候实坎离没亡之所消息。火候足则药足，其机本属一致，则亦不妨通言之与。〇又按：自开辟以来，日月不亏明，似言人自囤地一声以后，阴阳之气本无亏欠。积至十五初度将届之时，五千四十八日，金重数足，是时纯阳方固，尚无耗泄之患。过此以往，二八癸至，则出路遂开，情窦

---

① 按：俞五君，当为俞琰，纪氏此处作俞五君，不知本何？

以启，而金渐失其重矣。今积久归复，渐渐充固，两弦合精，以返其童男时五千四十八日之真炁，则金不失其自家本初之重，日月如常而可用。反归其母之功，以致威光鼎熺之验也。然则旁门取他人之先天，以为我之先天者，岂自身小天地开辟以来之日月乎？

《阐幽》节录：

上节：朱氏曰：此章直指金水两弦之炁，先分后合，示人以真药物也。○临炉作用，要紧全在金水两物。曰炉鼎，曰铅汞，曰龙虎，曰上下两弦，种种曲譬，皆是物也。《火记》本无其文，即在先天羲易中。日月为易，不过一阴一阳，体属乾坤，用寄坎离，一切异名，从此演出。于乾坤寓炉鼎法象，于坎离寓药物法象，其余六十卦、三百六十爻即寓火候法象。一日两卦，一月之候，正应周天三百六十度数。又以一月配一年，便成《火记》六百篇。究竟只是日月为易，一阴一阳而已，故曰演《易》以明之。坎为太阴真水，本是月精，然必受符于日。晦朔交会之间，阴极转阳，火力尚微。到初三日没时，庚方之上，一阳初动而为震，一钩偃仰，成偃月之象，坎水中产出金精，所谓虎向水中生也。金伏炉中，必须煅之乃出，是为上弦兑体，故曰：偃月法炉鼎，白虎为熬枢。此举炉鼎以包药物也。离为太阳真火，本是日光，然必合体于月。日月对望之际，阳极转阴，水炁尚藏。到十六平明时，辛方之上，一阴初降而为巽，盛满欲流，有流珠之象，离火中生出木液，所谓龙从火里出也。木性顺金，恒欲流而就下，是谓下弦艮体，故曰：汞日为流珠，青龙与之俱。此举药物以该炉鼎也。于是驱东方之龙，以就西方之虎，流珠与金华，情性既已相投，地魄与天魂，金木自然相制，故曰：举东以合西，魂魄自相拘。此言两窍互用，金炁相胥之妙，假两弦法象，以发明之也。○自震庚一点偃月，进至二阳，便属上弦之兑，其卦气纳丁，此时水中胎金，魄中魂半，所谓上弦金半斤也，如颠倒取之，亦可云水半斤，故曰上弘兑数八；自巽辛一点流珠，退到二阴，便属下弦之艮，卦炁纳丙，此时金中胎水，魂中魄半，所谓下弦水半斤也，如颠倒取之，亦可云金半斤，故曰下弦艮亦八。前取两物相制，故云金木；此又取一体相生，故云金水。其用一也。兑体本属纯乾，艮体本属纯坤，今者两畔同升，合而为一。

纯金还乾,性处内而立鄞鄂;纯水还坤,命处外而作胞胎。一粒金丹,产在中黄土釜,岂非两弦合其精,乾坤体乃成乎？须知两弦之时,即具全体,到得全体之时,却不见有两弦。全体之合,得诸自然,两弦之分,别有妙用,所谓月之圆存乎口诀也。夫两弦既合,铅止半斤,汞惟八两,正应金丹一斤之数。乾坤之全体,从艮兑之分体而成也；艮兑之分体,又从坎离之中体而出也。坎离之体,不过一日一月,前所云日月为易者,到此适得其平,而无倾昃之患矣,故曰：二八应一斤,易道正不倾。即后天两弦之用,以还先天乾金之体,方是金丹作用,正所云演《易》以明之者。此伏食之第一义也。

按：六百篇,断非泛说。六十卦当一月。六百卦便当十月,屯蒙火候,必当有此,所谓十月胎圆结圣基,非此不能结金丹也。注内六百篇,未免看得太没要紧,何欤？抑所云又以一月配一年者,即十月之意,特配字用得晦,非谓一月即配一年也,犹云十月配一年尔。所谓阴阳数足通神者,殆即指此欤？○晦朔章以混沌鸿濛,合符行中时为金木交并,两弦合体,以庚方月现为金丹大药。此又以庚辛属金水两窍互用,即以兑艮上下弦两候为金水两弦之合体。两畔同升,然后金丹产在中黄土釜。两注大相矛盾,何也？想来《契》中庚震六卦,原指金丹,其两弦合体,金木合符,乃屯蒙数足,属末后之既未,故云既未慎万物之终始。盖六百篇之终,即六卦、十二卦之始也。但屯蒙六十卦中作用景象大意,与六卦进退机缄相同,故曰篇篇相似采真铅。后人遂彼此互用,朱氏亦循其误,故此注以六卦之两弦为合符之两弦,混而通之,学者当以牝牡骊黄视之可也。○其实此章本文,并非六卦两弦之义,朱氏借此以形容两弦之象而已,须善会之,不必泥。○全体之时,不见两弦,岂金丹已得,梯筏皆弃,所谓用事真铅也弃捐欤？两弦别有妙用,殆用铅不用铅,须向铅中作之谓欤？存参。○下节庚方之上,一阳复萌两行,又以金丹言。此则晦朔合符章庚方之本义也。可见庚辛六卦,篇篇相似,后人因而混六卦与屯蒙为一,学者随其次第会之可也。

下节：朱氏曰：此章直指先天金性,为丹道之基也。上章并举金水两弦,犹属对法；此则并两归一,直提金性根源,令学道者知有归宿处金之精光本一,而日月分受之,日得其光,常主外施,月得其精,常主内藏。究竟日月,原非二体,精光亦非两物。盖坎中金精,原从乾金中分来,故以乾为父,又从坤土中产出,故以坤为母。月当晦时,与日媾精,两相撑持,日在上,月居下,日精入在月中,尽为太阴所收,月光包在日内,尽为太阳所摄,光尽体伏,纯黑无光,乃坎金返归坤土之象,故曰:金返归其母,月晦日相包。阳光遂隐匿潜伏,深藏于北方虚危之地,一点金精,沉在北极太渊,空洞虚无之中。在造化为日月合璧,璇玑停轮;在吾身为神归炁穴,大药入炉之时也。故曰:隐藏其匡廓,沉沦于洞虚。未几而阴极阳生,金性来复,庚方之上,一阳复萌。在造化为哉生明,在吾身为大药将产,出坤炉而上升乾鼎,坎中真金到此才得返本还源,复其乾父之性,赫然成丹,而光明洞彻太虚矣。岂非金复其故性,威光鼎乃熺乎？〇又曰:金性为造化之根、生身之本,即属先天祖性,父母未生以前,此性圆同太虚。迨媾精以后,地、水、火、风,四大假合而成幻躯,太虚中一点真性落于其中,方能立命,是吾身以金为原始也;及乎四大假合之躯,终归变灭,而此金性独不与之俱变,万劫长存,是吾身又以金为要终也。此无终无始之妙也。昔羲皇作《易》,剖开太极,劈破天心,最初落下一点,便成乾卦。乾为天,而孔子《翼》之曰万物资始;乾为金,而孔子《翼》之曰纯粹以精。此万世尽性至命之准则也。释迦得此以证丈六之身,故尊之曰金仙;元始得此以结一黍之珠,故宝之曰金丹。三教根源,同一金性,外此即堕旁蹊曲径矣。此学道者所当细参。

变化还丹章第二

原本为还丹法象章第十四。岁月将欲讫四句,原在号曰黄舆焉之下。

以金为隄防,水入乃优游。金数十有五,水数亦如之。临炉定铢两,五分水有余。二者以为真,金重如本初。其土遂不离,二者与之俱。三物相含受,变化状若神。下有太阳炁,伏烝须臾间。先液而后凝,号曰黄舆焉。捣治并合之,驰入赤色门。固塞其际会,务令致完坚。炎火张于下,龙虎声正勤。始文使可修,终竟武乃陈。候视加谨密,审察调寒温。周旋十二节,节尽更须亲。岁月将欲讫,毁性伤寿年。形体为灰土,状若明窗尘。炁索命将绝,体死亡魄魂。色转更为紫,赫然成还丹。粉提以一丸,刀圭最为神。

按:此章言金之还于乾体也。○紧接上章言金光既盛,则炁足以载神,神足以运炁。金水和融,而三五之变化神;坎离还返,而太阳之真炁结矣。

《阐幽》节录:

朱氏曰:还丹妙用,彻始彻终,只此金水二物。建之即为炉鼎,采之即为药物,烹之即为火候,乃至抽添运用,脱胎神化,无不在此。然学者当知所先后,未有隄防不立而得金水之用者也。必须先立隄防,牢镇六门,元炁方不外泄,真精无复走漏,自然优游入炉。隄防既立,方及临炉之用,铢两分数,纤毫不可差错;真水真金,二者须要适均。水当防其有余而泛滥,不可太过也;金当重如原初之铢两,不可不及也。二者既得其真,自有真土调和其间。盖离中纳己,其五分之水,即己土也;坎中纳戊,其五分之金,即戊土也。举金水二物,则真土在其中矣。及至戊己二土,会入中央,亦适得五分本数,三家相会,恰圆三五之数,故曰:其土遂不离,二者与之俱。○金水两弦之炁,得真土以含育之,是为三物一家,其中自生变化之状而神明不测矣。盖前后隄防既已完固,不容丝毫走漏,炉中真炁,自然发生。然后抽坎中之阳,填离中之阴,北海中太阳真火,熏蒸上腾,须臾之间,离宫真水应之。先时化为白液,后乃凝而至坚,两者交会于黄房,运旋不停,有黄舆之象,所谓婴儿姹女齐齐出,却被黄婆引入室也。然此两物未交之前,当以真意合之;两物既交之后,又当以真意守之。一点阳炁,敛入厚土中,生机转为杀机,譬若穷冬之际,万物剥落而归根,故曰:岁月将欲讫,毁性伤寿年。初时神入炁中,寂然不动,似乎槁木死灰,久之生机复转,一点真炁,希微隐约,瀚然上升,有如野马尘埃之状,故曰:形体为灰土,状若明窗尘。此为坎离始媾,大药将产之法象。○捣治并合以下,言乾坤交媾,还丹之法象也。坎离既交会于黄房,抟炼两物,并合为一,养在坤炉之中,时节一到,大药便产,所谓水乡铅,只一味是也。大药既产,即忙采取,当以真意为媒,回风混合,徐徐从坤炉升入乾鼎,方得凝而成丹,故曰:捣治并合之,持入赤色门。此二句有吸、舐、撮、闭无数作用在内。赤色门,即绛宫乾鼎是也。药既升鼎,渐凝渐结,又徐徐从乾鼎引下,送归黄庭。此时当用固济之法,深之又深,密之又密,直到虚极静笃,一点真阳之炁,方不泄漏,故曰:固塞其际会,务令致完坚。固塞之极,一阳动于九地之下,形如烈火,斩关而出,正子时一到,亟当发真火以应之,霎时乾坤阖辟,龙虎交争,便有龙吟虎啸之声,故曰:炎火张于下,龙虎声正勤。大药初生,用文火以含育之,方得升腾而出炉;大药既生,用武火以煅炼之,方得结实而归鼎。故曰:始文使可修,终竟武乃成。此中火候,不可毫发差殊。当用文而失之于猛,则火太炎矣;当用武而失之于弱,则火太冷矣。必相其宽猛之宜,调其寒温之节,方能得中,故曰:视候加谨密,审察调寒温。子时从尾间起火,应复卦,一阳初动,是为天根,直至六阳纯乎乾,动极而复静矣;午时从泥丸退火,应姤卦,一阴初静,是为月窟,直至六阴纯乎坤,静极而复动矣。故曰:周旋十二节,节尽更须亲。此乾坤大交之法象也。动静相生,循环不息,炼之又炼,日逐抽铅添汞,久之铅尽汞干,阴消阳长,方得变种性为真性,化识神为元神,阴滓尽除,则尸气灭而命根卒断,阳神成象,则凡体死而魂魄俱空,故曰:炁索命将绝,体死亡魂魄。至于伏炼久久,绝后再苏,心死神活,而鼎中之丹圆满光明,塞乎太虚矣,岂非色转更为紫,赫然称还丹乎?金丹本乾家所出,还归于乾,故称还丹。色转紫者,取水火二炁,煅炼而成也。还丹有炁无质,不啻一丸之粉,一匕之刀圭,而其变化若神已如此。从此脱胎换鼎,再造乾坤,子又生孙,神化不测,过此以往,未之或知矣,岂非粉提以一丸,刀圭最为神乎?刀者,水中金也;圭者,戊己二土也。可见彻始彻终,只取金、水、土三物变化而成还丹耳。○此章全露还丹法象,系伏食卷中大关键处。初言两物相交,则伏炁于坤炉而产药;继言一阳初动,则凝神于乾鼎而成丹。前两节总是金丹作用,后一节方是还丹作用。《入药镜》云:产在坤,种在乾。《悟真篇》云:依他坤位生成体,种在乾家交感宫。皆本诸此章。

按:六门即前后三门欤?抑六根门头欤?下云前后隄防完固,想是前后三门也。此六门如何立隄防?如何牢镇?以何物牢镇之?本文以金为隄防，金自前升降，想可隄防前三门。其后三门，金如何隄防之？后三门属水，水入而隄防之欤？然朱注内金水前交，无后三门之说，何欤？○金固难得重如本初，水何以竟能有余而防其泛滥太过欤？此泛滥之水为何物？其泛滥为何状？防之使不泛滥为何景？○前后完固，不容纤毫走漏，后三门是如何走漏？如何令不走漏？如何施工令其完固？通本注中，总不见有一字半句是后三门之功，使人大疑。盖此功极难通晓，如屯蒙升降之后，艮何以遂通于坤，交会于中黄土釜。此不可不急讲者也。离宫水应之，化为白液，凝而至坚，黄房中如何容受一至坚之物？凝之至坚，如何又能运旋不停，如舆之象？此即两弦之合体欤？○阳炁敛入厚土中，即此至坚之物欤？即下云两物并合，养在坤炉之中欤？○久之生机复转，一点真炁，瀹然上升，此便当是坤炉中产出大药，如何又总之曰此坎离始媾，大药将产之法象？岂金丹大药将产之先，又只有一点真炁，瀹然上升，不待采取之象，以引之，而后金丹乃出炉欤？此即经营鄞鄂注之先天真种子耶？然彼曰元神，此曰真炁，炁即神，神即炁耶？○此时以真意采取，徐徐上升，似直上顺景，如何有回风混合之语？虽或渐渐混合中升，亦断不是回风。《心印经》回风混合，乃百日功灵之屯蒙火候也。意此物上升时，息之有下降者在其中，亦即可目之为回风欤？然照终是误用此四字。此上升之金丹，即先之凝而至坚者欤？抑另产一物，而至坚者已销化欤？用了真铅也弃捐，则腹中尚有一弃捐之至坚一物在欤？○采取金丹，有吸、舐、撮、闭之功。屯蒙之采乌兔药物者，想不必用此，所谓以不采采不取取欤？○渐凝渐结，内有功夫否？如何是凝结光景？亦如前之白液至坚欤？○乾鼎引下，引从何处下？是顺而直下欤？此自是巽、艮、坤三卦之候。然则六百篇之相似采铅者，亦顺直内下欤？然则周流反复之转法轮，运天经，翻筋斗者是何火候欤？○送归黄庭，是头上黄庭欤？规中黄庭欤？此为顺直内下可知。○烈火斩关而出，又发何真火应之？有两火欤？此烈火内裹金丹而出，抑金丹在上，两相会合而出？○此白虎归家之象，如何又有龙吟？有两味，不只是一味欤？○此还丹升鼎，如何名曰乾坤大交？○日逐抽铅添汞，毕竟是几次？有几日？此似不应分几日做。下云伏炼久久，尚不止几日欤？○抽铅是抽之升顶，添汞是添入何处？抽之则下，铅自应尽；添之则上，汞何乃干？○绝后再苏，自是正子前混沌之境。此乾鼎中何以有绝后再苏之云？○本乾家物，还归于乾为还丹，然则在乾足矣。何以又降重楼，落黄庭，送土釜欤？○从此如何又脱胎换鼎，再造乾坤？脱胎即落黄庭欤？子又生孙，又有丹欤？

刀圭入口章第三

原本为真土造化章第十一。

子午数合三，戊己号称五。三五既和谐，八石正纲纪。呼吸相含育，伫息为夫妇。黄土金之父，流珠水之母（一作子）。水以土为鬼，土镇水不起。朱雀为火精，执平调胜负。水胜火消灭，俱死归厚土。三性既合会，本性共宗祖。巨胜尚延年，还丹可入口。金性不败朽，故为万物宝。术士伏食之，寿命得长久。土游于四季，守界定规矩。金砂入五内，雾散若风雨。熏烝达四肢，颜色悦泽好。发白更生黑，齿落出旧所。老翁复丁壮，耆妪成姹女。改形免世厄，号之曰真人。

按：此章申言还丹入口之火候也。○此处三五二字，以三与五合别为一义，终似可疑。窃意此二章申明前卷三物一家，都归戊己，三五为一，天地至精之理。上章三物相含受，此章三五既和谐，皆明明点出子午数合三。或非水一火二之说，当即承上章二者以为真、二者与之俱而言，紧串中篇一者以掩蔽。盖一生二，二生三，生二乃自其分为二者言之，一上而一下，即金水之含元于子，木火藏精于午也。生三者自其二者之交合而言之，一下而上，上下相交必于其中，杳冥恍惚之境而有其中之精与物。此上、中、下水、火、土，亦曰金、水、土之三物相含受也。分之则二，合之则三，一本函三，三乃成一，故曰一物分为二，又曰子午数合三，此造化分合之妙也。戊己号称五，即承三者之合言之，皆戊己也，皆五也，正申其土遂不离之意。盖子中坎戊月精，午中离己日光，二五配合为河图中宫，地十之本体与中间天五之真相涵，是三物之合莫非戊己之精，皆名五数之用，故承之曰三五既和谐也。八石正纲纪者，地十天五合，而一、二、三、四、六、七、八、九之周流，遂有呼吸含育之妙。顺之则一、三、七、九自子而东上，二、四、六、八自午而西下，互相包裹；

逆之则九还七返自右而上，八归六居自左而下。一、四、二、三禽聚于中而纲纪正矣。错之综之，则戴九履一，左三右七，二、四上浮，六、八下沉。莫非三五之贯穿，而纲纪正矣。即上篇上察河图文，下序地形流，中稽于人心，参同考三才之妙用也。若以八石指先天八卦药物之喻，亦无不可通。盖庚、丁、壬、辛、丙、乙、癸之循环，皆禀坎离戊己之功。故三五和而纲纪正，此变化之所以若神也。黄土，戊也；流珠，己也。戊己为真金真水之父母。真水者，离火中之真阴也；真金者，坎水中之真阳也。汞性易走，真土既合，镇摄五行，则真汞不致飞走，而能入于真金矣。金性易失，火候既调，两弦数足，则真金不失其重，而能隄防真水矣。此皆详论还丹以前戊己之妙用，以明刀圭所以是为神也。至此则金水优游，火候止足，五行真气融洽于厚土之中，故有粉提一丸之象。此三元归一，本性合会，以其本一生二乃生三，三仍归一，故曰本性共宗祖，所谓一者之掩蔽是也。真宗既合，而刀圭可以入口矣。刀圭入口，则乾体成，而不朽之金性得矣。此时有为之火候既已消灭，无为之火候为之熏烝，神息天然，不妄出入，故曰土游于四季。真息，浮游之象也；守界定规矩，不妄出入之象也。游于一为六，于二为七，于三为八，于四为九，六、七、八、九皆一、二、三、四之浑合于中五，内外为一保护精纯，所谓定息养灵胎也，故曰定。定之之久，五内熏烝，至于胎熟而真人出，则火性纯而金体圆之候也。

《阐幽》节录：

朱氏曰：丹道妙用，无过水火；水火妙用，不离戊己。大约举一即兼两，举两即兼三，会三乃归一。故水火既济，其功用全赖中央真土。坎中有戊，是为阳土；离中有己，是为阴土。在吾身为中黄真意。水火既已相济，其中一阖一辟，便有呼吸往来，呼至于根，吸至于蒂，总赖中宫真土，含藏而停育之。此呼吸非口鼻之气，乃真息也。真息往来，初无间断，自相阖辟于中土，不啻夫妇之相配偶，乃真胎也。中宫之真胎不动，而一水一火自然呼吸其中，犹太虚之真胎不动，而一日一月自然呼吸其中，岂非呼吸相含育，佇息为夫妇乎？此段直指真息为金丹之母。《南华经》云：真人之息以踵。《心印经》云：呼吸育清。《黄庭经》云：

后有密户前生门,出日入月呼吸存。皆言真息也。此处指北方正子为水,南方正午为火,以本体而言;后面指离中流珠为水,坎中金精为火,又以颠倒互用而言矣。○坎中金精,为太阳真火;离中木液,为太阴真水。离中阴水,易至泛滥,来克坎中阳火。坎中之火,乃生中央真土以制之,故曰:水以土为鬼,土镇水不起。水火相克,两下交战,全赖中央真土,调停火候,不使两家偏胜,庶几各得其平,故曰:朱雀为火精,执平调胜负。朱雀是火候之火,不可偏属两家,所以特称火精。火盛而有炎上之患,赖真水以消灭之;水盛而有泛滥之虞,又赖真土以镇伏之。火性一死,永不复燃,水性一死,永不复流,俱销归于真土之中,故曰:水盛火销灭,俱死归厚土。此言三家之逆而相克者也。三家顺而相生,须从中宫之土生起;三家逆而相克,亦从中宫之土克起。所以丹道作用,全在真意。念头起处,系人生死之根,顺之则流转不穷,逆之则轮回顿息。于此起手,即于此归根,不可不知。离中真水称一性,坎中真火称一性,中央真土独称一性。方其未归之前,强分三性;既归之后,方知三性本来只是一性。由合而分,由分而合,依然一个宗祖。紫阳所谓追二炁于黄道,会三姓于元宫是也。初云夫妇,以两性相配而言也;继云父子,言两性之所自出也;究云宗祖,乃并为一性矣。夫妇喻坎离,父母喻乾坤,是为两仪四象。宗祖喻中央祖土,便是返太极处。归根复命之妙,于此可见。○三性会合,便成金丹,吞入口中,便称伏食,迥非旁门服食之术也。戊己二土,本无定位,周流四季。木、火、金、水,无非土之疆界。作丹之时,赖此土以立中宫之基;伏丹之时,仍赖此土以定四方之界。故曰:土游于四季,守界定规矩。金砂,即还丹也,盖两物所结就者;入五内,即是入口,盖指方寸而言,非服食之邪说也。雾散若风雨以下,俱是伏丹后自然之验。

按:坎中有戊,离中有己,在吾身为中黄真意。三语究似不清。谓戊己在上下二宫,可也;谓戊己在上下二宫,往来合并于中黄,亦可也。今既谓之在坎中、离中,又名中黄真意,则戊己本宫,究竟在何处?○此真息往来之功,初下手时,便已如此。到此两弦合并结金丹时,亦不离此,此彻始彻终之道欤?○此坎中真火,离中真水之交,即金木两弦之并，亦即金水两弦之合，特多为名色，以使人迷欤？抑实有各样不同欤？○离中水何以能泛滥？何以会克坎中阳火？克火之水，岂得为真阴？受克之火，岂得为真阳？○如何调停不使偏胜，此殊不自然，似有勉强之功。何金丹将产之时，乃有此等不自然之功候？○金丹吞入口中，即入无内方寸，不是饮食口（下缺）。

终始相因章第四

前十四句原本为旁门无功章第廿三，后八句原本在同类相从第十二章之首。

世人好小术，不审道浅深。弃正从邪径，欲速阂不通。犹盲者不任杖，聋者听宫商。没水捕雉兔，登山索鱼龙。植麦欲获黍，运规以求方。竭力劳精神，终年无见功。欲知伏食法，事约而不烦。胡粉投火中，色坏还为铅。冰雪得温汤，解释成太元。金以砂为主，禀和于水银。变化由其真，终始自相因。

按：此下二章承上三章而咏叹之也。此章言金性所以变化相因之理，由于得其真而不俟他求。伏之义也。小术邪径，则他求之患矣。

《阐幽》节录①：

朱氏曰：此章决言旁门之无功也。学道者，先要知道之与术，天渊迥别。性命全修，复归无极，谓之大道。一机一诀，自救不了，谓之小术。金丹大道，难遇易成，一切旁门小术，易遇难成。奈何世间愚民，胸中茅塞，既不辨浅深，眼孔模糊，又不识邪正，往往背明投暗，弃正从邪，本求欲速见功，反致阂绝不通，永断人道之路，岂不哀哉？不知先天性命，超出形器之表，却妄认后天精炁，身中摸索，茫无影响，随人颠倒，毫无决择，此犹盲者之无拄杖，聋者之听宫商也；不悟先天阴阳，自家同类之物，却猜做世间男女，向外采取，流于淫邪，伤生败德，莫此为甚，此犹人水而捕雉兔，登山而索鱼龙也；不思先天铅汞，本来无质无形，却去烧茅弄火，干汞点铜，诳惑凡愚，败身亡家，此犹种麦而转思获稻，运规而妄意求方也。此等旁门，费尽一生精力，穷年卒岁，到老无成，却谤祖师

---

① 此处《阐幽》原本有脱文，今据《阐幽》注文补上。

妄语。不知金丹伏食之法，至简至要，有作以原其始，无为以要其终，与天地造化同一功用，虽愚昧小人得之，立跻圣位，岂可与旁门小术同日而论哉！〇以上举旁门之非，特识其大略耳。究而论之，禅家有九十六种外道，元教有三千六百旁门，千差万别，不可殚述，所以正阳祖师有《正道歌》、翠虚真人有《罗浮吟》，以至李清庵之《九品说》，陈观吾之《判惑歌》，皆历数旁门外道之差，以觉悟世人聋瞽。惜乎世人不悟，仍旧谬种传流，有增无减，良可悲也。〇此章言同类相从，方称伏食。而外炼者，失其真也。此节正言水火同类，相变化而成丹也。何为同类？人但知坎为水，不知坎中一阳，本从乾家来，正是太阳真火，阳与阳为同类，故坎中真火，恒欲炎上以还乾；人但知离为火，不知离中一阴，本从坤宫来，正是太阴真水，阴与阴同类，故离中真水，恒欲就下以还坤。此即大易水流湿，火就燥，本乎天者亲上，本乎地者亲下，各从其类之义也。魏公先以世间法喻之：如胡粉本是黑铅烧就，一见火则当下还复为铅；冰雪本是寒水结成，一见汤则立刻解释成水。可见火还归火，水还归水，本性断不可违矣。炼金丹者，只取一味水中之金。水中之金即命蒂也，本来原出于乾性，自乾破为离，离为性根，中有真阴，得南方火炁，砂之象也。学人欲了命宗，必须以性为主，故曰金以砂为主。而此离中砂性，得火则飞，未易降伏，仍赖北方水中之金以制之。学人欲了性宗，必须以命为基，故曰禀和于水银。要知砂与水银，原是一体同出而异名者也。其初原从一体变化而成两物，其究还须从两物变化而归一体。只此真阴真阳，同类交感，相因为用而已，故曰：变化由其真，终始自相因。变化之法，不过流戊就己，颠倒主宾，使后天坎离，还复先天乾坤耳。张紫阳云：阴阳得类方交感，二八相当自合亲。此之谓也。

交感自然章第五

前十句原本为二炁感化章第二十一，后十六句连下章前十二句，原本为还丹名义章第十五。

阳燧以取火，非日不生光。方诸非星月，安能得水浆？二气元且远，感化尚相通。何况近存身，切在于心胸。阴阳配日月，水火为效征。推演五行数，较约而不烦。举水以激火，奄然灭光荣。日月相薄蚀，常存晦朔间。水盛坎侵阳,火衰离昼昏。阴阳相饮食,交感道自然。名者以定情,字者缘性言。金来归性初,乃得称还丹。吾不敢虚说,放效圣人文。

按:此章言金性所以感化相通之道,在于得其自然,而不可强致食之义也。激灭薄蚀,则强致之患矣。○又按:日月者,坎离之性;水火者,坎离之情。性之相得,以情之相感为效征;情定而性归,此吾身真阴真阳也。阴阳和而五行合,非可相激相侵以强求其合也。名者,即龙呼虎吸之主客二名;字者,即日月为易之推类结字。龙虎呼吸以定金木之情,日月施吐以复坎离之性,皆交感自然之道,而金所以归乾也。此二章皆举约而不烦之语,重言以咏叹之。末二句,又总言上数章,皆推仿圣人《易》中之理,而非一切炉火虚诞之说,与上章《火记》不虚作,演《易》以明之二句相应,所以深明其相类之意也。

《阐幽》节录:

朱氏曰:先天无形之水火,主相济为用;后天有形之水火,便主相激为仇。晦朔之间,日月合璧,水火互藏,一点太阳真火沉在北海极底,邵子所谓日入地中,媾精之象也。在丹道,为坎离会合,一阳初动之时。此时当温养潜龙,勿可轻用,直到阳光透出地上,方才大明中天。若真阳不能作主,陷在阴中,无由出炉,即是北方寒水过盛,浸灭太阳之象。真火既为寒水所浸,日光便受重阴掩抑,正当中天阳盛之时,奄奄衰弱,昏然而无光矣,故曰:水盛坎侵阳,火衰离昼昏。水火均平,方得交济为用,一或偏胜,便致薄蚀为灾。虽然此特言其变耳。若水不过盛,火不过衰,日以施德,月以舒光,水火自然之性情,即阴阳交感之常道,薄蚀灾变何自而生?故云薄蚀。阴阳循其自然,故云饮食。盖以造化日月之合,有常有变,喻身中坎离之交,有得有失,不可不慎密也。○金返归性,乃还丹之了义。丹道以水火为体,金木为用。关尹子曰:金木者,水火之交是也。金木虽分两物,究其根原,只一金性。乾中之金,变而成坎,便是性转为情,一转则无所不转,轮回颠倒,只在目前,所谓顺去生人、生物者也;坎中真金,还而归乾,便是情返为性,一返则无所不返,坚固圆常,顿超无漏,所谓逆来成圣、成仙也。学者能于感而遂通之后,弗失其寂然不动之初,而丹乃可还矣,故曰:金来归性初,乃得称还丹。此两句不特为一部《参同契》关键,且能贯穿万典千经。《圆觉经》云:既已成金,不重为矿。经无穷时,金性不坏。吕纯阳云:金为浮来方见性,木因沉后始知心。可见三藏梵典,只发挥得金性二字;万卷丹经,只证明得还丹二字。且更兼质之羲《易》,若合符节,可以豁然矣。

《火记》源流章第六

前十二句原本在第十五章还丹名义之末,《火记》以下,原本在第十三章祖述三圣之末。

古记题龙虎,黄帝美金华。淮南炼秋石,玉阳加黄芽。贤者能持行,不肖毋与俱。古今道由一,对谈吐所谋。学者加勉力,留念深思惟。至要言甚露,昭昭不我欺。《火记》六百篇,所趣等不殊。文字郑重说,世人不熟思。寻度其源流,幽明本共居。窃待贤者谈,曷敢轻为书。结舌欲不语,绝道获罪诛。写情寄竹帛,又恐泄天符。犹豫增叹息,俛仰缀斯愚。陶冶有法度,安能悉陈敷。略述其纪纲,枝条见扶疏。

按:此章重言《火记》之源流,当熟思而慎行之,不可忽也。○此篇首章重提《火记》不虚作,演《易》以明之二句,以下数章皆《火记》之秘。凡古今圣贤诸说至要之道,无不皆同。故又郑重再提,极言其源流,所趣并无二致,以深致其反复之意。幽明共居,即神、炁、精三者,同行同住之意。又火药原来一处居之旨,亦同。陶冶有法度,即所谓大易情性,各如其度,得其度则相类相契,而所趣不殊矣。六百,殆六十卦之引伸,即所谓演《易》者与?

《阐幽》节录:

朱氏曰:六十四卦,除去乾、坤、坎、离四卦,应炉鼎药物,其余一日两卦,朝屯暮蒙,一月三十日,准六十卦,十月三百日,便准六百卦。究竟簇年归月,簇月归日,簇日归时,火候工夫只在一刻。文虽郑重,旨趣不殊,非果有六百篇《火记》也。奈世人不能究其源流之所在。倘能究之,只此一坎一离,月幽日明,同类共居。日月为易,通乎昼夜,便是无上至真妙道。

外药旁门章第七

前二十六句原本在火动不润下句之下,并在第十二章同类相从内。若药物非种以下,原本在三十章阴阳交感之末。

世间多学士,高妙负良材。邂逅不遭值,耗火亡货财。据按依文说,妄以意为之。端绪无因缘,度量失操持。捣治羌石胆,云母及矾磁。硫磺烧豫章,泥汞相炼飞。鼓铸五石铜,以之为辅枢。杂性不同种,安肯合体居。千举必万败,欲黜反成痴。稚年至白首,中道生狐疑。背道守迷路,出正入邪蹊。管窥不广见,难以揆方来。侥幸讫不遇,圣人独知之。欲作伏食仙,宜以同类者。植禾当以谷,覆鸡用其卵。以类辅自然,物成易陶冶。鱼目岂为珠,蓬蒿不成槚。类同者相从,事乖不成宝。是以燕雀不生凤,狐兔不乳马,水流不炎上,火动不润下。若药物非种,名类不同。分剂参差,失其纪纲。虽黄帝临炉,太乙降坐,八公捣炼,淮南执火,立宇崇坛,玉为阶陛,麟脯凤腊,把籍长跪,祝祷神祇,请哀诸鬼,沐浴斋戒,妄有所冀。亦犹和胶补釜,以硇涂疮,去冷加冰,除热用汤,飞龟舞蛇,愈见乖张。

按:此章详言外药旁门之失,以见其与大易情性之度不相类也。炉火之说,旁门尤为最多,故反覆再三,极言其乖张,所以警后学者,至矣。

《阐幽》节录:

朱氏曰:伏食之法,只取砂与水银二物,变化成丹。金以制砂,其义为伏;吞入五内,其义为食。非伏食无由作仙,非同类之物,无由取以伏食。一坎一离,所以各从其类,砂与水银之所以变化而成丹也。○盖大道不离阴阳,阴阳只是性命,同出而异名,本无二道。在羲皇之《易》为一坎一离,老子之《经》即一无一有,向上直截根源,片言可了。只因后来丹经子书,多方曲喻,以致流入旁门外道。非惑于采补,即惑于烧炼。又有见理稍明,立志稍正者,幸不堕两种邪术,转而求之身心。却不知身非四大之身,乃真空中妙有也;心非肉团之心,乃妙有中真空也。身心一如,浑合无间,强名曰丹。奈学人昧于大道,未免妄认四大假合为身,肉团缘影为心。著妄身者,往往守定,搬精运气,偏于有作,病在心外觅身,而不知真空之即身,并其所守之身亦非矣;着幻心者,往往坚执坐禅入定，偏于无为，病在身外觅心，而不知妙有之即心，并其所执之心亦伪矣。不知修命而不了性，寿同天地，只一愚夫；修性而不了命，万劫阴灵，终难入圣。矧妄身、幻心，并其一物，而亦非者乎。大抵各执一家，不参同类，皆所谓偏阴偏阳之疾，非一阴一阳之大道也。魏公作《参同契》一书，究大易之性情，假炉火之法象，印黄老之宗旨，无非吐露同出异名之两物，使大地众生皆得以尽性致命，直超彼岸耳。

末章总结

上节原本为伏食成功章三十一，乱辞原本为火候全功章三十三。服炼九鼎而句，原本在怀元抱真句下。以意参焉下，原有勤而行之十四句。

惟昔圣贤，怀元抱真。含精养神，通德三元（一作光）。精溢腠理，筋骨致坚。众邪辟除，正气常存。服炼九鼎，化迹隐沦。积累长久，变形而仙。忧悯后生，好道之伦。随傍风采，指画古文。著为图籍，开示后昆。露见枝条，隐藏本根。托号诸名，覆冒众文。学者得之，韫椟终身。子继父业，孙踵祖先。传世迷惑，竟无见闻。遂使宦者不仕，农夫失芸，商人弃货，志士家贫。吾甚伤之，定录斯文。字约易思，事省不烦。披列其条，实核可观。分两有数，因而相循。故为乱辞，孔窍其门。智者审思，以意参焉。

按：此章上节覆述作书之意，总结全篇，以见二家之根本于心易，学者不可于自身之外求也。○首句惟昔圣贤，但指黄老、伏食二家而言；通德三元者，养性无为之功也；服炼九鼎者，伏食有为之功也。二者兼尽，由是而化迹隐沦，以炼其虚，则累积长久，变形而仙。若面壁九年之类，即前卷末章能存能亡，长乐无忧之义也。于是忧悯好道之士，著书立说，以养性伏食之功开示后人，然皆大易之枝条。盖以易道本根，本微妙而难识，故隐藏于内，托号种种异名，使人有所仿而求之。实皆覆冒于三圣人文字之中，乃学者不知其本于《易》，舍身心自有之物，而求之于外。故今定录此书，约而不烦，使人深思二家之说，知其皆本于《易》，则三道合而为一，如条之本于根，根之本于实，实之本于核。一披列其枝条，而其实核可以观矣。得其实核，则两家无为、有为之功候，皆有分两之数，井井可循，而大易情性之各如其度者在是焉。此鼎炉火候之所以不可不知也。因复为乱辞，总发二家之孔窍。智者以意参之，知其有类于《易》则几矣。

《阐幽》节录：

朱氏曰：古圣著书觉世，秘母言子，露其枝条，藏其本根，若三盗五贼、元牝橐籥之类，并龙虎、黄芽、金华，种种异名，是谓托号诸名，覆谬众文。欲学者反覆研穷，得意而忘象耳。惜迷惑者多，了悟者少，既不识自己家珍，贫困何时得了？是犹宦者不仕，农夫失耘，商贾之人自弃其货，而志士长苦于家贫矣。此如《楞严》衣中系宝珠，不自知觉，求乞他方之喻也。〇披列其条者，一道分为三家，即露见枝条之意也；核实可观者，三家本来一道，既隐藏本根之意也。明眼之士，反覆参究，得其孔窍之所在，方知大道只在眼前，柜中之藏，人人具足，无有富者，亦无有贫者。而《参同》一书，较之《阴符》、《道德》，尤为踵事而加详矣。

四象归根章注

象彼仲冬节，草木皆摧伤。佐阳诘商旅，人君深自藏。象时顺节令，闭口不用谈。天道甚浩荡，太元无形容。虚寂不可睹，匡廓以消亡。谬误失事绪，言还自败伤。别序斯四象，以晓后生盲。

朱氏曰：此章言四象混合，复归无极，直示人以无上至真之道也。世人但知后天四象，不知有先天四象。乾、坤、坎、离，便是后天四象；四者混沌，复返虚无，方是先天四象。后天四象，有形有名，言之可得而尽也，正所谓枝茎华叶也；先天四象，无形无名，言之所不得而尽也，正所谓根株也。一部《参同契》，处处发挥乾、坤、坎、离，几于尽言尽意矣。魏公恐人登枝亡本，故于篇末，特示人以无文之言，无象之意，从上章正在根株，不失其素来。盖世间一切草木，枝茎长于初春，花叶敷于盛夏，果实结于正秋，三者虽具，尚未归根。直到仲冬之时，天地闭塞，重阴冱寒，所有枝茎花果之类，剥落无余，但剩一根株耳。在造化为藏用之会，在吾身即归根复命之时也，故曰：象彼仲冬节，草木皆摧伤。一阳初动，万物未生，虽动而未离乎静，邵子所谓一动一静之间，天地人之至妙至妙者也。此时一点天地之心，深藏九渊，关键牢密，内者不出，外者不入,即至日闭关,商旅不行,后不省方之象,故曰:佐阳诘商旅,人君深自藏。商旅驰逐喜动,喻耳目之发用;人君端拱无为,喻真人之退藏。真人潜处深渊,不出不入,一切驰求之念,永息而不复起,若商旅之被诘,而不敢行矣。闭关之象,所以应冬至之时,虽动而不离乎静,顺其节令之自然也。此时但当闭塞其兑,抱一守中,岂可犯多言数穷之戒乎?故曰:象时顺节令,闭口不用谈。金丹大道,与天道同其造化,天道有元亨利贞,循环无端,浩浩渊渊,莫可穷究。元亨主发育,为造化之出机,所谓显诸仁者也;利贞主归藏,为造化之入机,所谓藏诸用也。当其归藏之时,上无复色,下无复渊,迎之无首,随之无尾,所谓玄冥难测,不可画图者也,故曰:天道甚浩荡,太玄无形容。天地为太虚之真胎,日月为太虚之真息,时当仲冬亥子之交,天地媾精,日月撑持,日月之真息,藏于天地真胎中,不可见,不可闻,璇玑停轮,复返混沌。此时,也无天,也无地,也无日,也无月,也无乾坤门户,也无坎离匡廓,消归一片太虚,是为真空,是为妙有,是为羲皇未画之《易》,是为老子无名之道,是为天之载无声无臭,是为威音以前本来面目,故曰:虚寂不可睹,匡廓以消亡。夫混沌中之天地,即一乾一坤也;混沌中之日月,即一坎一离也。无象之象,乃是真象;无言之言,乃是至言。明眼者,从此参取先天心易,直可不设一象,不烦一言矣。然此道惟上根利器,触着便会,其余中下之流,但知有象之《易》,岂知无象之《易》乎?但知有形有名之乾、坤、坎、离,岂知无形无名之乾、坤、坎、离乎?若闭口不谈,诚恐笼统颟顸,以致差别未明,作用未究,令后学一切谬误,何所证据?若妄生支节,又恐头上安头,骑驴觅驴,令后学一切穿凿,未免反伤其根本,故曰:谬误失事绪,言还自败伤。于此反覆思惟,不得已而篇分三段,段分各章,分别而次序之曰:此乾坤门户也,此坎离匡廓也,此乾坤炉鼎也,此坎离药物也,此所谓大易性情也。会而通之,则黄老之所养,亦此乾、坤、坎、离也;炉火之所炼,亦此乾、坤、坎、离也。无非为盲夫指路,费尽周折,若为明眼者说,不烦种种分别矣,故曰:别序斯四象,以晓后生盲。然既云四象,即非根株矣;既云别序,即是根株之破而为枝茎花叶矣。岂若混沌忘言之为?至妙至妙哉。○又曰:此章是《参同契》中最后丁宁之辞,极为吃紧。盖《参同契》全文,无处不发明四象,然四象既有形有名,已落第二义。恐后学采其枝叶,忘其根本,先天心易,几乎息矣。故于绝笔之余,直指混沌归根,最上一乘之道,盖遡四象而归两仪,遡两仪而归太极,即太极而返无极也。或云太元,或云虚寂,或云深藏,或云匡廓消亡,层见迭出,总是发明返本还原,未生以前消息。得此消息,方知笔未下时,原有一部《参同契》在天地间。乾、坤、坎、离触处,昭布森列,开眼即见,闭眼亦未尝不见,倾耳即闻,塞耳亦未尝不闻。《道德经》所谓有物混成,先天地生者此也;《系辞传》所谓神无方而易无体者此也;邵子所谓画前原有易者此也;周子所谓太极本无极者此也。孔子一生删定赞修,不遗余力,却云:予欲无言,天何言哉?岂非言还自败伤之旨乎?释迦说法四十九年,却云并未曾说一字,末了传衣,只传得一个拈花公案,岂非闭口不用谈之意乎?又何疑于《参同契》乎?

按:朱氏此书三十六章,分为三篇:上篇十五章,中篇十六章,下篇五章。下篇一名《三相类》,又名《补塞遗脱》。以《鼎器歌》为鼎炉妙用章第三十二,《法象歌》为火候全功章第三十三,以《参同契》者及大易情性两节为三道由一章第三十四,以此象彼仲冬节十四句为四象归根章第三十五,而终以邻国鄙夫章为自叙启后第三十六。故此章之注,承上三十四章正在根株,不失其素之意,直指最上一乘,名之曰四象归根,为全书之归宿,可谓发尽天机,直返到乾坤大混沌无极之始。非但本文象彼仲冬节之义,及一动一静之间,天地媾精,日月撑持之义而已也。但兹本既以辞韵音节移入《三相类》上篇河图四象章,另为一义。故以此注附于末章总结,隐寓其意于化迹隐沦二句,及前三篇总结能存能亡之内。辞虽不同,而意似相通,求其理而不泥其文可也。

《周易参同契集韵》后卷末

临川纪大奎向辰 辑订

胞侄纪应鈫 校字

定州杨照藜素园 校刊

法象歌

原本为火候全功章第三十三。〇按:治之如上科六句,疑在交积相支拄句下。

　　法象莫大乎天地兮，元沟数万里。河鼓临星纪兮，人民皆惊骇。晷影妄前却兮，九年被凶咎。皇上览视之兮，王者退自改（俞氏本作自后）。关键有低昂兮，周炁遂奔走（朱子改作害炁，诸本从之。俞氏作周天，今应从旧本。）。江淮之枯竭兮（俞氏作江河无枯竭），水流注于海。天地之雌雄兮，徘徊子与午。寅申阴阳祖兮，出入复终始（俞氏作终复始）。循斗而招摇兮，执衡定元纪。升熬于甑山兮，炎火张设下（俞作于下）。白虎倡导前兮，苍液和于后（俞作苍龙）。朱雀翱翔戏兮，飞扬色五彩。遭遇罗网施兮，压之不得举。嗷嗷声甚悲兮，婴儿之慕母。颠倒就汤镬兮，摧折伤毛羽。漏刻未过半兮，龙鳞狎鬣起（狎，俞作甲。）。五色象炫耀兮，变化无常主。潏潏鼎沸驰兮，暴涌不休止。接连重叠累兮，犬牙相错距。形似仲冬冰兮，阑干吐钟乳。崔嵬而杂厕兮，交积相支拄。阴阳得其配兮，淡泊而相守。青龙处房六兮，春华震东卯。白虎在昂七兮，秋芒兑西酉。朱雀在张二兮，正阳离南午。三者俱来朝兮，家属为亲侣。本之但二物兮，末乃为三五。三五并为一兮（俞作危一），都集归一所。治之如上科兮，日数亦取甫。先白而后黄兮，赤色达表里。名曰第一鼎兮，食如大黍米。自然之所为兮，非有邪伪道。山泽气相蒸兮（俞氏作若山泽气蒸兮），兴云而为雨。泥竭遂成尘兮，火灭化为土。若蘖染为黄兮，似蓝成绿组。皮革煮成胶兮，曲蘖化为酒。同类易施工兮，非种难为巧。惟斯之妙术兮，审谛不诳语。传与亿世后兮，昭然自可考。焕若星经汉兮，昺如水宗海。思之务令熟兮，反覆视上下。千周灿彬彬兮，万遍将可睹。神明忽告人兮，心灵乍自悟。探端索其绪兮，必得其门户。天道无适莫兮，常传于贤者。

　　按：此歌即所谓乱辞也。总括炉火之妙用，孔窍其门户，使人探端索绪，以必得之。其示人之意切矣。○又按：河鼓本在星纪，而曰临星纪者，以地上之丑位而言，此开路生光之时也。关键低昂，殆即丑之大旨，结正低昂之意。下子、午、寅、申，举丑未前后之位，由此出入卯酉之间，终始巳亥之际，招摇辰戌之府，十二纪之功候定于此矣。

　　《阐幽》节录：

朱氏曰：此章以周天法象，喻火候之全功。○法象十二句，言火候之功，效法天地，不可不戒慎也。天之极上处，距地之极下处，八万四千里，天中河汉为元沟，起自丑寅尾箕之间，直到午未星柳之分，界断天盘，不知其几万里。以吾身拟之，天关地轴，相去亦八万四千里，中间即是元沟，界断上下，有金木间隔之象，故曰：法象莫大乎天地兮，元沟数万里。河鼓正枕天河，星纪丑位，即河汉所经也。河鼓越次临于星纪，则是河汉之内，星宿错乱，水害将兴，吾身子丑正交，正当阳火发生之地，若时未到而妄动，则周身精气奔驰，百脉俱乱，岂非人民惊骇之象乎？进火为前，退火为却，不当前而妄前，不当却而妄却，非太过即不及，即如二至二分，不应漏刻而召水旱之灾矣。据上文，河鼓临星纪是进火失度，以致水灾，尧有九年之水，故曰九年被凶咎。九年正应九转法象。进火失度，一转既差，九转俱失。退自改者，改其前却之失，而进退合度也。皇上喻先天之性，王者喻后天之心，其体则一，其用则二。盖性主无为，寂然不动，安处神室；心主有作，感而即通，斡运天经。如此则火候之进退，罔不中节矣。天道关键，全在南北二极，北极出地三十六度，南极入地三十六度，一低一昂之象，周天璇玑，昼夜不停，二极虽主运旋，而常不离其所，是以经纬顺序，害炁不生。吾身天关地轴，一低一昂，正应南北二极，运火之时，须要关键牢密，是为天关在手，地轴形心，到此周身阴气自然剥落无余矣，故曰：关键有低昂兮，害气遂奔走。天一生水，弥漫大地，赖有巨海，为之归宿。凡人一身内外，莫非阴滓，即众水所流注也。昆仑之巅，有元海焉，为众水之所朝宗。惟南北二极，关键既密，促百脉以归元，自然炁归元海，若江淮之朝宗于海，而不至泛滥矣。此段一得一失，乃通章挈领处。○天地之雌雄六句，言坎离交姤，配合之法象也。子午二候，一阴一阳，南北互为纲纪，正水火交会之地，日月到此，必徘徊而不遽进退。所以太阳中天，古人谓之停午，即徘徊之意也。丹道水火升降，只在子午二候。坎中真火上升，一阳初复，阳炁尚微，宜闭关以养潜龙之萌；离中真水下降，一阴来姤，阴炁初萌，宜系柅以防履霜之渐。造化之妙，全在午后子前，亦当以真意徘徊其间，故曰：天地之雌雄兮，徘徊子与午。阳火虽胎在子，到寅方生；阴水虽胎在午，到申方生。可见寅申是阴阳之祖乡，造化出入之门户也。丹道亦然，坎中一阳，虽复于子，直到寅位，真火才得出地；离中一阴，虽姤于午，直到申位，真水才得长生。一出一入，终而复始，方见真阴真阳，同出异名之宗祖，故曰：寅申阴阳祖兮，出入复终始。招摇一星，在梗河之北，有芒角，动主兵革。北斗第五星，名衡，即斗杓也。招摇本欲妄动，惟循斗杓而动，则动必应时，不失其纪。丹道法天，全仗天心斡运，斗柄推迁，天心居北极之中，兀然不动，惟视斗杓所指。斗杓指于子午，则水火为之徘徊；指于寅申，则金木于是交并。亦犹招摇之循斗而动，以定周天之纲纪也，故曰：循斗而招摇兮，执衡定元纪。此段言水火之所以交，金木之所以并，全仗斗柄斡旋。盖坎离交姤之初功也，坎离配合，真种乃生，至一阳初动，斗柄建子，然后可加烹炼之功矣。○升熬于甑山廿六句，言乾坤交姤，煅炼之法象也。前面坎离交姤，真种已生，再加配合之功，金丹大药，养在坤炉中，故谓之熬，即上篇所谓熬枢也。炉中温养已足，一阳初动，正子时到，急发火以应之，必须猛烹极炼，加以吸、舐、撮、闭之功，逼出炉中金液，令之上升，趁此火力，驾动河车，自尾闾穴逆流上昆仑顶，有升熬甑山之象。《翠虚篇》云：子时气到尾闾关，夹脊河车透甑山。此之谓也。西方金精为白虎，东方木液为苍龙，龙阳主倡，虎阴主和，今者虎转在前作倡，龙转在后作和，此皆五行逆旋，阴阳颠倒之象，故曰：白虎倡导前兮，苍液和于后。此乃大交时，塞兑闭户，吹音吸神作用，与前面坎离交姤迥别，细辨之。朱雀是南方火精，位镇离宫，即上文所谓炎火也，其性飞扬不定，一遇前尘幻色相感，即翱翔而去，不可控制。惟一见北方元武，方才束手受制。乾坤交姤之时，火从下升，水从上降，元武擒定朱雀，互相钤束，抵死不放，如遭罗网压住，不能举翼矣。火本炎上之物，一时被水压住，其性情急欲升腾，有如失母婴儿，悲鸣哀慕。火腾水降，主宾颠倒，朱雀之与元武相吞相？，一时闭在鼎中，无由复出，譬若毛羽摧折，永不复飞扬矣。水火既相擒制，龙虎亦必降伏，金、木、水、火四象，攒聚鼎中，固济不泄，只消片刻之间，结而成丹。鼎中既备五行之炁，变化自生，如神龙行空，鳞动鬣扬，五色炫耀，变化之象，不可名状，故曰：漏刻未过半兮，龙鳞狎鬣起。五色象炫耀兮,变化无常主。当其升熬于鼎之际,龙争虎斗,撼动乾坤,霎时金晶贯顶,银浪滔天,若甑中蒸饭将熟,鼎内之水百沸不休,滂沱四涌,故曰:滴滴鼎沸驰兮,暴涌不休止。正当沸驰不止,再加火力以足之,接连重叠,相继熏烝,直到火足气圆,鼎中真炁,自然绸缊充满,若犬牙之相错矣,故曰:接连重叠累兮,犬牙相错距。交姤既毕,金鼎汤温,玉炉火散,一点落于黄庭,先液而后凝,渐凝渐结,凝而至坚,有如仲冬之冰,又如阑干石中迸出钟乳,故曰:形似仲冬冰兮,阑干吐钟乳。鼎中真液,一炁循环,轻清者凝于泥丸,重浊者归于炁穴,有崔巍杂厕之象,真种既凝,无质生质,有交积支拄之象,故曰:崔巍而杂厕兮,交积相支拄。以上俱一时得药成丹法象。盖因乾坤大交之时,真阴真阳,匹配无差,故有如上之证验也。从此罢战守城,全用文火,勿忘勿助,静守中黄,所谓送归土釜牢封固是也(按:朱氏本首诗注内,此句是金丹时事,此殆可以通看耳。),故曰:阴阳得其配兮,淡泊而相守。此段是乾坤交姤一时事,前面言煅炼之法,中间言结聚之象,末了言温养之功,乃是通章关键处。○青龙处房六至食如大黍米十八句,言四象五行并而归一,乃结丹之法象也。前面大交之时,青龙、白虎、朱雀三家,俱颠倒逆旋,此则复还其本位矣。东方数应八,而云房六者,木生在亥,木液原从坎水中流出,即《入药镜》所云铅龙也;西方数应九,而云昴七者,金生在巳,金精原从离火中煅出,即《入药镜》所谓汞虎也。交会之时,一东、一西、一南,俱来朝拱天心北极,三家会成一家,异骨成亲,忻乐太平,故曰:三者俱来朝兮,家属为亲侣。此处木、金、火三象,正与前段相应。前后俱不及元武者,盖元武本位在北,上直斗枢,三者既朝拱北极,则元武在其中矣。即中篇九还七返、八归六居之意也。本是真阴真阳相配,然一龙一虎并南方之火,便成三家,木与火为侣,金与水为朋,并中央之土,便成五行。究其根株,只是两物,化出枝条,故曰:本之但二物兮,末乃为三五。其初自本而之末,原从一个根株上化出,一分为二,二分为三,三分为五,是谓常道之顺;其究自末而返本,还从一个根株收来,五返为三,三返为二,二返为一,是为丹道之逆。故曰:三五并为一兮,都集归一所。并为一者,一是先天一炁,指真种也。归一所者,所是中央正位,指黄庭也。三五为一,乃是从上圣师,心心相印,如科条之不可违,依此修治,决定成丹。但非一日之功,日积月累,方得成就,仍取第一转时,最初一点真种为根基,故曰:治之如上科兮,日数亦取甫。日数者,三载伏食之功;甫者,始也,指第一转起手处。丹之初结,本是乾金,更加种在乾宫,其色纯白,及至落到黄庭,送归土釜,以坤母之气含育之,渐渐变成黄色,彻始彻终,取南方离火煅炼而成,其色赫然而赤,乃称还丹,故曰:先白而后黄兮,赤色达表里。丹以一转应一鼎,九鼎应九转,然一转之中即具九转,故九鼎之功,全在第一鼎。乾坤交姤之后,加以沐浴温养,鼎中黍珠自结矣。《度人经》云:元始悬一宝珠,大如黍米,在空元之中,天人仰看,惟见勃勃从珠口中入。即此旨也。故曰:名曰第一鼎兮,食如大黍米。此段言四象五行,并而归一,乃结丹之证验。○自然之所为十二句,言还丹成功,本出自然之道也。如上交姤结丹,一切作用,总是真阴真阳自相匹配,以返我先天虚无一炁耳。虽云有作,实则无为,俱出天机自然,即太上所谓道法自然也。丹道成功之由,只在自然二字,其自然之妙,又只在同类二字。惟真种本来同类,故交感出于自然,不可不知。○惟斯之妙术至末,乃通章之结尾也。火候之秘,备载此书。在天应星,如众星之经历河汉;在地应潮,如众水之朝宗大海。毫发不差,涓滴无漏。学者不但口诵,须要心惟;不但心惟,须要身体。身中阳火阴符,时时周流反覆,刻刻升降上下,惟不视以目而视以神,斯得之矣。上下反覆,循环不停,始于一周,究竟直到千周;始于一遍,究竟直到万遍。所谓常转如是,经千百亿卷,非但一卷、两卷是也。千周万遍之余,心灵忽尔开悟,慧性自然朗彻,世出、世间之事,无不洞明,若鬼神之来告矣。金丹大道,有端有绪,有门有户,真阴真阳,同类相感,此其端绪也;坎离会而产药,乾坤交而结丹,一内一外,两般作用,此其门户也。后学能探之索之,端绪既得,庶可以窥大道之门户矣。此事本人人具足,个个圆成。然大道择人而授,必也忠孝净明,仁慈刚直之士,更能割舍世间恩爱,摆脱一切尘劳,才承当得此道起。所谓有圣贤之心,方可行神仙之事也,故曰:天道无适莫兮,常传于贤者。

鼎器歌

原本为鼎炉妙用章第三十二。朱子本无始七十四句、善爱敬二句、刀圭沾四句，齐三作三齐，七聚作七窍，复幽元，复作极。寸一，俞氏作径一，齐三作齐正，瞻作赡。

圆三五，寸一分。口四八，两寸唇。长尺二，厚薄均。腹齐三，坐垂温。阴在上，阳下奔。首尾武，中间文。始七十，终三旬。二百六，善调匀。阴火白，黄芽铅。两七聚，辅翼人。瞻理脑，定升玄。子处中，得安存。来去游，不出门。渐成大，情性纯。却归一，还本原。善爱敬，如君臣。至一周，甚辛勤。密防护，莫迷昏。途路远，复幽玄。若达此，会乾坤。刀圭沾，净魄魂。得长生，居仙村。乐道者，寻其根。审五行，定铢分。谛思之，不须论。深藏守，莫传文。御白鹤，驾龙鳞。游太虚，谒仙君。录天图，号真人。

按：此后人附跋，误并入本书，姑存之。始七十，终三旬，似言亥、子、丑之候；二百六，善调匀，似言寅至戌之候。七十者，兼寅初之候与？或以九六策数言，皆约略成数与？附考。

《阐幽》节录：

朱氏曰：此章虽言鼎炉妙用，而药物火候已在其中，乃《参同契》全文之总结也。○圆三五六句，显鼎炉之法象也。鼎炉之用有二：以金丹言之，离之匡廓为悬胎鼎，坎之匡廓为偃月炉，中宫神室乃是人位，此小鼎炉之法象也；以还丹言之，乾位居上为鼎，所以结丹，坤位居下为炉，所以产药，中宫黄庭乃是人位，此大鼎炉之法象也。大约各有上、中、下三层，以应天、地、人三才。鼎炉既立，两仪、四象、五行、八卦，以至十二辰、二十八宿，周天三百六十五度，无不出其中矣。河图以圆象天，圆陀之义也。三五环绕，同归中央。中央虚位，不过径寸，是天心所居之室，即在此径寸中，分出一乾一坤，邵子所谓天向一中分造化也，故曰：圆三五，寸一分。方以象地，方寸之义也。方者，径一而围四，本之洛书，洛书有四正四隅，东、南、西、北为四正，东南、西南、东北、西北为四隅。四正，即四象也。四正兼四隅，即八卦也；子午中分南北，即两仪也。方寸中开窍处，有口之象；上下两釜分界处，有唇之象。四象八卦，环布四周，应造化之四时八节；乾上坤下，平分两仪，应造化之南北二极，即一中之所分出也。故曰：口四八，两寸唇。两仪既分，从子到巳为六阳，应造化之春夏，是为进火之候；从午讫亥为六阴，应造化之秋冬，是为退火之候。一岁之候，即一月之候，一月之候，即一日之候，刚柔不偏，寒暑合节。上篇所云：周旋二十节，节尽更须亲也。故曰：长尺二，厚薄均。炉鼎之用，远取诸造化，近取诸吾身，俱属自然法象。一切旁门，不知窍妙，妄想于身外觅取炉鼎，不啻万里崖山矣。○腹齐三至善调匀十句，言炉中药生之时，当调停火候也。方寸中间一窍，空洞无涯，有腹之象。水火二炁，一齐会到中宫，便是三家相见。当其交会之时，但坐守中黄，勿忘勿助，俟神明之自来，直待水火二炁调燮得中，方觉温然，真种自然生育矣，故曰：腹齐三，坐垂温。离火本在上，然离中真水恒欲流下而归戊；坎水本在下，然坎中真火恒欲奔上而就己。全赖中间真土为之调停，故曰：阴在上，阳下奔。此言水火既济，大药将产之候。药在炉中，全仗火煅，然火候有武有文，武火主烹炼，文火主沐浴，二用天渊迥别。子时为阴之尾、阳之首，宜进火而退水；午时为阳之尾、阴之首，宜进水而退火，俱用武火。惟中间卯酉二时，当沐浴之会，独用文火。一首一尾，平分坎离，调和两家，不离中间真土，故曰：首尾武，中间文。冬至一阳初动，实为六阳之始，静极生动，有七日来复之象，故曰始七十；夏至一阴初静，驯致六阴之终，动极归静，有自朔讫晦一周之象，故曰终三旬。始须野战，终则守城，俱是武火用事，即所谓首尾武也。三百六十日，实应周天之度。七十三旬，首尾除去百日，其余二百六十日，以二百日中分阴阳，一子一午，应冬夏二至，并一首一尾，合成三百日，恰当十月胎圆之期，中间尚余六十日，恰当卯酉两月，一卯一酉，应春秋二分，是为沐浴之候，故曰：二百六，善调匀。调匀者，不寒不暑，温温然，调和得中，即所谓中间文也。要知武火烹炼，在一南一北之交入；文火沐浴，全在中宫内守，念不可起，意不可散，火候妙诀，只在片刻中。紫阳真人云：火候不用时，冬至不在子。及其沐浴法，卯酉特虚比。此之谓也。○阴火白至还本原十四句，言金丹初结，炉中温养之功也。离中真汞，是为阴火，却从乾金匡廓中化出，白中有黑之象也，故曰阴火白；坎中真铅,是为黄芽,却从坤土胞胎中迸出,铅中产金之象也,故曰黄芽铅。离中流珠,即称阴火,坎中黄芽,便称阳火。两火会聚,含育神室中真人,若辅弼羽翼然,故曰:两七聚,辅翼人。大药初生,产在坤炉,及其时至机动,却须上升乾鼎。乾鼎在天谷脑户中,为百脉总会之窍,丹经所谓若要不老,还精补脑是也。药生之时,须用真意以采之,徘徊上视,送之以神,令其直升天谷,故曰:瞻理脑,定升玄。真种既升天谷,旋降黄庭,具体而微,状若赤子,安处黄庭之中,优游自在,一得永得,故曰:子处中,得安存。赤子安处鼎中,环匝关闭,本无去来,亦无出入,即使出入,亦不离玄牝之门,故曰:来去游,不出门。其初只一黍之珠,温养既足,渐渐从微至著,充满长大,情返为性,纯粹以精,故曰:渐成大,情性纯。此点真种,原从太极中来,自一分为二,遂成两物,二分为三,遂成三家,又分而为四象、五行、八卦、九宫之类,此降本流末,顺而生物之道也;今者两物交并,会三为一,以至四象、五行、八卦、九宫之类,无不复归于一,此返本还原,逆则成丹之道也。故曰:却归一,还本原。此段俱是守中抱一,深根固蒂宗旨。盖谓鼎中有宝,便不可阙此一段温养工夫。○善爱敬至居仙村十四句,言防危虑险之功也。先天祖炁为君,后天精炁为臣。鼎中既得先天一炁,却藉后天精炁乳哺而环卫之,譬之臣既敬君,君亦爱臣,故曰:善爱敬,如君臣。丹道以九转功完为一周,十月结胎,三年乳哺,其间运用抽添,纤毫不可息玩,故曰:至一周,甚辛勤。元神既存丹扃,当以真意守之,密密隄防护持,须臾不可离,若真意一离本地,恐有昏迷走失之患,故曰:密防护,莫迷昏。元神不疾而速,不行而至,上天入地,只在顷刻间,却又杳冥恍惚,无迹可求,故曰:途路远,复幽玄。丹道有两般作用:以金丹而言,坎离一交,真种便得;若以还丹而言,必须炼精化炁,炼炁化神,重安炉鼎,再造乾坤,向上更有事在。故曰:若达此,会乾坤。一黍之药,号为刀圭,刀圭才沾入口,阴魄尽消,阳魂亦冥,故曰:刀圭沾,净魄魂。即所谓体死忘魂魄,刀圭最为神也。魂魄既净,我之元性,卓然独存,不随劫火飘荡,形寄尘埃之中,神居太清之境矣,故曰:得长生,居仙村。此段俱言防护慎密之意,与前段温养工夫联如贯珠。○乐道者至末,言脱胎神化之验也。道有其根,只在抱一,老子所谓归根复命是也。世人一切在枝叶上搜求,离根愈甚,去道转遥,故曰:乐道者,寻其根。造化之妙,不出五行。五行颠倒之旨,最为元奥,若铢两分数一错,定不结丹,故曰:审五行,定铢分。丹道之秘,全在火候,学者但可心存,不得形之于口;但可默契,不得著之于文。故曰:谛思之,不须论。深藏守,莫传文。火候已足,圣胎已圆,脱胎弃壳之时,或驾白鹤,或乘火龙,翱翔太虚之表,觐礼三境至尊,从此膺篆受图,位证大罗天仙,而有真人之号矣。虽然此非外象,实内景也。龙鹤即自己元炁,太虚即自己元窍,仙君即自己元神,天图即浩劫以来混洞赤文,真人即未生以前本来面目。《金刚经》云:凡所有相,皆是虚妄。若见诸相非相,即见如来。释教所谓如来,即吾道所谓真人也。学者但识取真人面目,一切名相,俱可存而不论矣。然真人之义有二:在凡夫分上,谓之法身,人人具足;在圣人分上,谓之报身,惟证乃知。究竟圣人所证之报身,即凡夫具足之法身也。虽则人人具足,只因不肯直下承当,遂致浪死虚生,轮转六道,岂得委咎于造物乎?

《俞氏〈参同契发挥〉五言注》摘录

清纪大奎 摘录

点校说明

1.《俞氏〈参同契发挥〉五言注》摘录,一卷,清纪大奎摘录。本篇系纪氏节录元季俞琰《参同契发挥》中《参同契》五言部分注文、《参同契》赋文(纪氏称之为《法象歌》)、《鼎器歌》注文三部分,并对《参同契》正文略有考订,如其曾参考了明代王九灵之《校注古文参同契》。可知纪氏于《参同契》诸本确有研读,故其著《参同契集韵》,非面壁之构,实有所本。

2.本篇以咸丰壬子(1852)年本家刊《纪慎斋全集》本整理点校,无校本。注文则参校俞琰《参同契发挥》一书。

《俞氏〈参同契发挥〉五言注》摘录

临川纪大奎向辰 辑订

胞侄纪应鈛 校字

定州杨照藜素园 校刊

乾坤者，易之门户，众卦之父母。

阖户谓之坤，辟户谓之乾，一阖一辟谓之变，往来不穷谓之通，此所以为易之门户也。人知此身与天地同一阴阳，则可与论还丹之道矣。

坎离匡郭，运毂正轴。

日月行于黄道，昼夜循环，如匡郭之周遭也。毂犹身也，轴犹心也。欲毂之运，必正其轴。

牝牡四卦，以为橐籥。覆冒阴阳之道，犹工御者，准绳墨，执衔辔，正规矩，随轨辙。处中以制外，数在律历纪。月节有五六，经纬奉日使。兼并为六十，刚柔有表里。

丹法位乾坤于上下，列坎离于东西，而乾坤之阖辟，坎离之往来，俨如橐籥之状。橐籥者，虚器也。橐即鞴囊，籥其管也。然是道也，操则存，舍则亡，故必慎尔内，闭尔外，有如列子所谓泰豆氏之御，内得于中心，而外合于马志，是故能进退履绳墨，旋曲中规矩。数在律历纪者，巡行十二位也；月节有五六者，三十日分为六节也。经，乾坤、南北之定位也；纬，坎离、东西之妙用也。奉日使，奉日之所使也。

日辰为期度，动静有早晚。

日即火也，辰即候也。动者，日出而作也；静者，日入而息也。吾一身之中，自有日出日入之早晚，其火候动静，一一暗合天度。

春夏据内体，从子到辰巳。秋冬当外用，自午讫戌亥。

卦有六爻，下三爻为内，上三爻为外。朝用屯，阳火上升之候也，初九正当身中之子，由内而外；暮用蒙，阴符下降之候也，上九当身中之午，由外而内。皆譬喻也。

圣人不虚生，上观显天符。天符有进退，诎信以应时。

月行于天,一月一度,与日交合,故谓之天符。初一以后,阳信阴诎,象一日之子至巳;十六以后,阴信阳诎,象一日之午至亥也。

八卦布列曜,运移不失中。

中者,黄道也。八方布以八卦,周回列以二十八宿,乃日月往来之行路也。《悟真篇》云:既驱二物归黄道,争得灵丹不解生。作丹之时,但恐心猿奔逸于外尔,苟能收视反听,凝神片时,使二物归于黄道而不失其中,则氤氲交媾,结成一滴露珠,而飞落丹田中矣。

七八数十五,九六亦相当。四者合三十,易象索灭藏。

七火数,八木数,合之得十五;九金数,六水数,合之亦得十五。四者合之,共得三十,应一月之数。三十数终则日月合璧,易象索然而灭藏也。《复命》云:一月一还为一转,一年九转九还同。惟凭二卦推刑德,五六回归戊己中。五六即三十也。

上弦兑数八,下弦艮亦八。两弦合其精,乾坤体乃成。二八应一斤,易道正不倾。

上弦之时,月生一半之明;下弦之时,月生一半之魄。合而观之,则乾坤鼎器成立,而药物火候尽在其中矣。上弦金半斤,下弦水半斤,共得三百八十四铢。《易》有六十四卦,共得三百八十四爻。借以论丹道之妙,不过取其阴阳两齐而配合相当尔,非真有所谓三百八十四铢、三百八十四爻也。《悟真》云:二八相当自合亲。《至道篇》云:我隐默中调二八。盖二八即是两个八两,轻重均平,不偏不颇之义。若使准则铢爻,而手持念珠数呼吸,此乃自取辛苦,岂至简至易之道哉?乃若《复命》云:方以类聚物群分,两畔同升共一斤。《金丹大成集》云:二八门中达者稀,弦前弦后正当时。盖谓身中巽门,非此上弦八两、下弦八两之谓也。

旋曲以视览,开阖皆合同。为己之轴辖,动静不竭穷。

天之神栖于日,人之神发于目。生身处,此物先天地生;没身处,此物先天地没。五行攒簇于此,五脏钟灵于此,唾、涕、精、津、气、血、液七物结秀于此,其大也,天地可容,其小也,纤尘不纳,兹非吾一身中之大宝欤?《通元》云:含光便是长生药,变骨成金上品仙。又云:撮聚双睛在眼前,烧成便可点金仙。盖三宫升降,上下往来,无穷无已,犹车之有轮也;其运用在心,犹轮之有轴也;其钤键在目,犹轴之有辖也。《金华诗》云:仙童惟守洞门立,三岛真人长往还。其说是也。

三者既关键,缓体处空房。

空房者,静室也。其中不著他物,惟设一香、一灯、一几、一榻而已,坐处不欲太明,太明则伤魂,不欲太暗,太暗则伤魄。《翠虚篇》谓:室宜向木(木字可疑,或是东字之讹。)对朝阳,兑有明窗对夕光。而又谓莫息明灯并百和也。静室亦不必拘以山林,或在廛中,或道乡,但得所托,无往不可。或疑通邑大都,依赖有力者之语,盖以于一年之内,四季要衣,一日之内三餐要食。实为周天火候,须用一片工夫,不可间断,必得同志有力者为之保护、供给,乃可以专志修炼也。

证验自推移,心专不纵横。

修炼有几分工夫,则有几分证验。若能勤而行之,夙夜不休,以至百日功灵,则两肾如汤煎,膀胱如火然,目有神光,耳有灵响,鼻有异香,口有甘津,此身融融液液,证验逐日推移。所贵乎心专而不可纵横者,恐烛理未透,静定中或为魔境之所摄也。师云:自己性中空廓,任他千变万化,大抵一心无动,万邪自退。王栖云云:修中境界多般,皆由自己识神所化,若主宰不动,见如不见,体同虚空,无处捉摸,自然消散。

寝寐神相抱,觉悟候存亡。

欲修炼之士,常惺惺也。盖金丹大药由神气交结而成,神气始凝结,极易疏失,寝寐之际,须当与神相抱,切不可昏迷而沉于梦境。觉悟之后,惟恐火冷而丹成或迟,要在十二时中,无昼无夜,念兹在兹,然后功夫纯粹,而药材不至消耗,火候不至亏缺,焉可须臾离哉?

浊者清之路,昏久则昭明。

《翠虚篇》云:精神冥合气归时,骨肉融和都不知。斯时三田气满,恍然如在醉梦中,得不谓之昏浊乎?到此境界,切不可放倒,当知昏久则必明,浊久则必清。迨夫时至气化,而九天音信散胚腪,则神水湛湛华池静,白雪纷纷飞四山,七宝楼台十二层,楼前黄花深可观。岂终于昏浊而已哉?

一者以掩蔽，世人莫知之。

大道之祖，不出一气而成变化。析而为黑白，分而为青黄，喻之曰日月，名之曰龙虎，有如许之纷纷，是皆阴阳二字也。其实即一物也。又如神水、华池之名，铅炉、土釜之号，皆一处也。或曰冬至子时，或曰晦朔之间，攒年蹙月、攒月蹙日、攒日蹙时，而一时之中，自有一年一月之造化。然一时即一处也，一处即一物也，故凡二至、二分、卯酉甲庚、晦朔弦望、子午巳亥、二十四气、七十二候、一年交合、一月周回、离坎之时，兔鸡之月、巽乾之穴、二八之门、朝屯暮蒙、昼姤夜复，尽在此一中出。世之知此一者，能有几人哉？

上闭则称有，下闭则称无。无者以奉上，上有神德居。此两孔穴法，有无亦相须。

上闭称有者，离宫有象藏真水也；下闭称无者，坎户无形隐赤龙也。无者以奉上，上有神德居者，元神栖于本宫，则气皆随之而升上，所以妙在八门牢锁闭也。《悟真》云：长男乍饮西方酒，少女初开北地花。若使青娥相见后，一时关锁住黄家。黄家，即上田元神所居之宫也。此两孔穴法，有无亦相须者，下不闭则火不聚，上不闭则药不升也。《悟真》云：送归土釜牢封闭，次入流珠配厮当。故必相须而后可也。何谓流珠、土釜？即坎、离两穴之异名也。

呼吸相含育，伫息为夫妇。

兹盖一气自然之呼吸，非口鼻之呼吸也。李长源云：只就真人呼吸处，放教姹女往来飞。何谓真人呼吸处？廖蟾辉云：前对脐轮后对肾，中央有个真金鼎是也。《黄庭经》云：后有密户前生门，出日入月呼吸存。《还源》云：心下肾上处，肝西肺左中。非肠非胃腑，一气自流通。如此明明直指，复何疑哉？

真人潜深渊，浮游守规中。

真人即元神也，深渊即太渊也，异名众多：曰泥丸宫、流珠宫、玉清宫、紫清宫、翠微宫、太微宫、太一宫、太元关、元门、元宫、元室、元谷、元田、砂田、第一关、都关、天关、天门、天谷、天田、天心、天轮、天轴、天源、天池、天根、天堂、天宫、乾宫、乾家、交感宫、离宫、神宫、神室、神关、神京、神都、元都、故都、故乡、故丘、故林、故宫、紫府、紫庭、紫金城、紫金鼎、朱砂鼎、汞鼎、玉鼎、玉室、玉京、玉宇、瑶峰、第一峰、最高峰、祝融峰、昆仑顶、崆峒山、蓬莱、上岛、上京、上宫、上玄、上元、上谷、上土釜、上丹田,其名虽众,其实则一也。《翠虚》云:天有七星地七宝,人有七窍权归脑。是故守一回元之道,泝流百脉,上补泥丸,脑实则神全,神全则形全也。今谓浮游规中者,随真息之往来,任真气之升降,自朝至暮,元神常栖于泥丸也。《黄庭》云:子欲不死修昆仑。《静中吟》云:我修昆仑得真诀。《复命》云:会向我家园里,栽培一亩天田。《还元》云:悟道显然明廓落,闲闲端坐运天关。此乃至简至易之道,但拨动计顶门关棙,而匀匀地、默默举,三宫自然升降,百骸万窍自然通达。有如万斛之舟,而惟用一寻之木;发千钧之弩,而惟用一寸之机。且是不费丝毫力,但昧者自不信尔。

　　辟却众阴邪,然后立正阳。

　　人身彻上下,凡属有形者,无非阴邪滓浊之物。修炼之法,盖是无中生有,夺天地一点真阳结成丹头。于是昼夜运火,炼去阴气,炼之十月而胎圆,三年而功成,然后体变纯阳,化形而仙也。

　　修之不辍休,庶气云雨行。淫淫若春泽,液液象解冰。从头流达足,究竟复上升。往来洞无极,怫怫被谷中。

　　《内指通元》云:昼夜无休作大丹,精华透顶百神攒。盖一年功夫不辍,自然效验显发。其和气周匝于一身,溶溶然如山云之腾太虚,霏霏然似膏雨之遍原野,淫淫然若春水之满四泽,液液然象河冰之将欲释,往来上下,百脉冲融,被于谷中,畅于四支,拍拍满怀都是春,而其状如微醉也。《入药镜》云:先天炁,后天炁,得之者,常似醉。《灵光集》云:颠倒循环似醉人,不忧不喜内全真。是皆丹功之灵验也。丁灵阳《回光集》云:若一念无生,自然丹田气海之内,太阳之精度过尾闾穴、把夹脊、双关、风府、泥丸,返下明堂、鼻柱,入于华池化为甘津,咽下重楼,浇灌五脏六府,至丹田,上下流转,充盈四大,周而复始,无不遍矣。

　　土游于四季,守界定规矩。

　　土无定位,周流于辰、戌、丑、未之间,守于水则水不流,守于火则火不焰,今以之守于坤而采药,守于乾而运火,故曰守界定规矩。

金砂入五内,雾散若风雨。

金砂之升鼎也,穿两肾,导夹脊,过心经,入髓海,冲肺腧,度肝历脾,复还于丹田。当其升时,瀹然如云雾之四塞,飒然如风雨之暴至,恍然如昼梦之初觉,涣然如沉疴之脱体,精神冥合如夫妇之交接,骨肉融和如澡浴之方起,是皆真景象也,非譬喻也。

推演五行数,较约而不繁。

五为土数,位居中央,合北方水一则成六,合二成七,合三成八,合四成九。九者,数之极也。天下之数至九而止。数本无十,所谓土之成数十者,乃北一、南二、东三、西四,聚于中央,辏而成十也。故以中央之五,散于四方而成六、七、八、九,则水、火、木、金皆赖土而成。若以四方之一、二、三、四归于中央而成十,则水、火、木、金皆返本还元而会于土中也。

《火记》不虚作,演《易》以明之。

古有《火记》六百篇,亦犹六十卦也。盖火候之数,小而言之则为六十卦,演而伸之则为六百篇。六十卦为一月之候,而六百篇者,十个月之候也,故曰演《易》以明之。

名者以定情,字者缘性言。金来归性初,乃得称还丹。

《复命》云:一物分为二,能知二者名。二者即金木也,金与木本无二体,故以金为名,则以木为字;以木为性,则以金为情。其实即一物尔。盖金公本是东家子,以之倾入于东阳造化炉中,归家与青娥相见,则产个明珠似月圆,乃得称还丹也。

金入于猛火,色不夺精光。自开辟以来,日月不亏明。金不失其重,日月形如常。金本从日生,朔旦受日符。金返归其母,月晦日相包。隐藏其匡廓,沉沦于洞虚。金复其故性,威光鼎乃熺(金本从月生,此作从日生。)。

五行相生,至金而极。而金之为宝,镕之得水,击之得火,其柔象木,其色象土,四性俱备,故真金经百炼而愈坚,未尝失其本体之重。丹术莫大乎金火,金即月也,火即日也。今人但知金为月之光,而不知月之光本生于日也。金本从日生,朔旦受日符者,太阴真金生于坤宫,本由太阳真火所化,其受气之初,亦犹月受日光,自朔旦而始也;金返归其母,月晦日相包者,金在坤宫与火相守,亦犹月晦之夜,日月相撢持也;隐藏其匡郭,沉沦于洞虚者,神气深入乎其根,渐渐沉归海底,如月魄之不见也;金复其故性,威光鼎乃熺者,月体本黑,今与日相包,而隐藏其匡郭,则复其本体之黑矣。但守其黑,勿问其白,守之之久,神明自来,俄顷光芒透鼎,火力炽盛,则三日庚生兑户开,黑银怀出白银来也。

以金为隄防,水入乃优游。金计有十五,水数亦如之。临炉定铢两,五分水有余。二者以为真,金重如本初。其土遂不入,二者与之俱。三物相含受,变化状若神(金数十有五者,此作金计十有五;其土遂不离,此作不入。)。

以金为隄防,水入乃优游者,以上弦半斤金,为外炉东南半壁之隄防,然后下弦半斤水,自西而下入于北方内炉,则其势不迫而优游自如也。金计有十五者,自初一至十五也,即上弦金半斤之谓也;水数亦如之者,自十六至三十也,即下弦水半斤之谓也。丹法先以文升,后以武降,不如是则不能深达于九泉之下,故曰:临炉定铢两,五分水有余也。夫金水各半,合成二八一斤之数,一阖一辟,往来不穷,乃吾身之真阴阳也。然水要半斤有余,金又不可亏其半斤之重,故曰:二者以为真,金重如本初也。其土遂不入者,周回鼎器间,只有上弦半斤金,下弦半斤水,而土则无位也。其所谓不入,非不入也,土无定位,无所往而不入也。且如天地二十四位,其间即无戊己,无非戊己所游之地也。二者与之俱者,遍鼎器之间皆土,而金、水二者与之偕行也。金、水与土偕行,则三物互相含受,混而为一矣。混而为一,则缚住青山万顷云,捞出碧潭一轮月,而变化之状如神矣。《至[①]道篇》云:升降名为金水,运时巽曰真风。盖升者,金也;降者,水也;而所以为之升降者,土也。虽然三物,不过皆设象比喻尔,究而言之,大道从来绝名相,真仙本自无花草,何金水之有哉?何土之有哉?

---

① 至,原本作"玉",据俞氏《发挥》及上下文改。

下有太阳气,伏烝须臾间。先液而后凝,号曰黄舆焉。

《玉芝书》曰:凡炼丹,随子时阳气而起火,其火力方全。盖子时太阳在北方,而人身气到尾闾关,此时而起火,则内外相合,乃可以盗天地之机而成丹。其初太阳在下,水火交媾,二气绷缊,烝而为液;次则水中火发,阳气渐炽,其液方凝于其中,逼出金华,是名真铅;及其运用而上升,则腾腾若车舆行于黄道之上,故号之曰黄舆焉。

岁月将欲讫,毁性伤寿年。

腊月三十日,天运将周,日穷于次,月穷于纪。人身自有一周天,与天地无以异也。

形体为灰土,状若明窗尘。

古歌云:用铅不用铅,须向铅中作。及至用铅时,用铅还是错。又云:铅为芽母,芽为铅子。既得金华,舍铅不使。其旨深矣。人徒知子时肾气至,得火烹炼,凝而成液,遂认为真铅,而欲取以点化离宫之真汞。殊不思既成液矣,则有形有质,其体重浊,安能逆流而升上?神仙作丹,不过于此时,发火于其下,以感其气尔。火力既盛,其气溢然上腾,与山川之云起相似。迨夫升入泥丸,然后化为甘雨,下入重楼,未尝用其质也。丹法所谓取清舍浊,正谓此也。清者,浮而在上,所谓状若明窗尘也;浊者,沉而在下,所谓形体为灰土也。炼外丹者,取其飞结于鼎盖之上者,号曰明窗尘。以此发明内丹,欲学者触类而长之也。

捣治并合之,驰入赤色门。

捣治并合者,两处擒来共一炉,一泓神水结真酥也;驰入赤色门者,夺得兔乌精与髓,急须收入鼎中烧也。乾为鼎,坤为炉,非猛烹极煅,则不能出炉,非倒行逆旋,则不能升鼎。所谓两手捉来令死斗,化成一块紫金霜。又云:河车不敢暂留停,运入昆仑峰顶。兹盖后天下手功夫,与先天产药之时不同,其中复有观心、吸神二用,皆助火候之力者,古仙往往秘而不言。或泥于下手之说,从而按摩导引、般运辘轳,徒尔劳神用力,又安识运神火以观真心,鼓巽风以吸真神之妙用哉?

固塞其济会,务令致完坚。

《大成集》云:知时下手采将来,固济神庐勿轻泄。又云:搬归顶上结三花,牢闭玉关金锁。盖金砂升鼎之时,须是固济谨密,然后圣胎完坚也。

炎火张于下,龙虎声正勤。

《指元》云:只消闪入华池鼎,真火掀天煅一场。此乃烹炼之火,不得不炎也。《翠虚》云:龙吟虎啸铅汞交,灼见黄芽并白雪。盖丹田之火炽盛,则云蒸雾瀹,泥丸风生,宛有龙吟虎啸声也。

始文使可修,终竟武乃陈。

采药之初,凝神聚气,呼吸应手。迨夫神气之入乎其根,闭极则失于急,纵放则失于荡,惟绵绵续续,勿令间断,神久自凝,息久自定。少焉,巽户轰雷,龙腾虎跃,则驱回尾穴连空焰,赶入天衢直上奔也。王保义云:文火乃发生之火,武火乃结实之火。始文终武,不可以一途取也。

候视加谨密,审察调寒温。

候视加谨慎者,塞兑垂帘,含光默默,候天地之气将至,然后定息以采之,聚火以烹之,须当视其老嫩,不可轻易也。审察调寒温者,调停火力,审察紧缓,以渐而猛,不可荒忙骤进也。《复命》云:火候直须牢稳审,吹嘘全藉巽方风。岂可骤进哉?

周旋十二节,节尽更亲观。

十二节乃周天十二辰,在吾身则火候方位是也。十二节行遍周天,则天罡复指于子。《翠虚》云:震卦行归西兑乡,三阳姹女弄明珰。巽风吹动珊瑚树,入艮归坤又一阳。与此同旨。

气索命将绝,体死亡魄魂。

《翠虚》云：促将百脉尽归源，脉住气停丹始结。盖金液凝结之际，璇玑玉衡一时停轮，日魂月魄皆沉沦于北方海底，而索然灭藏。所谓死者，非死也，此时归根复命，神凝精结，八脉俱住，呼吸俱无，其气索然如绝也。绝后重苏，则《上清》云这回大死今方活是也。

色转更为紫，赫然成还丹。

《翠虚》云：脱黄著紫因何事，只为河车数转深。盖九转火候数足，则还丹赫然光明，变化紫金之色也。

服之以一丸，刀圭最为神。

《翠虚》云：采之炼之未片饷，一气渺渺通三关。三关来往气无穷，一道白脉朝泥丸。泥丸之上紫金鼎，鼎中一块紫金团。化为玉浆流入口，香甜清爽遍舌端。吞之服之入五内，脏腑畅甚身康安。盖还丹入口，如蜜之甘香、荾兰之清凉。所谓刀圭者，刀头圭角些子尔。及其成功，则千变万化，妙不可测，称之为神，宜哉！

《火记》六百篇，所趣等不殊。

一月六十卦，卦卦一般，十个月六百篇，篇篇相似，故曰所趣等不殊也。

法象歌

法象莫大乎天地兮，元沟数万里。

元沟自尾、箕之间至柳、星之分，界断天盘，不知其几万里也。吾身亦自有之。

河鼓临星纪兮，人民皆惊骇。

河鼓，天河边之星也，其位在斗、牛之间。河鼓临星纪，则驱回尾穴连空焰，赶入天衢直上奔。正当其斩关出路之时，一身之人民，岂不疏然惊骇？《翠虚篇》云：曲江之上金乌飞，姮娥已与斗牛欢。此之谓也（王赘生本谬将星纪作天纪）。

晷景妄前却兮，九年被凶咎。

晷景，即火候也；前却，即进退也；九年，即九转也。蹙而小之，则一月一还为一转，《翠虚》谓九转功夫月用九是也；更蹙而小之，则一刻之中自有小九转，《金丹大成》谓九转工夫在片时是也。火候进退，不可毫发差殊,然后九转之间,稳乘黄牝马,而可保无咎。反是,则九转之间,翻却紫河车,而凶咎随至矣。

皇上览视之兮,王者退自后。

《太上素灵经》云:人人身有三一,上一为身之天帝,中一为绛宫之丹皇,下一为黄庭之元王。上一天帝,即泥丸太一君也;中一丹皇,即绛宫天子也;下一元王,即丹田元阳君也。皇上览视之者,运神火照入坎中,以驱逐坎中之真阳也;王者退自后者,真阳因火逼而出位于坎也。于此驾动河车,则真阳飞腾而起,以点化离宫之真阴矣(旧本后作改,非是。)。

关键有低昂兮,周天遂奔走。

天形如弹丸,昼夜运转,其南北两端,一高一下,乃关键也。人身亦然,天关在上,地轴在下,若能回天关,转地轴,上下相应,则一息一周天也(周天,旧本作周焘,朱子疑无义理,改为害焘,亦非是。害与周字盖相似,焘与天字颇相近。)。

江河无枯竭兮,水流注于海。

江河之水所以注于海而无枯竭者,名山大川,孔窍相通,而往来相循环也。人身亦然,一气流通,则八路之水,皆逆流奔注于元海中也(旧本无作之,非是。)。

天地之雌雄兮,徘徊子与午。

午者,天之中也;子者,地之中也。子午为阴阳相交、水火相会之地,日月至此,势必徘徊。今人以太阳当天谓之停午,即徘徊之义也。丹道上升下降,一起一伏,亦徘徊于子午,盖与天地同途,初无异也。

寅申阴阳祖兮,出入终复始。

斗指寅而天下春,阳气自此而发生,畅万物以出;斗指申而天下秋,阴气自此而肃杀,敛万物以入。则知寅申者,阴阳之祖,万物出入之门也。丹道自寅而出,自申而入,周而复始,与天地岂有异哉(一本作复终始,一本复更始。)?

循斗而招摇兮,执衡定元纪。

谓吾身天罡所指起于子,而周历十二辰也。夫斗,居天之中,犹心居人身之中。是故天以斗为机,人以心为机,丹法以心运火候,犹天以斗运十二辰也。《翠虚》云:夺取天机妙,夜半看辰枵。一些珠露,阿谁运到稻花头?盖谓此也。○《史记·天官书》云:北斗七星,枵携龙角,衡殷南斗,魁枕参首;用昏建者枵,夜半建者衡,平旦建者魁。又云:斗为帝车,运于中央,临制四乡。分阴阳,建四时,均五行,移节度,定诸纪,皆系乎斗。

升敖于甑山兮,炎火张于下。白虎唱导前兮,苍龙和于后。

甑山,即昆仑山也。药升之时,金炉火炽,玉鼎汤煎,虎先啸,龙后吟,犹夫倡而妇随也。(张于,一本作张设;虎,一本作砢,非是;龙,一本作液,非是。)

朱雀翱翔戏兮,飞扬色五彩。遭遇罗网施兮,压止不得举。嗷嗷声甚悲兮,婴儿之慕母。颠倒就汤镬兮,摧折伤毛羽。

朱雀,火也。颠倒运于鼎中,驱趁五行,因成五彩,翱翔于上,为罗网所罩,则风云满鼎,鸣作婴儿之声也。既被网罗压止而不得飞举,遂敛身束羽伏于鼎中也。《赤龙大丹诀》云:朱鸟爱高飞,蟾蜍捉住伊。号虽称姹女,啼不过婴儿。赫赫威从盛,冥冥力渐衰。即此说也(压止,一本作压之)。

刻漏未过半兮,龙鳞甲鬣起。五色象炫耀兮,变化无常主。潏潏鼎沸驰兮,暴涌不休止。接连重迭累兮,犬牙相错拒。形如仲冬冰兮,阑干吐钟乳。崔嵬以杂厕兮,交积相支拄。

刻漏云云起者,采之炼之未片饷,一气渺渺通三关,而黄云成阵,白羊成队,金钱、金花、金鳞纷纷而来也;五色云云主者,风摇宝树光盈目,雨打琼花雪满衣,而彤霞、紫雾变现不一也;潏潏云云止者,丹田火炽,泥丸风生,而三宫气满,有如饭甑烝透之时,热汤沸涌于釜中也;接连云云支拄者,一抽一添,渐凝渐聚,浇灌黄芽出土,而自然结蕊复生英也。《翠虚》云:辛苦都来只十月,渐渐采取渐凝结。学者诚能潜心内炼,昼夜无倦,则丹体逐时时不定,火功一夜夜无差,如上景象,当一一自见之也(龙,一作鱼;甲,一作狎,非是;接连,一作杂遝)。

阴阳得其配兮,淡泊自相守。

《悟真》云：阴阳同类归交感，二八相当自合亲。盖真息绵绵，勿令间断，则阴阳自得其配。虚心凝神，纯一不杂，则阴阳自然相守也（自，一本作而。）。

青龙处房六兮，春华震东卯。白虎在昴七兮，秋芒兑西酉。朱雀在张二兮，正阳离南午。三者俱来朝兮，家属为亲侣。本之但二物兮，末乃为三五。三五并危一兮，都集归一所。治之如上科兮，日数亦取甫。

东方七宿谓之苍龙，西方七宿谓之白虎。大火居东方三次之中，而房六度又居大火之中；大梁居西方三次之中，而昴七度又居大梁之中。张乃南方之宿，其象为朱雀。然张有十八度，而特言其二者，周天三百六十五度，自北方虚、危之间，平分天盘为两段，而危初度正与南方张二度相对也。青龙、白虎、朱雀三方之正气，皆归于元武之位，而房六、昴七应水火之成数，张二、危一又应水、火之生数，犹家属之相亲也。本之云云一所者，推原其本，即是水火二物而已。二物运于鼎中，遂列为三五。三五即房六、昴七、张二也。三家相见，并而归于危一，则结成婴儿也。治之云云甫者，修炼大丹，当依上法度而行，迎一阳之候以进火，而妙用始于虚危也。○房六，一本六作七，非是。三五并危一兮，都集归一所，谓三方之气，并北方危一，都会集而归于一处也。中间极有造化，盖南北张危，月也；东西房昴，日也。危一合房六，则为水之生成数；张二合昴七，则为火之生成数。房六在东，张二在南，木火为侣，六与二合而成八；昴七在西，危一在北，金水合处，七与一合而成八。应二八一斤之数。所谓本之但二物者，此也。一本并危一作并为一，又一本作之与一，皆非是。一本一所作二所，亦非是。取甫，一本作甫取。

先白而后黄兮，赤色通表里。名曰第一鼎兮，食如大黍米。

先白而后黄者，初如玉液飞空雪，渐见流金满故庐也；赤色通表里者，灵光神焰烧天地，风雷云雾盈山川也。名曰第一鼎者，以九转火候言之，此为起初第一转也；食如大黍米者，丹头才方结就，仅如黍米之大也（赤色通，一本作赤黑达黍，一本作稻，非是。）。

自然之所为兮，非有邪伪道。

《龙虎经》云：自然之要，先存后亡。夫先存后亡者，先存神入于气穴,而后与之相忘也。

若山泽气蒸兮,兴云而为雨。

山泽之气烝而上升于天,于是化而为云,由其阴阳和洽,所以成雨,及其成雨,则又还降于地。吾身之金丹作用,与此更无少异,可谓巧于譬喻矣(一本作山泽气相烝兮,非是。)。

泥竭遂成尘兮,火灭化为土。

泥乃近水之土,性本重滞而居下,及曝而干之,则土性竭而燥裂,化为埃尘矣;火乃虚明之物,因丽于木而有烟焰,及烟消焰冷,则火性灭而煨烬,化为灰土矣。知乎此,然后可以论阴阳反覆之道。

若檗染为黄兮,似蓝成绿组。皮革煮成胶兮,曲蘖化为酒。同类易施功兮,非种难为巧。

真汞得真铅,则气类相感,妙合而凝,犹夫妇之得偶,故谓之同类。类同则不劳于力,自然成真。若别求他物,则非其种类,徒费工夫耳。

惟斯之妙术兮,审谛不诳语。传于亿世后兮,昭然而可考。焕若星经汉兮,昺如水宗海(世,一作代;而,一作自。)。

思之务令熟兮,反覆视上下。千周灿彬彬兮,万遍将可睹。神明或告人兮,心灵忽自悟。探端索其绪兮,必得其门户。

读书百遍,其义自见,况千遍万遍哉?管子曰:思之思之,又重思之,思之不通,鬼神将通之。非鬼神之力也,精诚之极也。此说是已(心,一本作魂;忽,一本作作。)。

天道无适莫兮,常传与贤者。

鼎器歌

圆三五,径一分。

圆三径一,此身中之宝鼎也。三才位其中,五行运其中,铅、汞、土居其中。《阴符》:爰有奇器,是生万象。即此物也(旧本径作十)。

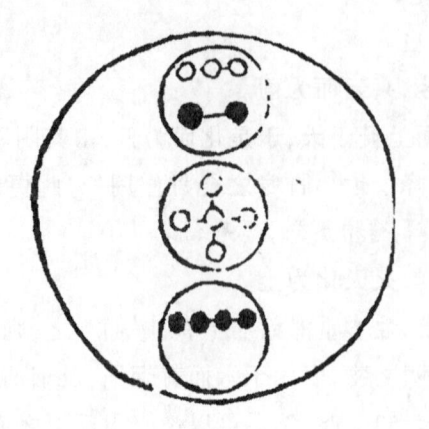

口四八，两寸唇。

口四八，四象八卦皆在其中也；两寸唇，具两仪上下之界分也。

长尺二，厚薄匀。

一尺二寸，应一年十二月周天火候。鼎身腹令上、中、下等均匀，不可使之一偏也（尺二，一本作二尺，非是）。

腹齐正，坐垂温。

以眼对鼻，以鼻对脐，身要平正，不可欹侧。闭眼须要半垂帘，不可全闭，全闭则黑山鬼窟也；气从鼻里通关窍，不可息粗，息粗则火炽，火炽则药飞矣（朱子云齐即故脐字，一本作腹五齐，非是）。

阴在上，阳下奔。

阴上阳下，水火既济也。

首尾武，中间文。

首尾，晦朔也；中间，月望也。晦朔乃阴极阳生之时，故用武火；月望乃阳极阴生之时，故用文火。○首尾即是一处，中间亦即是一处。一说：以进阳火，则子、丑、寅为首，辰、巳为尾；退阴符，则午、未、申为首，戌、亥为尾。中宫为中间，则是两首两尾一中间，似未稳。

始七十，终三旬。二百六，善调匀。

合之三百六十，应一年周天数也。修炼而至于百日数足，则圣胎方灵。此后二百六十日，善能调匀气候，常使暖气不绝，则丹功自成。《翠虚》云：温养切须常固济，巽风常向坎中吹。行坐寝食总如如，惟恐火冷丹力迟。他无艰辛也。

阴火白,黄芽铅。

子至巳,阳火之候;午至亥,阴火之候。酉居西方,属金,故曰阴火白,蟾光终日照西川是也。土中产铅,铅中产银,银自铅中炼出,结成黄芽,名为真铅,《龙虎经》云:炼铅以求黄色是也。

两七聚,辅翼人。

两七,东方苍龙七宿、西方白虎七宿也;人,中央人位也。辅翼者,龙蟠虎绕,会聚于中央也。若然,则南海之儵、北海之忽,相遇于浑沌之地矣,此所以烹而成丹也(聚,一本作窍,非是。)。

赡理脑,定升玄。

上田乃元神所居之宫,人能握元神,栖于本宫,则真气自升,真息自定,所谓一窍开而百窍齐开,大关通而百关尽通也。作丹之时,脱胎而入口;功成之后,脱胎而出壳。皆不外此。《静中吟》云:我修昆仑得真诀,每日修之无断绝。一朝功满人不知,四面皆成夜光阙。兹盖修持日久,功夫赡足,非一朝一夕之故也(赡,一本作瞻,一作膽,皆非是。)。

子处中,得安存。

婴儿处于胎中,得坤母殷勤育养,则得以安存矣。

来去游,不出门。

往来不出乎玄牝之门,则阴阳气足,自通神也。

渐成大,情性纯。

行、住、坐、卧,绵绵若存,则日复一日,渐凝渐聚。胎气既凝,婴儿显相,而情性愈纯熟也。

却归一,还本元。

大丹之道,抱元守一而已。其始入也,在乎阴阳五行;其终到也,在乎混沌无极。此之谓归一还元也。

善爱敬,如君臣。至一周,甚辛勤。

《大道歌》云:他年功满乃逍遥,初时修炼须勤苦。勤苦之中又不勤,闲闲只要养元神。有味哉!

密防护,莫迷昏。

道高一寸,魔高一尺,百刻之中,切忌昏迷,在修炼之士常惺惺耳。

途路远,极幽元。若达此,会乾坤。

运用于玄牝之间,一日行八万四千里之路,岂远耶?大无外,小无内,迎之不见其首,随之不见其后,岂不极幽元耶?达此,则可以驱驰造化,颠倒阴阳,会吾身之乾坤矣。

刀圭霭,静魄魂。

刀圭,丹头也;魂魄,龙虎也。运入昆仑峰顶,而化为玉浆流入口,则风恬浪静,虎伏龙降也。

得长生,居仙村。乐道者,寻其根。

根者,天地之根也,金丹之基也。《翠虚》云:一才识破丹基处,放去收来总是伊。

审五行,定铢分。

五行顺则生人,逆为丹用,法度不可不审也。火数盛则燥,水铢多则滥,斤两不可不定也。

谛思之,不须论。深藏守,莫传文。

御白鹤,驾龙鳞,游太虚,谒仙君,受图箓,号真人。

胎圆功成之后,须当调神出壳,或跨白鹤,或乘火龙,超度三界难,径上元始天。自此逍遥快乐,与天齐年,号曰真人。虽然凡所有相,皆是虚妄,何白鹤、龙鳞之有哉?若言他是佛,自己却成魔,又奚仙君之有哉?当知白鹤、龙鳞,皆自我神通变化,而仙君亦是自己三清,何劳上望?或者不达此理,乃昼夜妄想,以待天诏,至有为黑虎所衔、巨蟒所吞者,岂不痛哉?宋人凿井,而得一人之力,相传以为人自土中出;许旌阳举家成道后,人以为拔瓦屋入于云中。甚矣,世之好谲怪也(受图箓,一本作录天图,非是。)。

附录：

纪大奎传

纪大奎，字慎斋，江西临川人。乾隆四十四年举人，充四库馆誊录。五十年，议叙知县，发山东，署商河。会李文功等倡邪教，诱民为乱，讹言四起。大奎集县民，谕以祸福，皆惊悟。邻郡惑者闻之，亦相率解散。补丘县，历署昌乐、栖霞、福山、博平，民皆敬而亲之。父忧归。嘉庆中复出，授四川什邡县。或谓：什邡俗强梗，宜示以威。答曰：无德可怀，徒以威示，何益？奸民吴忠友据山中聚众积粟，讲清凉教。大奎躬率健役，夜半捣其巢，获忠友，余众惊散。下令受邪书者三日缴，予自新，民遂安。擢合州知州，道光二年，引疾归。年八十，卒，祀合州名宦。

——出《清史稿》卷四百七十七

第二十八卷

参同契金隄大义

清 许桂林 撰

点 校 说 明

1.《参同契金隄大义》一卷,清许桂林注。许桂林(1779—1822年),字同叔,号日南,又号月岚,别号栖云野客,许乔林胞弟,清海州板浦人,祖籍安徽。许桂林12岁参加童子试考取秀才,被学官称为"奇才";20岁时,按试淮海获第一;嘉庆十四年(1809年)和二十年(1815年)两次获得海州科试第一名;嘉庆十七年(1812年),以《腹稿赋》取"拔贡生";嘉庆二十一年(1816年)秋,中丙丁科举人。许桂林不以功名利禄为念,终生以教书为生。他"志于诸经",精于诗词文学。精古算术及天文星算历算的研究,22岁时就写出第一部数学论著《宣西通》,对中国算法"宣夜"作了精辟的解释。许桂林一生著作甚丰,除参与编纂《嘉庆海州直隶州志》外,可考书目近40种、160卷。嘉庆二十四年(1819年)八月,抱病写成《北堂永慕记》。道光二年(1822年)春,许桂林病逝,年仅43岁,葬于灌云龙苴埠苴村。

2. 许桂林之注,其序一言蔽之云:"《参同契》者,魏君伯阳之养生论也。其道在于绝欲,其理得于《易》。"绝欲为黄老内养之共法,不为伯阳真人之独得;而《参同契》论《易》处,不外发明御政治国之道;至《契》专论炉火神丹,则多据河洛五行、钟律纳甲为说。是知《参同契》非仅发明所谓先天后天之数,要在明仙家尊生之理。许氏之解在易数之辨,其意非真在养生,其自亦云"桂林非能为其学者,特以明《参同契》与《易》异而亦与先天图异",由此而知桂林解注此书之大旨矣。

3. 本篇以故宫博物院编,《故宫珍本丛刊》第525册影印清史馆稿本而整理点校,无参校本。因其注系稿本,其中抄录之《参同契》正文中疑多讹误,为慎重起见,有明显之抄误处,则参考《参同契》其它众多的版本,校勘其疑似之误,以便读者研究。末据《清史稿》录入许桂林传记。

参同契金隄大义

清 东海许桂林 撰

《参同契金隄大义》序

《参同契》者,魏君伯阳之养生论也。其道在于绝欲,其理得于《易》。《易》本河图而作,河图即八卦之方位。《参同契》得绝欲,可以成丹之诀,于是绝欲外更无奇异幽微之说。其要言曰闭塞其兑,曰土镇水不起,兑金为离火水消而成坎水,闭兑则金可成丹,故曰金复其故性。闭兑之道,在于用坤,坤土不动,隔离火以保兑金,故曰黄土金之父。大意主于不用坎离,以土镇水而火不消金,是不用坎离也。而所谓以金为隄防者,一言而括闭兑及土镇水之意,故桂林作注,取金隄以表其大义焉。桂林非能为其学者,特以明《参同契》与《易》异而亦与先天图异。与《易》异者,其用之大小理之偏全耳,八卦之方位不异也,先天图则与《易》悖矣,《参同契》之贤于先天图则远矣。宋元儒者以先天图说《参同契》,以抽坎填离释乾南坤北,未思《参同契》明言坎离不用,坎止于北,离止于南,则水不为火所消,是以闭兑而成丹,其言坎南离北与龙西虎东,皆喻人欲腾炽,自相戕伐也。说《参同契》者,自彭晓、陈显微,皆以夫妇阴阳为丹道,虎吸龙精,咀嚼相吞,其词甚危,亦以修炼之诀而审专不泄,其语至明,亦不悟也。儒者因其说而先天图与《参同契》遂有相似之迹,不知先天图之妄作难揜,而《参同契》之本解又迷两而失之也。后之君子得桂林之说而参之,《易》道之大不至降而杂于《参同契》,《参同契》之未悖于《易》,亦不至冤而同于先天图。庶乎,《易》道正而《参同契》亦不失其实云。

海州许桂林

参同契河图

彭晓注《参同契》，有图。《直斋书录解题》所谓其图八环者，八重相袭。曾见彭注，正相合，本非魏君所有。盖魏君只此一图，所谓上察河图文者，即《易》之本图耳。然彭氏之图，卦位亦与此同，未为乖迕。朱汉上纳甲图不合魏氏之旨，俞玉吾别定九图又皆粗浅，而胡胐明作《易图明辨》，其论《参同契》，乃删彭氏之图而取朱、俞，又疑《参同契》河图之文为讹字，大可哂笑。其意务在归先天图于《参同契》，不知《参同契》其精深虽不能合于《易》，其浅陋亦不至合于先天图也。毛西河又以《参同契》彭晓注本有坎离匡郭图、三五与一图为太极图之所出。桂林所见彭本无此，即有此等图，亦必非魏君本有。如坎离匡郭作⊙形，已非下有太阳气、土镇水不起之义；三五与一图，作，亦非三五与一、都归戊己之义。近世不信先天太极者，多归先天太极于《参同契》，一唱十和，相与叹为达识，但利先天太极之退入道家耳，非定论也。

上 篇

乾坤者，易之门户，众卦之父母。坎离匡廓，运毂正轴。牝牡四卦，以为橐籥。覆冒阴阳之道，犹工御者，准绳墨，执衔辔，正规距，随轨辙。

《参同契》者，观《易》八卦方位之图而得养生之道，因述以为书者也。八卦方位之图，乾西北、坎北、艮东北、震东、巽东南、离南、坤西南、兑西，即所谓河图也，故特自著之曰上察河图文。汉儒皆以八卦为河图，八卦只一方位，明在《说卦传》，坤卦词明言西南，小畜卦词明以兑为西郊。唐以前无论儒家、道家、术数家，见有精粗，用有大小，而方位不异。宋初忽有所谓先天图者，朱子偶疑《参同契》有其意，至熊朋来详为推衍，熊氏以后，遂无异说。夫不信先天是也。以先天归于《参同契》，则大谬。观《参同契》之说，略就汉儒说《易》之义，以明养生之要，与先天迥异。盖以八卦象人，而以兑为真人。兑者，金也。常人不知保其真，坤土之身生离火，而不能制巽风，扇之震木，焦矣。至艮而止其害，皆由于离火消兑金以为坎水。离火用蒸，坎水用泄，炎炎者灭，涓涓者绝。坎水既枯，艮土不腴，则所谓午乃东旋者也；知其为害，则子当右转。不用坎水，则可以为乾金；不用离火，则不能消坎水。其道在于闭塞其兑，其言本于《老子》。《老子》曰：塞其兑，闭其门，终身不勤；开其兑，济其事，终身不救是也。兑于易象为水为金，盖金之为物，以火消之则成水，水之精者曰汞，以火炼之亦成金。常人从欲，以火消金为水也；养生者绝欲，不以火消水而炼水成金，故谓之金丹。以火炼水，其要在于以坤土制兑水，而后可以离火炼之，故曰土镇水不起。土能镇水，是之谓闭塞其兑。兑金不消，则成丹矣。土镇水不起，以坤为主，此《老子》曰元牝、曰守雌，曰为腹不为目、曰知白守黑、曰不敢为天下先，得坤道以为学之的传，而学《易》观象，其图则羲文周孔，兑西震东、离南坎北之方位，未尝有异也，故其书首陈八卦以发端。乾坤为门户，坎离为匡廓。牝牡四卦谓震艮牡、巽兑牝四卦，为橐籥，《易》以覆冒阴阳之道。制之礼者，正规矩；从而行者，随轨辙。而《参同契》之所见则将有异此乎也？匡廓，犹言躯壳，水火所成，今以不用为大，用《老子》所谓外其身而身存也。

处中以制外，数在律历纪。月节有五六，经纬奉日使。兼并有六十，刚柔有表里。朔旦屯直事，至暮蒙当受。昼夜各一卦，用之依次序。即未至晦爽，终则复更始。日辰为期度，动静有早晚。春夏据内体，从子至辰巳。秋冬当外用，自午讫戌亥。赏罚应春秋，昏明顺寒暑。爻词有仁义，随时发喜怒。如是应四时，五行得其理。天地设位，而易行乎其中矣。天地者，乾坤之象也；设位者，列阴阳配合之谓也。易谓坎离。

此言《易》之本旨主于用世，处中制外，通于律历，昼夜有事，喜怒纷起，有仁有义。是亦四时五行之理也。自我观之，天地设位，易行其中，坎离而已。此易以既济为刚柔正也，养生者，则不可以离火消坎水也，以离火炼坎水为可。坎月离日有三十日，其朔晦弦望，皆以日为经纬而奉其使，此纳甲之说，亦离火炼坎水之象也。若夫朔旦至晦，昼夜不息，冬夏内外，赏罚昏明，非养生之士所宜与矣。其朔旦屯直事云云，与汉易家卦气二法不合。推其意，去乾、坤、坎、离，而以六十卦配三十日，亦不问月之大小。盖意所不重，聊以明六十卦之纷纷，有事所由，火动水竭而金丹不成耳。

坎离者，乾坤二用。二用无爻位，周流行六虚。往来既不定，上下亦无常。幽潜沦匿，变化于中。包囊万物，为道纪纲。以无制有，器用者空。故推消息，坎离没亡。

说者谓汉易卦气六日七分法，坎离为方伯，不在六十四卦中，不以六爻分六日七分配卦，故无爻位。然四方伯尚有震兑，亦无爻位，则此二用无爻位，必谓十二消息卦，内无坎离也。汉易以十二月辟卦为消息卦，无坎离，即其互卦内亦无坎离，故曰：故推消息，坎离没亡。以无用为用，乃得养生之用，如老子所云当其无，有器之用者也。盖人生以水火而成，用之则竭，不用则存，故以消息无坎离，明当不用水火以养生焉。

言不苟造，论不虚生。引验见效，校度神明。推类结字，原理为证。坎戊月精，离己日光。日月为易，刚柔相当。土旺四季，罗络始终。青赤白黑，各居一方。皆禀中宫，戊己之功。

此言以坎离为《易》大用，与易家四方伯之说不同，然实不为虚说也，观易之为字而见之矣。日月为易，乃《参同契》一家之说。古羲易从日从勿，勿为古物字。盖圣人之易，开物成务，养生者弗取也，故别自为说。措坎离于不用，而后以离炼坎，如以日照月。日之照月，地在其间；火之炼水，尤资土静。坤土者，固罗络始终，而四方皆禀其功者也。

易者,象也。悬象著明,莫大乎日月。穷神以知化,阳往则阴来。辐辏而轮转,出入更卷舒。易有三百八十四爻,据爻摘符,谓六十四卦。晦至朔旦,震来受符。当斯之际,天地构其精,日月相撙持。雄阳播元施,雌阴化黄包。混沌相交接,权舆树根基。经营养鄞鄂,凝神以成躯。众夫蹈以出,蠕动莫不由。

此言坎水离火,本人之所以有生而成形,故可以火炼水而得长生。六十四卦,乾坤为父母,以象人生。爻之生自屯之震始屯者,物之始生也。物之始生,离阳坎阴,元施黄包以成躯焉。鄞鄂,犹匡廓也。此虽蠕动亦然,人而不知炼水以长生,庸庸之流,与蠕动何异矣。

于是仲尼赞鸿濛,乾坤德洞虚。稽古当元皇,关雎建始初。冠婚气相纽,元年乃芽滋。圣人不虚生,上观显天符。天符有进退,诎伸以应时,故易统天心。

此言孔子赞《易》,始显天符。天符有进退,如月之有盈亏,即人之由无欲而有欲,消兑金以为坎水之象也。关雎以言乾坤为父母,冠婚以言屯蒙之受事。伸者必诎,进者必退,常人类然。故圣人于易显天符,即以统天心。天符有消息盈虚,天心在复,消兑而兑虚,何如金复其故性乎?

复卦建始萌,长子继父体,因母立兆基。消息应钟律,升降据斗枢。三日出为爽,震庚受西方。八日兑受丁,上弦平如绳。十五乾体就,盛满甲东方。蟾蜍与兔魄,日月气双明。蟾蜍视卦节,兔魄吐精光。

此以纳甲法象人生也。继父体而因母立兆基,是以有身。初如震,次如兑,八岁毁齿,阳气平正,十五岁而骨髓方盈,乾体就矣。此固金也。然而十六精通,嗜欲日启,乾金不消,其可得乎?

七八道已讫,屈折低下降。

闭兑保乾,则不屈折而成丹矣。

十六转受统,巽辛见平明。艮直于丙南,下弦二十三。坤乙三十日,东北丧其朋。节尽相禅与,继体复生龙。壬癸配甲乙,乾坤括始终。七八数十五,九六亦相应。四者合三十,阳气索灭藏。

此言人至十六以后,金消日甚,至其终而阳气灭藏矣。观于纳甲,三十丧朋，继体生龙，然则兑金之为水也。继体生人，是以有子，如其闭兑，其可以自永其生，易知耳。而阴阳之七八不变，其九六必变，变则消金。盖至三十，而灭藏之端已见，闭兑以复其金之故性，犹可为也。

八卦亦①列曜，运移不失中。元精眇难睹，推度效符证。居则观其象，准拟其形容。立表以为范，占候定吉凶。发号顺时令，勿失爻动时。上察河图文，下叙地形流。中稽于人心，参合考三才。动则循卦节，静则因象词。乾坤用施行，天地然后治。可得不慎乎？

此言观易象而悟养生也。上察河图文，易象也；下叙地形流，谓兑金坤土。养生之大义，在地形焉。参合人心，三才一理，动静之际，可不慎乎？动当节欲以循卦节，静则绝欲如象之不动可也。

御政之首，管括微密，开舒布宝。要道魁柄，统化纲纽。爻象内动，吉凶外起。五纬错顺，应时感动。四七乖戾，誃离俯仰。文昌统录，诘责台辅。百官有司，各典所部。日合五行精，月受六律纪。五六三十度，度竟复更始。原始要终，存亡之绪。或君骄溢，亢满违道；或臣邪佞，行不顺轨。弦望盈缩，乖变凶咎。执法刺讥，诘过贻②主。辰极受正，优游任下。明堂布政，国无害道。

御政之首，以喻初生之性；爻象内动，吉凶外起，以喻欲既开而吉凶起也。五纬即五行，错顺以言纷乱。四七乖戾者，巽四兑七，乖戾，谓坤土不能闭兑，巽风扇离火而兑金为水也。誃离俯仰，言离火或俯或仰，不炼坎而消兑也。《尔雅》：誃，离也。故称誃离。文昌，即离火；诘责台辅，以为火失其用。然坤土巽风皆不得辞其责，当如官司，各典所部。夫日月合三十度以成始终，前既言之矣。存亡之绪于是乎在。若心不从道，如君骄溢，五官四支不从道；如臣邪佞，则不典所部，乖变凶咎宜矣。而或反诘过贻主，以兑为人欲，非也。辰极受正，极言乾北辰居所，保其真金为受正；优游任下，谓兑水有隄。离为明堂，布政而可无害道。则不以消金而以炼水也。

内以养己，安静虚无。原本隐明，内照形躯。闭塞其兑，筑固灵株。

---

① 亦，诸本作"布"。
② 胎，当为"贻"之误，下同。

三光陆沉,温养子珠。视之不见,近而易求。黄中渐通理,润泽达肌肤。初正则终修,干立末可持。一者以掩蔽,世人莫知之。

此乃正言养生之要。安静虚无,以坤为德;隐明内照,离火不扬。坤土塞兑,巽震灵株,亦筑而固之。离光沉于坎水,所以温养子珠也。坤之黄中,土能镇水,则通理;兑之润泽,金既闭塞,光达肌肤。兑正则坎易修,兑立则坎易持,兑金闭则坎水易镇也。近而易求,安有秘妙哉?

上德无为,不以察求;下德为之,其用不休。上闭则称有,下闭则称无。无者以奉上,上有神德居。此两孔穴法,金气亦相须。

言惟上德能绝欲,下德则用不休矣。其谨慎者,上闭有三闭,口寡言闭,耳目寡视听则有之;下闭绝欲,未见有之。此惟以奉上德者,之有神德耳。此两孔穴,岂知为金丹之气所须哉?

知白守黑,神明自来。白者金精,黑者水基。水者道枢,其数名一。

此释《老子》知白守黑之义,以为此老子闭其兑之法也。守黑,则坎水不溢;知白,则兑金可成。欲成金丹,守水而已。其数名一,明其为坎水也。

阴阳之始,元含黄芽。五金之主,北方河车。故铅外黑,内怀金华。被褐怀玉,外为狂夫。

言元黄交合之始,所以成人身之真金者,坎水耳。故炼水可以成金,如铅黑而怀金华,言炼坎水可成兑金也。血肉之身,有如被褐中韫至宝。水如玉,然以之纵欲,则为狂夫而已。

金为水母,母隐子胎;水为金子,子藏母胞。真人至妙,若有若无。仿佛大渊,乍沉乍浮。退而分布,各守境隅。采之类白,造之则朱。炼为表卫,白里真居。方圆径寸,混而相拘。

此明金水同物,在人所以养之。金消则水,水养则金。真人于其水,若有若无,乍沉乍浮,于是水不外溢,退而分布于一身,各典所部,肤革充盈,气色华腴。夫水采之则白,造之则朱。造朱者,以卫其身之表;而白者居里,以为之主。则方圆径寸,所谓子珠者也;混而相拘,功在制守,是谓温养。然而曰若有若无,则制守之功,相忘而自定,斯为得之。积薪以压火,杯水其可恃乎?

先天地生，巍巍尊高。旁有垣阙，状似蓬壶。环匝关闭，四通踟蹰。守御密固，阏绝奸邪。曲阁相通，以戒不虞。可以无思，难以愁劳。神气满室，莫之能留。守之者昌，失之者亡。动静休息，常与人俱。

　　此言闭兑之法，在于无思无愁劳，留守神气，动静休息，不可失也。

　　是非历藏法，内视有所思。履斗步罡宿，六甲以日辰。阴道厌九一，浊乱弄元胞。食气鸣肠胃，吐正吸外邪。昼夜不卧寐，晦朔未尝休。身体日疲倦，恍惚状若痴。百脉鼎沸驰，不得清澄居。累土立坛宇，朝暮敬祭祀，鬼物见形象，梦寐感慨之。心欢而意悦，自谓必延期，遽以夭命死，腐露其形骸。举措辄有违，悖逆失枢机。诸术甚众多，千条有万余。前却违黄老，曲折戾九都。

　　此言除绝欲一法外，妄术千万，无一有益。内视有所思，数息视鼻端白之法；履斗二语，符禁法也；阴道二语，采补法也；食气八句，吐纳之法也；累土六句，祠祭法也。同归于不能有成而已。

　　明者省厥旨，旷然知所由。勤而行之，夙夜不休。服食三载，轻举远游。跨火不焦，入水不濡。能存能亡，长乐无忧。道成德就，潜伏俟时。太乙乃诏，移居中州。功满上升，膺箓受图。

　　绝欲三载，其效可见。侈而言之，上升可也。入水入火，言耐寒暑耳。

　　《火记》不虚作，演日①以明之。偃月法鼎炉，白虎为熬枢。汞日为流珠，青龙与之俱。举东以合西，魂魄自相拘。

　　《火记》者，当时道家有此书，今借纳甲法明其旨。偃月为炉，汞日为珠，月在炉中炼之，以日汞可以成金。白虎者，金也；青龙者，所谓继体生龙也。不生龙则自生，以东合西，不震而兑自成矣。

　　上弦兑数八，下弦艮亦八。两弦合其精，乾坤体乃成。二八应一斤，易道正不倾。铢三百八十四，亦应卦爻之数。

　　上弦兑八，以八日兑受丁言也；下弦艮象二十三，而曰亦八，以艮之数言也。言兑之八，为阳不长而就盈天地也；艮之八为阳不动而保盈，

---

① 日，诸本作"易"。

在乎人矣。能以艮八保兑八,乾坤之体乃成矣。又以二八一斤适三百八十四铢,有合易数,附证圣人亦有此意。《易》本用九用六,而此以八为贵,贵其阴而静也。故曰:《参同契》之道主于坤,所以明老子之学也。

金入于猛火,色不夺精光。自开辟以来,日月不亏明。金不失其重,日月形如常。金本从月生,朔旦受日符。金反归其母,月晦日相包。隐藏其匡廓,沉沦于洞虚。金复其故性,威光鼎乃炽。子午数合三,戊己号称五。三五既和谐,八石正纲纪。呼吸相含育,伫思为夫妇。黄土金之父,流珠水之子。水以土为鬼,土镇水不起。朱雀为火精,执平调胜负。水盛火消灭,俱死归厚土。三性即会合,本性共祖宗。

兑金之成,入猛火而精光不夺,观日月可证也。如月之水,则岂有竭时乎?金本从月生者,兑金乃坎水所成;金反归其母者,兑金乃离火所炼。故土为金父,所以制兑;火为金母,所以炼坎成兑也。月坎日离,月晦日包,炼坎之象也。金复其故性,离光炽乎坎鼎。坎为鼎者,坎水可以为金也。前明云偃月法鼎炉,鼎与流珠皆坎,而熊氏以乾坤为鼎,乾坤为父母也。明见篇首即以《参同》说《参同》,已自大悖,而于《易》益远矣。

子一午二,水火生数共三,戊己土数五,合而为八。用八为阴,不动之义。子一坎数,午二非离数,与兑八用纳甲日数,艮八用卦数同。魏君之义主于明养生绝欲而已,易卦之例,术数之说,因便采譬,非所拘也。

水火呼吸,思为夫妇。镇之以黄土,坎水凝而为流珠,是水之子,故又曰子珠。温养成丹,则兑金矣。坤土如身,坤静而坎不流。水以土为鬼,鬼,归也。筮法所受克者为鬼,言其能制也。制而不起,火精执平,则坤静而离亦不炽,皆坤之为也。水胜火不能消,而火以炼水成金,金成则火灭,俱归厚土,坤之为也。水、火、土三性合而兑金成。

巨胜尚延年,还丹可入口。金性不败朽,故为万物宝。术士服食之,寿命得长久。土游于四季,守界定规矩。金砂入五内,雾散若风雨。薰蒸达四肢,颜色悦泽好。发白皆变黑,齿落生旧所。老翁复丁壮,耆躯成姹女。改形免世厄,号之曰真人。胡粉投火中,色坏还为铅。冰雪得温汤,解释成太元。金以砂为主,禀和于水银。变化由其真,终始自相因。

此言巨胜尚可延年,况绝欲以成金丹乎?绝欲则兑金之保坤。砂者,散入五内,达于四肢,发黑齿生,真人可为,此非妄也。以兑金、坎水本同类,故坎水炼之成兑金,以坎水本兑金所为也。胡粉本铅,冰雪本水,得火温,则还为铅、水。坎如水银,坤砂制之成兑金者,由其真,以其终始本相因也。

欲作服食仙,宜以同类者。植禾当以黍,覆鸡用其卵。以类辅自然,物成易陶冶。鱼目岂为珠,蓬蒿不成槚。类同者相从,事乖不成宝。燕雀不生凤,狐兔不乳马,水流不炎上,火动不润下。世间多学士,高妙负良材。邂逅不相遇,耗火亡货财。据按依文说,妄以意为之。端绪无因缘,度量失操持。捣治羌石胆,云母及矾磁,硫黄烧豫章,泥汞相炼飞。鼓下五石铜,以之为辅枢。杂性不同类,安肯合体居。千举必万败,欲黠反成痴。侥幸讫不遇,圣人独知之。稚年至白首,中道生狐疑。背道守迷路,出正入邪蹊。管窥非广见,难以揆方来。

此言惟己身之水火与己同类,故土镇水而火炼之,可成兑金。若夫金石之药,性不同类,以之炼丹,是欲以蓬蒿为槚也。槚之不成,糜烂其蓬蒿而已。李虚中、卫中立之徒,服金石以殒其身,可戒也夫!

若夫至圣,不过伏羲,始画八卦,效法天地。文王帝之宗,结体演爻词。夫子庶圣雄,十翼以辅之。三君天所挺,迭兴更御时。优劣有步骤,功德不相殊。制作有所踵,推度审分铢。有形易忖度,无兆难虑谋。作事令可法,为世定诗书。素无前识资,因师觉悟之。皓若褰帷帐,瞑目登高台。《火记》六百篇,所趣等不殊。文字郑重说,世人不熟思。寻度其源流,幽明本共居。窃为贤者谈,曷敢轻为书。若遂结舌瘖,绝道获罪诛。写情著竹帛,又恐泄天机。犹豫增叹息,俯仰缀斯愚。陶冶有法度,未可悉陈敷。略述其纲纪,枝条见扶疏。

此言《易》之所陈与《火记》同。初读《火记》而犹疑,今之于《易》得之,若昔瞑目而今登高台矣。盖魏君著书,主于明《火记》六百篇之要,而以《易》为说,自言甚明。谓之《周易参同契》,后人以其言《易》而加之耳。

以金为隄防,水入乃优游。金计有十五,水数亦如之。临炉定铢两,五分水有余。二者以为真,金重本如初。其三遂不入,火二与之居。

金,兑也,亦乾也。八卦之位,乾兑本相连,乾右兑而左,坎兑本金,而与坎皆为水。坎以艮为隄防,兑以坤为隄防,此易象也。闭塞其兑,坤土镇前,乾金守始,是则以金为隄防;坎之右行,艮土镇外,乾金归原养水。如此,水不出而入乃优游矣。金计十有五者,西方乾、兑、坤合数;水亦十五者,北方乾、坎、艮合数。临炉定其铢两,盖自临之二阳方盛,而铢两当定矣。观中篇临炉施条,此临为临卦甚明。五分其水之数十五,二者以为真,则乾六不动,金之纯全,所谓金重如本初也。其三者,离之九也;金不损者,火不入也。火二与之居,火二乃火生数,火之本初也。与金居,则金入火而不夺精光也;与水居,则金复其故性也。

三物相含受,变化状若神。下有太阳气,伏蒸须臾间。先液而后凝,号曰黄舆焉。

三物,水、金、火也。此言自幼塞兑,完其金之本初者。真火蒸水,液而后凝,号曰黄舆。坤黄而为大舆,此谓坤土也。火蒸水而生土,土养其金,此本然之丹也;土镇水而用火,火炼成金,乃还丹也。本然者,称黄舆;还丹称黄芽。

岁月将欲讫,毁性伤寿年。形体如灰土,状若明窗尘。捣治并合之,驰入赤色门。固塞其际会,务令致完坚。炎火张于下,昼夜声正勤。始文使可修,终竟武乃陈。候视加谨慎,审察调寒温。周旋十二节,节尽更相亲。气索命将绝,体死亡魄魂。色转更为紫,赫然成还丹。粉提以一丸,刀圭最为神。

此言兑金虽消闭之,犹可成丹,所谓还丹也。故先言兑金已毁,形体如灰土耳。明窗飞尘,其能长久乎?急闭兑而以离炼坎,道当驰入,固塞其兑;离火在下,始文勿急;终武坚守,候视勤慎。此闭兑炼坎之节也。世有坐行修养之术,而转以致疾者,始武而终文者欤?周十二节,节尽更亲,言功不息也。如是,则命将绝、魂将亡者,转而为还丹矣。一丸者,子珠也;粉提者,炼铅成粉之喻也。铅外黑而内怀金华,提之为粉,金丹可以几于成矣。固塞之为塞兑,本文词旨甚明也。

推演五行数,较约而不烦。举水以激火,奄然灭光明。日月相激薄,常在晦朔间。水盛坎侵阳,火衰离昼昏。阴阳相饮食,交感道自然。名者以定情,字者缘性言。金来归性初,乃得称还丹。

世人火盛消金,金消为水,还灭其火。试观日月,水无灭火之时,然有月食昼昏之类,可以悟养生矣。名者,如称金、水、火、土、木是也;字者,如称铅汞、龙虎、黄舆、姹女之属是也。总以明金来归性初而已。

吾不敢虚说,仿效圣人文。古记题龙虎,黄帝美金华。淮南炼秋石,王阳加黄芽。贤者能持行,不肖毋与俱。古今道由一,对谈吐所谋。学者加勉力,留念深思惟。至要言甚露,昭昭不我欺。

淮南、王阳,非魏所取。王阳炼金,本非实事,《汉书》本传但以其行清而车服华美,世疑有点金术耳。魏之道主于闭兑,服药炼金,皆所不取也。

中　篇

乾刚坤柔,配合相包。阳禀阴受,雌雄相须。须以造化,精炁乃舒。坎离冠首,光耀垂敷。元冥难测,不可画图。圣人揆度,参序元基。四者混沌,径入虚无。六十卦周,张布为舆。

申明上篇言乾、坤、坎、离四者,以虚无为用也。乾坤以坎离而精炁乃舒,而十二消息无坎离,是大用固在于不用矣。不可画图,圣人揆度,为河图四者皆主于无,而六十卦之用者,亦由此生也。

龙马就驾,明君御时。和则随从,路平不邪。邪道险阻,倾危国家。

张布为舆者坤,龙马就驾者乾。坎离和则其正也,不和则其邪也。人事纷纷,由此兴矣。

君子居其室,出其言善,则千里之外应之。谓万乘之主,处九重之室。发号出令,顺阴阳节。藏气①候时,勿违卦月。屯以子申,蒙用寅

---

① 气,诸本作"器"。

戌。余六十卦,各自有日。聊陈两象,未能究悉。

此纳甲法也。屯上坎下震,震初纳庚子,坎四纳戊申,故屯以子申;蒙上艮下坎,初纳戊寅,四纳丙戌,故蒙以寅戌。六十卦可推也。此申明上篇朔旦屯直事云云也。

立义设刑,当仁施德。逆之者凶,顺之者吉。按历法令,至诚专密。谨候日辰,审察消息。纤芥不正,悔吝为贼。二至改度,乖错委曲。隆冬大暑,盛夏霜雪。二分纵横,不应漏刻。风雨不节,水旱相伐。蝗虫涌沸,群异旁出。天见其怪,山崩地裂。孝子用心,感动皇极。近出己口,远流殊域。或以招祸,或以致福,或兴太平,或造兵革。四者之来,由乎胸臆。动静有常,奉其绳墨。四时顺宜,以气相得。刚柔断矣,不相涉入。

此申明上篇爻词有仁义云云也。按历法令以下,皆京房之法,以卦气推天象以验人事宜慎,所以为感召。虽于圣人之旨,未甚乖谬。然圣人之《易》,务必尽人事而已。阴阳之事,非吉凶所生也。吉凶由人,叔兴犹见及此;羲、文、周、孔,其道如一;京、焦,一偏小见;而魏君以为圣人之《易》,则固未究乎《易》之至也。然为京氏之学,以自陨其身,则诚不如魏君之学以自保其身矣。

五行守界,不妄盈缩。易行周流,屈伸反覆。晦朔之间,合符行中。混沌鸿濛,牝牡相从。滋液润泽,施化流通。天地神灵,不可度量。利用安身,隐形而藏。始于东北,箕斗之乡。旋而右转,呕轮吐萌。潜潭见象,发散精光。昴毕之上,震为出征。阳气造端,初九潜龙。阳以三立,阴以八通。三日震动,八日兑行。九二见龙,和平有明。三五德就,乾体乃成。

此以卦象人生,申明上篇复卦建始萌云云之义也。始于东北,艮止胎存;月在潜潭,精光隐焉;震出乾初,八日为兑;和平之正,至三五而后成乾体。明乎兑金之成,其成不易,不可以不保也。

九三夕惕,亏折神符。盛衰渐革,终还其初。

不绝欲则亏折,自此而始将复,如初生幼小时之不足矣。后言骨若可卷,肉滑若铅,明此文初生不成金之义也。

巽济①其统,固际操持。九四或跃,进退道危。艮主进止,不得踰时。二十三日,典守弦期。九五飞龙,天位加喜。六五坤承,结括终始。韫养众子,世为类母。上九亢龙,战德于野。用九翩翩,为道规矩。阳数已讫,讫则复起。推情合性,转而相与。循据璇玑,升降上爻②。周流六爻,难可察睹。故无常位,为易宗祖。

巽济其统至战德于野,言阴长阳消而人不觉,当操持之。《易》之用九,乃采持之义。因阳之尽,而示推情合性之道,为三百八十四爻之宗祖。凡阴阳之变,当图所以还之丹,不还不成。王弼说《易》,有不性其情何能久行,其语释此推情合性为合矣。用九曰翩翩,如泰六四之翩翩。坎鸟飞,则乾之内外二阳皆消矣,金消为水之象也；离鱼遁,则坤之中央一阴可保矣,火炼成金之象也。又观潜潭见象之语,知纬书中有春秋潜潭巴者,必本潜潭月也。后人因见巴月,篆文相似而讹耳。注《易》者,皆以离为鸟,不知小过为大坎,孔子明言有飞鸟之象,必坎为鸟也。巽本为鱼,离中互巽,故有离鱼。

朔旦为复,阳气始通。出入无疾,立表微刚。黄钟建子,兆乃滋彰。播施柔暖,黎蒸得常。临炉施条,开路正光。光耀渐进,日以益长。丑之大吕,结正低昂。仰以成泰,刚柔并隆。阴阳交接,小往大来。辐辏于寅,运而趋时。渐历大壮,侠列卯门。榆荚堕落,还归本根。刑德相负,昼夜始分。夬阴以退,阳升而前。洗濯羽翮,振索宿尘。乾健盛明,广被四邻。阳终于巳,中而相干。姤始纪绪,履霜最先。井底寒泉,午为蕤宾。宾伏于阴,阴为主人。遁世去位,收敛其精。怀德俟时,栖迟昧冥。否塞不通,萌者不生。阴伸阳屈,没阳姓名。观其权量,察仲秋情。任蓄微稚,老枯复荣。荠麦芽蘖,因冒以生。剥烂支体,消灭其形。化气既竭,亡失至坤。道穷则反,归乎坤元。

此以十二消息卦为人生之象,始复终剥,终始乾坤于剥,言消灭,谓必有死也。

恒顺地理,承天布宣。元幽远渺,隔阂相连。应度育种,阴阳之源。

---

① 济,诸本作"继"。
② 爻,诸本作"下"。

寥廓恍惚,莫知其端。先迷失轨,后为主君。无平不陂,道之自然。变易更盛,消息相应。终坤复始,如循连环。帝王御宇,千载常存。将欲养性,延命却期。审思后末,当虑其先。

言帝王御宇,所以千载常存者,顺地承天,消息相应也。今欲常存其身,审思后末之有死,当虑其先而闭兑也。

人所禀躯,体本一无。元精云布,因炁托初。阴阳为度,魂魄所居。阳神日魂,阴神月魄。魂之与魄,互为宅室。

此言人生本坎水所成;故闭兑炼坎,可以长生。

性主处内,立置鄞鄂;情主营外,筑垣城郭。城郭完全,人物乃安。

此坤土所以能镇水也。

爰斯之时,情合乾坤。乾动而直,气布精流;坤静而翕,为道舍庐。刚施而退,柔化以滋。九还七返,八归六居。男白女赤,金火相拘。则水定火,五行之初。上善若水,清而无瑕。道之形象,真一难图。变而分布,各自独居。类如鸡子,白黑相符。纵广一寸,以为始初。四肢五藏,筋骨乃俱。弥历十月,脱出其胞。骨若可卷,肉滑若铅。

此言人本男白女赤,金火相拘以有生。然则因其身之金火而制之相拘,其长生也,明矣。金火相拘,其枢在水,故又以上善、真一言之。始生之时,骨肉脆弱,十五而乾体就,惟其兑之闭也。然则于不闭之兑而仍闭之,其长生也,又明矣。陈致虚乃以骨若可卷,肉滑若铅为炼丹十月,成为阳神之状,岂其然乎?

阳燧以取火,非日不生光。方诸非星月,安能得水浆?二炁元且远,感化尚相通。何况近存身,切在于心胸。

此即上篇同类之义而显言之。金、水、火、土皆存己身,切在于心,为之主而闭之、镇之、温养之耳。

阴阳配日月,水火为效征。耳目口三室①,固塞勿发通。真人潜深渊,浮游守规中。旋曲以视听,开阖皆合同。为己之枢辖,动静不竭穷。离气内营卫,坎乃不用聪。兑合不以谈,希言顺鸿濛。

---

① 室,诸本作"宝"。

此所谓上闭也。

三者既关键,缓体处空房。委志归虚无,无念以为常。证难以推移,心专不纵横。寝寐神相抱,觉寤候存亡。颜色浸以润,骨节益坚强。排却众阴邪,然后立正阳。

此所谓下闭也。曰处空房、曰神相抱,言独居也;觉寤候存亡,犹恐有梦寐之不闭者;无念以为常,是其功修也。

修之不辍休,庶炁云雨行。淫淫如春泽,液液象解冰。从头流达足,究竟复上升。往来洞无极,怫怫被容中。返者道之验,弱者德之柄。耘耔宿污秽,细微得调畅。浊者清之路,昏久则昭明。

此言绝欲之效,与上篇金砂入五内云云同意。

世人好小术,不审道浅深。弃正从邪径,欲速阏不通。犹盲不任杖,聋者听商宫。投水捕雉兔,登山索鱼龙。植麦欲获黍,运规以求方。竭力劳精神,终年无见功。

此言他术之无益,与上篇是非历藏法云云同意。

欲知服食法,事约而不烦。太阳流珠,常欲去人。卒得金华,转而相因。化为白液,凝而至坚。

火消金而流珠常欲去人者也。以金华制之,化为白液者,可凝而至坚矣。

金华先唱,有顷之间。

制欲以刚,故贵金华先唱,以金制水,则金不消矣。

解化为水,马齿琅玕。阳乃往和,情性自然。

此和以制之也,始文也。

迫促时阴,拘蓄禁门。

此严以制之也,终武也。

慈母养育,孝子报恩。

和以制之,如此。

严父施令,教敕子孙。

严以制之,如此。

五行错王,相据以生。火性销金,金伐木荣。三五与一,天地至精。

火消金则伐木,此所以必闭兑也。三五与一者,木火为一五,金水为一五,土为一五,三物一家,都归戊己,故曰三五与一,以明道在乎以土镇水也。

可以口诀,难以言传。子当右转,午乃东旋。

坎当右转,水还成金;离若东旋,巽风吹火,震木焦矣。

卯酉界隔,主客二名。龙呼于虎,虎吸龙精。两相饮食,俱相贪便。遂相衔咽,咀嚼相吞。

主,酉、兑也;客,卯、震也。震动其兑,必至咀嚼相吞,可以惧而思闭矣。

荧惑守西,

火消金之象。

太白经天,

金伐木之象。

杀气所临,何有不倾?

总承上二句,言不可以不思闭也。

狸犬守鼠,鸟雀畏鹯,各得其功,何敢有声?

言戒守慎畏当如此。

不得其理,难以妄言。竭殚家产,妻子饥贫。自古及今,好者亿人。讫不谐遇,希有能成。广求名药,与道乖殊。如审遭逢,睹其端绪。以类相况,揆物终始。五行相克,更为父母。母含滋液,父主禀与。凝精流形,金石不朽。审专不泄,得为成道。

求药者不得其理,以不同类也;凝精流形,可以成金石之不朽。其道在于审专不泄而已。此明言闭兑之义也。

立竿见影,呼谷传响。岂不灵哉,天地舒①象。

言闭兑之道,合天地八卦之象。

若以野葛一寸,巴豆一两,入喉辄僵,不得俯仰。当此之时,周文揲蓍,孔子占象,扁鹊操针,巫咸扣鼓,安能令苏,复起驰走?

---

① 舒,诸本作"至"。

言以欲为戒,当如此。

河上姹女,灵而最神。得火则飞,不见埃尘。鬼隐龙匿,莫知所存。将欲制之,黄芽为根。

此闭兑要义也。河上姹女,坎心也;火,离火也。火动则水消,坤土之鬼,不镇而隐;震木之龙,相吸而匿,惟仍以坤土镇之。坤土黄而曰黄芽,兼震言之。土镇在于不震,震木方芽,非怒生之候,闭兑之道,如是而已。姹女,心也。河上姹女,心之动于肾者也。得火则飞,潜消不觉,况其薰灼而倾决者乎?后云肾黑为子,心赤为女,析而言之也;此姹女在河上,而得火则飞,合而言之也。三物一家,故不必有定名也。

物无阴阳,违天悖元。牝鸡自卵,其雏不全。夫何故乎?配合未连。三五不交,刚柔离分。施化之精,天地自然。犹火动而炎上,水流而润下,非有师导,使其然也。资使统政,不可复改。观夫雌雄,交媾之时,刚柔相结,而不可解。得其节符,非有工巧,以制御之。若男生而伏,女偃其躯。禀乎胞胎,受气元初。非徒生时,著而见之。及其死也,亦复效之。此非父母,教令其然。本在交媾,定置始先。坎男为月,离女为日。日以施德,月以舒光。月受日化,体不亏伤。阳失其契,阴侵其明。晦朔薄蚀,掩冒相倾。阳消其形,阴凌灾生。

此言阴阳配合,欲虽不可绝,必当节之。体不亏伤,有节也;阴侵其明,无节也。坎月亦离日之光,离女为心为日之义,不可以词害意。然而老子用坤,盖有见于此欤?

男女相须,含吐以滋。雌雄错杂,以类相求。金化为水,水性周章;火化为土,水不得行。故男动外施,女静内藏。

金化为水,火性消金也。水性周章,可无以镇之乎?火化为土,水不得行。土镇水不起也。夫火化土而水不行,亦胎元之所以留聚而成形,而闭兑之可以成丹,信矣。

溢度过节,为女所拘。魄以钤魂,不得淫奢。不寒不暑,进退合时。各得其和,俱吐证符。

魄,土也;魂,水也。土镇水,则得其和也。

丹砂木精,得金乃并。金水合处,木火为侣。四者混沌,列为龙虎。

龙阳数奇,虎阴数偶。

坤砂制水,兑金为水。砂以火生故丹,水以土镇而精,故丹砂为水精。金水合处,坤、兑合也;木火为侣,离、巽、震为侣也;列为龙虎,震木为龙。三,固奇矣。兑虎七而曰偶,上弦兑数八也。或坤,虎也。兑金之消于火,坤土不镇为之也;兑金之伐木荣,亦坤土之不镇为之也。

肝青为父,肺白为母。肾黑为子,离赤为女。脾黄为祖,子五行始。三物一家,都归戊己。

明土镇水不起,为闭兑之道也。

刚柔迭兴,更历分布。龙西虎东,建纬卯酉。刑德相会,相见欢喜。刑主伏杀,德主生起。

此以龙虎刑德喻男女西东,往来会而有喜,言其情也。

二月榆落,魁临于卯。八月麦生,天罡据酉。

此昏嫁之时也。

子南午北,互为纲纪。一九之数,终而复始。含元虚危,播精于子。

此男女之合也。一坎而九离,播精于子,乾元之不闭于兑也。

关关雎鸠,在河之洲。窈窕淑女,君子好逑。雄不独处,雌不孤居。元武龟蛇,蟠虬相扶。以明牝牡,竟当相须。

此世人谓欲必不可绝之说也。

假使二女共室,颜色甚姝,令苏秦通言,张仪合媒,发辨利舌,奋舒美词,推心调谐,合为夫妇,弊发腐齿,终不相知。

此言绝欲之心当如此。自以为女则无欲,心为日者也。老子之道曰守雌,此其义矣。以心为姹女,亦此意耳。

若药物非种,名类不同。分刻参差,失其纲纪。虽黄帝临炉,太乙执火,八公捣炼,淮南调合,立宇崇坛,玉为阶陛,麟脯凤腊,把籍长跪,祷祝神祇,请哀诸鬼,沐浴斋戒,冀有所望。亦犹和胶补釜,以硇涂疮,去冷加冰,除热用汤,飞龟舞蛇,愈见乖张。

若欲以药物致长生,药与人不同类,必不能成丹也。

昔贤论《参同》以抽坎填离,窃以闭兑乃老子之言,《参同》所述,其义甚明,无所事其凿空也。水坎金兑、火离土坤,木为震巽而乾金艮土,亦有其义。本是八卦之象，而火二、金四，用其生数，不复拘《易》之方位。正如龙震虎兑，兑数本七而称偶者，明自言上弦兑数八也。不知者横生意议，而南二西四之河图，乃以臆造矣。熊氏朋来以后，儒家之言《参同契》者，大略相同，兹皆无取焉。一九之数、龙西虎东，毫不合先天方位，又本非《参同契》之正义，而以相附会，其失孔多。乾坤为鼎说，尤大谬。兑金为鼎，故明言临炉下有兑，坤土在上，最合闭兑之象，故称炉。即炉即丹，皆寓言耳。

下　篇

　　惟昔圣贤，怀元抱真。服炼九鼎，化迹隐沦。含精养神，通德三光。津液腠理，筋骨致坚。众邪辟除，正气长存。累积常久，变形而仙。忧闵后生，好道之伦。随傍风采，指画古文。著于图籍，开示后昆。露见枝叶，隐藏本根。托号诸名，覆谬众文。学者得之，韫椟诸身。子继父业，孙踵祖先。传世迷惑，竟无见闻。遂使宦者不仕，农夫失耘，商人弃货，志士家贫。吾甚伤之，定录此文。字约易思，事省不烦。披列其条，核实可观。分两有数，因而相循。故为乱词，孔窍其门。智者审思，用意参焉。

　　含精养神，明言之也；服炼九鼎，喻言之也。圣贤盖谓老子。托号诸名，覆谬众文，《参同契》亦未免此纷纷，说者皆未审思，何以为智乎？

　　法象莫大乎天地兮，元沟数万里。

　　地以水为血脉，元沟是也。地之生物者，水也。

　　河鼓临星纪兮，人民皆惊骇。

　　天以水为元精，星纪是也。天之生物者，水也。

　　晷影妄前却兮，九年被凶咎。皇上览视之兮，王者退自改。

　　九年洪水，土不镇水也。帝王以治水为先务，惟养生亦然。

　　关键有低昂兮，害气遂奔走。江淮之枯竭兮，水流注于海。

　　治之不得其道，则害气兴，不治则枯竭见。

　　天地之雌雄兮，徘徊子与午。寅申阴阳祖兮，出入复终始。

　　子午者，复姤之初；寅申者，泰否之盛。中篇昂毕之上以下，说乾卦六爻。内卦三爻为震、兑、乾,外三爻为巽、艮、坤,盖变否为泰之象也。

循斗而招摇兮,执衡定元纪。升熬于甑山兮,炎火张设下。

甑山,鼎象也;熬,所炼之水也。闭水于鼎,以火炼之。

白虎倡导前兮,苍液和于后。

坤兑白虎,土镇水不起,故倡于前。苍龙称液,木以液生,无液则死。兑金不消,则不伐木,木荣故称液也。

朱雀翱翔戏兮,飞扬色五彩。遭遇罗网施兮,压之不得举。

坎为鸟,得火则飞,故称朱雀。今以离罗制之,则不飞矣。

嗷嗷声甚悲兮,婴儿之恋母。颠倒就汤镬兮,摧折伤毛羽。

此心如鸟,岂易制之?如儿恋母,能无情乎?忍之须臾,乃全汝躯,鸟翼既剪,坎不飞而水定矣。

刻漏未过半兮,鱼鳞狎猎起。五色象炫耀兮,变化无常主。

飞鸟戢翼,遁鱼游渊。水之优游,金隄所养,炎火在下,蒸为五色,成金之象见矣。

潏潏鼎沸驰兮,暴涌不休止。接连重叠累兮,犬牙相错距。

此即中篇所谓液液象解冰,从头流达足也。水之盛也。

形如仲冬冰兮,阑干吐钟乳。崔嵬而杂厕兮,交积相枝拄。

火炼水,成金之象也。

阴阳得其配兮,淡泊而相守。青龙处房六兮,春华震东卯。白虎在昴七兮,秋芒兑西酉。朱雀在张二兮,正阳离南午。三者俱来朝兮,家属为亲侣。

此言土镇水不起,则金、火、木皆淡泊相守。龙东虎西,异乎龙西虎东,相呼吸而咀嚼者矣;朱雀在南,不翱不翔,得火则飞者不飞,异乎子南午北矣。三者皆受制于水土也。同类故曰家属,为亲侣。

本之但二物兮,末而为三五。三五之与一兮,都集归二所。

本,但金水二物耳;末而为三五者,金计十有五,水数亦如之也。金水、三五元精聚于坎一,集归二所,以二之真火炼之,所谓下有太阳气是也。

治之如上科兮,日数亦取甫。

言治之,如上篇金计有三五云云也。

先白而后黄兮,赤黑达表里。名曰第一鼎兮,食如大黍米。

兑金本白,坤土之黄镇之,坎黑之水炼以离火,是修炼家第一鼎也。如黍米,言其道之常如食菽粟,岂有金石之丹哉!

自然之所为兮,非有邪伪道。山泽炁相蒸兮,兴云而为雨。泥竭遂成尘兮,火灭化为土。若白染为黄兮,似蓝成绿组。皮革煮成胶兮,曲蘖化为酒。同类易施功兮,非种难为巧。惟斯之妙术兮,审谛不诳语。传于亿世后兮,昭然自可考。焕若星经汉兮,昺如水宗海。思之务令熟兮,反复视上下。千周灿彬彬兮,万遍将可睹。神明或告人兮,心灵乍自悟。探端索其绪兮,必得其门户。天道无适莫兮,常传与贤者。

曰非有邪伪道,结上篇是非历藏法云云;曰同类易施功,结上篇欲作服食仙云云。必得其门户者,乾坤为门户。知土镇水不起,而以金为隄防,则用坤而保乾,金丹成矣。泰卦下乾上坤,中互兑震,二五变则成坎离,此正金丹成就之说也。故以《鼎器歌》明之。

《参同契》旧有《五相类》一篇,亦作《三相类》者,缀于篇末,无一精要语,必后人所附益。中有象彼仲冬节,草木皆摧伤,至以晓后来盲一段,其粗陋与《五相类》正相似。而宋端平中,陈显微注移入中篇之内,于本书所用传旋之韵,横隔以伤盲等韵,不学甚矣。今仍删之,并《五相类》不取,以存魏君之真焉。

鼎器歌

圆三五,寸一分。口四八,两寸唇。长尺二,厚薄均。腹脐三,坐垂温。阴在上,阳下奔。首尾武,中间文。始七十,终三旬。二百六,善调匀。阴火白,黄芽铅。两七聚,辅翼人。赡理脑,定升元。子处中,得安存。来去游,不出门。渐成大,性情纯。却归一,还本原。善爱敬,如君臣。至一周,甚辛勤。密防护,莫迷昏。途路远,极幽元。若达此,会乾坤。刀圭露①,净魄魂。得长生,居仙村。乐道者,寻其根。审五行,定铢分。谛思之,不须论。深藏守,莫传文。御白鹤兮驾龙鳞,游太虚兮

---

① 露,诸本作"霭"。

谒仙君,录天图兮号真人。

此以泰卦喻人身,而明炼丹之节。乾为性,兑为情,坤为体,震为动。作泰卦,上坤下乾,以中篇三五德就,乾体乃成,及仰以成泰,刚柔并隆征之,泰为人象之正明矣。内乾互兑,外坤互震,坤土镇则不震,兑金闭则乾体无亏,所谓推情合性,又所谓金复其故性也。

圆三五,寸一分者,圆周三尺五寸,又加一寸为一分,共圆周三尺六寸也。长方边一尺二寸者,故算圆法,周三径一,则其圆径与外方边一尺二寸,其圆周必三尺六寸也。乾坤二卦,天圆周三尺六寸,地方边一尺二寸。口四八者,方圆四尺八寸也;两寸唇者,坤数两口。虽四八土镇水不起,则两寸为唇,泰中互兑,兑象四画,而上耦为唇,以坤镇坎,有闭兑象也。长尺二,厚薄均者,地方边一尺二,长与厚同。厚者,宽也。坤德方十二,其十二自乘平方,积一百四十四尺也。腹脐三,坐垂温者,坤腹以乾为脐,乾三画也;阴在上,阳下奔者,泰象也。下有太阳气,乾脐温而阳下奔之谓矣。首尾武,中间文者,首尾以乾治坤,宜用武健;中间兑震龙虎,当以文治,无使或相咀嚼也。始七十,兑七也;终三旬,震三也。始于闭兑,终于龙不西虎不东也。二百六,善调匀者,约乾数二百一十有六,为二百六,言当调匀,使坤得成闭兑之功也。阴火白,黄芽铅者,阴火炼兑金,西方色白,非八卦巽白。太乙法,乾、坎、艮为三白之说也。黄芽坤土,本铅而已。炼以镇水,是成黄芽。两七聚,辅翼人者,坤两兑七,坤镇兑,两七聚也。赡理脑者,离也;定升元,火定则水升可炼。子处中,得安存者,坎水不亏也。坎水在肾,离水在脑,脑虽大寒,衣冠所不加,而其处中常温,水之升,火之宗也。此亦炼坎之征也。来去游,不出门者,审专不泄,而精气自行于身也。渐而后成大,情性欲以纯,为推合之候。归一、还本,言无他奇。爱如慈母,敬如严密,防不已,可以会乾坤而成泰,此河图之所录,而人所以保其真者也。

泰之为卦,乾性坤体,互兑在内,互震在外,正合坤土镇兑而不动之象。此内又无坎离,是水不泄火不灼之象,合于推消息而坎离灭亡。《参同契》之义与《老子》同,以不用为用,其称坎离者,乾坤二用,正谓不用也,故曰器用者空也。泰象亦以无坎离而取之,而或乃以乾坤为鼎器,坎离为大用,皆失之矣。

仪器之制,夜测星者,子北午南;昼测日者,子南午北。日在南,午影加时,不得位之于北耳。然足见仙者修炼主静,其道似夜,故以子南午北、龙西虎东喻人事之纷芸。而不悟者,乃反以为炼丹之要,似乎失其旨矣。

杨慎云:得掘地石函古本《参同契》于杨邛崃,魏伯阳《参同契》三卷,徐景休《笺注》三卷,淳于叔通《五相类》二篇。徐文长所谓分四言为魏书、五言为徐注者也。窃谓彭晓所注本为近。《古参同契》虽有四言、五言,大略相似,非笺注体,惟《五相类》鄙浅,当是徐氏或淳于氏之词耳。二杨之古文,作伪之本,不足凭据。颠倒原次,几乎截炉足为鼎耳、取壶鼻作杯唇,改紊古书之至甚者。陈致虚据以作注,非也。以法象莫大乎天地兮一段为《五相类》上篇,胡粉投火中至难以揆方来及《鼎器歌》长尺二以下为下篇,而《鼎器歌》之圆三五四句,另为徐注。下篇之首,下接《火记》不虚作,又改口四分为四八,而陈以圆三五,寸一分为三五与一,口四八为四八合十二,亦多附会不安。观其言黄帝一世为民,再世为臣,三世为君,炼丹飞升,则所见可知矣。昔朱子谓《参同契》不为明《易》,其言甚是。又云借纳甲以寓其行持进退之候,则未悟其借纳甲以喻世事纷纭,谓人不能保水以全金耳。致虚浅夫,乃谓此书直明《周易》之道,非也。庚辰九月初三日记。

附：

许桂林传

许桂林,字同叔,海州人。嘉庆二十一年举人。少孤,孝于母及生母,无间言。家贫,不以厚币易远游,日以诂经为事。道光元年,丁内艰,以毁卒,年四十三。桂林于诸经皆有发明,尤笃信《谷梁》之学,著《春秋谷梁谷传时日月书法释例》四卷。其书有引《公羊》而互证者,有驳《公羊》而专主者。阳湖孙星衍尝以条理精密、论辨明允许之。又著《易确》二十卷,大旨以乾为主,谓全《易》皆乾所生,博观约取,于《易》义实有发明。别有《毛诗后笺》八卷,《春秋三传地名考证》六卷,《汉世别本礼记长义》四卷,《大学中庸讲义》二卷,《四书因论》二卷。尝以其余力治六书、九数,著《许氏说音》十二卷,以配《说文》。又著《说文后解》十卷。又以岐伯言地,大气举之。气外无壳,其气将散;气外有壳,此壳何依？思得一说以补所未及。盖天实一气,而其根在北,北极是也。北极不当为天枢,而当为气母。因采集宣夜遗文,以西法通之,著《宣西通》三卷。又以算家以简为贵,乃取《钦定数理精蕴》,撮其切于日用者,著《算牖》四卷。生平所著书四十余种,凡百数十卷。甘泉罗士琳从之游,后以西算名世。

——出《清史稿》卷二百六十九

第二十九卷

周易参同契秘解

清 吕惠连 注

点 校 说 明

1.《周易参同契秘解》七卷，清末吕惠连注。吕惠连，字杏林，号岩谷，山东福山县人，清太医院医员，生卒不详。

2. 吕氏依古文本《参同契》注，洋洋洒洒二十余万字，为《参同契》注文字数之最多者。考其注，发挥三教合一之说，尤重儒家秘传之道，其于善书宝卷文字，征引尤详。惟注文极繁，推衍极广，甚则演唐诗为丹诗，不免牵强附会，无关《参同契》之旨。但观吕氏注解之意，惟重阴行积德炼己之功，以此为入道之梯，至若采药火候等旨，则为吕氏不传之秘，非《秘解》七卷所推演也。

今按：校者初读是注，笑谓惠连唐突古人，只是述及一己庞杂之学，全然无关《参同契》一书。及三读而有所悟：《参同契》御政之道，正是吕氏衍儒家之学，以儒道衰微，全在失其宗旨，故其详阐己见，用作治世之良方；《参同契》黄老养性之道，吕氏倡言修心积德，不惧辞赘，泣泪泣血而述之，足见用功之道，此步功夫绝非浪说，读者于此处当三致意焉；《参同契》炉火之说，吕氏略引丹诗以明之，未多作注解，因进德之后方能传诀，此丹家之成例也。故而读《秘解》者，应体其同体大悲之心，皆从自家性地流出，不于《参同契》龙虎还丹处着意，当猛省修德炼心之急切,方可言知《参同契》也。

3. 本篇以巴蜀书社《藏外道书》第 26 册影印清末刻本整理点校,无参校本。影印本卷次多有舛错,整理时皆一一厘正,疑有脱文脱字处,校者则据古文本作了增补。

周易参同契秘解

重校《古文参同契》序

《参同契》为阐道之书，而旧简相传，割裂凌乱，经、注不分，由来久矣。注是书者，上阳子为最，惜其未见原本，第就世传讹刻，分章注之。前明姚太守汝循获见古文，因取上阳子注，按节分注，校刊行世，诚善本也。厥后原版残轶，坊肆翻刻有多舛错。余素嗜此书，每见文义不联属处，亟欲求初本考证，竟不遽觏。道光癸未抵京师，留心访求，偶于书肆见旧本，狂喜，急购之，仅上卷也。自此壹意搜寻，旬余之功，又得一原版下卷，如获拱璧，甚为愉快。取向所见之本校对，其间脱文误字，篇章倒置者，不可枚举。因即逐一参订，脱者补之，误者正之，颠倒者叙次之。复有字句于心未安者，又广搜众本，悉心检勘，区别载明，以备洞达者核定。至于注中尚有分晰未周处，仍取上阳原注本参校而增损之。世之好读是书者少，而原板所存者几希，早拟刊刻公诸同志，缘迫于俗务，未能遽及，兹付剞劂，以尝夙愿。吾辈读圣贤书，不能升堂入室，就此道篆仙经，研求真谛，亦可尽性至命。羲文开辟之祖，周孔乃演化之宗，道归一贯，此所以名《周易参同契》也。本儒术以通之，同心之理，何人不可参？同类之从，何人不可契乎？

道光二十年庚子嘉平月望日祝阿马一贞书

《古文参同契秘解》序

渺渺乎不可触摹，而得其下手之处者，《参同契》之理也；巍巍乎实难挽索，而尽其精微之奥者者，《参同契》之道也。道不外乎理，理亦不外乎道。道者何道也？三教归一之道也；理者何理也？先天性理之理也。此理也，此道也，有能受而修之者，即得三教圣人之真道也。噫，此道究属果何道哉？此道原来三教一家，并行不悖之道，故曰夫道一而已矣。人于此一学，而修之者谓大人，得而贯之者谓圣人，圣而不可知之谓神人。神也者，三教总名之称也。儒得此而称圣，释得此而称佛，道得此而称仙。儒、释、道、仙、佛、圣，总其名而称之曰神。神乎其圣哉！圣人以神道设教，而天下服，正在此时矣。此时何时？否极泰来之时；此时何时？乱极思治之时；此时何时，挽回天心之时。此时之时，我齐原人之时，了诸佛祖金炉大愿者在此时；同归灵山，以慰瑶池金母圣心者，在此时；开千万年太平之基者，皆在此时。呜呼，此时何时也？敢不及此时以尽心于此书哉？此书何书也？敢不郑重谨慎而加注此书于此时哉？但古人闭户注书，岁月多。而不才注书，于千忙万忙之中，偷闲抢注其数句，惜寸惜分，忘食忘忧，无昼无夜，尽诚尽力而尽心。然而既无古人之学，又无古人之才，更无古人专一注书之功，是以字句草率，文法欠妥。始而动笔直书，终以草创存遗，而究竟未及润色，犹安能效法古人之三创其稿者。惟望阅者恕之，庶可稍免文人之诮。虽然阐理性之学不昧于理，传圣人之道不悖于道，发古人之所未发，补程、朱之所未备，引经据典，采集群章，言既有征，人可不信哉？至于其中下手之工，筑基之法，以及采取烹炼并火候之大小，药苗之老嫩，刚柔之配和，无不井然有序，条分缕晰。若夫还丹之妙，出神之诀，既本乎以已之所得于心，又合乎三教经典之垂训，故阐明是书之道，以俟君子。而况且近来大圣天子在位，以此道修身治天下，远盛于尧舜之世，以了四十八愿之日，而返婆婆世界为莲花国之时也。噫，吾专望世人及早回头，究竟是书，归重是道而助王化，谨此敬序。

光绪五年端阳节九日，山左登州府福山县太医院医员杏林吕惠连岩谷自序

起句首则笔外有笔，煞文尾则味外有味，行文中则有俯仰揖让之。以理字为经，以道字为纬，横说竖说，只为写理道二字。觉抚弦操，众山皆响。忽为理解，忽为道明，总为世人唤醒迷途，引归化一。睹此序者，其体此文之意，遂此文之训，勿以此文而诸耄耄付之东流，庶不负作序者之苦心云尔。

同邑文生郝桂芳批

《古文参同契秘解》原序

《书》曰：天降下民，作之君，作之师。先哲应运而出，立模范，兴教化，为世师表，殆有由来矣。自汉魏伯阳仙翁本之《周易》著《参同契》后，历经先贤释注，俱属浑举大义，秘密天机，人皆难明，即学如朱夫子，尚有注释未尽之憾。幸逢三期时至，天开黄道，普度东林，我吕新仙先师杏林公讳惠连，号岩谷，职司仙榜，文昌宫仙官化身也。宿因深厚，品学兼优，得受先天大道，三教心传，内外兼修，性理圆融，全体大用，无不贯彻，作原来之标榜，为燕北之道根。光绪丁丑，山西学政翰林院编修谢君维藩来谒，先师谭及性理之学，语音互殊，难于通畅，以《参同契》相请批解，水乳相融，醒觉开悟，恳求至道，先师曰：大道至尊，皈戒甚綦。谢君以延嗣宽假二年为请，时值年荒，京畿大旱成灾，嗸鸿遍野，有善成堂书肆主人饶松圃君，首倡赈捐，邀诸大老，设立粥饭厂各善举，以谢翰苑总董其事，全活甚众，半载以来，积劳身故，未克得受至道。先师因之太息，秉发虔诚，焚香告天，注释《参同契》，《秘解》蒞几寒暑始克厥成。当兹末劫，非道莫拯。是书为古丹经之王，旨深义奥，入世依之修齐治平，为圣为贤，阐明性理，率以修身成仙佛，尽人事以合天道，并行而不悖，千门万教，不辟而自辟，诚后学之津梁，度世之宝筏也。

余侍先师有年，知之最稔，为是纠合同志，倡捐募刊行于世，公诸同好，勉绍先志以慰在天之灵，藉申报本微忱用志不忘云尔。

宣统三年辛亥荷月朔八日晚学冠五青阳山人易南子敬识

《参同契分节秘解》第一卷

汉 魏伯阳仙翁 著

山左杏林惠连先师 秘解

何明章勇泉氏

潘惟一华峰氏

刘昌一善缘氏

郅昌祯祥氏

青阳山人冠五氏 仝恭校募刊

高昌中登科氏

赵明忱信智氏

王振铎金声氏

上 篇①

乾刚坤柔,配合相包。

杏林曰:参之谓,言三也;同契者,言与三教之道其理无不相契,与亘古经书道典更无不同相契合也。再以参之为参言之,参之于圣经,参之于《论语》,参之于《孟子》诸书,其理亦均皆同相契合矣。同者,合同之同也;契者,房契之契也。合同即虽有多张,合而对之,无一不同;房契、地契张数亦即虽多,参而考之,总皆归于贴身红契此一张相合也。况《参同契》发明大易而作,大易以乾坤为先,此书发明大易之理,故亦以乾坤为先。夫乾为首,坤为腹,首为鼎,腹为炉,此安炉立鼎,煅炼金丹之法也。乾为腹,坤为母,此君子之道造端乎夫妇。乾为天,坤为地,此更不待及其至也。察乎天地,自古三教圣人,未有不与天地合其德者

---

① "上篇"二字,原本脱,据古文本补。

也。乾为阳,坤为阴,此即大易曰一阴一阳之谓道也。阴阳者,不可须臾离也,可离非道也。不可离者,即刚柔配合相包之功能也。配合相包,内有火候存焉。火候者,三教圣人不传之秘诀,从来未有泄于竹帛间者,古仙有言曰:不将火候传于文是也。然必待有诚心好道之君子,寻访真师,低心恳求,毫无贡高执着,又察其有勇往之心,兼长久之志,断透他能,千魔不改,万难不退,守斯善道,死而后已。这才令他佛前忏悔,发下宏誓大愿,誓必为忠臣,誓必为孝子,誓必为圣贤,誓必成仙佛。能如此,即使他守三规五戒,然后按次序以渐而传。何则?盖三教圣人之道,不可躐等而求。此言大道之尊重有如此矣。何以见其尊重?能使人脱离苦海,超升天堂,而成仙佛圣贤之故耳。人生在世,迷昧天真,不知厥性复初,返本还原,以致如蚕做茧,自缚其身,六道轮回,脱骨如山,贫而富,富而贫,贱而贵,贵而贱,人而畜,畜而人。君如不信,请看遍地枯骨,有谁非梦中之人乎?其或迷昧太深,作孽多端,衣禄尽,食禄竭,大数到,阳寿满,三寸气断,披枷带锁而见阎君,孽镜台前照出种种罪过,按阴律定刑,堕入地狱受苦,满日发往阳世,而转为畜道。呜呼,一失人身,万劫难复,可不畏哉?今当三朝普度之秋,我齐原人之日,以慰瑶池金母圣心,而了诸佛诸祖金炉大愿。当斯时也,虽不敢明言泄漏,若遇好道之士,恳求心诚,亦可将乾刚坤柔之法,配合相包之理,略为发明一、二,以鼓舞其人,愈动求道之诚心,坚立猛勇之志向,今日醒悟,今日下手犹觉已晚,何敢因循之意以误终身之大事哉?果能一刀两段,立猛勇之志,兼长久之心,其中之奥妙方可微露玄机。前圣有言曰:不知蘖苗不能结丹,知蘖苗不知时节不能结丹,知时节不知升降不能结丹,知升降不知前后不能结丹,知前后不知火候不能结丹,知火候不知老嫩不能结丹,知老嫩不知刚柔不能结丹,知刚柔不知配合不能结丹。盖刚柔配合相包者,此言乾健刚阳也,坤柔顺阴也。阴阳合度,刚柔适当。如是,五行攒簇,三家相见,结一粒黍米玄珠而成灵丹也。灵丹以成,多加功德栽培,及功圆果满,丹书来召,脱壳升天,超九玄,拔七祖,同向极乐,永不临凡,称大忠,称大孝,逍遥玉京而为灵霄宝殿之仙客,万古不没之圣贤,岂不乐哉!盖大道之尊重玄妙有如此。然而秘秘天机,尽在其内,谁敢泄漏?此不过讲其义,以明其理耳。望好道者,有缘得遇真传,此三生之有幸也。若遇缘失缘,诚可惜,慎之慎之。噫,此书首重乾坤者,明言刚柔以示配合,而与大易之道一也。学者可不知所务哉?

阳禀阴受,雄雌相须。

杏林曰:阳无阴不生,阴无阳不长,阴阳禀与含受,此阴阳交媾之道也。阴阳不交则已,以交则龙吸虎髓,虎吸龙精。父母禀与含受,则化生男女;天地禀与含受,则化生万物。故《礼》言安土敦乎仁,《春秋》首言春王正月,《诗》首关雎,《易》重乾坤,皆无非隐寓此理。噫,人之有生以来,自先天而落后天,是以金丹大道,令人仍自后天而返回先天,故曰知所先后则近道矣。自古三教圣人,未有不借后天之凡事而修先天之圣事者,亦未有不借后天之凡躯壳而修先天之金丹道者,更未有不借阴求阳,使用雄雌相须,以致夫唱妇随而造端者也。及之拨阴取阳之后,工夫纯熟之日,阴阳交结一片,结为黍米玄珠,而成纯阳之体,此即谓之大觉金仙。医书有云:人有一分阳气不尽人不鬼,人有一分阴气不尽人不仙。借阴修阳,而又拨阴取阳,亦犹之乎借凡体而修圣胎。圣胎以成,功圆果满,脱壳升天,此身谓之臭皮囊也。可谓周胎襫亦无不可也。三教圣人皆本此理而成,故曰三教原来是一家也。至于相须者,言其相当也。雄雌相须之理,谁敢泄漏一线?《指玄篇》云:龟蛇共穴谁能见?龙虎同宫孰敢言?然今当普度之秋,上天令我齐原人之日,方敢略言大义。䕀苗有之相须,时节有时节之相须,火升降有升降之相须,前后有前后之相须,火候有火候之相须,老嫩有老嫩之相须,刚柔有刚柔之相须,配合有配合之相须。前圣垂训曰毫发差殊不结丹,差殊者,即不相须也。然而相须之法,岂于竹帛间所能求哉?吕帝有云:若要纸上寻佛法,笔尖蘸尽干洞庭湖。古仙又云:纸上寻着佛法,画饼也可充饥。画饼既不能充饥,纸上又焉能寻着佛法乎?盖古人之留丹经者,考道之试金石耳。有志欲为圣人之徒者,可不低心下气,担簦负笈,遍寻海隅,积功累德,感格天心,以急求心法之传乎?若当面错过,真真可惜,戒之戒之。噫,阴阳相须之道,乃三教圣人之正道也,岂可外此而他求哉？

须以造化，精气乃舒。

杏林曰：呜呼，精气乃舒者，此即君子黄中通理，美在其中而畅于四支，发于事业，美之至也。然世间一切之事物，断未有不相须而造就其美者。后天之凡事有如此，而何况先天之神圣之造化神功者乎？神功者，安炉立鼎，煅炼乾坤一切之法则也。果若能无一不相须，而造之神功，自然运用在我掌握之中矣。世人欲多先天造化之权者，非籍精气不可，而精气不舒，究为不可。盖精气不舒，黄中之理将何以通乎？欲舒而通之者，乃非善养浩然之气，为尤不可。其养气之法，即孟子所言气体之充也，以直养而无害，则塞于天地之间，配义与道耳。而孟子乃言气不言精者，独何异耶？抑知不异？气因炼精所化，而言气而精亦在其中矣。虽然养气必有妙诀，妙诀何？下手之处也。既得下手之处，而又必明乎大易之道。易者何？易者逆也。以大易逆行之理，以参逆行之数，如此乃得舒耳。言须以造化者何？须者当也，言精气必逆行乃舒，精气逆行方与造化之理相当也。是以古仙有言曰：顺则生人生物，而逆则成仙成佛。君何不观《景岳全书·传忠录》曰：凡此一逆一顺，其变无穷。惟从逆者，从阳得生；从顺者，从阴得死。君如不信，第详考伏羲卦气之图，其义昭然可见也。观其阳盛之极，自夏至一阴初姤，由五、六、七、八，历巽、坎、艮、坤，天道从西右行，则阳气日降，万物日消者，此皆顺数也。顺则气去，即从阴得死之道也。幸而阴剥之极，自冬至一阳得复，由四、三、二、一，历震、离、兑、乾，天道从东左旋，则阳气日升，万物日盛者，此皆逆数也。逆则气来，即从阳得生之道也。至于逆行下手用工处，非得真师亲经指点，不可妄自穿凿。即知其所止，不得其法，亦徒妄然耳。处者何处也？不偏不倚之处也；法者何法也？儒门传授心法之法也。《传》言心法，《书》曰心传，既呼心法，又名心传，不可不低心下气，以急求真师乎？金丹无口诀，何处结灵胎？此古人教人求师，得知下手之处，以舒精气而夺造化。然必炼精化气，乃得以舒。此精气不舒则已，一舒则百脉流畅，其中滋味亦自言之不尽矣。吾夫子曲肱而枕之乐，正乐此造化，以舒精气耳。

坎离冠首,光耀垂敷。

杏林曰:妙哉妙哉,首者乾也,乾者天也,此颠倒之玄机也。故曰:大道玄机颠倒颠,掀翻地府要寻天。此何故也?抽爻换象,而成水火既济之卦;拆坎补离,而返回乾坤得位之体。然非真师口传不可。自古三教圣人犹不能自悟,何况后世之人乎?冠首者何?冠首者,坎中之满,贯离虚而成乾也。噫,阴阳冠乎其首者,此孙大圣所以大闹天宫也。其始则离中日光,坎中月耀,其辉发于天地之位,上察下察,以通黄中之理。噫,此皆因日中有三足金乌,月中有无角玉兔,两相对照,垂敷以化生万物,此莫大天机,谁敢泄其秘?好道君子,可不急求儒门心法之传乎?自古人生七十希,即使人生过百,光阴若箭,日月如梭,石火电光,转眼即无,一失人身,万劫不复,诚可惜也。今当三曹普度之秋,暗造金船钓,齐原人之日,乃十万八千年方有此一会也。古仙云:若得此船重相会,又须十万八千年。为人既看破红尘,又生在此时,再得遇真师,此三生有幸,真奇缘也。若为因循二字所害,得缘失缘,岂不大可痛哉?

此章者,乃言坎离返复,乾坤定位,性命会合于灵台之中,众星共朝于北辰,所以复还我先天如来本然之佛性耳。

玄冥难测,不可画图。

此言功化之极度,大而化之,一而神之,神不可知之之谓也。知犹不可知,将何以测度?将何以画图?仰之弥高,其高之玄冥难测不可画;钻之弥坚,其坚之玄冥难测不可画;在前在后,其瞻之之玄冥难测不可画。语大莫载,不可测也;语小莫破,不可画也。散之弥六合,玄冥也;卷之退藏于密,亦玄冥也。一本散为万殊,玄冥也;而万殊仍归一本,更玄冥也。此等玄冥及其至也,圣人不知,将何以测?圣人不能,将何以画?而究其难测、不可画之理,与太虚中同体,此体成先天无极之体,包涵万物之象,内有无穷之妙义,又是一重世界,其生生化化尤大非形形色色之可比。学者可不急急求师,知所下手之处,以垂敷坎离冠首于玄冥之中也哉!

圣人揆度,参序元基。

杏林曰:此虽曰及其至也,圣人亦有所不知,圣人亦有所不能。然揆而度之,以参序元基,非圣人而谁能之乎？圣人得天地之全气而生,以行天地之全功。然人谁非得天地之全气而生,岂独圣人乎？而惟圣人得天地之全气而生,因以行天地之全功。人既谁非得天地之全气而生,人又谁可不行天地之全功乎？全功者何？道而已矣。何道也？为圣为贤,成仙成佛之道也。为圣为贤,成仙成佛,究属果何道？人人皆可为之道耳,故曰人皆可以为尧舜。人皆可以为尧舜,人皆可以成仙佛；人皆可以成仙佛,即人皆可以载天地之大道也。何则？天地为一大人身,而人身为一小天地。试观天有三宝日、月、星,人有三宝精、气、神；天有金、木、水、火、土,人有心、肝、脾、肺、肾；天有万象森罗汉,人有万缘幻影船；天有十万八千里,人有十善并八正；天有四时,人有四智；天有一年,人有一身；天有九曜,人有九窍；天有阴阳,人有男女；天有日月,人有坎离；天有十二月,人有大肠一丈二；天有二十四气,人有小肠二丈四；天有一年三百六十日,人身有三百六十骨节。地有江湖河海,人有五藏六腑；地有园林支木,人有九窍毛发；地有山川石土,人有皮毛囊骨。此人身之所居一小天地也。人身既居一小天地,即宜参序其玄机,参序其玄机者何也？盖人之奇经八脉,合天地之五运六气,四时八节,以参其序而会合其元基,毫发不差,共成一体,其揆度参序以巧夺天工者,非圣人而孰能之？此即所谓与天地参也,此即所谓与四时合其序也。好道君子,若三生有幸,得遇真师,切不可当面错过。慎之慎之,慎之又慎之。此理失之则为异种,得之则为圣贤。为圣为贤如此,方不枉天地父母生育一场,而为人一世,而读书一世也。

四者混沌,径入虚无。

杏林曰：四者,阴阳之精气是也；混沌者,阴阳精气打成一片也。天机不敢明泄,今略言其大义,贵在得真师口传心授,知所用下手之处,再加万缘[①]扫尽,一念不生,人欲净尽,天理流行,气停脉住,美在其中,无人无我,四大皆空耳。径者,出入无私,可以直道而入之径路也,此即孟子所谓以直养而无害是也。人能于此以直入之路,而入于虚无之境。

---

① 缘,原本作"绿",今改。

虚无者,即炼精化气,炼气化神,炼神还虚。还,无也。功德至此,多加阴德栽培,不然恐邪魔盗去宝珍,令人作下一切败事,学道者不可以不知此也。今因度世心急,将此二句而重申之曰,盖是人心灭而道心存,空空荡荡,虚灵不昧,以得见我主人翁之真面目,而还我本来之真佛性耳。

六十卦周,张布为舆。

杏林曰:天地秉八卦以成形,周流八卦以生万物;人秉八卦以生身,周流八卦以返先天,而为仙佛圣贤。然此皆不外乎阴阳精气四者,包于混沌之处,虚无之窍,以致变化之无穷耳。

为舆者,坤为牛、为舆,故三车之中,有大白牛车之说也;六十卦周者,即天根月窟常来往,三十六宫都是春也。此言天地发生万物,以明人身交媾之道而产金丹。是故君子之道本诸身,舍身求道,皆是外道,学者不可以不知,慎之慎之。此乃三教圣人之真传,舍此皆不可入,入则有害于圣人之道,害圣道,罪莫大焉,可不慎哉?

龙马就驾,明君御时。

杏林曰:乾为龙、为马,龙就驾者,乾坤合其德也。此言圣王出河有龙马负图之兆,而人能造就乎圣域,人身亦自有龙马负图之象,结于天地之位焉,以来就圣驾,而育万物则与天地合德,与日月合明,而自然四时合其序也。至于明君二字,寓意深矣。明君者,天君也;天君者,先天之道心也。此言我先天本然之明,因落后天而不明,今仍以我后天之明而复我先天不明之明,使之复归于明,故曰在明明德。噫,明德者,见天心也。人欲见天心者,复我本然之初性可也。是故《易》曰:复其见天地之心乎?就驾者,言以此复我原来乾坤对待之本位也。本位得复,而本体方成,本体成,而我先天真面目见矣。然而何以见其天心即道心也?以君臣而言之,即可见矣。医书有云:心者,君主之官也。此明言后天之人心为臣,先天道心为君。譬如天子为君,天子祭天称臣,人心在后天称君,在先天称臣,亦犹之乎天子降万民称君,天子祭天称臣一也。药室有一楹联云:和成数味君臣药,炼就一丸天地心。此言合乎道也。所谓明君者,何以见其为明君也?程子有诗曰:月到天心处。既言天心为君,月到天心,照临千江万河,五湖四海,彻底澄清,其天君之明为何如哉?此书之妙,妙在内工外行,揩之于一,千经万典无所不契,故言《参同契》为道书之祖,丹经之王耳。其所谓御时者,此时不可失也。此时一失,大丹难就,龙马失驾,危险之至。噫,此非得口传心授难悉知,即三教圣人皆不能自知,人可不急求吾儒门心法之传,以效此章之旨乎?

和则随从,路平不邪。

杏林曰:呜呼,此路即道也。何道也?上西天之道路是也。究属此道果何道?天人不贰之道,内外合一之道也。呜呼,若天人之道有贰,或内外之道不一,西天之路不平,而人心之邪自生,或工夫出千奇百怪之毛病,或心性颠倒而胡行,甚则活人见鬼见神,且与之交言其行,此皆邪魔作祟。邪魔作祟,皆由于存心不正,故曰种种魔由心生。此章内工外行,出世入世,互相发明。试先以入世之法言之,明君御时而得人心,四海向化,万邦来朝,固是和则随从,路平不邪;再以出世之法言之,以我本然之明德,而复我本然之明德,得此一贯之道,而一得永得,此即所谓一字名为万法王者是也。此一字之一窍以通,则周身十万八千里并有十万八千毛孔,三百六十骨节,关关究究,无一不和,即无一不通。既和而通,一概听令于我,有何路之不平,而何邪之有哉?然修丹之士,必属正人君子而后可。先造就到圣贤之域,以成载道之器,然后能乘此大任。不然一有邪念,以邪招邪,邪魔盗去宝珍,金丹被他偷吃,使我作下一切败事,真真可畏,慎之慎之。

邪道险阻,倾危国家。

杏林曰:此接上章而言。国之本家,家之本在身,故君子本诸身也。试观古来有国家者,不行王道,其邪路之险阻,国家之倾危,难以枚举。以至于有身家性命之士,立志于道,而为三教圣人之徒,切不可失至于旁门邪术,曲径小道,即或存心,亦不可有一毫之不正耳。何则?人心道心,实难并存,道心之中参一毫人心,而天理不公,不公则私,私则大道难成,大道不成,此身以失家之本,国之本皆失,而邪阻倾危之祸其可胜道哉?巍巍乎,此道何道也?三教圣人归一之大道也。国家得之则行王政,定必中兴,而为尧舜;人身得之则返本还原,厥性复初,而为圣贤。国家不可不行王道,而近小人以害社稷;修丹之士,亦不可舍正教近旁门,而致败端。正矣,王道不可不行,小人不可近也;正教不可舍,旁门不可近,而况行邪道乎?处家庭固当以尽孝为先,虽不得志而隐居在下,然率土之滨,亦莫非王臣,尤不可不秉一片忠君之心也。语云:天上无有不忠不孝之神仙。有国而行政事者,不可不知此;修身而炼金丹者,亦不可不知此。人身居一小天地,人身既可比天地,人身亦可比国家。有国家者,不行王道,其被险阻倾危之祸者,亦犹修身之士不效圣道,其被险阻倾危之祸一也。有国家者,不可不知;修道之士,一并不可不知。朱子曰:以天下之大圣,行天下之大事,而其授受之际,叮咛告戒,不过如此。则天下之理,岂犹有加于此哉?

君子居其室,出其言善,则千里之外应之。

杏林曰:噫,言发于心,而心藏于身,故人身居一小天地也。人身居一小天地,此君子之所以动天地也,故曰:言天下之至动,而不可乱也,拟之而后言。其旨深矣。夫千里之外,远者也;君子居其室,迩者也。千里之外应之,远者如此,况其迩乎?噫,言主乎信,信字属土,此即君子黄中通理,正位居体,美在其中而畅于四肢,发于事业,美之至也。噫,君子不出家而教于国,圣人法天不言,以兴四时,而生万物者。此皆取其言而有信,信字属土,土旺四季故也。噫,言而无信不应,信而不言有灵,故曰人而无信,不知其可也。若以君子处家庭,修言行之理论之,则人人皆知之,亦人人当效之;若再以君子修于家者,当献至于廷;坐而言者,当思起而行,论之则人皆乐之,人皆宜之。而更况修身之君子乎?且修身一事,三教圣人同出一辙,乃大公无私之事也。士农工商,无人不可行,然非君子,实不能行。人不可为君子者乎?此君子者,即学大学之大人是也;学大学之大人,即居室出其言善之君子也。此君子,此大人,亦皆不外乎行入世之法,以修出世之法也。入世之法,人皆知之而不能行之;出世之法,不为人皆不能行之,而兼人多不能知之。因其不能知之,而始明言之。言君子者,即学大学之大人也。室者,黄房也;言者,而有信也。信字属土,居戊己之室;善字者,即择乎中庸得一之谓也;得一者,出世也;出世者,即夫子之言性与天道是也;入世者,夫子之文章也;文章者,发明人伦是也。是以君子皆籍入世之法,以修出世之法也。出世之法,不离仁字一字。心德纯全谓之仁。君子者,心德纯全之人也。君子居其室而安,故曰:夫人者,人之安宅也。然何以必待君子居其室而后安?室者,黄房也;黄房者,净土也;净土者,静也。静而后能安故也。此言君子心德全,居于黄房净土之室,而其得一善,不失信之期,如人言而有信是矣,况信者诚也。惟天下之至诚为能化,大而化之,以应千里之外。千里之外者,即四支事业是矣。而其畅发之应,其美为何如哉?然此足尽其情,知其然,通其理。而不得其真传者,只知其然,而不知其所以然,只通其理,而不得其法,亦属枉然。人禀度世之心切,而重申之曰:信字属土,仁、义、礼、智、信而四大德,只言仁、义、礼、智而不言信者何也?亦犹金、木、水、火、土,而四方只言金、木、水、火,而不言土者,一也。土居中央为君子之室,土旺于四季者,乃如君子居其室,出其言善,则千里之外应之之理是也。此理何理也?此理黄中通理之理。土旺于四季,皆从信之中发出来的,故曰万物土中生也。此理虽系黄房通理之理,而究其此理之所以然者,果何如哉?盖三十六宫都是春,天地位而万物育,此不特理之然,此即理之所以然也。所以然者,赞天地之化育,以与天地参矣。赞天地之化育,以与天地参者,此即君子居室之能事毕矣。君子居室者,黄房之室也。黄房内藏仁字,君子即是仁者。君子居室,不亦善乎?善字,行一善,居万事之长,故行一因其居长而行一,故有一善之称也。一善者,即佛爷所居之位也。里言有之曰:一善压百祸。是以阳宅有碍,皆以一善为之镇物,此即取其一善,佛位之义也。佛者,神道设教也。惟君子足以当之。君子者,得一善之大人也。而人得一谓之圣,故《易》曰:圣人以神道设教,而天下服,而况千里之外乎?总而言之,出其言善,譬如为政以德;君子居其室,譬如北辰居其所;则千里之外应之,譬如而众星共之。盖内工外行,出世入世,总归一理,故曰夫道一而已矣。然特恐世人究不知其所应者为何物也,噫,将圆期迩,度世心急,故吾今一言决破曰:千里之外应之者,即有朋自远方来,同类相应之应也。同类者何?即前章仙翁所谓四者曰混沌是也。四者，阴阳精气也。阴与阳同类，精与气同类，阴阳精气来应，得大黎于室，以结黍米玄珠，而号曰灵丹也。读大易者，读《参同契》者，能知乎此，不特知其然，而知其所以然也。学君子者，其思之，其深思之。

谓万乘之主，处九重之位。发号出令，顺阴阳节。藏器俟时，勿违卦月。

杏林曰：此章乃得一之谓也。一字万法王，谓万乘之主，处九重之室，以居其位，不亦宜乎？九重之位者，乃老阳宫中，至正至当之位也。万乘之主处之，以发号出令。发号出令者，乃乾道之变化是也。或曰：敢问所发者何号，而所出者何令也？对曰：噫，乃敕令黄婆发号，遣动本方土地，去请金公木母和合二仙，驾起三车，将那老君八卦太极炉，车至灵谷寺，安炉立鼎，以煅炼乾坤，而结成一粒黍米玄珠之金丹也。而此中非真行家不可，有真行家，才能顺阴阳之节候，一阳来复之际。然而谁是真行家？有开天辟地不老的黄婆，他是真真的个老行家，是以有敕令黄婆作善媒之说也。藏器者，亦无非三车、鼎炉、灵芝、草木、金、木、水、火、土。炼丹应用，这一切器物以藏于宫中而用之。待时者，即三十时辰定黑铅也；勿违卦月者，言炼丹必得先采鍪，采鍪必待月现震生，即三日出庚之时也。然今虽将一切妙诀合盘托出，苟非得真师之传，亦莫知其妙。有志之士，欲得三教归一金丹大道者，可不急访真师，求儒门心法，以合勿违之旨乎？

屯以子申，蒙用寅戌。余六十卦，各自有日。

杏林曰：噫，此本前章六十卦周。而早为下节，谨候日辰，立柱脚也。屯乃震下坎上，朱子曰：言震一阳动于二阴之下，坎一阳陷于二阴之间。屯，难也，物始通而未通之意，故且为字象内穿也，始出而未申也。惟魏伯阳仙翁作书曰屯以子申，深得四圣作《易》之旨。再朱子注复卦引诗云：冬至子之半，天心元[①]改移。一阳初动处，万物未生时。玄酒味方淡，太音声正希。此言如不信，更请问包牺。至哉言乎！屯以

[①] 元，当为"无"字之误，见邵康节《击壤集》。

子申,言之详矣。至于蒙卦,坎下艮上,坎为水,艮为山,山水蒙。朱子云:一阳止于二阴之上,故其德为止。物之初生,蒙昧不明,仙翁发明《周易》之道,以作此书,曰蒙用寅戌。而上阳子注之曰:屯以子申,乃生水生旺之处;蒙用寅戌,乃火生库之位。其六十卦,各有其日。以明天道、人道归一之论。噫,微哉此理,妙哉此理,神而明之,存乎其人,功德备,自有神悟,不待求知而自知矣。

聊陈两象,未能究悉。

杏林曰:此节大义教人不以文害词,不以词害志。读书不求甚解者,非不求深解。甚者,过也。过者,出乎圣贤立义之外,而别求怪怪古古、歪歪不正之讲,实难中肯而得圣贤立言之旨以合乎道也。然如曰只求淡薄浅意之解,而吾夫子读《易》,三绝其肱者,此果何谓也?盖仙翁所言聊陈两象者,即屯蒙二卦之象也。未能悉究,其说不下,或言仙翁自言未能尽究详悉;或言及其至也,虽圣人亦有所不知;或言不得真师口传,虽世上所有一切丹经尽悉遍越①,而穷心研究,亦不能自悟,非经师传不可;或又言世无上圣之资,岂能行此道而成真人哉?其说虽分其四,而其实一,不可缺。而惟于世无上圣之资,此资字当作不失所受,秉彝良德之资看,勿作天资聪明看,如此读书,可谓善读书者。但聊陈两象,变化多端,诚难究悉,必始克己而其理自复。复者,复见其天地之心乎;理者,君子黄中通理。能如此聊陈两象,庶乎近焉。

立义设刑,当仁施德。

杏林曰:立义必先设刑,当仁不外施德。立义之义,即回子为人也。择乎中庸,得一善之善是也。设刑者,正为拳膺弗失之矣。何以见其立义便是得一善耶?孟子曰集义所生者,朱子注曰:集义犹言积善也。然此非义袭而取之也。行者不慊于心则馁矣,可不设刑哉?非义袭而取之,即色取仁而行违。何以知其为色取,而出于行违知之?乃彼夫行违者尚犹不自知其为色取,是以居之不疑。不疑,诚实不疑也。因其不疑则色取,大乱天然之真,若使知疑,则行违尚可望其有悔之日?人立义

---

① 越过,疑为"阅"字之误。

如此之难,而岂可不设刑哉?但设刑有内外之分,设刑于内者,而内自省,内自省者,内省不内疚也。若有疚,而内自讼,期于必胜,昼夜提撕省察,刻刻严防于十目十手之中。十目十手,非一人有十目十手者,亦非是五人合视合指也。而朱注曰:幽独之中。其言虽简略,而赅裹无穷,乃十目十手之人,即不偏不倚,至中至正之人。从十字街头,允执厥中之处,合其所照之目,如其所同之手,以于天下之正道定理而发明,其所视所指之至公无私也矣。然究竟十目十手之人为果何人哉?乃即幽独中之鬼神,虚空中之仙佛圣贤耳。其严乎,其严乎!设内刑者,如听律令之命,如对上帝之面。其设刑如此之严,何时而敢自懈?此古人之设内刑,可不法哉?设刑于外者,不特官罚如炉炭师楚榛之加,圣人设教亦在所不免。师严道尊,有益于己者不小。且好徒不怕严师,真金不怕火炼,而古人亦尝有格言曰:要为人上人,须受苦中苦。人所不能舍者我能舍,人所不能为者我能为,人所不能忍者我能忍,人所不能受者我能受,此岂非从涵濡熏陶、砥砺廉隅、如切如磋、如琢如磨,已精而求其精,已密而愈求其密之中所得来者哉!内刑、外刑,其严交加,必如此,方足以当仁。当仁者,即当仁不让于师之当仁也。然而此仁,岂易当哉?不让于师,他年前师教我以当仁,今而后,我报师恩于不让,教学相长,岂无谓哉?师徒恩深,传道为能师,恩如同罔极,师恩如同再造,师恩之大,亦莫报万一。抑知道成,即所以报师恩也。由此观之,当仁不让于师者,此正所以报恩也。仁者,心德纯全也。盖心德纯全不让于师,非与师争功也,非与师夺果也。与师争功夺果,非天堂佛子,定必异类种子。与人争功夺果,罪莫大焉,而况与师乎?吾以知当仁者,必不为此。仁者何?天理混然之大道耳。从来当仁者,必赖于施德者。盖道犹船也,德犹水也,无德不载道者,亦犹之无水难行舟也,甚矣。立义者,不可不设刑;当仁者,不可不施德。然设刑之刑,不可不严;而施德之德,尤不可不大也。虽则德大,而于几希之间,其存心最不可不严。是以狂圣几希,人之异于禽兽者亦几希。而世人之知圣者,为尤几希,非圣人犹不足以知圣人。况今娑婆之世,龙蛇混杂,凤群参鸡,潜藏不可不秘,考察尤不可不实,误度非人,败坏圣教,七玄九祖,阴间受拷,而自身堕落地狱,定必在所难逃。而彼夫作孽之深者,其连累七玄九祖,齐堕地狱,可不慎欤?然此无非皆因人之种类不同,有异类种子,有仙佛种子。而仙佛种子,即天堂种子是矣;有蛇蝎种子,即地狱种子是矣。而今竟古佛大门之中,异类蛇蝎混入其内者为最多,虽天降考惩,考人真伪,考人聪明,考人志向,考人贪高好胜,考人忌贤害能,考人之一切种种皮气毛病,令真的跟了贤的去,假的定被坏了坑。然而此皆因度人者以多为能,既不顾人之气质偏而不正,再加为人师者不能立义,不能设刑,以故在在出此病疼。噫,千病万病,皆由于气质之不平。吾故取法前圣之箴言,曰:超凡却无大巧,变化气质为能。能化尽气质之偏,以至于十全,即是大圣大贤。但其初下手之工,在勿犯小人之行,效法君子之德。效法君子之德,效法君子坦荡之德也;勿犯小人之行,勿犯小人常戚戚之行也。人能将烦恼化为安乐,即能将地狱化为天堂。好道君子,常寻乐事以荡荡,戒尽一切小人之戚戚也。仁者已既不忧,而再加立义设刑,造以至圣境。圣境者,美在其中矣,亦即仁在其中矣。当仁者非他,即于天地位焉之处,以致中和之人也;施德者亦非他,即万物育焉者也。噫,此道也,何道也?此诚三教圣人之大道也。

逆之者凶,顺之者吉。

杏林曰:此按修外丹而言之,非按修内丹而言之也;此以入世之法言之,非以出世法言之也。修内丹,顺之为凶,逆之返吉,故曰顺则生人生物,逆则成仙成佛。修外丹者,修外行;修内丹者,修内工。内工宜逆行,外行宜顺修。顺者,顺三教之法,则顺祖家之规程,上顺天心,下顺人情,一言不顺乎天心不敢言,一行不顺乎天心不敢行,一念不顺乎天心不敢举。能如此顺之则应吉,不如此顺之居则凶。且不特逆理逆伦之事不可为,若有一毫不顺乎天心者,即谓之逆,故曰修道之人要好到十全也。逆者,逆天也。逆天者不祥,沉沦苦海,堕落地狱,逆之者凶,岂可胜道哉?然而顺之者吉,若以内工而言之,顺四时之节则吉。顺四时之节以应此吉,非圣者不能应之者,虽逆迩而不凶。不凶者,因逆来而顺受之,因逆而顺受,故化凶为吉。噫,顺四时之节者,即与四时合其序也。与四时合其序,非大圣孰能?何凶之有哉?而又有何时之不吉哉？

按历法令，至诚专密。谨候日辰，审察消息。

杏林曰：上节逆凶顺吉由立义施德发脉而来，此节按历法令，仍由上节逆凶顺吉之法令发脉而来也。至诚专密者，亦言法令之不可不戾，故有伍子之令之说也。盖至诚之道，必当专精严密，故又有谨防堕落洞庭湖之说也。至于日辰为又宜谨候，故上阳子曰：一年止在一月，一月止有一日，一日止在一时，一时止用一符。审察消息者何？审察其波罗蜜之消息也。波罗蜜之消息者何？即分清别浊，拨阴取阳，厥性复初，火逼金行，海水逆潮，万脉归宗。噫，此等消息可不至诚，谨候审察者哉？然而此等之消息，非用数年专密谨候审察之功不可得，及功到得见之日，若失此日用符之时，则从前数年之功，而今日因一时之失而尽废，可不至诚哉？可不专密哉？可不谨候日辰，审察此消息哉？此言消息之体，而其用在三家相见以结丹也。而其消息亦不一，一步有一步之消息，何也？得槃有得槃之消息，过关有过关之消息，结丹有结丹之消息，出神有出神之消息，而皆不可背前圣之旧章，此其诀也。

纤芥不正，悔吝为贼。二至改度，乖错委曲。隆冬大暑，盛夏霜雪。二分纵横，不应漏刻。风雨不节，水旱相伐。蝗虫涌沸，群异旁出。天见其怪，山崩地裂。

杏林曰：此言修丹之士，如对上真，出言行事存念，不敢有纤芥之不正也。期必除却奸邪诡诈贪妄，一切有相的不正念头，刻加三省九思，诚意正心默朝，相在尔室不愧屋漏，神格不度，其严于十目十手。如此防危虑险，庶无渗漏。然而时当普度之秋，六万余年，冤缘报应，自此一笔而勾。呜呼，惹得山精海怪也要将圆冒将，是以三教圣贤一齐东投，为度原人，数足九六，乘我佛门大开，混进贪高者流，只顾多度为胜，那观悔吝凶咎，招得异类蛇蝎，一齐来臻。将我万两黄金不卖之大道被他色取，作贼而偷，为贪便宜，要到天宫以游，不讲躬行也。苦好丹修，大犯三教规程，切磋琢磨之考惩，一味不受，与同道之人相交，比而不周，结党害道，忝不知羞，彼此护短，同心良友，这也是他同声相应，同类相求。若有一个贤良，大众一齐来恶，呜呼，噫嘻，这等妙理，惟我参透。

贤良好比良苗,异类好比粪臭,苗虽良而粪虽臭,也恐良苗无粪臭难以长楷凝穗秀,于是异类亦为师,何曾为我仇?特恐天旱不雨,若肥粪多集于南畴,良苗之伤,难免不受,奈之何?所可疼者,既有良苗而又有乱苗之莠。是以道在人为,事在人筹。道何以为、事何以筹?粪不可无,粪不可多,莠既不可耘,而莠又不可留。好善如婴儿之爱父母,恶恶如鹰鹯之逐鸟雀,古人垂训,岂有过尤?尚且天降忙人,异类种子,将异类种子收。除去苗中草,拣去谷中莠,糠秕皆不要,沙土苦涤搜。苦涤搜,这场劫运令人愁。天机本秘秘,谁敢明泄漏?其理总在恶人被劫尽,则上天立将劫来收。真的跟了圣贤天宫去,假的一同邪的堕深沟。五荤凡人不堪言,三纲五常八字休。可笑教门中学道者,不肯回头犟如牛。奸坏一切,比俗人甚,气质之偏偏不够,种种之恶言言不尽,吝财贪嗔巧计谋。一切便宜放已得,如蚁慕羶缝钻透。一逢出财捐功事,退步藏身龟缩头。劝他悔过他不悔,他说海水虽咸鱼不觸。触到这些伤心处,不觉仰面对天泪交流。嗳,我再注上几句白语,而有真味者,最足以尽此节乖错委曲之情。他把三教圣人之大道,当作工商取利,存心如此以辨,见人修得高,见人修好,他不但肯效,他也并不肯说个好。如同工人之于艺,如同商人之于货,将我同道灵山贴骨之亲,按世俗所言,同行是冤家,一般①如此相看待。譬若工人手内所出之物,商人柜上所存之货,明明自己的不好,他不肯说不好,明明他人的好,他断不肯说好,心内明知好,口中不肯道,若道人家的好,势必要显出我的不好来,主顾门犹谁肯不买他的好的,而特来买我不好的货物哉?呜呼,疼哉,悲哉!若真是原人,真是道学,见有贤良,胜如己者,亲之如手足,尊之如师保,见不贤良,恶之如荒良田之草。是以曰:见善如不及,见不善如探汤。吾夫子又曰:惟仁者能好人,能恶人也。朱注:无私心,然后当于理。惟游氏曰:好善而恶恶,天下之同情。然人每失其正者,心有所系,而能自克也。此言中肯,非亲尝其味者,不能言之如此刻骨也。而今读书者,未必得其味也。吾夫子因世人不得其味,而重叮咛曰:苟志于仁矣,无

---

① 般,原本作"船",据文义改。

恶也。杨氏曰：苟志于仁，未必无过举也，然而为恶则无矣。此言过举亦不可恶也。不特不为恶，此犹吾夫子所深取者也。何以见深取？曰：我未见好仁者，恶不仁者。盖志于仁者，必好仁，好仁势必恶不仁之人，好之深，恶之必深，恶之深，难免无过举也。然而过举亦为美，非恶也。非恶也，而诚非恶也。好仁之心愈真，恶不仁之心愈切，此理所必然之理，而势所难逃之势。恶不仁即恶之过，亦不为恶。何则惟仁者能好仁、能恶人？吾夫子犹未见好仁者，恶不仁者，如此观之，其恶不仁过举之天真，从惟字能字，未见四字血脉中发出来的。此等真味，非俗儒所能辨，惟游氏与杨氏得亲尝也。

此三章书虽无理性之学，而今之读书者，目不得见其影，鼻不闻其香，口不得尝其味，而况心得乎？无理性者且如此，而况理性之学乎？尘世五荤之假儒不足论，游于三教圣人之门中者，得受三教圣人之真传者，其志若未尝专于仁，是以不能称得其为惟仁者。不能称得其惟仁者，是以不能好仁，亦不能恶人也。不能好，不能恶，是以夫子曰：我未见好仁者，恶不仁者。己之不能好，己之不能恶，而己之己，非志于仁之人，不志于仁，虽得口受，亦不算为惟仁者。仁，道也，不仁而得此，窃道之人也。窃道之人即穿踰之小人，小人见好仁者好之，真恶不仁者恶之切，随将以己色取不疑之态，来相劝勉曰：恶人究不如好人，责人究不如责己，汝之能恶人，汝之善责人，汝气质之偏也，汝当急急以化之。嘻，以圣人之言而乱圣人之道，兼误希圣之人，彼犹自以为问心无愧，非诚无愧也，亦非伪无愧也，因居之不疑，是以无愧也。彼居之无疑者，与好仁者无以尚之之人原不同类，一真一假，恶乎同哉？大凡事物有真必有假，无假不现真。然而真者必遇真人之眼见其真，假者若逢假人之眼而益得骛其假，此亦各从其类也。各从其类者，内工外行，内魔外魔，道内之障，道内道外之劫，此皆因君子道消小人道长之所招来也。狂圣几希，君子小人几希，人之异于禽兽者亦几希。而差之毫厘，谬之千里，学道之人，纤芥不正，必招休咎，外败行事，内伤丹本，二至改度，阴阳差忒，冬至大暑，夏至霜雪，二分春秋之气，纵横不应于漏刻，次序颠倒，昼夜不平，旱涝不均，水火相克，风必不调，雨亦不顺，飞蝗成阵，各虫为害,涌沸淘淘。其余群异旁出,妖术现灵,天见其怪,地裂山崩,外劫如此,内魔亦应。学道之士,将此理穷,内外措一,合道则吉,不合则凶。若学道不依佛规,妄胡行,魔孽使他做出一切败病,或内工千奇百怪,或外行狂乱颠倒糊迷,皆是心邪,以邪招邪,故曰种种魔由心生。况人不兴妖,妖而自兴,妖魔邪怪,邪魔入于其窍,盗他宝珍。你每日所炼之丹,被他偷吃,跕在你身,使你堕落地狱,他等将收圆之日,好显千怪百奇,一切群异之旁出,显种种之怪术,皆因中魔者所炼之丹被他偷吃,是有此妖术。噫,天见其怪,山崩地裂,而大丹已坏,世道已衰。然因于用心之正所到,畏哉畏哉,可不慎欤?纤芥不正,其凶乖如此,况其大者乎?学者其深思之。

孝子用心,感动皇极。

杏林曰:上节言招灾之故,此节言免灾之法。至于水旱风雨蝗虫等灾,不可专以外论,亦不可专以内论。天地,人身也,国家亦人身也。我身以外既有天下国家,而我身以内亦必有天下国家。圣经言事有终始之事,即以原始返终为之事;物有本末之物,即以天下国家人民为之物。而究总以我身内之天下国家人民为本,以我身外之天下国家人民为末,再以壹是皆以修身为本。本乱而未治者否,观之吾言,为尤足征。本者何本也?本立而道生。孝弟也,其为仁之本。与仙翁言孝不言弟者,何能尽孝道者,而未有不能尽弟道者也。呜呼,天下第一件大事,道也;天下第一件大事,孝也。乃言天下大事有两个一件,盖孝即道也,道即孝也,故曰:天失孝道无以覆地,地失孝道无以载,日月星辰失孝道不明,四时八节失孝道旱干风雨不调,干支、阴阳、五行、八卦失孝道蝗虫涌沸,群异旁出,天见其怪,山崩地裂。此等奇祸大灾,皆由于不正而来。但修身之士,何待不正之大,即纤芥之不正,亦断不可。观仙翁曰:纤芥不正,悔吝为贼。仙翁岂欺世哉?仙翁岂妄语哉?仙翁岂吓人哉?此必然之理也。

治国者固不可不慎,修身者亦不可不慎,而为人师者尤不可不慎也。慎者,何慎也?慎其心也。种种福由心造,种种祸由心招,种种魔由心生也。呜呼,人心可不正正哉?人心可有纤芥之不正哉?若果有不正，以致悔吝为贼，可不急急用心以感动皇极哉？用心感动皇极者，用何心也？用孝子之心耳，故曰孝子感动天合地，此言万古不没矣。即天律所载，亦曾言曰：万恶淫为首，孝为百行原。人而不孝，实不可以为人。羊跪乳，鸟返哺，马不欺母，人而不孝，实不如畜，地狱无孝子孝孙，天宫无不孝之仙佛神人。孝道一亏，百行皆败，不孝未有能忠、能弟、能友、能仁、能义者，抑即或有之，亦未足观。况其有乃必有所以，必有所由断，非所安。人以不孝，其余皆不足观也矣。追念父母生身之恩，恩号罔极，罔极深恩，难报万一。母体担危险之关，父心存悲欢之感，煞时五脏崩裂，囚声落地，父母转忧为喜，爱如掌上明珠。一月暗室，三年乳哺，饱虑太过，歉又恐饥，冬既避寒，夏又防暑，偶尔失调，疾病缠体，疴养难达，秉中作急，父以不慎怨其母，而母情甘自病以相代也。延医不惜财，推干而卧湿，求神以佑安，泪洒真如雨，一但获效，病痊身安，喜出非常，频呼心肝，答神庥以自乐，酬医恩亦情甘。昔当年舍其母，始得其子，母诞惟艰，父诲又未易，读书极望上达，爱劳而心总难安，亲恩浩大无疆，篇临笔拙笨难传，言不尽意，意不尽言，情长纸短。今掇其要而举其大端，天、地、人及万物非孝道不生。虽曰万物皆生于土，而实生于孝也。因万物实生于孝，故孝头土当先，下一子字者，不特内藏万物育焉之机，了一成圣亦自在其中矣。哈哈，土中横加以丿，亦料得少人知也。这便就是君子黄中通理，亦即人生之有初也。世之凡人生于这个，而不能成于这个，惟我三教圣人得于这个，行于这个，死于这个，成于这个。这个者，那个也？亦即土中向左加横以丿者是也。这个一丿，在先天无极之始，原来只浑然一，一乃因无极而太极，方变成一个圈。此一个圈圈内藏坎离真精，本阳上阴下，而居乾坤得位之体，在母腹之中，母呼随呼，母吸随吸，纯一味先天用事，而故其胎息，绵绵默默也。至于十月胎足，瓜熟蒂落，一个觔斗，翻身落地，囚啼一声，乾坤颠倒，即将这个一字圈圈崩裂，而成土中向左之一丿。噫，从此乾失中爻之阳而成离，坤得坎中之阳而成坎，一字真精落于坎水之中，沉沦苦海，莫知其苦。嗟乎，单卦之爻象，婴儿落水；拆卦之爻象，姹女当令。彼此失迷家乡，男不得见女，女不得见男，夫妇拆散，性命不全。若三生有幸，得遇奇缘，传授心法,性命双修双炼,夫妇重见,《诗》奏关雎,此即君子以造端。日就月将,学由缉熙于光明,以得返回我在母腹之中纯一不杂、至善无恶、圆陀陀、光灼灼、乾南坤北之体也。人造就此步地位,即及其至也,察乎天地也矣。察乎天地者,天一生水,地二成之,一二三,三二一,三五二五,皆成道也。二五、三五,皆不离孝也。孝字下一子字,中一一字,子字去一成了字,了一者,了凡成圣也。了凡成圣,固不离乎孝子之用心。然而凡何以了、心何以用哉?了凡者,于孝子用心之处以了之也。而孝子用心处在何处?即至善之天地位焉,亦即君子黄中通理之所。若理不通,道何以贯?若非孝字当头土,横左一〇者,而今通无以通,贯无以贯,通而贯之者,非此一丿不可也。土字三笔,竖直横平者,一字体也;孝字一丿者,一字用也。大凡一切无不皆从一起也。一字可大可小,可上可下,可横可竖,可直可曲,可方可圆,可点可圈。此一圈者,即吾夫子一以贯之道也。以一贯之而成圈,此即了一也。而究属果何以贯?果何以了?试观八卦之爻象,或阴或阳,无非一也,即变为八八六十四卦,亦无非一也。贯而了者,将此一阴一阳之一,抽爻换象,拆坎补离,以致夫妇重相见而各返其原位,即乾坤定矣。以复先天之体,亦此即谓之贯一,此又谓之了一。噫,此万不泄之秘,今已泄之矣。顾此了,又不可谓之大了。大了者,功圆果满,脱壳升天,超玄拔祖,称大孝,方大了也。人而如此,不愧于为人。不愧于为人者,正赖孝字土头向左一丿,以生土中之黄芽,而成此大孝也。上阳子曰:亦犹孝子诚心,方能感动皇极。心者神之舍,心实则神明之自来。此上阳子注。愚以谓感动皇极者,皇者,皇天也;极者,无极也;皇极者,乃是皇天上帝、无极老母金丹之大道也。孝子可不知所用其心哉!

近出己口,远流殊域。

杏林曰:此即前章引大易之义,出其言善,则千里之外应之。近者,道不远人,故君子之道本诸身也;己者,我身本有,中央戊己之己,以成真土;口者,兑金也。我身八卦之兑金,以发后天,堕于坎中,沉沦苦海。今归戊己之土,来就以相生,婴儿见娘亲,庶可为真人,还我本来面,厥性复了根。近出己口者,卷之退藏于密也;远流殊域者,一本散为万殊也。近出己口者，而万殊应归一本也，故曰夫道一而已矣。口者，古人言吻合春无限，美哉斯言，至哉斯言。读书而得此真味于身心者，自古罕也。上阳子曰：言乃心之声，言孚则情性相感，语虽近出己口，声传远播他方。此上阳之注如此也。尝闻有一县令，断此一案，系手足因争产而兴讼。县令令兄呼其弟而弟应之，弟呼其兄而兄应之，一兄一弟，彼此以口呼口应之，间久之，则动天性之真情，相抱而大哭，俱曰：仰恳宽恩免究，允其私和。遵例完案，情甘不欲兴讼也。从此兄以产养弟，而弟以产养其兄，返争成养，皆出于口之声，感于心之动，而孚于性之灵，发于情之应，心于口孚而神明之来也，自今尚犹传为美谈。天下孝子悌弟，取而效之者，岂非远流殊域也哉？此亦犹之乎人能诚意悔过迁善，真心斋戒诵经，自能感格神明，是以有寻声相应相感之说也。虽然此仍以入世之法，与修出世之法言之。试再以出世之法与修内果之法，而进思之，口者仍是一个一字圈圈耳。此一个圈，变化无端，因圆满变为方正，以取天圆地方。天地者，乾坤也；乾坤者，阴阳也；阴阳者，大道也；大道者，金丹也；金丹者，婴儿也。古仙有言曰产个婴儿方又圆也。今得此一字口诀，贯成一圈，以效三教圣人之真传。出者，万物发生之义也；己者，自也，言君子深造之以道，欲其自得之也；远者，我身居一小天地，天地有十万八千里，而我身亦有十万八千里，夫如斯不为远矣；流者，往来流离，周而复始之义，故子在川上曰：逝者如斯夫，不舍昼夜；殊者，殊类是也，大天地间有五湖四海、三江九河、山林草木，我身居一小天地，万物亦悉皆备于我身也。殊域者何？乃中华以外之万邦是也。我身既居一小天地、大天地之间，有中华外邑，而我身小天地之间亦有中华外邑。此借天地阴阳之气，化生万物之理，发明三教圣人之道，以炼性修命，采檗归鼎者也。此所谓檗者，即三品之神气与精是也。将我小天地之神气，采来听用，皆归于我，如蜂酿蜜一般，将一物一性，千物万物，而采来酿成蜜，均归于一物之性，以全我本来之真面目也。真面目何？实学是也。实学者，何学也？即学而时习之学。学明善复初，抽爻换象，拆坎补离，以返我先天乾坤之初体。噫，此等口诀，即又是子曰之曰字是也。曰者，口内也；子曰者，即吾夫子亲口传一贯之道也。此道自黄帝、伏羲相传,以至于尧、舜、禹、汤、文武、周公、孔、孟相传,而无非口口相授。得此口诀者,接夫道统之传,近出己口也;继圣道万古不泯者,远流①殊域也。言内言外,言近言远,无非言道。今再混言其大义,亦即夫子曰:己欲利而利人,己欲达而达人,能近取譬,可谓仁之方也已。

或以召祸,或以致福,或兴太平,或造兵革。四者之来,由乎胸臆。

杏林曰:此言善恶之报,惟人自招。上阳注曰:败则招殃,成则致福;事乖则或造兵革,事济则身乐太平。成、败、乖、济四者,皆由人为。此上阳子注。今以入世修外言之,固为如此;而以出世修内言之,更当如此。招祸致福,由乎胸臆,亦即吾儒所言祸福不自己求之者也。或大丹败坏,或外魔缠身,或遇饥馑之劫,或遭兵荒之灾,俱碍难于修行。甚则天魔入,天魔有魔王魔兵之称,故曰兵革。人于身中,性王颠倒,自不由己,败事多端,作下弥天大祸,自己堕落地狱,且连累七玄九祖,其招祸可胜道哉?世之学者,既思得三教圣贤之道,必须先成得自己,为个三教圣贤之人,此名谓之载道之器、成道之器,然后可任三教圣人之道。此道任重而道远,岂是凡常之人所能任哉?其胸臆岂是凡常之人之胸臆哉?凡我同人,皆当以此而致福,勿以此而招祸。能立三教圣人之奇功,行三教圣人之苦行,存三教圣人之仁心者,自有仙佛保佑,逢凶以化吉,遇难而成祥。即有考惩,乃是上天成全,将降大任于是人,而是人更当加十分审重坚固之操,以报答上天成全之大德于万一。而天心至仁,祸福自招,无不庇获保佑,此必然之理也。一旦道成,超玄拔祖,故曰:一子得道,九祖升天。其致福为何如哉?既有此等天上之福,必得此等天上之人方能享受。学道者,当时时扪心自问,存心举意行事,皆与仙佛圣贤相合?合则成道,成则致福;不合则道败,败则招祸。内工外行,皆是如此,学道者可不慎哉?

动静有常,奉其绳墨。四时顺宜,与气相得。刚柔断矣,百②相涉入。五行守界,不妄盈缩。易行周流,屈伸返覆。

---

① 流,原本作"留",据上下文改。
② 百,诸本作"不"。

杏林曰：此节动静有常，以外行而言之，三规五戒在其内；以内工而言之，静极而动，动而复静，待静以望其动也；若以兼内、兼外而言之，动静亦各有其常。盖常者，一定之规也。动则度人，静则度己，此其常也。总而言之，动有常者，不越祖规；静有常者，不离口诀。天下万物之理，与人身内工外行，皆不离乎动静之机。动有常则济，失常则败之矣。奉其绳墨者，以外行而言，不以规矩，不能成方圆；以内工而言，毫发差殊不结丹。又言天针对地针，对的不差毫厘分。又言千里姻缘一线牵，甚矣。学者于内外绳墨之间，可不两相信奉修行者哉？四时顺宜，与气相得者，以外行而言，此宰相之职，燮理阴阳之权，和乎天道之者也；以内工而言，即与四时合其序，以遵奇经八脉，五运六气，顺宜而相得也。若凡有一切之不得于心者，尽皆勿求气也。志至气次，故互壹而互动。蹶者、趋者，因气动心，故四时失宜而不顺。失宜不顺，又焉能与气而相得哉？乃此气也，即孟子所养浩然之气，塞于天地之间，配义与道之气也。夫如斯，有何四时之不顺？有何气之不相得欤？所言刚柔断矣，不相涉入者，以外行言之，《书》曰：沉潜刚克，高明柔克。如此而自合乎宽猛兼济之道也。以内工而言，刚柔之中，内有火候藏焉，老以柔配，嫩以刚配，同气求而同声应，此亦各从其类也。五行守界，不妄盈缩者，以外行而言，建邦设都，兴功立业，若一妄盈缩，则五方之界守不清，不清则彼此相克，而祸其可胜道哉？以内工而言，务要跳出八卦之外，不囿于五行之中，金木相并而不相克，水火相见而称既济，以复我乾坤本然之面目者也。易行周流，屈伸反覆，以内工而言，即逆行得生之道也。不周则不流，不流则不行，不行则不易，不易者，则从死之道也。以外行而言，今之读《易》者，不过以卜筮为道，或以为作文，为求取功名是用，或认字以务工商是用。呜呼，圣道之衰，理学失传，以至若此其极，甚可慨叹。盖易行之理，前已言之详矣。屈伸反覆者，用工之法，则尽在其中，默默天机，谁敢明泄？吾儒心法之传，无不寓于此中，岂可忽哉？夫屈伸者，即用工之一定法则，而究不离乾坤之道。法则中之屈伸，即工夫内之乾坤，反覆循环不已之道也，亦即三回九转之法则也。故吾儒有言九转还丹、炉火纯青之候者，此言可谓尽其旨矣。

幽潜沦匿，变化于中。包囊万物，为道纪纲。

杏林曰：噫，自古大道暗藏，潜修真人不漏象，被褐以怀璧。况今当鹤立鸡群，龙蛇混杂，道在身中，不见不闻，不知不愠，而其中变化无端，虽不可测究，其要旨不离乎中之一字。是故程子曰：中者，天下之正道也。昔孔子见老子，出，谓门弟曰：老子乃人中龙也。取其龙之变化无端，而老子于人中似之。始得包囊万物，以尽一本散为万殊，万殊仍归一本，散之则弥六合，卷之则退藏于密。包囊万物者，即吕祖言一粒粟中藏世界也。天、地、人造物各有法度，而况炼金丹乎？若以此为大道之纪纲，不亦宜乎？内工外行，出世入世，本之一理，而今混言其大义，曰：《论语》、《中庸》，皆吾儒门传道之书，而未尝显露其名姓。子即孔子，其余不过备其名，曰颜子、曾子、闵子、子游、子张、子夏，均不曾显其有名姓，亦无非幽潜沦匿之义也。至与天地同参，包略万象，致知格物，表里精粗，神圣功化之极，篇篇字字隐藏于内，以为大道之纪纲，范围有如此矣。

以无制有，器用者空。故推消息，坎离没亡。

杏林曰：以无制有，虽有而无，若果实有，即是无为，若真无有，大道成后，无所不有，无所不有而总归无有，故曰器用者空。空即是色，有也；色即是空，无也。空无所空，谓之真空，真空无一物，真空生万物，大道之循环无端，变化莫测，如斯夫。上阳子注曰：太极之分有先天，有后天。何谓先天？形而上者谓之道，以有入无也；何谓后天？形而下者谓之器，从无入有也。又引老子之言曰：无名天地之始，有名万物之母。又引刘海蟾师曰：从无入有皆如是，从有入无能几人？无之一字，秘秘天机，人多不知，遂将无字真经与达摩西来一字无，皆错会其义。无字真经，盖是此无之一字，即为真经也。一字无者，此言达摩祖西来之日，就带了一个字来，传于东土。此一字何字也？此一字者，即无之一字也。是以诸经皆以南无居于经句之首。呜呼，吾今不忍坐视世人永落苦海沉沦，常堕地狱湮没，出于万分无奈之中，不得不将三教圣人归一之大道明言泄漏，以鼓舞世人之志，而令急求明师也。夫无之一字，向左当头一丿，此乃人生有初，一点元阳落于东土也；其四竖画，属眼、耳、鼻、舌四象也；其三横画，属精、气、神三宝也；其下四点，原是一个火字，属三昧真火之火也。因真火昧而不露象，而人难明，故作为横四点以上通于四相也。若人三生有幸，祖上有德，得遇真师口传心授，架其三昧真火，将那四相烧得四大皆空，将我家三宝以文火、武火煅炼，皈成一处，而亦如回之为人也，得一善，则拳拳服膺而弗失之矣。久而久之，与无字头目之上向左一丿，取其性而返其形，以归于孔圣一贯之道也。人而造就至此，在儒名之曰圣，在释名之曰佛，在道名之曰仙，三教合一，总其名而称之曰神。然总不离此一字圈圈，而成无极也。器者，人身为载道之器，以跻圣贤之域；用者，一切法则之妙用；空者，一念不生，人欲尽净，而天理流行，则体若太虚空。及至功圆果满，脱壳上升，此身谓之臭皮囊，此身谓之周胎袄，岂非形形色色之有，而以无制为生生化化之空。至此器空也，而用亦空也。故推消息故者，十字下一个口字，此即得允执厥中，十全为上之口诀是也。而从右加一反文者，将此后天一切之浮文，而俱返为先天之真性。推者，分清别浊，拨阴取阳，而推者不外推敲之意，亦即上章所谓屈伸反覆之道在其中；消息者，即呼吸之法则是也。《易》曰：阖户谓之坤，辟户谓之乾，气之一阖一辟谓之变。坎离没亡者，坎没于坤，离亡于乾，此气我身之八卦，变迁得体，没亡常存，此内秘秘天机，谁敢泄漏？有志欲为三教圣人之徒者，可不熟读《参同契》，以悟大易之理，而急求吾儒门心法之传乎？

言不苟造，论不虚生。引验见效，校度神明。

杏林曰：言者心之表，信之征，善之应也；以若苟造，则犯妄语之戒；论者，著书立说是也。原为世人出苦海之津梁，上西天之灵悌，岂敢虚生一字，而误人终身性命大事乎？其效之验，考之于书，征之于人，《大学》大人之学。《大学》乃孔圣传道之书，非得一之大人不足以读《大学》之书也。《参同契》乃仙翁上法三圣，下救万灵，准阴阳，象日月，而著此书，非同心相契，又安敢参注一语？上阳子曰：何谓引验见效？黄帝上升，巢、许高蹈，老子化胡成佛，淮南鸡犬皆仙；何谓校度神明？如日月合璧，爽现于庚。子曰：神而明之，存乎其人。此上阳子注。噫，此道也，佛道也，仙道也，亦无非三教归一之神道也。故曰质诸鬼神而无疑,又曰鬼神之为德其盛矣乎,又曰与鬼神合其德,又曰与日月合其明,又曰以神道设教而天下服。何莫非校度于神明者哉?

推类结字,原理为证。坎戊月精,离己日光。

杏林曰:上阳子云:推类结字者,如丹从月生,水象坎卦,日月为易,首之成道,此结字也。或言结日月为易字。愚意以谓以推字、类字而沉思之,结字原不可按一字而论。推类者,推万物之类也;结字者,结无数之字也。此皆原其理而为之证。证之者,证之于古昔,有可考而证之也。彩结宜春字,香烟篆就平安,雁行成字,科斗结字,推穗类字,是或以道,故曰字字藏道也。朱子曰:知天知人,无非知理。此皆原理为证之实学也。坎离为日月,人皆知之矣。知日月有精光,更不待言矣。盖坎戊者,坎为北方之正位,内有真土,为之阳土,女宿主事;月精者,内藏无角玉兔,内白而外黑,外雌而内雄,是为阴中之阳;离己者,离为南方之正位,内中亦有真土,为之阴土,柳宿主事;日光者,内藏三足金鸡,内黑而外白,内雌而外雄,是为阳中之阴也。原夫乾坤得乾宫之阳爻而成坎,坎乃坤卦所变,故有真土藏焉;乾失中爻之阳而成离,离者坤之阴爻居其中,故亦有真土藏焉。此坎中有阳土,离中有阴土,□□□也。所以然也,土居中宫而存黄理,发于万物而旺于四季,皆可即此类推矣。然而不得孔门传授心法,仍不知其所以然也矣。孔门心传,不可不传得者有如是。

日月为易,刚柔相当。土旺四季,罗络始终。青赤白黑,各居一方。皆禀中宫,戊己之功。

杏林曰:上阳子注:且万物非土则不能芽蘖,而日月尤所以运①乎土也。故东躔则经氐土,西度则经胃土,南行则经柳土,北毓则经女土。日月得土而久其明,土借日月以厚其德。土之分王,循环四季,春生夏长,土之功也,秋敛冬闭,土之力也。所以四时各有旺日,长镇中宫,始终罗络,以就其功。青赤白黑,虽各居于东西南北,然皆禀于戊己二土,共成其德,以施神化也。此上阳子之言如此。盖日月为逆者,日月失其

---

① 运,上阳子注本作"孕"。

逆行之理，不能运用中宫，而施化生。日月在人身为后天之坎离，非用易行之理、易行之数，亦不能复回我先天乾坤对待之初。坎水为月，离火为日，月本不明日映则明，故日月相并，则谓明字。前言推类结字，而此明字亦在其中矣。藉日月之明，行逆运之理，以夺天地造化之机，而返坎离为乾坤对待之体。然非刚柔相当，实不能以至如此矣。刚柔相当，虽为配合，得金丹之妙诀，若非中宫运用咸宜，亦实难尽其配合之效，此乃天造地产之至理。至理者何？至理者，金丹亦物也。万物皆生于土，故金丹亦生于土也。土非旺于四季，将何以发生万物而结此一粒金丹也？虽然土旺四季，发生万物，非罗络始终，更将何以尽其贯通之能？天地之道固如是，人身居一小天地，人身之道亦固如是也。此篇句句详释明注，而惟于始终二字尚未切当，故重伸其义曰：先天为始，后天为终，人皆始于始而终于终。惟我三教圣人始于始而终于始，然亦不能外禀中宫戊己之功也。

晦朔之间，合符行中。混沌鸿濛，牝牡相从。

杏林曰：上阳子云：此节象一月之晦朔弦望，以比炼丹之行爻合符。盖一年十二度，晦朔弦望，天上太阴有十二度，与太阳合璧；人间少阴有十二度，以隐行看经。此阴阳之正也。惟少阴也，溟涬杳冥，不可度量，圣人测之，优游太极，方拟合符，始可行中，故号先天。天上之太阴，每会太阳，日月合符，月在日之下，日在月之上，月上正日之精光，其光向天，非人可见。亦犹①男女交合，男在上，女在下，女为男覆而不可见。当此晦朔，月在日之下，辉光未分，比人间之少阴也。太极混沌之时，先天鸿濛之内，经罡符至，初三庚方，微阳将生，阳牝阴牡，相从配合其中。此上阳子所言，诚得道中之真工实行矣。

夫人身居一小天地，太阳太阴、少阳少阴，司天之令，与人无二，行度过宫，交泰之义，与人一理。古人所谓人得天地之全气而生，配列于三才之中，以行天地之全功者此也。然非受真传不可，若得真传，改过迁善，日久用工，有效无效，在所不计。一旦集义所生，配义与道，则得

---

① 犹，原作"由"字，据上阳注本改。

塞于天地，以行其全功也。而晦朔之间，消长之理，合符行中，一切法则消息及其混沌鸿濛，其中滋味光景并实在情形，以及牝之与牡，牡之与牝，彼此相从之美，非工夫到这步地位，即得真传，仍如梦者抱瓜闻其香。噫，好道君子，朝办凡，夜办圣，功德培足之日，凡事一刀两断，纯专圣功，将此一节无穷滋味、实在学问，以本诸己身而期自得之者也。混沌者，阴符退而阳气在，清气升而浊气降，人欲净而天理流，自知有天理而不知有人心；鸿濛者，返我先天之境界也。学者造就至此，已跻圣贤之域，再加之以功行栽培，成佛成仙，自不难矣。三教圣人皆是如此成，故《参同契》一书，为三教圣人归一之书，非得三教归一之真传者，不足以读此书也。

滋液润泽，施化流通。天地神明，不可度量。

杏林曰：此乃子半阳生，真实效验，如太虚同体，神妙原莫可测度矣。亦即大易之所谓黄中通理，畅于四肢，美之至也。而此美惟自知之耳。吕帝云：人人会饮长生酒，个个能成不死夫。《悟真》云：甘露降时情性合，黄芽生处坎离交。退安老人云：天桥上滴，沥沥甘露洗；华池下润，涓涓百脉娱。《节要篇》云：一片闲心绝世尘，寰中寂静养精神。素琴弹落天边月，玄酒倾残瓮里春。五气朝元随日长，三花聚顶逐时新。炼成大道超凡去，仔细题诗警后人。无垢子云：人法双忘万事休，百川还海会源流。猛然进出寥天月，照彻乾坤四大州。三丰真人云：黄婆劝饮醍醐酒，每日掀开醉一场。这仙方，返魂浆，起死回生大蘂王。已往佛，过去祖，曾有言曰：一本散为万殊，万殊归于一本。欲神聚散，先通大千；欲通大千，先通七道；欲通七道，先通南昌。但南昌一道，未易得通，其中有一不老不少的女子，名曰乌头太岁，其性刚烈，把守南昌头关，不肯开关。人要想七道开通，须将七宝常常敬奉此女，买和其心，使其暗地开关，不我遐弃，然后七道方可借路相通。七道一通，则九州四渎，河汉江淮，究究关关，自然瞥地回光，辉腾宇外。

以上引古仙圣贤之言，悉足以尽此章之义。滋液者，即邵子所谓玄酒味方淡也。滋液即玄酒，一名甘露，一名上池水，一名醍醐酒，一名返魂浆。润泽者，即吕帝云先天一炁号虚无，运转能教骨不枯，故曰润泽也。亦即文宗先师曰：此吾儒诚中形外，晬面盎背之效验也。施化流通者，即大德川流、小德敦化，亦即子在川上曰：逝者如斯夫，不舍昼夜。天地神明，不可度量，此大而化之为谓圣，圣而不可知之之谓神。是以上阳子曰：金丹之神效，虽天地不能测度，虽神明不能猜量。诚哉言也！

利用安身，隐形而藏。始于东北，箕斗之乡。

杏林曰：上阳子云：坤之为用，坤宫有土，土制坎水，善利万物而不争者，水之用也，圣人能逆用之，乃得水之利。《易》之用六，利用永贞[1]者，坤之德也。余继之曰：此乃儒曰安土敦乎仁，道曰步日月而无影，佛曰隐则慧眼不能睹。此皆言大道之无影无形，视之而弗见，听之而弗闻也。有如斯文。又上阳子曰：始于东北，箕斗之乡，何谓也？每朔月与日会，必于箕斗之乡。箕斗为艮，艮之为卦，阴侵阳也，号曰鬼路。月每至此而失其明，故曰丧朋。有若世人顺行五行，生老病死，寒暑代谢也。余继之曰：始于东北，东北者，艮也，艮其止。此言大道之始，始在止至善之地也。艮在先天之数居七，七数者，七日来复之数也。故管见以谓，始于东北与上句利用安身对着看，箕斗之乡与上句隐而藏对着看，上两句一气念，下两句一气读。盖因先天之数艮七，七日来复，复必有所归。东北后天艮方，艮，止也。艮在中央为阳土，其止以来就坤，明是一阳来复之道。此言大道开始于东北，而终于箕斗之方者，后天返先天之定数也。艮东北居后天之方，而箕斗乃先天之乡，彼言以阳求阴，此言以后天而还先天。何则？后天八卦，离南坎北；先天八卦，乾南坤北。此乃抽爻换象，拆坎补离，以复还先天乾南坤北而归于箕斗之乡，则大道得之矣。夫箕者，乾也，居南方先天之位也；斗者，坤也，北方先天之象也。故《诗》曰：惟南有箕，惟北有斗。且乾三连者，其形似箕也。而斗之一字，明十二也。十二乃坤宫本卦之数。六断者，合坤上六断，坤下六断，二六一十二之断数，以象斗之字十二也。盖天上有九天斗母之号，人间有塑斗母之庙，此皆斗字属坤之明证也。因不敢妄注一字，而引许多证验，以作把柄，虽与上阳子所注略有不同，然而却有凭据。虽

---

[1] 贞，原作"真"字，据《周易》及上阳注本改。

如此,仍不敢自以为是,姑存以待质诸高明。

旋而右转,呕轮吐萌。潜潭见象,发散精光。

上阳子曰:旋而右转者,天道左运,日月星辰悉皆右转。月至此乡,必晦而会,如璧如圭,一日、二日,旋而右至于庚方,精光才吐,魄乃生焉。此上阳子之言如此。余所谓始于东北箕斗之乡,不可一气读者,止旋字转字,神气得来的,再加上本文旋而右转,则上阳之注天道左运,愈可见矣。此笔法虽是两句一联,四句一派的样式,而其文义连络过脉,气虽贵清,而转宜活,不可作死派句看,善读书者,皆当如此留意焉。

旋字、转字、呕字、吐字,内有无穷玄妙,紧对上始于东北。读此句一住,箕斗之乡接下一气而读。如此不特有渴马奔泉之势,如水之流盈科而进,方现此文之作柳分条晰,再加本文只言右转,不言左运,此明言后天而暗藏先天,此明籍后天而暗返回我先天。必如是,始对下潜潭见象的神气精髓。且自古圣贤之书,皆是以入世之法而内藏出世之法,读书者,更不可不知此也。盖仙翁立言,正为由后天而返先天作用,《悟真》云:南北宗源翻卦象,晨昏火候合天枢。正合此节之旨。至于结丹之消息,修炼之效验,学者若功行到此,如鱼得水,冷暖未必不自知也。

昴毕之上,震出为征。阳气造端,初九潜龙。

杏林曰:上阳子云:毕月昴日,月借日光,光吐于下,如乾阳初生。坤之下为震,象初三之夕,一阳二阴,乾之长男,得时行道,故三日震动也。此上阳子注。朱子曰:龙德,圣人之德也。潜者,孔子以谓龙德而隐者也。而龙德之所以隐者,当此冬至子之半,一阳初动于下,万物未生,龙虽阳物,其德尚隐,故曰初九潜龙也。此潜龙者,正因其初九也。朱子曰:凡画卦自下而上,故以下爻为初。阳数九为老,七为少,老变少不变,盖震之初爻得七,其画为单,乃少也,故不变。若是呼之为潜龙也可,呼之为少龙亦无不可。此理有《药王救苦忠孝宝卷》,内藏大道之玄妙。言药王修道,每日加重收药炼丹,时时下苦,感动东海龙王三少太子,变一小白蛇,出水游玩,在沙滩遇一干牧牛顽童,鞭棍乱打,几乎伤命。后药王采药到此,打救白龙。妙哉,此为一节之精髓也。东海乃昴毕之上,震出为征也,故山东芝莱山上看日出。曰龙王太子,乃是阳气造端,初九潜龙也。故被牧牛顽童鞭棍乱打,几乎伤命,而不能变化。夫龙德之阳变蛇,物之阴气,阴气未拨尽,阳气尚未纯,微阳故不能变化也。乃曰白蛇者,不特取其一白二黑之义,精之色尚白,气之色亦尚白,此炼精化气之妙用,故有赤血返为白之说。赤血返白者,即龙变蛇,而蛇又还回龙之本象也。今被牧童之害,而不能变化者,乃系震之初爻,故不能变。有少蛇在沙滩之象,老变少不变也。必待药王采药到此救之,放海边,入水中,得坎满,还龙宫,而复其形也。夫不曰牧羊而曰牧牛者,何也?牛生字无根,牛下得一为生,此言人在凡间红尘世上,日日奔忙,不知效法三教圣人之真传,难逃生死轮回之大灾。夫不曰大人而曰顽童,又何也?大人者,乃学大学得一弗失之人也;顽童者,此言世之迷人,红纱罩眼,名利熏心,脱骨如山,六道轮回,只知迷于酒色名利,不知回头奔岸,譬若无知之牧牛顽童一般也;鞭棍乱打白蛇者,此是一斤数足,眼、耳、鼻、舌用事,七情感于外,六欲动于中,百般作丧其元气、元精、元神,如打白蛇,看看至死,必待药王采药到此而救其苦,正其初九潜龙之无用也。

阳以三立,阴以八通。三日震生,八日兑行。

杏林曰:此发明阳单阴双之理,而此时仍在阴上阳下之日也。震一阳始生于二阴之下,兑一阴进乎二阳之上,此仍阴上阳下之象也。本经首言乾刚坤柔,配合相包,当此之时,阴不离阳,阳不离阴,彼此相随,以待阴阳和平而生神明也。上阳子曰:初八上弦,一阴二阳,坤之少女,兑受丁火,代坤行道,以主其事,阴阳和平,神明乃生,故曰八日行也。盖兑为水中真金,号为定海神针,而孙行者到北海龙宫取此神针以后,大闹天宫,而称大圣者,岂无谓哉!况名曰行者,其旨深矣。行者乃即兑行之义,兑行阳上之机,阳上乃阴下之势,此理神而明之,存乎其人矣。

九二见龙,和平有明。三五德就,乾体乃成。

杏林曰:九二有阳气逆转升上之象也,刚健中正,秉泽物利人之德,非初九之潜隐可比,故朱子曰:九二虽未得位,而大人之德已著,常人不足以当此。孔子曰:见龙在田,利见大人,君德也。和平者,亦即孔子所言龙德正中,庸言庸行是也;有明者,阳光发现于活泼泼地,常放五色毫光也;德者,福德正神之位;三五德就,即三五之大道,来就中宫戊己之功也。是以天道三五一十五日为之望,月全阳辉,因其有明明之德,以感之也。上节言八日兑行而成乾体,工行到此,金木相生,鼎中已有丹本,《悟真》云:三五一都三个字,古今明者世罕稀。东三南二同成五,北一西方四共同之。戊己之中生数五,三家相见结婴儿。上阳子且注曰:太阴①映日,而生精魄,人身象月,而生金丹者此也。

九三夕惕,亏折神符。盛衰渐革,终还其初。

杏林曰:此言学者身已成乾体,鼎中有丹,而为君子,则是学大学之道之大人也。九三阳爻已复还阳位,故终日乾乾,反复道也。然而出此紧要关头,势不得不有乾乾,惕厉之象,神符之不足,全赖有所拆以补其亏。而补亏者,盗日月之精华,夺天地之造化,由衰以至于盛,但不离渐、革两卦之功能。渐者,进也,有女归之吉,以阴求阳也。然必以正邦家无邪,方可谓以居贤德善俗之君子矣。鸿之渐也,大有鸢飞戾天之影象,而渐岂可乱哉?革者,变革也,兑泽在上,离火降下之象。革之时,大矣哉。故初九巩用黄牛之革,当此之际,可不提撕恐惧以谨,专心致志以诚哉?朱子曰:阳位重刚不中,居下之上,乃危地也。此即上不在天,下不在田,正当乾乾,因时而惕,故曰夕惕。吕帝曰:一阳气发用工夫,日月精华照玉壶。到此阴阳休妄动,恐防堕落洞庭湖。夕惕二字为下终、初二字立柱脚,即君子无终夕之间违仁,造次必如是,颠沛必如是。亏折神符者,是配合去留得法也;盛衰渐革者,是将变既济也;终还其初者,是厥性复初,原始返终也。此等造就,皆由夕惕得来也。功用日久,得其自然,而生乐景,古人有诗为证:时人不识余心乐,尚谓偷闲学少年者此也。

巽继其统,固济操持。九四或跃,进退道危。

杏林曰:此大道言可进可退,故孔子曰:君子进业修业,欲及其时也,故无咎。巽为风,其性善,入巽下断,一阴伏于二阳之下。巽又以阴从阳,则阴得其助,有所籍赖,以继其统。固济操持者,即上阳子曰:徐

---

① 太阴,原本"太阳",据上阳子注本及文义改。

运阴符,包裹阳气是也。九四或跃,进退道危者,九四者,朱子注曰:四不安于退,而亦不遽进,其迹近乎于离群,而其心实非也。或者其理数未定之际,可上可下,可先可后,可行可止,可进可退。跃者,即大骤过关,五龙捧圣之际,进退两难,失之则危殆而不安,得之返危而无咎。《古经衍大道》曰:昔有一仙,升天不能,行至深山,前进无路,后退则危,舍死忘生,向深涧之中一撞,内有困龙在此,乃落于困龙之背,乘此龙而升天矣。九四或跃,在渊之龙未能适其飞腾之,当居上下两难之际,进退未定之时。然而进德修业,有志事竟成,乘此可上可进之时,不先不后,无过不及之中,腾而上升,返危为安而无咎,学者可不知所操哉?

艮主进止,不得逾时。二十三日,典守弦期。

杏林曰:艮者,阳土也。艮虽止而阳则进,故艮主进止也。朱子曰:一阳止于二阴之上,阳自下升极上而止也。又曰:行而止也,动静各止其所。妙哉言乎!《易》曰:艮其背,不获其身;行其庭,不见其人。哈哈,不知逆行先天之理,不足以读大易之书。邵子曰:先天之学,心法也。诚然诚然,待时而动者,正为待时而止也;不得逾时者,此时不可失也。君子进法修业,欲及其时,而其时何可逾越哉?二十三日,典守弦期者,符满下弦之期也。古仙云:开透三关行日月,金光默默返泥丸。返泥丸,动而止,故其艮之止也,犹黄鸟之飞,知其所止之地。观而止,勿逾其时,但时之不可逾者,非只此时不可逾,凡时皆不可以逾也。

九五飞龙,天位见①喜。六五坤承,结括终始。

杏林曰:九者,乾宫之用九;六者,坤宫之用六。然乾宫之九不离五,而坤宫之六亦不离五者,取其乾为天,天数五;坤为地,地数五。天数五,地数五,二五之精,妙合而凝,是以九五飞龙,大非初九潜龙之比。潜龙勿用,飞龙在天,利见大人,故天位加喜,而究不离坤宫之六者,六位时成也。时成者,时乘六龙以御天也。六五坤承者,坤宫之六五,承乾宫之九五而合成十也;登九五者,升天子之位也。然必有是德,而再

---

① 见,注文中作"加"字。

加积善，方可任此余庆之吉。结括终始者，由终而返始也；言其结括者，用六之永贞，大终，以返乾元。万物资始，此即谓之结括终始也。生于始而复于始，如此者，乃于生我之处而返为我死之乡，此谓之大人结括终始。终者，死也；始者，生也。必然效大人死始可矣。古人有言曰：死生亦大矣，可不慎欤？

韫养众子，世为类母。上九亢龙，战德于野。

杏林曰：九者，阳之极数也；上九者，阳之过亢也；战德于野者，失其变化之德，几无水火既济之交；世为类母者，正为上九之亢龙有悔作用也；韫养众子者，世有喻言可取也。喻言者，正文王吐百子之喻言是也。夫不曰武王吐百子，而必曰文王吐百子者，正为亢龙武火大过之悔，必加文火始能韫养众子。百子者，即众子也；众子者，即一本散为万殊也。古仙有言曰：婴儿幼小未成人，全籍爹娘养育恩。九年三载人事尽，纵横天下不由亲。亢者，恶燥而居高，亦犹恶湿而居下，此皆取悔之道也。程子曰：圣人有亢时，无亢心。盖必有持盈而守满之道焉。

用九翩翩，为道规矩。阳数已讫，讫则复起。

杏林曰：此章言刚柔配合得宜之道，必宽猛兼治，乃刚柔得宜。九者，本阳极而将变之机，故为老阳；数用九者，言所不用其九也。胡云峰曰：一百九十二爻皆用九。至哉言也。翩翩者，上升下降，以就方圆之至也。圣人之道，方圆之至，是以为道规矩。规以成方，地阴也；矩以成圆，天阳也。一阴一阳之谓道也。阳数已讫，阳极阴生；讫则复起，阴极复阳。龙吸虎髓，虎吸龙精，龙吟虎啸，龟蛇翻舞，结成一团，则圣人之能事毕矣。虽然大道循环无端，讫则复起，此即天道无已，吾亦与为无已也。

推情合性，转而相与。循据璇玑，升降上下。

杏林曰：情者，情阴也；性者，性阳也。推情合性，转而相与者，此一阴一阳，情合性投，而结成一团也。但循环之理，原有可据。据者何？璇玑而已。璇玑者，如雪片之白，如玉屑之洁，如金石之坚也。故马齿、栏杆、钟乳石，然随阳气之鼓动，上升下降，而法轮始不空转，升降上下，大道如环，升上降下，降汞升铅，上上下下，拆坎离添，抽爻换象，而成乾元。此即夫子下学上达,知我者天。

周流六爻,难可察睹。故无常位,为易宗祖。

杏林曰:周流者,上下来往无已也;六爻者,三阴三阳之爻也;难可察睹者,此不特视之而弗见,听之而弗闻,及其至也,虽圣人亦有所不知,亦有所不能其察也、睹也,岂不难哉,何则?盖因无常位故耳。然虽无常位,而必有创业之圣祖立之于前,以为后世守业之高贤所宗者,亦惟在大易周而已矣。故易者,逆行之道也。逆而周流,大易周之道,思过半矣。人在先天而顺,落后天本难考察而睹见,今得师传止于至善,下手用工由后天而返回我先天,故亦难考察而睹见。然而创业为祖,守业为宗,有能以大易周为祖而宗其传者,乃既圣已乎。

朔旦为复,阳气始通。出入无疾,立表微刚。

杏林曰:上阳子云:上言一月晦朔弦望,采炼成丹之象;此节比一年十二月,功行之象。其初得丹,比为复卦,复者,一阳伏五阴也。圣贤攸行此道,则超凡入圣;邪人若行此道,则失命而丧身。又曰:返覆其道者,用易之道也,颠倒而行也;七日来复者,月隐其光,七日再吐,亦犹人也,经动七日,而阳初生。又引《易》曰雷在地中复,引《象》曰:不远之复,以修身也。此上阳子注。愚谓盖每月朔旦而为复者,复其见天地之心,即至善之地,至善之地即玄关也。天心为玄牝之门,又为生门死户、天地灵根、灵山路、上天梯、复命关,种种不一之别名,不离玄关一窍,玄关即吾儒道义之门是也。仙翁言朔旦为复,阳气始通,天道固如是。而人身居一小天也,人身之道亦复如是。既如是,以如是之出入,用力日久,一旦豁然贯通焉,表里精粗无不到,而吾身之全体大用无不明,其何疾之有哉?立者,本立而道生也;表者,外也,外实则必根深叶茂。然此时不过乾刚相微,复而始通,正当日就月将,学由缉熙于光明耳。凡世人其本然之光不明者,皆以学作为诵读之学学之,而不以学作为明善复初之学学之也。是以虽有时习之功,而无如鸟数飞之象,朔旦将何以复?阳气将何以通?阳气不通,故出入多疾,有表难立,有微无刚,读书平生,书为书而我为我,焉有分毫之所得哉?

黄钟建①子,兆乃滋彰。播施柔暖,黎蒸得常。

杏林曰:此言结丹之始,证验之法,温养之功,一得永得之效。上阳子曰:黄钟之律,阳月建子。兆者,众庶也,始也。庶物生此阳气,皆始滋彰。播施柔暖,黎蒸得常者,黎蒸之众,得柔暖一阳之气,皆能复其常道也。此上阳子注。黄钟建子者,黄钟之律,阳月建子,乃是我身之活子时也。子时一阳初动,丑时二阳来复,寅时三阳开泰,万物回春,阳光发现,现此绵绵不绝之机,自然根深蒂固,金丹必有其兆矣。兆者,众也,始也。此言金丹者,乃水中之真金,即坎中之满,得坎中之满者,乃得一之谓也。一为万数之始,一为万法之王,一本散为万殊,万殊仍归一本。滋彰者,言万物皆藉此一阳之始,而彰其发生之机,其一切证验,难以悉叙,然诚中形外,而自有睟然现面盎背之效也;播施者,乃采取肾中真阳精气,配合心中本性元神,播种灌养,以施其生生化化之义;柔暖者,用周天之火候,薰蒸补助,而元气始得充足,故曰薰蒸四人②。然非开阖之法,不足以收还阳气,故曰若开阖,不能播施,其调和之力若无薰蒸,焉能助其长生之机,非洗心涤虑,更将何以播其真炁,以施柔暖熏蒸长养之德乎?苟失其薰蒸长养之德,天道失常,何况人道?失常者变,变者乱也;得常者安,安者定也。乱则危,定则治,定而治者,不失其得常之人也。

临炉施条,开路先③光。光辉渐进,日以益长。丑之大吕,结正低昂。仰以成泰,刚柔并隆。阴阳交接,小往大来。辐辏于寅,运而趋时。

杏林曰:此接上章言也。上阳子曰:学道已得师诀,须晓三关三候,何也?预营坛墠,先采药物,既得药物,出入相通,行炼已功,柔暖播施,微温直透,此为初关第一候也;临驭丹炉,施条接意,辟开道路,不偕不狂,分彩和光,愈低愈下,大吕应丑,日景渐长,是为中关第二候也。太簇律临,仰以成泰,泰之为卦,地上于天,阴若居上,水能润下,阳居于下,火临照上,故咸之《翼》曰:柔上而刚下,二气感应以相与,止而说。

---

① 建,原作"健",据注文及上下文义改。
② "四人",疑误,当作"四支"。
③ 先,注文作"生"。

男下女，是以亨利贞。夫五行颠倒，大地七①宝。柔施于前，饶他为主；刚施于后，我反为宾。牡初小往，牝乃大来；金气相胥，阳全刚体。此云刚柔并隆，阴阳交接，是为下关第三候也。此上阳子之注。三关三候，其诀不遇知人，不敢明言。

《药王忠孝宝卷》曰：前三三，后三三。三三可为九，拈来一箭穿。忽然开通了，本地得自然。歌曰：药王参道苦叮咛，运水搬柴都开通。上升下降无隔碍，一体同观里外空。心血反做莲花脏，当人反做主人公。上至金龙来盘顶，下至白虎绕黄庭。阴不走来阳不动，巍巍不动太虚空。金公黄婆来往走，婴儿姹女架天秤。拘得万神来朝礼，钟鼓不撞自己鸣。上透无②蕴恒沙界，下透海底紫阳宫。修行要造这步地，万万余年不下生。又曰：正中间有一条漕溪大路，若寻着道路径到长安。又曰：见一条鹰愁涧，胆战心惊欲待走，鹰愁涧当头拦路，往后退又只怕失了修行。又曰：药王爷参大道，伏虎降龙，走一山，又一山，岭岭层层，山前有一条路，左三右四，山后有三关，委实难行。尾闾关，夹脊关，难行难上，玉枕关，透昆仑，霹雳一声，后三关要开的，通天彻地，透五蕴三界，体挂虚空。《关圣帝君伏魔宝卷》曰：开三关，透九窍，通天彻地，从海底往上返，滚上昆仑霹雳响，金门乍开关展，养婴儿，成正觉，滚出云门。又曰：往上升，只升到三花聚顶；往下降，只降得五气朝元。

此以上所引，皆系三关三候之秘诀，得传之后，工行到此，多加功德栽培，自然得知临炉施条，开路生光实在滋味。用力日久，光辉渐进，亦自造到日以益长的地位。夫地辟于丑，阳气始发，丑之大吕，律吕调阳，阳气上腾，结正低昂，正因其昂，似③以成泰，天地交，二气始通，故为之泰。泰者，通也。正月之卦，自归妹来，将要大往小来，而君子知之，故能防之，使刚柔并隆，阴阳交接，能事毕矣。小往大来，朱子注曰：小谓阴，大谓阳，小往大来即阴往阳来，万物通泰。卦名正月者，人与万物始生之所由来也。其辐辕于寅，人生于寅，行夏之时，斗柄回寅，运而趋

---

① 七，上阳注本作"成"字。
② 无，疑为"五"字之误。丹经有"五蕴山头"之说，盖指人身之头部。
③ 似，疑为"仰"字之误。

之,阴阳始姤,时不可失,此正其候。三关三候,今已泄漏,若遇明师,低心恳求,时不可失,人生在世,几何春秋?得者成圣,天宫云游;失之为鬼,苦海沉流。此系大往小来。大道而坏,君子之贞所当早见,而预为之待,待时习之,岂不说哉?

渐历大壮,侠列卯门。榆荚堕落,还归本根。刑德相负,昼夜始分。

杏林曰:渐者,进也,女归吉也。亦犹天道自正月,以渐而历二月,桃夭于归之象。渐历,亦自在望也。大者,阳也;壮者,盛也。四阳盛长,正大光明,此气体之壮,即孟子所养浩然之气,至大至刚,以直养而无害,则充塞于天地之间者是也。侠列卯门,地支卯属木,卯木者,地木也;地木者,根本也。震在八卦之中亦属木,天,木也;天木者,枝干也。天地之阳气发于春者必始于木,木之见于春者必始于根,天地春阳之气,由枝木之根发越而现,故曰侠列卯门。卯木静,静中寓阳;震木动,动中现阳。此何故也?盖坤下震上,坤为地,震为雷,地雷复,雷在地中复,一阳初发,必先见于枝木之根,然后以渐而上升之,至上之中,干本藉滋以固,枝条藉滋以畅,花叶藉滋以茂。此时也者,正当乾下震上之日,乾为天,震为雷,雷天大壮,《象》曰:雷在天上大壮。今因雷在天上,故始言震木为天木也。天道如此。人身居一小天地,人身之道可类此推矣。榆荚堕落者,榆荚俗名榆钱,钱者,金也。阳气见于榆荚,即火里奋莲,火逼金行,如得兑中真一之金,其理同也。况榆钱非凡间所铸之凡钱,此钱天地造成,所谓天地为炉,造化为工,万物为铜者,诚哉斯言也!榆荚者,花先于叶,且花不离子,子不离花,花子混然一气结成,非比他物花落子生。盖此钱非凡钱,故曰仙家近贯串,一连而向下堕落,故曰倒景垂还归本根也。榆荚之堕落,倒景而垂,有向下之意,以顾本根,以示兆落黄庭。盖九转还丹,此其象也。刑德相负,刑者,一切伤丹之危险,君子畏而防之;德者,善于固守,君子怀而存之。昼夜始分,昼者,阳也;夜者,阴也。阳者君子,阴者小人,此不特君子小人自此由分,且拨阴取阳,日久阴去阳生,阴阳始可分矣。此乃天人归一之学,非三教圣人之徒,其谁能之?上阳子曰:圣贤攸行此道,则超凡入圣;邪人若行此道,则失命而丧身。邪人者,非邪教之人也,不合圣教之心而行之,即谓之邪人。非圣贤之人而得圣贤之道,失命丧身,在所难逃。刑德相负者,上天赏罚之加也;昼夜始分者,善恶之分也。性德合内外之道也,有如是矣。

夬阴以退,阳升而前。洗濯羽翮,振索宿尘。乾健盛明,广被四邻。

杏林曰:乾为天,兑为泽,泽天夬。夬者,决也,五阳进,决一阴,三月之卦也。此时虽纯阳之体,正嫌此阴之多,而阴气亦只得决别于阳。犹之满座君子,只一小人,其自然无容身之地。然而君子三省九思,造就无已,上进而前,何敢稍有自足之心哉!存内外之学,净心寡欲,守清斯濯缨,浊斯濯足之诫,是以立则斋庄中正行,行则如鸟担羽,此君子之修外也。以出世修身言之,金丹怀孕,分清别浊,沐浴温养,当此丹本未纯,其力不全,如鸟试羽,演习以效数飞,振索宿尘,推陈以积新,不念旧恶。其效成汤日新又新,浊气推去,清气还来,宿尘振索以尽净。自此用工日久,乾健之盛,以复其明,工夫纯熟,德之不孤,必有其邻。其发于内功之效,以达于四肢者,至美不言而喻,故曰里也,通来外也,通声声叫惺主人翁。外而叫,里面应,同类相应好宾朋。

阳终于巳,中而相干。姤始纪序,履霜最先。

杏林曰:夫五阳决尽一阴,故曰阳终于巳。巽为风,乾为天,天风姤。呜呼,非天风不能姤,非得圣人之真传者不能知。天风自心而来,故曰中而相干。朱子曰:决尽则纯乾,四月之卦,至姤然后一阴可见,而为五月之卦,故曰姤始纪序。履霜者,此爻一阴于下,其端甚微,而其势必盛,故其象如履霜;最先者,乾上巽下,决尽则为纯乾,纯乾四月之卦,必至于姤,然后一阴可见,而为五月之卦,夏至一阴生,见机于五月,故曰最先。夫道者,阴阳造化之机也,其所以赞化育而参天地者,亦无非尽其扶阳抑阴之意焉。

井底寒泉,午为蕤宾。宾伏于阴,阴为主人。

杏林曰:乾之三阳居上,巽之一阴居下,而为履霜坚冰先兆,岂非井底寒泉之明征者乎?日往月来,寒往暑来,群类滋生,草木畅茂,春为夏归,夏被秋收,四季往来而惟午畅茂,岂非午为蕤宾者乎?万物荣枯于春夏秋冬之时,往来于坎离乾坤之间。譬若为宾者,往来行旅之过客也。况且有形有象之物，终归于坏。有形有象者，阳也；归于坏者，阴也。阴中藏阳，阳中藏阴，如当盛暑伏阴于地下，是以春夏畅茂，有形之物，内伏秋冬终坏之机，岂非宾伏于阴者乎？夏至一阴生，生者为主，被生者为宾，况当秋冬之际，微阳暂居盛阴之下，以待来春，岂非为主人者乎？以天地之道，发明人身之道，今秉一片爱人之心，不免重将天机泄漏一番。井底寒泉者，人生之初，乾宫一点元阳落于坤宫而变坎，居于井底之寒泉也。坤宫之阴爻居上乾宫而成离，以致生而死，死而生，为百代之过客也，故曰蓰宾。午为蓰宾者，离居于南方午也；宾伏于阴者，一阳落下，婴儿投海，沉沦于坎水之中，故曰伏阴也；而阴为主人，人者由先天而落后天，以阳为主人，由后天而返先天，以阴为主，以阴为主者，以阴求阳之道也。以阴求阳之道，阳者，满爻也；阴者，虚爻也。以离中之虚而求坎中之满为之主，此即以阴求阳之道，万古不泄之秘也。

遁世去位，收敛其精。怀德俟时，栖迟昧冥。

杏林曰：遁世无闷之学，惟圣人能之。此学，收敛其精之学也。敛精化气，怀德俟时，遁世何闷之有哉？况可以行则行，可以止则止，可以去则去，可以留则留，可以久则久，执有中有权，则大道如环，头头是道，龙德善变，择主而仕，见机而作，合乎时中，谓之圣道。噫，合乎时中，非圣人而谁能之？天理人事，内工外行，出世入世，悉合性德措一之道。天道人道，非有二道，奇经八脉，五运六气，与天地合德，与四时合序，与时偕行，因时而止。遁之为卦，六月之时。此时也，阴有向盛之势，阳有可危之机。好道君子，能先时而见机期，能及时而决去退，如遁之为卦也。然遁世去位，必有事焉。事有终始之事焉，终始之事何事焉？收敛我后天之浊精，以返我先天祖炁之真精是也。收敛此精者，何用也？即炼精化气，炼气化神，炼神还虚，而造成无极大道之用也。此道也者，尧传舜，舜传禹，禹传汤，汤传文武，文武传之周公，以皆无非遁世去位，收敛其精而已矣。不然，尧以天下传舜，而尧归何事？舜传禹而舜归何事？禹传汤而禹归何事？汤传文武而汤归何事？文武传之周公，而文武又归何事？况禹惜寸阴，遁世去位，岂无事乎？舍收敛其精之外，非立奇功奇德不可，故曰：苟不至德，至道不凝焉。俟时者，此言外功必行圆,而内果方能满。俟功圆果满之时,丹书来诏,脱壳升天,超玄拔祖,查其人间所行之功德,以定天上之莲台果位,此道之尊贵有如是矣。栖者,退身栖止也,止于至善之地,以修行身之道也;迟者,无欲速,欲速则不达也。昧冥者,自古大道,暗藏潜修,故孔子曰:人不知而不愠。子贡曰:夫子言性与天道,不可得而闻。闻者犹不可得而闻,不知何愠之有?昧冥学问,天知圣知己知,世人何足以与知此道,重于得天下者,多矣。自古大圣让位者,正为遁世去位,收敛其精而已。

否塞不通,萌者不生。阴伸阳屈,没阳姓名。

杏林曰:此卦乾上坤下,乾坤虽有定位,似其气可以相交,然而乾上坤下,其中隔绝闭塞,二气不通,不能调元。七月之卦,与泰相反,大往小来,势必生息之气退于肃杀行令,二气郁而万物屯,上下不交,而天地否塞。是以君子于此收敛道德,深自韬悔,不以贤能而示人,使人不知其已有是德也。然而否卦乾上坤下,乾坤定位,奈何否塞不通,萌者不生,阴伸阳屈,没阳姓名,此何故也?盖今虽乾坤相对,而位列南北,乃仍属后天卦象,乾在西北,坤在西南,虽定其位,而不得其中之道。子程子曰:不偏之谓中,不易之谓庸,中者天下之正道,庸者天下之定理。今乾居西北,坤居西南,不特偏而不中,易而不庸,且中为兑金所隔绝,乾坤二气否塞不通,故曰否也。因其否塞不通,是以萌者不生。因何不生?因其阴伸阳屈,是以不生,阳既屈矣,故曰没阳姓名。学者若能迁善改过,积功累德,访求明师,低心恳求,知道心之方所,得允执厥中十六字心传,拆坎补离,返回先天卦象,而居乾南坤北,以成至中至正之乾坤者也。昔日不中不正之乾坤,妨嫌兑金之隔绝而否塞。今日至中至正不偏不易之乾坤,正幸得此兑中之真金添补,以返我先天本来卦象,而成至中至正之乾坤。自此跳出八卦之外,不囿五行之中,如天地相齐,而为万古不没之大圣。将后天西北之乾,西南之坤,以拆坎补离之法,而变为先天正南正北之乾坤,跳出八卦之外,不囿五行之中。然中央明有戊己之隔,乃何曰不囿五行之中乎?对曰:宜乎此问也。盖正用中央戊己,以作本方土地,去到兜率宫中,请动老君八卦太极炉,安炉立鼎,以为煅炼乾坤之用,再请动黄婆而为媒妁,媾引东家之女,西舍之郎，配成夫妇，以合君子造端之道，而察天地之体。不但不嫌戊己之隔，而正赖此戊己之功。阴土阳土，以为万物之父母，则万物皆生于土。土旺四季之末。呼为真空大道者此也，呼为道义之门者此也，呼为一阴一阳者此也，呼为玄牝大道者此也，呼为二五大道者皆此也。子阳喜曰：三丰真人云，无根树，花正黄，色在中央戊己乡。东家女，西舍郎，配作夫妻入洞房。黄婆劝饮醍醐酒，每日掀开醉一场。这仙方，返魂浆，起死回生大药王者此也。不观《悟真篇》云：学仙须是学天仙，惟有金丹最的端。二物会时情性合，五行全处龙虎蟠。只因戊己为媒聘，遂使夫妻镇合欢。等候功成朝玉阙，九霞光里驾翔鸾者亦此也。曰然，但此时大道之德，未及明明，亦犹否卦之否塞不通，三教经典汗牛充栋，三教门中如痴如梦。可怜儒教失传更深，以孔圣经典作为求名取利之乡，即有一、二得受儒门心法者，生今之世，实难返古之道，亦犹萌者不生。天地闭，贤人隐，君子之道消，小人之道长。此诚阴伸阳屈，遁迹坵园，闭门潜养，隐名藏身，而乐圣道，此没阳姓名。一旦功果圆满，脱壳上升，超玄拔祖，护国佑民，称大忠，称大孝，道成天上，法传后世，入庙宫祀，俎豆千秋，何其隆也？天道循环，亦犹人身之道一也。

　　观其权量，察仲秋情。任畜微稚，老枯复荣。荠麦芽糵，因冒以生。

　　杏林曰：呜呼，高矣美哉，玄妙微哉，岂非在此观之一字哉！风地曰观者，非风不足以验其观之效，非观不足以开其风之来，非地则观无止而风无所从来。噫，此地何地也？儒曰至善之地，亦即活泼泼之地是矣；此观何观也？佛曰观自在菩萨是矣；此风何风也？道曰回风混和是矣。故大易之为书，三教归一之书也。《参同契》乃仙翁借大易之理，以发明三教圣人之道，吾故曰：不明乎《易》者，不足以读《参同契》之书也。观之为卦，坤下巽上，二阳居于上，四阴居于下。朱子曰：此卦四阴长，而二阳消，正为八月之卦。噫，观之为用，大矣哉。曰观盥，大观在上，中正以观天下。观天下之神道，观我生进退，观国之光，甚矣，观之为用，大矣哉。观其权量者，言其观之为权，参天地，赞化育，而其量岂易量哉？观以尽权，权以穷量，其权其量，机在观察，非观察将何以察秋冬之情？非观微稚之畜，将何以任？非观老枯，将何以荣？非观而麦之为蘖,老矣枯矣,而更将何以复荣？况荑芽非观,将何以因冒此一生？甚矣,观之为用大矣哉！观内观外,观非内非外,观上观下,观非上非下,观天地地,观非天非地,观色观空,观非色非空,侧观正观侧正观,左观右亦观,右观左亦观,一言毕之,曰：在知止,而后方可以定其观也。今将一切之观,静心合观,以执中得和,则天地位而万物育,尚有不因冒此,以现形形色色、化化生生之机者乎？

剥烂肢体,消灭其形。化气既竭。亡失至神。道穷则返,归乎坤元。恒顺地理,承天布宣。

杏林曰：此承全节首句朔旦为复而来也。派卦次至此,以自观而剥,剥而坤也。上阳子曰：若荑之芽。化气既竭,剥消其形,道穷则返,归乎坤元。一来一往,恒顺承天。此上阳子之言。盖盈虚消长之道,阴阳之化机,此天地万物毁成之至理。是以剥之《象传》曰：君子尚消息盈虚,天行也。天行之理,自午至子为息,息至午则阳盈于乾,而坤之六位虚无阳矣；消至子则阳潜于坤,而乾之六爻虚无阳矣。故曰天行,非地道也。《归藏》之升降,《周易》之消息,各并而推之,于精气为物,游魂为变,则《归藏》以阳之生物为小德之川流,故曰游魂。魂即阳之动象,游如水之流行,自乾之六阳,渐次归坤,以固本根,此大德之所以敦化也。迨坎变为复,阳气已动于黄泉,故《象》曰先王以至日闭关；坤变为艮,阳气将达于地上,故上九曰敦艮吉。此蓄之愈久,则流之愈光,因皆归于藏,此《归藏》之所由作也。朱子曰：剥,落也,五阴在下而方生,一阳在上而将尽,阴盛长而阳消落,九月之卦也。又曰：内坤而外艮,有顺时而止之象。又曰：去其党而从正。本卦之《象》曰：剥,剥也,柔变刚也。此天道、人道消长之理,再造万物迁变之机,究不离八卦抽添之序,以逃出五行不囿之外,而证我万物不坏之身。如是则天人之道皆生于坤,而成于乾也。有志圣贤者,幸遇此书,急访求之,自能遇至人矣。

玄幽远眇,隔阂相连。应度育种,阴阳之元。

杏林曰：玄幽远眇者,阴阳二物至玄至极幽,不可摸捉,至远极眇,不可思议,而其造化,功倍天地；隔阂相连者,二物间隔,动机万里,若得黄婆以媒合之,则虽至远而至近也。则是两物应度而育种,为阴阳之元,圣人用之而应其道。《节要篇》云:仰俯黄婆善作媒,无中生有自栽培。故教姹女当时待,勾引郎君自外来。两窍相连无滞碍,中宫聚会不分开。翕然吻合春无限,产个婴儿号圣胎。此言大道之远,虽有千里万里之隔,而其至中至正至玄至幽之妙道,亦自在眼前矣。妙幽者,乃幽玄洞也。幽玄洞中之玄妙幽奥,大有鬼神不可测之机关,此洞内别有一天,何也?因天地之根,相连之处在此耳。发于无极之先,开于太极之始,内有万物之母,居在舍卫之国,号曰极乐之乡。欲到此处一游,必进不二之门,巡着普陀之岩,紧看玄牝之关,直奔西方之路,到了至善之地,入了奥妙之门,寻见万物之母,在那造化之窝、归根之地,有一混沌之窍。人若到了此处,真是别有一洞天地。试看内有瑶池雀桥、黄房净土,阴阳胜境,无美不备,其玄妙幽雅之奥,难以言传。远眇者,在后天即可以见先天,诚远矣;隔阂者,虽有一关之隔,相连却是一气相连,因一气相连,故不可须臾离也;应度者,应天地之度者,必与天地合其德,而后能之也;育种者,必先有此德,而后能育此种也。应度有二讲,应者,合也;度者,法也。言合法度,始能育种。何谓合法度?盖是自身之三花、五炁,将那开天辟地不老的黄婆调度,此黄婆不但有九窍玲珑之巧心,而实在以真意待人,他能与人调度,受日中之精,月里之华,则铅汞抽添,在那灵明窍里,以育原种,而成圣真也。阴阳之元者,言此即大道之元也,故曰一阴一阳之谓道,又曰头头是道也。

窈廓恍惚,莫知其端。先迷失轨,后为主君。

杏林曰:恍惚即人欲尽净,天理流行之象,亦即《金刚经》云三藐三菩提。窈廓恍惚,即于本身之中现此药苗之景,故老子曰:恍恍惚惚,其中有物;杳杳冥冥,其中有精。而究其所以者何?所以者,乃是浊净[①]清升,火逼金行,一元复始之妙际耳。莫知其端者,极而言之,大道成就,虚中有实,空里见真,恍惚之间,现出不睹不闻之像,而语大语小,莫载莫破,真与太虚空同体,神妙莫可测度,而谁能知其端。此即及其至也,虽圣人亦有所不知焉云尔。先迷失轨者,因舍先天之正路而弗由,

---

① 净,疑为"沉"字之误。

故曰失轨。后为主君者,因阴极思阳,恶极思善,迷极思醒,失极思得,看破红尘,知富贵功名,娇妻美妾,满堂儿女,如梦泡幻影,不但虚而不实,且如石火电光,转眼即无,只落个生死轮回,无有了期。言念及此,泪下如雨,莫若弃假归真,低求明师,指示执中和之地位,养浩然气之方所,究竟拨阴取阳之工夫,炉火纯青之时节,水火煅炼之成色,性命双修之实学。三家相见,聚而成丹,后天返回我先天,以复我乾南坤北之正位,所以言后为主君者此也。

无平不陂,道之自然。变易更盛,消息相因。

此盈虚消长,天理循环,桑田变海,海变桑田之至论。然而大道究竟不可躐而求,必盈科而进,任自然而得,如月之亏盛消长,更递循环,岂无因哉?因者,何因也?因天地之道,不外八卦拆补抽添之理,阴阳消息,必因一阖一辟、一呼一吸,所谓因者此矣。

终坤复始,如循连环。帝王承御,千载常存。

杏林曰:万物皆生于土,而复终归于土,万物皆如此,而大道亦复如此,故曰:天道无已。吾亦与无已。孔子赞《易》,特标而出之曰:易有太极,是生两仪,两仪生四象,四象生八卦。又曰:古有包牺氏之王天下也,仰则观象于天,俯者观法于地,观鸟兽之文与地之宜,近取诸身,远取诸物。于是始作八卦,以通神明之德,以类万物之情。尝告曾子曰:吾道一以贯之。即老子亦曰大道如环。总而千经万典,先圣后圣,其揆一也。此道乃天人归一之道,帝王得之接夫统传,以传天下,千载道统不失,千载社稷永存,此乃以入世之人道而概出世之天道。若再以出世之天道而尽入世之人道论之,修身道立,集而成丹,久久养成圣胎,名曰舍利、金刚,天地有坏,惟道无坏,其永久长存,岂止千载而已。后世之人,奈何痴梦不惺,六道轮回,甘堕后天入世循环之数,而不返我先天循环之道,岂不令人悲哉、疼哉!

御政之首,鼎新革故。管括微密。开舒布宝。

杏林曰:为政以德,北辰居所,众星来共,而微星之密,岂无管括?御政之首,头头是道;鼎新革故,惩忿窒欲。以明德信民,此御政者之首务。而修道之士,岂可舍此首务而他求哉?鼎之一字,内藏大道不泄之秘,故曰新也。从此明善复初,岂非新乎？革之一字,于大道有关。革者,变也,《象》曰:小人革,而顺以从君子也。鼎,元吉,亨。而大亨以养圣贤。《象》曰:鼎,君子以正位凝命。此言从前不善之行,尽皆革而去之,于此地以返回我明善复初之德。人之归此德也,今日回头,今日到岸,今日改过,今日自新,则于我至微至密之处,首当管括而究治之。不然,惟微之道心将何以开？道心不开,而浩然之气将何以养？此气失养,将何以舒而塞于天地之间？而此气不舒,我身之七宝将何以布施？我身七宝失布,大丹将何以结？此天人之道,自然之理也。

要道魁柄,统化纲纽。爻象内动,吉凶外起。

杏林曰:要道者,何道也？即前章所言开舒布宝是也。而开舒布宝,岂非要道之魁柄者乎？而要道之魁柄岂非统化其纲纽乎者乎？纲纽者何？乃统化所执之妙法耳。而此法岂可忽乎哉？爻象内动,吉凶外起,而此法岂忽乎哉？爻象动于内,而吉凶起于外者,以纳甲消遣言之固可,以煅炼金丹言之更无不可也。其如抽爻换象,拆坎补离,一切消息,得法者自有睟面盎背之效验现于外也。然若抽爻换象,拆坎补离,一有失法错综,非有走泄之患,即有疼痛之灾,故曰有诸内而形于外。或内存心不正,而遭天魔,此外凶起也;或内诚格天,一切危难,得有神灵保护,此外吉起也。学者慎之。

五纬错顺,应时感动。四七乖戾,誃离仰俯。

杏林曰:此亦紧接上章而言。上阳子曰:若爻象内动,则吉凶外应,亦犹五纬错顺,吉凶应时感动。誃离与此意同。誃即改,离犹移迁也。此上阳子注。古之大圣,仰观天文,俯察地理,近取诸身,远取诸物,与天地合德,与四时合序。天有五纬,而吾身亦有五纬。天之五纬一有错顺,则必应时感动,而吾身亦然。天有四七,而吾身亦有四七。天之四七一有乖戾,则必誃离仰俯,而吾身亦然。噫,此天人归一之道,其理有必然矣。借天地之道,以明人身之道;借人身之道,以明配列三才之理。其妙机,学者不可以不知。

文昌统录,诘责台辅。百官有司,各典所部。

杏林曰:上阳子云:文昌为太微主星,即魁中戴筐六星,号南极统星,为人身朱雀之神,录人长生之籍;虚精之星,乃三台之纲纪统录之星,为三台之领袖,在人身为明堂之主,开化世人之德;洞微隐光星,是紫微辅弼,即尊、帝二星,在人身为玄武之神,若人见之,寿可千岁。其余百节万神,各典所部。修丹一事,紧关造化,故比御政为难,复以星宿喻身。此上阳子注。盖文昌统北辰之分,操惟精惟一之权,而为众星共向之所依赖。此处不通,实难施其统录之权,以张达其各典之所部。若然我身之台辅、百官有司,尽皆失其诘责,而无所听其从今之主,势必三关不开,九窍不通,我家之七宝换不出他家定海神针,先天之真息不动,五气不朝,则周身毫毛孔究骨节皆不能朝,此这个而又何能统录?诘责台辅,百官有司,焉能各典其所部?甚矣。人列三才,身居一小天地,天道人道诚如是矣。而人岂可自轻其身哉?而人可不如是以修身?参天地,赞化育,以我身小天地之身,而合天地为大人身之身也哉!

　　原始要终,存亡之绪。或君骄佚,亢满违道;或臣邪佞,行不顺轨。弦望盈缩,乖变凶咎。执法刺讥,诘①过贻主。

　　杏林曰:上阳子云:原始要终者,原其始则能长存,要其终则能不亡。君乃心也,臣乃身也;心即我也,身即物也。若我心骄亢,或自满溢,或身物相竞,不顺轨法,则弦望有乖变,盈缩有凶咎,致执法者刺讥,诘过于其主矣。此上阳子注。盖此章大义,即知生知死之道也。原始者,知生之所以为生,知生之所以为生,则可以长生;要终者,知死之所以为死,知死之所以为死,则可以不死。非不死也,其长存在神也。是故《吕氏春秋》载孔子之言曰:人若一窍通,则不死者,寿在神也。其即此之谓也。原始者,知原来有生之始;要终者,要返于原来有生之始而终也。终于原来有生之始而死,胜于生也。儒曰原始要终,释曰涅槃,道曰不生不死,《关圣帝君忠孝宝卷》云:来时不知谁是我,去时不知我是谁。来时父母生欢喜,去时阖家生伤悲。修得无来也无去,也无欢喜也无悲。呜呼,知死生其惟圣人乎?孔子曰:未知生,焉知死。可见知生知死,非圣人谁能之?世之凡人之死死于离坎,三教圣人之死死于乾

---

① 诘,原作"注"字,今改。

坤。由乾坤变离坎者，无论凡人圣贤，此皆生之所由来也；由离坎还乾坤者，此三教圣人之死死有所归也。若是凡与圣，生同而死不同也。死同而死之所以为死，又不同也。凡人之死于离坎者，火水未济，性命分隔，魂魄拆散，形神俱死，死后随六道轮回；三教圣人之死于乾坤者，阴阳相包，性命归根，返本还原，魂魄结聚一团，将后天之形骸虽已死，而先天之元神统魂魄，而早返生先天之初。待功圆果满，丹书来召，脱壳升天，以住世之功德，定天上之果位，永为天上至尊之神，人间入庙，俎豆千秋，何其隆也？古人有言曰：死生亦大矣。原始要终，即存亡之统绪也。存亡者，虽亡而存，则亡而不亡。三教圣人皆以此亡，皆以此存，何也？道成天上，法传后世，千载庙祀，万古不没，天地有坏，而惟三教圣人之道无坏也。绪者，祖祖相授，灯灯相绪。所谓统绪者，不失其相传之义也。尧传舜，舜传禹，禹传汤，汤传文武，文武传至周公，周公传至孔子，孔子至孟子，及孟子身虽曰泯传，非失传也，乃不明传耳。见之于儒书曰：自孔孟而后，寝失其传。奈何不曰失传，而必曰寝失其传，此何故也？寝者，睡也；失者，绝也。此言大道非死绝失传，天默降天命之师暗传，而暂停其明传也。如人寝睡终有惺时，此言大道终有明传之日也。但明传后，人皆明知，暗传在前，人皆可晓，如富阳公、欧阳公、东坡公、邵子、陈希夷先生、周莲溪先生、大程、二程夫子，皆暗得其传也。此时大道如睡，而暗得其传者不少，此大道将惺之机动，而大道将明之兆，今已现然露矣。但孔孟而后，天因合何寝失其传？盖心即神，心即天也。或君骄佚者，此君乃后天血心之君，非先天道心之君也。只因其血心用事，血心者，气质之心也。因此所以自存偏见，贡高执着，违悖祖训，此皆害大道之贼也。臣者，身也，物也，家也，国也，天下也。此身后天血肉之身，非先天丈六金身也。自古以来，大道借假修真，故不嫌其身凡，而特嫌其心凡。心君以有违道，而臣身之邪佞在所不免。不免于邪佞，而臣行之不顺轨，势所必然。国家失政，天心不顺，如弦望盈缩，稍有乖变，而凶咎立见。心者，身之主；身者，心之臣。身失其主，则放浪无归，作下一切败事，及至良心有时发现，亦自必归于心。修丹之士，因存不正之心，天魔入窍，颠倒是非，败坏大道，此非存心之过，而归咎于谁乎？种种魔田由心生，此言岂欺世乎？

辰极处正，优游任下。明堂布政，国无害道。

杏林曰：辰者，北辰也；极者，南极也。辰极处正，坎离已变乾坤，君明臣良，则阴阳调畅。其优游任下者，孔圣之下学是也；明堂布政者，孔圣之上达是也；国无害道者，知我其天下乎。今天为我知者之天，其优游任下之功为何如哉？而任下之功何功？任下之功正为布政于明堂之用也。夫明堂者，王者之堂也；明堂布政者，布王者之仁政耳。仁政者何？万物育焉；明堂者何？天地位焉。身即国，国即身，国无害道，亦即身无害道。何则？本既不乱，而末无不治。于是三关一开，九窍一通，运用自然随心，三车无不听令，盗日月之光华，窃五行之妙用，水火逆行，金木相并，千江归渎，万派朝宗，皆由于坎离返复，乾坤定位之功。诚如是也，性命会合于灵台，永远长生；众星共朝于北辰，天下归心。以此布政，修身、齐家、治国、平天下，而何害之布哉？国既无害道，而治化有不兴者，未之前闻也。

《参同契秘解》自序卷二

危哉微哉，人心道心，实难并存；奇哉异哉，返人心为道心。后世为谁？人心系自心，而道心亦系自心。《参同契秘解》者，本自心以立解；自序者，亦本自心亦为序也。且夫自也者，我之所以为我也；序也者，我之所得于心，假古人之著作而注之，以叙我所得于心者，爰为之序也。

大抵古人之著作，多假后人解释以发明，后人学而有得于心，亦必假古人著作以开招。若然《参同契》之玄奥，假《秘解》犹易明；《秘解》之寓意，假《参同契》而并隆。然此非为古人计也，亦非为我自为我计也，为性天大道计耳。尤不特为性天大道计，而实为千百万年以下之后人计耳。噫，此《参同契秘解》之作也，此《参同契秘解》自序之所由来也。所由来者，原不止此，不止此而实止此，而实止此者，非我自为我计，而正所以我自为我计也。非我自为我计者，非为从前之我计也。而正所以我自为我计者，为我今而后本然之真我计也。本然之真我者，何所为我也？本然之真我，而所以为我者，乃得见我主人翁之真面目也。

我主人翁之真面目者,何也?天赋我真一之本性,我得而见之也。以此谓之明心见性,则不亦宜乎。明心者,我自天心之处,必与日月合其明,始得以见性。见性者,非独得见天赋一己之性,天赋万物之性,我皆得而见之也。性者何?理而已矣;心者何?亦理而已矣。

《参同契》发明性理之学,其言性言理,参之于自心,无不同相契合矣。是以我方敢注其书,因自注而又自序,谓之自序其注也。可谓之自序其序也,亦无不可。呼之为《秘解》自序者,解之所以为解,不求人之也;解之所以为解,秘而不求人知;我之所以为我者,又何须求人知之也。既不求人知,而何必自序?抑知非我自为我序也,亦非为《古文参同契》序也,又非为《秘解》序也,更非为自序序之也。而原为世人,皆当各知其我自所以为我,不可失其本然之真我者序也。而我之为我,岂无为哉?呼之为自序,又岂无以哉?所为我者何?为我为自真我也;所以我者何?以我自性花也。此皆不外究竟其我自,所以然者为我也。噫,懔懔然知我自所以然为我者,始知《参同契》书不可不读也,读之不可不注也,注之不可不自序也。即自序之,岂漫不留意于己乎?抑亦实不能不留意于世事人情。但世事人情不古,而我犹恐我自存心于偏见,是以不敢自信,必问之于人也。于是借《参同契秘解》自序,并自序其问。问诸此,则曰世事人情不古也;又问诸彼,则亦曰世事人情不古也。因此参类同观,观同恨之者,同恨世事人情之不古;同笑之者,世事人情之不古;同咨嗟而太息者,同咨嗟而太息为世事人情之不古也。今将世事人情,其不契合于古,运之于参赞之功,其形状岂堪言哉?参之于家庭,不孝不悌者,世事人情不古也;参之于朝廷,不忠不廉者,世事人情不古也;既而参之于时风,忘恩负义者,世事人情不古也;假公济私者,世事人情不古也;欺人害人、昧良丧心、人面兽心、外君子而内小人,种种伤风败俗之行,皆无非世事人情不古也。吁,嗟呼,参之世事,几于痛心切齿;参之人情,无不疾首蹙额也。几为天下人无一善状也,斯人无一可化诲也。所以天怒为已也,所以灾劫时临也,所以神明不佑也。参于理,是皆人之取也;参于道,是皆人之自作孽也。则何怪乎天降兵劫也、天降杂灾也、天降凶年也?而世人其或杀或病、或掳被焚、被饥馑而成饿莩者也。参于天理天道,岂不合哉？奈何天怒若此,世人若彼,是以吾不敢留神于自己,亦不能留神于世人。吾今切实而思之,以参之于自闻,闻言世事人情不古者十之五；而更参之于自见,见效夫世事人情不古之人者,且不但十之九也。乃人生当时,以笔舌劝人,注书化世,其不憂憂乎难哉！然而实不难也,不过于矢口之间,人当易此一字,而已得之矣。一字者何？一字者,即自之一字也。自之一字,在儒曰返躬自问之自也,在释曰观自在菩萨之自也,在道曰自性真之自也。追念曾子三自省也,孟子三自反也,期必如此以注书,期必如此以自序,则扪心自问,庶几无患,是故孟子曰：人之患在好为人师。噫,吾今而后,不敢以注书教人为寻常事也,又不敢经读书半生,书为书而我为我也,更不敢自扪自心,自问自也。尽人道如此,而况尽天道者乎？施之于子弟,施之于门人,亦必如此。而又何况施之于当世、施之于后世者乎？籍非然者,人将反唇相讥也。谓夫子教我以正,夫子未出于正也。噫,知修身为本以来,穷理尽性,格物致知,非用力久,何敢？然立言以教人也,何敢贸然注书以传世也。我于是确然审也,我于是惶然悚、慇然虑也。我诚知欲得先天之大道,必先尽后天之人事；欲享出世之鸿福,必先修入世之奇功。内外兼修,一得永得。《中庸》曰：性之德也,合内外之道也,故时措之宜也。性命合一而修内外,措一而宜,一贵于贯,一贯之道,忠恕之道,忠恕之道,即《参同契》书立名之义也。吾得解其义,是以注其书；吾因心法不可泄,是以虽解而仍秘。因解而秘,恐人不知秘之意,因此故自序；又恐人不知自序意,谨此告端的。告端的,书参自心契,若稍有一毫不得于自心,焉取注书,自误以误人？既不自误,又不误人,是可继三教归一不二之道,开万古成性存存之门,此即注《参同契》之深心,亦此自注自序之意云云。

山左太医院医员杏林吕惠连岩谷自序

词光气沛,言婉意谦,字字有酌,句句有关,入情入理,愈解愈宽,古气磅礴,大气盘旋。用笔之工,能使千变万化；立言之约,尽在一己四端。可称完璧,奉为金丹。开口先说人心道心,而一篇之体要在握。打破呆灯,提醒恶梦。噫,大哉言乎,善哉言乎！大哉其道心已明,而人心自退;善哉善夫人心已退,而道心愈坚。此理固然也。且夫《参同契》一书,贯此一理而已。然而不明此理,必不能如此自注;不能如此自注,即不能如此自序自注也。而又自序,非性理圆明,而岂能若是乎?今竟已若是,可为当世鉴,可为后世法。噫,见此文而我心顿悟,读此文而其人可知。宜其杏林先生,餐淡斋素,以清其心;穷理尽性,以明其心。此心呼之为佛心也固已可,呼为道心也而更加无不可。禀此心以注书,宜解也,宜秘也,而又宜自序也。

赞诗一首

尽夜谈心尽夜更,启余日暖被光荣。
归思宛若春风坐,幸甚相逢化雨行。
性理精通天下道,先生看破世间情。
由忠及恕将人劝,同善无私乐自诚。

张藜斋谨识

重注《古文参同契秘解分章》卷二

中 篇①

将欲养性,延命却期。

夫性也,何谓性?夫命也,何谓命?天之命也谓之性,性之存也谓之命。命之延也固赖于养性之功,而养性之功亦实不外却期之能。此吾儒门性命兼修,率之谓道,修之而谓教者也。古之上仙有言曰:修性不修命,此是修行第一病。又曰:修性不修命,如何能入圣?修命先修性,方入修行径。此即孟子存心养性,修身立命之道。何也?盖欲养性,非先存心不可;欲立命,非先修身不可。修身者,守吾心不离方寸之地,故曰:学问之道无他,求其放心而已矣。又曰:君子之道本诸身。由此观之,性乃心也,命乃身也。性不离心,心不离性;命不离身,身不离命。性为阳,命为阴,阴中有真阳,阳中有真阴。《中庸》曰:阴阳者,不可须臾离也,可离非道也。大易亦曰:一阴一阳之谓道。性阳也,命阴

---

① "中篇"二字,原本脱,据古文本补。

也,此借阴修阳之道也;性真也,命假也,借假修真之道也。性无形,先天之道心也;命有形,后天之凡身也。借我后天有形之凡身,而修我先天无形之大道也。修命非先养性不可,诚能性命兼修,而生死自在吾手,其命由我不由天也。孔子曰:穷理尽性以至于命。此性命兼修,而操生死之权耳。操生死之权者,非不死也,然而可以长生,此何以故?三教圣人与凡人之生,同生于性,但凡人之死与三教圣人之死,死而不同也。凡人之死,性命俱死,而惟我三教圣人命虽死,而性不死。将我后天之命返至于先天之性生,结聚一团,炼而成形,弃假归真,上升天庭,无死无生,万劫圆明,我不得而名之,故尊其号而称之也。儒尊其号而称之曰圣也,释尊其号而称之曰佛也,道尊其号而称之曰仙也。三教归一,总其号而称之曰神也。神乎其神矣,三教原来是一家也。今有一等假儒,不明天人归一之道,不晓性命兼修之理,只以八股为能,骗取功名。尚犹假儒教以自尊,强将三教分为三门,此不特为释、道之罪人,而诚为儒门中至罪之人也。噫,此不知养性延命之理耳,养性延命,即吾儒率性立命。故上阳子曰:此言人先须养性,乃可修命。且性者何也?乾之物也,人能养之,则乾阳不亏。精从内守,气自外生,可以炼丹,可以入圣。又曰:惟精惟一,允执厥中,此养性也;男女媾精,万物化生,此立命也;积精累气,此养性也;流戊就己,此立命也。盖上阳子之言如此。而世人欲求长生之道,可不习性命兼修之学乎哉!兼修之学者,何学也?因性在人也,谓之元善;人知命也,谓之君子。故维皇诞降之初性,固不离乎人,人亦不离乎性也。人不离性者,因智、愚、贤否,而皆名之曰人也;天赋之仁、义、礼、智,而名之曰性也。古圣曰:物与人别别于性,并别于形;人与物分分于性,实分于命。此人取以为万物之灵性,取以为万善之归也。独是性也者,人之所固有;命也者,性之所维持。无本性则不可为命,无命又乌其为性。圣贤仙佛虽自人为之,实自性为之也,实能尽其性、葆其性为之也。盖能尽其性,而性量之地见天真,则圣贤无难事,抑惟能葆其性,而性命之中有实际,则仙佛可以登。故人能保全其性命,则参赞两大,皆其本领。人果能穷理尽性以致于命,则归于道而已矣。《中庸》言天命之谓性,斯何谓也?盖天以性与人,人即得性之德，以配天地之德，则德合天地，位列三才，性参化育，命立万古，则是其立命也，以久其远。其欲期也，以无疆性虽天命之而延命，实由于人自为之。今也则不然，性之赋于天也，而人欲累焉；性之根命也，而物缘扰焉。以致圣人有性近习远之叹。噫，人性本善，性无不善，而孰是专心致志，学而习之焉。诚有能学而习之者，其明善复初之效，大有如鸟数飞之势，日就月将，学由缉熙于光明之地，活活者鸢之飞也，泼泼者鱼之跃也。鸢之飞者，性也；鱼之跃者，命也。上察者，修性以至于命；下察者，修命以至于性。用力之久，豁然贯通，德培天地，天人归一，天性与我，我得配天。是以吾夫子曰：下学而上达，知我者其天乎？天性纯一不杂，天命永远长存。以天之性赋于人，而天之性即为人之性也。但天性纯一，而人性多杂，故其养性之功，必为蜂之酿蜜相同。其将千物万物，千性万性，采而酿之成蜜，总归于一性，则人欲净①尽，天理流行，即佛经曰般若波罗蜜也。呜呼，此性命兼修之学，其道高矣，美矣，岂世俗之人所能知之哉！知犹不可得知，而岂能行之哉？若有能行之者，则势必己立立人，己达达人。而其世人不知不行者，其争相啧啧然，毁而谤之曰：此自恃也，此自大也，此自夸其才也，此自觉其学问之优也。疼哉，悲夫，欲引人上达以动天知，而人不以我为德，凡归于莫大之过于我者，此我三生之有幸，幸之甚；彼奈何三生之不幸，不幸之惟尤益甚。我三生之幸，幸之甚者，得闻其过如此之多，庶可寡过；彼则三生不行，不幸之惟尤益甚者，与我不同类。不同类，宜各从其类也。各从其类者，非天与之性不同，而不能穷理尽性以致于命，是以不同。不能穷理尽性以至于命，盖不同之所以然者，何故也？不能养性之故耳。性因不养而失其真，将性不离命，命不离性之人，今为性而失命不得以延之人，则却之期无望，而死之期屈指可计矣。噫，性也，命也，人何时而可离也？果能不离，即系养之之功。性得其养，而命复得延却期，在所以必然。世之读圣贤之书者，岂可惛惛如故也。而不特读书者不可惛惛，人孰悟性命，人孰可惛惛？而惟读书者为四民之首，而奈何读书者

---

① 净，原作"静"，今改。

于性命之学而惛惛，惟尤甚也。是以性命之学失传，其罪归于四民之首者，为其读圣人之书，冒圣人之道，以害圣人性命之学，其罪岂浅鲜哉？吾专望今日之人，同习性命兼修之学，共跻天人归一之道，以配列三才者也，岂不说哉？岂不乐哉？人不知而何愠之有哉？噫，性命之学，其尊若此，人不可不学哉！学之岂可徒学之哉！

审思后末，当虑其先。人所禀躯，体本一无。元精云布，因气托初。

此言审思、明辨、笃行之旨。知本末先后之道，以行夫虑而后能得之功也。噫，但世人之迷迷之甚迷之，甚则执迷不悟，自作聪明，不信鬼神仙佛、因果报应之说。或言人有生必有死，焉有长生之道乎？或有一等言，圣贤仙佛俱是神仙下生，我等凡人焉能成圣贤仙佛？或有一等言，仙佛是仙佛，圣贤是圣贤，仙佛与圣贤本不同，岂果系一家哉？或有一等言，圣贤仙佛皆是天降之人，又何必求师，而师岂能以仙佛圣贤授之与人乎？噫，此皆不知审量思想之过耳。若果能审量思想到其法，还有末后之一着，则必不至犯此以上等等之过，人可不知所虑哉？然而虑则虑矣，但不知当虑之地从何地为下手之处？而仙①翁告之曰：当虑其先也。先者何先也？我身有生以来之先也。我身有生以来之先，究属何先？由后天而求知先天之先也。圣经曰：知止而后有定，而后能静，静而后能安，安而后能虑，虑而后能得。物有本末，事有终始，知所先后，则近道矣。再观上阳之之嘉注，真可起万世之蒙，泄两间之迷。其注曰：虑即念也，当念我身从何而有？若云父母阴阳之气所生，则阴阳之气，必能延命，必可成仙佛矣。故修大丹，与生身受气之初，浑无差别，但有逆顺之分耳。又仲尼曰：未知生，焉知死？此以圣人发性命之理，所以寄死生，示阴阳之道，所以行顺逆。是故顺而生物者，人也；逆而生丹者，圣也。此之谓元精云布，因气托初。而上阳子此注，犹不特为仙翁之功臣，且可为万世之师表也。人所以禀躯，体本一无者，此言人自先天禀受，躯壳原本自无生有，然其始一无所有，此定理也；云布，此言人自无生有也，如云之布空，从空无而来，其来时莫知其乡，原无一

① 仙，原作"先"字，今改。

物也。因气托初者，此言人在母腹未生之先，本乾南坤北，故曰先天主事。母呼随之呼，母吸随之吸，十月胎足，瓜熟蒂落，一个觔斗下地，哇的一声，先天气收，后天气接，离火在上，坎水在下，变成水火未济。水火未济则五行相克，五行有克，性王颠倒，元神变为思虑之神，元气变为口鼻之气，元精变为交感之精，则已昧其本来先天之初矣。而所以者何？因其气耳。其气者，因失其乾南坤北、先天主事，在母腹中胎息真一之气。此气者，三教圣人无不因后天口鼻之凡气，而仍因托以还回我先天在母腹中胎息真一之初气，以修我三教圣人归一、不二法门、先天之道也。但此道其中有至理存焉，而世之凡夫不能得知。得知此理，即为三教圣人之徒也。而此理之所以然者，盖是父母交精以生我躯体，而我躯体之精即父母之元精也，故曰炼精化气，炼气化神，炼神还虚。而人之所以为圣为贤，成仙成佛者，无不赖此这点元精之力耳。是以三教圣人皆以保守精气为报本之学也。父母之恩，如昊天罔极，竭力行孝，实难报达于万一，惟有得道之孝，庶可报万一之恩也。古人曰：一子得道，九祖升天。又曰称大孝。此岂无故而言哉？噫，可叹世之薄福众生，以此道为轻，甚可疼也。抑或有得功名，光宗耀祖，奉增三代，以此为孝，而此诚足以为孝，然而与得道之孝岂可同日而语哉？观古来有舍江山而归大道者，有舍相位而归大道者，有舍状元而归大道者，有舍百万之富而归大道者，此等古人，比今人之痴乎愚乎？吾知其不独不痴不愚，而正所谓大智若愚之愚。故《中庸》曰：苟不固聪明圣知达天德者，其孰能知之？今人祖上无德，前生根行浅薄，不知此大道之贵，亦无足深怪。朱子引郑氏之言曰：唯圣人能知圣人。此至言也，甚矣。因气托初，岂凡常之事哉？岂凡常之人所能为之哉？此气也，非皮气也，非血气也，非凡夫口鼻之气也。乃至大至刚，以直养而无害，则塞于天地间浩然气也。托初者，托先天之初，在母腹之中随呼随吸之气，而今又复其初，故曰托初。此初因气所托，而此气乃更因元精云布，炼而化气，以托初也。噫，妙哉此道也。

阴阳为度，魂魄所居。阳神日魂，阴神月魄。魂之与魄，互为室宅。

上阳子曰：盖阴阳以魂魄为体，魂魄就阴阳为舍。离为日魂，坎为月魄。魄乃阴中之阳，戊土专之；魂乃阳中之阴，已土直之。魂魄互为室宅。此乃上阳子之注。已往佛，过去祖曰：采先天地之灵气，盗日月之精华，定春夏之发长，履秋冬之收藏。放之则弥六合，卷之则退藏于密①。阴阳由吾定，气数由吾推，虽天地有坏，而我性常存。日月韬光，而真灵不昧，超出三界之外，不囿五行之中。又曰：取南山精华所照之火，而炼北海水中之金。又曰：得那黄婆调度，受日中之精，月里之华，铅汞抽添，在灵明窍里育养成真。又曰：采水中之金，而擒于火乡八卦太极炉中，三花团聚，五气围绕，日就月将，炼魂制魄，三返四复，合而为一，久久煅炼成黍米无为玄珠。上透三十三天，下彻一十八重地狱，中至九州十方，莫不彻透晃朗，毫光万道。又曰：真汞静定于北海，真铅返至于南山。青龙白虎交会于黄庭，龙夺虎髓，虎吸龙精，阴阳合并，万脉归根，结聚一团，还我本来面目，自有龙吟云起，虎啸风生之妙。又曰：日中有金乌，月里藏玉兔。又曰：左手擎定金乌，右手捉住玉兔，二物对照，敕令黄婆将那夥物好好调和，着神使动出玄入牝的功夫。出玄者，阳也，名曰呼；入牝者，阴也，名曰吸。用这一阴一阳真灵之息，炼气团丹。《易》曰：一阴一阳之谓道者此也。三丰真人云：月里分明见太阳。古仙云：开透双关行日月，金光默默返泥丸。《指玄篇》云：龟蛇共穴谁能见？龙虎同宫孰敢言？《节要篇》云：九年面壁养神体，昏昏默默如炼己。无束无拘得自由，随缘随分安知止。心同日月一辉光，我与乾坤为表里。打破虚空不等闲，收来自合一黍米。以上前圣先贤之言，不过解本章阴阳合并，结聚一团，而居黄房之内，养成舍利金刚，以待功行圆②满，脱壳升天，而为灵霄宝殿仙客，岂不尊哉？岂不乐哉！

性主处内，立置鄞鄂；情主营外，筑完城郭。城郭完全，人物乃安。爰斯之时，情合乾坤。

杏林曰：此言炼性绝情之义。炼性而不为情扰，即是保性养真之要。性主内守，情主外营，若不筑完城郭，则七情之贼猖狂害我，性王颠倒，出入莫知其乡，真一之性随七情之欲外泄，而难变成七宝。噫，一灵

---

① 密，原作"蜜"，今改。
② 圆，原作"园"字，今改。

真性，虽为无价宝珍，随七情而化沙尘，欲置鄞鄂，岂可得哉？若果守我天一真性，常在腔子里头，自然立置鄞鄂。苟非固守其情，则性为情乱，犹城郭不完，贼寇易入而易出，我家主人翁将何以安？设使主人被其掳掠，而我一家之人俱不得安，焉能保物？则待时之机以失，乾坤定必为情所害矣。其情主营外者，即眼观色，鼻闻香，口贪味，耳好声也；筑完城郭者，即非礼勿视，非礼勿听，非礼勿言，非礼勿动。既使六欲七情扰我主人翁不动，效夫君子学以待其时，情不害性而反得以养性，情与性合，则情性相合，与道为真，而儒门心传见于实学，再加奇功奇果以栽培，坎离有不返乾坤者，未之知闻。而今之儒者则不然，性归黑乡，情投欲海，城郭失筑，安得完全？性情遂便出入，以天与之性，合乾坤之情，而为凡情血性夺却天性真情，见人之能，而不已能已之，天性化为血性，生出忌嫉之情。于是性情贡高，不肯低求于人，自己无道，反觉有道，欲人尽皆低求于我。以己之凡情，纵己之血性；以己吝索之性，而满扰害奢。人物之情，心口不一，情与性乖。君自问其心而勿自欺其心，果与天地之心合乎，否乎？吾知其不合也。既不合天地与我之善性，又焉能有合乾坤之真情？其农工商贾不必论，而士为四民之首，其情合乾坤之德者，吾诚未见其人也。然而予日望之，望世人德合乾坤，此予之性也，此予之情也，此予不失天性也，此予不丧真情。抑知此予讨世人之性恶也，取世人之情瞋也。而予之性究不移，而予之情纵不迁，誓必尽此性情，以合乾坤，稍有不实，而或不竭力，天厌之，天厌之。予笔之于书，以鼓予之性情，而又仰恳凡见斯书者，皆触目以鼓舞，其性情其可有能之者，此人之幸也，此予之甚幸也。予之甚幸者，出于予之性也，出于予之情也。

乾动而直，气布精流；坤静而翕，为道舍庐。刚施而退，柔化而滋。九还七返，八归六居。

上阳子曰：乾之性动而直，则精气合体；坤之情静而翕，为道舍庐。刚而直者，一施则退；柔而化者，布润以滋。丹产于鼎，还返成功。所谓九还者？地四生金，天九成银，龙虎相交，金银之气，复还鼎中，故云九还；其七返者，地二生火，天七成砂，魂魄相恋，砂火之精，返照鼎中，故云七返;八归者,天三生木,地八成汞,戊己一合,木汞之真,归炼鼎中,故云八归;曰①六居者,天一生水,地六成铅,性情相感,铅汞之妙,回居鼎中,故云六居。此上阳子之注。盖此章言阴阳之道,动机之机,乾坤之变,而究内藏炼精化气,炼气化神,炼神还虚之法,且兼刚柔配合之妙。夫九转还丹,必赖于七宝布施,但苟不至德至道不凝。至德至道,亦究不外孝悌忠信,礼仪廉耻,人能将八字造之纯萃,必将六贼返为六聪。六聪主事,归于六合,六合同春,万物化育。化育之理,总归于散之者弥六合,卷之则退藏于密,一本万殊,万殊而仍归于一本。归于一本者,三教圣人之能事毕矣。为人造就至此,则大道成矣。

男白女赤,金火相拘。则水定火,五行之初。上善若水,清而无瑕。道之形象,真一难图。变而分布,各自独居。

杏林曰:男白者,精也;女赤者,血也。故有男子炼精、女子炼血之说。又有赤血化为白之说也。金水相拘,即猛火奋金莲之说也,亦即古仙所言火逼金行是也。震为长男,兑为少女,长男配少女,亦是夫妇正配。古者男子三十而娶,女子二十而嫁,即此义也。长男属震,震属木,木属青龙;少女属兑,兑属金,金属虎。故仙家有降龙伏虎之说,又有龙虎同宫之说。木受兑金之气,炼而返白;金被离火之精,炼而还赤。故仙家有金木相并之说,又有金木相见不相克之说也。则水定火者,则,法则也。水定火者,水在火上,火在水下,法大易水火既济之卦,以定水之多少,而为抽添之则,以定火之老嫩,而为烹炼之则也。五行之初者,言三教圣人自操生死之权,不为五行所囿而逃出五行之外者,未有不以此开造化之初者也。围匡,颜渊后,孔子曰:吾以汝为死矣。颜子曰:子在,回何敢死?即此义也。邱祖《西游志》孙猴子在老君八卦太极炉内炼过,猴属辛金,八卦炉得金全体,而陶铸万物。此即是男白女赤,金火相拘,则水定火,五行之初之说也。上善者,上者,尊之之义;善者,得一之说。故孔子独郑重颜子,而赞之曰:回子为人也,择乎中庸,得一善,则拳拳服膺而弗失之矣。若水者,水中真金,能生丽水,即兑金是也。

---

① 曰,原作"泊",据上阳子注本及文义改。

何以见其为兑金？直顺天地面，有一水名曰琉璃河，河有一桥，石而为之而甚大焉。桥旁有一铁柱，亦甚大焉。一头水里，一头余桥上，其于淤于沙泥者不知其数，其现于水中桥上者约数十丈长。因其形方，故知为兑金；因其上口有一叉，约有数尺之缺，正因其上缺者，故言其为兑金。无容疑矣。若然此金为水中之真金也，孙儿猴子入北海龙宫，取得定海神针以后，号曰大圣者，即此义也。姜太公以直钩吊鱼者，亦即此义也。上善若水者，清而无瑕也。此言至尊至道，全在得一善也。此一在水中，非真修真养性，清心寡欲，实不能得此一也。若水不清，而一有瑕，则私欲锢蔽，浊精害清，非有昏沉之灾，即有走泄之弊，而焉能得一？古仙云：一念不生全体现，六根才动被云遮。至哉斯言也。道之形象，真一难图者，此言大道无名，强名曰道。然大道之形象，真一之奥妙精微，实不能不发于笔墨之间。其为道也，无形却有形，有形而实无形；无象却有象，有象而实无象。将曰有形有象，隐则慧眼不能睹；将曰无形无象，现则肉眼不能翳。此言大道真一之形象，难画难描，气煞丹青之妙手，难坏文人之酣笔，饱墨无以施其能，楮纸何得留其意？故圣经曰：及其至也，虽圣人亦有所不能焉，所不知焉。此大道之变化多端，神妙莫测，而其分布也，断无错综之弊。盖大道虽知其理难穷，而实不能出乎阴阳、五行、八卦之外，而别居一理焉。但阴阳、五行、八卦，虽无定理，而却有定位，各备独居之妙用，以尽抽爻换象之变，并归二五，共同相见。然而各自有专，故曰毫发差殊不结丹也。

　　类如鸡子，白黑相符。纵广一寸，以为始初。四肢五脏，筋骨乃俱。弥历十月，脱出其胞。骨弱可卷，肉滑若铅。

　　杏林曰：此极言天人归一，大道之奥妙也。其百日筑基，十月完胎，三年乳哺，面壁九载，其人于天于道，合一成真，极而成圣也。盖天如鸡卵，大道亦如鸡卵；人生如鸡卵，道成又如鸡卵；天如鸡子白，地如鸡子黄。天之包地，犹鸡子清之包黄，一也。白者天也，白黑相符者，此言天一生水，而水连天也。白者，阳也；黑者，阴也；相符者，又言大道雌雄相包之功能也。人之修道，白黑相符者，阴阳得匹之理，内藏吾儒心法之传，不敢轻泄；纵横一寸者，此言散之则弥六合，卷之退藏于密，一本万殊,而万殊仍归一本。人心即天心,天心即道心,是故方寸谓之心。而方寸谓之心者,取其内有真土藏焉。儒曰天地位,佛曰净土,道曰无极根。此其意,皆有寓意。寓意之意,何意也?寓意之意者,其意如鸡子黄内有一真睛,若豆大,明而且亮焉。其伏鸡之时,得阴阳二气以成形者,此之谓始初也,此之谓寓意之真意也。不独鸡子成于此,人成于此,天成于此,而大道亦成于此。又不独鸡有五脏筋骨,人有五脏筋骨,天有五脏筋骨,而大道亦有五脏筋骨。故有婴儿成形之说也。人满十月,脱出其胞;道满十月,历而成形。其大如黍米玄珠,而能包裹天地,故曰语大莫载。及至三年九载,婴儿出现,幼小骨弱,慎被魔害,随放随收,不可远离。若面壁①养足,纵横天下,不由亲矣。则入水不溺,入火不焚,入金石而无碍。其肉滑若铅者,言铅经火炼而成丹,丹经火炼而成水银,其滑难拾,被炼之时,其护稍有不密,则随火而飞,其滑若此,其弱如彼,变化莫测。神乎,其神而明之,存乎其人。

坎男为月,离女为日。日以施德,月以舒光。月受日化,体不亏伤。

杏林曰:呜呼,噫嘻,大道之高矣,美矣,变化多端而神妙莫可测矣。坎曰男,而海神称娘娘;离曰女,而火神称爷爷。然而此理岂无以哉?其理之所以然者,坎中满,一阳居于二阴之间,称男者,称其中满之一阳爻也;称娘娘者,称其二阴居上居下也。离中虚,一阴居二阳之间,称女者,称其中虚之一阴爻也;称爷爷者,又称其二阳居上居下也。为日为月,此一阴一阳之道也。日精月华,万物受之而有灵,况人为万物之灵者乎?况人身居一小天地者乎?况日月义岂能离此天地之间者乎?天地有坎离,人身亦有坎离;天地有日月,人身亦有日月。坎男为月者,因中满为中男,居北方属水,得阴中之阳,以尚月也;离女为日者,因中虚为中女,居南方属火,得阳中之阴,以尚日也。坎外阴而内阳,中有戊土;离内阴而外阳,中有己土。为男为女者,君子之道,造端乎夫妇;为日为月者,即分阴分阳也;阴阳者,不可须臾离也,可离非道也。其言离者,亦无非言水言火也;水火者,水火既济之卦也;其俱各有土者,土旺

---

① 壁,原作"璧",今改。

四季，万物皆生于土也。日有金乌，月有玉兔，二物相照，肝脑相投；月有阴魄，日有阳魂，阴阳交媾，一片魂魄。施舒逆行，逆行者，从生之道也。天之大德曰生，光被四表，此皆言三教圣人道，不外一部大易。《周易》者，逆行；周者，周布；大者，一人得一之谓也。人欲得一，必易行周布。易行周布，亏者补其虚，伤者还其旧。此中秘秘天机，默默性理，得之者为圣人之徒，为天地之完人，为君王之忠臣，为父母之孝子，可以为圣贤，可以成仙佛。三丰真人云：无根树，花正明，月魄天心逼日魂。金乌髓，玉兔精，二物缚来一处烹。阳火阴符分子午，沐浴加临卯酉门。守黄庭，养谷神，男子怀胎笑杀人。又云：无根树，花正香，铅鼎温温现宝光。金桥上，望曲江，月里分明见太阳。吞服乌肝并兔髓，换尽尘埃旧肚肠。名利场，恩爱乡，再不回头为尔忙。又云：无根树，花正秋，认取真铅祖宗。精气神，一鼎烹，女转成男老变童。欲向西园牵白虎，先从东家伏青龙。类相同，好用功，内药通时外药通。此已往仙佛，道成天上，法传后世，千经万典，二酉复出，究不外将坎离抽爻换象，以变乾坤而返回先天。然而不可亏伤其体。老子曰：勿摇尔精，勿劳尔形。至哉斯言也。

阳失其契，阴侵其明。晦朔薄蚀，掩冒相倾。阳消其形，阴凌灾生。

杏林曰：上阳子云：阳失其契，契，合也，阴侵阳明。薄蚀者，晦朔之间，月掩日光，正对的射，日体居上，月在日下，暂障日光，此谓阳消其形，阴凌灾生。以比世人不能保守真阳，数为阴所凌烁若也。此上阳子之注。盖人当有形之初，秉天地父母阴阳相合之气，而受性以结形于母胎之中，母呼随呼，母吸随吸，圆陀光灼，无垢无尘，纯有天理，而毫无人欲。当斯时也，阳光用事，阳不失契，阴不侵明，口虽不能言而先天之理自知，七情六欲不染一尘，纯阳之体，至善无恶，自然与天地合德，日月合明，四时合序，鬼神合其吉凶，而何阴凌灾生之有哉？是故，孟子子曰人性皆善也。及至十月胎足，翻身落地，囝啼一声，乾坤变为坎离，天地以否，水火未济，性王颠倒而后天用事。四聪变为四相，六根化为六尘，四相生出四贪，六尘生出六贼。一斤之数足，酒色财气，名利熏心，将先天之真愈失愈远，正合孔子曰：性相近也，习相远也。阳失其契者，其根在婴儿落水,失迷故乡;阴侵其明者,其病又在离女用事,紧闭其关。朱子曰:人虽上智不能无人心,人即下愚亦不能无道心。奈何世人道心不明,人心专权,气禀拘而物欲蔽,百般散其真阳。阳属善而阴属恶,恶胜善即阴胜阳也。阳消阴长,七灾八难由此自招,迷于苦海沉沦,作下罪孽千条,终久阴律难逃,阳寿满而大数至,无常手执阎王票,披枷带锁来阴曹,作下的罪孽不肯招,牛头打,马面敲,押赴孽镜台前把他照,把他照,阳世三间所作的罪孽不差分厘毫,万贯家财自此抛,公卿王侯也无了,娇妻美妾原本是胡闹,满堂儿女自此难行孝。这就是阳消其形,死归阴曹,晦朔薄蚀的掩冒。因掩冒,往地狱里吊,一殿一殿的受阴拷。过金桥,过银桥,夜叉拿叉,叉下奈河去。蛇也钻,狗也嚼,冰山冰,油锅熬,剜心挖眼将牙敲。按罪定刑受满了,阴凌灾生一笔勾消。才一笔勾消,又要轮回六道,阳又失契,薄蚀又掩冒。这可怎样好?这可怎样好?你听我劝,莫若行善归三教。访明师得一究,要学孔圣一贯道。功德大道德高,功圆果满丹书召。超玄拔祖天堂乐,天下处处皆塑庙,再也不到凡尘受煎熬。或言《参同契》,此书乃吾儒教之书,发明易理,故大儒之所宝重,天堂地狱,以及阳间惨报之苦,轮回之说,不可摘注参入其中。嗳,此言乃不明之甚也。关圣帝君曰:论道德,则不言祸福鬼神;正人心,则必语灾祥报应。而其此理者何也?盖其理即上古言道德,中古言理义,末劫言果报,亦犹之乎对上智之人讲道德,对中智之人讲理义,对下智之人讲果报,一也。当今之世,岂上古、中古之世哉?当今之人,岂上智、中智之人哉?此解非与古圣之理不同,乃所处之地不同,所处之时不同耳。噫,彼一时,此一时也,易地则皆然,夫何疑焉?大易曰神道设教者,此又何言也?或私议曰:费尽苦心而注此书,则何若注四书有益于世?噫,此议又不明之甚也。而名曰《秘解》者,岂无意哉?或读四书之人,又岂少穿窬之盗也与哉?而《参同契》书,非有志欲为圣人之徒者,岂可读之哉?而岂肯读之哉?或人之言谬之甚矣,而其人可知矣。

　　男女相胥,含吐以滋。雌雄错杂,以类相求。金化为水,水性周章;火化为土,水不得行。男动外施,女静内藏。溢度过节,为女所拘。魄以铃魂，不得淫奢。不寒不暑，进退合时。各得其和，俱吐证符。

杏林曰：男者，乾之道也；女者，坤之德也。乾坤道德，刚柔配合，而相胥者，究不外大道造端乎夫妇之旨也。此何以故？其正故在雌雄错杂之中。雌雄错杂者，阳上阴下，下上交结而取其同类相求之故也；含吐以滋者，虎吸龙髓，龙饮虎精。雌者，阴也；雄者，阳也；错杂者，即以阴求阳，以阳就阴，亦即大易一阴一阳之谓道也；易者，逆行之理也。而八卦颠倒之功，此功非外求也。外求则为行邪道，是以曰君子之道本诸身也。而究含吐以滋之趣，其中诚津津有味矣。程子曰玄酒味方淡，其儒曰玄酒、金津、玉液、上池水，佛曰甘露，道曰醍醐酒。此皆言含吐以滋之证验也，而非含吐以滋之实迹，即阴不离阳，阳不离阴，阴阳交结，一片浑然不散，故圣经曰：阴阳者，不可须臾离也，可离非道也。三丰真人云：无根树，花正黄，色在中央戊己乡。东家女，西舍郎，配作夫妇入洞房。黄婆劝饮醍醐酒，每日掀开醉一场。这仙方，返魂浆，起死回生大药王。水性周章，即智者乐水。智者，动也。此水非他水，乃兑金化生之坎水。而坎水究何以化生？火逼金行，真水上腾，往来不已，故曰周章。火，离也，离火能生己土，以制坎水，不得泛滥于天下，顺流而行也。男动外施者，吐也；女静内藏者，含也。溢度过节，为女所拘。魄以铃魂，不得淫奢。其讲有养精、舒精之别。养精者，行人之道日，顺流生人，不得淫奢，溢度过节，为女色所困，以伤损其魂魄也；舒精者，行天道之时，逆流成圣成佛。噫，此言一身乾坤对待之交易，阴阳动静之法则。工夫纯熟，法不举而自举，药不采而自生，大德不踰限，此不特子在川上逝者如斯。造之极，亦即孔子从心所欲，不踰矩之学也。溢满三江九河而不出法度之外，过关透窍，紧要对节骨眼儿，而其所以然者，在不离乎至善之地耳。地者，坤也，故曰为女；道也者，不可须臾离也，故曰所拘。此至善之地，居南方属离，离中有火，火中生己者，阴土也，故谓之女。离中虚为中女，故曰内有一不老不少的黄婆，又曰内有南天门的一个土地，又曰内有净土。净土者，阴土也。此皆克化为女之说。又曰内有黄房，黄房即洞房之意，亦是克化为女。又曰内有鹊桥者，织女所居之地，皆无非克化为女。念之在兹，永言之在兹，悉言之在兹，亦即朱子所谓常目在克化所居之义，亦云极矣。日中有魂，月中有魄，月本不明，日映则明，日月者坎离。魄以钤魂者，坎离变乾坤也。坎离变乾坤，则乾坤定矣。坤定合二性之好，以正君子之道。我身复得阴阳之正配，何淫何奢之有哉？不得淫者，即孔子曰关雎乐而不淫也；不奢者，即《诗》云：窈窕淑女，君子好逑也。只以淑女而逑，君子何奢之有哉？不寒不暑者，即我身得中和之气以养之也。此亦即活子时之说。功行日久，寒不能侵，暑不能染，隆冬不寒，盛暑不热，此其效验也。进退合时，进退者，即升降之谓也，亦即上察下察之义，前退而下，后进而上，即此义也。儒曰瞻之在前，忽然在后，佛曰法轮转，道曰三车，此皆进退之妙用也。合时者，卯酉沐浴，午退阴符之说。进退合时，极而言之，即孔子曰：不怨天，不尤人，下学而上达、知我者其天乎。一进一退者，即一前一后也；一前一后者，即一升一降也；一升一降者，即一下一上也。一进一退、一前一后、一升一降、一下一上，即孔子曰：吾道一以贯之是也。孔子曰吾道一以贯之，即老子曰大道如环是也。一贯者，抽爻换象是也。升天堂之路，其始不能一直而进，必进而退，退而复进者，天步艰难是也。而所以然者？大道如环。天即道也，天圆地方，天圆以尚环，故曰天如鸡卵，亦圆也，取其形似环之义也。自西自东，自南自北，皆可一直而进也。直往上进而无退，直往下有退而无进。譬若一大环焉，约有数十丈，悬在空中，人于其上来回转之，势必一进一退。其合时者，如天道冬去春来，寒往暑来，天道之为时无已，而吾身为道之时亦如天道为时之时，一也，故曰合时。合时者，即大易后天而奉天时之说也；各得其和，即一切之法，则无所不和顺也。造之极，与四时合其序，而无乖戾者也。俱吐符证，证者，效验之证也；符者，若合符节也。乃证何以吐为其证？由下学上达而出，故曰吐也。此乃秘秘天机，无德之人不可使见此书，此书之道，天道也，三教圣人所学之道也。无大德之人，不特不能闻此道，即此书亦无眼福之观，学者岂可轻哉？

关关雎鸠，在河之洲。窈窕淑女，君子好逑。

杏林曰：呜呼，此旨何旨也？此兴于《诗》之旨也，故曰诗可以兴，而吾夫子又曰：兴于诗，立于礼，成于乐。诗也者，无非比也、赋也、兴也。不可徒以字面之义读之也。即一篇、一章、一句、一字，皆有寓意，而寓意之外又有余意。人能以此读《诗》，可谓诗者也。仙翁引《关雎》之诗，作《参同契》，以发明大易之道，此诚真得诗人立言之旨。关关雌雄，相应之和声，此即有朋自远方来之乐。然而何以关关定，奈何不以锵锵定哉？其中不特有寓意，而其中之外又有余意存焉。不以锵锵定而以关关定，盖关者，关口之关也，此关为之人鬼关，谓之凡圣关，谓之死生关，谓之玄关者，明言其关也。吾儒所谓道义之门，门也者，亦为开阖关闭所设，其名虽殊，其实一也，而其地亦一也。见之于儒书至善之地，活泼泼地，以及天地位焉，黄中通理，皆无非言此一关也。所谓关关者，人落后天，将此道义之门关而又闭。有能明其善，厥其性，复其初，用其时习之功，而以开其此关之闭，则必大有如鸟数飞之景象。彼阴阳同类为朋者，来自远方，声应气求，此理有所必然矣。人得之以造其极，则儒称圣，释称佛，道称仙，而撮其要，皆不离此一关。其此一关者，即名道义之门。然则此门果何道也？一阴一阳之谓道耳。正因阴阳之谓道，故诗人借文王得后妃而衍道以立言也，非实指文王定后妃之事而言也。籍非然者，孔子何以取其关雎乐而不淫也？又何以取其哀而不伤也？或言求之不得，故哀而不伤。然未闻洞房花烛之谋，而有哀之者。即使哀之，则更未闻，即哀而有不伤者，此书从来无人解其义也。噫，此君子造端，以察乎天地之道，今明而言之，此借阴阳相交定之理性，以衍君子修身之大道也。但读书之辈，专务王安石之术，以笔墨为盗功名之道，而以此道即为圣人之道。以此道为圣人之道者，岂不大害圣人之道哉？圣言君子有三畏，畏天命，畏大人，畏圣人之言。小人不知天命而不畏也，狎大人，侮圣人之言。嘻，今以八股为传圣人之道者，论花样，论套调，合时风，疼哉，疼哉！吁嗟乎伤悲哉！作八股以圣人之言为题目，入题讲即入圣人口气，以代圣人立言，即代圣人立言，而论花样，论套调，论合时风，以此代圣人立言，而势必大侮圣人之言也。圣人之言，岂有论花样，论套调，论合时风之言乎？大人者，非仕郎尚书之大人也，乃得一为大之人也。得一为大，即颜子得一善而拳膺弗失之为人也，亦即朱子曰：大学者，大人之学也。畏大人者，畏大学之人也。而惟学大学之大人，能得圣人立言之旨，必不以八股为成名之门路。吾今因病投药，以八股为当时之所尚，又明知八股为害圣道之尤者也。出万分无奈之中，姑借八股之害，以除八股之为害。借八股之害者，因八股之作大失圣人立言之旨以为害；除八股之害者，除花样以乱圣道之害，除套调以乱圣道之害，除合时风以乱圣道之害。总之，除去人云亦云，千手雷同，腐乱墨卷油腔花调之习，而惟以得圣人立言之旨，实合圣人之心。为嘉文，乃彼夫世之时文之下手，唧唧然而私谤，娇娇然而窃笑，妄加议论，狎何如哉？此诚不知天命而不畏之小人也。吾欲正圣道之衰，挽士风之颓，不避时人之毁，惟望圣道之兴。今吾立此言也，质诸鬼神而无疑，百世以俟圣人而不惑，即孔圣在天之灵闻之，亦必为然。倘有背于三教之道，天必厌之，天必厌之。吾实不能劈心与世人观也。今平心而论之，自兴八股以来，至于今日，籍八股而起兴者，岂无圣贤？此不过借八股以为出头之日，借出头之日以行圣人之道。非若今之下士，既以八股为窃富贵之权，又以八股即为行圣人之道，究其世道之衰，尽皆由于士人之过。士人之过者，借王安石之道，登富贵之场，入名利之乡，以害圣人之道，而谓圣人之道，故王安石囿于地狱，至今未出，必待八股不兴，方得以超生。若有此言为荒唐之论者，乃亦不知天命之人也。此论系性命之学。天道之公，天道即人道，与吾借八股之害，以除八股之为害，其道一也。此道岂易明哉？此道内藏性理之学，下士宜其笑耳。老子曰：下士闻道大笑之，不笑不足以为道。而吾借八股之害以除八股之为害者，亦犹孟子因杨墨以言害尧、舜、禹、汤、文武、周公之道，而借能以言诋杨墨者为圣人之徒，其理亦一也。但圣人之道，愈失愈久，愈久愈远，愈远而士风愈趋愈下矣。以致读书者如作梦，讲书者如说梦，一盲引出众盲，虽有贤良，亦必落于火坑，真大可悲也，而甚可惧也。吾既游入圣人之门，而思学为圣人之徒，能不忧之？是以昼夜焦思，心如火焚，欲阐理性之学，以明三圣之道。然而朱子、程子、邵子，于理性之学不明注其详，诸圣又未明言其说，因理学乃性天之道，非与天地合其德者，不可以闻此道也。正人得之而成圣，邪人得之而遭谴，古有三传非人，三被雷击，诚可畏哉！曾考□金科玉律，误泄非人，七祖阴间受拷，可不慎哉？所谓非人者，不必即邪人也。非人者，非载道之人也；非载道之人，即平等之人。平等之人犹不可以闻道，况邪人乎？再观作者之圣，不敢明言；续者之贤，亦不敢明注其义。正在此间耳。世人不一，即儒门之人亦不一，有假儒之儒，有贼儒之儒，此皆儒门之罪人也。假儒、贼儒不明此理，反疑其说，以谓非正道，非圣道也。乃犹误造其说，言果系正道、圣道，岂有不敢泄漏之理乎？圣人之道，惟恐人不知，又岂有恐人知之理乎？嗟嗟，此辈读书之人，如蠹鱼等耳。穿书食书，往来于书间，满腹四书，竟以书为书，而我以为我，究不知书之所以为书，故胡言妄语，强不知以为知，强不明以为明，再加侥幸而得人爵，更自以为足。且假圣贤以自尊，言仙佛不如圣贤，圣贤之道与仙佛不同，造百般口孽，不特为释、道两教之罪人，更为吾儒门中之罪人也。其并不知圣人留书，恐人不知者，乃入世之道也。入世之道即孝弟忠信，礼义廉耻，齐家治国平天下之道也。若夫出世之道，断不敢明言。出世之道，即性天之道，修身立道之道，亦即大学之道之道，率性谓道之道。如可明言，明善复初何以复？如鸟数飞何以飞？在明明德何以明？率性之道何以率？止于至善之地在何地？活泼泼地在何地？道义之门又在何地？且顾諟天之明命何以顾？瞻之在前何以瞻？浩然之气又何以养？而孟子难言岂难言？下学之学何以学？上达之达令人难知。知止者，止于何处？有定者定于何处？语大莫载何莫载？语小莫破何莫破？钻之弥坚谁能钻？仰之弥高谁得见？散之则弥六合何以散？卷之退藏于密何以卷？一本万殊那万殊？归于一本那一本？儒门性理难枚举，那句那章有明言？圣经曾说传心法，书经载一十六字之心传。孔子一贯曾子唯，门人不明问曾子，奈何以忠恕笼筒秘其言。噫，其后幸有朱子用心于圣道，而未得心传，正因其不得心法之传，方可以注释经典。朱子学力过人，聪明天生，人品绝世，其不得心法之传者，上天有心于朱子，命其注此经典也。虽多注其皮毛，抑无甚悖之处。至于引程、邵二子以及得道前辈先贤之语以注于章句之下，无不恰当中肯。虽则多注其皮毛，若非朱子之功，而今读书者更梦中说梦矣。余何人也？古圣先贤不敢明言，余岂敢明言乎？不敢明言而注书，较古圣先贤，每多加明言几分者，彼一时此一时也。若不多加明言几分,实难发人梦醒,况且乱极思治,否极泰来,书随时传,时因书转,较之古圣先贤,多加明言几分,其理在此耳。理者何理也？道理是也,亦即借道阐道之理也。借道阐道之理,依如仙翁关雎之诗,以阐大易之道。而余借仙翁《参同契》之书,以阐明《参同契》之理,兼且赖此以阐明孔子、朱子之理,与《参同契》、《关雎》、大易复合为一理,故曰理者道理也。道理之道总归于一,故又曰夫道一而已矣。一者又何一也？如一卦生八卦,八卦生八八六十四卦,无非以一字贯通,变化而分阴阳耳。阴阳合一而为道,故朱子诵《关雎》之篇曰:关关,雌雄相应之和声。雌雄者,阴阳也;阴阳者,乾坤也。乾坤定夫妇之道和,夫妇之道和者,即我身之道因修而立,则阴阳自相交姤于黄庭之中,拆坎补离,返回我先天乾南坤北之体,大道成矣。今仙翁借男娶女嫁之道,以明吾身阴阳交姤之道。其中阳不舍阴,阴不舍阳,阴阳交姤之乐,见于曲肱而枕、通理之中以产大药,而育万物,名曰得大自在。其中滋味畅于四肢,难以言传,岂不乐哉？此乐者,乃阴阳同类相求之乐,即有朋自远方来,不亦乐乎之乐也。此乐何淫之有？故吾夫子曰关雎乐而不淫,以淫则后天浊精立至,先天真精立散,而大道立坏矣。

  盖人当乾南坤北,先天用事之日,阳不离阴,阴不离阳,乾坤对待之交易。譬若男不离女,女不离男,夫妇好和如鼓瑟琴。而及其以落后天,乾坤拆散,乾变为离,坤变为坎。坎者,水也,故有婴儿落水,沉沦苦海,不知其苦,作下一切罪孽而受阴间□惨报之说,而甚可悲也。然若三生有幸,得受儒门心法之传,而修性理之学,将从前生身以来而落后天之时,乾坤拆散之日,至今竟阳不得以见阴,而阴亦不得以见阳。幸也得师口诀,阴阳之道而重得以相见。阳者,先天乾南之中爻,落于先天坤北之中,而变为坎;阴者,先天坤北之中爻,势必穿于先天乾南之中,而变为离。从此天翻地覆,囡啼一声,一个觔斗下地,而落后天,乾坤不得相会,亦犹如夫妇失散一般。及得吾儒门心法之传,今而后天心始得以复见,则重合乾坤而返故乡,以相叙夫妇之情。然而惟此诗人得其情,故作《关雎》之诗,以知理固应哀,而其乐也,又发于心生,其哀乃不过见于形形色色之空。今乐由心生，而其形形色色之哀，何伤之有哉？孔子所谓哀而不伤者，秘秘天机，默默心传，而其中千变万化，难以尽言。是以古人留书，篇篇藏义，字字藏道也。而其乐也者，亦犹如孔子所言有朋自远方之乐也。朋者，朱子注之朋为同类，其旨深矣。噫，朱子恰得圣人立言之旨。此旨之奥，今作八股之下士，岂能得此旨哉？上士作文，得圣人立言之旨，而八股之下士，宜其笑耳。吾今秉悲世之心，而泄圣贤之秘。朋来之乐，盖是借我后天之阴，返先天之阳，为同类之朋，故曰借假修真，又曰借凡体以修圣胎。子言远来者，人身居一小天地，天地有十万八千里，而我身亦有十万八千里，其所从来，不谓不远，而究其所来者，果为何事也？子程子曰：以善及人而信从者众。此明言所来为交合阴阳，而得一善之道，故大易曰一阴一阳之谓道也。盖我身之阴阳，原属同类，今重相交，其中之乐非笔舌所罄万一也。昔颜子不改其乐者，正乐此也；而《关雎》之乐，亦乐此耳。噫，此道之高矣，美矣，非有目力之人看不出矣，非有大善之人不能得矣。善者，阳也，又非老阳之九数不能变矣。而九数之所以变者，又何也？所以变者，非顾諟天命不可也。是以雎者，佳也；鸠者，九鸟也。学者欲得君子造端之道，结一粒黍米玄珠，养成圣胎，非升而朝上皇，非目力之佳，佳如《离娄》之明者不可也。昔黄帝失珠，使离娄求之不得，后使象罔求之，得之于赤水之滨。离娄，古之目之至明者也。然虽象罔得珠，非离娄之明而象罔亦不能独得其珠。若使象罔可以独得其珠，而世之顽空者亦可得珠矣。由此观之，象罔非藉离娄之明，断不能得珠，亦如世之顽空者不能得珠，一也。珠乃水中之物，由水中求而得来者，即是由水中而得，乃何《诗》不言在河之央，亦不言在河之边，而独言夫在河之洲？河之洲者，比赤水之滨，系黄帝得珠之处也。其鸟者，何不言凤，不言雉，不言鸢，而独言鸠？鸟虽属阳，轻清上浮，然非老阳之数不能变。九数在《易》为老阳之数，故朱子曰老变少不变，若不能变，坎离将何以返回乾坤？鸠得九数而成老阳之卦，始有拆坎补离之能，以返回我先天乾南坤北之体。则乾坤定位，得之者保守弗失，永合两姓之好，以结圣胎而超玄拔祖，此圣人之能事毕矣。而其如女曰窈窕淑女者何也？盖窈窕二字,各有一穴于头间,此言人各有一洞,洞而似此一字○,○比婴儿姹女幼小之兆,居于此穴之中以养之,故有男儿怀胎之说也。其更如君子好逑之句,乃何不言良人好逑,而必言君子好逑者,何也?此正合圣经曰:君子之道,造端乎夫妇。及其至也,察乎天地。天地者,乾坤也。乾坤交姤,即朱子所言关关乃雌雄相应之和声也。相应之和声,气所使焉。入而为声者,气之阖也;出而为声者,气之辟也。此正合大易曰:阖户谓之坤,辟户谓之乾。气之一阖一辟谓之变,其声往来不穷谓之通。通者,所谓一窍通,窍窍通者是也;变者,所谓坎离变为乾坤之道是也;逑者,匹也;匹者,偶也。夫妇谓之偶,朋友亦谓之偶,此皆不外乎人身之阴阳而相交姤也。故见之于儒书之中,有以夫妇衍道者,有以朋来衍道者,是以曰夫妇相待如宾。而其女必曰淑女者何?朱子注曰:淑,善也。善者,即回之为人也,择乎中庸,得一善之善者是也。乃不曰武王而必曰文王者,取其离卦主文明之义也。得后妃者,取其皇天以配后土之义也;得后妃者,取其离中有真土,得真土方能生一土,上加一为王。此诗人假文王得后妃以衍大道之义,世人其知之?噫,为此诗者,其知道乎?诗人假大道以作《关雎》之诗,而仙翁又假《关雎》之诗以衍大道。可知读书之乐,乐道之乐,为何如乐哉?今业八股之假儒,而岂有能乐此哉?

雄不独处,雌不孤居。玄武龟蛇,蟠虬相扶。以明牝牡,竟当相须。假使二女共室,颜色甚姝,苏秦通言,张仪合媒,发辩利舌,奋舒美辞,推心调谐,合为夫妻,弊发腐齿,终不相知。

杏林曰:此言大道不离阴阳二字,并乾坤交姤之法耳。然此非以女为鼎炉,采战之邪术,乃地狱种子,罪之至大者也。吕帝:玄篇种种说阴阳,二字名为万法王。一粒粟中藏世界,半边锅里煮山江。青龙驾火游莲室,白虎兴波出洞房。此个工夫真是巧,得来平步上天堂。《悟真》云:学仙须是学天仙,惟有金丹最的端。二物会时情性合,五行全处龙虎蟠。等候功成朝玉阙,九霞光里驾翔鸾。《指玄篇》云:大道玄机颠倒颠,掀翻地府要寻天。龟蛇共穴谁能见?龙虎同宫孰敢言?九夏高山生白雪,天冬奋火种金莲。叮咛学道诸君子,好把无毛猛虎牵。此皆言阴阳二气交姤之妙,大有三十六宫生春之象。若使二女共室,则定必纯阴无阳，而绝其生生化化之源矣。医书云：孤阴不生，独阳不长。二女居室，失其君子造端，天人将何以归一，而大道将何以为始乎？三丰祖曰：金隔木，汞隔铅①，阳孤阴寡各一边。圣经云：天命之谓性，率性之谓道。此三教经典，皆无非阐发性命真传，教人返本还原，以归一阴一阳之谓道耳。苏秦、张仪，发辫利舌，能说六国，实不能效黄婆善于为媒，以使人身阴阳，自相交姤，于天地位焉，以育万物者也。

若药物非种，名类不同。分两参差，失其纲纪。

杏林曰：此言阴阳交姤采取之法则也。配和相须，消息之秘诀也。药物可以结丹，而内药生于外丹。内药者，精、气、神是也；外丹者，孝弟忠信、礼仪廉耻是也。是即性德，合内外措一之道。孔子曰：志道据德，依仁游义。孟子曰：是集义所生也。朱子曰：集义者，集善也。子程子曰：苟不至德，至道不凝焉。古仙曰：外丹不就，而内果难全。夫士之志于道者，可不修外丹哉？药物非种，名类不同，因此故使其分两参差，而失其纲纪。此何以故？虽得金丹口诀之传，儒门心法之授，刻刻用工，而无功无德，亦妄徒焉。名类不同者，有天堂种子之名，有仙佛种子之名，有地狱种子之名，有罪孽种子之名。此不特兼旁门外道而言也，而且兼内兼外而言也。但此药非外药也，我身本有之药耳。《悟真》云：人人本有长生药，只是迷人枉把抛。甘露降时天地合，黄芽生处坎离交。井蛙应谓无龙窟，篱鷃争知有凤巢。丹熟自然金满屋，何须寻草学烧茅。分两者，以药物配合，炼而成丹之法则也，是以曰：分两参差，失其纲纪。分两又不特专指药物而言，水火老嫩皆在分两之中矣。紫阳真人曰：要知产药川源处，只在西南是本乡。铅遇癸生须急采，金逢望远不堪尝。送归土釜闹封固，次入流珠厮配当。药重一斤须二八，调停火候托阴阳。是以有半斤铅，八两水，其合一斤之数也。又有咽一口津，得一两铅之说也。天地以阴阳交姤而生万物，人身以阴阳交姤而生大药。药者，即老子云：恍恍惚惚，其中有物；杳杳冥冥，其中有精。《金刚经》云：三藐三菩提。儒云：人欲净尽，天理流行。故曰三教原来

---

① 铅，原本误作"铭"字，今改。

是一家也。朱子亦曰：所言与吾儒异，而其理与吾儒同。所言药物即吾儒言浑然天理也，所言玄关即吾儒道义之门也，所言采取即吾儒存理遏欲之功也，所言结丹神化即吾儒诚中形外、睟面盎背之效验也。金丹大檃孕于先天，产于后天，采药炼丹须从根本上用工。根本者，乃人身先天自具太极之母是也。学此学者，岂常人哉！此学非他学，即学而时习之之学，大学之道之学。朱子曰：大学者，大人之学也。大人之学，学明善复初之学，学返本还原之学。而此学究属果何学哉？学采大药而炼金丹之学也。学采药炼金丹，而又果何以采之哉？有口诀存焉。然总不外抽爻换象，拆坎补离，借抽添之法，助采取之功，以学为得一善之大人也。

儒书未明言采药，而唐诗乃明言之矣。其诗曰：松下问童子，言师采药去。只在此山中，云深不知处。诗言童子，内寓婴儿姹女之意，元精元神之说。松也者，金公木母合并，而成长生不老之松，此岂非大易乾坤交姤之道乎？交字上一点者，无极之母也；下一画者，太极之原也。懔懔然大劫临头，收原在迩，吾不免将儒门心法重经泄漏一番。噫，点伸而为一，一贯而成〇，此即吾夫子一以贯之道也。交字下从父者，明明爻象之爻字也。上爻分而不交者，交字头为六也，六者，一尽六爻之数也。六字下具此两点者，一阴一阳之谓道也。噫，具此两点者，乃是一八字也。畏哉，畏哉，大劫一降，天下之人百中剩一。此百中之一者，乃皆由孝弟忠信、礼义廉耻中逃出来的。吾因救世心急，而又泄漏唐人之秘。唐人为诗，乃何不言松旁、松侧、松间，而必言松下者，乃此下也，即吾夫子下学之下也。下学者，学抽下坎宫之阳爻，而上达补还离宫之虚，以重成全我乾坤对待之体象者也。问者，门中藏口，即吾儒门中口传心授之法也。子者，子半阳生，一阳来复之兆也。子者，了一，了一成〇圣也。子程子曰：冬至之半，天心元改移也。童者，里上得立，里者，田下土也；立者，六一也。此言返老还童，必于六爻变动之中而得一，以厥其性而复其初也。田下土者，即此得不偏不依，允厥执中之口诀，以归于净土，而造十全，返本还原，以成童体也。自古圣贤，皆藉凡修圣，故有朝办凡，夜办圣之说。此童子者，亦即唐人所谓投闲学少年者是也。朝办凡者，即吾儒孔子周流天下是也；夜办圣者，亦即夫子布必有寝衣，长以身有半，以及曲肱而枕之，此皆夜办圣之功用也。但此事此理，惟真儒知之。彼夫业八股之假儒，乌足与言此哉！见人所作之文，自己不明而窃笑之，以己不通之文笑人性理真学，此诚以己之可笑，而返笑人之为笑耳。童头六一童身田，通归于田下，净土一团心田为田，古今传此田，可谓天心田。真乃吾儒心受法，笑破假儒舌头端。阐明道统谁人晓？受过多少不白冤。世人之死在目前，其心顽，大劫一至惨可怜。好心酸，好心酸，想到此处泪漫漫。泪漫漫，泪漫漫，这片心腹对虽言？无奈何，自己且把自己劝。大道不离方寸地，自有明月对清天。言者，上以苏州码字之八数也。八者，孝弟忠信，礼义廉耻，合此八字之码数也，故能逃。数下一口字者，口传心授之口。师者，表也，法也，此真师之师，非今日业八股之假师也。真师内得口传心受，外跻圣人之域，此为真师，不然定必误人子弟。是故孔子曰人之患在好为人师，人岂可轻为人师哉？非天作也，非真师也。非真师，即非明师。非明师，实足误人。一盲而引众盲，犹俨自以为人师，真可患也，真可耻也。然而人尤不可自作聪明，好教人而不好受教于人也。自古三教圣人，非天生圣人，亦各自有师。老子师元始，释迦师燃灯，孔子师项橐，吕祖师正阳，邱祖师重阳。皆因性理之学，即天命之道，虽天降之圣，于性天大道亦不能自知。而古仙佛皆自悟者，自悟其妙，自悟其奥，即儒云：圣人能与人以规矩，而不能与人以巧。语云：师父引进门，修行在各人。人不可低心下气，以诚求明师哉？古仙云：饶尔聪明过颜闵，不遇明师莫强猜。明师者，即言师采药之师，此师可以谓明师矣。何以见其为明师？被人在松下来问，足以见其为明师；在此山之中，足以见其为明师；能采药炼丹，更足以见其为明师。既为明师，药物之种类，分两之参差，纲纪之法度，必无失当之弊。然而药物生于此山者，此山果何山哉？此山者，钟南山也。钟南山出神仙，故钟南山产药，以备其明师之采耳。既曰此山之中，则升高必卑，上山中，不外山根起，脚上达，不外下学之功。大凡众庙之门，皆呼之为山门，岂无说哉？山者，其形似川，川下得一谓之山；川者，水也；一者，珠也；珠者，性也。即《关雎》在河之洲，与黄帝得珠于赤水之滨之妙理是也。此山中之中者,即允执厥中之中耳,此亦即吾儒门一十六字之心传是矣。而云深不知处者,乃言人落后天,为私欲所累,失其真性从来之处也。盖善不明而无以复其初,不得真师指点,而善亦难明。善难明,初将何复? 故曰不知处也。不知处者,不知采药下手之处也。因不知处,又因不好受教于人,乃偏好为人师,是以生出七十二种外道,三千六百旁门,以害我三教不二法门之正学也。此皆名类不同,地狱种子之人。有志于道之士,固不可不求师,而求师又不可不辨哉! 故曰博学之,审问之,慎思之,明辨之,笃行之也。或曰:既言审问之,药物之异名,其说不胜枚举,敢请详言之? 对曰:先天元阳祖炁,即是药物也。或曰:上药三品,乃何只言祖炁一耶? 答曰:精化炁,炁化神,分之而为三,合之而为一。此精得之于先天,禀之于父母,而成之于形也。我身之精,即父母之精也。此精能生我五脏六腑、百骸皮毛、骨肉筋血、五关四肢,而我将此一点原精生我之理,以此理而生之,则元炁即元精所化,元神即元炁所凝,大而化之,一而神之,二五之精,妙合而凝,天地万物,皆自此生。以此采药炼丹,结胎出神,此理现然易见,故曰事亲为大,修身为大也。噫,生生化化之理,亦即此之谓欤?

虽使黄帝临炉,太乙执火,八公捣炼,淮南调合,立宇崇坛,玉为阶陛,麟脯凤腊,把藉长跪,祷祝神祇,哀诸鬼神,沐浴斋戒,冀有所望。亦犹初①胶补釜,以硇涂疮,去冷加冰,除热用汤,飞龟舞蛇,愈见乖张。

杏林曰:此接上章而言。若使非种不同,其参差之处,虽有黄帝、太乙、八公、淮南之师,亦不能失其纲纪。而此章大义,总在教人积功累德,低心下气,访求明师,不可为旁门外道所惑,以害我三教正道,而为异类罪孽种子。然虽得真师之传,而人之学力有大小,天资有聪鲁,造就有高低。学者总宜人告有过则喜,闻善言则拜,敏而好学,不耻下问,必不至分两参差,失其纲纪。以致虽有黄帝、太乙等圣,亦不能医加,愈穿凿,而愈见乖张,以误性命大事,诚可惜也。乖张二字,亦兼内功外行而言也。内工乖张,走丹幻景,天魔入窍,病魔、睡魔,千差万错,实难枚

————————
① 初,诸本作"和",吕注中亦作"和"字。

举。外行乖张，有财不舍，见功不足，用人之时如热火，不用人之时如冷冰，大恩不报，小怨不忘。吾见一等学道者，生理每年可赚三、五百银，而一两吊钱，或一、二钱亦坚不肯舍。一见贪利、得便宜，如蚁慕膻，钻头觅缝；一逢出财立功，即如游龟缩首，退步藏身，见富贵而动心，遇患难而移志。间有舍几吊钱，办点功德之日，推其心不是假善求名，就是从中取利。好听奉称，不纳良言，说他过错，他嫌打他疮疤疼痛，百样皮气毛病，一味贪瞋痴爱，奸巧诡诈，背誓愿，犯佛法，不听师训，不遵条规，违悖谬行，欺师灭祖。他也想为圣为贤、成仙成佛，真真气坏灵官、韦陀，活活笑倒南海观世音菩萨。嗳，孔子有言：德之不修，学之不讲，闻义不能徙，不善不能改，是吾忧也。古仙云：大道修来有易难，也知由我亦由天。若非积善行功德，动有群魔作障缘。此言内功外行，不能措一，既有如此不同类，想不愈见乖张，岂可得乎？

　　世有一等学道者，气质之偏，不能力化，性中之天，不能涵养。不知用克己之功，以跻圣贤之域；不能效法子绝四，以成载道之器。而惟知得药、结丹、出神为便宜事，见有内功奥妙之师，亦最能低心求之，恨不能将人之内功一把抓在自己身肚里。哈哈，那可知虽有黄帝、太乙、八公、淮南之圣，临炉执火，捣炼调合，亦不能使其黄中通理，以跻圣贤之域而成载道之器。犹之如和胶补釜，以硇涂疮，不惟无益，而反害之也。

　　学道之士，急当痛改前非，莫误光阴，莫失奇缘。古仙曰：人身难得，中国难生，道场难遇，佛法难闻。若果得人身中华，遇道场，闻佛法，岂可不力化气质之偏乎？一念不敢对天地鬼神者，不敢举；一言不敢对天地鬼神者，不敢发；一事不敢对天地鬼神者，不敢行。果能如此，何劳黄帝、太乙？即布衣之士，亦自能引人入圣。语云：师傅引进门，修行在各人。信哉言乎！

　　上德无为，不以察求；下德为之，其用不休。

　　杏林曰：此上德兼两层而言也。推极而言，上德之中有上上德者，有中上德也。上上德者，乃得真空之纯气所结而成形，以生天生地，若瑶池金母、五老上圣、玉皇大帝，皆为上上德者。自秉先天之气，不藉后天而生，实合故有无为大道，何待鸢飞鱼跃，以上察下察而求之哉？又何待访求真师而得之哉？然而上上德者，不落凡尘，生归天庭，由此观之，则是先师孔子、达摩祖师等圣，皆以下德。称下德者，亦有中下德者、下下德者。以此二等之德论之，则是先师孔子、达摩祖师等圣，又皆归于上德称也。沉细而推之上二句之旨，此言苟不至德，至道不凝。上德者，天生有圣智之聪，心不失其纯全，先天明德之道尚明，保守元精，不伤分毫。今虽暂迷至善之地，不知其所以，遇明师指点，其中自有真人助，火候有易无难，将无为大道，一超直入最上乘，一切之内果，随从其上德而并进于上，似莫之为而为者也，故曰上德无为。无之一字，为之真经，内藏秘秘大道，故又曰达摩西来无一字也。一字无者，非一字无有也。此言达摩祖师自西方临东土之时，只带了一个字来，何字也？曰无也。佛家经卷，以南无开首，其旨深矣。而孔子为五老之一，儒书则已言之矣。以五老未化身之先，则孔子为之上德；及化身而生周末之后，落于凡尘，而归于后天，故以下德称。然自生民以来，未有圣于孔子者，又未尝不可以上德称也。是以笺注此章，分上德、上上德、下德、下下德，始足以尽此章之义。其不以察求者，乃不待克己省察之功，而复礼为仁，原是吾家所故有之物，不期于求而自得。且更省求其一步筑基的工夫，不待一纪，可以升天。此上古上德之人，天生上圣，行此无为之化，以成此无为之功者也。其下二句之旨，此即大易之为复卦，以复见天地之心，乃其下德所为之事也。见之于佛经，谓之采炼，以采取烹炼，乃其所为之事也。然必敏勉求之，用功克己，始能复礼为仁。实不能若上德之人，从容自在，不勉而中，不思而得，从容中道，日行其所无事。此诚上德无为之大圣，非下德所能为也。下德必日就月将，学由辑熙于光明，其为之者何事也？即孟子所谓必有事焉之事耳。乃何不言其行不休，而必言其用不休者？此用非他用，乃乾坤二用之用也。乾卦之用，万物资始；坤卦之用，以大终也。为者所为之事也，圣经言事有始终之事，即大易乾卦之用事之始、坤卦用事之终。其不休者，即知所先后，则近道矣。再加日就月将之工，以至于大道有成，则天地有坏，大道无坏，何休之有哉？甚矣！用之为用也，其机在生生化化于无已，更何休之有哉？其用者既系乾坤二用之用，乾为天，坤为地，天地交精，而万物化生也。其下德为之者，为之于天地交精，万物化生之所为，因而为之也。人一已百，人十已千，及为为之而无所为，则如上德无为，一也。

上闭则称有，下闭则称无。无者以奉上，上有神德居。

杏林曰：上下者，见之于《论语》，即在前在后之旨；见之于《周易》，即一升一降之功。上者，鸢飞戾天；下者，鱼跃于渊。然升高必自卑，而上达必由于下学。是故孔子曰：下学而上达，知我者其天乎！吾儒门之下而上，上而下，前而后，后而前，升而降，降而升，亦即释、道两家之所谓法轮常转是也。有者，在大易画卦之中，所谓满也，连也；无者，在大易画卦之中，所谓缺也，断也。连而满者，在仙佛家名之曰铅；断而缺者，在仙佛家名之曰汞。大凡人在母腹之中，本先天卦象，乾南坤北。及十月胎足，瓜熟蒂落，翻身下地，哇的一声，乾失中爻之满而成离，离者无也；坤得中爻之满而成坎，坎者有也。噫，自此则上下颠倒，上下颠倒，则乾变离而坤变坎，火在上而水在下，既济之卦变成未济之卦，水火未济，五行有克，性王颠倒，迷失本真。上德之人，虽离不失；下德之人，以离便失。愈失愈远，愈远愈惛，是故真性不可失也。虽然，上德自古有几人？上德者，生知之圣；下德者，学而知之也。即吾孔子亦曰：我非生而知之，好古敏以求之。此虽以察求，然而德不孤，必有邻。上与下为邻，有与无为邻，称有称无，上闭下闭之君子，可不立奇功奇德也哉？即有大德感动天地之心，自然可遇真师，而得吾儒门心法之传。即得心法，则上闭下闭亦自无常。吾孔子又曰：上下无常，非邪伪也。此明言君子进德修业，欲及时也。其上不在天，下不在田，此得心传以后之实在效验也。然虽当进退咸宜之时，而危险关头亦不可不防。若诚能乾乾因其时而惕，亦自无咎矣。返先天而复乾初者，此其诀也。上闭，不可认作口鼻无息；讲下闭，不可认作钻阳关解。闭者，虽非不通之谓，然闭者填也，填者添也，添者塞也，即孟子所言：气为气也，至大至刚，以直养而无害，则塞于天地之间。噫，天地之间者，即天地之心也；天地之心者，即允执厥中之处也。上闭则称有者，取坎中之阳爻，以上闭离中之虚，而返回我先天乾满之初三连，故曰有也；下闭者，离得坎中之满而变乾，其离之虚也，势必落下坎宫之中，以返回我先天坤缺之初而为六断也。此即抽爻换象,拆坎补离之真传。三教圣人,了凡成圣,证佛成真,别无他术,不过知此存无守有而已,舍此,尽归旁门。故《玉皇心印妙经》云:存无守有,顷刻而成。其无者以奉上,盖无者,即达摩西来一字无也。其奉上者,亦即诸佛经卷之首,多以南无为奉经起首之句,其南无二字,抬头以奉其上也。此上者,即至善之地,惟上德之人能离此地不远,故明德籍此可以常存不昧。上有神德居,神者,正神也;德者,福德也。福德、正神即土神也。故丹经衍道,多有说是其中有一南天门的土地居内,惟此地乃有阴有阳,八卦由此抽添,五行俱全不缺;其有洞房之说,因其可成花烛之夜之乐,亦即君子造端之始,以察乎天地至极之道也。故丹经又曰:内有一个不老不少的黄婆,与南天门的土地居焉。南天门的土地,能请动太上老君来安炉立鼎,以煅炼乾坤;不老不少的黄婆,能约定东家之女、西舍之郎,即来配作夫妇,结灵丹乃产圣胎。考古人有言曰:以天地为炉,以造化为工,以万物为铜也。

　　此两孔[①]穴法,金气亦相胥。知白守黑,神明自来。白者金精,黑者水基。水者道枢,其数名一。

　　杏林曰:此两孔穴法者,即法无所法,乃名大法之法。法者去水也,去水者,非去水也,盖由水中旁出而去之也,故去旁边加水谓之法。水者,得珠之所去旁之水,即在河之洲,亦即赤水之滨是也。此法者,黄帝使象罔得珠之法也。文王得后妃,乾坤交泰,阴阳相和,其所谓君子好逑,亦即此法也。是故有婴儿落水救婴儿之说,又有太公垂钓于渭河之说也。两孔穴者,即云房翁曰:生我之门死我户,几个醒醒几个悟?正言此两孔穴也。两者,应上文上闭下闭,上下两闭之穴也,亦即上下两窍是也,见之于儒书;法者,君子黄中通理之法也;两穴者,即天穴、地穴,天地位焉之两穴也。《素问》云:北方黑色,入通于肾,开窍于二阴,藏精于肾。《难经》云:男子以藏精,非此中可尽藏也。盖脑者,髓之海,肾窍贯,通脊通脑,故云。古仙有言:在此这个,这个者,即这两个一字〇〇是也。《黄妙经》云:天下逆理,阴阳五行。阴阳五行,不离一

---

① 孔,原本作"空"字,据注文及诸本改。

○。此○读圈。偈曰：白玉团团一个○，乾旋坤转任自然。能知○内四般趣，便是人间地行仙。此两孔穴者，坤道成女，乾道成男，阴静阳动，万物化生。生生子著医书，名《赤水玄珠》，其书有云：盖人心静定未感物时，湛然天理，即太极之妙也；一感于物，便有偏倚，即太极之变也。苟静定之时，谨其所存，则天理常明，虚灵不昧，动时自有主宰，一切事物之来，俱可虚也。静定工夫纯熟，不期然而自然，至此无极之真复矣，太极之妙应明矣，天地万物之理悉备于我矣。金者，金丹是也，其色尚白；气者，精水所化也，其色尚黑；亦相胥者，言学道之士，何用深达洞晓，方可炼丹，只是知白守黑，亦足用矣。金白水黑，水属天一，为道枢机，金为水母，以尽生生化化之至理。而水之初生，在先天，因其至真，故号神明。神而明之，其格物致知之理，皆自来矣。金色属白者，因其为精水所化也；水色属黑者，因其内藏坎中真精，而得玄珠之基也。金丹大道，五行所结，以水为枢，以土为根。其数一者，一字为万法王也。一本万殊，万殊一本。是故，孔子曰：吾道一以贯之。况金者，乾也，乾之数在先天八卦属一，水者居一、六之数，此皆金水属一之明征也，有如是。

阴阳之始，玄含黄芽，五金之主。

杏林曰：此承上章其数名一而言。一者，万法王也。阴一也，阳一也，散之而为二，合之而为一，《易》曰：一阴一阳之谓道也。而其要皆始于一，故一本散于万殊，而万殊仍归于一本。万物始于天地，而天地始于一。惟人为万物之灵，生于天地之间，成之于一，以列三才之中，故曰：天得一以清，地得一以静，人得一以圣。而其人之所以为人者，亦始于一也，况玄者本不离乎一。天，一也，故曰天玄地黄。玄者，玄珠；黄者，黄中通理；芽者，物之始，亦即仁之端也。人之为仁，形化于天地之后，性率于天地之先。含者，蓄也。太玄为水，黄芽为丹，水中有丹，即玄含黄芽也。《翼》曰：阴虽有美，含之以从王事。其含之一字又见于大易坤卦之辞曰：含万物而生光，坤道其顺乎，承天而行时。此乃圣人之言也。五金之主为谓之铁，因铁为五金之主，故曰一口咬破铁馒头，而自能丹熟金满屋也。盖五金以铁为主者，何也？孙行者到北海龙宫取得定海神针,铁梁一枝,更不特号王,而兼且号为齐天大圣。以此观之,铁为五金之主,不亦宜乎?

北方河车,故铅外黑,内怀金华。被褐怀玉,外为狂夫。金为水母,母隐子胎;水者金子,子藏母胞。真人至妙,若有若无。仿佛太渊,乍沉乍浮。退而分布,各守境隅。采之类白,造之为朱。炼为表卫,白里真居。方圆径①寸,混而相拘。

杏林曰:车者,旋运法轮而常转,取其有在前在后之象。车,有三车之说:鹿车、羊车、大白牛车之说是也;河者,取其《关雎》在河之洲之义,亦即黄帝得珠于赤水之滨是也;北方者,北方属坎水,内产玄珠。取其北方河车之路一通,法轮常转,上载玄珠,辊辊过昆仑,到此人仙不远。但此车始于无形而终于有形,然虽曰有形,乃视之而弗见,听之而弗闻,其所以然者?此河车系先天之河车,非后天之胞衣,名为紫河车,视之可见之物所比也。北方之河车属黑色,内藏金丹,是故铅外黑而内怀真一之金。其此金光华之发,照彻于宇宙间矣。《圭旨》曰:金满三车夺圣基,冲开九窍过漕溪。迢迢运入昆仑鼎,万道霞光射紫微。此其铅之外黑,内怀金华,若不被走泄之伤,犹被褐怀玉一般,宝不外露,人即不害。被褐怀玉者,归真返璞,则终身不辱也;外为狂夫者,盖匹夫无罪,怀璧其罪。而外为狂夫,被褐以怀玉,其何罪之有哉?生我者谓之母,我生者谓之子。金生水,则金为水母,水为金子。母隐子胎者,一粒黍米玄珠,产于北海,根发黄泉;子藏母胞者,报本还原之学,投闲学少年者是也。上阳子曰:盖兑金生坎水,而坎之中爻乃属金,故云母隐子胎;水为金子,壬癸之水,自西而生,兑之中爻乃属于坎,故云子藏母胞。真人至妙者,言乾坤之体用,至圣至妙,变化多端,莫可测度。若有若无,仿佛太渊者,此即真人至妙之用也,恍恍惚惚,其中有物;杳杳冥冥,其中有精。及其至妙之至也,视之而弗见,听之而弗闻,体物而不可遗。仿佛太渊者,虽不知其在何处,而只知其有玄酒甘露以润,坤土而产生黄芽;乍沉乍浮者,太渊之水,仍归为坤土所包,坤之为物,能沉能浮,浮

---

① 径,原本作"经",据注文及诸本改。

则若有,沉则若无,一浮一沉,即一升一降之义,分清别浊之法;退而分布者,各守境隅,退则退阴符之说也,留清去浊,虽分其布,而各守境隅之界,不得清浊相混,以致浮者不得不浮,而沉者不得不沉也;采之类白,造之为朱,采者,采大药之说也;类白者,铅中有水银,虽曰得铅,而实得水中之真金也。造之为朱,朱者,红色也;红色者,丹之本也。此皆造化至妙之用也。炼为表卫,白里真居,采者,采大药也;而炼者,炼金丹也。表卫者,内丹、外丹之说也。盖内丹而必以外丹为之护卫,此犹外功不就而内果难全之义也。白里真居者,外现鼻端之白,则知内有真铅之居,发于其表,而卫于里者,团团白光之中内现真红,如朱如火,千红万紫,难以言传,而究不离总是春也。虽然只宜内守,不宜外泄。方圆径寸,方者,地也,坤也;圆者,天也,乾也。此言方方圆圆之大道,居于天地位,发于天地心,故曰径寸。寸者,虽曰寸心,非后天人心之心,乃先天道心之心是也。混而相拘,此言万物育焉者,皆属于混然一气,相拘之妙用也。

先天地生,巍巍尊高。旁有垣阙,状似蓬壶。环币关闭,四通踟蹰。守御密固,阏绝奸邪。曲阁相通,以戒不虞。可以无思,难以愁劳。神气满室,莫之能留。守之者昌,失之者亡。动静休息,常与人俱。

杏林曰:此道也,在天地未辟之先,父母未生之前,故曰先天大道。而大易有明言:先天而天弗违,后天而奉天时。天且弗违,而况于人乎?欲得先天大道者,可不急访明师,低心恳求,于先天之地,以求常生之道也哉!此道非他道可比,巍巍尊高,莫知其乡,高矣,美矣,尊之至矣。是以子贡曰:夫子之不可及也,犹天之不可阶①而升也。其尊固何如哉?而其高又何如哉?吾孔子亦曰:巍巍乎惟天为大,惟尧则之。而此道究果何道哉?观孔子又曰:加我数年,五十以学《易》,可以无大过矣。而大易以乾居首,以乾元之开始,其旨深矣。因乾之象状若垣阙,形似蓬壶,此皆形容一身一己之象。其垣阙指乾旁而言,其蓬壶指乾之为鼎器而言也。盖大道如环,时当牢关紧闭,而其表卫又不可不讲也。

―――――――
① 阶,原本作"楷",据《论语》改。

能如此，则四相返为四知，四知合一，而通则七窍，自然开成一条大胡同也。如此，其踟①蹰外护之功，克勤克慎，无荒无息，拳拳服膺，而弗失之可也。其守御密固之坚，念之在兹，永言之在兹，释言之在兹而兹，恐其有失，则更加以常自在之，故曰：道也者，不可须臾离也，可离非道也。不然阕绝稍有不严之处，轻则信道不笃，半途而废，不能死而后已，此罪已属非轻；而重则为旁门所惑，非贪高好胜，定必其心不真，故曰：真的跟了真的去，假的被了邪的拐；再重者，天魔入窍，盗者我身所修之宝珍，被他吃了，令我性颠，做下一切的败事，如疯如痴，其祸不旋踵矣。此邪之来，何莫非人心之奸贪诡诈所招。是以古人必置坛墠精严，以戒不虞之患也。此仙翁慈悲，历历指教，惟恐学道之士，被不虞之害，以伤丹本而戒之也。诚之不已，且示人其心常在腔子里，无为气禀所拘，无为物欲所蔽，思则乱神，虑则耗气，过思过虑亦能伤精，故曰：修道无大奇，止念为第一。清心寡欲，至诚无息，勿忧愁伤内，勿劳役伤体。老子云：无劳尔形，无摇尔精。此皆修身之要道也。学者效之，始而勉强终成，自然神满气足，丹房生春，入室下静，正气足而邪气自不能留。譬若满座皆君子，只一、二小人亦自无容身之地。学者能效颜夫子得一善拳膺弗失，则可以为圣为贤，成仙成佛，万古不没其昌，何如其不能守而失之者，为异类，为罪种，六道轮回，无有出期，诚可悲夫！

李光地先生曰：闭②邪以戒不虞，无思而益③神气，此由下德而达于上法④之域矣。要其动静休息，岂有异于人哉？上阳子曰：若稍不固，便致倾丧。是以动静休息，顷刻不敢放恣而忽慢也。甚矣，舜何人也？予何人也？有为者，亦若斯人，皆可以为尧舜，而尧舜亦不过与人同耳，人岂可自暴自弃哉？吾闻有一教学之人，造无知之言，乃曰圣之道，只准孔孟能之，孔孟传之，而他人不得以能之，更不得以传之。噫，出此言者，乃不知天命之小人也。此人教学，误人子弟之罪轻，害圣人之道罪

---

① 踟，原本作"知"，今改。
② 闭，李光地《章句》作"闲"字。
③ 益，李光地《章句》作"盈"字。
④ 上法，李光地《章句》作"上德"。

重。孔子有言：人之患在好为人师。彼岂知传圣人之道者，从来常与人俱。常与人俱者，其日用行习之常与人俱，过相似并无奇异，是以狂圣几希，然而非圣人不能知其孰为狂、孰为圣也。观子程子曰：惟圣人惟能知圣人耳。诚哉言也。

内以养己，安静虚无。

杏林曰：内者，内通先天之处也，即在母腹之内，母呼随呼，母吸随吸。因为落后天，此关已闭，若果得真师指点，明善以复其初，知下手之处，以返回我在母腹内随母口鼻之呼吸，以为我先天之呼吸。而今又转为随我后天口鼻之呼吸，以自内通我先天之呼吸，炼己之精，化己之气，以存己之神也。养己者，克己也；克己者，炼己也；炼己者，筑基也。筑基必由于先天内通，内通者，内照也，即返听收视之谓也。其返听收视之处，亦即在明明德，以止于至善之地也。是以知止而后能定，定而后能静，静而后能安，安而后能虑，虑而后能得者，正合此节安静虚无之谓也。虚无者，非顽空之比、空虚全无之说，乃是指先天一炁而言也。吕帝云：先天一炁号虚无，运转能教骨不枯。上阳子曰：宝精裕气，养己也；对境忘心，炼己也；常静常应，炼己也；积德就功，炼己也。总而言之，两句之大义，此不过教人炼己养性，忍辱止念而已矣。所不能忍者，己能忍人所不能；受者，己能受人所不能；行者，己能行人所不能；屈者，己能屈，养得我以己之身，六根泰定，心法双忘，忘无可忘，乃能就事，则心如冷灰，性如明月，一念不生，真炁自来，灵光不昧，而全体自现。筑基由此，采药由此，常转法轮由此，文武火候无不由此。此皆先天景象也。然而一念才生，立即仍归后天，诚可悲也。学者不能尽此二句之义，入室下静，劳而无功。

原本隐明，内照形躯。

杏林曰：呜呼，大道本原之处，全在隐明不泄之地，此三教圣人之所秘也。口传者传此，心受者受此，心法心传亦无非言此。呜呼，道之本原出于天，天不使人知，人不能自知，因人不能自知，是以强不知以为知。强不知以为知者，尽皆出之于儒，而更偏多出之于大儒，何也？大儒必有文名彰于外，若不知圣道之本原，亦自觉于文名有愧，是以作出强不知以为知之过矣。噫，或有假圣道以自重，抑或有偏重儒教，诚自觉除儒道之外，而别无为之正道，此尤过也。如韩愈可谓大儒，前生乃墨子也，不重圣道，此固过也。杨墨之道，此固非正道也，乃身后受阴间惨报之苦，阴刑满日，变为阳世，而为韩愈。当其刑满下生之时，悔过恸极，抱志必宗儒道而后已。此志既坚，且根于先天，而奈何既宗儒教，又失于妄辟佛、老之偏。今生不失于偏此而失偏彼，甚矣。中庸不可能而诚不可能也。人皆以《原道》之文重韩愈，而吾独以《原道》之文罪韩愈也。后被湘子①度化，始归正道。呜呼，而究其正道之原，何原也？正道之本，何本也？其原其本，只在隐明内照之间。而学者欲返本还原，厥其性而复其初，亦仍在隐明内照之地，下手用工以求之也。邵子曰：此言如不信，更请问包牺。其旨深矣。夫隐明者，我先天之明，隐而不明。今藉我隐明之明，以明之也。内照者，太甲之顾諟也。由此合而观之，在止于至善之地也。形躯者，全体②也。返观内照，日久而我之全体大用无不明矣。《清静经》曰：内观其心，外观其形，远观其物。惟见于空，空无所空。所空既无，无无亦无。无无既无，湛然常寂。噫，此《经》言之妙，亦云极矣。功行至此，可参天地之化育矣。诚则明矣，明则诚矣，大而化之谓之圣矣，圣而不知之谓神矣。此形躯聚之则有，散之则无矣。究其本原，总不离乎隐明，内照其形躯矣。是故，圣经云：莫显乎隐，莫显乎微。此隐明内照之功能毕矣。

闭塞其兑，筑固灵株。

杏林曰：此节之大义即：回之为人也，择乎中庸，得一善，拳拳弗失之旨也。兑者，水中之真金也。若不闭塞金气，水精稍有走泄，则一善无由而得矣。株者，根也，颗也；灵者，珠也；筑者，筑室筑墙之义；固者，拳拳弗失之状。此言保守一颗黍米灵珠，其根在于筑之坚，而持之固也。已可知矣。珠者，丹也；灵珠者，即灵丹也。丹有丹本，亦即菩提之说，而菩提有树之名，故曰灵株。儒家不言丹者，以性该之也，故有自性珠之说焉。儒书虽不见灵株之典，而实有灵台之称，灵台者，心也。灵

---

① 湘子，即指韩湘子，原本作"相子"，今改。
② 体，原本作"休"，据上下文改。

台曰心,心非人心,乃天心、道心,天心、道心亦即灵丹也。此三教归一,又复奚疑?

三光陆沉,温养子珠。

杏林曰:此三光者,非日、月、星三光之光也,而抑不离日、月、星三光之光也,何则?乃是我精、气、神三宝所聚之灵光也。陆者,续也;沉,潜也。此言我三宝之灵光陆续沉潜,凝结而成丹也。《奉神》①所衍有骑龙者,踦凤者,骑虎者,骑鹿者,骑四不象子者,皆无非圣胎灵丹之变化也。《节要篇》云:翕然吻合春无限,产个婴儿号圣胎。又曰:夺他阳气归来孕,产个婴儿化鹤飞。然若不加面壁温养之功,婴儿幼少,恐被妖魔所害,况见其所可好者知好,见其所可惧者犹知惧哉!七情一动,祸不旋踵,故非面壁温养之功不可也。此言子珠者,盖是男儿怀胎生子,亦无非黍米玄珠温养而成也。以故父母之爱子者,有如掌上明珠一般之说,即此子珠之谓也。

视之不见,近而易求。勤而行之,夙夜不休。伏食三载,轻举远游。跨火不焦,入水不濡。能存能亡,长乐无忧。道成德就,潜伏俟时。太乙乃移,召转居洲②**。功满上升,膺箓受图。**

杏林曰:此将一部《参同契》与一部大《圣经》,一部大《周易》,合其上、中、下,并其三、二、一。首言道之本,次言不可离,终言这功化。总不外反求诸己,视之不见,这才是圣神功化之极。近而易求,体备于己,勤而可行之。盖是道也者,不可须臾离,夙夜不休。儒书有言:是川流不息。伏食三载,这个古典又不一。伏食二字,内有所寓,予以管见,颇有微意。隐伏于先天,食这真一之炁,三年九载,共成一纪。其先所见的功效,在远行体如灰,故曰轻举。再一纪后,更有希奇,入火不焚,入水不溺。这个功夫总不外炼精化气,炼气化神,性光圆明,成了各不坏的金刚体。神能飞形,神能入石,火何能焦、水焉能濡?舜耕历山,后

---

① 《奉神》,即《封神榜》一书。
② 按:"太乙乃移,召转居洲",注中作"移居中洲",诸本作"太乙乃召,移居中洲"。

来为帝,想当时卷阶①焚廪,使进井出,非是说谎,现有凭据。况且大莫载,小莫破,呀见之儒书,又复奚疑?佛经曾有言:聚之成则成形,肉眼不能翳;散之则成风,慧眼他也是见不的。这才是能存能亡,一片性灵宝光真如如,所以才长乐无忧,他妙无比。顾乐大道自古本来无多的,初开首不外致中和止于至善之地。明德心中乐,其乐何如?先天理得于心,存之于体,性光放太虚,彻天彻地,收回来总不外这一粒。一粒黍米玄珠,学时习,元阳如鸟试羽,醍醐酒香又香,滋味甚奇。又觉甘露香馥馥,华池涓涓滴,性天晶辘辘,我与天空合成了一体。发愤忘了食,乐以忘了忧,至圣格言那有错的。可叹世人好呆痴,这犇牛能遭屠刀,至死也是不肯回头的。这是天堂无缘,亲近地狱,殊类种子性难易。你殊不知,我儒教曲肱而枕之乐亦在其中矣。颜夫子贫不忧箪瓢乐,所以才称得谓回也不愚。至浮云散尽,这便真正皈依,那有毛病,焉有皮气。嗳,见多少骑牛觅牛,见多少认假托真迷。可怜你缘木要求鱼,可怜你孽海浮沤,随波逐浪,流将下去,何日是归期?何日是归期?空即是色,色即是空,人人打不破,这个圈儿迷。说甚东土西方,说甚天堂地狱。凡人皆有个灵明窍,活活泼泼,常自在之,才进得去。今世读书人,手执一管时文笔,就拿着当了登云梯。吾儒一切性理,他那了明白一句。心血耗尽,为的是名利。吁呀,他何从是为治世,修身养性他是不为的。他说他伶俐,我说他愚痴。六道轮回,无有休息日。嗳,此身不向今生度,不知何生是度身期?为名利把道弃,那如俺参透三教理。名也为却不迷利也求,顾大义,混光合素,随缘随分也,度日心如明镜,体如太空虚。一切尘世累不住,只是加修性理。一切的快乐人不知,听我把实话说与你。阴阳交泰,水火既济,阴阳相交,这个朋友是同类的。远方来心真,赤情如蜜,心同心来意同意,为的黄中通理,也是为的这一个一恍分并惚兮,又有精来又有物,两姓合好胜过娇妻并美女。这就是关雎,这就是关雎文王娶后妃,乐而不淫是真果的。最可怕,德不至,道不凝,那孟夫子不把这人来欺,暗修潜藏待其时。有德道高,警动了来召的太

---

① 阶,原本作"楷",今改。

乙,移居中洲,不在尘世也。究不离这洞天洞府地,到此只爱见天堂。笑嘻嘻,懒听这地狱哭唧唧。性至天宫常服宴,美哉,瑶池到,功已圆,果又满,丹书来召,其乐何如是?其乐何如,你看那左金童,右玉女,群仙来迎。他皆欣喜,幢旛宝盖,前后排列,灵山会上要处齐,功劳大果位高,上品莲台定品级。身穿天宫衣,口服天宫食。呀,逍遥自在,其乐无敌。超九玄,拔七祖,三党崇族任俺保举。常谒无极老母,跪拜在丹墀。俺这孝弟忠信礼义廉耻,才造就成了的。称大忠,称大孝,方说得是老母顺心的好儿女。三曹由俺掌,祸福之权在俺手里持,永为灵霄宝殿客。嗳呀,再不投东去朝玉阙,驾翔鸾,万劫不坏的金身,居在天堂里,膺箓受图,至尊至贵,尊贵再无比。那怕大灾大劫动天地,成仙成佛在天宫,救的是有德的。所以才天下盖庙塑象,家家绘图,烧香礼拜常常祭。这才是大丈夫,奇英雄,天生的大根机。苦劝世人不必太痴迷,俺为救世,俺为度世,俺为治世,费尽了心血,使尽了气力,无昼夜,无忙闲,注这《参同契》。注这《参同契》,注到上卷中篇末,手提秃笔,一片丹心不能已。挂起来了铁面皮,固然天机不可失。不忍得过于太严秘,为的是末劫大灾大难齐降。人不知此,一时来到了眼前皮。可叹迷人仍然还是迷,当头棒打不醒。金丹也是不能医,教俺内心好着急。夜不眠,昼忘食,糊糊涂涂瞎度日;书不读,田不耕,买卖也失了贸易,家务也失了调理。俺这也是一个迷,俺迷迷真迷,俺痴痴真痴,比那世人假痴假迷,却也是不同的。千为难,万作急,救世人出尘泥。跳出火坑,扪心自问,方才下得去。肯上慈舟登宝筏,这才是根机。回头奔岸不可迟,火烧眉毛,转眼可救不的自己的灵魂与娇妻美女。富贵功名,万贯家财,房产田地,尽被大风吹了去。明说无人知,莫误了,莫误了,听俺嘱咐你,你可把这话牢怀心记。虽是一篇粗草话,也怕世人他还不解的。然而不可全不知,所以俺才略略的题一题。一只老虎他落在泥,这只老虎颜色是黄的,吃人肉还嚷饥。这里吃,那里吃,逢上去说轻的,十成之中死八、七,逢不着的也莫说就得了便宜。兔子上了树,一树又一树,相并不相离。这个灾劫,更大蹺蹊,一条金龙把人吃。可怜有室无人居,红脸人穿红衣,真真是有大力气。一只手擎着月,一只手又把太阳举。

想当年从金陵来了一群虎,多亏了遇僧人,才把他制服住,世人免此屠戮,得逃出此劫去。最可怕的是这只鸡,赶得这十口太阳哭号啼。可怜把太阴失,死无葬身地。乱哄哄一个香炉,三条腿儿立。手勒甚么马,口吹甚么气。最可怕,最凄惨,大口小口乘此热闹把人食。汪洋大海名,死的天外天里。乘此起这只鸡,往北去,六一土上一也是一个东逃西跑的。这只鸡本属西,奈何人说是黑鸡。这是错作了题,所以才应当把白头卷儿递。更可怕,这条长虫把马骑。可叹世界上的人儿稀,这个关口是难闯的,奈之何?更可奇,黑羊他把猴儿骑,到此干戈息。这一、二年妖术起,我说这话人不信。他能口吐上天梯,吕祖观音是假的。千奇百怪他把人迷,三教徒是正的。能驱霹雷把他击,这些东西了也不了的。我们的宝法虽是奇,呀,最可惜,前人撒把土,后人的眼来迷,邪正不分,这就是天下圣贤遭难的日期。这一群地狱种子,竟敢把圣贤来欺。这也是前因后果,但是人不知,欺了好人也是有罪的。金鸡唱,这才是尧天舜日,比尧舜世盛百倍,是多亏了至圣真人整理邦畿。往下不叙,世人未必知到我的心合意。我的心,我的意,为救世人难逃享福的。世人何必太痴?世人何必太愚?你为甚不早早些些来皈依?啊,你怜儿女,你怜娇妻,怜你的富贵好度日。你岂知这乱世性命保不住,这一切的恩爱与名利,到那时看你舍不的,天下人死过了百中剩一。噫,末劫来到眼皮,可叹你富贵如水洗,妻也死,女也死,你也死,丢下房子无人住。肉化尘,骨化泥,看看你舍的舍不的。且莫言作下的罪孽落地狱,尸首无人埋,死无葬身地,那有棺材,那有送老的衣,那有坟茔,那有影象与木主?谁给你消灾与烧七,逢年过节祭?嗳,人皆知有饥鬼亦常来求食,你岂知马临愁崖勒缰晚,船到江心补漏迟,急抱佛脚不中用,死在阴间为鬼也是哭啼啼。到此时,莫言悔亦迟,即使你在阳世日,以俟大劫临了期,临期懊悔亦太迟。我说这话,世人他不信。你何不看直隶,看看河南与山西,连年荒旱不下雨,饿死的人儿无其数,逃出来的也总无几。数十年前定岁饥,十年以前我曾知。苦口劝人改过迁善,他不依,直到于今方现出。拿这宗事与后事比一比,可知俺不把世人欺。世人不必疑,早些打破贪嗔痴。改过迁善学好的,古圣先贤作凭据。你思一思,来虑一虑,天下那有这安静处。到而今,莫太愚,回头奔岸犹嫌迟。举慧剑,用大力,只有宝槎来迎你。跳出这个劫难与轮回,得修性理。且修性理,既功累行,敦孝弟,全忠信,尽礼义,功圆果满上天梯。脱下了这张皮,跨鹤归了西,天宫逍遥乐嘻嘻,从此逃出这个苦海去。五劫俱降神仙掌,为的是世人作孽太重他招下的。我今日呕心吐胆尽说出,听也在你,是不听也在你。听我的上升有望,受图犹可及,不听的堕地狱。听与不听,不在人家在自己。罢罢罢,听也在你,不听也在你,我也是不过尽心然而已。

《参同契重注秘解》分节第三卷

《参同契秘解》自序

大哉《参同契》,此书不可不注,不可不注者,内载前圣继天立极之道,莫大于此书;妙哉《参同契》,此书既注解,而又不可不秘,不可不秘者,因阐透儒门心法之传,亦莫妙于此书。大哉妙哉,因解而秘,因秘而又自序。噫,因解而秘,因秘而又自序者,在下愚意不特不至有荒经之虞,且警世人,而今而后,庶不再陷谤道之弊。彼陷谤道之弊者,而其罪岂浅鲜哉?此书何书、此道何道?而岂可谤哉?此书者,诚为千百万年正此道学之渊源。何则?自此书以出,三千六百旁门不辟而自退,七十二种外道不辩而自明,乃为考道真伪之试金石也。彼夫世之俗儒臆见,以记问之学,不自知为坐井观天,仁见明者之作,狂笑如同疯癫,而谤其道也。口似悬河之流,舌如蜂虿之尖,及令解《参同契》,量必不能参诸一言。若是此书,为辨真师、盲师之龟鉴,又为三教圣人传道书中之金丹也。呜呼,此书之解,为上伸三教之典训;此书之秘,为下渡原人之法船。兢兢战战,以接夫人三十六字之心传。盖因心传不可泄漏,古圣著之作之于前,道藏于字,意藏于篇。篇藏意,非真师不能以辨;字字藏道,其秘不得不严。是以虽有程、朱之贤,注之述之于后,亦不敢泄焉。噫,古圣先贤留书,无非以文载道,以俟君子博学。况《参同契》乃发明《周易》之理,而《周易》又为三教归一之祖书。秘秘天机,蕴藏于内,赫赫大道,先王为美,甚矣哉!道并行而不悖,万物并育而不相害,大莫载,小莫破,天地万物实不能出其范围之外。河之图,洛之书,定八卦之变动,运五行之生克,两仪判,四相合,参天地之大道,通鬼神之盛德。妙哉,先天后天,藏生死之玄关;率性迷性,定凡圣之根源。由先天落后天谓之凡,返后天归先天谓之圣;离南坎北谓之凡,乾南坤北为之圣。而究不离八卦补换、爻象抽添,此即孔子了明一贯。不独人身为然,而天地万物亦无不然。君如不信,试观天地有天地之八卦,万物有万物之八卦,而人身亦有人身之八卦,故曰:一物各具一太极之理,而物同出一太极之原。噫,此《参同契》发明易理之所由来也。此理参大易,谓此理与大易之理同契固可;此理参天地,谓此理与天地之理同契,亦无不可。呜呼,危哉,奈之何?小人不知天命而不畏也。四正之巽,去刃之加,大数至此而天翻,八卦江海迁位,五岳根差。噫,非德参天地正气,与天地之理气同契,而此形虽存,点滴此书之注,一片神机,既解而又不敢秘,因秘而世人不知意。不知意,必不能参天参地。不能参天参地,焉能同契?因不同契,身获大戾。痛哉,鬼死犹为虀,可怜尔魂魄如水洗,人为物灵不及尘泥。吁,吾今实不忍坐视不理,束手以待毙,急急取效,哈的一声,当头一棒,打醒痴迷,归还菩提。因此情不自禁,故一笔一血痕,一字一泪珠,悲悲切切以自序。

山左太医院医员杏林吕惠连岩谷自序

起句首,突兀非凡;煞文尾,层叠不穷。纵笔擒笔,变化不可测度;横说竖说,布置原有定规。然究不离《参同契秘解》之题字,乃实合自序。吾儒门灵台之道心,道心惟微,而道莫微于《参同契》之道,而亦心莫微于吕公《秘解》自序之心。此心何心也?道心也;此道何道也?圣道也。圣道发脉于山东,而有心于圣道者,今竟又出之山东。山东乃诚不亏于东周之道隆,论发明《参同契》之道,不特大有开门见山之势,实为度东土出苦海之慈航,以同归灵山,而再不投东也,何其幸也!

明心道人拜读谨识

下　篇

惟昔圣贤,怀玄抱真。伏炼九鼎,化迹隐沦。

杏林曰：此言士志于道者，虽为今日之今人，亦即千百年以后之古人。欲为千百万年以后之古人，不可不法千百万年以前之古人。法千百万年以前之古者，而正所以为千百万年以后之古人也。此非好古敏求，实不能以跻圣贤之域。不能跻圣贤之域，而安能称其为惟昔圣贤哉？何则？盖惟圣贤始能抱玄一之真，伏炼九品之鼎，韬光藏迹，使人不知，此亦即吾夫子所言人不知而不愠之君子是矣。此君子即学大学之大人也。此君子、此大人，何莫非圣非贤？而惟昔之圣贤，暗藏潜修，道德通天，故人不我知，则我之道始足贵矣。若人皆知我，则必我之道德尚浅，实不足为贵。此何以故？此故者，此道非人道也，天道也。子贡曰：夫子之文章可得而闻也，夫子之言性与天道不可得而闻也。闻犹不可得而闻，何知之有哉？古人亦曾有言曰：其曲弥高，其和弥寡。曲高其和尚寡，而尤何况道哉？宜其吾夫子曰：莫知我也，夫知我者其天乎？又曰：不怨天，不尤人，学而上达，知我者其天乎？圣贤之微妙玄通，其深高莫测，故甘沉隐沦匿，使人不知。世人虽不知我，而上天必不弃我。若人皆为知我之人，则我必失之为同流合污、乡愿贼德之人也。如不然，必假圣贤以自重，或假道法以自尊，或欺世以盗名，或彰己之长而形人之短。种种非圣非贤之行，彰明较著，此诚至卑至贱之小人，岂是载道之器哉？古人有言曰：道高毁来，德修招谤。况善欲见人便非真善，真善犹不欲人见，而何况三教圣人之真道，其道载之于身，其迹可不隐沦哉？被褐怀璧，以防不虞，匹夫无罪，怀璧其罪。是以惟昔圣贤，其善不欲人知。怀玄抱真，真者，一也。一即夫子贯一，颜子得一，孟子定一，尧、舜、禹、汤、文武惟精惟一。真也一也，而究不离混然一气也。伏炼九鼎者，内藏丹家老嫩刚柔配合之节度也。鼎者，巽之下离之上也，巽为风，离为火，火风鼎，取其为烹饪之器，以得元吉之亨，以养圣贤。又必曰九鼎者，取其九为老阳之数也。老阳者，纯阳也，非纯阳则丹不能熟。故朱子亦曰：卦自巽来，阴进居五，下应九二之阳。《象》曰：木上有火，鼎，君子以正位凝命。此言美在其中矣。昔黄帝鼎湖伏炼九鼎，大丹以成，乘龙上升。化迹隐沦者，此即老子化胡飞升，鸡犬皆仙也。若夫愠于人知者，则必欲求人知之也。既欲人知，必非君子，势必有害于大道,学者可不伏而炼之,隐以沦之,以效法乎昔日之圣贤也哉!

含精养神,通德三光。津液腠理,筋骨致坚。众邪辟除,正气常存。累积长久,变形而仙。

杏林曰:此接上文伏炼九鼎而言也。言神圣功化之极,大道皆成于一者也。其含精养神,通德三光者,正合大易曰:含章可贞,以时发也。或从王事,知光大也。含精者,即前章玄含黄芽,闭塞其兑之义;养神者,即炼精化气,炼气化神时,温养面壁,以待跨鹤升天之说也。通者,即孟子所言:苟不至德,至道不凝焉。此德乃真至德之德也。三光者,非前章所言三光之比。前三光者,精、气、神三宝之光也;此三光者,日、月、星之三光是也。此言学道者造就至此,即与天地合其德,与日月合其明。然必其德与天地神明、日月星辰感彻如一,而光被宇宙,以养其正神,通德之功用,造乎至极之地。则昔日黄中通理之通,今又转而为通幽明之通,以与鬼神合其吉凶,而及神通之道也;昔日凝道之至德,今更转而为德合天地之德,以配于三才之中,则希贤希圣而希天矣。津液腠理,以及筋骨,非有修身之德,则实不能致坚。是以老子曰:勿摇尔精,勿劳尔形。若摇尔精,上池水无由而生,则津液不润,不特腠理不致而筋骨亦难坚,则是生津液,致腠理,坚筋骨,非葆精不可。然而徒葆其精,不伏炼九鼎,而尤为不可。苟九鼎不炼,又不特津液不生,即腠理筋骨将何以致而坚乎?何则?如炉内有火而鼎中之气,始能薰蒸为水,涓涓滴滴而流,故俗名之曰气流水也。昔圣先贤,安炉立鼎,以煅炼乾坤,炼已功纯,则真气薰蒸,黄中理通,九转还丹,炉火纯青,遍乎全体大用,身似炉中有火,暖气四通。其又如沐浴之初出一般,寒可解寒,暑可避暑,是以有不寒不热之说也。其始未至致坚之地,而众邪之侵多端,悉不能谨慎辟除。孔子布必有寝衣,长以身有半,曲肱而枕,岂漫无所为而徒云乎哉?金津玉液,其甘如醴,其清香百味难以言传矣。此乃真精所布,真炁所化,久而久之,内外天然自足,现面盎背,有何腠理之不致,筋骨之不坚哉?而究其所以然者,三昧真火之力也。三昧真火以发,而众阴邪无不辟除,此火如天之日也。众邪者,即云雾阴霾之气,以逢皎皎之日出,而皆潜散于乌何有之乡矣。此即所谓拨阴取阳者是也。其初微热者,潜龙无用也;继则焦热者,亢①龙有悔也。必真一之炁薰蒸遍体,则身轻体快,此方见群龙无首之象而吉也。心火下降,驱龙就虎,大有云兴雨施之景,故曰从龙;肾与心交,脑后生风,故曰从虎。二气和合为一,一意允执厥中,牢守坚固,寂然不动,则浩然气充塞天地,一念不生,自有万物育焉之极。万物者,我身之万物,故曰万物悉备于我;人身一小天地,故曰君子之道本诸身。盖此道何道?配义于道是也。正气者,浩然之气;常存者,孟子善养之功也。用力之久,日就月将,学有辑熙于光明。如是,人心死尽如冷灰,道心纯一如太虚,道高心明,高明可以配天,化气质偏,而为圣贤,形骸脱凡,即成佛仙,八难不侵,三灾不染。学者造就至此,丹书来召不远,岂不尊哉,岂不乐哉!

忧悯后生,好道之伦。随傍风采,指画古文。著为图籍,开示后昆。露见枝条,隐藏本根。托号诸名,覆谬众文。学者得之,韫匮终身。子继父业,孙踵祖先。传世迷惑,竟无见闻。遂使宦者不仕,农夫失耘,商人弃货,志士家贫。吾甚伤之,定录此文。字约易思,事省不繁。披列其条,核实可观。分两有数,因而相循。故为乱辞,孔窍其门。智者审时,用意赞焉。

杏林曰:此章大义在警诫世人,以博学、审问、慎思、明辨、笃行之旨,急早回头,速奔道岸,以效法古人,圣圣相传,口口相授。儒曰:己欲利而利人,己欲达而达人。释曰:静则度己,动则度人。盖因大道至尊,我知尊,必欲使人人知尊;大道至乐,我知乐,必欲使人人知乐。然而不知尊、乐者,固甚可忧悯。子曰:德之不修,学之不讲,闻艺不能习,不善不能改,是吾忧也。不然即后生或有好道之伦者,非失之于旁门外道,即失之于纸上求佛法耳。其不知敦品立行,以尽人伦之道者,已属可忧可悯之辈。即果有敦品立行,以尽人伦之士,或迷途投邻为我家,欲适燕被人南指,如闻风之声,究不知风从何来,风从何去。如观其采摹真,而实为假,因人随傍风采,彼则指画古文,认牛为马,摘人成语,加己谬言,著为图籍,以开示后昆。或略露见枝条之影,而实隐藏本根之真。

---

① 亢,原本作"炕",今改。

且托号诸名:吾受某佛某仙圣真传;或覆谬众文:我本某家之书,某家之书而著为是文。使以后之学者,以鱼目为珍珠,以珍珠为鱼目。即有知其以假乱真,而不究知其孰为真、孰为假,是以韫匮终身,子继父业,孙踵祖先,以致传世迷惑,而究竟不得复见天心,以闻吾夫子所言性天之大道也。大道秘秘,天机韫藏于内,不泄于外,不露于竹帛之间。从来三教之大圣大贤,犹不敢显然明言,必借喻比仿,散于群书之中。子贡以夫子性天不可闻,孟子以养气为难言,皆无非寓此义也。其如诸家之丹经子书,汗牛充栋,无非衍义比仿,借喻点掇而已,岂有明泄于竹帛间哉?如明泄竹帛,又何言心法?又何言心传?又何言口口相授?又何言圣圣相继?又何言必待有大德者,三生有幸而始得其传焉?更何言必低心下气,以化气质之篇,而方允其传焉?即或有明言,一切工行之效验者,至于种种心法心传之口诀,尽藏其内,而不露也。是以无论紫莠,即三教经典遗留于世,韫藏终身,子继父业,孙踵祖先,以为家传秘宝,而无怪如梦者得财,睡者抱瓜,亦徒然耳。若无口诀,但以书传世,期于竹帛间求之,即如画饼于纸一般,而实不能充饥也。终身穷之,无见成功,无闻能行,此皆只知好道而不知积功累德,感格天心。虽遍寻海隅,低心下气,以求明师之过耳。如此好者,譬若士农工商,失其本业;如宦者求官,无路而登。则坐言者难以起行,修家不得献廷,农人欲佃,无田可耕,春不得种,秋焉能收?欲得粟米,岂不难哉?如商人经营贸易,若无而货殖焉?虽有端木之贤,实难亿则屡中。此皆比言学道无师,不得口传,失于心法,生大圣大贤,从今来未有能自知者也。噫,徒劳无功,妄致失业耗财,仙翁因此而伤之,如是定录《古文参同契》一书。其字句最约,其事省而不繁,披卷视之,缕分条晰,井然有序。如寻蔓求瓜,列条得果,披核见实,仁在其中。至于数目之多寡,分两之轻重,皆有一定法则,无不在其文字中矣。若再经明师一指,即所谓得诀回来好看书,而况又有得诀回来不看书之说乎?以口诀行之,其学也,自可明善以复初,待一阳复来之时;其习也,大有数飞之景,则必有朋远来,不知不愠,得道君子,自有黄中通理之乐。乱辞者,上阳之注即托号覆谬之义;孔窍者,即《吕氏春秋》所载孔子之言:人得一窍不死,其常存在神是也。但此一孔窍，别名不一，曰无孔笛，曰无缝塔，曰玄关，曰众妙门，曰出圣地。见之于儒书，去活泼泼地不远，所谓至善之地是也。经言知止者，即言先知止此地之一孔窍也。《易》曰黄中通理者，非此孔窍，其中黄之理实不能通。其或以天地位焉喻，或以黄鸟止于邱隅衍此，此皆隐藏根本之至意。夫大学之道，在明明德，而天命谓性，率性谓道，此即以露见枝条矣。而惟大易言一阴一阳之谓道，此更明露而不隐不藏。其惟所隐藏不泄者，只在此一孔窍之地。是以大易言成性存存，道义之门，而究不言此门在何处也？宜乎，有不得其门而入之叹。其托号诸名，覆谬众文者，亦即关关雎鸠，鸢飞戾天，君子之道，造端乎夫妇，以及山梁雌雉，此即众文之例是也。奈何世人读书如作梦，讲书如说梦，其独不思古圣留书以教人治世，为文章以传性天大道为根本，从未有记载浮辞闲事，不关紧要之理，而俱是篇篇藏义，字字隐道，不然《论语》一书，乃是孔圣传道之书，非记闲事之书也。有何取乎山梁之雌雉，以记之于首卷之末章乎？其何不曰美哉美哉，亦不曰得其所在得其所在，而必曰时哉时哉？其中岂无寓意乎？噫，此时哉，此时哉，其为知者，能审之耳，故仙翁曰：智者审思，用意参焉。此旨深哉，非智者不能审其时，非用真意而实不能以参。盖因智者乐水，智者，动也，若非智者不能取坎中真一之兑金，非智者不能得门而入，以鼓动于孔窍之中。此真意者，藏在离火所生之己土中。审思此时者，即审思学而时习之之时也。此时乃子半阳生之时，故丹经有活子时也。鸟性属阳，而轻清上浮，故朱子之注习如鸟数飞，甚矣。一阳来复之时，可不审哉？智出于脾，意藏己土，脾属戊土。戊土者，阳土也；己土者，阴土也。一阴一阳之谓道也。丹经衍道所言南天门的土地者，即此智也；所言黄婆者，即真意也。此取其一阴一阳之义，故谓之道也。及此参之一字，参赞两大，以观造化，参透天地之窍，以运化育之功。化育者，生生化化之理，以通万物育焉之机。以此拟山梁雌雉，以参夫子赞之之意。曰时哉时哉，岂非上言一阳来复之时哉？岂非学而时习之之时哉？今末劫即在眼前，以眼前之劫，用眼前之道以救之，此出万不要得已之中，于马临悬岸劝勒缰，船到江心劝补漏，虽知其迟晚，犹望可救万一。吾知其迟晚，而彼夫临悬岸者尚不知勒缰,到江心者犹不肯补漏,然吾岂能忘情于世人也哉?吾固不能以手援天下之人,而欲以书发其梦醒,故不得不重申其旨曰:南山高岗之突凹处,本属中央戊己,而雎为雌雄,止于山梁之上,正合以阴求阳之道,以待阴阳相交之时,而采我身日中之精,月里之华,夺天地之气。此时不可失之,故夫子曰时哉时哉。子路拱之者,子半阳生,以开河车之大路,而乐在前在后之瞻也。观子程子衍道诗曰:冬至子之半,天心元改移。一阳初动处,万物未生时。此时不可失,虽万物未生之时,而万物之生,未有不自此时而始者。路者,道也;子半阳生者,是或一道也。故必子路拱之,其三嗅而作者。山梁合中央之五数,五加三者,乃将三五之大道,以隐藏于根本之地也。能参透妙中玄,即是人间仙。再推广扩充,亦自可参赞化育,故曰《参同契》也。学者其参焉,学者用意参焉。

　　河上姹女,灵而最神。得火则飞,不见埃尘。鬼隐龙匿,莫知所存。

　　杏林曰:河上者,即《关雎》在河之洲之河,亦即赤水滨,黄帝得珠之所也;姹女者,文王以后妃喻,黄帝以离娄喻,盖取其离为中女之义也。上阳子曰:即自己阴汞之精。丹经多见婴儿姹女之说,不过取其一阴一阳之义耳。婴儿者,即大易画卦爻之单;姹女者,即大易画卦爻之拆是也。其灵而最神。上阳子又注曰:以其功能生人,亦能杀人。盖大易画卦之理,神而且灵,真天书也。丹曰灵丹,丹曰神丹,以凡丹而炼水银,其覆盖封培,稍有不固密之处,则水银随火而飞腾,并不见一尘之起,则汞已走矣。即药店内用水银、黄丹等品,以炼丹药,其阳成罐子用泥封固,以火煅炼,火嫩则丹药不结,火老则药飞而成空铛。以此观之,三教圣人,安炉立鼎,煅炼乾坤,其义盖可知矣。而其理自在阴阳相当,则其神灵之变化,莫可测度,亦犹鬼之能变,龙之能化若也。鬼阴也,龙阳也,鬼隐龙匿者,即阴伏阳藏之道也。婴儿以得姹女,情投意合,此即阴阳交媾,君子造端之始。天地以此化生万物,父母以此生化男女,儒教以此而成圣人,释道以此而成仙佛,此万古一定不易之至理也。而奈何世有一等无知不通之假儒,自失于异端而竟不知,反疑仙佛为异端,乃又误造匪言,言仙佛以此而成圣,圣人断不以此成,此真无知之言,以乱我不二法门、三教原来归一家之正道。其死后堕拔舌地狱，此理亦在所难逃，何则？《参同契》一书乃发明大易之道，而大易一书，三教并行不悖之书，三教成圣成仙成佛，皆不离大易之道。离此道者，则为旁门，旁门即异端也。今人读书，以八股文章传世，为行圣人之道，窃功名以取富贵，此又一旁门也。以己之旁门异端，而反笑继圣道授心法者为旁门异端之徒，此更以特五十步笑百步，以己之可笑而笑人之可笑也，乃诚犹以蛇笑龙，以鸡笑凤，以顽石而笑太璞者也。噫，其或借敬鬼神而远之，以敬鬼神为异端；其或借酒无量，以不饮酒为异端；其或借孟子欲鱼亦欲熊掌，而遂以不如辇为异端；其或更有借不孝有三无后为大，而坚以不娶不嫁为异端也。呜呼，可叹尘世蛇多而龙少有，鸡多而凰罕见，顽石成堆而太璞几何？吾知其道之不行也，吾已矣夫，然而又岂能果于忘世哉？是以不惜苦口而反复叮咛。噫，顽石曾有点头之日，人何无灵？螣蛇亦有听经之时，物尚有情，奈何人列三才之中而竟如此惛朦？既不如畜，又不如物，此何情也？此何性也？此何理也？令人不能不伤心哉。吕祖有言曰：畜好度，人难度。竟诚哉言也。而其故究何以故？其故语不有云乎？语曰：山河容易改，秉性最难移。今人秉赋之偏，实难原于性命之正，虽有孔孟复生于世，亦无可如之何矣。此皆由于八股之假儒治世，而圣教真传寝失日久，愈久愈失，愈失愈假，愈假而愈乱真，愈乱真而圣道愈为不能行之于世矣。圣道愈为不能行之于世，而旁门异端愈为以假乱真，愈以假乱真，则愈假而愈不自知其为假，愈不自知其为假，而三教圣人之真道愈为不得行于世矣。圣道之真愈不行于世，则人心之危愈危，而道心之微愈微。道心愈微，愈微道心愈失；人心愈危，愈危人心愈识。人心愈识而天愈怒，而大劫愈降愈惨，此势所必然也。

吾今欲复圣道，正人心，弥劫运，吾故曰：不惜苦口，反复叮咛。反复叮咛者，叮咛士为四民之首也。吾非贬士也，吾亦士也。吾因世道之衰败，由士行之颓靡，察其颓靡之原，更由于自失为旁门异端，而竟不自知其自失为旁门异端也。如以敬鬼神为旁门异端，而吾夫子为儿戏戏，常陈俎豆，非敬鬼神而何？且考之于儒书：惟皇上帝，简哉帝心，先君在天之灵,祭神如神在,神之格思,不可应度,矧可射思,鬼神之为德,其盛矣乎,视之而弗见,听之而弗闻,体物而不可遗,使天下之人齐明盛服,以承祭祀,洋洋乎如在其上,如在其左右。而惟于大易一书,示人之旨深矣。其旨示人必先与天地合其德,与日月合其明,与四时合其序,始得与鬼神合其吉凶,而儒门岂有不敬鬼神之说哉？今之回教天主,不敬鬼神,而今之儒者将以彼不为旁门异端乎？而今之儒者将以彼为孔圣之正道乎？噫,吾不知今日儒者之心为何心？不独吾不知,而其自扪自心,自问自心,亦必不知其自心之所以为自心也。然彼不知之,诚不知之,吾不知之,非不知之。吾知之者,吾知其人心惟危也；吾知之者,吾知其人心、道心之异。其生于形气之私,不能原于性命之正也。性命藏于灵台之中,人皆有之；人心、道心杂于方寸,则天理之公,卒无以胜夫人欲之私。二者其始尚杂,久之,本道心之公,为人心之私所杂,人心之私炽烈,道心之公灭绝。呜呼,人心之炽烈如猛火,交风而加油,道心之绝如灰已冷,而难复其热。噫,其已绝而已冷者,望之无可望也；其未绝而未冷者,救之犹未尝不可救也。枯木荣根,尚有丛生之望；残灯续油,岂无再明之理？改改改,枯木荣根,死而复生；悔悔悔,残灯续油,忽明不暗；愧愧愧,愧从前之丑行；幸幸幸,幸而今之德新。故既而幡然改,曰：吾再不敢以敬鬼神者为异端也。

如以不饮酒,不茹荤为旁门异端,而吾夫子斋必变食。斋者,朱子注曰：不饮酒,不茹荤也。况子之所慎斋战疾,虽有恶人,斋戒沐浴,可以祀上帝。吾夫子沽酒市脯不食,吾夫子家不曾有烧锅铺；即吾夫子坐席于其家者,亦未曾有烧锅铺。吾夫子家不曾有汤锅铺,即吾夫子用馔于其家者,又未曾有汤锅铺也。由沽酒市脯不食观之,吾夫子不饮酒,不茹荤也,必矣,此非吾臆说也。言无征不信,不信民弗从。今既有征,可不信而从之哉？但今之读书者如作梦,讲书者如说梦,若与之论道论理,则更如梦中说梦矣。吾今欲唤醒痴梦,而明告之曰：吾夫子非从来不饮酒,不茹荤。吾夫子壮也,而行入世之道,以教人饮酒茹荤,以就世也；及吾夫子老也,而行出世之道,以修己不饮酒,不茹荤,以炼性也。入世之道,尽人道也；出世之道,性天道也。行入世之道,饮酒茹荤犹可行;行出世之道,饮酒茹荤则断不可。而又有至理,亦不可忽也。至理者,大抵凡失人身,而转畜物者,皆前生作孽之人也。夫前生被其害,而今生食其肉者,孽账换也;若前生未被其害之人而食其肉,又为彼欠下孽债,但不知其几时换也?而惟于被大德之人食其肉,不特可消其孽,而反阴受其福矣。大德者,于世大有功德之人也。今人于世不惟无功,而难免无孽,食其肉不能消其孽而白食其肉,彼岂能甘心乎?况以孽食孽,而有斯理乎?且更有至理而不第此也。孔子五老降世,麟吐玉书,水晶子道君生周末,而为素王,此典见之于儒书。水晶子道君子降世而为孔子,原无前生之孽。今人轮回六万余年,岂能无前生之孽哉?不过于多少之间分耳。而其势更有不得不慎者,末劫之临在迩,更当必斋必戒,积功累德,逃出末劫,以享圣世无疆之洪福。吾期有大志者,立志必斋必戒,积功累德,仰现在老爷,功圆果满,稍带草命灵魂,出苦还乡,而享天福,岂不美哉?岂不乐哉!若以斋戒为旁门异端,则酒色和常荒唐,道士住烟花,宿柳巷,食脍炙,饮烧黄,娶一妻,添二房,如是端不谓异,门不谓旁,既不敬神,且又不烧香,被今儒之望拍手夸奖,此跳出异端旁门之人而归吾儒之正乡。噫,可乎不可,吾知其断断不可也。既知其不可,今之读书者,当穷其理焉。今之读书者其醒诸,其速速醒诸,勿俟大劫临头,其悔之晚矣。读圣人书,不知究竟圣人穷理尽性以至于命之道,则是己之性命已抛。夫人孰无性命,彼既忍自抛其性命,而吾实不忍其性命化为灰尘也。是以再为叮咛,庶可尽吾反复相劝之降衷,劝今之读书者,由今而后读书,不以文害辞,不以辞害志可也。

　　如以不孝有三,无后为大,竟以不娶不嫁为异端,而其间亦不得不分。盖其文不可拘其辞,亦不可拘而其志,独不可不察也。今之读书者,如贩书往来于书间,穿书吃书,而终身不知书之所以为书,此皆以文害辞,以辞害志之过也。而究其由,由一盲引众盲,是以孟子曰人之患在好为人师。为人师者,不明圣人之道,已足以害圣人之道;为人师者,强不明以为明,尤足以害圣人之道。我既为人师,知圣人之道,不可不明,有不明者,不可不访求于人,此尚望其有可明之日;我既为人师,明知不可不明圣人之道,故强将不明以为明,此终身无望其有可明之时,终无望其可明。读书以文害辞，以辞害志，此势所必然也，宜其以不娶不嫁为旁门异端。噫，此不惟不明圣人当日教人之志，而亦不明圣人留书立言之旨，彼又恶知天降此人以任此大任之心哉？

金科玉律曰：淫为万物首，孝为百行原。吾身为父母之遗体，世无孝子仁人，而污辱其父母遗体之身也。后世之人犯淫行，而害五伦八端者，岂堪言哉！《诗》有七子之母而不能安其室者，《春秋》有君臣同奸一妇者；乃更有君淫其臣妻，臣淫其君妇者；有夫死后而嫁他人者，有夫在而私通他人者。有未及嫁而怀妊者，有因争风而杀数命者，有因淫而失天下者，甚则有骨肉相淫者。而上天早降是人，为后世警。噫，作下万物为首之孽，死堕地狱阴曹不堪之惨刑，罪孽满日，发为阳世而为畜生。呜呼，以失人身，万劫难复。而上天不忍，降下乾坤大圣，守男不娶女不嫁，承此大任，以诫世之淫人，而作此榜样，以修出世之道，为仙为佛，以永垂于万古不朽也。永垂于万古不朽也者，永为万古以后之淫人告诫也。但此事乃天命之事，今之读书者，有谁是知天命之人？孔子曰：君子有三畏，畏天命，畏大人，畏圣人之言，小人不知天命而不畏也。知此理者，知天命，作此榜样者为大人。其不孝有三，无后为大者，此圣人之言也。今之读书者，不特不畏圣人之言，反借圣人之言以侮圣人之言，而更借圣人之言以狎大人也。乃诬造其言曰：圣人之道，人人可行，若此道者，不可人人行也。假令人人行之，则天下无人种矣。呜呼，天开于子，地辟于丑，人生于寅之时，但不知人种由何处而来也，此理岂今之读书者所能知哉？吾今以易知者告之，人言此道不可人人行，吾言此道人人所不能行，能行之而修身立道者，即圣人也。人皆可以为圣贤，人皆难为不娶不嫁之圣贤。自古三教门中而成道者，不胜枚举，其中不娶不嫁者，究属无几。或言男女之交，不碍于成道，亦非也；或言儒门成道，不禁于男女之交，尤非也。盖修道前，不妨尽男女居室之大伦。未及修身立道之时，断不可不保守一点元精元神，此为至论。但身已破而修道，必待百日筑基而后可。未破身而修道者，省却筑基之功，而且易成，成后神力大而变通多。神力之大变通之多，虽在保修元精元神，尤在造作功德，深厚缺陷之间分，此亦至论。而吾夫子寝必布衣，长身有半,此书之旨,读者谁是用心而参？有布不为衾褥,而为衣夜眠,不卧为衾褥之中,而服布衣以寝,此非吾夫子立道守戒之明证耶？其长身有半者,黄中通理于四肢,而吾身三百六十骨节、十万八千毛孔,无所不到,无所不开,无所不通；其长身有半者,紧防风邪之易入也。黄帝曰：君子避风如避矢石。此君子者,亦即黄中通理之君子也。

再观吾夫子曲肱而枕,此又有寝衣以后事也。吾夫子曲肱而枕,乐在其中。后之读者,咸以谓吾夫子贫而乐道,非也。吾夫子有布为寝衣,而岂无布为枕乎？况从大夫以后,不可徒行,即可枕肱乎？且七十子又谁不能贡一枕乎？其或有对吾言者曰：此夫子恭敬也,此夫子方正也。噫,知之谓知之,不知谓不知是也,今或强不知以为知,吾不知其诚何心哉？故曰：一言以为知,一言以为不知,言不可不慎也。以此而讲书,实足以乱圣人之道,乐亦在其中矣。吾不知其又将何以讲之乎？圣道失传日久,懔懔然传及吾身,吾敢不将吾夫子之道而重申之哉？亦在其中四字,其寓意深矣。故君子乐黄中通理之美,亦者,而吾夫子亦得黄中通理之美乐也；在其中者,却非在曲肱之中,而实在其黄中通理之中也。此圣人合内外措一而修之道。而其内者圣也,外者凡也,合内外之道者,即合凡圣措一而修也。合圣合凡,措一而修,故曰借凡修圣,又曰朝办凡,夜半圣也。内者圣也,外者凡也。修内者,修出世之道也；修外者,修入世之道也。出世之道,性天之道也；入世之道,人伦之道也。吾夫子朝办人伦之道,夜办性天之道。曲肱而枕者,行修身立道之功能已毕；曲肱而枕者,以助火候之工,行温养沐浴之法也。当此之时,九转还丹,炉火纯青之候,其黄中通理之美,畅于四肢,发于事业,而其美之至,欲罢不能,则喜从中来,悦自心生,此其乐为何如哉？乐者人皆知,吾夫子乐道,而不知吾夫子之所以乐道。乐外乐者,乐尽人伦之道乐也；乐内乐者,乐尽性天之道也。外功造至何等之地位,而内功亦随至何等之地位,此即为措之宜也。古人曰无功不载道,信哉言乎！吾身为载道之躯,此道何道也,性天道也,天道、人道总归一道,故曰天地一大人身,而吾身一小天地。吾身既为小天地,前言人身有三百六十骨节者,取其天之数三百六十日而成一年也；人身十万八千毛孔者,取其上天之路有十万八千里远也；人身小天地之毛孔，此毛孔至彼毛孔，即合天地大人身一里之度数也。故孙大圣一个觔斗十万八千里而到天宫者，正合此度数也。知此理者知天命，知天命者，始能将天之性，率之而谓道也。即知吾道为天道、圣道，必不以吾道为旁门异端之道也。即知吾道不为旁门异端，则当知其已身为已失于旁门异端之身，知之即当次耻之而急改诸。若仍恬然无耻，则终身不若人。圣人曰：耻之于人，大矣。不耻不若人，何若人有？噫，倘稍有耻之心，必不以礼神明、持斋守戒为旁门异端也。呜呼，见此书而不改，则人面兽心，无可望矣。非吾弃汝，乃汝自暴自弃也。吾秉治世一片婆心，能不伤心哉？能不疼心哉？然而又岂能忘情于世人哉？固不能忘情于世人，自不禁重重番番，劳劳怋怋，已告而再告也。再告也者，告夫世之淫风已绝，而天上亦再不降此男不娶、女不嫁之大圣，修天道以永此大任，作师表而为世观也。

今平心而论之，不孝有三，无后为大，此圣人为修入世之道言也，非为修出世之道言也。出世之道，可全该入世之道，而入世之道实难全该出世之道也。古圣曰天宫无不忠不孝之仙佛圣贤，真格言也。不孝有三，无后为大，娶妻如之何？为无后也，而非为遂其淫心，非为遂其无疆之欲心也。父母之心，人皆有之，皆有之心，皆有望其子有后之心。其遂淫遂欲之心，而非为父母者所有之心也。推其为无后之心，亦不过为接续香计，因鬼犹求食之说焉。但人之有后，其后实易为父母滋孽。滋孽者，其子有罪，不惟阴律有罪归家主之说，且其母身不洁，而触污神明罪也。即洗秽物而触犯河神三光，亦罪也。是以，虽有满堂儿女，不能代父母受阴刑，而惟有一子得道，九祖升天，称大忠，称大孝，以此无后，谁曰无后为不孝哉？虽然若因修身立道，不嫁不娶，而品行不端，心田不正，作孽无疆，以致大道不成，而徒绝先人之后，亦难免不罪上加罪也。若果能道成天上，而超玄拔祖，则飨天食，服天衣，感动在在塑庙，家家绘像，永享俎豆千秋，天下咸仰其隆也。以我为亲，我即天下之父母，万世咸以为我为亲，我即万世之父母。亲之一字，立木见也。亲死而立木主以祀之，如亲在之，可见孝子仁人立木主之深心也。

圣人留书，篇篇藏意，字字藏道，不得口传心受者，读书一生，亦不能明一字也。若以圣人之言为题目而作八股，其中会者不待言，即中状元之卷，未尝有一句文章，满纸胡言，有谁是知其为害圣人之道者？甚矣。以八股求贤，此岂圣人之道哉？此岂尧、舜、禹、汤、文武之道哉？此奸臣王安石之道也。今欲天下治八股，求圣贤之道，务急以去乡举里选之典，不可不复求忠臣孝子之门，求王师于明道之人，天下之治，有不易于反掌者，未有之前闻。孔子之指掌，孟子之反手，非虚语也，乃诚然耳。但此道非经明师口授，自古三教圣人，天生奇才，不能自知，皆各之有师。孔子师项橐者无他，亦不过得数句口传心受之法，而虽则意藏于篇，道藏于字，篇篇之多，字字之广，只得数句，心法自无不了然以明。今大劫在迩，治平之盛有望，虽有大圣天子在位，然主治者君，辅治者臣，两不缺一。如知君难臣不易，一言兴邦，岂不庶几或言释、道之教无父无君，不能治天下。呀，是何言也？无父无君，是杨、墨之道，非仙佛之道也。吾今将此理和盘托出，盖圣人之道，因人设教，因时而治，对上知之人言道学，对中智之人言礼义，对下智之人言果报。不信果报者，下愚不移之人，诚亡人也，亡人者禽兽。圣人于人如斯，而于世亦未尝不如斯。如斯者，于上古之世言学道，于中古之世言礼义，于娑婆之世言果报也。关圣帝君曰：论道德，则不言祸福鬼神；正人心，则必语灾祥报应。故仙佛出于上世，上世之人皆知孝悌，且又国治、家齐、天下平，是以只言出世不言入世。后及周世衰微，水晶子道君降世，化为孔子，而始有儒教之称焉。由是观之，吾夫子乃亦道教之祖也。释、道与儒，其行其言，即有不同，非其道不同也，乃其所出之世、所教之人不同耳。噫，以佛老为异端者，此不特为释、道之罪人，乃为孔门中至罪之人也。当朱子之时，缁黄僧道假仙佛之教以乱仙佛之道，亦犹今之儒者假圣人之教以乱圣人之道，一也。今日之儒失于异端，固不可因之而以孔子为异端。而昔日之僧道失于异端，即可因之而以佛老为异端乎？朱子之时，缁黄乱真，朱子辟之，虽有其功，而未辩其详①，一概辟之，其大纯而不无小疵。朱子尊孔子，孔子尊佛老，朱子既尊孔子，必不辟孔子之所

---

① 详，原本作"祥"，今改。

尊者。何以见孔子尊佛老？昔太宰嚭问于孔子曰：天下孰谓圣人？孔子不以圣自居，乃诿之曰：西方有佛谓之圣人。而孔子曾问礼于老子，坐谈七昼夜，出，谓门弟子曰：老子乃人中龙也，吾之师也。此岂非孔子尊佛老之明征明验乎？朱子晚年见世道之衰，而具一疏，若此疏以进，必有灭门之祸，家人与门人亲族力止之，朱子不听，皆因朱子信《易》，共劝占之，而明言其凶，自知道之不行，志在闭户潜养，得《参同契》书，诵读之下，见其中尽言易理，日月升降、坎离会合、阴阳交媾、火候药物，秩然有序，遂有出尘之志，然而不得书中之旨，于是问于崔仙公、何仙，因其误辟佛老，彼皆笑而不答，且诮之曰：尔苟有志于修养，则治世之理，人伦之道，殆无人发明矣。而惜乎朱子当日不能低心下气以恳求，遂退而注《参同契》，不明其理，安注其书？而更惜乎，将《参同契》本文多以谓字句之误，而遂改其本文多字，宜乎后世得道圣贤以为非也。然朱子未得真传，而其学问品诣，非后世之人所可及，此诚能宗圣教之人，虽未得儒门心传，而已跻圣贤之域矣。其后舍世，因经教有功，能宗孔子实行，上帝敕封为文宗，配享圣庙，俎豆千秋。此末后加修，始得《参同契》立言之旨。既而悔之曰：后世学者，见吾辟佛老谬行言之，遂将性命精义之学，弃而不讲，岂知吾为缁黄僧道言，非为归一守一者言也；为世之有名无实者言，非为践履笃实者言也。夫道浑然之气耳，在儒曰太极，在释曰舍利，在道曰金丹。太极、舍利、金丹，无非道也。所言虽与吾儒异，而其理实与吾儒同。所言鹘物者，即吾儒言浑然天理也；所言玄关，即吾儒道义之门也；所言采取，即吾儒存理遏欲之功也；所言结丹神化，即吾儒诚中形外、睟面盎背之效验也。呜呼，后世假儒，借口于朱者，不特仙佛孔圣之罪人，又为朱子之罪人也。若释、道两教果为旁门异端之学，乃何释教之佛、道教之仙，同归于大而为灵霄宝殿上仙？噫，旁门异端皆地狱之人，而又焉能为天宫至尊之神也？旁门异端害圣道为最甚，果佛老为旁门异端，佛开教之祖、老为道教之尊，皆为天宫至尊之神。噫，世无害道之辈而为天宫尊神者，而佛老不为旁门异端，显然可见。此吾立一言，诚可泄两间之秘，启万世之蒙也。其或有以天堂地狱之说不见于孔门之书，因之生疑，此诚小人之人也。孔子不言此者，孔子之世，尚在中古之末，若生今娑婆世界，定必言天堂地狱矣。而夫子虽则未明言，亦未尝未言也。本乎天者亲上，本乎地者亲下，各从其类也。本天者亲上，非天堂而何？本地者亲下，非地狱而何也？各从其类者，乃从其善恶之类，以定赏罚之严。噫，此即遗也，吾道非他道，亦即孔圣之道，孔圣之道乃诚三教并行不悖之道也。夫道归一辙，同出一源，从来大圣大贤，各有所守，本自不同，然而皆合乎一道也。

观音古佛守女不嫁之节，而为天宫至尊之神，今之人家，谁不供奉？若果异端，而谁供之哉？达摩祖师守男不娶之节，不特为天宫至尊之神，当其西来而度东土，东土始安，不然天地早为返覆矣。微哉妙哉，以上多有三教经典不泄于竹帛间者，吾何人氏，岂敢妄泄？亦不过秉一片治世之赤心，望有志者急早回头，低求明师，而逃此大劫也，而同归灵山也。此乃不注于他篇，而注于此节之间，正因其理隐，其道匿，如鬼如龙，莫知所存，而所知者，即其所止之所也。存者，成性存存之存也，存而又存，如如不动，云雾拨净，自见清天，清极天空。空即是色，色即是空，空无所空，乃为真空，真空所存，莫知其乡。圣经曰：及其至也，虽圣人亦有所不知焉。故曰莫知。

将欲制之，黄芽为根。

杏林曰：上阳子云：盖姹女，因之顺而易失，非彼①黄芽之一阳，不能制伏。黄芽即先天之气，号真一之铅，烧此铅气，以为根基，其汞自不奔逸。此上阳子之注。制者，制铅制汞，炼而制之，以结成一粒黍米玄珠，号曰金丹；将欲制之者，而必先以黄芽为根基，不然则铅飞汞走矣。黄芽虽曰先天真一之气，而实生于戊己一点真意之中。此意以散，天坍地塌，虽有黄帝、姝女、娲氏之圣，亦不能炼石补矣。此言一升一降，一前一后，一静一动，一顺一逆，阴阳变化，大道玄妙，八卦抽添，五行颠倒，究不外此一，以为不可须臾离之道。然非有以制之者，亦必无生机，故曰生制克化也。虽然失制而无生机，抑或过制，定被克害，则有逸耗消散之失。是以将欲制之，必赖一阳之逆行，而救姹女之顺失，以为大

---

① 彼，原本作"被"，据上阳注及文义改。

道之根基。噫,用意而存意,此意不为奇;存意如无意,才是大根基。此义正合孟子之养气,故特将则塞于天地之间为之题,而为之文曰:观养气之方所,而功效充满宇宙中矣。夫天地既赖气以成形,而气又藉天地之间以运用吾身之气,则以此塞之,非与天地之气同流乎?尝思人与天地合其体,必与天地合其德;既与天地合其德,必与四时合其序;既与四时合其序,则天地之气周流无已。而吾身之气与天地之气,一同周流无已,则上下范围之功,浑然合为一气,如春风之鼓太和矣。试观其直养无害之效,而浩然之气与天地所关为何如哉?盖天地未判之始,赖浩然之气以开辟,不然洪钧何以赋予?洪钧失其禀赋之权,而大地虽宽,实不能通其活泼之地。且天地以判之后,得浩然之气以镇定,不然大块焉能容物?大块失其长养之怀,而天心至仁,卒难以全其好生之天。原夫养浩然之气之效,全赖塞之之功,塞之之功,关于天、地、人者,原无可限量。试即则塞者言之,人禀天地之气以生身,则我生身之气与判天地之气,理无二制。是以散之则弥六合,卷之者退藏于密,而我身体之气与天地之气同出同入,循环不已,故曰天地即是吾身,吾身即天地也。苟非运用其则塞之功,吾与天地同禀一气之身,不几乎天地为天地,吾身为吾身,则将何以列三才之中?我效天地之气以修身,则赋我身之气与天地之气,若合符节。是以一本散为万殊,而万殊仍归一本,则天地之气并吾身之气,上察下察,往来无端,故曰吾身小天地,天地吾大身也。由是若舍其则塞之功,天地与我同协一气之体,不几乎吾身非吾身,天地非天地,而更焉能通其黄中之理?天开于子之前,固赖此气以开造化之基;及天已开于子之后,犹赖此气以全夫天一生水之德。假令此气稍有不塞,天之气滞,吾之气与天之气同滞,不特混者不开,而开者亦混矣。地辟于丑之后,更藉此气以尽其地二成之之功。设使此气有间于塞,地之气崩,而吾身之气与地之气俱崩,不惟混沌者不辟,而辟者又沌矣。若是天地之间不可离此气,因配义于道;而吾身之间亦不可离此气,因集义所生。盖二五之精,妙合而凝,是以分而言之,天地与人,各居一太极之理;合而观之,与天地同出一太极之原。但人必先德配天地,而后始能气塞天地,世人可无天地之量,以涵养性中之天也哉?吾注《参同契》，于此节之下，因黄芽有先天之真气，根者，天根也。天根通月窟，月窟在天心，孟子养气之篇，正合此义。故以则塞于天地之间为题，题者，目也；目者，眼也。眼有凡之眼，有道眼之眼，道眼通天根，以接先天黄芽真一之祖气。养气者，以此养之，则塞于天地之间，而自合乎性天之道耳。甚矣。《参同契》一书，与三教之道参之，无一不同相契合矣。

物无阴阳，违天背元。

杏林曰：万物非阴阳不能生，大道非阴阳不能成，天地非阴阳则失其覆载之功。阴阳者何？即奇偶也。有升必有降，有升无降，孤阴寡阳；有前必有后，有前无后，阴阳失偶；有静必有动，有静无动，阴死阳病；有顺必有逆，有顺无逆，阴阳失奇。夫如斯升者阳而降者阴，前者阴而后者阳，静者阴而动者阳，顺者阴而逆者阳。撮其要而论之，此皆顺天地之则，以尽流通之变易也。此无他，盖因人身一小天地，天地之流通无已，而吾身之流通亦无已。吾身为载道之躯，吾身之流通既无已，而大道之流通亦必无已。大道者何？一阴一阳之谓道也。阳无阴不生，阴无阳不长，阴中无阳谓之孤阳，阳中无阴谓之死阴，孤阳不生，孤阴不长。阴生阳长，则天地交泰，六合同春，万物化生，草木昌茂。乾坤以此交姤而化生男女，圣人因之以开造端之始。若物无阴阳，则违天而背元。天者，乾也；元者，乾有乾之元、坤有坤之元也。乾元文王所系之辞，曰：大哉乾元，万物资始，乃统天；坤元之系曰：至哉坤元，万物资生，乃顺承天。此物之不离阴阳者，犹道之不离乾坤也。于是天不背元，元不违天。漫言物无阴阳不长，即或有阴无阳，或有阳无阴，非乾背于元，则必元违于天。甚矣。阴阳者，不可须臾离也，可离非道也。性属阳，命属阴，阳中有真阴，阴中有真阳。《易》曰：乾道变化，各正性命，保合太和，乃利贞。以故，修性不修命，修命不修性，皆为修行第一病，修性修命，方能成圣。《中庸》曰：天命之谓性，率性之谓道。此性命兼修之学，乃三教之正道也。学者其知之，知之而尤不可徒知之也。

牝鸡自卵，其雏不全。夫何以故乎？配合未连。三五不交，刚柔离分。

杏林曰：此言非穷阴阳之理，难参大道之妙；非逆五行之数，不能逃五行之外；非识龙虎之交，不辨铅汞之投；非明坎离之拆补抽添，定必为八卦五行所拘。究而言之，在知阴阳配合交姤之理，以造夫妇之端，而尽君子之道，察乎天地，以穷其神圣功化之极处。止此则以明，顾明而德自复其明矣。不然，势必如鸡自卵，其雏定不全。其故何也？正在此配合未连，三五不交，刚柔分离之故耳。其配合未连者，为其孤阴无阳，是以不全也；三五者，大道也，三五之大道，全在阴阳相交。若刚柔分离，则刚者纯刚而柔者纯柔，失其配合焉。能交姤不能交姤，而失其生生化化之极，则大道坏矣。三者，三花聚顶也；五者，五气朝元也。三在先天为乾，居南以落后天，阴阳颠倒，乾三连之中爻，得坤六断之中爻，而变为离中虚，以掌南方之火；坤得乾三连之中爻，而变为坎中满，以镇北方之水。噫，一爻变而诸爻皆变。乾居西北，坤居西南，其中无真空之精为金所隔，失其配合交姤之理，顺行而流，从死之道矣。《中庸》程子曰：不偏之谓中，不易之谓庸。中者，天下之正道；庸者，天下之定理。此篇乃孔门传授心法，其中秘秘天机，尽合此中之意。三与五交者，即不偏不易，中庸之大道也。何则？天者，乾也；下者，坤土也；正道者，不偏不易，斋庄中正之道也；中者，即允执厥中之中；正道者，天地位焉之正道也；定理者，乾坤定而合交姤之理。此理乃先天大道之理，非后天人事之理；乃出世之理，非入世之理也。

吾今悲悯世人，罪孽太深，昧久难明，实不易唤醒痴梦，而复明其明。故不得不重相泄漏，以为治世灵丹，度世法船，真不啻电光长者，手擎医心妙药一般，有能服之者，贪嗔痴病悉除，而菩提智慧自生，三圣之道可复见于世，而世人性光智慧明灯，庶可不被吹于风。于是三五相交之大道，能得真师传授孔门心法之秘诀，则自知逆行之数，颠倒之功，抽添拆补之法。由后天而仍返回我先天，昔日之乾三连又居南，坤六断占后天之位，坎不为后天而为先。噫，配合未连者，乾坤对待之交易也，此即中庸之道，不偏不易之说。乾三连与坤六断，重得相交，以正阴阳之道。其所言三五之五者，言其乾三连与坤六断相交姤，在不偏不易之处，正合中庸之道。乾居正南，坤居正北，中央戊己之土在其中，而五数亦在其中矣。天地化生万物之理者，在此五行之老，为五方之真炁所结，而真空能生万物，此其明征也，此其至理也，此其执中和，天地位焉，万物育焉之本旨也。

　　盖天数五，地数五，故曰：二五之精，妙合而凝。吾夫子曰：加我数年，五十以学《易》者。其义亦在此也。此者何？此者先天之道也。吾夫子五十学《易》，内藏先天之道理，此理之说有七：乾为天，坤为地，天数五，地数五，合为十，十者，允执厥中也。此其一说也。因五合为十，天数五，地数五，故二五之精，妙合而凝，吾夫子期必如此以学者，为得大易之道也。此其说二也。天数五，地数五，乾为天，坤为地，二五合一成十，此十者，内藏乾坤对待，先天之大道也。此其说三也。十者，一横一一竖一也，一一为阳，二一为阴，一横一一竖一，二一合而成十，此正一阴一阳相配交和于不偏不易之处，以合中庸之道也。此其说四也。以者，一レ向上，一丿向下者，取其有升有降之道也；一レ居左，一丿居右者，取其一开一阖之道也。一、者，阳也；再一、者，阴也。一、随レ而上腾者，取其阳属轻清而上升也；一、随丿而下落者，取其阴属重浊而下降也。上升一、者，鸢飞也；下降一、者，鱼跃也。此正合上下相察之道也。此其说五也。学之一字者，学之头上其中内藏一爻象之爻之一字，取其抽爻换象，以拆坎补离，而返回我先天乾南坤北对待之道也。呀，天机不敢多泄，微露玄机，以俟有大德者而得诸。今混而言之，此学者，明善复初之学，吾夫子学之学，返本还原，以得厥性复初之道也。此其说六也。学《易》者，学逆行之学也，顺则生人生物，逆则成仙成佛，程子曰《易》者逆也，吕祖曰：此个工夫颠倒颠，掀翻地府要升天。吾夫子学《易》，亦即学此颠倒逆数之学也。此其说七也。五十学《易》者，如此讲也，故曰：篇篇藏义，字字藏道。今之学者，以八股文艺之术，而骗得功名在手，或授徒而为人师，即自以为学问之优。观其所作之文，不通一字，装模作样，自高自敖，而并不自知其不通，俨俨以为明士，而观其真明者之作，读之如嚼木渣，如囫囵咽梨，如鸭听雷，如瞽观灯，究其故，在不会讲书之过耳。见此讲有不知愧悔而改者，非人也。再观经言：三五者，天数五，地数五，故曰：二五之精，妙合而凝。天数五，地数五,中央之数亦属五,故曰三五之大道也,又曰三五交也。因三五交,故又曰三家相见结婴儿也。吕帝曰男儿怀胎,怀胎者,即怀此婴儿也。此婴儿者,即我之真性灵也。脱壳上升者,乃即我之真性灵上升见天廷也。但此婴儿者,全赖面壁①涵养之功也。考婴儿将现未现之景象,其初如有所立卓尔,由是后立则见其参于前也,在舆则见其倚于衡也。吾儒之为圣者,功行至此,已造至神化地位,其如有所立者,此正吾神之所化也;见参于前者,见倚于衡,亦无非吾神之所化也。故大而化之之谓圣,圣而不可知之之谓神,此即神圣功化之极处。噫,今之学者不知此,因今之学者为人,而此非为人之学,此诚为己之学也。是以夫子言性与天道,子贡以谓不可得闻,甚矣。夫子之道,天道也。观及其至也,察乎天地,而其造端,究始于夫妇。始于夫妇者,对察乎天地,既断非以女鼎为鼎炉之说也。夫妇者,取其乾坤对待之交,一阴一阳之谓道也。由此观之,配合未连,三五不交,其刚柔而岂有不离分者乎?仙翁以牝鸡自卵,伏鸡其雏不全喻之,其旨深矣。若将牝鸡自卵伏鸡,欲使生雏而全,必当盛午太阳所照之水,曝而温之,其无苗之卵,假借太阳之气,以抱窝鸡伏其卵,乃可以全其形而成活雏,不然必不生矣。其再欲公鸡下卵者,亦有一法焉:将公鸡别藏于一笼内,将母鸡亦别藏一笼内,其食其水皆执于母鸡笼内,两笼并在一处,使此笼之公鸡探头于彼母鸡之笼内,同在一皿内用食饮水。其始也意欲伏群而不可得,及久而久之,阳中之精赖阴中之情以相感,感来感去,阳中之阴自生,能将肾中一点真精变为一卵,其鸡定必只一腰子而已,或其鸣失音,或不能鸣,有只下此一卵者,抑有再下一卵者。若再下一卵,定必两腰皆无矣,而实不能鸣矣,亦再不能产一卵矣。不特人能使鸡然也,即草木之为物,人亦能使其有参赞化育之变。梅棠砂菓,皆可拆为平菓,秋子花红山查,可拆糖毬,柳可拆桃,蒿可拆菊,红凤仙花,楷选其壮而大,大而茂者,将楷挖以孔,执黄瓜种于内,以土培养,其所出之瓜蔓,能结小红黄瓜。亦不特草木为然,即所存之粮,受湿热相感之气,能生虫,虫得阳气而能变蛾,《礼》云:腐

---

① 壁,原本作"璧"字,今改。

草为萤。亦即此理。《诗》言：螟蛉有子，蜾蠃负之。而使其为己子者，皆借其阴阳之气相感，而变化无穷也。雀入大海为蛤，老枫化为羽，人至暴者化为猛虎，至淫者化为妇人。《诗》又曰：天命玄鸟，降而生商。且更有可证，履大人屦而生太公，此皆得天地阴阳二气，交感而使然也。他如女国无男，欲受孕者，则必择定日期，一日三时，俯观于井底之下，与井中之影相交感，借真一之水气，方能怀妊。此虽一方水土生一方之人，然天命玄鸟降而生商者，鸟属阳，天一生水，地二成之，玄含北方水中之真精在内，故其玄鸟之卵得天之命。闺中之女，吞之亦可以生也。古有盛德君子无子，出在外，不得归家，天因其有大盛德，命月老梦婆，召其魂灵归家，与妇交媾，男女彼此一梦，竟梦中生子者。此皆得阴阳施化之精，天地自然相感应之道耳。且更有梦中归家，家人皆得以见之，而遂有子者，此更上天不负大德之人也。《宋志》所载：一人出兵从征，临行，其妻送之，登山岭而别，遂每日登此山望其夫归，日久，忽化而为石妇人。批者曰：因吞纳此石之精气日久，又因心中思男，为一点真情所感，而化成石人。固有此理。且石中之精，其色白如银，而交感纯阳之气所生，故使人能变化，正有斯理也。

  按以上诸理而推之，皆大易乾道变化之妙用。吕祖云男儿怀胎笑煞人，男儿怀胎本不足为笑，正因老子云：下士闻道大笑之，不笑不足以为道。此道何道也？天道也。下士焉足以知天道。子贡曰：夫子之文章可得而闻也，夫子之言性与天道不可得而闻也。言而又不可得闻，今于经书之中求闻道，岂可得乎？噫，望梅尚可止渴，而画饼岂能充饥乎？吾今借天道以明天道，吾今借天道以明圣人之道，吾今借道以明道者，为上士告，为中士告，而不为下士告也。为上士、中士告，告夫三五交，即大易消长之道也。《易》之所谓消长者，即月之所谓亏盈也。亏者，卦爻之虚也，断也；盈者，卦爻之连也，满也。虚也，断也，阴爻之象也；连也，满也，阳爻之象也。月亏而满者，阴极得阳之道也。三五交者，因三五一十五相交，故每逢十五而月圆者，得乾元之道也。而以十五为望者，望之一字，天机存焉，三教圣人之道亦存焉。吾夫子曰：五十有五，而志于学者。正合此道也。故仙有诗曰：皓月当空如昼白，光明古今灵珠若。夜深云散转西东,三五重经分盈缺。此诗真合大道也,而为此诗者,其知道乎!物受天之日精月华而成妖,人受自身日精月华而得道,此理更为奥妙,但不为下士道也。

施化之精,天地自然。火动炎上,水流润下。非有真师,使其然也。资始统正,不可复改。观夫雌雄,交姤之时,刚柔相结,而不可解。得其节符,非有工巧,以制御之。男生而伏,女偃其躯。禀乎胞胎,受气元初。非徒生时,著而见之。及其死也,亦复效之。此非父母,教令其然。本在交姤,定置始先。

杏林曰:天地交精,化生万物;父母交精,而化生男女。乾为天,坤为地;乾为父,坤为母。此古圣所定,天地自然之理。此理何理也?盖因乾道变化,各正性命,随其自然之理,不待于勉强,亦犹之乎火动炎上,水流润下之理若也。此何以故?因其随自然之理而运行,是以不得待真师导之使然,而自无不然也。抑虽知其然,而不知其所以然者,何其所以然者?在大哉乾元,万物资乃统天,天者何?理而已亦;理者何?道也。即《中庸》程子曰:不偏之谓中,不倚之谓庸。中者,天下之正道;庸者,天下之定理。既曰正道,又曰定理,此孔门传授心法,虽有大圣复出,亦不能更改分毫。何则?盖此道天道也,地道也,人道也,天、地、人三才合而为一之道也。天本此道而生,地本此道而生,人本此道而生,如此焉能更改分毫乎?而世人不能解刚柔相结之法则者,在不得其节符故耳。尔何不观夫雌雄交姤之时乎?若以得其节符之道,岂用工巧以制御之哉?所以者何?正在此施化之精,系天地自然之道,犹如火之炎上,水之润下,本无二理。如雌阴雄阳,乾刚坤柔,其相结虽不可解,若得节符之道,亦自可解。节符者,若合符节也。乃节符一物,分之单而为阳,合之为双而阴,一分一合,得其阴阳之全,其印于纸,一仰一伏,原不待工巧以制御之。即如男女交姤,男伏以偃其女躯,乾坤之精所结,而化生男女。男女受此父母之精而生身,则是男女受父母之精以为己之精,故曰水源木本。男女受此父母之精以为修身之本,男女受父母之精以炼己之精,化己之气而存己之神,以成自己之圣胎者也。何则?盖因禀乎胞胎,受气元初使之然也。而何以见其然也?其有生以来，原因男伏以偃其女躯，是男伏女仰，及其下生之时，乃男仰而生，女俯而下，此即理之自然，造化之不可移者，有如斯然。不独其生然也，即溺而死者验之，亦复如是，其如斯者，何不观夫其有生之初乎？有生之初，随恶露癸水而下之时，男仰女俯，此原非父母能使其然也，而本先天之理则然，故曰：本在交姤，定置始先。圣经曰：物有本末，事有终始，知所先后，则近道矣。然而此理岂易知哉？朱子曰：明德为本，新民为末，知止为始，能得为终，本始所先，末终所后。此理虽是，而未能尽其精微，且又因言减，而意实难尽该。而更因八股不准悖注，是以八股之作求阐圣人之道，为最撤肘。此盖因圣道之理多端，散为万殊，奥妙无边，大而化之，一而神之。大而化之之谓圣，圣而不可知之谓神，故曰：及其至也，虽圣人亦有所不知焉。虽圣人亦有所不能焉，而必以朱子之注，为执一无变之死案，此不特有害于孔孟之道，而实不利于朱子之注。古圣留书，朱子注书，原为不绝道统之路经。道大无边，变化莫测，不特不可执一，而更非留书教人作八股文章，以为求名求利之术，况八股始于幸臣之手，而岂是圣人之道哉？呜呼，其人既不可取，而其术尤不可出，奈何竟效此八股之法也。噫，而犹不独以此为求名求利之途，且假此以为传圣人之道，诚千古一疼事。遍阅有此术以来之文章，于圣道之真传，合其旨者，从未见一篇，此何曾能传圣人之道也欤哉？若以八股为观人之法，其如明文，国初或可见人之经济学问，而实不能见人之忠奸善恶本色面目。况今之时文，以子曰换子曰，以学而时习之换学而时习之，人云亦云，千手雷同，并不特不能传圣人之道，辨忠奸善恶之实，而更不能见经济之学。至于躬行实践一节，更为莫须有事，谁是用心求明性理之道哉？其间即有得性理之真传者，若以八股求功名，势必不能安真传立言。既不能安真传立言，即不能得圣人立言之本旨，吾故曰：此非传圣道也。传圣人之道，故必赖读圣人之书，亦不尽拘于读圣人之书，而所必拘者，在得圣人心法之传耳。圣人留书，恐其性道久而有差，笔之于书，为后世得道者，考道真伪之试金石也。其于读书也，原有一定之法，亦自不出乎二者之间：一则入世之法，孝悌忠信，齐家治国，务要见之于躬行实践之中；二则于出世之法，穷理尽性以至于命，更必得心传口授而笃行之。所谓入世之法者,后天之法也;出世之法者,先天之法也。吾故曰:本末始终先后,岂易言哉! 本与末对,而实与先、与后相通;终与始对,而实与后、本相连;先与后对,而实与始、与终相关。今撮其要而言之,只在先后两端。先后为事之用也,本末为物之体也;物之体不离事之用,事之用亦不外物之体。何也? 此乃致知格物之功,在即物而穷其理。理者,乃事理之当然也;事者,即孟子所谓必有事焉之事也。理之当然,而究属何以当然也? 必有事焉,而究属果何事焉? 理之当然者,性理之当然也;必有事焉者,借我后天,以复我先天大道之事也。物之本末者,言欲致吾之知,在即物而穷其事理之当然也。物之本末,即事之始终;事之始终,即道之先后。此因物之本末而悟出事之终始,因事之终始而悟出道之先后。物者,何物也? 河之图,洛之书,其中之物,亦即吾身自有之物。何物也? 曰縡物也。事者,何事也? 伏羲画先天八卦,文王画后天八卦。伏羲当先天,画先天八卦,以尽先天大道之事;文王在后,接画后天八卦,以尽后天大道之事。然而均皆不外借我后天之事,以返回我先天之事为事也。

　　此节将物有本末,事有终始,知所先后则近道矣。圣经四句之大义,实合此节之章旨,笺注引证一切事物之理,亦无非如斯。因借圣经此四句为题,而爰为之文曰:返本还原之理,其乾坤二用不远矣。盖资始大终本末之变,此即事物之当然,而惟先与后之所有能知止者,非近大学之道哉? 且大易画卦一事,伏羲作于先,明德为本也;文王术于后,新民为末也。通神明之德,知止为始也;类万物之情者,能得为终也。且乾南坤北,先天之道休;离南坎北,后天之道用。此即本始所先、末终所后,而况大易之书,为物始乾坤而终未济也。学者能玩索静观,有不返天壤而为咫尺者,此必无之事也。试于本末当然之处,以察物类之情;于始终对待之间,以致临事之宜。而推夫大道之先后,得知其所知止,而止者,此道与大学之道当何如哉? 夫道之有先后,犹物之有本末。物之有本也道之先,物之末也道之后。学者能于先后之界,知所当止,以于止而顾諟明天,谁曰道远? 抑盖先后之于道,即终始之于事,事之终也道之后,事之始也道之先。学者当此先后之间,知所止,中正之地合以大天下,观道不远人,有能如是者何?吾对曰:则近道矣。先天乃见性长久之道,可跻圣贤之域,故先天而天弗违;后天之道,禀气质之情,居循环消息之道,故后天而奉天时。后天者,将我活泼之明,复我性中之明,以尽其人事,为之本也。然而民吾同胞物同事,则是明我之德为本,新民之德为末,本固而末自荣者,在此事物当然之至理也。先天者,知止为始,能得为终,此先后之所既知,而尤贵原始返终,以尽报本之学也。其如物也,事也,而终不外乎一贯之道也。若是既知物之所以为物者,则知事之所以为事也;既知事之所以为事者,则知道之所以为道也。知道者,知道在目前也,故曰:人之为道不远,求诸己而不远。八卦为开道之始,五行为成道之终。八卦者,圣之事也;五行者,物之本也。由此穷理尽性,一旦有豁然之效,则于物之表里精粗,道之全体大用,无所不明。明者,何明?道之本原出于天,出于天者,备于物;备于物者,发于事。故次言其要,终言其极。总归反求诸身,得知所止之地,以尽人伦之事,则于大学一道,此岂特曰近而已哉?观古人治国为先,明德于天下为后,己身民身为物,而修己为本,治民为末,正心诚意为之道也。正心诚意有先后,而大道亦有先后。先者,阳也;后者,阴也。知所□者,即知阴阳交界之说也。噫,吾身有阴阳,即吾身有大道也。若舍身求道,即舍近而求诸远,学者知其所止可也。

　　此不过本《参同契》以发明《参同契》之道,而兼且借《参同契》以发大易、圣经之道,而更借《参同契》以明三教归一之道,故曰三教一家,夫道一而已矣。一者何?理也;理者何?性也;性者何?道也;道者何?浑一之气耳。故又曰:道本无名,强名曰道。噫,道有先后,而一阴一阳之谓道者,亦即一先一后之谓道也。然而知其所止者,鲜矣。因不知其所,则无由以止,是以三教各留经典,笔之于书,惟恐其久而有差也。书者何书也?即道教之《玉皇心印妙经》,佛教之《观音心经》,儒教之圣经,三教归一之大易经也。懔懔然哉,三教圣人之心哉!儒曰忠恕,佛曰慈悲,道曰感应,忠恕、慈悲、感应,而字字皆不离心,故曰心法,又曰心传。心者,何心也?天心也,道心也,非后天之人心、血心也。人心、血心,人皆有之。然而天心、道心,人亦未尝无有之。是以朱子曰:

心之虚灵知觉,一而已矣。以为人心、道心之异,则以其或生于形气之私,或原于性命之正,而所以为知觉不同,是以或危殆而不安,或微妙而难见。然人莫不有是形,故虽上智不能无人心,亦莫不有是性,故虽下愚不能无道心。二者杂于方寸之间,而不知所以治之,则危者愈危,微者愈微,而天理之公,卒无以胜夫人欲之私矣。精则察夫二者之间,而不杂也;守其本心之正,而不离也。噫,朱子可谓知三教圣人之心,朱子知三教圣人之心,而吾亦知朱子之心。知朱子之心者,知朱子辟佛老,其佛非仙佛之佛也,其老亦非老子之老也。而其所辟之佛者,假佛以冒佛之名,佛教之异端也;所辟之老者,假老以冒老之名,道教之异端也;亦犹今之读书者,不宗儒教之实,假冒儒教之名,亦即孔门中之异端也。不然,孔子尊佛尊老,而朱子尊孔子,既尊孔子,岂反辟孔子之所尊者乎?何以见之?因老子人中龙也,吾之师也,见之矣;在即答太宰嚭之问曰西方有佛名之曰圣人,尤足以见矣。则是孔子尊佛尊老,诚有所考,非虚语矣。吁,朱子尊孔子,人亦皆知之矣,而朱子不辟孔子之所尊者,不待辩而自明矣。此不特将仙佛从前被不白之冤,而今已白矣;即朱子被不白之冤,而今一并亦白矣。籍非然者,朱子不特为释教、道教之罪人,亦必为孔门中之罪人。今之假儒,借朱子辟佛老以为话柄者,不特为释教之罪人,道教之罪人,儒教之罪人,而更为朱子之罪人也。有妄辟者,死归拔舌地狱,在所不免,慎之、慎之。其有犯者,而速改之,若急抱佛脚,而抑亦晚矣。其或有挹儒教以自尊,言三教不可归一,而儒教为独尊,乃岂知天上焉有独脚之莲台果位哉?况大道乃混然之气耳,一画开天,天为道原,天至尊,而道亦至尊。稽道之本原出于天,此不特佛教发之于道教,而儒教亦自不外于道教。观孔子生时,麟吐玉书,水晶道君,倒庄生于周末,而为素王,则释教即道教,而儒教亦即道教。一画开天,天道归一,贯三教一家,历历可考,此非吾之臆说也。其言儒教不列三教之中者,非尊儒教也,实卑儒教也,非嘉儒也,实谤儒也,罪固不容于死,而死有余罪。若以此嘉儒,与谤圣者,一并归于拔舌地狱。噫,罪且难逃,尚自以谓尊圣,望孔门加禄,天宫增福,亦犹和胶补釜,以砒涂疮,去冷加冰,除热用汤。谤佛尊圣,愈见乖张;尊圣谤道,必有余殃。读书之人,何不自谅?噫,三教一家,故立有三教之名,若儒教不列其中,而实未闻有二教之称,奈之何,有借子不语神,错会其意,以为孔子必不重神,亦必不信神,是以亦不语神。吁,此何其愚之甚也,其独不思吾儒有言曰:大而化之谓圣,圣而不可知之之谓神。神道变化莫测,圣人不语神者,非不语神也,乃不语神道之所以为神,神之变化之所以为变化耳。圣人留书,原非为作文章、求功名而设,用不识圣人之言作文,焉能得圣人之心,以中肯而悉合章旨也哉?余乃隐士,三十年来不曾作文,自知不能见用于世,非果于忘世人生之不幸也。虽然志在穷究理性之学,以闻三圣之道,得志兼善天下,不得志独善其心,余岂果于忘世哉?余不得已也,然而亦不为功名累其心也。古人有言曰:不为功名始读书,不为功名而功名自在其中;若为功名而读书,而功名未必在其中。不为功名读书所得之功名,天爵也;若为功名读书所得之功名,亦不过人爵而已。孟子有言,以天爵而要人爵,即得人爵而弃其天爵。此弃字紧与要字相对,其人行天爵之日,本为要人爵而设用,既得人爵,而弃天爵者,无也;其人行天爵,原不为要人爵,而弃其天爵者,抑或有之,然而鲜矣。至于今之读书者,只在为作八股文章,而作八股文章,专在为要人爵,除要人爵而外,则八股文章亦别无所取用。是以其求人爵之日,原无天爵之实,而更无存天爵之心矣。若既得人爵之后,而焉有天爵可弃?虽然人不可不读圣贤之书,人只一生无功名,一生受饥寒,而断不可一日不读书。读书为行圣人之道,非为作八股求取功名而始读书。既读书矣,然而文章亦不可不作,独何必专拘于八股谓哉?作文贵在能得圣人之心,而更贵在能发明性理之真传,此谓文章,其如八股之腐乱墨卷,油腔滑调,而何所取乎哉?

余不善作文,亦不过略发明性理之学,以为三圣之道计耳。又因此五节,其中原本只属一节,此一节之中,其大义与物有本末四句,其立言之旨与五节合为一节,其中之旨多有相契相同之处,故草草作八股一篇,虽不敢自以为盖世之奇文,而实得圣人立言之心全旨,章旨无不吻合。其后凡有发明性理与四书之题相合者,偶作一、二篇文,其义亦不过此耳。此非为传圣道计,此亦非治世计,而此更非八股文章之兴计耳。此亦不过为文生于心,而俗关于文,欲正今日之人心,必先化当世所相之所文,时文之风不古,而人心风俗亦不古矣。至于以前所引一切物类之至情,与事理之当然,乃发明阴阳之道,先后、本末、始终之序,使后之读《参同契》者,知三教原来一家,与大易三圣之道若合符节。而其要自在逆行之数,借后天以返先天之法,尽大易之道,穷河图洛书之理,而究不外乎本末、始终、先后之法。而其精微,只在知所二字,此为句中之眼,点睛之处,石破而天自惊,其九转还丹,炉火纯青之候,自此可得,故曰:本在交姤,定置始先。

太阳流珠,常欲去人。卒得金华,转而相因。化为白液,凝而至坚。金华先倡,有顷①之间。解化为水,马齿阑玕。

杏林曰:此言一阴一阳之谓道也。而大道变化无端者,即阴阳变化无端也。阴不离阳,阳不离阴,阴中有阳,阳中有阴,阴阳相感,循环无已。日久则以有形之精化出无形之气,无形之气化出有形之物,此即雌雄相须,不失配和交姤采取之法,而结成大药,无形而实有形,故曰:大道无象而实有象,有象终归于无象。上阳子乃作偈言曰:太阳流珠,离有日乌。离宫姹女,非色非姝②。太阳隐明,实称乾父。砂中有汞,汞为砂祖。世人缘因,六贼引逼。劚凿流珠,或骜或逸。金本居兑,寓坎生华。坎之真水,乃克离砂。汞被金水,制伏转变。化为白液,应时烧炼。金返居前,吐华先倡。真土云己,己须神王。己曰地神,涌一玉局。升于高座,暴露双足③。金华化水,有顷之间。色如马齿,钟乳阑玕。此上阳子之偈如此。盖太阳流珠者,乃阳中之阴精。常欲去人者,常欲去后天之阴,而返回我先天之阳;常欲去凡胎之阴,而成就我纯阳仙体。卒得金华者,铅汞相投,自在仓卒之间,故时不可失,古圣人诫之已切矣。转而相因者,言九转还丹,必有相因,因者何因也?必因炉火纯青之候,故有猛火奋金莲之说。化者,火之功也。化为白液者,炼精补脑也。凝而至坚,即孟子所谓苟不至德,至道不凝焉。坚者,即颜子喟然

---

① 顷,原本作"倾"字,据注文改。
② 姝,原本作"殊"字,据上阳子注改。
③ "足"字,原本无,据上阳子注补。

之叹,所谓钻之弥坚也,亦即孟子所谓至刚者是也。金华先倡,有顷之间,解化为水,马齿阑玕,此四句言铅汞相投也。在火逼金行之先,豫加仅小心微,以防危虑险,不可失时,其解化为水,以结成马齿阑玕,只在顷刻之间耳。

　　阳乃往和,情性自然。迫促时阴,拘蓄禁门。慈母养育,孝子报恩。严父施令,教敕子孙。

　　杏林曰:此乃以阳求阴之义,正和《关雎》之篇,是以阴阳谓之同类耳。由此观之,亦即有朋远来之旨。情者,阴也;性者,阳也。往和者,同声相应,同气相求,同类为朋,二姓合好,阴阳相交以造君子之道,性情相投以随天地自然之理耳。则是阴来迫阳,阳来促阴,阴阳相感之时,情投意和,此本人身自然之道。然而防危虑险之关多端,时不可不及,亦不可太过,其时既无过不及,而至于禁门一节,其拘蓄亦不可得不严。拘乃是得善拳膺弗失之状,蓄乃是涵养性中之天,以孕婴儿之义。其所谓门者,即前卷所言孔穴之一禁者,亦即所言两孔穴法也,而此门究不外死我之户是也。此门不可不禁,故曰禁门。禁门者,锁阳关是也。此门已闭,精不外泄,精不泄以结婴儿,男儿可怀胎,此圣胎也。我之保精,如慈母养育;精之奉我,如孝子报恩。严父慈母罔极之深恩,难报万一。母诞惟艰,父诲未易,孝子贤孙而岂能忘哉?夫大道虽出于我之精、气、神三宝所结,而我之气出于我之精所化,我之神出于我之气所化,然而我之精乃父母所授之精,籍此精以尽修身之道,即所谓能尽报本之学也。故圣经曰:自天子以至于庶人,壹是借以修身为本。修身者,浅言之,修我身为载道之躯;深言之,君子之道本诸身。修身者,修其外,修其孝悌忠信;修内者,修我一点元精元神。故曰:身外无道,舍身求道。谓之外道极言之修身者,修我身固有之道,我身固有之道何道?即先天大道是也。既曰先天大道,则必假我身先天之处而修之也。我身先天之处何处?即至善之地。此地有阴有阳,五行、八卦、干支无所不有,故曰十全地也。学道者,可不以十全为上哉?然而非慈母养育之恩、严父施令之教为不可耳。慈母者,何母也?木母是也;严父者,何父也?金公为父是也。金公木母同归于至善之地以相见,此即谓之金木并也。返克为生,赖此逆行之功,故曰金木相见不相克也。上阳子曰:乾阳为宾,往以求友。阳性阴情,譆相蟠紏。阴被阳迫,阳被阴促。彼促我迫,时阴拘蓄。两肾之间,号曰禁门。一阴一阳,一乾一坤。慈母云金,金生坎水。水即金公,水称孝子。严父云木,木生砂汞。子又生孙,子继孙踵。虑不精专,严施号令。此上阳子之偈。所谓严父施令者,士志于道,正心诚意,专心致志,存心养性,守心定一,一念不生,一尘不起,心死如冷灰,志坚如金刚。然非严父号令之严,实不能一念不生。而其要亦只在心不动,意不举,至诚必至于无息。无息而生,可以长生;不息之知,可以前知。但非严不可。慈母养育,严父施令,此二句不可平抬,贵在侧重严、令二字。严令者,如对上帝之面,得伍子之令。而其所严者为何?念不生,意不举,如如自若,巍巍太虚空,全体自现,大用自明,呜呼,可不严哉?

五行错王,相据以生。火性销金,金伐木荣。三五与一,天地至精。可以口诀,难以书传。

杏林曰:此言颠倒之法,逆行之功。金木顺行则相克,倒转逆行则相生,同归中宫调阴阳,金公木母自相并。天数属五,地数五,二五之精,妙合而凝。十面八方同归一,合而为一生至精。此乃三教秘秘诀,从来竹帛不传明。自古天机谁敢泄?惟精惟一允厥中。中不偏来庸不易,大道定理心法名。嘱咐好道真君子,求师积功累德行。上阳子曰:五行错王,颠倒克应。铅汞砂银,相据于土。火盛生土,土为金母。火王销金,木畏金刑。金被火伐,木乃敷荣。东南同五,木三火二。西北同五,水一金四。中央戊己,是曰三五。数一至万,兆经垓补。数合天地,覆感至精。此感彼合,口诀须明。此上阳子偈。噫,此大抵三元同一而皆归于五也,五居中央,以通十方者。十方之十者,皆通乎中央之五,以共成其五十之数,而全大易逆行之道也。盖天数五,地数五,中央戊己数亦五。且中央之五,安三元同通乎十,以就中宫三五归一之大道也。三五一者,以天数之五,地数之五,三五合而为一五,其中暗藏一十字,以贯满四方法象乎?三五,十五日之月,上弦、下弦通归于圆月。亏而满,亏者阴也,满者阳也,此剥阴取阳之道也。离九坎一成十,中央之五通之；震三兑七成十，中央之五通之；巽四乾六成十，中央之五通之；坤二艮八成十，中央之五通之。四面八方，皆一十通归乎五，然究不外逆行之数，孔门一贯之道，此成莫大天机，生天、生地、生人、生物之至理，成仙、成佛、成圣之大道也。是以逃出三界，不囿五行。《悟真》云：三五一都三个字，古今明者世罕稀。东三南二同成五，北一西方四共之。戊己之中生数五，三家相见结婴儿。婴儿太一含真炁，十月胎完入圣基。微妙哉，三五与一之天机，吾今泄而又秘，此所谓泄而不泄矣。泄而不泄者，三乃《心印》三品之三五也，五乃婴儿所含五行真炁于戊己之地，妙哉，与乃合也，一乃一窍玄关也。精、气、神三宝、五行真炁，天地至精，合归一窍玄关而成万古不没之圣贤。噫，只有口诀存焉，孰敢书传？一者，一窍玄关也，世所谓一窍通窍窍通者，即此一窍也；世所谓一窍不通者，即今日八股之假儒也。一窍不通，宜其所作之文章亦一窍不通也。一窍不通之人，焉能识得窍窍皆通之文？不识吾文，安知吾人？知吾人者谓通人。噫，不通之人固不通，即不通之人亦仍如不通，吾知吾道不行于时，下而行于行之日，哈哈，此理亦难传于书。

子当右转，午乃东旋。卯酉界隔，主客二名。龙呼于虎，虎吸龙精。两相饮食，俱相贪便。遂相衔咽，咀嚼相吞。

杏林曰：此发明上章之义，三五与一之交合，天地至精之归并也。子当右转，午乃东旋，转兮旋兮，子午相冲，此本属至理当然。震木兑金，一右一东。卯酉界隔，各一类从。主客二名，结为宾朋。龙呼虎髓，虎吸龙精。龟蛇翻舞，竟在同宫。阳中裹阴，阴裹阳精。交结一团，咀吞衔咽，嚼食相并，金乌玉兔，亦曾相同，乌肝兔脑，延年却病，饮咽入内，润心凉洞，窍窍关关，百脉流通。了得真一，齐天大圣，这个才是个万古英雄。

荧惑守西，太白经天，杀气所临，何有不倾？狸犬守鼠，鸟雀畏鹯，各得其功，何敢有声？不得其理，难以妄言。竭殚家产，妻子饥贫。自古及今，好者亿人。讫不谐遇，希有能成。广求名药，大道乖殊。

杏林曰：此一节究不外反克为生。荧惑星即朱雀，位居离宫，火炼金，金德杀，太白气冲天，火候纯，通黄理，离改乾宫，执中和，天地位，绝处逢生,杀气临,不伤正,才保无倾。宫定数三十六,长养春风。狸犬猫,专捕鼠,巍巍不动,鸡抱卵,大可补造化之功。两目力不外泄,精神入定,雀畏鹯,鹰擒兔,一团功能,至诚道,竭耳力,听也无声,这性理口诀,瞎相栽成。因求道,学烧茅,家业耗净,妻与子无根行,白受奇穷。入旁门获罪天,祷神不灵,古至今,今自古,多少英雄,好道多,得道少,是何病症?得道多,成道少,实无二病,一味的缺少这古圣德行。圣经言:不至德,至道不凝。德不至,天不悯。遇师不明,被撞骗,瞎造作,焉能有成?德行大,遇真师,三生有幸,我将这志道士,仔细叮咛,积奇功,累大德,期道有成。勿学那异类种,许多怪行,学烧草,求名药,妄造天刑,将大道愈乖殊,安能成圣?到死后,那阎罗叉于孽镜,照出他在阳世一切丑形,惹恼了阎王爷,怒目齐瞪,命夜叉同鬼使地狱而送,过奈何,上刀山,油锅而烹,用碓捣上锯破孽风还形,过一殿一殿刑刑惨难命,干一日短一夜长,何时超升?罪满日转劫所发变畜牲。我看那世界人尽如作梦,转眼间大劫临,怎得逃生?俺为此昼夜间自哭自恸,劝世人早回头改过,多能放生,多奉经虔虔诚诚,常焚香,常斋戒,哀求神明保佑着早遇师,一窍早通,无病无灾无魔难。无有考惩,不退悔,不败道,志如铁硬,唾面笑,不吝财,护道舍命,除贪嗔痴爱,除尽毛病。不欺师灭祖,三师齐敬,我有过师责,我总要敬听。即便是师责错,说破可明,大不要恨在心,离了德行。有一辈为人师,忌贤害能,不爱贤,不喜能,好听奉称。败道的能奉称是好后生,大贤良正礼相劝不听,意把他当一个刺眼之钉,设巧计来败道,害他性命。总然是莫怨人,自己考惩,善处的不嗔恨,藉此长能磨一磨,亮一亮,愈磨愈明,这也是相待俺大有恩情。择善从,不善改,师皆当敬。想到此从从容,气和心平,勿学那异端种子多败行,当后学他也是好听奉称,三师内有好的仙便不从,各从类比,不周一气胡行,这也是一定理。蛇不从龙,鸡与鸡合为群,必不从凤,邪与正各从类才成宾朋。自己邪,他还说人家不正,对他人妄夸,师却也堪疼。非疼他将我谤是我之病,却疼他妄谤师难逃罪命。破了戒,求师忏,恩如山重,一之甚岂可再?儒书言明,奈之何?无志气有犯前病,舍婴儿求凡儿,重凡轻圣,圣胎舍,凡胎存,是何德行?己不好恨师严,失了根行，前无缘师无德出此毛病，不信师言信乩笔，俱是胡行。看你妻临盆时怎么对大众，三师内无德的彼此同情，不管你不教你同声相应，只浪俺师太严。许多口风，这也是俺无德，出此考惩，虽如此，却不嗔还有乐景。上来考，下来考，考我心性，把我心，把我性，考明如灯，考的俺这心性日月合明。如此考能善处才有进行，今日考，明日考，考善处为能，才能够与鬼神合其吉凶。苦劝上，苦劝下，轻凡重圣，从今后皮气改净毛病，三皈真，五戒严，八字为凭，孝悌忠礼义廉信耻要精。俺存心上，与下敢对天命，只望着勿论上，勿论下，勿论宾朋。大功满，大果圆，携手同行。丹书召，到灵山对上合同，左金童，右玉女，仙乐相从，前幢幡，后宝盖，何等威风？跨仙鹤，起鸾驾，彩云随行。超九玄，拔七祖，会面天京。有三党并宗族，保得上升，同上仙，拜瑶池，谒见慈容。大逍遥，大自在，其乐无穷。到这时，悔坏了异类薄名与道乖。称殊类，希能有成，苦心发，苦口劝，且莫无听，且莫无听。

丹砂木精，得金乃并。金水合处，木火为侣。四者混沌，列为龙虎。

杏林曰：一本误作：丹砂水精，得金乃并。李光地先生注曰：丹与砂水之精也，而中有金，故知金水并也。此李光地先生之注。《古文参同契》作丹砂木精，诚善本也。上阳子注此六句曰：丹砂本皆有阴而无阳，以属后天，不能成丹；金与黄芽、金华，乃先天之铅，可炼还丹。故夫丹砂木精，即离中之汞火。火之父为东方甲乙之木，以生真精，是为中女。是以东方甲乙之木与南方丙丁之火，一父一女也。父与其女为阳中之阴，则震木离火为之侣也。黄芽金液为坎中之铅水，水之母乃西方庚辛之金，以孕其液，而为中男。是以西方庚辛之金，与北方壬癸之水，一母一子也。母与其子，为阴中之阳，则兑金坎水以合处也。木、火、金、水，四者混沌，列为龙虎。由此二者观之，上阳子注《古文参同契》二者皆为是；李光地先生注《参同契章句》，引二者皆为误。何以见之？盖木者，木母也；金者，金公也。金公木母相见，故有金木并之说，而未闻金水并之说。况且本文明言四者，四者非木、金、水、火而何也？若以木作为水，漫言失其龙虎之交，父母之配。本文以木为水，四者之数不得金，岂不成三乎？此即所谓睁眼漏，故注书其心不可不细如发。

此章大义总在炼精化气,炼气化神,炼神还虚,此乃交姤之道,配合之理,颠倒之功,逆行之法也。必如此,方能跳出五行之外,不为八卦所囿。而究不离前章三五一之至理。至理者,何理也?土居中央,以通四方之至理耳。理者,性也,即金、木、水、火四者之真性,分为四方,又于四偶,同乎上下,以归中央而全其性。性者,率性之谓道也;率者,以诀率之,而皆归成性存存之门,以尽率性之道,而承修道之教者也。乃其中四者,而不言土,何也?因土旺于四季故也。且万物又皆生于土,而万物更皆归于土,是以四者不言乎土,此大道之精微,性理之真传,三教之正道也。顾諟静观,其不明之理自明,故曰明明德,顾諟天之明,明皆自明也。然非得真师口传,儒门心法不特混沌不明,即列为龙虎,亦不得明。以致读书半生,书为书而我为我,甚可哀也,甚可悲也。

龙阳数奇,虎阴数偶。肝青为父,肺白为母。肾黑为子,心赤为女。脾黄为祖,子五行始。三物一家,都归戊己。

杏林曰:此章言龙言虎,仅对上章列为龙虎发脉而来也。此章大义,总在阴阳奇偶,五行相生,五色相合,始于戊己,终于戊己,而究不外三家相见结婴儿,此一句足以尽一章之大义。再观上阳子注曰:龙居东,其数三,故云龙阳数奇;虎属西,其数四,故云虎阴数偶。木火为侣者,龙从火里出也;金水合处者,虎向水中生也。肝青属木,为火之父;肺白属金,为水之母;肾黑属水,为金之子;心赤属火,为木之女;脾黄属土,四者之祖。子居五行之始,故为一阳之首。金与水,木与火,龙与虎,是谓三物。若此三物交会而作一家,则必藉戊己二土之力,方能成其功用也。此上阳子之注如此。

至于邱祖《西游记》,与此节之理,亦颇相合。唐僧、沙僧、孙悟空、猪八戒、白龙马,正合此章之旨。盖四者之祖,子居五行之始,故一阳之首者,即复卦所注:冬至子之半,天心元改移。一阳初动处,万物未生时。亦悉合此章之旨。三物者,虽金、木、水、火为一物,龙一物,虎一物,然究亦不外乎精、气、神三宝之所结也。虽然舍戊己则大道无归,都归戊己,此真为结句之妙笔,一章之领袖也。圣经言致中和,天地位焉,万物育焉,尤于此章之旨相合,故以圣经此三句一节作为题目,以行文而阐发此章之旨。

其文曰：观乾坤定矣之处，系春风之所由生也。盖天地位致中和，能致育焉之效，以合万物，混然于一气耳，此岂非三十六宫都是春乎？尝思天得一以清，地得一以静，人得一以圣者，则必德配天地，位列三才，以效法天地之全功。全功者何？致中和之气耳。盖究其理以尽性，而同此性者无不灵；禀其德以好生，同此德者无不应吾身。虽为天地之形器所包，而吾心之性理已与天地参矣。观中和之气，由于我致，天地之位亦自不出吾身之外。试以致中和者言之，中莫中于道心，道心者，天地之中心也；和莫和于正气，正气者，天地之和气也。天地吾大身，吾身小天地。以吾身之中致天地之中，以吾身之和致天地之和，未尝期与四时合其序，而四时之序无不合矣。中和者，天地之正气也，天地中和之气既由于我致，而天地之位焉亦必由于我致；天地之位焉既由于我致，而万物之育焉更必由于我致。试即以万物育焉论之，请纵谈天地之道，以明人身之道，其运用流行之理，实合大而化者，一而神矣。若天地失中，则大本已伤；天地失和，则大道已离。本伤道离，中和安致？中和不致，非天混于地，则必地混于天。天地稍有相混，势必有山崩以沸，陵变谷迁之应。况中和未发，天地未判，驳劣之气遍震虚空，横冲逆撞，则人物焉能生于其中乎？然必天开于子，浊气稍下，而高覆之体始露；地辟于丑，阳气始上升，而太空之体始廓。虽则天地定其位，而万物犹未能遂其生焉。盖当时万物之不生者，总因尚有诸多悍疾之气从空注下，如木石之直堕，如弩失之横流，人物虽萌生其中，莫不为诸多暴戾之气所摧残，而万物不能育焉。必至于人生于寅，而驳劣之气悉反中和，然后人物得遂其生，以渐趋繁衍。天地如此，而人身大略相同。甚矣，何时可舍中和而不致哉？大抵天地与万物中和一理，而惟天与人位育一机，君子黄中通理，以中致中，以和致和，而特恐不知天地位焉在何地也？极而言之，究不离至善活泼之地。此地位乎，其中统气以正人心，尽事功而全性命。既能得此并行不悖之道，即必具此万物并育不害之理。由是尽己性，尽人性，尽物性，而惟能尽性者，则可赞天地之化育。此致中者，天命之性也；致和者，率性之道也。再观述传之言位焉者，道之本原出于天,中和者,系存养省察之要,沉细而言之,在反求诸身而自得之也。

此篇文与此节书,细参自可有得于心,其结句都归戊己,合前章三五一观之,亦自有得。而惟于戊己之处,即是天地位焉之处,其理惟尤不易明,故再以天地位焉为题目,而爰为之文。

其文曰:观宇宙精华之所结,不离性命相合之处也。盖人身居一小天地,非位焉则中和无以致,而性天命地之理,舍位焉又将何以率之乎?尝思乾坤定,而夫妇之道造乎端,七日复而天地之心始得见。其当子半阳生之时,即在一元初动之处也。止观一阖一辟动静之机,究不离无极太极根源之地。故原始以返终,厥性而复初,舍此一地,尽归寂灭之乡矣。如致中和者,致天地之中和也。既致天地之中和,即贵得乎天地之心,于至中至和之地以致之耳。不然,中也者,中为天地之何地?和也者,和于天地之何地也哉?天地失其中和之道,而吾身亦自失其性命之道,何也?性命者,率之谓道,亦即天地者一之谓道也。一贵于贯,失其方所,将何以操其贯通之权?道贵于率,迷其法界,无所用其措手之地。苟日久失所迷界,则人心、道心天渊之别,而惟危惟微,实难并存。此非将天人归一之道,而失之愈远哉?然而返观活泼之地,若以常乐性中之天,保守顾諟之天,即止于至善之地。若是天地,固不离中和之气以为覆载之权。致中和者,果能于中和之气,所发之地,知而止之,亦即为位焉之地。而其位焉与天地中和之气,又当为何如?日月者,天之阴阳;阴阳者,人之根本。日月失位,难著照临之光,照临无光,明处反昧。华岳者,地之融结;融结者,道之门户。华岳移位,不免错综之失,错综失当,定处亦乱。是故天地曰否,悖黄中之通理;地天名泰,和安土以敦仁。本末宜辨,先后须知,静定专求,发而中节,自可渐入成性存存之门。日就月将,学由缉熙,须臾莫离,有志竟成,久必自显得一拳拳之状。然此果何以故?盖静极动处,呼吸有灵,二五之精,妙合而凝。杳杳冥冥,寂然不动者,位之体也;恍恍惚惚,感而即通者,位之用也。试观万物育焉,其归根复命者,全天地之大德曰生,而其生机在位欲得其位,永乐万物长生之道者,舍致中和而外,断无位焉可求之理。甚矣,有志于天地之间,而致中和之道者,不可不知活活泼泼之地,去至善之地不远,至善之地即谓天地位焉云尔。噫,吾行此文者,非为以文传世也,非为以文传世,奈何以文载于传世书中也哉!呜呼,以文载于传世书中也者,正为此时文腐乱墨卷之风也,正为正此八股传世之误也,正为正此理学失传之弊也。故注此理性之书,择此理性之题,行此理性之文,以挽文风之颓,而传圣道之真,非传八股之时文,此又世人所当知也。

刚柔迭兴,更历分布。龙西虎东,建纬卯酉。刑德并会,相见欢喜。刑主伏杀,德主生起。二月榆落,魁临于卯。八月麦生,天罡据酉。

杏林曰:上阳子云:青龙属东,白虎属西,此其正也。更历分布者,青龙建纬于酉,白虎建纬于卯,是刑德并会,而龙虎①欢喜,颠倒相见,故龙虎相见,会合一处,则二物欢喜,以主生为德;若龙东虎西,定位各居,自生自旺,则二物相竞纷扰,以主杀为刑。刑者,阴阳乖错之义;德者,雌雄相见之喻。刑者,五行顺行之谓;德者,五行颠倒之意。刑者阴消其阳,德者阳合乎阴;刑者阴多而阳少,德者阴少而阳多。且如四阳而二阴,二月之卦也。阳长阴退,其阳虽多而有余阴。阳多为德,余阴主杀,是以三春万物并生,而榆荚堕落者。一如人也,年方及壮②,一身之中,阳多阴少,日壮一日。却于此时,欲火大炽,其阳虽多,皆为阴消,纵有余阳,不能主宰,百病来侵。将暨阳脱,犹复念念在于欲界,尽力求阴;余阳遇阴,悉皆消脱,卒然而终。此之谓德返为刑也。若是上智,乘其余阳,以为阶梯,急行还丹之道,可复长生③,是之谓刑德并会也,是为相见欢喜也。又如四阴而二阳,八月之卦也。阳为阴消,其阴虽多,尚有余阳。阴多为刑,余阳主生,是以三秋万物将零,而荠麦乃生。一如人也,年将六十,一身之中,阴多而阳少,日衰一日。若于此时,幸有余阳,而行金丹之道,能令阳复,是谓返老还童也,是谓长生久视也,是之谓刑返为德也。二月子时,之斗魁星临于卯位,罡星临于巳上,位属东南,主生为德;八月戌时,斗之罡星,据于酉地,魁星临于亥上,位次西

---

① "虎"字原本无,据上阳子注本补。
② 壮,原本作"状",据上阳子注本及文义改。
③ 长生,原本作"此生",据上阳子注本改。

北，主杀为刑。经云：罡星指丑，其身在未。所指者吉，所在者凶。余位皆然。此喻炼丹之功用也。此上阳子之注如此。

刚柔迭兴，更历分布者，内兼火候之功，配合之妙，刚以嫩配，柔以老和，无一不调，方能结丹。古仙有言曰毫发差殊不结丹，然知刚柔老嫩之配和，而失其颠倒逆行之法，则亦止有刑克而无生德，有悲伤而无欢喜，顺则生人生物，而焉能成仙成佛？逆行之法，非受师传不可。既受师传而得妙诀，乃其中阳极阴生，阴极阳生，阳中有真阴，阴中有真阳，危险之中返安乐，舍死之中求长生。君何不观夫天地自然运用之理乎？二月草木萌生，而榆荚则落；八月万物将残，而荞麦方生。此何以故？魁临于卯，天罡据酉之故耳。盖人身居小天地，人道即天道，而天道亦即人道，天地之道既如此，而人身之道亦大略相同。

子南午北，互相纲纪。一九之数，终而复始。含元虚危，播精于子。

杏林曰：上阳子注云：子南午北者，颠倒五行也。仙圣云：五行顺行，法界火坑；五行颠倒，大地七宝。所以水火互为纲纪，方能既济也。阳生于一，成于九，阳数至九则极，极则复于一，此谓一九之数，终而复始，含元虚危，播精于子者。丹之神功在此两句尔。盖虚危之次，日月合璧之地；一阳初生之方，龟蛇蟠旋。此复应前文子五行始①之义也。世人但闻卯酉为沐浴，岂能明刑德之喻？盖德与生，即半时得药之比；刑与杀，则顷刻失丧之喻。是以入室之际，直须防危虑险，方可炼丹。仙翁比为春旺之时，何物不生，而榆荚死者，德中防刑，生中防杀也；秋肃之候，何物不凋，而荞麦生者，刑中有德，杀中有生也。是书历历而论，种种而明者，其主意之妙，唯要得先天之气耳。此上阳子之注。

夫南者离也，离者火也；北者坎也，坎者水也。火在上而水在下，名未济之卦，内藏入世之法，可尽人伦之道。子者水也，午者火也。子南者，水在上也；午北者，火在下也。水在上，火在下，名既济之卦，内藏出世之法，可尽性天之道。人伦之道，后天之道也；性天之道，先天之道也。先天之道非借后天之道无以修，后天之道若失先天之道难入圣，故

---

① 子五行，陈上阳注本作"子午行"。

曰:知所先后,则近道矣。此时虽未能全我乾初而成纯阳之体,知其所则与道为邻,故曰近道。但知所非经师传不可,一切法则非经师,究属不可。下手之处,用工之法,非得真师口传,自古三教圣人不能自知,而况后世之人乎?但此地究属何地哉?即在子返回南,午返回北之地,以变乾坤对待之体。此非颠倒之法,逆行之功不可。颠之倒之,子返于上而午归于下,子南而午必北,此不待言矣。试即以子南言之,子者,子半阳生也;子者,子静见天心也;子者,天开于子也;子者,道成于子也;子者,了一也,了一成圣也。互相纲纪者,即一切颠倒逆行之法则也。阴主静而阳主动。一者,阳数之始;九者,阳数之终。一九为少阳,二九为老阳,老变少不变。终而复始者,往来变化无端,故曰事有终始。事者,圣事也,借凡以修圣,为事也。含元虚危者,即善极思恶,恶极思善,治极思乱,乱极思治,阳极思阴,阴极思阳,泰来否极,否极泰来。而其含元虚危之秘诀,只在龙吸虎髓,虎吸龙精,抽爻换象,拆坎补离之功能毕矣。播精于子者,即惟精惟一,允厥执中也。其播之力,亦即返精补脑之功,久而久之,可以得一,得一了一,如天相齐,如天相齐,故谓之齐天大圣矣。

《论语》一书,孔子传性天大道之书也。孔子之道,即天道也,故曰犹天之不可阶而升也。天道开于子,而孔子传天道之书,亦开首于子也。子谓孔子者,天得一以清,地得一以静,人得一以圣者,了一也。了一成圣,吾夫子了一成圣,故子即吾夫子也。《论语》以子字开首者,即此义也。人皆知夫子为子,皆不知夫子所以为子。为子者,正为取子南午北之义也。南者,离也,离为目,目生于首,而居南方,《论语》以子开首者,岂非子南午北,以寓先天之大道乎?篇篇藏义,字字藏道。天者阳也,子者阳也,夫子传天道之书,以子开首者,亦阳也。噫,此皆隐寓三阳之义也。又不特《论语》一书为然,《诗》首关雎,《书》言精一,《易》首乾坤,《礼》言安土敦乎仁,《春秋》首书元年春王正月,而即《三字经》一书,以人之初,性本善为经句之首,以我教子惟《易经》终之,此皆隐寓子南午北,互相纲纪之至义也。今之俗儒,岂知此哉?而岂可不知此哉?因其不知,而又因其不可以不知,故吾以一画开天,遂泄乾坤之秘而告之也。告之者，告其当学古之学者为己也，为己者，返求诸身而自得之，此谓之为己也。然不知将何以得之乎？且勿论其他，不知自为儿读书，以至于耄耋，孔门弟子除四大贤姓氏居于子上，而其余皆以子之居于名号之上者，问之而无一人知之也。吾是以不得不告之曰：四大贤者皆造至子南午北，以返离南坤北，而成乾南坤北之体象者也。此道成于子得一、了一之人，堪可以子称子即其称也。若不以姓居于子之上，而概以子称之，与吾夫子将何以别之？子即吾夫子也。子余子皆以姓加于子之上者，以与吾夫子别也。何以见之？而四大贤之中，惟于子思不以姓氏加于子上者，正恐与夫子有混也。又有一理，足可征矣。譬如某字号内，某人为正身，即以掌柜称，而必以姓加于其上者，以与正身有别也。此一理也。再譬某成名为正身，以老爷称也，乃兄乃弟，皆以老爷称而为正身者，只以老爷称，其乃兄乃弟，必以派行加于老爷之上以别之。此又一理也。总而言之，皆为与正身有别也。是以称子，即为吾夫子，余子皆加一姓于子之上也。此理辨之不为不明，故曰：有夫辨，辨之弗明，弗措也。孔门中除四大贤而外，皆以子之加于名字之上者，正为其未能拆坎补离，以返回乾坤对待之体；以子之加于名字之上者，正以其未能得一称子。故以子之加于名字之上，此不特得一善者别，而正所以诫之也，而正所以深诫之也。深诫之也者，告其以子南午北，互相纲纪，一九之数，终而复始，含元虚危，以播精于子，始可得一、了一，而以子称其名。此圣人之深心也，而今之儒者，其知此哉？吾不怪其不知此，吾独怪其读书一生，半子不明，以八股胡言为之能。若再以得科名，自为学问满于胸中，观明者之作，如同蒙懂，或授徒而为人师，不以为患，反以为好。噫，吾所怪者，怪其不知耻也。甚矣，吾望之者，望其再勿以得科名即为学问之优也，望其再勿以授徒即为学问之优也，望其回头而效古人之学者为己，庶可望其有子南午北，互相纲纪之日也。

如审遭逢，睹其端绪。以类相况，揆物终始。

杏林曰：此博学审问，慎思明辨之旨。语曰投师如投胎，诚哉言也。今之读书，从师习于章句，此记问之学也，不足为贵。此不过为求衣食计，此不过为求功名计，此徒尚不可忘此师。而况学圣学贤为仙为佛，道成天上，法传后世，以超吾玄、拔吾祖之真师者乎？师恩既不可不报，但恩同罔极，实无可报，而惟有迁善改过，积功累行，希贤希圣希天，庶可报达师恩大德于万一也。然而担簦负笈，遍寻海隅，而其遭逢亦必不齐，三千六百旁门，七十二种外道，自古有之，而今又必不止三千六百、七十二也。睹其不为异端，接夫三教之统绪，而传以同类相应为之宾朋，再相其竟况，而不离一阴一阳，性命兼修，此真师也。然犹恐有影射之弊，是以不得不揆度于物终始之间耳。物者，物有本末之物也；终始者，事有终始之终始也。物者，在即物而穷理；终者，死也；始者，生也。知生知死者，其惟圣人乎？知生知死，知生我之门，死我之户。生我之门始也，死我之户终也。能知此者，诚真师也。虽然真师不易遇，亦不易求，而又不易事也，故曰：观于海者难谓水，游于圣人之门者难与言。事此等真师，务要低心下气，无丝毫之贡高执着，耐考惩，而任接磨，千难不改，万魔不退，守斯善道，死而后已。素位而行，富贵不能淫，贫贱不能移，威武不能曲，有一无二，期于必成。但真师其法，无有不严者。关圣帝君曰：吾道最尊，而吾法最严。其法不严者，其道必不尊，故语不有云乎。佛法最严，而彼夫旁门外道，法必比严，此至理也，此定数也，此审之睹之揆之之要领也。其所以者何？若入邪经，七祖堕狱受阴刑。不为旁门所惑，故在于审。而黄帝误投七十二师，后访广成子而得真传。此虽曰误投，而实非误投也，乃上帝特命黄帝误投之后，以访广成子而得大道者，为后世误投，而不能自审者戒也，更为后世既得真传而不能自审，复被旁门所惑者，深戒之也，而深罪之也。不然，以黄帝之德之明，何至投遍七十二旁门之后，上帝始命广成子以传大道也哉！古人云：真的跟了真的去，假的被了邪的拐。而吾有一至妙之法，能不误陷于旁门外道，而此法何法也？积功累德，迁至善，累奇功，养正气，诚心正意，感格而自有真师遭萍逢之交，而得受真传。此即吾之所谓至妙之法者也。试观入旁门者，非好道不诚，即不乘载道之躯，抑或有祖上其德太薄，而己身又无大功以补之。不然，即定必系异类种子之辈，至于退正道而甘入旁门者，非贪高好胜，即作孽多端，其心不正，以邪招邪，此定所不免也，可不审哉？

五行相克,更为父母。母含滋液,父主禀与。凝精①流形,金石不朽。

杏林曰:此言先天大道,禀父精母血而修,以尽报本之学。天地交精,化生万物;父母交精,化生男女。而吾身一阴一阳之道,自相交精,于天地位焉,春满三十六宫,龟蛇蟠舞,龙虎同宫,二五之精,妙合而凝,禀与含受,以成其形。入水不溺,入火不焚,入金石而金石无碍,何朽之有哉?何克之有哉?不为八卦所拘,跳出五行以外,八八六十四卦,三十六宫,卦卦藏五行,宫宫藏五行,相生相克,有旺有衰,劫劫更易,转而为父母。此道即造端夫妇,以成君子,察乎天地,以至于其极也。更为父母者,上阳子注曰:坤兑更易而为圣母,乾震更易而为灵父。此上阳子之注。盖母含滋液,父主禀与,此吾身小天地之乾坤交精化生,以育万物,结灵丹以怀婴儿,号曰圣胎。因其禀与含受,故曰返魂浆,合欢酒,兔脑乌肝,润身凉也。五行同归中宫,自然返刑为德,返克为生,故曰金木相并不相克,又曰猛火夺金莲。丹书言使戊己为媒聘者,用戊土从坎,起到离宫,用己土从离宫降至坎宫,再以戊己二土媒合,守在中宫。寂然不动,静极则灵,灵极自动,法不举而自举,橐不采而自生。其所以者何也?所以者在动我乾坤之橐籥,取我坎离之刀圭,运我日用之双轮,簇我阴阳之真炁。如此谨待时节,时节一至,妙合而凝,恍惚之中真铅至,杳冥之内真汞降。然而铅见火则走,汞见火则飞,非我戊己媒合守宫不可,此为要诀,切记切记。戊己守宫,陶铸阴阳,寂然不动,则铅不能走,汞不能飞,随水火自然升降,随金木自然混融,随精神如夫妇之相合,随魂魄如子母之相恋,此之即谓坎离交姤也。吾今将不泄之秘,合盘托出,为辨真师、盲师之龟鉴,考道真伪之试金石也。

审专不泄,得为成道。立竿见影,呼谷传响。岂不灵哉,天地至象。若以野葛一寸,巴豆一两②,入喉辄僵,不得俛仰。当此之时,周文揲蓍,孔子占象,扁鹊操针,巫咸叩鼓,安能令苏,复起驰走?

杏林曰:此言真假之利害所关,认真可以为佛成仙,认假即服毒莫

---

① 精,原本脱此字,今补。
② 两,原本作"刃",今改。

挽。世之贪假者，如鸩止渴，漏脯救饥，欲求生而反速其死矣。噫，审之可不专哉？而其不朽之功，全在审察专一，防危虑险，拳膺弗失，不使其毫厘走泄，作个不漏精通真佛子耳。泄则生人，不泄则成道，一日不违，三月亦不违。亦即孔子验夫回也，终身不违，一得永得，永成天人归一之大道。而天地有坏，我无坏也。但其大道，修在一纪，而成在顷刻，其成之速，其丹之灵，如立竿见影，如呼谷传响，其应灵之效，时不少间，此天地之至象也。《金刚经》云一合象，此象即天地造化交感之灵，相应相合之至象也。其结丹之速，故曰捷如影响，而此时不可失也。舍此一道，欲求长生，如以野葛、巴豆入喉一般，虽有至圣、明医，亦难令复生，人可不醒哉？《指玄篇》云：叹世凡夫不悟空，迷花恋酒送英雄。春宵漏永欢娱促，岁月长时死限攻。弄巧常如猫捕鼠，光阴犹如箭离弓。不知使得精神尽，愿把身尸葬土中。《悟真篇》云：人生虽有百年期，夭寿穷通莫预知。昨日街头犹走马，今朝棺内已眠尸。妻财抛下非君有，罪孽随身难自弃。大药不求争得遇，遇之不炼是愚痴。吾劝尔有志男女，欲有乐出世，厌尘俗者，老人莫言晚，少年莫谓早，急速立起冲天大志，一心不二，细心追思此章，穷研微妙极处，方不被旁门外道所惑。此书为考道试金之石，真伪自明端的，积功累德，舍死忘生，遍访真正三教归一独尊至道人，有诚心，自然感格上天慈悲默荫，至人相遇，指受真我玄关，一超直上性命圭一妙道，一经指示，万缘放下，急入静室，依口诀用功，由筑基炼己采药，拨阴取阳，性命会合，结胎十月满足，功圆果满，脱壳飞升，现出六丈金身，朝老母，拜三清，诸佛菩萨高真上圣，赏莲台上品上乘，超玄拔祖，受享极乐清福，称大忠大孝，流芳万古，方不枉投东一转也。然遇此书，乃是佛子仙根，三生有幸之人，蒙佛默荫使然也。此书所在之处，千佛顶礼，万圣护持，金刚诸神守卫拥护，待候志士高明真君子颁阅。依此寻访真师指受，扶凑三期普度，大好因缘奇功，各了心愿也。吾同心志友，可不急急找拜访真师至人者哉？切切至嘱。

后　叙[①]

邻国鄙夫,幽谷朽生。挟怀朴素,不乐权荣。栖迟僻陋,忽略利名。执守恬淡,希时安宁。宴然闲居,乃撰斯文。歌序大易,三圣遗言。察其旨趣,一统共论。务在顺理,宣耀精神。神化流通,四海和平。表以为历,万世可循。序以御政,行之不繁。引内养性,黄老自然。含德之厚,归根返元。近在我心,不离己身。抱一毋舍,可以长存。配以伏食,雄雌设陈。四物念护,五行旋循。挺除武都,八石弃捐。审用成物,世俗所珍。罗列三条,枝茎相连。同出异名,皆由一门。非徒累句,谐偶斯文。殆有其真,砾硌可观。使予敷伪,却被罪愆。命《参同契》,微览其端。辞寡意大,后嗣宜遵。委时去害,依托邱山。循游寥廓,与鬼为邻。化形而仙,沦寂无声。百世一下,遨游人间。敷陈羽翮,东西南倾。汤遭厄际,水旱隔并。柯叶萎黄,失其华荣。各相乘负,安稳长生。

重注《古文参同契秘解》分章卷四

《参同契秘解》自序

秘者何秘也？天地之精华不可泄也;解者何解也？古圣先贤之著作,正赖学者注解,以阐明其旨也。书因注而以《秘解》名者,又何也？此书内藏天地之精华,系吾儒门秘而不传之心法,今被笺注以解之,故其解亦宜秘,而爰名之曰《秘解》。秘解者,乃儒门不传之秘,吾因而解之,吾解因儒门不传之秘,一并而秘之,夫如是,谓之解秘也,固可谓之秘解也。更无不可解秘者,因心法秘而不传,故人所难解,吾特注而解之者,以待其人也。秘解者,因解透儒门万古不传之秘,而此解亦实不敢不秘者,恐泄天符也。然既曰解,而又曰秘解,而秘者何取于解乎？呜呼,噫嘻,世人不知之矣。吁嗟噫嘻,特因世人不知者,正《秘解》之

[①] 校者按:经文"后叙"原本脱,此处据古文本补,以成完璧。

所由作也。而所由作者,亦无非因秘而解,因解而又秘矣。何则?盖人心惟危,道心惟微,惟精惟一,允厥执中,而尧、舜、禹、汤口传心受者此也。文武、周公、孔孟圣圣相承,默默相授,继往圣,开来学,亦不过如此,而岂有他哉?然此即名之曰十六字之心传者,岂不谬哉?即明载于经而奈之何名曰心传,夫世人孰不可读经,凡读经之辈,即皆呼之曰此得十六字心传之人,吾知其断断不可。且孔子尝笔之于书,以授孟子者,此书果何书也?吾曾访诸世人,而好事者共争相辩曰:此书即《学》、《庸》之书也。吁,若果即《学》、《庸》之书,凡读《学》、《庸》者,皆谓得笔书相授之人,又何独孟子得传,而此其中岂无以哉?噫,孔孟相去百有余岁,实不能将儒门心法,以口授笔之于书传者,其心法必有秘解也。但其解秘而不见于世者,以待其人有其德,行其功,得其传,泄其秘,而解其真也。籍非然者,孔子笔之于书,以授孟子,而此书何独不见于世?不见于世者,岂非恐泄其天符也耶?经曰:天作之君,天作之师,若非其人,天不命传,人孰敢私传?如孟子既称亚圣,而又称泯圣者,因孟子身后,圣教已泯,而大道寝失其传也。寝失其传,非孟子之才不足传,非孟子之德不足传,更非孟子之徒,皆不足以受传。则是天不允传于世,人不敢传于世,虽天允传,而人未承受天命,亦不敢传。违此天命者,天谴最严,雷诛在所难逃。古圣曰:非其人不语,非其时不言。子贡亦曰:夫子之文章可得而闻也,夫子之言性与天道,不可得而闻也。闻不得闻,言不敢言,而何说传哉?即吾夫子亦曰:朝闻道,夕可死矣。此虽极言大道之美,人不可不闻,而究竟圣人立言之旨,从来知之者罕。懔懔然朝闻夕死可者,吾今庶得拭目视之,然而未敢必也。予日望之,望之不至,而切思之,思之不得,而穷其理。穷其理者,非他若黄帝之书,二酉秘山,此书乃何不传?秦皇之焚,绝书不少,乃何圣经独存?此其书或显或隐,亦莫非天也。是以天降丹书,鸟衔佛经,此书之显者也;琅环福地,于书无所不有,尚多不知其名,此书之秘者也。隐者隐其书而秘其辞,显者显其理不泄其秘。噫,汗牛充栋以来,性天大道从未明载,古圣先贤未敢明言。子贡虽曰夫子言性与天道,而犹曰不可得闻,既曰言,而又曰不得闻,言而不可得闻之言,秘言也。闻而不得于心之闻,仍复如未闻也。大抵读圣书之人,皆得闻圣人之言,而岂能因读书闻言,即得圣人性天大道也哉?吾每闻古圣得道,皆因师传,而从未闻古圣因读何书而得道也。若有一书焉,读而即可得道矣,则何必圣之相承,口口相授?苟读书不可得道,而圣人留书传世,无非传道,一篇一字,亦不离意也,亦不外道也,何必他求?而抑知古人有言曰:篇篇藏意,字字藏道。藏即秘也,岂有明言泄漏之理哉?从来著书传道,而秘其道者,俾得道后贤,而以书为考道之试金石也。其考也、试也,与三教圣人所留经典稍有不相符合者,即旁门外道,急退而不可进也。道曰:是道则进,非道则退。儒曰:博学审问,慎思明辨笃行。是以黄帝误投七十二旁门,后访广成子而得真传。嗟呼,以黄帝之圣,而得天降丹书之多,犹不能因书而闻道,况后贤乎?而况后世之不贤者乎?然而正因世之有不贤者,今将《参同契》书,因注解已明,而其解又不敢不秘,因何而秘?因不忠者秘也,因不孝者秘也,因不仁者秘也,因不义者秘也,因诡诈不实者秘也,因贪高好胜者秘也,因不能化气质之偏、不能建长久之志者秘也。因有此等不可读此书之人,故名之曰《参同契秘解》云尔。

山左太医院医员杏林吕惠连岩谷自序

开口便说秘解二字,乃为一篇之纲领,眼明手辣,字字风霜,行文更兼有长蛇阵势,击首尾动,击尾首动之妙。后学悟此,乃可化钝根呆滞之病。读是文者,其省也夫,其悟也夫。

明心拜读

《笺注》上篇[①]

乾坤者,易之门户,众卦之父母。

杏林曰:妙哉妙哉,而众妙之门,始之乎此哉。此者何也?此言大易之为道,首重乾坤而开门户之始,以造阴阳之基,要皆本此生生化化

---

① "《笺注》上篇"四字原本无,今据《古文参同契》补。按:据《古文参同契》,《笺注》系徐从事所作。

之德以为德，是以为众卦之父母者也。原夫天地化生万物，固不离一阴一阳；父母化生男女，亦不离一阴一阳；而乾坤化生众卦，岂离此一阴一阳之道哉？乾之三连者，三阳也；坤之六断者，六阴也。其余众卦悉皆不离阴阳，互相更迭而为象也。且亦不第此耳。天地至理，大道玄机，动极生静，静极生动，阳极生阴，阴极生阳，天地之至理者，即大道之秘机也。乾三连者，纯阳爻也，纯阳则阳极；坤六断者，纯阴爻也，纯阴则阴极。阳极生阴，坤生于乾；阴极生阳，乾生于坤。此乾坤变化之无端，即阴阳变化之莫测，而以此开大易之门户，故曰：一画开天，遂泄乾坤之秘；九畴衍义，大阐皇极之精。而究之不离阳变阴而阴变阳，乾转坤而坤转乾，其理也，其道也，阳中有真阴，阴中有真阳。乾者，阳也，门也，从生之道也；坤者，阴也，户也，从死之道也。人皆生于乾坤之合，死于乾坤之离，修于乾坤之所，成于乾坤之交，此即天地之理，此即大易之道。然而世人凡为私欲锢蔽累之耳，人而不知其所止者，诚可哀哉！古仙有言曰：生我之门死我户，几个惺惺几个悟者，即此也。而其名之曰门户者，岂无谓哉？亦不过取其旋转阖辟为众阴众阳，时出时入所必由之路。故《易》曰：一阴一阳之谓道，又曰：成性存存，道义之门。圣经曰：道也者，不可须臾离也，可离非道也。然其内皆无非隐寓乾坤交姤之道，参赞化育之功也。噫，所谓易之门户者，亦即大易逆行之理是也。顺则生人，逆则成圣。夫易者，逆也，顺则下流，从户而死；逆则上升，从门而生。天地之理如此，大道之理如此，而人身之理亦无非如此。

　　《景岳全书》云：乾元之气体始于下而盛于上，升则向生也；坤元之气始于上而盛于下，降则向死也。观乎天道，则知人道，而人道亦本乎天道。天道自夏至一阴初姤，则由巽五、坎六、艮七、坤八之数，天道从西顺流而行，则阳气日降，万物日消，此皆顺行从死之道；幸而阴剥之极，自己冬至一阳得复，则由震四、离三、兑二、乾一之数，天道从东逆旋，而转则阳气日升，万物日盛，此凡逆转生之道。天道如此，人道如此，而究果何以如此？要皆不离乾坤开易之门户，为众卦之父母也。故如此，此者即乾之用九，坤之用六是也，亦即朱子所谓一索再索是也。是以乾再交而成临，临而泰，泰而大壮，大壮而夬，此以阳求阴之道也；

坤再感而成遁,遁而否,否而观,观而剥,此以阴求阳之道也。乾生三男,坤生三女,各从其类,亦各反其类。由此而推,除乾而坤,坤而乾之外,其余皆以乾坤之父母,其三男三女,迭为夫妻,则六十卦之次第由此生矣。是以曰众卦皆以乾坤为父母也。前卷言六十卦周者,不外此也;《易》,名大易周者,亦不外此也。惟人得天地之全气而生以配列三才,而人可不以天地之道为道哉?又不可以人道而返归乎天地道哉?乃天地之道,非乾坤之道而何?人身居一小天地,故君子之道本诸身,君子修身之道亦不过一阴一阳之谓道耳。圣经曰:君子之道,造端乎夫妇。及其至也,察乎天地。夫妇者,乾坤也;乾坤者,天地也。天道即人道,人道亦即天道,而此道乃天人归一之道也。因天人归一,而三教圣人接夫天道之统,以开人道之始,而为后世祖祖圣圣、仙仙佛佛,口口相授,心心相印,以继夫天道、人道之传,而开示来学,致永垂圣道于不泯。噫,若舍此一道,而皆非圣道。今之儒者习于章句之学,章句之学者,记问之学也,不足为贵。若以章句之学为求富贵之术,尤足为耻;再以此为圣人之道,罪莫大焉。噫,此非谓异端之学而何哉?此穷天人之道者,即返本之学也。学者可不以此效夫君子修身之道,而求报本之学哉!其本者何也?即大易乾坤之道也。乾者,性也;坤者,命也。乾坤之道即性命之学,易之门户即造化之窝,造化之窝即天地位焉,众卦父母即万物育焉。夫子五十学《易》者,即以此而学之也。噫,学者可不求门户之所知而止之,以拆坎补离,返回我先天乾南坤北之体,而习此大易逆行之学哉?

坎离匡郭,运毂正轴。

杏林曰:此承上章而言。众卦者,万物也;乾坤者,天地也。乾坤为众卦之父母,犹天地为万物父母,一也。门户者,坎离返乾坤之方所也;易之者,即运毂正轴秘诀也。万物禀天地阴阳以成形,天地之万物秉天地之阴阳以成形,而吾身居一小天地,万物皆备于我身,而我身之万物,岂不能禀我身之阴阳而成其形哉?所谓形者何形也?而物者又何物也?形者,男子怀胎,婴儿成形也;物者,药物也。药物者,精、气、神三宝之上品药也。噫,婴儿成形者,坎离冠乾坤之首,因得大药而结灵丹,以行怀胎孕哺之功也。然此功果何功哉？此功也者，即匡之、廓之、运之、正之之功也。今日后天之坎离，即当年先天乾坤所变化，若欲籍后天而返回我先天，非行拆坎补离之功不可也。匡者，匡正之说也；廓者，范围之道也；运者，转也；毂者，轮也；正者，中不偏也；轴者，法轮常转也。此言离得坎中之满而成乾，坎得离中之虚而成坤，复我本来面目，穷理尽性以至于命，归宗认祖，以得重见我主人翁也。若此当年先天落后天，因由乾坤变坎离。今得明师指点，厥性复初，尽天命之性，行率性之道，归修道之教，亦必由后天返回先天，至中至正之处，允而执之，以行拆坎补离之法也。而此法何？即儒曰瞻之在前，忽然在后，佛曰法轮常转，道曰河[①]车。三教归一，总其名曰大小周天也。运我浩然真一之气，充于允执厥中之处，车上昆仑，以存道义之门也。此门位乎中，居天地心而至正耳。盖车之行也，非毂之运动不可，然若轴之不正，而毂实难施其运动之功。坎在上而离在下，水升火降，而成既济之卦。时驾三车，常转法轮，运用毂轴，前降后升，然非火候之功不可耳。毂者，车之轮也；轮者，盘也，即罗盘之义。但车轮有二，即天盘、地盘是也。其轴者，即盘内之定南针也。其针不正，则其定难准；其定不准，则子午不相对；子午不对，数难合三；数不合三，则难就戊己；戊己不就，则三五之道废矣；三五之道废，由于毂之不能运；毂之不能运，由于轴之不正故耳。甚矣，中庸大道，不偏不倚，颠倒玄机，而毂之不可不运，轴之尤不可不正也。不运不正，三五不合，大道不成，何则？五者中央戊己之数也，非毂之运不能就，非轴之正亦不能合，此自然一定不移之理也。苟子午之位不对，而子午之数势必难合，毫厘之差，而千里之谬，可不慎哉？子者水也，离者火也，一六水，二八火，一生之二成之，天地自然之道，乾坤自然之理，阴阳自然之性，万物自然之情，造化自然之机，神圣自然之功。分之而为一为二，合之而成一为三，然欲同归戊己，而成三五之大道者，非运毂正轴，则坎离实不能返回乾坤，以奏成功于戊己之地，而成水火既济之卦也。今坎居上而离居下，已成水火既济之卦，其匡廓之力，皆

[①] 河，原本作"何"，今改。

赖运毂正轴之功。水火既济即子午相冲,子午相冲即拆坎补离,而成乾坤对待之体,要不外运毂正轴日久之功矣。噫,坎居上者,坎之满补离虚而成乾也;离居下者,离之虚变坎之满而成坤也。此即得一之大人,此即由后天而返回我先天对待之体,三教圣人悉皆如此而成也,故曰三教一家,不二法门。果能道归一贯,万殊一本,而并行不悖,即头头是道,散之则弥六合,卷之则退藏于秘,其千经万典,总道归于一。读书者,欲为圣人之徒,岂可舍此道而他求哉?此道不特读书者能行之,即夫妇之愚可与知。夫妇之不肖可以能行,然而不得师授,不可也。学者可不急求师哉!

牝牡四卦,以为橐籥。

杏林曰:此以升降阖辟阴阳之理发明天人之道。八卦四阴四阳以均平天地,医书曰:阴阳本自均平,偏者病也。一牝一牡,一偶一奇,一阖一辟,一出一入,一升一降,一阴一阳,正赖此浩然之气。则塞于天地之间,集义所生,以配义于道,而其阴阳交合赖乎此,拆坎补离赖乎此,即一切种种之法,则无一不赖乎此也。此者何也?此即升降配合之消息也。牝牡既为阴阳,而阴阳必赖于息消之气,而消息有橐籥之分焉。橐籥者,阴阳之分别耳。《易》合曰阖户谓之坤,辟户谓之乾,气之一阖一辟谓之变。噫,此言人生之真一之祖炁,于造化之窝,一出一入,以坎离交姤而返乾坤,即天地之间一橐籥也。生物既不离橐籥之道,生人亦不离橐籥之道;而超凡入圣,圣人善夺造化之机者,更不离橐籥之道。正矣,橐籥之道,神乎其机矣。而其神妙莫可测度,全赖阴阳橐籥消息,参赞化育,配天地之道为之道耳。噫,此橐籥之气发,采日月之精光,夺天地之造化,而其要究在牝牡四卦之气。鼓动太和之气,以出我身小天地之浊气,而采天地大人之清气,分清别浊,留清去浊,以全橐籥之功,而尽四卦之德也。

覆冒阴阳之道,犹工御者,准绳墨,执衔辔,正规矩,随轨辙。处中以制外,数在律历纪。

杏林曰:呜呼,一阴一阳之谓道,而全赖覆冒之得其法耳。而其法从工人以绳墨为准,以规矩为方圆之至,犹御者执衔辔,随轨辙,亦不失其驰也。然而工御,亦凡以中庸之道为贵,不偏之谓中正也,不倚之谓庸中也。由中以制外,性之德也。然究不知本乎中,本乎数,以合律吕调阳之纲纪。而合律吕调阳之纲纪,非偶然也,乃历历然耳。阴阳者,对上乾坤,易之门户观;覆冒者,对上众卦之父母观也。覆冒不离匡廓①之旨,即工者亦不离匡廓为本,而御者尤不离乎运毂正轴之道。噫,阴阳藏门户之关,以能率者为道;阴阳寓坎离之交,以守玄者为率。是故率头中玄。噫,字字藏道,诚哉斯言!而其覆冒之所以然者,全在乎消息之间,分一消一息,即一阴一阳,成性存存,道义之门,亦即玄牝之门,覆冒即率之之功,率之之功,覆冒其至正至中之道。工者造车,御者行车,皆不离乎中正之道,故曰闭户造车,出门合辙,诚诸中而形诸外。中也者,天下之正道也,非达性之德者而孰能之哉?惟圣人能通律历以应造化之候,知周天以纪运行之度。故上阳子注曰:圣人者,善夺造化也,善用坎离也。善夺造化之道者,犹有工准绳墨而正规矩,何与不成?善用坎离之道者,犹执辔以循轨辙,何往不获?圣人者,宇宙在乎手,万化生乎心也;圣人者,善处中以制外也,明律历而知数也。故一岁既②周,而阳复生于子也。此上阳子之注。子午者,中正也。工御之微艺,亦不舍中离正。但工有神工、凡工,神工者,巧夺天工,巧夺天工者,良之苦心;而御亦有凡御、仙御,仙御者,驾三车以行周天之数,有手、眼、心法、步之真传也。

月节有五六,经纬奉日使。兼并为六十,刚柔有表里。

杏林曰:此以天地之道明人身之道。《元会运世》③一书言之详矣。此以天之五运六气配人身之奇经八脉,《针灸大成》一书,载之备矣。而至哉其书曰不得真传隔万山也。此为后世之人,以章句记问之学,八股乱世之传,或得科第人爵,或者授徒设教,即不肯低心下气以求师,而误终身性命之大事者诚也。

月之有节,犹我身骨之有节也。按月分节,按月分日,按日分时,以

---

① 廓,原本作"廊"字,今改,后同。
② 既,原本作"玩"字,今据上阳子注本改。
③ "《元会运世》",或即宋邵雍所著《皇极经世书》一书,而吕氏别以此名称之。

尚君子之道本诸身，以尚人身居一小天地之道也。道本诸身，身为天地，经之纬之，以奉日使，刚柔配合，以达表里。是以与天地合其德，与日月合其明，与四时合其序也。上阳子注曰：月节者，两节为一月；五六者，五日为一候，六候为一月。是一月三十日，一日十二时，两卦十二爻，则一日两卦为之经纬，一月六十卦以为表里也。此上阳子之注。及朱子、邵子二子，言刚柔大有不同之处，胡玉斋先生从中评之，而亦未辩详实。以管见论之，二子言刚柔若不同，而实无不同。其不同者，所言之路经不同，而其理无不同也。何知朱子所言刚柔乃言刚柔之表里、邵子所言刚柔乃言刚柔之配和？邵子得性理之真传，而朱子品学过人，故二子之说不同，而其理实无不同。盖大道之理，神妙莫测，变化多端，不可因执以己之见而论是论非也。但性理实学，非得真传不能明。性者，先天之性，是以邵子曰：先天之学，心法也。诚哉斯言乎！吾今将心法泄而秘之曰：天之有日月，犹人身之有两目也，人皆知之；天之有日月，犹人身之有坎离也，人皆不知。日之有精，月之有华，人皆知之。采精华之秘处，人皆不知之。吾今将圣人之言告之曰：即至善之地，即天地位焉之地，即成性存存，道义之门之地也。月本不明，日映则明，故曰奉日使也。刚者，粗也；柔者，精也；表里者，全体也；全体者，万物一体也。于刚柔有表里，能知此者，则众物之表里精粗无不到，而吾身之全体大用无不明矣。

　　朔旦屯直事，至暮蒙当受。昼夜各一卦，用之依次序。既未至晦爽，终则复更始。日月为期度，动静有早晚。春夏据内体，从子到辰巳。秋冬当外用，自午讫戌亥。赏罚应春秋，昏明顺寒暑。爻辞有仁义，随时发喜怒，如是应四时，五行得其理。

　　杏林曰：哈哈，此天道、人道之所谓一道也，此仍接上章而立言。朔旦者，兼日兼月而言也；屯者，屯卦也；直者，以直养而无害也；事者，必有事焉之事也；蒙者，蒙卦也；当受者，得之有益于心身也；昼夜者，事有终始之起止，即日至月之度数也；各一卦者，一物各具一太极之理，而物物同出一太极之原。人身一昼一夜，亦各居一卦，以备六十卦周之数。而其中阴阳交姤之道，互相发生，万物以养育群生者，莫不依次序而行也。次者，其次致曲之次也；序者，与四时合其序之序也；用之者，用之则行之用之也。因有体则有用，而礼用固贵以先王之道为美。然而乾坤有二用，二用无爻位。其无爻位者，正待大圣人出，临事致宜，以合乎事中者也。性德虽合内外之道，而其于可行、可止、可久、可速之间适用其当者，自古有几人？内工不合乎道，而外行断未有合乎时中之理；内工即合乎道，而外行亦实难于时中之间悉合恰当至好之地。于时中之间，能悉合恰当至好之地，舍吾夫子，而谁能哉？未者，日之时也；晦者，月之尽也；终则复更始者，天道、人道尽皆循环无已，往来无端也；日月为期度者，即一日十二时，一年十二月，三千六百日为一年之期，合以人身五脏六腑三千六百骨节之度数也。噫，动静有早晚者，寓意深矣。动者，阳也；静者，阴也；一动一静者，即合一阴一阳之谓道也。其道之成，有早晚之分，而其分之因不一：有因前生之根行分早晚者，有因祖上之阴德分早晚者，有因本身之工课分早晚者，有因年岁分早晚者，有因强弱分早晚者，而总之不离功德深厚、缺陷之间分早晚也。古仙有言曰：大道修来有易难，也知由我亦由天。诚哉斯言！易者必早也，难者必晚也，早晚之因不一，而总在功德之间分耳。春夏者，文武火候也；据内体者，此言内工行至全体大用，无不明之地，总以文武火候为之凭据。盖子者，夜之半；午者，昼之中。子午相冲即吸水火既济，水火既济即坎上而离下矣。坎上者，坎之中满居上，以添离虚而成乾也；离下者，离之中虚在下，以换坎满而成坤也。此即抽爻换象，拆坎补离，以返回我先天乾南坎北对待之体。此三教不泄之秘，吾今已泄而仍秘，以为考道之试金石，以为投师者不为旁门所迷。人三生有幸，而得受心法之传，夺天地造化之权，在我掌握中者，全赖吾身活子时之夜半，故曰子半阳生，又曰一阳初动。世有春联云：一元初复始，万象重更新。又有春联云：寅初照物理，子静观天心。元者，首也；子者，一也。《论语》一书，性与天道，书之以子居首者，则一画开天，遂泄乾坤之秘。时者，子半阳生，一阳初动，故乘时而习之，如鸟数飞，大有鸢飞戾天之势。读书当作如是观也。呜呼，前言既未至晦爽，秘秘天机，正当此时。吾是以注其书，意在恳求劫数之降轻减，渴望世人之早回头。噫，未时，送午迎申之时也。

呜呼,此时何时也?此时也者,未劫年也。噫,未劫之下横短而为未,未劫降此,善恶到头终有报之日也。乱极治,而众圣出。疼哉畏哉,畏哉危哉,此劫之降惨之极哉。漫言五劫俱降,即只罡风一劫,其惨岂堪言哉?尘世之人,百可存一。噫,悲哉悲哉。世人希快哉快哉,圣人出投闲时,早将此书注再注。从子到辰巳,秋冬当时用,自午岂戌亥,此言人身四季之时,与一日十二时辰之时,各有分焉。一日分一昼一夜,为前一年之分以春夏秋冬,为辨昼夜之平分,在子、午、辰、巳,继子旺戌亥从午衰。大小天地理,依然如实对核。春夏外阴而内阳,为吾身之体;秋冬内阳而外阴,为吾身之用。人能于一日之间,反衰为旺,推之月节季岁,无不反衰为旺,则老可返童,而少年亦可偷闲以学也。赏以应春,罚以应秋,此生而守之之道也。昏者,混沌之景象。昏而不明,是为魔障;昏而返明,为至诚明者。一念不生,彻底澄清,而全体自现。寒暑听令,顺耳从心,自不喻矩。而爻内藏仁,辞中集义,随时以发,无不中节,则吾身之大小天地之四时,如是乎始能与大天地之四时而合其序也。此何以故?跳出五行之外,而混入天理之中,万法在乎吾手内,阴阳存乎吾胸中,而其要全在吾身之奇经八脉,与天地五运六气,合而为一理也。

吾今重申其理而略言其详。爻内有仁,辞中藏义。仁者,发生万物之始,其德乐山,纯全无私,位居天心。噫,此乃坎中之阳爻,补还离虚而成乾,以参赞化育。义者,善也,事之直也。坎中之阳爻补还离虚,非浩然之气以鼓动,升者不能升,而降者亦不能降,何以复我乾初而育万物?若是万物,非浩然之气不育,浩然之气非集义不生,是以动鼓升降,以发生万物。非随其时,则必失其序,势必因四时不正之气,为乖戾而倾残万物矣。然其中或生或杀,总不外乎赏罚得当,寒暑随时。秋主肃杀,肃杀者,天之怒也,怒则加之以罚;春主发生,发生者,天之喜也,喜则加之以赏。随时者,发而皆中节也。圣经曰:喜怒哀乐之未发谓之中,发而守中节谓之和。中也者,天下之大本也;和也者,天下之达道也。致中和,天地位焉,万物育焉。如是以应四时,而五行得其生理者,即此也。此也者,天人归一之学也。天地吾大身,吾身小天地,天道即人道,人道亦即天道。分而言之,人为人,而天为天;合而观之,人即天,天亦即人。人列三才,岂虚语哉?天人归一,岂无谓哉?天道也,人道也,而究不离一贯之道也。一贯之道者,何道也?即与四时合序,不囿五行之中,跳出八卦之外,执掌天地之理。噫,此三教不悖之金丹大道,学者可不得其理哉?而其理究不外八卦阴阳之理。八卦震下坎上为屯,艮上坎下为蒙。蒙,昧也,物生之初,蒙昧未明也;屯,难也,物始生而未通之意。故其为字,内穿也。震仰盂,艮覆碗。震一阳居于二阴之下,则为长男;艮一阳居于二阴之上,则谓少男。惟坎居于二阴之中,因震为长男,而能复坎中之阳,以施生育之德,故为屯直事;艮为少男,而能聚坎中之阳,以行温养之功,故为蒙当受。昼夜者,天地之阴阳,以运行八卦之数,而人身效之,以配列三才者也。

天地设位,而易行乎其中矣。天地者,乾坤之象也;设位者,列阴阳配合之位也。易谓坎离,坎离者,乾坤二用。二用无爻位,周流行六虚。往来既不定,上下亦无常。

杏林曰:奥哉,妙哉,可叹世人谁知之哉?噫,因明德在迩,吾直能之,曰此即行大小周天之德。借后天凡胎而返回我先天乾初,以全其真性者也。天尊地卑,以设乾坤之位,而列阴阳之道;拆坎补离,以周流六虚,则定上察下察之理。其内藏阴柔阳刚配合之妙诀矣。妙在抽爻换象,其往来无常也。然而无常之常,其法胜百倍于有常。有常则大道由我不由天。有常则大道由我不由天,由天不由我;无常由天不由我,无常则大道由我亦由天。由我者,彰功德之效;由天者,明赏罚之权。天地无私,大道至公,人得天地之全气而生,即当秉天地之理以尽大道至公之性。造之精,则与天地合其德;精之极,自与四时合其序。夫大道周流无已,集义所生,浩然之气,易行其中,周流六虚,无常无定,以尽其配列乾坤二用之德者,则大易一书言之详矣。究其详者,则其配列之德,正在二用无爻位也。若使各有爻位,往来将何以不定,而上下又将何以无常哉?有定有常,乾坤二用,更将何以施其变化无端之妙哉?此正因其变化之多端,而三圣著其功化之极,明天道、人道之传,以永垂于万代而无休矣。其所无休者,而究不离一阴一阳之谓道也。乾宫之用九者,用其阳数之奇也;坤宫之用六者,用其阴数之偶也。奇单就偶,以阳求阴；偶双就奇，以阴求阳。始而有朋远来，终则同类相生。阴极而自生阳，阳极而阴自生，于是天交地而地交天，乾转坤而坤转乾，则大道无端而其理亦无端，则生生不一，化化无穷。此三圣有功于世者，推其首，在大易乾坤二用也。用九，潜龙无首吉者，言其得配刚柔之法，则而大丹者有将结之吉兆也。大者，得一之谓也。大哉乾元者，此言得一善之地，正在乾之元处。盖天数一，元色属玄，其中所关，关人、关天之玄妙处也。然而天道即人道，人道亦即天道。天地资始流行者，言天地得阴阳交媾之道，以化生万物；人身得阴阳交媾之道，而造端夫妇。其察乎天地者，即一之为道也；一之者，究不离一阴一阳之谓道也；一阴一阳之谓道，即乾坤二用之妙。妙者，二五之精，妙合而凝之妙。乾坤者，天地也。天地吾大身，吾身小天地。天数五，地数五，天地有二五之精，而吾身即为一小天地，而吾身岂无二五之精哉？人夺天地造化之权者，即夺妙合而凝之精也。故曰：夺天地造化，必先采日月之精华。采日月之精华者，非采天地日月之精华，乃采吾身小天地日月之精华也。由斯吾身之道，散之则弥六合。散之则弥六合者，六合同春也；六合同春者，即天、地、人一体同春也；天、地、人一体同春，即致中和者，天地位焉，万物育焉。然而非乾坤二用不可也。故乾之用九者，九九八十一卦之用也；坤之用六者，六六三十六宫用也。乾不离坤，坤不离乾，宫不离卦，卦不离宫，故曰二用。二用者，一阳一阴之二用也。不然只用坤宫之用六，此修命不修性；只用乾宫之九，此修性不修命。此皆为修身之病，不能以入圣，有害于修身之道，则不可以谓教也。

因孤阴不生，孤阳不长，乾坤二用者，乃性命双修之学也。此学也，何学也？此即大人学大学之学也。故曰大学者，大人之学也。然人虽得一善为之大，大人而得一之大，人实不离乎大明始终，故曰：物有本末，事有终始，所知先后，则近道矣。大明始终者，此言人何以得一之谓耶？得一而谓大人者，在明明德也，在明善以复其初也。明德明善，皆自明也，皆自大明也。明善复初，即厥性复初也。厥性复初，非原始返终而何哉？原始返终一事，此事不特有终始，而且有定位，亦兼有定时。定位者，定于六合，定中之位，以知止而后有定，定而后能静也；其定时者,定于学而时习之之时,存存以成其性也。故曰六位成时。而成时者,成于一阳发动之时,而此时何时也?岂可失哉?此时之时,乃乘六龙以御天之时也。六龙变化无穷,故周流六虚,往来不定,上下无常,得其时而乘之,则可以御天。呜呼,此其时也,尤安可失哉!然此时何以故?龙者,阳也,属坎中之真一;六者,阴也,系坎中兑天之卦数,六数平分其半,而又居离之数也。其言阴者,其言离中之虚也。天者,一也,乾也,乃乘此一阳来复之时,就其发动鼓舞之机,将坎中之一阳,补还离中之虚,而成乾南坤北,以永定其先天之正位,则于乾宫之用九,思过半矣。然乾宫之用九,非坤宫之用六,则阴阳之道不全,性命之学难修。乾上乾下,坤上坤下,乾坤二用之本卦。六爻皆阳者老阳,六爻皆阴者老阴也。老变少不变,老阴变少阳,老阳变少阴,此大易一定之理也。利永贞①者,审动机之机,而立刚柔配合之宜,尽其变以成纯阳之体也。其当阴阳交姤之所,内含万物化生之光也。顾苟不至德,至道不凝,是以戒之曰:积善之家,必有余庆。不然其为道也,亦不过为地、为妻、为臣,而岂能为天、为夫、为君也欤哉?抑知坤宫之用六,大有变化莫测之机,其君子黄中通理之处,即安土敦仁之地也。哈哈,《易》言美哉,其中即吾夫子乐在其中之中,其亦即《参同契》言易行乎其中矣之其中也。世人读书,误会其意,以谓乐在其中矣,其中即指蔬食饮水、曲肱之中,非也。乐在其中者,夫子之乐即在那中之里头,故曰乐在其中矣。若以蔬食饮水、曲肱之中有其乐,此大不近乎人情也。饭蔬食饮水、曲肱而枕之,对子之所慎,观并对布必有寝衣,而长一身有半合参:蔬食饮水,内藏斋也;曲肱而枕,内藏戒也;乐在其中,内藏通理二字也。黄中之理,以通其畅于四肢,发于事业,其美之至者,即乐之至也。盖黄者,土也;中者,中央戊己也;正位居体者,乾南坤北也。噫,学而时习之,不亦说乎。说者,美也。有朋自远方来,不亦乐乎。乐者,美也。人不知而不愠,不亦君子乎。此君子者,非黄中通理之君子而孰能之?此美岂人人所可及哉?君子涵养潜修,又何尝求人知之哉?其不愠也,非勉强

---

① 贞,原本作"真"字,今改。

为之耳,乃出之自然之真情也。颜子箪瓢陋巷,不改其乐者,得此真美之乐也,乃非以箪瓢陋巷为乐,而能不以箪瓢陋巷累其乐也。吾夫子饭蔬食饮水,曲肱而枕之乐,亦在其中矣。非得黄中通理之乐而何哉?假令不然,则后世凡学颜子之乐者,亦必先致身于箪食物瓢饮陋巷之中,始可以学颜子之者乎?则后世凡学孔子之乐者,尤必先致身于蔬食饮水之中,始学孔圣者乎?噫,后世之人读书,何其不思之深也?古人读书乐者,岂乐于记问章句之学哉?记问章句之学,其中岂有真乐哉?吾今尽泄其秘,读书之真乐者,全从此亦来之来也。古人造至学而时习之说,吾亦造至学而时习之地;吾读书见古人曾得此真说,吾亦得此不亦说乎?古人造之有朋远来之乐,吾亦造至有朋远来之景;吾读书见古人先得此真乐,吾亦得此不亦乐乎;古君子造至黄中通理之美乐,而吾夫子黄中之理亦通。故曰乐亦在其中矣。读书之乐者,乐此乐耳,岂乐记问章句之学哉?虽然读书宗圣,以跻圣域,而其乐亦非浅鲜,况且一窍通而窍窍通。读书识破天心,而亦乐莫大焉。即注书立说,其于披览之下,宗庙之美,百官之富,无一不得见,亦如瞽地生春若也,乐最深焉。再加动笔直书,固有乐也。究而言乐理性之实学,其道得之于己身也。人身之意能动先天真一之炁,其意出于脾胃,其色尚黄,位居中央戊己之方,遍观得道圣贤,道成天上,法传后世,遗留丹书,以演黄中通理之句。曰黄婆作善媒也,曰黄婆劝饮醍醐酒也,曰内有南天门的土地来合婚也。此无他,此皆演黄中通理之句。通理之理,通性理之理也;通性理之理,亦即通乎阴阳交姤之理也;通阴阳交姤之理,非通天地化生万物之理何哉?呜呼,此理岂易知之哉?此理岂易得之于身哉?得之于身者,用工日久,三十六宫都是春也。三十六宫都是春,即可以赞天地之化育,即可以与天地参矣。

此节开首两句与致中和一节,大义相同。《秘解》第三卷第十五章有文两篇:以致中和一节为题一篇,以天地位焉一句为题一篇,当与本卷此节参看,其理益明。至于易谓坎离,并周流六虚之句,又与孟子养气篇中,则塞于天地之间,其大义亦相同。故以则塞于天地之间为题,以注此二句,庶可无遗义矣。

其文曰：散弥六合者，浩气有所从来也。夫浩气生于天地之间，则天地又赖此以塞之人，能善养此气以全其效者，岂非天人归一之学乎？尝闻人参天地而位列三才者，人得天地之全气而生也，即得天地之全气而生，即当行天地之全功。天地之全功者何？理而已矣。天地具此理，而吾身亦具此理。天地具此理于位焉，以育万物；而吾身亦具此理于黄中，以贯满乾坤。不然，我身之气与太空之气，实难两合同体出于一辙矣。试于天地之间，则塞者言之，孝悌者，皆洪钧之气赋予，而予竟失孝悌，则予身之正气亏矣。予身之正气亏，恶得与洪钧之正气洋溢于性中之天？忠信者，大块之元神也。大块之元神假我，而我偏失忠信，则我身之元神伤矣。我身之元神伤，恶得与大块之元神钟凝于至善之地？天地具八卦而成形，人身亦具八卦而成形，天地即吾身，吾身即天地，苟非此气以塞于之间，则坎离不交，乾坤不定，坤火不运，巽风不起，不交不定，无火无风，则兑金不升，不能得一。天地不能得一，则星斗失柄，陵变如迁，其不塞之害，可胜道哉？天地备五行以合格，天地吾大身，吾身小天地。果得此气，以塞于之间，则金木相并，水火既济，瞥地回光，万物化育，相并既济，回光化育，则五行不囿。五行不囿，春同天地，随寒暑往来，循环无已，则塞之之功岂可量哉？天地覆物者，原赖此气以塞之耳。吾身既为天所覆，天之气塞于之间，吾身之气与天地之一同塞于之间，庶可报天所覆之恩于万一也。而究其所以塞之之效，日月放毫光，星辰回斗柄，天根摄月窟。探彼苍者，天开于子者，其形始全。地之载物者，亦赖此气以塞之耳。吾身既为地所载，地之气塞于之间，吾身之气与地之气异同塞于之间，庶可报地所载之恩于无涯矣。而究其所以塞之之功，山岳稳不动，河海水逆潮，草木茂，宝藏兴，大地春生。关于丑者，始得安定。夫人必先德合天地，然后始能气塞天地。进观配义与道，而浩然之气愈为不可不养矣。此文一篇，注此参观，无一不同，无一不契。甚矣哉，此书之名《参同契》者，富哉言乎？而又思夫往来既不定，上下亦无常，与鸢飞戾天一节，并下学而上达，知我者其天乎，其大义亦均皆相同。

姑先以鸢飞戾天一节，为文二篇：一曰诗借物性以明道者，尽仰观俯察之效也。夫天上渊下，察鸢飞鱼跃，实合阴阳之道，此岂非诗人借物见性者乎？尝考古帝王之淑世也，上顺天性，下察物类，以明道之本原出于天，使各率天与之性，全其良知良能耳。故群类之性本乎阳者亲上，本乎阴者亲下。道之所以为道者，即物之所以为物也。既知物之所以为物，则知人之所以为人。于是游目骋怀，悉皆不离无极太极之气，鼓动洋溢于两间而已。两间之景象不一，其察亦不一。如春渊暖矣，诗人以春暖以察鱼跃之变化；秋天高矣，诗人曰秋高以察鸢飞乎翱翔。若然吾能不云为此诗者，其知乎？盖元气不可伤，赋于人，发于物，鸢之飞，鱼之跃，何莫非元气之鼓动？而为诗人得其情，知鼓动之气存天心，苟人失天心，将何以考升降之机？且精神不可耗，体乎人者，备于物，鸢之飞，鱼之跃，何莫非精神之贯通？而惟诗人达其变，知贯通之根在目前。若人失明德，将何以复顾諟之天？试即上而戾天者，下而跃渊者，以并言其察也。天地开辟之道，性属阳者上飞，然而飞者不独鸢也，因鸢之性属坎满，故诗曰戾天。若人能常目在之，以待静者，见微而知著，则必不止鸢之飞也，其飞尚不过竟只知其飞而已。人列三才，于鸢飞之则散之则弥六合者，终有所归。若非其机在目，焉能上察戾天者乎？二气运用之理，性属阳者下跃，然而跃者不独鱼也。因鱼之性属离虚，故诗曰于渊见机通活泼之地，为希圣者，对时以化育，则必不止鱼之跃也，其跃者，亦不过仅知其跃而已。人为物灵，于鱼跃之中，卷之退藏于密者，必有所依，若非归根复命，安得下察于渊者乎？阴阳者一之谓道，率天壤之区，统类而观，莫非阴阳二气为之主宰。诗言鸢飞鱼跃者，当阴阳造化之衢，抽爻换象于上下之间也。性命者，率之谓道，合万古圣贤归一而论，谁非性命兼修造就而成？诗言戾天于渊者，习性命兼修之学，拆坎补离于上下之中也。鸢乃坎中之阳爻，因补离中之虚而成乾，故诗曰鸢飞戾天；鱼乃离中之阴爻，因拆坎中之满而变坤，故诗曰鱼跃于渊。借物性以明天地之理，借天地之理以明人身之道。阳上阴下，天人之道尽矣，即万物之性亦尽之矣。而究其上察下察，何察也？察其阴阳刚柔配合之妙用也。

其二曰：诗借物性之阴阳，以明大道开阖之机也。夫鸢性阳，飞而戾天;鱼性阴,跃而于渊。诗人察阴阳动机以立言,此岂非借物以明率性之道乎?常思近取诸身,远取诸物,是知物之所以为物者,则知人之所以为人也;即知人之所以为人,则知道之所以为道也。而因其知道之所以为道,是以不敢不于升降俯仰之间,阴阳交姤之处而漫不留意焉?试天者何?曰鸢之飞也;于渊者何?鱼之跃也。而诗人处鸢飞鱼跃之中,顾当为何如哉?鸢禀阴阳以成形,体于人者固如此,发于物者亦必如此,备于物者即如此,则鸢之飞未尝不自知其飞。然而只知其飞,不知飞之所以为飞,果谁使其飞耶?抑知阳气使之飞也?阳气使之飞,何也?天也。天阳也,是各从其类也,故诗曰戾天。鱼得阴阳二气以成性,赋于人者固皆然,备于物者亦无不然。备于物者无不然,则鱼之跃未尝不自试其跃。然而自试其理,不试其跃之何以为跃?果孰令其跃耶?抑知阴气令之跃也?阴气令之跃者,何也?渊也。渊阴也,各从其类也,故曰于渊。夫上者飞而下者跃,理性固如此。今诗人处上下之间,当鸢飞鱼跃之际,势吾应接不暇者,曰待我察也。性属阳者上飞,然而飞者不独鸢也,不独鸢而以鸢名,是散之则弥六合者,仍归一本万殊者也。诗人常目在之,见微知著,待静观动,以上察戾天者为鸢也。而奈何鸢只知戾天,不知天之所以为天;只知戾天者性也,不知天之所以为天者,不能尽其性也。不能尽其性者,物之精也。而人为物灵,于生生化化之中,可不用目力察焉者哉?性属阴者下跃,然而不独鱼也。不独鱼而以鱼名,是卷之退藏于密者,则万殊仍归一本者也。诗人对时化育,静观自得,游目骋怀,以下察跃渊者为鱼也。而奈何鱼则只知跃渊,不知渊之所以为渊;只知跃渊者理也,不知渊之所以为渊者,不能穷其理也。不能穷其理者,物之蠢也。而人位列三才,于活活泼泼之地,岂可不返观内察也哉?失其道,则阴阳乖戾,气脉闭塞,阖辟往来而不得流通,若飞者不能飞,而跃者亦不能跃,其形形色色,以类万物之情者,实难用意于俯仰之间也;得其道,则阴阳交泰,精气团聚,变化无已,而莫可测度,若是上者不碍下,而下者亦不碍上,其升升降降以通神明之德者,恰当留意于动静之中矣。阴阳动静之道,见于鸢飞鱼跃,不过如此,及其至也,察乎天地。

此鸢飞一节，行文二篇，犹恐不足以费其意，是以再将下学而上达，知我者其天乎二句，行文两篇，庶可以尽上下之道。

其一曰：圣人复天心以为己心，得随其十有五之志矣。盖学不上达，心安于下，则必不能与天心同心，故天不我知也。今夫子能动天知，岂非得随其十有五之志乎？且吾常回忆当年，四十不惑，五十知天。不惑者，即知天之渐；知天者，乃天知之。原此即所谓两相知者，一而神也。由是则前进之功，恍然如鸟数飞，其上察下察之造就，致天理流行于活泼泼地，大有鸟飞鱼跃之景象矣。噫，盖皇天无亲，惟德斯依。彼苍天者，天不我遐弃，今而后返躬自问，岂果莫我知也？若夫怨天者，不知天也；不知天者，其学难动天知也。尤人者，我不知人也。不惟我不知人，而人亦必不知我。人不知我，天何知焉？天何知焉者，失其天听，自我民听，天视自我民视之旨，其学之下，恶乎上达。下学者，明善复其初，止于至善之地，以习精一之学；上达者，允执厥中，得一善拳膺弗失，以全天人归一之学者也。既天人归一，则由后天而返回我先天，此不独谓之上达，而兼且谓之知我者天。天知我者，知我者天，即我知天一生水之理，以复见天心，而得天知我也。盖人当先天之日，乾在上而坤居下，及落后天之时，阴阳颠倒，天地反覆，我身八卦错综，而行上下，交相更易其爻相焉。更易者，乃在上之乾，其中爻落于居下之坤，而坤变为坎中满矣。坤变为坎，而宫中之阴爻势必居上乾宫，而乾又变为离中虚矣。下学之功，学抽下坎中阳爻，上达之效，上达离宫而补还其虚，则天地之否返而为地天之交泰矣。地天交泰，此为得一之大人也。原夫坎中之一者，乃水中之金也。今因上达离宫，而复还乾初，此我知天一生水之理，而天则始知我之所学矣。然而知学之天者，何天也？即君子造端及至察乎天地之天也；上达之学者，何学也？即得受心法之传，以习抽爻换象之学也。抽者，拆也；换者，补也；象者，八卦之图，以象天之圆；爻者，八卦之理，一爻动而诸爻皆动。诸爻动，以一依次周而复始，拆坎补离，乾坤得体，上下定位，则厥其性而复其初矣。厥性复初，此即吾道一以贯之学也。君子学以求诸己，此君子之下学也。下学而上达者，乃上达乾宫，与天为一也。盖天属一，我得一，同类相应，此岂非知我者之天乎？

其二曰：观圣人习坎之学，已成乾坤对待之学也。夫下学者，系筑上达之基，是以学于下而达于上，地雷复，而天心见矣。夫子学《易》至此，尚犹不足以动天之知乎？若曰昔常常因期造无大过之地，望天加数年于我者，而正为学《易》也。夫《易》者，逆也；学《易》者，学易行之学也。逆行之学何学也？学阳生于下而逆达上也。然而善不明初无以复，初无以复，不能如鸟数飞，而其学之下，将终安于下矣。终安于下，则无圣智之聪，实不足以达天之德。此我先天与秉彝之良，而天焉能与我点参其消息也？不怨天者，知天不尤人者，达人下学者，我学知天也。上达者，而天自我知也。虽然学贵得其纲领，学贵得其纲领条目者何？上达之经论条目者何？天知之方所经论者，天地之本方可者，天地之报本者，天地心，根者天地位。学下学者得天心，得天心者动天知；学上达者参天位，参天位者摄天根。盖天地一大人身，而人身一小天地。欲学天知之学者，不可不知此。况天地之造化有升降，我学之功化亦有升降。我学之功化虽曰天知，抑不独天知，而回也亦知见之，于喟然之叹矣。其叹瞻之在前，此我之下学是也；忽然在后，此我之上达是也；仰之弥高者，功化之极之学也；钻之弥坚者，磨而不磷之学也。由今而后，天知我者，知我与天地一体，以穷究天人归一之学。夫如斯，诚不愧我当年读《易》三折其肱之苦心也。读《易》者，学《易》逆行之学也。下则顺，顺则不逆，不逆则失之于凡；夫上则达，达则逆，逆则归之于三圣之学。夫三圣之学，率性之学，修道之学，而要皆不离大易逆行之学也。乃大易逆行之学，属乾坤定位，水火既济之学也。乾坤定位，对待之交易，故一在上而一在下；水火既济，流行之变易，故一主降而一主升。升以降为始，而降又以升为本也。试观前者降而后者升，此大易之道，性理之学。然必性理之学明，方知大道如环，知大道如环，则知吾道一贯。一者，天也，故曰天知我也。世人有志于学者，可不学此天知之学乎？

盖此文数篇，以之为主释，方足以尽此书一章之大义。其于天地位而易行乎其中，乾坤之象，阴阳配合，易谓坎离，坎离乾坤二用，无爻周流六虚，往来不定，上下无常，句句字字，领会全神，引经据典，切理厌心。将性理真传，尽靠实发挥，虽不敢言匠心独运之巧，而实迥异浮烟涨墨之气。凡所注内，间有行文一、二篇者，此皆非因注书而现作，乃平素窗下所遗，为阐发性理之文，以表圣贤立言之心，遂作文四十篇，以自娱也。但三十年来不弹此调久矣，因幸得性理之传，故于笔墨之间，不惟不见荒疏，而颇觉大有进益。噫，此道之美，无穷尽矣；而此道之广大，亦不可限量矣。由此愈见《参同契》之立名，大得其奥妙矣。《参同契》者，参之于三教经典，虽则汗牛充栋，亦无所不同，无所不契也。大道之变化多端，神妙莫测，本文所谓不定、无常，岂非诚然乎哉？

易者，象也。悬象著明，莫大乎日月。

杏林曰：呜呼，大易之为象者，岂非三圣现身说法，以彰达其德也哉？日月悬象于天，其光照于天地。天地者，乾坤也。乾坤逆行而成象，呜呼，乾坤其易之温成列乎其中，是以莫大乎其亹亹之象。夫易即象者像也，以像万物之像也，而万物之象著者，又莫大乎日月之功，何也？日者阳也，月者阴也，一阴一阳之谓道也。其谓道者，此何故也？在乎悬象之间，存著明之故耳。日月之象著，而天下万物之象皆著。其莫大乎者，即万象更新之谓也。此新者，明德新民之新也。是以孔子曰：明于天之道，察乎民之故。圣人以此斋戒，以神明其德。夫呜呼，何以谓释、道斋戒，而吾儒不斋戒也？岂释、道好生好守，而吾儒之好杀好淫者乎？圣人明言圣人斋戒，且圣人斋戒可以神明其德。噫，以斋戒为异端者，此地狱种子，不特此人非人也，生此人者亦必非人也，而教此人者，皆非人也。非人也何也？兽也；何兽也？且人恶之之兽也。恶者何恶？其兽相食耳。近来山西大旱，连年不雨，人食草木，后无草木可食，而天心至仁，河出白土，可以冲饥。天不忍人遽死者，犹望其迁善改过，而降甘雨以全好生之德耳。呜呼，天虽著明而人之明德不明，以作孽为能，如此顽梗，呜呼，以动上天大怒，白土亦无，凶年之饥，非常之饥，凶年之饥，腹如刀搅，倒悬肝系，心如手提，五脏具烈，一言难毕。呜呼，疼哉！孟子有言曰：人将相食。今奈之何，而人果相食也。始以活人而食死人，继则活人而食活人也。呜呼，兽相食且人恶之，人相食人将何如？人相食而天将将何如？呜呼，非人也，禽兽之不如耳。人将如之何，而天亦无可如之何。无可如之何者,无奈而降大劫,大劫之降,不怨天,人自求祸也。漫言五劫具降,只言一劫之惨,岂堪言哉?在卦曰巽,在星曰罜,此劫之降,日月点象而无光,千人存一,所存之人,福禄无疆,人存贤良,天地换象,八卦抽爻,返还故乡。我望世人即早惺腔,放下屠刀,洗净恶肠,回头奔岸,混素合光,逃出此劫,入于圣乡。世人莫以吾言为枉,但当推吾一片苦心,为之原谅。呜呼,饮食之人,人皆贱之,以斋戒谓非圣道者,因不学《易》,而犯此大过也。吾夫子曰:五十学《易》,可以无大过矣。噫,易者,悬象著明也;悬象著明者,即古包牺氏之王天下。则仰观象于天,俯观法于地,近取诸身,远取诸物,作八卦以通神明之德,而类万物之情。呜呼,尺蠖之屈以求信,龙蛇之蛰以存身。其于风云之从龙从虎,灵龟现灵,精义入神之妙,而神乎其神矣。神乎其神者,昔圣人作《易》也,顺性命之理,立天之道曰阴与阳,立地之道曰柔与刚,立人之道曰仁与义。呜呼,此理之奥妙,可与知者言,难为俗人道也。凡吾所注之书,所作之文,警高明而不警愚顽。噫,可与知者言也,言其奥妙之理耳,知奥妙之理在何处?在破僧之地。破僧之地者,何地也?如来所在之地也。如者,象也;来者,信也。信则不欠其期,不欠其期者,信字属土故也。噫,屈信相感,感而即应,应而即通,通而即明。是故孔子曰:日往则月来,月往则日来,日月相推而生明焉。呜呼,日月之悬象,而岂不著明哉?其著之大,孰若諟哉?圣经曰在明明德,其旨深矣。故此句为题,以申本节之文。

其文曰:观性光,复还乾初,此不失其禀彝之良也。夫德无不明,皆因不能保守,而遂失其明矣。有欲复其明者,舍我乾德之初,而安在以复其明乎?尝闻之《易》曰:夫大人者,与天地合其德,于日月合其明。此特举大学之道之大人,能复其固有之德,全其自然之明,以效法天人归一之良德也。抑知不特大人有是德,有是明,人人皆有是德,亦人人皆有是明也。但德之有明,明莫明于天之德,而明明有光,光莫光于日月之明。人欲与日月合其明者,可不与天地合德,效法全功,日就月将,学由缉熙于光明之地也哉?人禀乾初,德无不明。试即明明德者言之,夫德莫大于天地,而明莫过乎日月。然而日月在天则明,入地无光,故明入地中,谓之明夷也。盖人身居一小天地,天地有是德,而人身亦有是德;天地有是明,而人身亦有是明。此人禀受天与之德,皆有自然之明,而皆自掩其自然之明。若有得其明者,不犹如日月得天而能久照者哉！然虽天之明入地中,此天之明德不明,及明出地上,顺而蹈乎大明,此天之明德,乃复其明矣。天之明德即如此,而列三才,有欲明己之明明己德,乃竟舍此明德之外,而别求明德,恐将无所求其为明德之明矣。但人能明德,必有所在之理存焉。试即以所在者言之,天之明德在日月,日月者,天之阴阳也。天地有阴阳而人身亦有阴阳,天地之德莫明于阳,莫不明于阴,而人身之德,亦若是焉。是者何也？月本无明,日映则明,月之不明,阴失阳映,日映则明,阳光当令。当令者,以自然昭明之德,映月不明,使之而明,此即谓天道之德明。明天道之明德即如是,而人道之明德亦复如是矣。人身阴气当令,则德不明,阳光发现,德乃昭明。然阴虽不明,而阴极则阳生,以阴复阳而明者,此即万古之明理存焉,今德即明矣。秉阳刚之明,化阴柔不明之气,使之复归于明,此便谓人道之德明。明究其明德,所明之理总之不离乎一阴一阳之谓道者。近是,抑知人皆生于形气之私,悉难原于性命之正。是以气禀拘而物欲蔽,当日性光之明德,而今安在哉？若是乎,人宜寡欲养性以复其明,积功累德以法天。法天者何？日往则月来,月往则日来,日月相推,而生明焉。人欲以明德之明,明不明之明,使之复归于明,岂可舍日月同推之明而他求明哉？甚矣。人之德,广大配天地,合天地阴阳,义配日月,推其明德以配天地者,因人秉天地之全气而生,可不明我固有之德,以报达天地赋我之德于万一也耶？进观在亲民者,言人人皆具此明德也;在止于至善之者,即明明所在,下手用工之处也。自天子以至于庶人,舍此三在之处,其德将何以明？观上阳子注曰:日月丽乎天而有朔望对合,阴阳在乎世而有顺逆生成。日乃纯阳之气,谓之太阳;月乃纯阴之精,谓之太阴。周天三百六十五度,余四十之一,每昼夜,天一周遭为一日。太阳一日行一度,行及三十度为一月;太阴一日行三十度有奇,月一周天,谓之一月。日行一度,谓之一日。此上阳子之注。而余窃有管见在乎。日月相并而谓之明也。著明者,其明著于日月相并之间也。

大者，言得一之大人，有拳膺弗失之状。而究其得之所由来也，固在乎著明，而著明总不离乎相并以复其明也。日明也，月明也，盖日映月而并明也。若斯二明，则不知乎？夫诚诚既诚，而又复生其明；明明既明，而又复生其诚。以诚致明，以明致诚，诚愈明，愈明愈诚，诚明之极，自然与道为一。

如是又以诚则明矣明则诚矣为题，而作文曰：观实德之效，而效又仍归于德之实也。夫诚明明之余，岂非德效两相昭著者乎？尝思上古帝王之御世也，因诚德所感，致洛河之水现出龙马负图之瑞。承天降大圣，明道本于天，画定乾南坎北之卦。是以圣王作而明教兴，大道立显于当世。圣道不泯，文王因之而定后天，由后天而返回我先天。此明教仍复归于诚德者，岂非学力之纯全，其缉熙光明之效也欤哉？由是天下万世，前圣后圣，接踵而起，以明天人之大道也。然则诚明有殊，而及其功则一。先圣后圣揆之于道，岂有二哉？试即以诚致诚者言之，其效则当如之何？诚者，天之道也；天道，德之诚也；诚之者，人之道也；人道，圣者之事也。诚之者，勉进人道及天道；容不诚者，不勉而中，不思而德；从容中道，圣人之事也。从究中道之圣人，岂非禀天道实德之人乎？禀天道之实体备于己，反求诸身而自得之。再加存养省察之要领，以充其本然之实德，而造乎神圣功化之极处，犹如日月所照，而光华宇宙，不啻秋阳以暴，而皜皜莫及，此皆诚德之实所感之效也。不然，难免气禀所拘，物欲所蔽，而蒙昧其光，光若蒙昧，焉有配天地之德，以照于下土也哉？观上古先圣之德，固已诚则明矣，后圣之明，承圣之德，大而化之，又非不明则诚矣，此理之所必然矣。夫天道者何？禀受本然光明性德，不昧之大道也。而上古先圣不失此德之纯，是以诚形著明，性光发现之中，始得明吾身全体大用之效验也。由是无已，大展明动变化之极，加显光辉发越之盛，此即与日月合其明也。其实有难以言语形容者，犹不得不无而言之。则明之所以为明，恍若一轮红日，真空高悬，影破乾坤，内外明也。而人如皓月当空，万里江河澈底澄清也。夫如斯，诚无不明，亦无不极其速效之力，而尽其广大精微之实，有如斯矣。尝言人皆可以为圣人，人人皆可以为圣人者，只在诚明之诚之间合观而已。诚明者,又何人也?能尽人道之人也;人道者何?藉我先天之明以明我后天不明之明,使之复明以至于诚,而跻圣人之域也。此诚明以诚,先圣后圣之能事毕矣。再观诚明谓性之明,即诚则明矣之明,明诚为教之诚,即明则诚矣之诚。能明乎此者,谓之明诚也,可谓之诚明,亦无不可。

此节即日月著明之明,于此两题之明,若合符节。是以将窗下素平所作,以正文风不正之文,以注此节之书,亦若合符节。此有所谓千经万典,总不外乎一理。理者,性理也,亦即道理也;理者,心也,心者又明心见性之理也;明心见性之理,天理也。呜呼,此理岂易明哉?此理岂可不明哉?

日合五行精,月受六律纪。

杏林曰:此言日合五方真气,以散于万物,而统五行之逆,卷退于密,以归于中央,而留戊就己。是以三五大道由此而成,凡人由此而圣,地狱由此而拔,天堂由此而登。盖因天有五星,以合五方;人有五关,以通五脏。天地万物,皆本五行而生,亦皆囿五行而死。人可不逃五行之外,而乐万古长春也哉?必以天道本之于吾身。故上阳子曰:子、丑、寅月,日合五星于北;卯、辰、巳月,日合五星于西;午、未、申月,日合五星于南;酉、戌、亥月,日合五星于东。尧时天心建子,甲辰冬至,日次虚鼠;汉太初冬至,日次牵牛;唐太衍冬至,日次东斗;宋至今冬至,日次南箕。此谓岁差。故太阳得火土益精光,得金水愈炫彩。此上阳子引注。

月受六律纪者,此言月受五音六律之纪,以秉律吕,阴阳之调。五者,阳也;六者,阴也。五六三十以合度,合阴阳之度也。天地有此度,而人身居一小天地,故人身亦有此度。又上阳子曰:周日月再会,故云度。余之管见:度者,纪纲之法度也;法者,吾儒门传授心法之法也。法之一字,系去水也。此言妙法在逃出坎宫苦海中,上达离虚而还乾。秘秘心法,谁敢喧注?到此处须悟言。日精月华万物变,人自暴弃诚可怜。有志修养学圣贤,牢把此卷同契参。日月合璧天地道,五行全处是玄关。

五六三十度,度竟复更始。

杏林曰：此申明上章之义，以明合度之数。一五一六者，即一阴一阳也；合为三十度者，此周日月而再会也。然其度究竟，而复更其始也，何则？弦望晦朔者，循环之理，往来之道，因世所难逃，故历寒暑代谢。人因寒暑代谢，不得涅槃，故有生老病死衰也。伤惨伤惨，人在世间，名利熏心，红沙罩眼，将一切事物之繁，而落不得涅槃，将一切天地至理，反了颠倒而颠。认真为假，认假为真，性命之正难原，而人心之私易偏。作孽为能，纵肆其奸，可怜六道轮回，而六畜叠变。人生在世，如痴梦焉，故梦幻泡影如雾如电。幸得人身，而不知择中得善。生富贵而又因富贵作孽多端，死堕地狱受刑，日满发阳世重变畜物，轻受贫贱，生生死死，轮回而转，恩情牵连，苦海无边。可怜可怜，何不上船？上船上船，回头是岸。一元初复始，阳光发现，万象更新。先天即是新年，新年新年，万古长春永不变。不变不变，其永不变乐安然。更始只在此一旦，再不到阳世轮回转。

穷神以知化，阳往则阴来。辐辏而轮转，出入更卷舒。

杏林曰：此穷理尽性之学，致知格物之功。理者何？天而已矣，神而明之，存乎其人也；性者何？天命率之谓道也；知者何？知微至显；化者何？诚之不可掩，明心见性，化育自参。噫，即所谓益我以神知之天，而天地不离乎太阴太阳。穷太阴之神，则知天地元精之造化；穷太阳之神，则知天地元气之造化。天地吾大身，吾身小天地。天地之日月，非往来相映则不明，而吾身之日月亦非往来相映而明德。何以复其明也？月体之盈亏圆缺，在乎受日光所映多少之间分耳。其出入更叠，相为卷舒，如辐之于轮，辏而即转，然不离阴阳生生化化之神机也。

易有三百八十四爻，据爻摘符，符谓六十四卦。晦至朔旦，震来受符。当斯之际，天地媾其精，日月相撑持。雄阳播玄施，雌阴化黄包。混沌相交接，权舆树根基。经营养鄞鄂，凝神以成躯。众先[①]蹈以出，蠕动莫不由。

杏林曰：此节发明大易之道，阴阳之理。抽爻换象，以成交媾，而行

---

① 先，疑为"夫"字之误。

火候,拨阴取阳,以明去留。退阴符,行采取,降汞得铅,然究不外法轮常转。

上阳子曰:易有三百八十四爻,摘爻据符者,谓一卦有六爻,一爻有三符,一日两卦,两卦有三十六符,阴阳相交,不用一时之久,不尽一爻之用,犹一时有三符,止用一符。一符之行,则一阳生于坤之下以成震。震者,一阳能伏二阴也,故云震来受符。当斯之际,天地媾精,万物凭虚而受生;日月撑持,乌兔相结而莫解。阳雄而刚峙,翠玄而施化;阴雌而辟,化黄包以含滋。杳冥混沌之中,两相交接,权舆牝牡,初媾始树根基。权舆者,始初之义。古人造衡自权始,造车自舆始。此言造化之初毓也。又,权者,暂也;舆者,稳也。言暂时工用,要最稳当不僵踣也。经营一气,以养鄞鄂,凝布阳精,以成形躯。此节但言太极肇分之初,阴阳顺行之始,而生人也,生万物也,故曰:众夫蹈以出,蠕动莫不由。世人不知后天顺行之道,亦借朝屯、暮蒙之喻,亦有根基、鄞鄂之比,乃指为还丹鼎中造化,非也。此上阳子之注。

夫当天地交精之际,不可失际者,时也。际者当回也,孔子时习而说之当向也。人身居一小天地,天地有日月,而人身亦有日月。天地媾精,非日月相撑持则不可,而人身媾精亦若斯也。化生万物者,天地也;而所以化生万物者,日月也。故曰:日月媾精,而化生万物。此即大易之所谓与日月合其明也。雌雄者,阴阳也;阴阳者,即大易之所谓一阴一阳之谓道也。播之一字有二讲:发明上句撑持之意,此一讲也;播者,种也,此又一讲也。总而言之,不离阴阳之所,造化之窝。播种玄妙之施,以生化万物;黄中通理,以包裹天地。我之身虽在后天,我之性已与先天相交接,而结成一团矣。其抽爻换象,拆坎补离,各有原因。以为权为舆,不知树之根基,养鄞养鄂,何莫非经营之得?宜凝我先天之神,以成我后天之躯。超凡入圣,炼性归真,神妙莫测之变,动无不由于此。此诚为入圣之门户,成真之法则也。

于是仲尼讚鸿濛,乾坤德洞虚。

杏林曰:于是者,此紧接上章之义,非助语之词也。孔子曰:五十以学《易》,可以无大过矣。吾夫子当年读《易》,三折其肱者,正为讚此鸿濛也。讚此鴻濛者，《易》有太极是生两仪，两仪者，乾坤也。德者，性之德也；洞者，玄元洞也，亦有穴也，窍也。此言鸿濛之初，开辟乾坤之德，只在虚无一穴窍之中。孔子讚者，言乾坤如是而成其德，人列三才，亦必如是，以与天地合其德也。夫如是，始能炼精化气，炼气化神，炼神还虚，以至齐天大圣之地。噫，有志之士，可不知所省察，以跻圣贤之域哉？

稽古当元皇，关雎建始初。冠婚气相纽，元年乃芽滋。

杏林曰：此究其顺生逆死之原，顺凡逆圣之根，是以考盘古开辟之初以立言也。《诗》以关雎为首者，发明君子之道，造端乎夫妇；冠婚气相纽者，明人伦为天地之正气，正阴阳乃斯道以无邪，含与秉受，互相结纽，此无非真一之炁所使也。易与天地准，刚柔必相配，原始以返终，厥性而复初也。元年乃芽滋者，孔子作《春秋》，以元年春王正月冠首，其义与关雎建始初相同。而究其所以然者，无非教明阴阳之理，以配义与道也。元者，对上始初看。元者，元旦之日也；年者，以元旦之日为一年之首也。世有春联云：一元初复始，万象重更新。虽则冬至子半阳生，元旦之日，乃为滋生黄芽之根也。今日明言之矣。人能逆行先天之道，即为超凡入圣之机，此亦皆穷理尽性以至于命之学也，更是万古仙佛圣贤出头之日。有志于道者，可不知此乎？

圣人不虚生，上观显天符。天符有进退，屈伸以应时。

杏林曰：呜呼，圣人降世，岂漫无所为哉？一生一世，岂有虚度之日哉？呜呼，圣人之降世也，仰观天文，俯察地理，亦无非究竟阴阳之道，明行入世之法，而暗修出世之法也。上观者，尽仰察之义，以效顾諟天之明明也；显者，光华所烛照也；天者，乾也，因拆坎补离，而复遇我先天之乾初也；符者，阴符也。此特降离中之虚以名汞，而人落后天，除些子一窍，非孤阴寡阳，即寡阳孤阴，阴阳两全，五行不缺，人身上下只此一处，并无二所也。古先贤有言曰君子之道本诸身，舍身无道，若身外求道，非为旁门即是邪术。天符有进退，天者，阳也；符者，阴也；进者，进阳火；退者，退阴符也。屈伸以应时，屈者，乾三连也；伸者，坤六断也；以应时者，应我身之一阳来复之时，采取大𤣰，归炉入鼎，煅炼乾坤，而成金丹也。此秘秘心传，三教圣人皆由此而升天，故曰金丹大道，又曰天仙大道也。

故易统天心，复卦建始萌。

杏林曰：此紧接上章，发明其所以然之理也。接上章者，接上章以应时之义，而发明大易复卦之理。此理者何理也？此理者，复其见天心之理也。统者，一部大《周易》，凡由易者逆行之理，以统乎天心之处，而复还我先天之乾初也。复卦建始萌者，亦即朱子引诗以注复卦之义。其诗曰：冬至子之半，天心元改移。一阳初动处，万物未生时。玄酒味方淡，太音声正希。此言如不信，更请问包犠。呜呼，此时虽则万物未生之时，玄酒味淡，太音声希，而建萌之始，尽在矣。况由此造就，而我身之八卦自与包犠之卦相契，读《易》者，可不知所务哉？

长子继父体，因母立兆基。

杏林曰：震为长男，震为雷，雷主震动，非得震动之气，而实不能以复。上阳子注曰：震为长子，复生于坤。复者，一阳伏五阴也，坤为母，故曰因母立兆基也。此上阳子之注。呜呼，因母立兆基者，其旨深矣。母者，坤也；坤者，土也。不独万物皆生于土，而先天之真意出脾，故丹书衍道曰：南天门的土地，不老不少的黄婆，为媒合婚，引动东家之女，西舍之郎，配作夫妻入洞房，而饮合欢之酒，以成立筑基之兆也。此即大易坤宫之用六，曰君子黄中通理，美在其中。此其中立兆基。继父体者本乎乾，因母立者本乎坤。乾者阳也，坤者阴也，而此兆基之中，即阴阳五行、八卦俱全之地，故曰允执厥中。阴阳由此交媾，五行由此颠倒，八卦由此抽添，坎离由此变还，乾坤由此对待，先天由此而返，圣贤由此而成。是故《中庸》程子曰：中者，天下之正道也。读《中庸》，不可不读《参同契》；读大易者，亦不可不读《参同契》也。

消息应钟律，升降据斗枢。三日出为爽，震庚受西方。八日兑受丁，上弦平如绳。十五乾体就，盛满甲东方。蟾蜍与兔魄，日月气双明。蟾蜍视卦节，兔魄吐精光。七八道已讫，屈折低下降。十六转受统，巽辛见平明。艮直于丙南，下弦二十三。坤乙三十日，东北丧其朋。节尽相禅与，继体复生龙。壬癸配甲乙，乾坤括始终。七八数十五，九六亦

相应。四者合三十,阳气索灭藏。象彼仲冬节,草木皆摧伤。佐阳诘贾旅,人君深自藏。象时顺节令,闭口不用谈。

　　杏林曰:上阳子注云:钟律应斗枢者,黄钟之律在子,斗枢之运建子,凡应一阳始萌之时,即于三日之晡,月之微阳生于西南,阳生于月之下比①震,故云震庚受西方。八日上弦,兑受丁火,阳升至半,其平如绳。十五对望,日西月东,月兔尽吐其光,阳满卦体成②乾。十六平明,巽见于辛,阴符包阳,使无奔逸。二十三日,阴符半裹,光止下弦。坤乙三十日,月体全晦,白静黑纯,光向于天。东北丧朋,东北为艮,箕斗之乡,艮为鬼路。即于人身,癸满经行,丧损其气,节尽癸竭,一阳复生,故以壬癸而配甲乙,如乾始复,七八九六,数终三十,终则成坤,真气归藏。是知八卦,乾坎居北,艮震归东,巽离返南,坤兑还西,交布列曜,运用推移,不失于中。中乃天心,即太平中极,元精之物,眇不可睹。此上阳子之注。

　　夫天地为一大人身,而人身为一小天地,天地者何?道而已矣;人身者何?列三才之中,配义于道之身也,故曰君子之道本诸身。极而言之,此道也,天人归一之道也。吾身之消息升降,以应乎天地,干支卦象亦无不如之,日月星辰亦皆有之。五行不缺其一,阴阳针针相对,上弦下弦、月亏月满,亦同人身之阴阳消长。天有日月,人身亦有日月。天之日月有金乌、玉兔、三足蟾蜍,吐光吞耀,炼魂制魄;而人身之日月亦有金乌、玉兔、三足蟾蜍,吐光吞耀,炼魂制魄。且夫天之干、地之支,即如此以备于身,而人身亦当如此,以配天地四时八节、五运六气,以配人身之奇经八脉,而人身之奇经八脉以配天地收藏消息之道。然而不得师传,如隔万山,天秘之,谁敢泄焉?故仙翁诫之曰闭口不用谈。读书有志于道者,不可担簦负笈,遍寻海隅,以求明师乎?奈何必于海隅以求之,而不于朝庭以求之。鱼盐虽有大隐举于市者,历历可考,似不必专于海隅以求之。然而世道衰微,圣教不显于当世,龙蛇混杂,鸡群而独鹤难立,不得不寄迹海隅,以待圣王兴而大道立显于当世,故欲独善

---

① 比,原本作"北",据上阳子注本改。
② 成,原本作"戌",据上阳子注本改。

其身，难免不海滨而处食肉者鄙，此言信矣。噫，古人立言昭然，今人读书盲然。究其病在假圣假贤之道，以求富求显之门，竟将性理真传，天爵实践，全不穷究，致圣道之寝失，士风之颓残，以致如此其极。人心焉得不坏，世道焉得不衰，天心焉得不怒，而降劫焉得不哀？吾不能救人于大劫已降之后，而渴欲救人于大劫未降之前，不特思报天地负我载恩，思报圣主水土之恩。且秉天地好生之德以为德，体圣主爱民之心以为心，救得一人奔岸，天堂多一仙客，地狱少一孽魂；劝得一人改过，劫运少一恶鬼，清平多一福人。噫，此言相告，可谓金石，呕心披肝，良药苦言。然世人不听，毁我无边，难免不血泪沾巾，雨苦风酸。此皆因我无才无德，何敢尤人，何敢怨天？问口问心，为挽劫运，不为肥己润身，亦不为求显家门。当今天下，谁是知人？是以悲声，欲吐欲吞。呜呼，吾道欲行不行，欲隐不忍，无可奈何，只得哭而呼之曰：世人世人。噫，仙翁曰闭口不用谈，夫子曰吾欲不言，知我者天，大道不行，自古亦然。无奈何将自劝，以思夫子之言曰，苦尽自甜。

天道甚浩广，太玄无形容。虚寂不可睹，匡廓以消亡。谬误失事绪，言还自败伤。别序斯四象，以晓后生盲。八卦布列曜，运移不失中。元精眇难睹，推度效符证。

杏林曰：夫天道者，即上阳子所言乾坎居北、艮震归东、巽离返南、坤兑还西。天道浩广，人身亦如。浩者，即孟子善养浩然之气；广者，则塞于天地之间。此气本太玄，焉有形容笔画也。画不出，描也描不及，视之而不见，听之而不闻，既不可捉，亦不可摩。然而天地得之以为匡廓，返虚寂之气以成形，人落樊笼，生生死死，消亡其形。若得吾儒传授心法之秘，即是仙佛口传之言，儒得之而成圣，释得之而成佛，道得之而成仙，不二法门，此真格言。三教圣人本是一家，从无相谤相潜，后世之假儒假道，彼此妄相辟谤，毁言之孽，阴曹彰彰，如此害道，焉有不谬误失事绪，言还自败伤者乎？正至各居异端，别立门户，旁门外道，以害我三教圣人之真传，一盲引众盲也。如是，圣人不忍别序，飞三心扫四象之旨。三心者，血心、凡心、色心也；四象者，眼、耳、鼻、舌也，亦即孔子所谓非礼勿视、听言动之旨。以晓后世之人，盲然不觉之病疼，作为暮鼓晨钟之警醒。八卦之布列者，即乾坎居北、艮震归东、巽离返南、坤兑还西之说；曜者，因其光彩发挥于中，故曰运移不可失其中耳。由中不可失，圣经曰：允厥执中。圣经曰：回之为人也，择乎中庸，得一善拳拳服膺而弗失之矣。然而中者，果何处也？中者，天地之中心也。天数五，地数五，即二五之精，妙合而凝之处。但此精者，乃先天真一之元精也，当其未来之初，无形无象，原不可睹，亦不过推其度数，以效拨阴而阳自生以为证也。

居则观其象，准拟其形容。立表以为范，占候定吉凶。

杏林曰：此言静则度己，动则度人。居者，尤不特静则度己，且必居其所以观，始得见众星来共之法象也。拟其形容者，即拟其法象之形容。盖有诸中，必形诸外，知其表，则必察其里，是以立表之极，以为知里之范围也。占者，以候定吉凶；候者，九转还丹，炉火纯青之候也。得其候则结丹而吉，失其候则丹坏而凶，古人防危虑险者，岂无以哉？学者不可以不知此也。

发号顺时令，勿失爻动时。上察河图文，下序地形流。中稽于人心，参合考三才。动则循卦节，静则因象辞。乾坤用施行，天地然后治。

杏林曰：天地之间有国家君臣，而人身之中亦有国家君臣；天地见国家君臣主发号令，而人身之中之国家君臣亦主发号令。要而言之，皆不外乎正气之所施也。若失正气，则必不顺乎时之序。此时何时也？即一爻发动之时也。爻动失时，凡由于号令之时，失其时而不顺也。河图文者，天一也；地形流者，二成也。天一地二共成三，故中极于人心参合，考三才之德，同归于一也。呜呼，人自可轻其身而不与天地合其德哉？天地者，阴阳也，而大易一书，发明阴阳之理。阴阳者，动静之机；动静者，拆补之象。动则循卦节者，其次致曲，循环无端，炼成一贯之道也；静则因象辞者，以因乾宫之用九，坤宫之用六，以考我身表里精粗之效验也。天者，乾也；坤者，地也。大天地之乾坤思治，而我身之小天地亦思治；大天地之乾坤治，治在阴阳燮理；而小天地之乾坤治，治在二用之施行。其治工化之名不一，而其治工化之实不二，何也？天地即吾身，吾身即天地，天道即人道，人道亦即天道。因亦天道，故曰天人归一之大道也。天人归一之大道者，乃三教圣人之真传也，非他小道、旁道、邪道、外道之所可比耳。谤此道者，即谤三教圣人；谤此道，即谤天地鬼神。自古误陷此罪之中，而遭阴刑极惨之报者甚众，世人不可不知所戒哉！不知此戒此，施之于大天地，则大天地乱；施之于吾小天地，而亦不能以治也。学者其戒之，其深戒之，其深深以戒之。

若夫至圣，不过伏羲，始画八卦，效法天地。

杏林曰：呜呼，天生大圣临凡，为救下民众生，出幽如迁乔木，脱苦海，登天堂。呜呼，上天爱此下民之心，更胜若父母爱赤子之心也。如伏羲之至圣，天所降也。天降至圣于世者，即天降至道于世也。上天降之，至圣传之，而世人疑之谤之，诚何心哉？至圣不过伏羲者，开画卦之始，以明先天之理；取效天地之法，以全上帝之德。故曰：一画开天，遂泄乾坤之秘；九畴衍《易》，大阐皇极之精。人得此道者，可以超凡入圣；失此道者，定必难逃鬼乡。河之图，洛之书，上天所降，以开大道之基，伏羲因之以定先天之始。此晓谕世人，由先天落后天，必借后天以返回我先天，则为圣为佛为仙，以明儒、释、道有因原。呜呼，噫嘻，嗟呼吁，悲哉，疼哉，世人不知效法天地之厚，反借孔圣之道以谤天地之道。谤此道者，诚孔圣之罪人也，诚天地所必诛之人也，诛之罪不容于诛。

文王帝之宗，结体演爻辞。夫子庶圣雄，十翼以辅之。三君天所挺，迭兴更御时。优劣有步骤，功德不相殊。制作有所踵，推度审分铢。

杏林曰：此接上章而言，以明三圣之道。三圣之道，皆始之于伏羲，故文王宗之，夫子庶之，文王演爻辞，夫子辅十翼。此三君者，天生三圣，迭兴王以治世也。或优或劣，有一定步骤，其功德即不相殊，而其道亦仍归于一也。是以或制或作，有所接踵而起。推审其度之数，即一分之铢亦不差殊。更加周公爻辞，则圣人上祖下法，经自为经，翼自为翼，以使后之学者，知后圣既不敢先于前圣，亦不敢紊乱于正经。经者，常也；经者，若人身之经络似也。人身之经络，周而复始，往来无已，以循天道之常，而法逆行之理以成圣。易者，逆也，故经而名曰《易》，易而名曰《周》者，即此意也。既曰《易经》，而又曰《周易》，且且更曰《大易周》也。大也者，人能得一之谓大也。古人名之曰《大易周》者，因行逆行之理，周而复始，以得一而为大人。呜呼，周而复始以待一者，非孔圣一贯之道，何也？假孔圣以谤三教归一之道者，不特天地鬼神之所共怒，而动孔圣之怒为尤甚也。然所假孔圣之临，以谤三教归一之道者，假口于孔圣之道，不斋不戒，遂辟此三圣之道为异端。呜呼，何其不思之甚也。古之真儒曾有格言曰：谁言佛教好生而吾儒好杀？吾继之曰：谁言佛教当戒而吾儒当淫也？以斋戒为异端者，不明天人归一之大道者也。其见之吾儒之书曰：子之所慎，斋、战、疾。斋必变食，祭必斋，斋必沐浴，可以祀上帝，斋明盛服，以成祭祀。且吾孔子作十翼以辅之曰：明于天之道，察于民之故，是兴神物以全民用。圣人以此斋戒，以此神明其德。夫此圣人明言圣人斋戒之原也。奈何世之狂夫孽子，谓吾儒不斋不戒，此疑吾儒非圣人之道乎？抑亦为习章句登富贵之场，效酒色之徒，以行圣人之道乎？噫，假孔圣之教以谤释、道二教者，较之获罪于释、道二教为轻，获罪于孔圣之门为重。何则？佛乃孔圣之所最尊者，于太宰嚭问圣于孔子见矣；道教亦孔圣之所最尊者，于孔子问礼于老子见之矣。况天宫皆佛，亦将以吾儒为不尊乎天乎？夫天者何？道而已矣。分为三教者，由道而分之曰释，由道而分之曰儒。虽曰由道而分，乃实由天而分也。既由天而分，世之谤道者，非谤天而何？谤天者，获罪于天也。获罪于天，无所祷也。尚望孔圣加福于彼者，实不啻抱薪救火，自甘焦头烂额之鬼。噫，罪莫大焉，理所难逃。此理至明，奈何世人狡猾顽梗，如醉如梦，昏痴不醒，稽至圣以始作俑者，而岂无后之罪？亚圣以远庖厨而称君子，此圣贤皆秉好生之德以为君子。若因好杀而称为圣贤者，有斯理乎？而近来尘世之假儒，其顽固不化，何如其极？究其为病之根，在纵欲而不穷理。纵欲者，失于酒色之徒；不穷理者，失于章句之学。而此理断所难逃也。是以将三教圣人归一并行不悖之道，被章句之士，彼此互相辟谤，吾议为非者，不待辩而理自明。理自明者，何以自明也？自明也者，考从来三教圣人，未闻有彼此互相辟谤者，此理质诸鬼神而不疑，岂非自明之理也欤哉？乃无如后世之人，入三教之途，而不明三教之理，儒假圣以谤释谤道，释假佛以谤道谤儒，道假仙以谤儒谤释，此皆三教之罪人也矣。当朱子之世，而假释假道以害圣教者为甚;而当今之世,假儒以害圣教者为尤更甚。昔日之假释假道之紫莠者,有朱子辟之,而朱子辟之,未能剖明详实,虽有大纯,不无小疵。不无小疵者,不能穷两教之原,以绝旁枝之流,遂使假儒教之贼人有所借口朱子,此为千古之一疼事。朱子只知二氏称佛老以害圣教,不知二氏实非佛老。噫,岂特有害于圣教而已哉,有害于佛老正教为尤不小。朱子混佛老而概辟之,吾恨不能起朱子而问之矣。问之者,问朱子既尊孔子,又何反辟孔子之所尊者?吾以此问朱子,恐朱子难以答吾问也。虽然当时若无朱子,二氏害道之实,孰为之挽救?孔圣之道不著而孰为之发明?但朱子只知二氏非圣教,不知亦非佛教老教,而更不知圣教与佛老实为一教。今平心而论之,朱子被二氏之所愚弄者,亦犹之如断地一案,被讹地者,因有棺椁所愚弄一也。朱子被二氏所欺,遂认二氏为佛老,被讹地者所欺,遂将地误断于讹人之人。然非朱子愚也,如君子可以欺以其方耳,此断疑案,从来无人论及。自此以后,不特正儒教、正释教、正道教,兼且正朱子不白之冤,今而后已白之矣。白之者,白朱子辟佛非辟释教之之佛,自朱子辟老非辟老子之老。朱子所辟之佛老,乃系缁①黄僧道假借佛老之名以为佛老之佛老也。而今后,辟佛老者,不特知有区别,且不得借口于朱子。此岂特朱子之冤白,而儒教之冤白,而释教之冤白,而道教之冤白。辟佛老有知区别,地狱可免堕此孽,既而误辟佛老之冤则亦白之矣。自定此铁案以后,再有假吾儒名号以误辟佛老者,死归拔舌地狱,虽有他善,此恶难免。噫,囊昔之假佛老者,有朱子辟之,而今之假儒,有谁能辟之?吾能不闻朱子之风,而悬想其人欤?吾虽不敢比朱子,而实取效朱子辟假佛假老之辟,吾以此辟,转而为今日辟假儒之辟矣。朱子辟假佛假老,虽有其功,而未决其原;吾之辟假儒,实不敢居尺寸之功,乃决原穷流,澈底根究,核对详实,条分栁晰以辟之也。吾追念朱子,配圣庙而飨俎豆之隆者,在经教有功,非在注书辟佛老之功也。经教有功者,朱子能宗孔圣之实行,教弟子读经书者,读一句记一句,记一句即见之于行事一宗,而奉为文宗者,岂无以

---

① 缁,原本作"锱"字,今改,下同。

哉？呜呼，今之假儒害三教圣人之道，比朱子时之佛老为害尤甚且大，即比孟子时之杨、墨为害亦尤甚且大也。今之假儒王安石之道，以为孔圣之道，较之缁黄僧道假佛老之教，以乱我三教圣人之道，其害更加甚于百倍。噫，朱子当日所辟之佛教，虽有害道之能，而无治世长民之权；今之假儒效王安石之术，以得权势，而托言孔圣之传。噫，效王安石之行，以害先王之道，而托言业孔圣之教。呜呼，噫嘻，所读者孔圣之书，所效者王安石之术，所行者王安石之行也。动曰吾孔圣之徒，亦犹之如朱子时之缁黄僧道，动曰吾佛门弟子、动曰吾老子弟子也。然而此害害于下，未能达于朝廷之上，以此得位而乱世也。今之假儒借孔圣之名，以求人爵，达于朝廷之上，行王安石之行，以长民乱世，乃犹托言曰继孔圣之道以治乱世也。而究其所传者，读书只习章句，不论躬行，居官只论美缺，不在治世，此岂孔圣之道哉？然而必读孔圣之书，始能治此。此即为病之根，由在读孔圣之书而不行孔圣之道，假孔圣之名而无孔圣之实，托孔圣之教，以害世道，胜于杨、墨、佛老之为害，吾故曰其害为尤更甚。噫，其害可胜道哉？自有天有地，以至而今，惟有此害，害之极矣。是以世道之衰衰之极矣，上天之怒怒之极矣，大劫之降亦降之极矣。然皆由人心之坏坏之极，以招此极耳。古人有言曰：恶极思善，乱极思治。而否极泰来，今日之否，可谓极矣。吾能不望世人思善、思治以挽天道而回泰来也哉。思王安石之道，初兴尚有不失孔圣之传者，及王安石之道行之愈久，而孔圣之道愈远，愈远而人心愈坏，愈坏而世道愈衰，愈衰而大劫愈降愈惨，此势所必然。吁，王安石之道传留于而今，为害亦至矣，尽矣。为藉此体以行孔圣之道者，不敢云无人，而万中亦难得一人也。虽然当今之世，岂少圣贤之人哉？乱世多圣贤，乱极而大圣降，以备乱极思治之用。但天地闭，贤人隐，小人之道长，而君子之道消，噫，鱼盐诚多大隐，而货殖实有高贤。而乃竟有难吾者曰：世既多高贤，何不见其一也？吾大呼而告之曰：惟圣人能知圣人，岂人人能知圣人哉？或问曰：既多圣贤，而在何处也？吾直告之曰：遁迹坵园，寄形海深，隐于亩亩，藏于山林，皆不谓无人。或又问曰：因何不行于世？吾仰天长叹而告之曰：皆因假儒之道大兴于世，而真儒之道实难并立。彼皆赖读圣人之书,以穷取功名权势,以考其行也,欺君荐职,以荐高位,苛政取私,以饱私囊,宿姬娟,携优伶,假冒儒风,求富贵利达,乃曰儒教之本分,娶娇妻美妾,乃曰人伦之当然,润华屋,谋肥田,黄金取之于民人,赂上司得荐职,黑气冲满于天地,以贪口腹之欲,而为孔门所不禁,以纵色欲之萌,而为圣道之正传。每见三教圣人之徒,宗三教圣人之行,静心寡欲而修道,斋戒沐浴以祀天,乃群相争而辟之曰:此异端也,断非吾孔门圣人之徒也。或唧唧啧啧以贬之,或厉声怒色以绝之,或戏嬉笑语以诮之,且曰不孝有三,无后为大,七十非肉不饱,而吾儒之不斋不戒,宗孔圣之行,遵孔圣之道,明明有所考,此岂虚语哉?噫,自为异端而不知,乃诚不知也。以己之异端而辟真儒为异端,其不知者,不知三教原来一家,不知三教之道,夫一道而已矣;一而已矣者,道并行而不相悖也。不相悖者,不悖心德之传也,不悖性理之真也,不悖先后天之道也,不悖入世出世之法也。但吾儒明行入世之法,内藏出世之法;释、道两家明出世之法,内藏入世之法。何为入世之法?忠君孝亲,齐家治国平天下;何为出世之法?修身立道,厥性复初,返本还原。入世者,吾孔圣之文章是也;出世者,吾孔圣之言性与天道是也。子贡曰:夫子之言性与天道,不可得而闻也。闻又不可得闻,岂能知之哉?入世之法,多不据于斋戒;出世之法,而必斋必戒。闻夫子之文章者,不必尽据于斋戒;行夫子之言性与天道者,势必尽据于斋戒。然古今亦有所不同者,非道不同也,乃时不同耳。所谓不同者,古有先闻道而后斋戒者,今时必先斋戒而后闻道也。以古今之时不同,而古今之人亦不同也。其不同者,古时天道之厚,人性之纯。古时杀劫尚浅,人罪皆轻,而今时今人则皆不然也。孔子师项橐之后,以治世而栽培外功,非不斋,亦非全斋,功培满足,潜藏暗修,布有寝衣,曲肱而枕,始全行斋戒也。不全斋者,见之于食饐而餲,鱼馁而肉败不食,色恶不食,臭恶不食,失饪不食,不时不食,割不正不食,不得其酱不食,有此七不食,而食者或寡矣。即有不得已而食者,肉虽多,不使胜食气。则夫子即有所食者,而亦无几矣。其后修身立道之时,而全斋者,不特见之于所慎微之于变食,即沽酒市脯不食,则已足见之矣。不食沽酒者,夫子家中无烧锅;不食市脯者,夫子家中亦无汤锅。此不足以征夫子持长斋乎？斋如此而戒可知矣。

自古三教门中修道之，皆必斋必戒。道者何？精、气、神三宝合一，炼黍米玄珠，是为金丹大道也。盖道本无名，强名曰道，而修此道者，必斋必戒，何也？乃因炼精化气，炼气还神，炼神还虚。不戒不能炼精化气，酒肉味浊，不斋元气不能还神。神者，清气也；虚者，亦清气也。浊则不能还虚，此必然之理也。其或有人又强难于吾曰：我辈不能为圣人，乃欲为圣人之徒，圣人斋戒有明征；而圣人之徒俱不斋，亦有明征矣。曾子养曾晳，必有酒肉；曾元养曾子，亦必有酒肉。此非明征乎？吾笑而不答，不答者，不足于有言也；既而不得答者，终不答而此理终不明也。此理何理也？此理者，即吾所谓时不同人亦不同也。今之人先斋戒而后问道者，为时所使然也。古时之人，德厚气清；今时之人，德薄气浊。德厚气清者，现修道，现斋戒可也；德薄气浊者，必先斋戒，然后始得闻道。此不特因其气之浊，而更因其德之薄也。古仙有言曰：大道修来有易难。德厚气清者易，德薄气浊者未有不难也。若不预斋预戒，势必难乎其难矣。临炉危险，在所难逃。而况且近时之杀孽甚重，今人之功德薄，更非慎于戒斋，则不可凡为畜物者，皆前生大罪人也，故曰一失人身万劫难。万劫难者，万劫难复人身也。于世有大功德之圣贤，食其肉，得以免其罪，我辈何功何德，而曰白食其肉，岂能于我甘心乎？但此者理之常也，而又有理之变者，亦不忍不明言之也。若不明言，而世人之惑终难解，若明言泄漏天符，天谴最严。今出于万分无可奈何之中，只将天符略露一痕。略露一痕者，昔孔子生周末而称素王，为治世，发明人伦，临凡以投东也。是以行入世之法，以发明人伦为急务也；而出世之法，在所后论也。然而非后论也，篇篇藏意，字字藏道，因藏而曰后论，岂果后论哉？究其藏也，非孔圣重入世之法，而轻出世之法也。乃奉行天命而创儒教之始，孔子能不先传入世之道而后行出世之法哉？此何以故？盖大道听命于天，天时未至，不惟不敢传，不敢行，亦不敢言，故曰非其人不语，非其时不言。呜呼，此道之难闻竟如此，而其得闻之者，此三生之有幸也，岂可忽乎哉！孔子三千七十子，所传者几人？孟子前车数十乘，从者数百人，而究未传一人，此岂孟子之弟子其造就皆不及闻道耶？此岂孟子有私道之心，吝而不传耶？盖尊上天之命，此时大道当寝失其传耳，孟子谓之泯圣者此也。此者何也？此者上天命之如此也。上天命之如此者，又何也？理所然也。故曰天者何？理而已矣。然理散万殊，而终归一本。理散万殊者，乃正上天使人穷其理也，尽其理也。今穷其理而尽言之，言之者，言道不同不相为谋，谋相不为，而岂能为师弟者乎？自古未有师弟之间而不同道者。既同道，孔子斋而曾皙、曾子、曾元焉有不斋之理乎？噫，理既如此，孔子先行入世，后行出世，而孔子之弟子固亦必如此矣。由此而推之，则知有酒之时，乃行入世之法之时也；及行出世之法之时，亦断无不斋不戒之理。何也？既为孔子弟，必行孔子道。既行孔子道，今即孔子之斋以考之，而孔子之弟子其斋有不待言矣。孔门之必斋必戒，辩之既明且详，但今时之斋，斋之严于古者，内有天机存焉。天机者，孔子生于周，为治世也；孔子生于今，为我齐原人也。孔子生于周，承上天之命，开儒教之始也；孔子生于今，承上天之命，度九二回宫，以慰瑶池金母圣心，以了诸佛诸祖金炉大愿。此即天机略露一痕耳。

或人警[①]荒而问曰：何为九二，又因何而度九二也？吾垂涕而告之曰：噫，天机不可太泄，今秉度世之心切，又因尔之惊荒而问，仅将天机再为略露一痕。推夫人由生于寅，屈指以计，至于今日，已六万余年矣。原人流落东土，沉埋苦海者九十六亿，前圣度回四亿，故曰九十二亿也。天道历数愈远，人禀天地之正气亦失之愈远，而世道不堪。世道不堪，及今日为至矣，尽矣，抑亦不堪之极矣。呜呼，为子者不孝，不孝之极；为臣者不忠，不忠之极；为兄者不友，不友之极；为弟者不恭，不恭之极；为夫者不义，不义之极；为妇者不听，不听之极；为长者不惠，不惠之极；为幼者不顺，不顺之极；为师者不严，不严之极；为友者不信，不信之极。噫，士竞文义而忽德，德行忽之极；农图良田而昧心地，昧之极；工作伪而失真，失之极；商见利而忘义，忘之极；官不赤心保国而为家，为之极；吏因私而废公，废之极。且更加理刑名者，坏善俗之违献，坏之极；司教

---

① 警，据文义，疑为"惊"字之误。

训者,丧明伦之先务,丧之极;僧道灭纲常而伤风化,伤之极;娼优无廉耻而蛊愚顽,蛊之极;隶卒假虎威而蠹遍氓,蠹之极;强豪似鲸吞而凌寡弱,凌之极;杂流矜奇异而发险心,险之极;游民结党与而逞阴谋,恶之极;恶首纵淫行而伤阴德,淫之极;邪教放邪能而害正道,邪之极。噫,下方有此众恶之极,势难免不动上天之怒极,动上天之怒极,故天降大劫之惨,亦惨之极矣。呜呼,悲哉,一切大劫不敢尽言明泄,今略举其要而言之言,水晶子道君正因降之惨,承瑶池金母慈旨,生于今,以度原人,必先言性与天道教人,而文章亦只在其中矣。噫,今日之圣,即当年之圣;今日之道,亦即当年孔圣之道。顾孔圣生周末,传入世之法,内藏出世之法;及生于今,传出世之法,而内藏入世之法。其所不用者,彼一时,此一时也。或人闻言于半信半疑之间,而巧问之曰:闻先生之言,如醉消梦醒,拨开云雾而见清天。今日之道即昔日孔圣之道,今时之学道者,多有男不娶、女不嫁者,于不孝有三,无后为大,此理又何其不相附也?吾殷殷而导之曰:噫,世人只知其一,不知其二;只知其表,不知其里;只知其经,不知其权;只知其常,不知其变;只知入世之法,不知出世之法;只知人道之庸,不知天道之妙。不孝有三,无后为大者,经之常也,入世之法也,从人道是也;男不婚,女不嫁,权也,变也,出世之法也,全天道是也。此理岂世人所能知哉?此事岂常人所能行哉?噫,此理不明言,难解世人之愚惑。世人多有以此疑非圣人之道,乃曰:圣人之道,人人可为。而此道岂人人所可为哉?然而此岂人人所能为哉?吾今日明言,以解世人之惑,而作偈言曰:上天慧眼遥观见,下方一切英雄豪贤,夫妇色欲之情难斩断,人人性命丧于爱剑。嗳,拔剑自稳,个个出于情所甘愿。上天慈悲广无边,于普降仙佛旨,命天宫大圣并大贤,领此不娶不嫁之佛旨,而凡以成佛成圣成仙,作此榜样于万古人观。暮鼓以警心,晨钟以警胆也,为木铎以警人。人难过之关,过此关,即易回头奔岸。婴儿见母面,都赖炼汞与炼铅,自身阴阳打成一片。此即圣经所言君子之道造乎其端,亦即《毛诗》云乐而不淫之关雎篇。由此用工日久豁然贯,结灵丹,功满圆,丹书来召归灵山。会群仙,瑶池阶下谒母面。呜呼,可叹世人痴迷汉,苦把色心贪。如困蚕做茧将身缠如棉,放线被线牵,轮回千千万。今生是我死后不知将何变?线不断,难逃出轮回圈。因此阳寿满,无常奉冥票来取他真魂,去见阎身落四页板。两手攒空拳,娇妻美妾儿女富贵皆枉然,惟有罪孽将身缠。多是因为此根线,千里姻缘一线牵。结在五百年前,不是恩来就是冤。古仙云好姻缘还是恶姻缘,男不舍女女不舍男,彼此苦把欲心贪。贪而恋恋而贪,刳尽骨髓沥尽气血,世人以此乃为莫大好姻缘。可怜这个姻缘害英贤,久困牢笼不得超祖拔玄。我遍观从未见夫妻彼此两相劝,作个好宾朋把欲念从此斩断,立大志为圣为贤。结个贴骨亲同到灵山,永为夫妻万万年,这个才是真姻缘。然而尘世不得见,所以上天降下自了汉。自了汉也有女来也有男,那自了汉就是圣贤,圣贤男女不分辨。男不娶,男儿怀胎笑煞痴迷汉①;女不嫁,赤血返白产了个神仙。功已满,果已圆,脱了壳,升了天,超九祖,拔七玄,天地有换我无换,到此地步作个万古不没的大圣贤。天堂逍遥无边乐,人间塑庙收香烟,称大忠,称大孝。呀,留后来的未必如此完全。这片金石言,或人听得如痴如梦如狂如癫,不能回答一言。嗳,此片金石言,打破万古迷魂阵也。

娶妻如之何?为无后也;有后为何?为鬼犹求食也。人之有后为祭祀之依,为鬼供食之用,而不能超玄拔祖,亦并不能为父母免受阴刑之灾。有罪之人死后归阴曹受刑,灵前所供即有山珍海味、太羹太牢,岂能见哉?而又何况食乎?语云:一子成道,九祖升天。此言诚不虚也。九祖升天,飨天美食,服天仙衣,已不食人间烟火矣。称大忠大孝,而谁又曰无后为不孝耶?为不孝,为入世尽人道言也,非为出世之圣贤修天道而言也。上天思仙佛圣贤,临凡犹多为恋此,因不能回天者,此其何故也?盖人秉父母色欲之情,交感而生,是以此关大圣大贤,亦难出于自然。必也天生大圣之至者,始能如此。如观音古佛是也,如达摩老祖是也,此岂凡人所能为哉?此岂凡人所能为哉?非天生大圣之至者,其谁能为之?称大孝者,此称至孝者,此称纯孝者,亦此天宫无不忠不孝之仙佛圣贤,真格言也。有妄加辟谤者,堕于各殿各狱,万劫沉沦,

---

① 汉,原本作"汗",今改。

永不得出。或人缩项吐舌，懔懔然曰：先生识破天心，诚知天命之君子矣。古人曰：当世劝人以口，万世劝人以书。吾虽不能效先生劝人以书于万古，乃实欲效先生之言，劝人于当世也。吾喜曰：君诚能如此，功德非浅，亦仙翁所言功德不相殊也。但于真假难辩之余，毫厘千里之间，亦当推度审分铢耳。

有形易忖量，无兆难①虑谋。作事令可法，为世定是书。素无前识资，因师觉悟之。

杏林曰：有形易忖量者，此言守玄之初工也；谋者，道不同不相为谋也；虑者，虑而后能得之虑也。然必有兆，始可虑谋而求得也。虑得者，何所得也？虑得槃、得丹之谓。虑者非徒虑也，虑者虑口诀心法之传，熟烂于胸中，勿待从用工之时而现虑也。若现虑，不特无得，而失之于道远矣。虽则虑而后能得，然无先兆之可考，虽虑口诀熟烂于胸中，亦徒然耳。必也多加功德栽培，勿论有兆无兆，而其要在笃行及功熟德足，自有无穷之兆矣。方可于三教圣人所留经典，谋之虑之，以变其是实效、是幻景耳。是实效，此其兆也。若是幻景，必加正心诚意之功，除去一切不正之念，功德满足，再能一念不生，全体自现其兆，自生其兆者。何兆也？即月到天心处，风来水面时。法不举而自举，槃不采而自生，浩然之气充塞于天地之间，法轮常转，玄珠滚滚过昆仑。透关不得过，身体肢节时或有疼痛之处，面如虫行，鼻耳空作痒，龙女儿弹琴，哑童歌吟，忽然进出辽天月，素琴弹落天边月，月里分明见太阳，钟鼓不撞自己鸣。此皆内兆是也。神清气爽，体轻心悦，现面盎背，眼花重明，发白重黑，牙落自生，三满多天花乱坠。此皆外兆是也。作事令可法，此事何事也？必有事焉之事，事有终始之事，此事之作可为万古师表。道成天上，法传后世，然皆非书不可。一代之圣必有一代之书，而惟有《参同契》为丹经之祖，为道书之王，然无师传不能觉悟。素无前识资者，即世无天生之圣人，可不低心下气，诚求明师哉？得传之后，既积功累德，改净一切毛病皮气，空中保佑，理性散下，心花开放，性体圆明，智

---

① 难，原本脱此字，据古文本及上下文义补。

觉大开,透悟一切成仙作佛之法而无所不明。是以自古仙佛皆自悟也。若功德不深厚,皮气毛病改之不尽,智觉不能开,真空大道不得以了悟,《西游志》名曰悟空者,岂无以哉!

皓若褰帷帐,瞑目登高台。

杏林曰:呜呼妙哉,大道不离方寸地,人道亦不离日用行事之常矣。但撮其要而论之,究不知《易经》、《中庸》之理。但不经师传,如隔万山,聪慧虽过颜闵,亦是妄然。若以经明师指点,拨去云雾而见青天,如人人于帐帷之间,一旦褰而去之,则宇宙之日月,其皓光光精彩,皆透入我两目之中矣。古人曰头头是道,又曰大道在目前,但于人造作高低之间分耳。其墙及肩,而窥见室家之好;其墙数仞,难见宗庙之美。及日就月将,学由缉熙于光明,如登高台,瞑目以望,其间美景尽在寓目中。孔子东山而小鲁,望太山而小天下者,从来无人能识破圣人立言之旨,此何以故?帷帐为褰,若高台不望,有目不瞑,又谁能知其皓光明若?甚矣。仰之弥高者,非褰帷帐不可也。故子程子曰月到天心处,乃只言月不言日,何也?不言日者,而日在其中。盖因月不合皓皓之有,日映则明,而皓之光乃生,此即圣经所言在明明德是也。然若非望高台,瞑目以望,则帷帐难褰,日月不映,皓皓之光难寓目中,望高台者可不褰帷帐乎?古人曰:利眼临云不能垂照,朗璞蒙垢不能吐辉。至哉言也。且夫高台者何?高台者,即明堂是也;明堂者,王者之堂也。明堂者何?以王者名正因于土上得一谓之王,土上得一者,二五妙合而凝,三家相见,以结灵丹,然非望高台瞑目,则不可也。高台为明堂,故孟子曰:王欲从王政,则勿毁之矣。国家有国家之王政,人身有人身之王政。国家行王政,勿毁明堂;人身行王政,望高台瞑目。自古圣贤多以人身比国家天下者,即此理也。而帷帐谕其理何?居私欲,锢弊帷帐也,闭目顽空亦帷帐也。甚矣,帷帐可不褰哉?

《火记》六百篇,所趣等不迷。文字郑重说,世人不熟思。寻度其源流,幽明本共居。窃为贤者谈,曷敢轻为书。若遂结舌瘖,绝道获罪诛。写情著竹帛①,又恐泄天符。犹豫增叹息,仰俯缀斯愚。陶冶有法度,未可悉陈敷。略述其纲纪,枝条见枝②疏。

杏林曰:不将火候传于文,孰敢泄于竹帛间也。《火记》六百篇,虽有四节爻符,然而皆系秘言,不得师传,亦如一窍不通之玄关,火候其所趣,等等不迷。然天符尽藏于秘语,即有天生大圣,不得师传,亦不能于竹帛间而得之也。若然不迷者,古人之著书不误,诚不迷而极秘也。文字郑重说者,郑重其篇篇藏意,字字藏道之说也。奈何世人有疑者,其不思之,其思之不熟。思之不熟者,不能寻度其源流也。源流者,何也?大道始之于伏羲一画开天,九畴衍义,口口相传,师师相传,源源流流,接夫道统,圣圣贤贤,世世代代,以求相传也,是以源流不断。而究其流之源,亦在幽明本共居耳。幽者,先天之明德,因落后天而不明。今受师指,以我后天本有之明,以明我先天不明之明,使之归于明。其幽也,明也,本共居一穴,要皆不离此方寸之地耳。虽然不但不可与非人明言,即有大贤,亦必窃为之谈。谈且如此,而况于传乎,而况笔之于书乎?然虽不敢轻书于竹帛之间,若遂结舌,暗而不言,以甘心绝道统之传,获天诛之罪,亦断断不可。为欲写情尽书竹帛,又恐泄漏天符。是以犹豫未决,徒增叹息而已。犹豫者,兽名也,其性多疑,一闻有声,则豫上树,方上而下,下而又疑,又复上树,因不能决,故名曰犹豫。其俯仰缀斯愚者,此仙翁自谦之辞,言仰观天文,俯察地理,以点缀斯文,则知天下万物虽皆出之于天生,亦必赖人陶冶之功,以合天地之法度也。大凡天地所有之物,而我身亦皆有之,故曰:天地吾大身,吾身小天地。但因陈敷之间,未可悉陈敷,是以圣人略述其纲纪,曰万物备于我。盖体备于己,略述纲纪,其枝枝条条,不敢井然柳晰,而其见于枝疏之间者。或藏头必露尾,或显尾而秘首,或隐而微露,或暗而含藏。不敢不言,恐获绝道之诛;不敢明言,恐失天符之泄。是以三教经典,篇篇藏意,字字藏道。噫,默默天机,谁敢泄漏?明明大道,人人可为。然非功德不成,非师传不得。三教圣人之留经典者,所为何事?为教人希圣希

---
① 帛,原本作"布",据上下文义及古本改。
② 枝,疑为"扶"字之误,注文亦有"扶"字意。

贤希天,而求佛求仙求圣,此无他,秉上天之慈心,尽度世之婆心,接三教心法之传,定万世升平之福。而其为一节,句中之眼者,在幽明本共居一语也。幽者,即季路问事鬼神是也;明者,即夫子告之以知生是也。后人读此书,多不能会其意,或有惜季路不再问者,或有言季路必有在问之语,夫子亦必有示之言,但因为恐泄天符记者,故不敢笔之于书也。噫,此皆失圣贤立言之旨,何则?季路若不明于心,必有所请,夫子示之,即泄心法之传,记者亦必以秘言笔之于书,此理在所不易。况六经之中,篇篇道也,句句道也,而字字更无非道也。但天符发于文,何泄之有哉?若皆恐泄天符,而删之何句不可删,而独删此者乎?为是言者,非高明之见也。季路明问,孔子明言,记者明记,但后人读书不明耳。幽明共居之道,季路因有不能决之处,故以事鬼问之;及夫子以示人示之,而季路终有不解于心者,因而又有敢问死之请;及夫子以事人示之,而季路之造就,自此了悟。了悟者,问事鬼示之以事人,问知死示之以知生。此明言一阴一阳之谓道也,此明言轮回循环之至理也,此明言人鬼之关即生死之一也。死者为鬼也,生者为人也,人世不免鬼关难逃。仙翁度世之心切,是以又淳淳明言以阳求阴之道,以阴返阳之理,以示后人之学者,厥其性而复其初也。生者,门也,人也;死者,户也,鬼也。古仙有言曰:生我之门死我户,几个惺惺几个悟。然而季路自此悟之矣。噫,自古皆有死,愚人以谓神仙能不死,而吾以谓不死不神仙,但仙佛圣贤之死与凡人不同耳。由死我之户而死者,死为鬼也;由生我之门而死者,其死也。儒自此死而成圣人,释自此死而成佛,道自此死而成仙也。由此一死,永不再死,故曰不死。而不死之理,究何理也?盖门者,得旋转开阖之机,实合大易阖辟乾坤之理;户者,后之便户是也,鲜阖辟之气,失其阴阳配合之道,故自此死而轮回难逃。自此理不明于世,以致生生死死,脱骨如山。此理明者,明凡人之常死,常死之理明,明仙佛圣贤之不死,不死之理益明。季路因夫子之示而悟及此,吾因季路之悟而忖其心者,即《诗》曰:他人有心,予忖度之。此之谓也。不然季路因不能决,而有此问,因问而愈不能决,乃竟不问,有此理哉?此岂季路之所以为季路哉?至此不问者,季路之悟以透切,此正季路之所以为季路也。吾常与时儒以文相会,讲及经书,闻之者俱拍案惊奇,及问其是否,咸曰不敢言是,以不敢言非。不敢言是者,程朱未立此讲也;不敢言非者,乃此讲诚有理也。虽然敢有所请焉,请曰:儒书与丹书其说多不同,而先生强以为同,此理何居?朱子、程子二子注经书,何不按先生之注而注之也?先生所言同道者,恐不必然也。故以是敢请?余曰:噫,此何言也?三教原来一家,岂有二理哉?理即不二,岂其道二哉?一家一理一道,故曰不二法门,其言岂不至哉?余乃幼读儒书,而游入孔圣之门,非释教人也,亦非道教人也,乃诚儒教人也。因诚为儒教人,而始明儒教理;因明儒教理,始知三教同也。儒书与丹书不同者,非理不同也,非道不同也,乃为势所迫不同也。何也?盖儒书者,世间人人所必读书也。所必读者,赖此以入科考,赖此以得功名,赖此以度日月,赖此以习经营,赖此以富,赖此以贵,赖此以衣,赖此以食;忠臣必读,孝子必读,仁人君子必读;而奸臣亦必读,而贼子亦必读,而小人亦必读。丹书则不然,非有志欲为圣人之徒者,则断必不读也。不特不读,且恶人读己不读,恶人读。恶人读者,见人读之则毁之。噫,此诚天堂路绝,地狱种子之辈也,此即所谓与地狱有缘。而此书不可人人读者,现有明征:昔者悟虚子作《仙佛语录合宗》既成,门人请刊刻而剖劂之,悟虚子以为不可。乃曰此书非圣贤之人不可见,若误与非人,观七祖阴间受拷。此注儒书不可按丹书注者,其理在此耳。然而虽不以丹书注,而其道其理实不差也。向所谓《合宗》一书不可刊刻,而乃何有印本也?因被儒教窃去剖劂以传于世耳。此儒家者,真儒家也,窃之非过也,功也;传之亦非过也,德也。愚注此书,因悟此理,既未悉陈敷,亦略述纲纪。是以注此书也,陈未悉而理俱述,虽略而道备。所以者何?如人入于深林之处,其枝条虽密,不见天日,若能扶之而疏其密,则清天白日亦自得而见之矣。读书入深林,当枝条甚密之处,岂可不扶而疏之,以顾諟天之明命乎?石破天惊,古人立之精,识破天心,古人之言贵逾金,今之儒者当扪心自问。

《参同契秘解分章注》第五卷

《参同契秘解》自序

参者何为参？参赞化育之参；同者何为同？万物皆备于我为之同；契者何契？并行不悖为之契。而魏伯阳仙翁作《参同契》者，明大易之理，阐三圣之道，以继儒门心法之传。但心法秘而不泄，其道深远难测，若不注解，后之学者必有沧海遗珠之憾。若然书因注明，注因书隆，道由人传，人由道兴。遍观古人注书，皆各立一名者，此其中岂无深意哉！上阳子注《参同契》以《古文》名，而不才注《参同契》以《秘解》名者，后人亦究当留意。而无如世人学文不尚古而尚今，其存心亦必不存古人之心而存今人之心也。今人之心何心，岂可存哉？今日之文何文，而岂可尚哉？文关于心，俗关于文，吾欲正今日之人心，必先化当世所尚之时文。时文之风不古，则人心风俗亦必不古矣。而士为四民之首者，正其为博古学文，大有关于世道人心。学文不可不古，存心犹不可不古也。

客有难吾者曰：今人可学古人之文，今人亦可存古人之心。而究今人是今人，古人是古人，今人不能成古人，亦犹古人不能成今人也。吾对曰：不然，今日之今人亦即千百万年以后之古人，只在造作之间分耳。客曰：吾观先生之注此书也，解而秘，秘而又自序者，推其心在警世人，皆归于返古。然自返于古则可，安能使天下之人尽返于古哉？对曰：不能尽者存乎势，而必欲求尽者存乎意，势有尽而意无尽，势尽而吾意自遂。客忽然作警曰：大哉此意，但不知此意之所以为意者，果何如哉？曰：善哉问也，医书曾言意出于脾，又曰医者意也，医者近道也。因意出于脾，故号曰真意，位居中央，五行其色尚黄，纯善无恶，内藏福德正神，人果能以此意久守久存，黄中之理自通畅达于四肢，发于事业，此即意之所以为意也。人能本此意以注书立解，上合天地之心，下尽群类之性，明阐三圣之道，暗动鬼神之钦。黄中通理之处，即成性存存，道义之门，亦即释、道两教所谓玄关、玄牝。以此注解，可不秘哉？客闻言变色,起而离位,曰:先生此解神乎其神,今人断不能作如此解也,先生诚千百万年以后之古人耳。但先生所注《参同契秘解》者,玄而又玄,世人亦难同参其妙也。而陶靖节读书不求甚解,此言何谓也?曰:读书不以文害辞,不以辞害志,不求甚解者,富哉言乎其不求甚解者,而正所以求深解耳。噫,自此言以出,后世读书之茫茫者,皆以不求甚解为之辞,诚千古之一疼事。甚解者,异端邪说之解也;甚解者,穿凿附会之解也;甚解者,失其圣人立言之本旨而以杜撰为解也。言无征不信,此即《参同契》立名之本旨,亦即《秘解》愚意之所宗也。宗者,上宗古圣留书之心,篇篇藏意,字字庄①道,非秘而何?圣经心法,圣经心传,非秘而何?子贡以夫子言性与天道,谓不可得而闻,非秘而何?客闻此言,唯唯长揖而退。

呜呼,疼哉,疼时文莽学之辈,眼界不清,心底不明,窥见吾文而窃笑,观其笑之奸,而知其心之刻也。何则?古人读书文风古,而存心亦古,知人有过恶,谏之规之面前,此乐于人以为善;奈何时人读书尚时,而心亦尚时,见人有长于古者,谤之笑之于背后,而推其心,欲截人之长以为短,强己之短以为长耳。噫,此即吾所谓学文不尚古而尚今,必不存古人之心而存今人之心之明征明验也。古人之文纯而全,故古人之心明而厚;今人之文薄而谬,故今人之心刻而顽也。吾曾曰:文由心生,观其文而知其心也。观其文而知其心,非明眼不能辨,而时文之眼,岂能辨哉?时文之眼,顽璞不分,焉能尚质语鬼神而不疑之妙文?嗟乎,吾已矣,夫能和阳春白雪者,自古有几人?而况引商刻羽杂以流征者乎?

近来学问之道愈趋愈下,甚可悲也。而究其愈趋愈下之弊,亦无非因读书之传有失。观林西冲先生注《古文析义》,而亦自为序曰:今人不能效古人之作,乃今人不能效古人之读耳。愚意以谓不能效古人之读,非不能效古人之读,乃不能效古人读书之得其解耳。古人之解解其精髓,今人之解解其皮毛。解其精髓,则字字金玉;解其皮毛,则句句糟

---

① 庄,疑为"隐"字之误。

粕。况《参同契》书，乃发明大易之理，而大易之理参天地之道，岂时文之乎所能解其万一也哉！噫，此书何书也？以此书参于广大之外而莫载，参于精微之内而莫破，洞见千古之道原，深契三圣之心传，沿流溯源，可跻圣域之一道也。是为序。

山左太医院医员杏林吕惠连岩谷自序

字同丹砂，句同金石。笔同龙虎，文同大块。心同日月，意同仙佛。六合同而大地春生，春生而自契于参赞化育之功。契于参赞化育之功，能之而宜其秘也。因秘而自序，谓此序名为《参同契秘解自序》，固可谓此序为医心之妙药，治世金丹，度人法船，亦无不可。况且序中之义，不独发明透彻本经之妙旨，而并不离参同契秘解自序七字。戛戛独造，诚古今来所罕见之奇文也。

明心拜读

中　篇

　　阳燧以取火，非日不生光。方诸非星月，安能得水浆？二气玄且远，感化尚相通。何况近存身，切在于心胸。阴阳配日月，水火为效征。

　　杏林曰：此言水火既济之道，阴阳动静之理，生生化化之机，形形色色之妙也。上阳子曰：阳燧者，阳之物也，其中有气，故感日而能生火；方诸者，阴之物也，其中有精，故感月而能生水。吾继之曰：其中有精者，此自无生有之效验也，此炼精化气之根源也，此穷理尽性之学问也，而究不外致知格物大学始教者也。盖备于物者既如此，而赋于人者亦必如此，故曰：民吾同胞，物吾同与。同与者，同秉天地阴阳二气而生也。阴阳日月、精气水火，分之而为四，合之而为一，一而二，二而一，天一生之，地二成之，而终不离日月交感之精，阴阳二气相通之理。执中和探天地之位，承参赞变化育之功。三空心悟，松风水月可赏；四忍行苞，仙露明珠润朗。造端夫妇关透，既济水火，察乎天地，掌握谓道，阴阳故能运。气感日而生火，炼精感月而生水。日月合璧，大道不离方寸；五星连珠，小民来归就德。观天地以此德而化生万物，国家以此德而养育群黎，人身比此德而造诣圣贤。察其中之玄妙，莫可测度者，总之不离日月化气感精之功能也。

日月悬象乎天，水火既济成道，以思《大易周》云：天地交精，化生万物；父母交精，化生男女。但天地生万物，比施逆行之道；父母生男女，乃感顺行之精。感顺行之精者，常人之常事也。若非常之人，而行非常之事者，法天地逆行之理，配列三才，自造夫妇之端而育万物，男自生男，女自生女，男儿怀胎何足笑也。然而下士闻道大笑之，不笑不足以为道。而究其下士之笑者，不明天地阴阳之理也。此理者何理也？此理万物皆备于我之理也。备于我者，如天地之间有阳燧、有方诸、有水火，而吾身之中亦有阳燧、方诸、水火；天道有日月阴阳精气，而吾身之中亦有日月阴阳精气。秉于天者配于天，备于己者由于己，配天由己而由人乎哉！既曰由己，男自行生男，女自行生女，此天命率性之道理，而世之乐天命者复奚疑。吾今详实发明此理，日月在天，高远莫比，以阳燧、方诸之物籍日籍月，籍阴阳二气，相交相感相生，以成水火既济之道。然人非水火不能生，而万物非水火亦不能生。我身已成水火既济之道，本天地化生万物之理，以男自生男，女自生女，此诚天造地产，万古千秋不易之至理也。我身本天地造化所生，天地造化在我身；我身本父母精血所生，父母精血亦在我身；我本天地造生身之身，以此精血而自生自身。以致男儿怀胎，室女产圣，而其理昭然易明。古仙曰：行之妙，言之丑。吾继之曰：行之美在其中，言之玄妙无穷。三教圣人皆由此而成，脱凡胎飞身上升直达天廷，其余忠臣孝子、节妇义士、善信君子未得道者，亦可上升。然必没后加修，亦皆不能外此道也。天地如此，万物如此，而远者尚如此，又何况近在吾身者乎？虽则切在于心胸，但心有二心，胸只一胸。二心者，天心、人心也；一胸者，腔之是也。天心常存天心处，日久则识破天心；人心常存腔子里，人心自与天心一。拴意马，锁心猿，此是三教之真传。儒曰学问之道无他，求其放心而已矣。追夫学如逆流挽舟，不进自退；心似平原走马，一放难收。所言人欲净尽，天理流行，此乃三教实在真功。退安老人曰：一念未生全体现，六根才动被云遮。是以曰巍巍不动太虚空也，六根一动犹被云遮，而况心乎？又何况身乎？动则阴阳不能配日月，日月之阴阳不配，即有百般效验,究属水火未济,难逃轮回也。天地之气运用无已,而吾身之气如天地之气,一同运用于无已。天地之气运用,而天地之体何尝稍动哉？天地之体一动,必有山崩川裂、陵变谷迁之应,即现一切效验之征,悉是驳劣之气,遍震虚空,横冲逆撞为之耳,而人物焉能萌生其中？噫,其体之作动,其气之有声,其骨之响,其齿之鸣,皆是浊阴不降,清阳不升,则高覆之体难露,太空之体难廓,而人物不得遂其生焉者。此尚有诸多悍疾之气,从空注下,如木石之直堕,如弩矢之横流。人物即有萌生其中者,莫不为诸多暴戾之气所摧残,孽障之罪所牵缠,而万物究不能育焉。不能育焉者,失其中和之气耳。必至人生于寅,而驳劣之气悉返中和,然后人物得遂其生,以渐趋繁衍。天地之道如此,而人身之道亦必如此。甚矣,修天人归一之道工夫,犯此魔者,可不改去贪高好胜、争功夺果、害贤忌能,一切有害于道之病哉！此病害道入骨,而其魔亦入骨。齿为人骨,石为地骨。以此而推,夫至于寅之先,当子丑之时,虽有天地而中和未致,非天混于地,则必地混于天,混浊之气相抟,而其石之横冲逆撞,铮铮有声,如人之切齿,实相似如也。修丹之士,工夫犯此魔者,必先洗心涤虑,助人善成,痴牛杀死,从此放下屠刀,立地成佛,即有千年之罪,亦如千年之幽如若也,一旦秉烛而明之,籍此一旦之明,可去千年之暗。此依如修道之士,一旦明心见性,则前生今生之罪孽俱消。经曰:了三心,消三生之孽。诚哉斯言也。

若只有效验可征即谓之道,而种种旁门有何尝无效验哉？但水火未济,虽有一切之效可征,皆不足以为之凭。我身之工夫,必与三教圣人所留经典,考之无差,即是真功实效之征,若一有差,却是美玉之瑕。过去祖有言曰:美玉无暇方置馋,工夫若一有差,水火无征,虽即下学而亦不能上达。学者其知之,犯者其改之,其急急改之也。乃才纵谈天地之道,以明人身之道,本诸元会运世之书以立言,吾非敢有臆说也。学者其思之,其深思之,其深深以思之。工夫不合于古之效征,其不合于古者,皆行持不合于古也,而可不自知其误哉？

耳目口三宝,闭塞勿发通。真人潜深渊,浮游守规中。

杏林曰:此节乃克己复理为仁,下手用工之规模也。耳目口者,六贼之半；三宝者，七宝之源。若果耳能非礼无听，目能勿非礼勿视，口能非礼勿言，而非礼之无动亦自在其中矣。噫，以颜子天生圣智之聪，其后造就，列四科之首，其问仁也，夫子尚以此告之。而今日读书之人，自问自心，其天资果能及颜子之乎？即使能及颜子，此工犹不可不用，况后世之人，有谁能及颜子者乎？盖学问之道不躐等，登高行远，而其所必自在者，犹在卑在迩，学问之道何独不然？究其三宝闭塞而勿发通，所以然者，此扫三心不可缺之功也。三宝不闭塞，发通为之害，而其害可胜道哉？耳之于声，目之于目，口之于味，皆足乱我心君。况病从口入，祸从口出，开口神气散，舌动是非多，话过百句，不损自伤，三宝岂可发通哉？不可发通，而岂可不闭塞哉？三宝闭塞，万缘无由出而入，六根泰定，一念莫自而生，其一切之奇功妙景舍此难得，仙佛圣贤舍此不成。开玄本乎此，筑基本乎此，得蘖本乎此，采取本乎此，火候本乎此，烹炼本乎此，结丹、神化无一不本乎此。如不然，而真人亦必不能潜深渊也。真人有二，亦分先天后天。后天之真人者，肉心是也；先天之真人者，己土是也。藏经曰赤团上有一无位真人，此言后天之真人，诚以感动先天之真人至也。上阳子所言用己土去克水以求丹。此言先天真人，纯以化后天之真人繁也。余继之曰：后天之真人潜深渊者，将丹田以致心火下降于坎宫，而奋金莲也；先天之真人潜深渊者，三家尽归中宫相见，以结灵丹也。此借假修真之妙诀，此借凡体以修圣胎之至理也。虽然总不外乎规中之一着耳。规中者，一于造化之窝也。凡一切法则皆准乎此，即一符之顷，亦须慎密。其慎密之效，如浮游者，常静而犹常应，静极以求应，而万法皆灵，内照以待诚，则变化无穷，而金丹大道至此则思过半矣。若果造乎其极，三教圣人之能事毕矣。

旋曲以视听，开阖皆合同。为己之轴辖，动静不竭穷。

杏林曰：此言法不举而自举，蘖不采而自生，其一切之玄妙莫测，虽不竭不穷，然而法中之法，亦不可忽。旋者，旋转阴阳之谓也；曲者，其次致曲，曲能有诚之道也。视听者，此视听与视听不同也。此视听者，正合上章三宝勿发通之旨也；此视也，内视也，此听也，内听也。非目之于色，耳之于声之视听也。何以见其视为内视、听为内听？内视者，古人之所谓返观是也；内听者，古人之所谓收耳内听是也。但天生一物，皆有其用，况我身自有之物，岂可闭塞勿发通致之于无用之地哉？特患用之不得其当耳。用之得当者，正所谓闭也、塞也、勿发通也者。旋转乾坤，以次致曲在此，视听开阖皆合同亦在此。视听以及视无所视、听无所听，并其所谓皆合同者，统十方、八卦、五行、干支，种种一切，无不合一而同归也。同归也者，同归于中宫，来就戊土，以成三五都一之大道者也。三五都一之大道者，何道也？一开一阖之道也。开者，乾也；阖者，坤也。乾阳坤阴也，此一阴一阳之谓道也。而其皆合同者，亦自不外阴阳之道，故吕圣帝君云：玄篇种种说阴阳，二字名为万法王。二字者，戊己也。此移戊就己之道也。盖其合同相就之景象，若吞若啥，而万法皆归于一。但己土之性，猖狂颠蹶，而好走劣，必也得戊土为枢机，以辖之则皈依，活泼泼，转辘辘，有动有静，常放五色毫光，以救众生。观止其动而复静，静而复动，动中求静，静中求动，其动其静，不竭不穷，皈依十方，一切佛法僧，都来此二十，以端坐上天廷，永不临东，何竭何穷？世人皆有耳有目，奈何不作此视此听，以希贤希圣。

离气内营卫，坎乃不用聪。兑合不以谈，希言顺鸿濛。三者既关楗，缓体处空房。委志归虚无，无念以为常。

杏林曰：此言坎离返乾坤，由后天而仍归我先天，一切法象无穷之妙景也。离为目，位居南方之上，属火，号中女，其性刚烈，把受头关，不放人过，故有乌头太岁之别名也；内营卫者，回光返照，以生我先天之真气血也；坎为肾，位居北方之下，属水，号中男，其性嗜淫，婴儿落水，万劫沉沦，故有慈母哭婴儿之说也；不用聪者，收耳内听也。回光返照能视无形，收耳内听转为明，故世有观音之称，音可观，则知聪明无二制。无二制者，定于一也。兑为口，水中之真金存焉。金主气，金藏神，故言开口神气散，仙翁遵此以示人。兑合不以谈者，有二讲也：遵古仙之诗曰翕然吻合春无限，此一讲也；遵古圣之垂训曰非其人不语，此又一讲也。希言顺鸿濛者，戒口希言，专心止念，止念止观，默默绵绵，以调胎息未生真元之祖气，而顺鸿濛开阖施化之功能，乳哺三载，面壁九年，共成一纪，产个婴儿号圣胎，功圆果满，跨鹤升天。推其所以能如此者，必始善于关楗,缓体以处空房。关楗者,其根发于玄关;缓体者,勿劳尔形;处空房者,勿摇尔精。亦即无思无虑,无象无为,中无一物,空空荡荡,如太空同体,委志以归于虚。虚无者,气之所由生也,先天真一之祖炁,是自虚无中生出来的,故吕帝君曰:先天一炁号虚无,运转能教骨不枯。无念一着,大为克己之要,复理以现全体,无念以应之;至诚无息,无念以俟之;善行火候,无念以致之;三家相见,无念以会之;降伏魔障,无念以胜之;立功积德,无念以明之;脱胎神化,无念以成之。呜呼,炼丹之士,一切种种,全在无念之功,若一有念,定必着相。且心为物夺,不能成圣。观自古了凡成圣者,一切种种,全在无念之神功,学道君子,可不以无念为常哉?一念不生,心如冷灰,心无所心,乃为真心;忘其有法,法无所法,乃为真法;性归泰虚,空空亦无,所空乃为真空。是以凡有形有象之物,终归于坏,惟真空无坏。而我性既与真空同体,宜与真空同寿,古仙有言曰天地有坏我无坏,岂不常哉!此常也,皆因无念以为常,而始得此常以为常,学者可不知之。

证难以推移,心专不纵横。

杏林曰:此节第一句言无念下手之功,体用两有不易,证果成真之难,难在移戊就己。戊性好动,推去好动之性而归于安静难,有体用之纷扰,而此言无念,体之难也。第二句明无念精一之纯,在心专而心之难专也,难于使其纵不横。心猿之纵横,若悟空之善腾,非有金箍咒不可也。此无言用之难也。而究其无念之难,难在心专;心专之难,难在心猿不纵,意马不横。不纵不横,始能了凡成圣。吾儒曰:学问之道无他,求其放心而已矣。又曰:心似平原走马,一放难收。学者可不知所务哉?

寝寐神相抱,觉寤候存亡。

杏林曰:前言无念之功在心专,此言心专之效验也。寝寐者,睡也;觉寤者,醒也。觉寤之中,神息相依;觉寤而后,任其有无。存者,有也;亡者,无也。此言坎离交姤武火烹,用后天文火温养,还我先天无极之象。无也者,后天识神已灭;有也者,先天元神用事。《玉皇心印妙经》曰:出玄入牝,若亡若存,绵绵不绝,固蒂深根。帝言真息相聚,火候纯熟，常来常往而无间，绵绵不绝，虚灵不昧。由此工用日久，虎应山头，龙眠海底，玄珠滚滚，常过昆仑。工纯德厚，黍米结而成丹，此即谓人仙者也；面壁功成，运神出壳，婴儿养足，纵横天下，此即谓之地仙者也；及功圆果满，丹书来诏，脱去凡胎，性赴天宫，谒拜瑶池，蒙服胜宴①，此即谓之天仙者也。《指玄篇》云：学仙必须学天仙，惟有金丹最的端。此言金丹大道即是成天仙之法也。此法何法？然究不离神抱玄牝，知寝寐亦不舍，功候存亡，每觉寤而亲尝，抑即此法。不遇师传隔万山，而即得明师真传，起初行之亦为甚难，必苦修苦炼，不辍不休，始觉易而难，关已过矣。试观已往天仙，脱壳升天，功高得估上品莲，超祖拔玄，称忠称孝为圣贤，堪叹尘世之孽子，尚以此道为嫌，毁谤多端，恶贯满盈。噫，三寸气断，天堂路绝，地狱有缘。

颜色浸以润，骨节益②坚强。排却众阴邪，然后立正阳。

杏林曰：盖大道之要，在借阴求阳，而尤要在拨阴以取阳，如此必有现面盎背之效验也。铅可作粉，妇人捕面如雪之白，用之能润悦颜色。凡铅可作粉捕画如此，况我身本有先天之真铅者乎？吕圣帝云：自古上仙成道者，皆因掘地得铅多。吾儒亦有言曰：诚诸中而形诸外。然特恐世人福薄，不肯掘地得铅，采而炼之，以致润颜骨坚。试观鹤发童颜，身体轻便，可耐劳碌，力大无边。此何以故？阴邪去而正阳全。世之旁门小道，不斋不戒，铅何以得，骨可以坚，阴邪何以去，而正阳何以全？医书有言：一分阳气不尽人不鬼，一分阴气不尽人不仙。欲去己身之阴气，固在拨法以尽内工，而抑不尽在行内工，更贵在兼立外行。阴者，不正之气也。心萌不正之念，外露不正之端，邪正不并立，焉能得铅，焉能润颜，焉能骨坚，焉能正阳，焉能成仙？内邪招外邪，非工夫无效验，即魔入身缠，积年入室下静，欲求工夫进益，究属妄然。圣经曰：性之德也，合内外之道也，是故措一也。观修丹之士，观其外行，则知其内工。外多皮气毛病，欲使内工无病，即孟子所谓缘木而求鱼也，此亦即孟子所谓殆有甚焉，后必有灾也。然及有灾之时，悔之亦晚矣。吾立此说，

---

① 宴，原本作"晏"，今改。
② 益，原本作"盖"，今改。

上昭万古，下垂千秋，而今人之不信者，皆系后必有灾之人也。有灾之人不自知，吾为有灾之人预知之；有灾之人不知惧，吾为有灾之人代惧之。预知之、代惧之，不能使有灾之人疼改之，此皆固吾功浅德薄之过也。吾不恨有灾之人，而吾实不能不自愧自恨也。有灾之人之心吾知之，而吾此心有灾之人不知之，有灾之人不知之，而惟有上天则知之。然吾不望上天知之，而望有灾之人知之，何则？盖上天知之，吾一人得天心之悦；有灾之人多，有灾之人知之，既知之，则必疼改之，既疼改之，今而后必多人得天心之悦也。吾一人得天心之悦，天未必悦也；多人得天心之悦，而天心断无不悦也。吾故曰：望有灾之人知之，而不望上天知之也。呜呼，吾此心有灾之人知之否乎？而有灾诸人竟犹不知不改，吾何敢望天心之悦吾也。不惟不敢望天心悦吾，诚恐获罪于天，无所祷也。吾急欲免此过，免此过不求于天而求于己，不求于己而求于后，必有灾之人也。求于后必有灾之人也者，求于后必有灾之人急知之，而急改之。奈之何，有灾诸人皆不乐为吾求也。人皆不乐吾求，吾固束手无策。及大灾临头，有灾诸人此时必皆乐为吾求，而吾此时势必不能遂其乐求。噫，吾昔日之束手无策者，返为异日有灾诸人之束手无策也；但吾昔日之束手无策，吾预悲之有灾诸人异日之束手无策。何独不预悔之？噫，言之者动心，听之者岂可不刻骨哉？其不刻骨者，断非灵山会上贴骨亲也，明矣；乃为众阴邪也，亦明矣；而正阳之不能立也，更明矣。信乎，仙翁立言，为最深且至矣。

修之不辍休，庶气云雨行。淫淫若春泽，液液象解冰。从头流达足，究竟复上升。往来洞无极，怫怫被客中。

杏林曰：此言大而化之，一而神之，而不可知之之谓也。修之者，修身则道立也；不辍休者，道也者不可须臾离也，可离非道也；庶气云雨行者，庶机地气上腾而为云，天气下降而为雨也，云行雨施，天地阴阳交泰，而万物昌茂也；淫淫若春泽者，即退安老人所谓天桥上香馥馥，甘露滴华池，下润涓涓百脉娱，亦即三丰真人所谓黄婆劝饮醍醐酒，每日掀开醉一场，这仙方，返魂浆，起死回生大药王；液液象解冰者，即丹书所谓兔脑乌肝润心凉也，亦即九夏高山下白雪也；从头流达足者，一气贯满乾坤也。究竟复上升者,复者,一阳来复也;上升者,大凡物类之性从阳者皆上升也。往来洞无极者,此洞即无极洞也,仙佛洞也。此洞之别名甚众,不能枚举,而究其洞之所以为洞者,即一字圈圈是也。内有无字真经,即南极老人亦怫怫然,皆被春风,大邪客物之化,常来常往于此洞之中,久而久之,则必不食人间烟火。噫,妙哉,待经九转还丹,炉火纯青之候,而收其全功之量也。究其要,不外一字圈圈,此无极洞也。故《论语》首章之首圈圈,此圈圈为题,为题而作文曰:首观乾旋坤转之道,而成此混然一太极也。夫由一圈之贯,而开万物之始,使用无形而生有形者,岂非太极混然之气哉。且夫大道如环者,象乎太极之圈,以取其循环无端,通生生不息之理,尽化化无穷之源。其为道也,感阴阳二气以交媾坎离之精,则不独万物生于此,而生天生地亦不能出乎其范围之中。甚矣,一本散为万殊,一物各具一太极之理。万殊仍归于一本,而物物同出一太极之原。同出一原者何?观日往则月来,寒往则暑来,循环不已,以通育焉之机者,即此一圈为道之原也。而此道果何道哉?此道也,无极而生太极,太极生两仪,两仪生四象,四象生八卦,八卦生万物者,又何莫非此混然一气为之耳。混然一气,内藏先天之真性,是故性以成气,气以存性,成性存存,此圈即即道义之门。然此门之道不外一贯,一贯者,圈也。因一贯而成圈,故一画开天,遂泄乾坤之秘,九畴衍义,大阐皇极之精。其客物也,范围天地而莫过其冠首也,道发本原而不易。仰高钻坚者,此首圈也;在前在后者,亦此首圈也;语大语小,莫载莫破,皆无非此一首圈也。而此首圈之为道,因不可须臾离,故太甲顾諟者,即顾此圈也。顾此圈者,因此圈之形象乾元,头头是道;此圈之道不远人,道在目前。人苟知大道在目前,既知大道不离方寸之地,方寸之地藏天地位而育万物者,全赖此中和之气,以生三十六宫之春。《诗》曰鸢之飞,此圈之气使之飞也;鱼之跃,此圈之气使之跃也。动静变化,赖此圈之气;返本还原,赖此圈之气。此圈者何?即至善之地。而此地去活泼地不远矣。奈何人之为道而远人,世人欲希圣者,必积德以凝,性光使全。然而内观自养,为修身之要。慎其所存,天理常明,虚灵不昧,全体立现,人欲净尽,欲罢不能。自斯无极之真复矣,太极之妙应矣,天地万物之理悉备于我矣。既备于我,而我身自具夫后天,通乎先天之地。考先天图乾难坤北,后天图离南坎北,五行水高火下。故三圣取坎填离,以水升火降为既济之道,取坎中之一阳,填离中之一阴,此为返乾坤本原之至意。而意居中央,故曰:寂然不动,感而遂通。通者,亦即黄中之理通也,进观子曰者,夫子口传心授,受此一圈也。学者明善复初,学此一圈也;而习之者,如鸟数飞,皆不离此一圈也。大哉圣人之道,发于万物,峻极于天,学者可不将一贯之道为首务哉!

反者道之验,弱者德之柄。

杏林曰:反者,合内外而言也;外反者,横逆之加也。德修加谤,道高毁来,自古皆然。内反者,由后天逆行而还回我先天者也。道之验者,亦有内外之分耳。外验者,道高一尺,魔高一丈,大贤良居此一方,害道魔障尽来遭殃,洁体卧薪,善口胆尝;内验者,开三关,通九窍,转法轮,渺杳渺,甘露湿,滴天桥,一切内验不胜道。撮其要,总以后天返先天为大道之证验。弱者,顺上和下,不独行傲众,能低心下气,无贡高执着,积至德以凝至道,而为修身之把柄也。今之学者,则何独不然?凡心不了,血心不退,贪瞋痴爱,害道忌能,欺师灭祖,甘背誓愿,而招天诛。噫,比而不周,又安望其彼此砥砺廉隅,切磋琢磨,以成载道之器乎?悲夫,以同流为荣,以改过为耻,比比皆然,纷纷效尤。有过不喜人规,行短最乐人获,不能成己,安能成人?未学道前尚存正气,及学道后,毛病百出,此亦反道之验。此验者,为学道不能成之验也。古人有言曰:学道如牛毛,成道如兔角。比比皆非原人,乃祖上无德,自身根薄,生而不幸,内关前因后果。且更有大可疼者,我于我三圣之道为仇也。噫,学道害道诚何心哉?吾不知其欺道乎,欺师乎,欺天乎,欺心乎?然而均不可欺,而惟自欺其已也。学者固不可自欺其已,况为师者乎,况为大师乎者乎?为师之最难者,在调贤一节。调贤者,调不贤以至于贤,调贤以至于圣,特必己先贤,己先贤然后可任调贤之名,而非材德兼优者不可也。有德无材,用之以调贤,势必害道;有德无材,害道尚轻。乃独有材无德,用之以调贤,无不败道。有材无德败道最重,圣人曰：人之患在好为人师。凡为师者，可不慎哉？而至于为弟子者，尤可不慎哉？奈何以师严为不良，以养奸为和众。呜呼，更大有可悲悼者，见苗中莠赘之，若将加诸膝；见黍米珠，恶之若将坠诸渊。长败道之颓风，求美玉之瑕疵，此皆道之反者验也。反者我知之矣，我知其各从其类，我知其求美玉之瑕疵者，与我不同类也。不知者以谓有害于我，而其实乃有益于我，我明告之，害的是地狱异类，考的是天堂佛子。有道方有魔，不磨不明。大道如镜，大道如镜，而愈磨愈明。既属天生美玉，必乐有此等考惩。真金不怕火炼，愈炼愈坚，烂铁休苦折，折铁胜于钢。圣人曰：三人行，必有我师焉。顺成我者，我之恩师也。反考我者，考我胆量，考我智慧，考我才学，考我志向。我若因考而胆量正，因考而智慧生，因考而才学优，因考而志向坚。虽反考我，而我顺成，亦未必即非我师也。但顺成者与我同类，反考我者与我不同类也。害人非害人，害道非害道，害人害道诚害己也。我今而后，知考我者成我也，我不瞋其考我，而实不能不悲其害己也。譬如考场中搜之若也，有家带者亦搜，无家带者亦搜，有冤报冤，有仇者报仇，及过罗完场，不定考却多少难得出头。考人爵者如此，而况考天爵者乎？此等之人，此等之事，彼此必有前因后果之由。而上天差于道中，正为考我上西天之路上，所行之仙家也，而实不啻九妖十八洞，洞洞有妖精，都来吃我唐僧肉也。考我成我独可怜，考我者，后无落，而究其考我之人果何人也？此人也者，乃由田中之草，苗中之莠，穗中之秕，谷中之糠，米中之沙，尽皆为此一粒黍米玄珠，而设种种样样，无边无岸，大考惩也。而虽黍米玄珠者，皆从草中、莠中、秕中、糠中、沙中选出来的，乃此其常也。若论其变，则黍米玄珠亦可为草也、莠也、秕也、糠也、沙也，而草也、莠也、秕也、糠也、沙也亦未尝不可为黍米玄珠也，只在人有为、无为之间分耳，故曰：舜何人也，予何人也。有为者亦若斯，诚哉言也。而吾又有独得之奇，奇者，此道上士能为之，不特下士不能为，即中士亦不能为，然非上天不准为，乃己不能有为也。何则？吾每见中人之资，未修道前尚多有可取，即修道后而诸病蜂起，皆因此道高矣，美矣，犹天之不可阶而升也。中人之不能修道者，即中人之不能升天也。吾恍然悟曰：非中人不能修道也，非中人不能升天也，乃中人不能有为耳。吾之所谓中人者，以资而论，非论志论德。曾子年少质鲁而为大贤，六祖性痴而称祖，乃其要只在有为有守，何拘中士、下士哉？即民斯为下矣，果能有为有守，亦能成道。其为与守，而不皆离弱者，德之柄也。此德柄之弱，非软弱无能之弱也。德柄之弱，外虽弱，内藏无欲之真刚者也。而德柄之弱究属果何以弱？下不正，以弱导之，使终归于正；上不正，以弱革之，革去其非，而亦仍归于正也。此等之弱，称德柄无愧。而此等之弱，岂果弱哉？吾未闻弱而无志之人，有能成仙佛圣贤者。吾之所谓中人之资者，既修道后，不惟不见进益，而反诸病蜂起，虽在无为无守，而究在无此德柄之弱也。此德者，大德也，大在为修出世之德。中人非无德也，中人之德在修入世之德，其德不足以及出世，故即修道后，而诸病蜂起者，正因其无出世之弱德也。反者，道之验。此道也，非入世之道也，乃出世之道耳。

　　此节大旨，重在反之、弱之二字。中人德行薄，德行薄而道根浅，根浅德薄，定必生魔，乃诸病蜂起者，魔也。若果有反道之验，德柄之弱，漫言中士、下士，亦定必成道。大道无私，孰可成，孰不可成，而无私者可成，有私者不可成也。此道乃齐天大圣之道也。天地无私，大道亦无私。而有私者，焉能成道哉？中人修道后，而诸病蜂起者，其思之其改之，其深思之，其疼改之，其深深以思之，其疼疼而改之，改之勿再犯之者，勿再犯其有私心也。

　　耕耘宿污秽，细微得调畅。

　　杏林曰：此紧接上章而言，此亦兼内兼外而言也。试先以内工而进思之，夫金丹大道生于田，故有丹田之名；种丹亦赖于耕，故有耕牛掀过昆仑巅之说也；耘者，耘苗也，故有发丹苗之称。学者欲结一粒黍米玄珠，非籍耕耘之功不可也；欲彰达其耕耘之功，必赖粪其田也。地之至洁者不生物，故曰宿污秽。粪者，污秽之物也，即后天一切渣滓之物。耕耘者，修大道也；宿者，止也；污秽者，尘世也。此言人必籍渣滓之物，以补后天之身；籍后天尘世之凡身，以修先天出世之大道。此一说也。丹书云：金丹只是气和精。精者虽系先天真一之精，然不能外此后天污秽之精也。何则？先天真一之精生于后天浊精之中，亦犹真阳藏于真阴之内，故曰借阴以求阳之道也。后天之浊精虽系污秽之物，然顺行生人，逆行成圣，此又一说也。是以人年过迈，精气已竭，阳物不举，大丹难结，只有敲竹引龟一法也。细微得调畅，细者，细按而推之；微者，道心惟微也；得者，虑而后能得也，亦即一得永得之得也；调者，吕律调阳也；畅者，达于四肢，发于万物也。此言大道之玄妙变化无端，夫妇之愚可以与知，及其至也，虽圣人亦有所不知焉。非细按而推不可得，非道心惟微不能修，非吕律调畅不能贯满乾坤而参赞化育。调者，不特调理阴阳而已也，调火候亦在其内也，而调息又不出乎其内也。古仙有言曰：调息须调真息息。真息息者，即细微之说也。畅者，关关究究无所不通，四肢骨节、毛孔无所不到，畅于四肢，发于事业，美之至也。古圣曰：合内外之道措于一，头头是道。诚不虚矣。种五谷赖于耕，种金丹亦赖于耕，种德行而更赖于耕。世之有楹联云：书田无税子孙耕。又曰：心作良田百世耕。耕之一字，岂可忽乎哉！草足害苗，亦足害心，况丹有丹苗者乎。若不加耘，定必茅塞其心，茅塞其心，定必害我丹本。欲保我丹本无害者，可不耘之乎哉？宿者，不特止也，宿者亦夜也。古人以天地为万物之逆旅，以光阴为万代之过客，秉烛夜游，良有以也。人生婆婆，困于范笼，迷于红尘，宿于污世。呜呼，不为污世所秽者，乃圣贤之人也。大抵人落凡尘，红纱罩眼，名利熏心，颠倒性情，认假作真，落于苦海之中而不自知其海之苦，宿于污秽之内而不知其污之秽，作下一切罪孽，难逃轮回。而惟三教圣人之徒，被褐怀璧，如莲花一生于污泥，处于秽池，而究不为污秽略染一尘。其行事也，大无不包，细无不入，惟精惟一，允执厥中，龙蛇混杂，鹤立鸡群，一本万殊，万殊一本，大而化者，一而神，孔子云：老子人中龙也。当此之时，老子尚在尘世，亦宿于污秽，故老子亦曰：我若无身，有何患焉。

浊者清之路，昏久则昭明。黄中渐通理，润泽达肌肤。初正则终修，干立末可持。一者以掩蔽，世人莫知之。

杏林曰：此分清浊之法，清气留而浊气推，是为大道之枢机。浊者不降而清阳不行，浊气下降而清阳上升，浊气去尽而清一之真炁自贯满乾坤。乃必复还浊路上升者，亦犹苍天未降大道之前，先降旁门以为大道引路，路开而大道始降，以合天人归一之德，此诚识破天心之论也。奈何无知之辈，讥我言大而夸，此诚吾儒门中之罪人也。以圣人之真传为卑，以腐烂墨卷为贵，以无知之戏言为好，以金石之至论为耻。外人皆称孟子好辩者，以犹今人之讥吾言大而夸也，虽读圣人之书，乃实圣门中以外之人也。噫，今人之昏昏之久矣，今日之劫惨之极矣。昏久昭明，乱极思治，善恶到头，终有报日，否极泰来，圣言不虚，万殊一理。亦犹人读丹书，始而难免无昏，初入大道，求之不得于心。及浊气久推，清阳常存，时习而说，如鸟数飞。日就月将，学者犹缉熙于光明，昭然晃朗，始知道不远人，只在目前。此即君子黄中通之渐，粹然现面盎背之效验也。厥性复初在此，返老还童亦在此。此者何？此者即天下之正道。故《易》曰：正位居体，美在其中，而畅于四肢，发于事业。事业者，业修身立道之教而为事也。事也，而究竟果何所以为事也？所以为事者，即孟子曰必有事焉之事也，亦即圣经所谓事有终始之事也。其初正者，而正合此事之始也；其修成者，乃谓事之终也。颜子箪瓢陋巷，而不改其乐，乐此事也；孔子曲肱而枕，乐在其中，亦正乐此中之事业也。而古人之乐道者，岂无以哉？以者，本立道生，则末可持也；末者，末后一着也。末后一着者，果何一哉？聚精会神者，此一也；分灵布气者，此一也；退藏于密者，此一也；散弥六合者，此一也；而在前在后，弥高弥坚者，皆此一也。儒教吾道贯一，道教修真了一，佛教万法归一；天得此一以清，地得此一以静，人得此一以圣。故达摩祖师曰一字大，一字四大部洲挂不下者，此也。上阳子曰：人能知一，则宇宙在乎手也；人若得一，则万化生乎身也。此一之尊贵如此，而岂可不掩蔽乎哉！语言泄，天谴最严；内工泄，危险立见。然不可着意，更不可存念。仙翁之所谓掩蔽者，掩之诚是也。掩之者蔽于内，蔽于内以能择乎中庸者，出而得此一善也。一善者，仙佛圣贤至尊至正之位也。故堪舆之家，于阳宅有碍者，以一善镇之，即此义也。此一之贵有如此，宜乎大贤之拳膺弗失也。人莫知之者，即子贡曰：夫子言性与天道，不可得而闻也。因不可得闻，而岂能知哉？其不知者，不可凿孔妄谈也；其已知者，尤不可画蛇添足也。朱夫子、韩愈先生因未知其至，故立言于三教圣人之道，多有不合之处，况后人乎。断不可妄加议论以害圣道，犯者罪坠拔舌地狱。其不知而加谤者，独不思夫三教之圣人，而孰为互相辟谤哉？吾今不惜苦心重伸其说，以使学者即物而穷其理者。理者何？如人之作文学字之理相也似，如浊一阵必清一阵，退一步必进数步，莫以塞机见退而恢志，其进益之机藏于退塞之内，此浊为清气开路之一说也。学者得受心法真传，夺日月之精华，采天地之清气，达于浊气之处，浊见清，势不两立。及浊气推而清气存，真阴去而真阳现，大道如环，往来无端，浊气之路被清气贯满，此又一说也。浊者，阴气也，真阳藏于真阴之内，真阴不去而真阳难现。何以见其真阳藏于真阴之内？古仙曰：太阳映在月明中。又曰：月里分明见太阳。此岂虚语哉？此大道无形而生有形，阴阳之气无形，而阴阳之迹附于物者实有形。如圣经言：君子之道，造端乎夫妇，及其至也，察乎天地。此阴阳之迹附于有形之物者如此。因能附于物，故自无形而生有形也。夫妇、天地，虽皆一阴一阳，而实一清一浊也。乃不曰清者浊之路，而必曰浊者清之路；亦犹之乎不曰一阳一阴之谓道，乃曰一阴一阳之谓道也。若世之为媒者，以男题女，若以女题男，谓之倒做，此理皆凿凿可据。但性理之学，天人之道，广大无边，玄妙莫测，奥美难言，故曰：观于海者难为水，游于圣人之门者难为言。其世之凡夫俗子，闻道则笑，反曰言大而夸。此清浊不分，阴阳混杂，凡夫俗子去道远矣。及有志欲为圣人之徒者，其知之而勿终安于莫知之也。仙翁言世人莫知之者，言从来莫有不经师传而能自知之者，非言世人果莫有知之也，学者宜深辨之，凡夫宜深戒之。凡夫莫知，其以言大而夸者宜也。夫篝笼之鹨，然能与之料天地之高哉？曲高和寡，自古皆然。

是非历脏法，内观有所思。履斗步罡宿，六甲以日辰。阴道厌九一，浊乱弄元胞。食气鸣肠胃，吐正吸外邪。昼夜不卧寐，晦朔未尝休。身体日疲倦，恍惚状如痴。百脉鼎沸驰，不得清澄居。累土立坛宇，朝暮敬祭祠①。鬼物见形象，梦寐感慨之。心欢意喜悦，自谓必延期。遽以夭命死，腐露其形骸。举错辄有违，悖逆失枢机。诸术甚众多，千条

---

① 朝暮敬祭祀，原本脱"暮"字，今补。

万有余。前却违黄老,曲折戾九都。明者省厥旨,旷然知所由。

杏林曰:此节仙翁言之详矣,上阳子之注明矣,吾亦不必复赘矣,是以推其旨而该言之矣。言好道君子当博学审问、慎思明辨笃行。不独不可于纸上寻佛法,即求师亦不可不慎,其所慎者,非取其贵,非取其富,非取其长,非取其才知之聪明,非取其象貌之美;取其道之真,取其德之尊也。德之尊者,非徒求之于耳;道真者,而专在求之目也。求道者当以于目求道,不可以耳求道也;当求之目见,不当求之于耳闻。目见者,目前天也;耳闻者,耳旁风也。求目见者,大道不远人也;求耳闻者,其于观音。何之因音可观?吾故曰求道者以目求道也。以目求道,识破天心而真人可见,惟真人者,是吾之明师也。况学问之有余,难补品行之不足;而品行之优,不特可赅学问之浅,而实足燥。学问之有余者,但品行优,非目明不足察。自古传道者,百般之假,难逃学道者目中专心也。昔黄帝失珠,使离娄求之不得,使象罔求之,得之于赤水之滨。离娄之求有益于,象罔之得多赖于离娄之求。求道者当以此求,得道者亦当以得也。自有此一论,十六字心传不传而自传,旁门外道不辟而自破,仙翁之言不注而自明,学者皆可自明也可矣。

下　篇①

胡粉投火中,色坯②还为铅。冰雪得温汤,解释成太玄。金以砂为主,气和于水银。变化由其真,终始自相因。

杏林曰:慎哉,此一节无作等闲观也。言人洞明造化之枢机,通达阴阳之玄妙,如此方能同类相应,同气相求,以致天地泰而水火济矣。盖胡粉黑铅炼就,黑铅乃系胡粉先天之体,胡粉实为黑铅后天之用,得火而仍还为黑铅者,厥其性而复其初也;冰雪寒水凝结,寒水乃系冰雪先天之体,冰雪实为后天之用,遇热而依然成水者,返其本而还其原也。同类相应而同气相求,此皆不失其本然之真性耳。至于硃砂为黄金之

---

① 原本无"下篇"二字,今依古文本增补。
② 坯,诸本作"坏"字。

母者,盖因硃砂属土故也。土能生金故为主,人皆以谓黄金窖内出硃砂,而吾独以谓硃砂窖内出黄金,取其相生而相主也。气和于水银者,其言旨深矣,其理微矣,其仙翁立言之意亦妙矣。金入水银而变白,得火而仍还赤色。亦犹如人落后天,嗜欲乱性,红纱罩眼,因物性迁,因好心变,因染习而失其天真。若果能道心发现,学而时习,得一阳来复而上腾,则必大有如鸟数飞之景。噫,今而后得重见我主人翁之真面目耳。朱子以习注为如鸟数飞以学注为明善复初,真得圣人立言之旨也。

夫水银者,阴物也,即人之嗜欲是也。私欲者,妖魔也。以发我三昧真火,而群妖立退,性光始全,性全始得还我本然之面。噫,仙翁立言广大无边,故将圣经、《周易》因契而同参,参知所先后,则近道矣。同参致知格物之功,在即物而穷其理,亦同参,近取诸身,远取诸物,而更无不同。此即一本万殊,万殊一本之理。噫,物有本末,事有终始,知所先后,则近道矣,正合此旨也。

欲作伏食仙,宜以同类者。植禾当以谷,覆鸡用其卵。以类辅自然,物成易陶冶。鱼目岂为珠,蓬蒿不成槚。类同者相从,事乖不成宝。

杏林曰:以人名曰仙,此岂易事哉!而伏食曰仙,伏食一法,诚不易事,而伏食之效,只在九转还丹,炉火纯青之候也。然虽曰不易,若功造至西南得朋,乃与类行,而亦自不难,故仙翁嘱之曰宜以同类者。昔程子亦有朋为同类,其旨深矣。语云:种谷得谷,种麻得麻。以鸡伏鸡,固用鸡卵,即以鸡卵而入鸽子窝覆之,不成鸽子而成鸡,因其卵为鸡产故也。但其体不大而善飞,常宿于树木之上,推其一类相辅,随自然之理,而陶冶成物,实不为难矣。然而必得真师心法之传,不为旁门所惑。若是认道不真,则必信道不笃,而以鱼目为珍珠,以珍珠为目,以蓬蒿为梧槚,以梧槚为蓬蒿,此属异类,非原人也。至类同者相从,事乖不成宝,此类同非雷同之义可比。对上同类者观,亦自有可同类者,取其类之相同也。类同者,似是而非之说也,以伪杂真,大有害于圣人之道。故圣人之所甚恶,恶其莠之乱苗、紫之夺朱,此皆系旁门外道,以害我三教圣人之真,学者不可不辨,辨之尤不可不明也。何则?从来诸术甚众多,千条万有余,而皆有效验之应,不然将何以煽惑人心耶?若不详察以类同者为同类相从，以必有事焉之事，定必乖乱，三宝不能结一而成也，学者可不察哉！

燕雀不生凤，狐兔不乳马，水流不炎上，火动不润下。

杏林曰：噫，真的跟了真的去，假的被了邪的拐，此何故也？亦犹燕雀焉能生文凤，狐兔岂得乳良马哉？此尤不特大道为然，即人事亦如此也。欲尽观人之法，必先察其所从之类。火曰炎上，性刚而直；水曰润下，急柔性曲。从刚上达，从柔下流，至若论及性天大道，水之顺流，欲火上腾，水若逆行，火必降下，此大易之妙用，三圣之至道也。

世间多学士，高妙负良才。邂逅不遭遇，耗火亡货财①。据按依文说，妄以意为之。端绪无因缘，度量失操持。捣治羌石胆，云母及矾磁。硫黄烧豫章，泥汞相炼治。鼓铸五石铜，以之为辅枢。杂性不同类，安肯合体居。千举必万败，欲黠反成痴。侥幸讫不遇，至人独知之。稚②年至白首，中道生狐疑。背道守迷路，出正入邪蹊。管窥不广见，难以揆方来。

杏林曰：仙翁云，能人不可自恃材高，以强悟大道之奥妙，不肯低心求师，此自负其良材。噫，天与良材，反被材害，负材即所以负天地也。当面错过，如入宝山空手而还，岂不诚可惜哉！但天降大道，先降旁门，继降魔类，且多家降考惩者，乃皆由前因后果之关。抑凡物有真必有假，以假置之于真外，害真犹轻；以假置之于真中，害真最重。道外之魔害道轻，道内之魔害道重。亦犹道旁之草，害苗犹远；田内之草，害苗不独近而且更易也。然更不□此耳，旁门之草，草内无苗；田内之草，草内有苗。而苗内有莠有稗，天既生苗，又生草以害苗，莠稗以乱苗，天道胡为乎哉？此岂天心不好仁？既欲成之，而又欲败之哉！既不欲败，乃何天降圣人之道，又降圣人之徒，更降圣人之道之人，以圣人之道害圣人之道，且兼害圣人之徒也耶？孰知苗不如此，天将何以考农夫尽力于南亩？道不如此，天将何以选原人于异类之中？学道者参透此理，而万魔难入；旁门参透此理，何至背道出正而入邪蹊？至于烧草炼金，依文衍

---

① 耗火亡货财，原本作"耗火亡财"，据古文本补入"货"字。

② 稚，原本作"推"，今改。

义之说，以己意妄加造作，一切有为之法，实难得有朋自远来之乐。同类合体而居，则必万败成痴。即或侥幸得遇真师，亦必当面错过。而惟我至人根深德厚，始得独知之耳。危哉，危哉，大道如此之难成，师徒、道友可不彼此交相劝勉哉？师友有长他能成全师，师友有短他能有谏。弱者德之柄，金石良言；反者道之验，心明志坚。凡进谏低心下气，委委婉婉，虽忠言避诲，口犯心不变，人即害我，我亦不弃嫌，惟恐恩师良友堕落苦海里边。苦海无边岸，一堕身难翻。因此丹心一片，苦进谏，力相劝，这才是圣道之中好良贤。晃朗慧光眼，瞥地生春，亲谒西方，将如来见也，不枉俺东土投一番。此一段粗野歌，诚乃金石良言。

《火记》不虚作，演《易》以明之。偃月法炉鼎，白虎为熬枢。汞日为流珠，青龙与之俱。举东以合西，魂魄自相拘。上弦兑数八，下弦艮亦八。两弦合其精，乾坤鼎①乃成。二八应一斤，易道正不倾。

杏林曰：古有《火记》三百篇，讲明讨论无虚言。只为不宜泄竹帛，是以同参将《易》演。明言阴阳之谓道，不离日月鼎炉间。太乙神有偃月炉，龙虎同宫把波翻。虎属西方兑金物，龙处东方震宫间。金木来并成大道，中宫戊己一洞天。金能生水定熬枢，汞降日中流珠圆。日魂月魄拘一处，兑艮数八上下弦。上弦下弦精交合，拆坎补离还坤乾。二八一斤数自足，君子造道夫妇端。此是《参同》演《周易》，天机秘秘不轻传。我今曾将火候泄，一念不生大罗天。

金入于猛火，色不夺精光。自开辟以来，日月不亏明。金不失其重，日月形如常。金本从月生，朔旦受日符。金返归其母，月晦日相包。隐藏其匡廓，沉沦于洞虚。金复其故性，威光鼎乃熺。

杏林曰：猛火里，奋金莲，一朵花开。回头看，拜观音，瑞光结彩。混沌窟，重开辟，日往月来。全凭着，顾諟天，明明并派。不亏明，不失重，先天故胎。同太虚，合一体，岂不美哉！是真金，不怕炼，功德栽培。阳燧火，方诸水，至理莫怪。水火济，精气一，地天交泰。朔旦日，夜月隐，受符所赖。这段理，不经师，莫可强猜。经明师，参透理，稳上天台。

---

① 鼎，诸本作"体"字。

金归母,土生金,兑将坤代。月之晦,日相包,回光自在。隐藏中,却不出,匡廓之外。阴阳交,黄通理,万金难买。这沉沦,比不得,埋没苦海。洞虚乐,无生有,能结婴孩。归先天,金复故,乾坤对待。日出南,月出北,万象更改。厥了性,复了初,金身不坏。功已圆,果已满,瑶池谒拜。拜金母,老娘亲,眉笑眼开。这威光,跟底起,从何而来?回头想,文武火,龙天真宰。鼎乃熺,火候妙,静中得来。修成了,享天福,千秋万载。千千秋,万万载,不落尘埃。乘翔鸾,驾彩云,逍遥自在。正位居,永不倾,易道妙哉。

世人好小术,不审道浅深。弃正从邪迳,欲速阈不通。犹盲不任杖,聋者听宫商。没水捕雉兔,登山索鱼龙。植麦欲获黍,运规以求方。竭力劳精神,终年无见功。欲知伏食法,事约而不繁。

杏林曰:此言种种旁门外道之误人也。然虽外道误人,乃人实有自误耳。自误非他,皆因贪高好胜,欲求速来者也。欲求成,反致阈而不通。如盲不任杖,聋听宫商,水捕雉兔,登山索鱼龙,植麦获黍,妄念无穷,运规求方,自现其能,规矩错用,岂能有灵?竭力费神,徒劳其精,终年用之,难见其功。所谓真者何?真功者,伏食之一法耳。此法约而不繁,易而不难。上阳子引古仙之语以注之曰:伏炁不伏气,伏炁须伏炁。服气不长生,长生须伏炁。斯言真妙诀,以诏高上人。余继之曰:伏炁非此气,此气皆可食。伏炁真一炁,不期而自食。服气旁门术,伏炁先天机。此言如不信,也请问伏羲。炁曰名伏食,岂是凡夫气。隐伏于胎元,食之谁能知?口鼻气食宜无,胎息炁真元一。此即孟子所养浩然气,炁与气大有异。孟子书此气与炁不分殊。时未至,藏天机,我今泄漏孟子意。有心人,细听之,今日食,明日食,离此气,接此炁,此气驳而鸣,此炁伏而寂。服此气,有死期;伏此炁,如天齐。伏食炁,不竟师经传究竟不得知。此炁坏了旁门小术,劝世人多存意。误投旁门堕地狱,看这一切的旁门小术,都瞪着一对光光的眼儿,吊下去,入了圈,拉不出,这也是前世所作罪孽定下的。若肯回头早皈依,拜明师,低心下气,多积功,苦修持,立大志,从此打破这个圈儿迷。出地狱,登天梯,不食气,要伏食,逃出这一切旁门外道,止于至善之地,知止定静安而虑。功圆满,脱了皮,食天食,服天衣,不下东,永在西。试看那一切小术邪径,带水又拖泥,溺沉沦,落地狱,哀哀泣泣,悲悲啼啼,哭哭唧唧,悔也迟,回头迟。至此处,借问你,谁个是不懊悔的?

以金为隄防,水入乃优游。

杏林曰:呜呼,金丹之为大道也,奥而且妙,奥哉妙哉,而能成大觉金仙之道哉!金仙也者,因金能生水,合天一之数,人得之而成天仙,其道之大为何如哉?此皆因丹之为功,非金不结,仙之为体,非金不聚,故曰金仙。而要知,金在鸿濛混沌之初,太极未判之始,位居乾南坤北,今后天离火之所,即彼先天乾金之位。乾金之位何位也?乃天地位焉之位。此位正乎中,以待黄理之通,内藏万物育焉之机,大有参赞造化之功。及考其功也,归二五之精,妙合而凝,恍恍惚惚,杳杳冥冥,形形色色,化化生生,统五行、八卦、干支、十方,同归戊己中宫,复我先天乾初之真象也。盖中央戊己为金之母,能产真金,以为丹本之故。噫,从来末劫将降之期,三灾八难齐至,仙佛圣贤同下天京,钓九六原人回宫,以报混沌之德,而复乾金之初。原夫乾之为金,颠蹶狂浪,奔于坤宫,谓之坤中金也。坤得此金,内实而变坎,则坤之六断而竟为坎之中满,坎之正位位居北方寅癸之水,真金藏于其中,号曰水中金也。此金为先天之宝,不能久居于后天之坎,因化而为兑也。兑跃于北方之坎户,古居西天之西方,则此金日生夜长,而西之正位又恰属乎其兑也。是以此金乃为仙佛圣临凡,度世造金船,钓先贤,行丹道之根本者也。既为丹本,此金不可失,而隄防又不可不密也。诚心正意,定静专求,谨护固济以待之,待此金熔和而水自生也。然而不可参一毫之念于其间,心清、神清、意清则水清,心浊、神浊、意浊则水浊,清则炼还丹,浊则归于无用。欲知此水清浊之分,须明先天后天之别。一念不生,如明月当空,至诚无息,合太空一体,则入于先天矣。若略举微念,则辄落后天,而此金所生之水顷刻即浊。仙翁所谓以金为隄防者此也。而究其隄防之法,果何为哉?隄防之法者,心不动,意不动,念不动,而体亦不动,优游防闲,清静自在,则水中有真金,真金生真水,故曰金生丽水,清之至也。呜呼,此理之奥妙无穷,未奉天命以传天道者,不特不知之,即闻之亦复如未闻也。天道者,天道之至理是也。天道之至理何？天道之至理者,与金丹大道之至理一也。盖天为瑶池金母所生,此即天道之至理。此至理者,天一生水,故为金母所生也。金母居瑶池者,岂无以哉！金丹之道即天道,人得之而为齐天大圣,必有齐天之德,而始能成齐天之圣。欲成齐天之圣,非炼金丹之道不可；欲炼金丹之道,非晓金母生天生地生万物之至理,为尤不可也。吾今重泄天机,发明此理,以表金丹大道之高矣,美矣,蔑以复加矣。然非经明师真传,不可而为之矣。且更将一切小道旁门外术邪迳不开辟而自破,不辩而自明。误入者急早回头,积功累德,求天求地,诚访明师,担簦负笈,遍寻海隅。诚能格天感动上帝,空中拨转,自有真师相遇。但被褐怀璧,鹤立鸡群,龙蛇混杂,何以知其为真师也？欲知其为真师者,而《参同契》一书为考真师之龟鉴,为考大道之试金石也。甚矣,欲为圣人之徒,以报天地之德,而此书不可不读也。读此书者,须三皈精,五戒严,行一事无不合乎天地之心,出一言无不合乎天地之心,举一念无不合乎天地之心。如此与天地合其德,与日月合其明,始与金丹大道合其法也。合其法者,一念不生,人欲净尽,天理流行。又不特欲念不起,即分毫之浮念,亦不可不紧急隄防。始而勉强,久成自然。如道合真性,性归先天。然此道人人可为,若畏其难而不为者,异类也,非佛子也。而异类佛子皆由人为,不在天定,是以曰人皆可为尧舜。舜何人也？予何人也？有为者亦若斯。此言岂欺我哉？噫,金水生,子午冲,此大道自在其中。

金计十有五,水数亦如之。

杏林曰：噫,吾今而后,知理学之奥妙无穷,岂可与记问章句之学同日而语哉！且勿论其他,即以金水相生之理论之,大非记问章句之学所能知也。今借古人言而阐性理者,取真言之有征也。古人尝有言曰五老治世,此性中藏理,理中藏性之言也。吾夫子乃五老之一,劫劫度世,史言水晶子道君生周末而为素王者,岂虚语哉？况麟吐玉书有明征矣。

此章之义,发明金水相生之理,而成水火既济之道也。金虽能生水而成既济之道,然必待金重十有五两,而始能生丽水。水数亦如之者,水之数亦必待十有五两之重,而始能成既济者也。古者十五而入大学,大学者,大人之所学也;大人者,能得一,谓之大也。天之道十五而月圆,人之道十五而入大学者,此更理中藏性,性中藏理之学。若然呼之为理性之学也,固可呼之为性理之学也,亦无不可。但性理之奥妙,必十有五而入大学者,原法天数五,地数五,二五合一成十,入于中宫,妙合而凝,以得金水相生之乾,一而成水火既济之大道也。吾夫子言吾十有五而志于学者,其旨深矣。水数亦计十有五,吾夫子水老也,十有五而志于学者,正合吾夫子明善复初,得一之本数也。

　　吾读书独得其究者,吾知《论语》一书,此节重在吾之一字也。盖金数之重十有五两,以法天地十方,皆归中宫戊己,以为生水之枢机。吾夫子乃天宫五老之一,系水晶子生周末为素王,而开儒教之始。水数亦如之者,正合吾夫子之数也。十五而志于学者,不独金生水得一之数合,而志于学者,此即吾夫子之学也。吾夫子之学何学也?大学也。大学者,得一之学也;大学者,大人之学也;大人者,得一之人也。故大之一字,人横抱得一而谓之大也。吾夫子之何志也?吾夫子志在使天下人皆务得一之学,故抱友信、老安、少怀①之志。而此志之数,亦合水数十有五也。信字属土,旺于四季,位列中央戊己;老者,老阴老阳也;少者,少阴少阳也。老安少怀者,老安于中,少怀于中也。何则?阴数五,阳五数,数亦之者,言近而旨远也。而旨远者,乃戊土阳也,己土阴也,老阴老阳乾坤也。阳土之数五,阴土之数亦五,二土十数,就同类以合计中央之五,归十有五数。则三家相见,以取水中之金,得一而产颗灵丹宝珠圆也。甚矣,记问章句之学,不足为贵,实学、理学乃真学也。实学者,躬行也;理学者,心法也。噫,吾今而后,恍然悟曰:吾知近世之学者,眼界不清,心底不明,以腐烂墨卷、油腔滑调、乡俗不奈之文为上品,无可比之文者宜也。以天成大块,包略时事,含蓄古今,台阁横秋,掷地有声,语透天外,凌空起步,登高一呼,群山皆响,质诸鬼神而不疑,百世以俟圣人而不惑之妙文,为可笑可谈之文者,亦宜也。此何以故?眼界不清。眼界不清者,失心法之传也。无怪读书平生,书为书,而我为我。

---

① 怀,原本作"坏",据《论语》改。

一旦上达朝廷,无不下害群黎,此又何以故?心底不明。心底不明者,无躬行之践也。唐诗曰:眼看人尽醉,何忍独为醒?何忍独为醒者,非我亦醉也。乃欲唤醒世人痴梦,无使其终惛惛然而沉睡也者。急欲当头一柄,哈的一声,打惺痴梦,使学吾夫子十有五之学也。噫,今之学者,知吾心乎?

临炉定铢①两,五分水有余。二者以为真,金重如本初。其三遂不入,火二与之俱。三物相含受,变化状若神。

杏林曰:此乃伸明上章水数亦如之之数目也。噫,临炉之时,毫发差殊不结丹,即如分量之书目,亦不可差殊有如此矣。观上阳子注曰:仙翁叮咛,临炉方定其铢两,若十五两之金,已生到五分之水,则水过余而不可用,是云五分水有余;若兑金初生水到二分时,乃真可用,是云二者以为真;即此二分之水,必约十五两之金,是云金重如本初;若水已到二分②者,亦不堪用,是云其三遂不入;若金水之数,及时相等,急以二分之火而合之,是云火二与之俱。金水火既已相合,则火受金气,复得水制,结成还丹,乃能变化,而状若神矣。下手临炉之工,莫此为要。是以圣人年中取月而置金,月中测日而听潮,日中择时而应爻,时中定火而行符。何谓行符?古圣先贤,以炼金丹为一大件事也,推度时节,立攒簇法,以一年七十二候簇于一日,以三百六十爻攒于一月,以三十六符计一昼夜,分依十二时中。是一时有六候,比之求丹,止用二候之久;一时有一爻,比之求丹,不要半爻之顷;一时有三符,此之求丹,止用一符之速。所谓单符单诀者此也,所以黄帝言《阴符》者此也,故曰:人知其神而神,不知不神之所以神者,此也。修丹仙子,于此一符之顷,蹙三千六百之正气,逆纳胎中。当斯之时,夺天地之造化,窃日月之精华,地轴形③心,天关在手,交龙虎两弦之气,捣金水一体之全真,龟蛇盘结于丹炉,乌兔会行于黄道,黑白交映,刚柔迭兴,玉户储祥,紫华映日,荧惑守于西极,朱雀炎于空中。此上阳子之注如此。

---

① 铢,原本作"珠"字,今改。
② 三分,原本作"三分",误,据上阳子注本作"二分"。
③ 形,上阳子注本作"由"字。

察此节之要领,言药苗之老嫩,定刚柔之配合,法金丹之消息。学者烂熟于胸中,神而明之,默会可也。

下有太阳气,伏蒸须臾间。先液而后凝,号曰黄舆焉。

杏林曰:此景象也,即行深般若波罗蜜多之景象也。盖因其常取南山精华所照之光,而频炼北海水中之金。群阴拨,真阳动,浊气去,清气升,火逼金行,海水逆潮,黄河伸九曲,火轮转轴。功行至此,天地之精华由我采,而万物之灵气任我取。然此果何以故?要皆因好道之心专,低求高人指示,出头致中和之地位,常养吾浩然气之方所,效拨阴取阳之法,学性命双修之道,日月并照,照破乾坤,水火煅炼,炼魂制魄。黄房之中,空空荡荡;至善之地,活活泼泼。妙哉,赤龙降海底,波罗涌涌;黑虎牵山头,道气巍巍。至哉,真汞静定于北海,真铅返至于南山,青龙白虎交会黄庭,龙夺虎髓,虎吸龙精,阴阳合并,万脉归根,结聚一团,以还我本来面目,而究其神功之所以莫测也。将水中之金擒入火乡,捉在八卦太极炉中,加三昧真火,煅而炼,炼而煅,煅得真气蒸体,炼彼波浪滔天。此事何事也?此名何名也?此事也,为撅地得铅;此名也,号曰黄舆焉。

岁月将欲讫,毁性伤寿年。形体如灰土,状若明窗尘。

杏林曰:此言炼丹之法,原可延年益寿,然而不可伤也,伤则返损其年矣。何以谓之伤?毁性定伤年;何以谓之毁?只在符数间;何以谓之性?不离我先天;何以谓先天?有生之初乾。乾金必加炼,炼方返先天。真金不怕炼,生水成自然。水火曰既济,符法不可滥。

再考上阳子曰:初炼金水之时,隄防以岁月而计之;至于合丹之际,止用一符之工夫。久则毁性而伤丹。形体如灰尘者,死心忘意,如冷灰一般;状若明窗尘者,言至精至微,至妙至奥之道也。明窗之尘,其精微至极,即语小天下莫能破焉。

捣治并合之,持入赤色门。固塞其际会,务令致完坚。炎火张于下,昼夜声正勤。始文使可修,终竟武乃陈。候视加谨慎,审察调寒温。周旋十二节,节尽更须亲。气索命将绝,体死亡魄魂。色转更为紫,赫然成还丹。粉提以一丸,刀圭最为神。

杏林曰：捣治者，言一阴一阳交相煅炼，并合而成丹也。然必持入赤色之门，归于鼎炉之中，无意无念，胎息绵绵，防危虑险，以保守之也。夫固塞无为之法，非旁门有为之道，乃系一念不生，于至静至定之中，以寻自然之道也。际会者，待静以观动，虽非勉强而为之，当此一阳来复之际，百脉会合之间，要皆务令其坚固而完足，不致有一毫之走失，此为善行火候者。然此无他妙法，只在我心、我意、我念，听命于我，不为外物所夺，而功自张于无形。盖阳丹之信初到，得离中之火，二六时中，遂天地之气周流于一身，当此之际，三关开，九窍通，百脉毛孔，大气流行，而我能一念不生，全体自现。或然六根一动，辄被云遮。若果造至诚之道，浩气充塞，洋溢宇宙，不使外泄，牢拴意马，固塞于内，紧锁心猿，则真气不走不泄，万神悉皆听命于我矣。景象至此，正宜勤勤内守，使声寂而意和，气停而脉住，昼夜之间，无间无断，我身之正气与天地之正气合真，勤闻龙女弹琴，哑童歌吟，钟鼓不撞自鸣。必有如此之验，大丹可望有成。而虽曰无为，但必有事焉。有终有始，而火候之诀亦在内。何诀也？中间文，两头武，此真诀也。候视者，候视金光灿烂，候视斜光万道，素琴弹落天边月，分明月里见太阳。仙师有云：一对金光照玉壶，朗然太极现鸿图。光辉灿烂还无始，才是男儿大丈夫。然而不可着急。不可着意者，不惟不可着意，以候视如谨慎者，始而谨慎，终则不着意谨慎而自谨慎，故曰如谨慎也。推其素功，即在修己以敬。其如之始也，如临深渊之如、如履薄冰之如；其如之终也，成如之不动之如。审察者，谨慎而省察也。所为者何？调寒温也。调寒温者，按火候之大小，审察而调之，燮理阴阳于不偏，偏则气促，促则不能久塞，调则气匀，匀则气停脉住，住则能悠能久。其悠久也，皆不外调火候，托阴阳之功也。火候调矣，则我身奇经八脉，周旋以和十二节之度。周而复转，终而复始，谨慎待之，久固久守，直至添汞抽铅之余，以致铅尽汞干，气来索命。命阴也，阴气将绝，其体即如活死人也，则魂魄亦自亡矣。魂魄亡则变化之无穷，以就还丹之妙。及其成也，色转更为紫金之色，此还丹之景象矣。其言微也，则如一提之精，即可成一丸之丹。噫，炼就一丸天地心，此真还丹之成也。上阳子曰:其轻如刀圭之匕①,言其微也。余言:刀圭者,对仙翁所言临炉定铢两,与此刀圭合参自明。此法乃神乎其神也,神乎其神,神而明之,存乎其人。

子午数合三,戊己号称五。三五既合谐,八石正纲纪。

杏林曰:此乃拆坎补离,抽爻换象,由后天而返回我先天者也。三花聚鼎,五气朝元,此即子午相冲,坎变坤而离变乾,三五大道,至此明言,有心人可不参焉?上阳子曰:子居北,北乃坎之正位,其数一;午居南,南乃离之正位,其数二。坎中有土曰戊,其数五;离中有土曰己,其数五。戊专坎之门,掌先天真一之气;己直离之户,积后天至真之汞。若求先天之气,必通戊土而后得之;若用后天之汞,必伏己土而后和之。子午既欢而谐,戊己既和,而二五之精,妙合而凝。流戊就己,鼎中得类,两土相结,名曰圭。八石为坤,乾坤为众石之父母,非坤则不得兑之纲纪。此上阳子之注,可谓绝唱。余接上阳子之注,重申其详:子午数相合者,拆坎补离而变乾坤也;戊己称五者,三家相见结灵丹也;既合谐者,二姓合好,如鼓瑟琴也;八石者,石在五行属土,八者坤,在先天之数居八,伏羲姊女娲氏炼石补天者此也。娲者坤也,补天赖娲,石破天惊现妙手,天不足西南,仙方煮石有妙因。正纲纪者,不偏不依之法度也。《易》曰:正位居体,则纲纪正矣。

呼吸相含育,伫思为夫妇。黄土金之父,流珠水之子。水以土为鬼,土镇水不起。朱雀为火精,执平调胜负。水盛火消灭,俱死归厚土。三性既合会,本性共宗祖。巨胜当延年,还丹可入口。金性不败朽②,故为万物宝。术士伏食之,寿命可长久。

杏林曰:呼吸相含育者,乃胎息育神,见于《雪心》一赋;在母腹随呼随吸,见于诸般丹书。伫思为夫妇者,思虑出于心脾,凝心守中宫,感动黄婆作善媒,此即所谓无中生有自栽培。黄土金之父,流珠水之子者,上阳子曰:黄土者,戊土也,戊土能生兑中金,故为金之父;流珠者,木汞也,铅水能资木中之汞,故流珠乃水之子。水以土为鬼者,铅水以

---

① 匕,原本作"旨",据上阳注改。
② 朽,原本作"巧",今据诸本改。

戊土为之鬼也；土镇水不起者，戊土以镇中宫，水不妄流于外也。此言生克制化，生中有克，克中亦有反生之日。气停脉住，不息而活，此八卦不能囿，五行不能拘，出轮回而登涅槃也。朱雀为火精者，因其居离宫，故以朱名为火之精，离火昭明，其德极精；执平调胜负者，心肾交而水火既济，水火济则胜负自调矣。水盛火消灭，俱死归厚土，三性既合会，本性共宗祖者，上阳子曰：水克火，火克金，金克木，四者俱消，其功归于厚土。厚土者，己土也；三性者，戊、金、水也。坎之门曰戊，坎之中爻曰兑金，金生太乙之水，戊又制之，是三性合会也。木性即己土也，离中之户曰己，戊、金、水三者，合性之己土，乃徐徐而克之，总变而为大丹，故曰本性共宗祖。愚意以谓，人将后天一切宗宗之凡性共归，返先天真一之本性，即谓之归宗认祖。巨胜当延年，此言凡间之药，虽无可炼仙丹之品，而巨胜子亦可延年。巨胜者，即胡麻仁也，作饭常食，能延年，入群药为丸服之，遇凶年兵荒绝粮，可度日。物尚能如此，况我身中煅炼之金丹者乎？此丹入口，性同天寿，而成金刚不坏之体，故为我身三品上药之宝物也。丹士得口传，入口遍①体香；术士失心法，伏食寿命常。噫，可为守尸之鬼，然而难脱轮回。是以古仙曰：学仙必须学天仙，惟有金丹最的端。然而非师传不可，学者可不明辨笃行乎？学者可不低心求师乎？当为老仙摩顶，勿被术士所惑，慎之慎之。

　　土游于四季，守界定规矩。金砂入五内，雾散若风雨。薰蒸达四肢，颜色悦泽好。发白皆变黑，齿落生旧所。老翁复丁壮，耆妪成姹女。改形免世厄，号之曰真人。

　　杏林曰：此隐伏于中宫，以闭塞其兑金之气于戊己土中，以还金丹者也。土旺于四季，游还于无已，然非逆行之功则不可耳。上阳子曰：伏字逆用化机，土旺于四季者，辰、戌、丑、未也。土各有旺日，每季月旺十八日，谓之游。惟夏季火生土，土德胜旺；金畏火，故入秋属申月。古人以水土俱生申者，土因夏火而生，水到三垣而产，水渐制火，土乃生金。故入秋初，土德先王九日而生庚金，至戌止有九日而分王也。守界

---

① 遍，原本作"偏"，据文义改。

定规矩者,东方有氐土,能守青龙之界;西方有胃土,能规白虎之威;南有柳土,能矩离火之户;北有女土,能定坎水之门。是使制伏丹砂真金之气,还入五内。其丹初至,气散如雾,润泽若雨,丹气薰蒸,遍四肢,神气既全,颜色悦好,齿生发黑,返老还童,改其枯悴之形,永免凡世之厄,形神俱妙。此上阳子之注。余继之曰:号真人者,岂易事哉?号真人,岂易言哉?世未有道不真而能成真人者,更未有人不真而能成真人者。盖成真道者,非常之事也;号真人者,非常之人也。必待有非常之人,始能成非常事;能成非常之事者,始能得非常之号也。非常之事,非常之人,非常之号,而果何以非常也哉?非常也者,非常人之所能为也。素位而行,富贵不能淫,贫贱不能移,威武不能曲,得志兼善天下,不得志独善其心,秉天与性命之正,无一毫人欲之私,三畈清静,五戒精严,奸邪诡诈尽除,贪嗔痴爱不染,心如明月当空,一片蕴藏玉壶中,万缘扫绝,体同太虚,与天地合德,与日月合明,与四时合序,与鬼神合吉凶。此之谓真人也。学者其思之,其再思之,思之勿徒思之,勿徒思之者,贵身体而力行之也。

推演五行数,较约而不繁。举水以激火,奄奄灭光明。日月相薄蚀,常在朔望间。水盛坎侵阳,火衰离昼昏。阴阳相饮食,交感道自然。

杏林曰:此穷理尽性以至于命之学也。一本万殊,退藏于密之道也。推演者,推穷其理,演习而求进益之效;五行数者,推演其数与三五都一合也。然不得其理,繁滥无章,若得其究,较而易约。五行虽散于万物,若举火水两端而握其要,则万化生于心而乾坤操吾手,范围灵台,天地一心,归并阴阳,万物一体,水火既济,天下归仁。但是水上火下则离火昭明,此系后天凡火,故曰未济;水以激火则水上火下,而号曰既济,则我性光已返先天矣。噫,较先天之火,不比后天之离火昭明,先天之火而奄奄灭其光者,实不愧于三昧真火之称也。然而阴阳之道,不可偏盛偏衰。水火者,阴阳也。又特虑夫阴能消阳,阳消而阴长,如日月薄蚀者,失其光明,因常在朔望之间者,阴阳二气,盛衰相侵也。甚矣,□□□□□□□,金、木、土之数不可差,而水火之数为尤不可差。水火不均平,难成既济之大道。道不既济,坎离正,乾坤偏,入后天,弃先天。故中庸之道，民鲜能久。而抑知否极泰来，化者不制，难探其源；生者不克，难尽其性。失源迷性，何以返本？生克制化，理数权变，是以阳消则阴长，阴极而阳生，阴阳得调，夫唱妇随，妻子好和，如鼓瑟琴。阴阳燮理，袖藏乾坤，天地不外日月，大道不离眼前，日月水火之精气，阴阳大道之根基。相饮相食者，交感之道也；交感之道者，自然之理也。饮食者，龙吸虎髓，虎吸龙精也；交感者，龟蛇蟠舞，出入同宫。婴儿姹女，来驾天秤，天针对地针，对的不差毫厘分。此自然之道也。自然之道理，何理也？阳燧对日而取火，方诸对月而取水，此皆自然之道理也，学者可不推其数而约其繁哉！

名者以定情，字者以性言。金来归性初，乃得称还丹。吾不敢虚说，仿效圣人文。古记题龙虎，黄帝美金华。淮南炼秋石，玉阳嘉黄芽。贤者能持行，不肖毋与俱。古今道由一，对谈吐所谋。学者加勉力，留念深思惟。至要微①甚露，昭昭不我欺。

杏林曰：上阳子注云：金与水同名曰情，木与火同名曰性。情居西北，性主东南；东南曰我，西北曰彼。金水之情，自然外来而克木火，木火之性，乃内还而结丹。此上阳子注。

杏林曰：噫，吾不敢虚说，仿效圣人文者，仙翁而不作也，此正合吾夫子之言曰：盖有不知而作之者，我无斯②也。学此道，必本师传；著此书，必仿圣。而况后学之注此书者，岂敢有臆说哉？龙虎二字，古记题之，大易载之，后人法之，此即皆圣人之文也。黄帝丹成名曰金华，淮南丹成名曰秋石，玉阳丹成名曰黄芽，丹成仙举，各立一名。至若吾儒门，孔子丹成，名曰成中。自古仙佛圣贤丹成，立名不一，然无非先天也，无非真一也，无非浩然之气也，无非同类之物为朋也。丹成者，总不外三教圣人归一不二之大道也。抑非贤不持，非德不载，舍此则至道不凝。彼夫不肖者，即使得道成丹，此必无之事也。不肖者，非其人也，误传非人，七祖阴间受拷，古有三传三遭天谴，可不慎哉？呜呼，此道何道也？天道也，地道也，人道也。合古今而言，总之不离此得一之道也。故天

---

① 微，诸本作"言"，吕注中有"古言昭昭"语，似以作"言"为确。
② 斯，《论语》作"是"字。

得一清,地得一静,人得一圣。圣曰:道不同,不相为谋。对谈吐所谋,可不察其道之同与不同乎?学者可不博学审问、慎思明辨笃行乎?用工纯熟,既竭吾力,欲罢不能,学而有得,其深思之,思之深而自恍然悟曰:此工无他,若得真传,其要只在留念。人之不能为圣为贤,成仙成佛者,皆妄念所累也。留念者,一念不生,全体立现,人欲净尽,天理流行。古言昭昭,仙佛不妄语,文王我师也,周公岂欺我哉?

后　叙

(原叙)

《参同契》者,辞寡而道大,言微而旨深。列五帝以建业,配三皇而立政。若君臣差殊,上下无准;序以为政,不致太平;伏食其法,未能长生;学以养性,又不延年。至于剖折①阴阳,合其铢两,日月弦望,八卦成象,男女施化,刚柔动静,米盐分判,以易为证,用意健矣。故为立注,以传后贤。惟晓大象,必得长生,强己益身。为此道者,重加意焉。

言内有物,不拾人牙。语重千钧,实获心法。法不二门,三教一家。非同外道,捏目生花。花是自性,明心见他。心何以明,观照自佳。日月合璧,久透光华。光华宇宙,全在意加。原录后序,如同丹砂。

《参同契秘解》自序

古今来多少圣贤,无非率性,天地间第一人品,还是读书。噫,懔懔哉,钦尊哉,《参同契》书岂可不读哉?读之有得于心,又岂可不注哉?注之解释精详,因心法不可泄,而更岂可不秘哉?噫,此书何书?此书也,存心养性,统三教归一之道;修身立命,开佛法不二之门。端放供洁处,金光三绕于空中,所在为福地,神灵常护于暗幽。世人有能见其金光发现者,当延寿六六。此书之贵,非此书之贵,乃此书之道贵耳。噫,味道飡风,立至言以配先圣;瞻奇仰异,留真教而钓上贤;探赜妙门,占

---

① 折,当从诸本作"析"。

一乘并五律；精穷奥业，贯八藏于三箧。大哉，自此书出，群书纲也，此书纲也，群书龙也，气也，风也，水也，沙也，脉也，而惟此书为穴也。群书博而此书约，此书之约可该群书之博，群书之博悉难尽，此书之约言减义该。此书为最，今穷其该之所以为最者，参《周易》与《周易》之理同契，参圣经之道同契，甚则参汗牛充栋，其道其理亦皆无一不同契。其为丹经之祖，为道书之王，为千经万典统聚，道学之根源。此《参同契》书立名之义尽矣。尽其义而充其量，阐百代之群书撮要，尽性穷理，皈三教之心传。靡不并行同契，明伦正俗，振纪肃纲，配儒教之大成，继圣道于休也。而其所不休者，自释、道阐教于东都，经典流传于海内；梵音、元音，尽是勉忠劝孝；佛法、道法，要皆明性修身。参三教而契观，道归一辙；举三教而并论，同出一原。奈何世之愚夫，窃儒教之名，背圣贤之实，又迳敢妄驳释、道为外教也。而岂知五伦八端，贵躬行实践，不贵笔写墨传；纲常名教，贵正己化人，不贵虚吐舌尖。而况五伦八端，从来皆人生所固有；纲常名教，系圣贤仙佛之本真。考极乐世界，断无不正之佛；观蓬莱岛上，焉有为非之仙？虽释曰佛，道曰仙，仙佛总是圣贤。而儒教之圣贤，亦即是仙佛，名异行同，参之于道，而更无不契也。呜呼，仙儒圣贤之所以同契，皆同契于人品。而今世之读书者，果何人品，又岂能为天地间之第一人品哉？不特不能为天地间之第一人品，诚恐其为人也，而过不敢品，读圣贤书而称为士者何？亦不过为志游于道而已。今之为士者，亦志于道乎？今之为士者，亦励行敦品乎？即或书囊满三千卷，有谁知人品当居第一流？视彼作孝弟之文章，则无异于曾子；观其摹廉绝之策论，几不亚如子思。然而满纸浮烟，何常做得半点？演习俗笔时墨，失尽古道风味。以泛烂墨卷登乡会试之考场，若侥幸得中人爵功名，犹自夸其翰墨流芳，炼油腔滑调，全背圣书之章旨。苟得运笔法，颇合时风，遽妄敢逞才子妙手？而参其心法，岂与圣贤仙佛之心相同哉？参其志，岂于大雅贤士之志相契？且勿论其心，而省察其志，吸鸦片求过瘾，宿烟花苦贪色，此过瘾、贪色，为士之志也；攻赌必望赢，好饮酒乐昏醉，此赢、昏醉，为士之志也；读圣书，学干禄，得荐职谋美缺，此荐职、谋缺，为士之志也。缺既美，又苟贪赃，而惟贪赃之志,独人人同处处契也。呜呼,疼哉,疼此志何其人人同,人人同者,人人同失其真性;疼此志,又何其处处契,处处契者,处处人皆失于理法不明之弊以相同契耳。而及参其志之一字,所以为志者,士下一心谓之志也;而参其士之一字,所以为士者,于十下得一谓之士也。则士之心与圣人惟微之心同;而士之志,在止于厥中之下,以参孔圣之门与一贯之道契耳。吾沉细而思之,以思夫圣人之心何心、圣人之道何道?圣人之心,以平治天下为心;圣人之道,以率性修身为道。而今之为士者,其然乎?而今之为士者,其岂然乎?今之为士者,假王安石笔墨文艺之术,以窃取功名为行圣人之道。及细挽索其志,尚犹不尽在为求名,而其志亦不过藉得功名之权势,以遂其孳孳为利之心也。而其心不特与圣人平治天下之心不同,此志与圣人率性修身之道为尤不契。噫,稽士风之颓若此,人心之顽若此,世道之衰若此。则宜其动上天之怒,降惨报之劫,犹必不止此也。此《参同契》书,可不急行于世。《参同契》为弭劫运之书,为大儒所必读之书,为孝子仁人所断不可不读之书也。何则?此书为阐明性理之学,读者必反求诸己而参之,参诸己若得同契于己,则天理不昧,性光常明。理不昧则私欲难蔽,性光明则天心可见,人得复见天心,一切人欲之累自不足为累。人无人欲之累,去仙佛圣贤亦自不远矣。

　　日就月将,学由缉熙,用力之久,势必下学上达,以动天知。既动天知,则鬼敬神钦,德与天齐。如是与儒同参而契于圣,与释同参而契于佛,与道同参而契于仙。参天契地,霁月光风。人造至此,则学问发于性,文章天成,事功成于性善,功果方圆。若然,则《参同契》书宜解而不宜秘,今何其解而又秘哉?孰知解者,解其性理之精微;秘者,秘其三教之心传。而婆婆世人,不必疑焉。古人云:仙佛圣,无二致;儒释道,有同原。诚哉言也!古人不又云乎:学于古训乃有获,乐夫天命复奚疑。有获者,有获圣贤之道;奚疑者,不为名利所惑。而《参同契》非求名求利之书,乃为圣为贤之书也。参之深,得明性理之学;造之极,可跻圣贤之域。虽非求名之书,而名莫大焉;非求利之书,而利莫大焉。况此书乃全性命之书也,得之者,穷理尽性以至于命,世人可不读之哉?

世人可不急急读之哉？既急急以读之，读之又岂可不契之哉？契之尤岂可不同契之哉？契于天心则天心喜，契于天意则天意欢。天人皆大欢喜，虽有末劫，安然逃出，漂舟到岸，寿如天齐。然天地乃有形有象之物也，凡有形有象之物终归于坏，而惟我性理无形无象，故天地有坏，而我之性理无坏也。以此解之，解之而天心喜；以此秘之，秘之而天意欢。若吾所解所秘，稍有不同于天心，稍有不契于天意，天必厌之。天必厌之，古人曰违天者不祥，天厌之，劫数难逃。而《参同契》之道与天地之道总归一道，《参同契》之理与天地之理实无二理。道契理契，则《参同契》之气与天地之气一体同流。此不特可逃出轮回之外，而定可不落于劫数之中矣。

爰推夫《参同契》所作之因也。因人列三才，既可以与天地参，既可以赞天地之化育。能赞天地之化育，必能使人逃出劫运，以同登寿域。呜呼，危哉，此时之人心；畏哉，此时之劫运。今人处此时者，正当将性理实学参之于己心而契之于天心，则天心即人心，而人心亦即天心。复加日新又新，以急急挽回上天大悲之怒心，庶可弭止当世惨极之劫运。而无如世人茫茫，坚执不信。呜呼，噫嘻，世人不信，我知之矣。我知其沉沦日久，将圆陀光灼之性为罪孽所缠，罪孽不消，而性光不明，近恶远善，喜邪恶正，并不以《秘解》为苦心，而返疑《秘解》为欺世也。噫，吾所解有一字欺世，前曾立天厌之重失，今又情甘投璧效夫古人之盟誓，打破今人之痴迷，以使夫今人与古人为同契。既使同契，尤必参之于自己，己同于古，人同于己，人己同弭劫数，同参天地，同赞化育，我方不失其与天地之气同契，亦不自失其与《参同契》之同契为同契，因此呼之曰自序。

山左太医院医员杏林吕惠连岩谷自序

老子为人中之龙，而此序乃为文中之龙也；龙之变化莫测，而此序之文亦变化莫测。变化者，《参同契》之道也；莫测者，《参同契》之理也。道理者，以之参天、参地、参人，无一不同相契也。是以，山左吕子本此道此理，以解透《参同契》之道理。因正道理，解之透澈，恐泄儒门性天之道，其秘理在此，其自序之理亦在此。且又无书不搜，无典不举;三教之道,无一不契;万物之理,无一不解;天地之化育,无一不参;六合之春,无一不同。然而文之春光不可泄,亦犹天地之精化不可泄。以故,于将泄之处,而更无一不秘也。其行文之奥妙,犹不竟此而已。观其运笔行气之神,如水流,忽起一波,一波未平,一波又起;如风之行,忽然一旋,一旋方散,而又聚一旋,团团转转,聚而复散,散而复聚;如盘行珠,往来流离;如线串珠,一气呵成;如渴马奔泉之势,其疾如风;而其曲也,又如长蛇之行;而其易也,又如弹丸在手。精心结撰,理明词达,更将参同契秘解自序七字,处处不离,探骊得珠,匠心独运,五百年前后,未尝有此笔也。

明心拜读

《参同契三相类第一卷秘解》卷之六

东汉会稽淳于叔通撰

山左杏林惠连先师秘解

何明章勇泉氏

潘惟一华峰氏

刘昌一善缘氏

郅昌祯祥氏

青阳山人冠五氏 仝恭校募刊

高昌中登科氏

赵明忱信智氏

王振铎金声氏

上　篇

（此文上下二篇,乃补《参同契》之道也。）

法象莫大乎天地兮,玄沟数万里。河鼓临星纪兮,人民皆惊骇。

杏林曰:法者,无为之法,法无所法,乃谓大法;象者,象罔之象也,无人无我,形象混无。此象之大为何如哉？大莫大乎天地,天地籍此法象而成形，故成此莫大之法象耳。大者何？大者，得一之谓大也。天得一清，地得一静。天地得一，故其法象莫大乎天地兮；人得一，号曰齐天大圣者。因人列三才，德配天地，达摩祖师云：一字大，一字大，四大部洲挂不下者，此也。但此一之大，从何而得？得之于玄沟之中。玄沟者，何也？坎而已矣。坎离交媾，抽爻换象而变乾坤，乾坤者，天地也。天一生水，地二成之，故玄沟河鼓临星正纲纪，以惊骇人民，修教兴业，范围拜家。于是五帝之业建，三皇之政立，君臣无差殊，上下定纲纪，则天道、地道、人道成矣。天道、地道、人道，总之不外吾夫子一贯之道。而一字如此其大，乃何得于玄沟之河，而玄沟之河又岂能大踰天地之外乎？然而一字之于道也，语大莫载，语小莫破，乃得于玄沟之河，其理在此耳。况吾身即天地，而天地亦即吾身。天地之数十万八千里，而吾身之数亦如之者。玄沟与天地相去数万里，散之则远，卷之则近矣。远在天地，近在吾身，万物皆备于吾身，则玄沟、河鼓、星纪、人民皆吾身所自有之物。见之于《毛诗》，在河之洲；考之于古史，赤水之滨；参之于本经，玄沟之河，乃《史记》以赤名，本经以玄名，而其中良有以也。赤者以血名，玄者以气名；赤者以水名，玄者以珠名。而其滨也，洲也，沟也，河也，皆为产一，人得之而称大设也。抑独河参一鼓，而其意何居？盖因河车之路，非赖真一之气鼓动，则河车之路不通，则法轮之轴不转。法轮之轴不转，则在前在后将何以瞻之乎？而究其河路通，法轮转，别无他故，只在临民以道，为政以德，民为邦本，元气养足，上下鼓动，居其所而众星来拱，纪纲正而法度振，先王之道备矣，美矣。美哉，众星来拱，人民归心。天有众星，身有人民；天地一大人身，而人身一小天地；天地之间有人民，而吾身之间亦有人民；大天地间，人民知惊骇；而吾身小天地之间，人民亦知惊骇。试先即吾身小天地间人民惊骇言之，吾身之人民者，毛发皮壳，气血是也，天心为君，五官、支节、脏腑为臣，此言有本，非吾臆说也。而究其人民之所以惊骇者何？惊骇者，惊骇吾之志也；志者何志也？士志于道之志也。夫志，气之帅也；气，体之充也。此志以帅，此气立充，此气充三百六十骨节、十万八千毛孔，并及皮壳、支节、脏腑，莫敢不听令，莫不乐归从，以此惊骇，大丹乃成。人民之惊骇，所关岂浅鲜哉？乃大天地间，人民惊骇，而何独不然也？不然者，不能为有志于道之士耳。噫，此道民鲜能久，子贡以谓不可得闻。不可得闻者，不可得闻其详实，因不得闻其详实，即略闻其稍末，无不惊骇以为怪者，此何故也？缘人民之知识有限，知伏井观天之天，焉知有法象莫大之天，焉知有天外之天，而更焉知天外之天尚有不能包其体之大道者乎？此道者，非天作之君，即天作之师。得志则兼善天下，不得志则独善其身。比及千载而下，道成天上，法传后世。天爵任职而掌祸福之权，人民皆惊骇，其谁曰不然？呜呼，此等惊骇，皆由吾身人民惊骇，归之、从之所由来也。吾身人民归，则丹道得；天下人民归，则王道隆。《经》曰：性之德也，合内外之道也，是故措之一①也。《参同契》者，参内参外之道，无不同契，其法象之大，宜同乎天地。

晷影妄前却兮，九年被凶咎。皇上览视之兮，王者退自改。

杏林曰：此言自天子以至于庶人，壹是皆以修身为本。修身者，立道之事也；立道者，合内外而言也。但人生在世，如梦泡幻影，不思回头，不识从前念差，不降乾龙，不得安禅制毒，入于苦海不知其苦，认假作真，造孽侍②能。生前终不知悔，及阳寿满，死期至，三寸气断，披枷带锁而见阎君，孽镜台前照出从前种种罪过，按阴律定刑，发于地狱，油锅、冰山、剑树摩研，血池奈何，拔心割舌，种种惨刑，令人胆寒。噫，阴风凛凛透骨冷，哭声哀哀触心酸，及此时，悔之已晚矣。若果在世，三生有幸，自肯回头，再得至人指示，将从前一切妄念妄为，尽皆抛却而去，回头奔岸，加功进修，九年面壁，至死不变，则可谓有志于修养之士也。然而道高一尺，魔高一丈，漫言一念不正，魔由心生，即如明月，一尘不染。内魔虽不得而生，但天之降大任于斯人也，必先劳其筋骨，饿其体腹，困乏其身，行拂乱其所为，所以动心忍性，增益其所不能，而其凶咎，为何如哉？及至道成魔消，脱壳上升，永受天福，何凶何咎？古人曰苦尽甜来，诚不虚矣。

皇上者，吾身之天君是也；王者，性中之王也。我身天君之明德欲

---

① 一，《中庸》作"宜"字。
② 侍，疑为"恃"字之误。

复其明，非览视不可。是以《太甲》曰：顾諟，天之明命也。天命之谓性，性在人身之谓王。若不得至人指示，焉能常自在之？复加血心用事，害我性王，将我先天真性，使其出入无乡。幸今得受儒门心法，退步潜藏，明德修身，改悔前愆，回头奔岸，只为求末后一着。然而自古聪明莫过于帝王，古代及今，皇上看破红尘，舍江山而归道，历历可考。况圣王则莫圣于尧、舜，乃世人皆知。尧传舜，舜传禹，而不知尧传舜而尧习何业、舜传禹而舜归何乡？古大圣人为善惟日不足，其岂让位而纳福哉？皇上让位，王者退身，皆无非为潜修性天之大道耳。天子如此，王侯如此，况庶民乎？恋富恋贵，恋妻恋子，而误性天大事，真匹夫也，真愚痴也。匹夫愚痴，果何人也？天堂路绝，地狱有缘之人耳。悲夫，而凶咎终不可免矣。

关楗有低昂兮，害气遂奔①走。江河之枯竭兮，水流注于海。

杏林曰：人身内外之道，皆有关楗之分，内道之关楗，即一切之法则是也。低昂之说不一，降者谓之低，升者谓之昂；中丹采取谓之低，文武火候谓之昂；瞻之在前谓之低，忽然在后谓之昂。害者，揠苗助长者也；气遂奔走，苗则枯槁矣；江河者，人身之九江八河是也。人身之九江八河枯竭，则宜其渥然丹者为槁木，黟然黑者为星星。水流注于海，下学而不上达，有动其中，必摇其精，流而忘返。身即金石之质，人与草木同体，自甘如此，又何悲乎声秋？内道之关楗固如此，而外功之关楗，则又当何如？人之七情六欲，若不得关楗，其害可胜道哉？万忧感其心，百事劳其形，思其力之所不及，忧其智之所不能，尽皆恋凡，孰是为圣？一有所举，皆足害我浩然之正气。不知回头逆行，成圣成佛；只知顺而下流，生人生物。为人若此，望之无可望矣，髓竭形枯，死期立至。海水虽则连天，若失其逆行之道，则究注于海。苦海无边不回头，实难到岸。噫，何时为出苦海之日？婴儿落水，哭煞亲娘，沉沦苦海，不知还乡。一旦否极泰来，阴极思阳，恶极则必思善，忽恍然自误②，知久困范笼而伤心，欲常燃慧灯以明志。宰意马祀天，杀痴牛祭地。五关过通，六贼斩

---

① 奔，原本无此字，据上下文义及诸本补。
② 误，据文义，疑为"悟"字之误。

绝。幸求明师,低心下气。指开关窍,活泼泼地。积功累德,撅地取铅。地天各泰,水火既济。故吾夫子,五十学《易》。二五妙合,精凝戊①己。易者逆也,二五合十。道不可离,至善之地。三圣定经,名之曰《易》。《三字》《训蒙》,守初莫习。再观其终,教子惟《易》。究其戒哉,勿使害气。逆流无注,子在川上,昼夜不息。我戒学者,亦当勉力。

天地之雌雄兮,徘徊子与午。寅申阴阳祖兮,出入终复始。

杏林曰:呜呼,此复其见天地之心所由来,燮理阴阳交媾之道。原于正,故水火既济,则乾坤定矣,造夫妇之端也。造夫妇之端者,明善复其初也;明善复其初者,学也,学抽爻换象之道也。抽爻换象之道果何道哉?抽爻换象之道即拆坎补离,以正乾坤,而复先天之道。妙哉,其抽也,换也,拆也,补也,而究不离徘徊于子午之间也。徘徊子午之间也者,而正所以造端及察乎天地之间者也。察者,何所以察乎?察者,察天地之雌雄也;雌雄者,阴阳之道;寅申者,出入之分;出入者,终始所复耳。然穷其雌雄之徘徊、阴阳之出入,实不外大易。阖户谓之坤,辟户谓之乾,气之一阖之辟谓之变。变者,即原始返终,厥性复初。自有此一变,则至于道耳。何则?出入者,气之阖辟也;阖辟者,气之变也。此变缘何至于道?得阴阳之祖炁,所在之处而千变万化,皆不离此一地。止于此一地者,未济而变成既济也。未济者,火在上而水在下。今随天地雌雄之气徘徊,久而久之,水变上而火变下,以成既济之卦。子者,水也;午者,火也。水数一,火数二,一二共为三,就戊己相见而结灵丹。徘徊者,全水升火降之功能;寅申者,合日月观照之化生;出入者,气之往来也;终者、始者,道之先后也;复者,周流于无已也。此理学性命之真传,天地三界之大道也。是以《玉皇心印妙经》:履践天光,呼吸育青。出玄入牝,若亡若存。绵绵不绝,固蒂深根。《节要篇》云:仰俯黄婆作善媒,无中生有自栽培。故教姹女当时待,勾引郎君自外来。两窍相通无滞碍,中宫聚会不分开。翕然吻合春无限,产个婴儿号圣胎。噫,工夫至此,自终而复之于始矣。

①　戊,原本作"戌",今改。

循斗而招摇兮，执衡定元纪。升熬甑山兮，炎火张于下。

杏林曰：循者，循环也，伸明上章徘徊于子午之义；斗者，斗柄回寅，伸明上章寅申之旨；招摇者，阐发上章出入复终始。下手之工，兼微露其造化窝之妙也。执衡定元纪者，执此为权衡，以定元始之纪；升熬者，时习而说，现此一阳初复始之景象也；甑山者，即山泽通气。如甑水加火炼，其火愈为蒸熬，其气愈为上腾，遂气逆达于三山，以自于未济之卦，而返成既济之道也。追思夫火曰炎上，水曰润下，而今将炎上之火，张而达之于下润，下之水张其熬蒸之功，以使上升，复则由前而下。升升降降，生生化化，大德川流，小德敦化，子在川上，逝者如斯。噫，在后而忽上，在前复流于下。升天循斗，招摇甑山，甑内有酒，涓涓滴滴，既美且有，我有旨酒，介尔美寿，采药心低，饮醉欲呕，执衡定元，乐煞老叟。蹬甑山兮，初多掇肘。循斗枢兮，握我在手。张设下兮，火炎与否。杳杳冥冥兮，元精由骨剖。恍恍惚惚兮，其中物而有。行之敦兮，谁得为之？掇肘如是，甑高若山，酒多盈斗。

白虎唱导前兮，苍液和于后。朱雀翱翔戏兮，飞扬色五彩。

杏林曰：此乃三关开，九窍通，法不行而自举，药不采而自生，真息常相聚，神气自交融。此皆因工夫无间，火候纯熟，故现此虎啸龙吟之象，绵绵不绝之景。在后在后，昼夜无停，金津玉液，逆流沧海，朱雀玄武，争飞戾天。但因天柱拆而天不足，女娲患焉，炼五色石以补之。龙音寺内钟鼓响，五花亭前彩光腾。吕圣帝君曰：玄篇种种说阴阳，二字名为万法王。一粒粟中藏世界，半边锅里煮山江。青龙驾火游莲室，白虎兴波出洞房。此个工夫真是巧，得来平步上天堂。《指玄篇》云：大道玄机颠倒颠，掀翻地府要寻天。龟蛇共穴谁能见？龙虎同宫孰敢言？九夏高山生白雪，天冬奋火种金莲。叮咛学道诸君子，好把无毛猛虎牵。《悟真》云：虎跃龙腾风浪粗，中央正位产玄珠。古仙云：虎在山头有应，龙眠海底无声。玄珠滚滚过昆仑，到此人仙不远。夫白虎行波，见之于子书；而风从龙，闻之于《周易》。是以有脑后生风之效验也。火候纯熟之工，故有鸢飞戾天之象；初学有得，如鸟数飞。火候纯熟，鸢飞戾天，此学问之道，不可躐等也。五色发于五行间，金不隔木，汞不隔铅,阴阳不孤,不各一边,乾坤中庸,不倚不偏。究其功之所以然,皆无非苍液和于后,白虎倡导于前。百脉朝宗,周运无停,五彩闪闪,益寿万年,学者勉力焉。

遭遇网罗施兮,压之不得举。嗷嗷声甚悲兮,婴儿之慕母。

杏林曰:哈哈,大道下手之秘诀,逃出天罗地网之方所,竟在这个下手之秘诀。何下手之秘诀者?以左手擎定金乌,右手捉住玉兔,于二物对相照顾之余,敕令黄婆将爨物好调和,着吾身之神,使动真一之炁,出玄入牝,以运大道下手之工,而施逃脱天罗地网之能,此乃万古不泄之秘,而今已合盘托出矣。至于用工进步之方所,即罗网所施之地。然而果何以施哉?因遭遇不幸,致道场难遇,佛法难闻,久困范笼,以遭此罗网之施。盖仙翁以罗网为名者,何也?因金乌玉兔非网实不能罗而得之矣。而必以网名者,其用意深矣;而以罗网名者,其用意更深矣。其用意更深者,而其用意更深者,在人有生之初,红纱罩眼,名利薰心,私欲锢蔽,为情牵缠,颠倒是非,恶惯盈满,无常以到,难逃阎王之施。亦犹之欲拿金乌,非罗不可;欲捉玉兔,非网不得。罗网之施,故为压金乌玉兔,不得飞扬奔走,举意外驰耳。嗷嗷声甚悲兮者,此言金乌玉兔初遭遇罗网之加,而未得阴阳造化之施,烈性女子逞其乌头太岁之威,把守头关,老君不得立炉,黄婆难施善媒,声故嗷嗷而甚悲。而甚悲者,乃拨去阴浊之气,亦即吾夫子明《关雎》哀而不伤也。由此用力之久,时常供奉,以七宝买和其心,情投意合,彼此念恋,如婴儿慕母,出于降衷之真意也。夫妇合好,好得一孔,出则石破天惊矣。虽然所思无邪,亦即吾夫子所谓乐而不淫也。

颠倒就阳①镬兮,摧折伤毛羽。刻漏未过半兮,鱼鳞狎鬣起。

杏林曰:此即大道玄机颠倒颠,掀翻地府要寻天。颠倒颠者,即大易之道也,故曰易者逆也。吾夫子五十以学《易》者,正为学此颠倒逆行。然若非颠倒,而实不足以就阳镬。阳镬者,乃用文武火候,烹炼于鼎炉中也。《指玄篇》曰:一粒粟中藏世界,半边锅里煮山江。为此诗

---

① 阳,诸本作"汤"字。

者,其知道乎?而其摧折者,即孟子所谓闵苗之不长而揠之者,揠则必伤,伤者苗则槁矣。言毛羽者,即现于外之患,或头眩目赤,或吐血齿疼,或耳聋等症,或皮毛焦枯,颜色不润,或神气困倦,或四肢沉重,宜其与人曰:今日病矣。则是不可助苗长。然而能从容中道,非圣人犹不可,是以孟子曰:天下之不助苗长者,寡矣。实不能一无所助,又不可专有所助,助而不助,不助而助。无论有效无效,一味坚其长久之志,及其功效之来也,不在一月一日,而只在不过半刻之中矣。如鱼之跃于渊,其鳞狎鬣而起,此势之所必然也。

五色象炫耀兮,变化无常主。漓漓鼎沸驰兮,暴涌不休止。

杏林曰:炫耀者,真一之祖炁也;五色象者,五方之真色象也。故曰:无象却有象,现出大法王。而此法之大,名曰王者,正因其变化无常主耳。五方真一之祖炁,变成五老之大法象以治世,女娲取中央之祖炁,炼成五色石以补天。此已之变化无常,况在前在后、语大语小,散弥六合,退藏于密,万殊一本,一本万殊,炫耀变化,而何曾有常主哉?孔子曰:老子人中龙也。此言其大道之无穷,似龙之变化若也。妙哉,五色云中藏龙,而真龙不现全象,观云之从龙,云行雨施,雷霆电光,鼎沸漓漓,奔驰无常。当此时也,鱼龙之变化,波浪滔天,于暴涌突出之间,刻漏未半,鳞狎鬣起,泉之始达,川之方至,彩云无心而出岫,紫气已满涵关。当年子在川上曰:逝者如斯夫,不舍昼夜。又曰:既竭吾才,欲罢不能。何休止之有哉?若然我身之气与天地之气,一体同流,天地之气无已,而我身之气亦无已。而其不休止者,参天地,赞化育,既与天地合德,又与四时合序,造不休之极,与天地齐。此大道至尊至贵至美,惟在学者与天地合其体耳。天道也,人道也,总归如环无已之道也。

接连重叠累兮,犬牙相错距。形似仲冬冰兮,珊玕吐钟乳。

杏林曰:此乃关通窍开,神旺药足,古仙之所谓玄珠滚滚过昆仑者,此也。但大药之可名,等等不一:犬牙之错距,大药也;形似仲冬之冰,大药也;珊玕、钟乳,无非大药也。古丹经有马齿珊玕之称钟乳者,金石之药也。然而非凡间之药,乃人身自有之大药。是以万物皆备于我,而此不过喻大药之形以立名耳。噫,学者造就至此,凡骨换金丹,去仙佛圣贤不远。若参一毫不正之念,天魔入窍,盗去宝珠,祸不旋踵矣。飞三心,了四相,在所急务。静则修己,动则度人,能与天地合德,则太和之气自冲满宇宙。奈之何,学道如牛毛,成道如兔角,此皆因皈戒不严,存心不正之过耳。为后学,欺师灭祖,甘背誓愿;为人师,理法不明,败坏佛纲。噫,天既降道,必降成道之人,而何更降此败道之魔也?抑知有阴即有阳,有善即有恶,有真即有假。阳者善也,阴者恶也;善者真也,恶者假也。善明恶昏,理所必然。悲夫,阴间不少昏暗鬼,天上安有不明仙。凡物之性,从乎阳者上升,从乎阴者下降,故《易》曰:本乎天者亲上,本乎地者亲下,则各从其类也。

吾今读《易》有得于心,则知为人师者,抬孽障而抑贤良,则是本乎地者亲下也,从其类也;恶孽障而喜贤良,则是本乎天者亲上也,从其类也。为后学,为道朋,亦无不皆然,故曰各从其类也。而吾于此事又独得其窍,若被抑之贤良,因抑退而不进,降而不升,非贤良也。何则?抑我之加,乃升我之助也。凡欲击物之猛,养在回力之完坚;凡欲升物之高极,亦在低下之运足。我被抑而进愈远,我被折而升益高。抑我者,导我前进也;抑我者,催我上达也。由此推之,抑我之师,乃反成我之人。我得藉其反成之力,加功敏修,于是以进,于是以升,方足以现吾道之真,故仙翁曰反者道之验,古人亦曰有道方有魔。大道如镜,镜不磨不亮,道不魔不明。《诗》云如切如磋者,道学也;如琢如磨者,自修也。我得反成,不退而进,不降而升,亦无论抑我之师,谤我之徒,毁我之朋,我皆不生瞋心。而更不惟不生瞋心,且悯其从类而亲下,务导其从天类而亲上,不暇计其能与不能。我心必如是,以存大道,必如是以修,此诚道中大贤良也,金母好儿郎也,故仙翁又曰弱者德之柄。

此虽一篇粗疏语,大不亚若古髓经。人未亲经其事,人非久受其病,人实不造其境,焉能言之如此刻骨哉?语白味真,妙文天成。呜呼,我今日而后,知天既降道,必降成道之真人,更降败道之魔者,此正上天成成道之人也,此诚上天反成以验其道也。不如此以成,胆量不正,智慧不生,志向不坚,大道不完,此增益其所不能,使其无所不能也。上天成全人才,恩深德备耳。乃独悯颠倒是非之人,祖魔轻贤之辈,与我不同类。与我不同类者，本乎地以亲下也。观其远君子，近小人，则知其远天堂，近地狱。乃何我知而自不知，我知之，固力欲挽救之，彼不知之，是以顽梗难化，我能不疼心哉？大都末劫收原，尽如是乎，此我生之幸也。然我得人身，生中华，遇道场，闻佛法，当三曹普渡之秋，我在其中，此三生之有幸也，我安敢不尽心、安敢不认真？虚应大道，有负天心。负天心，罪莫大焉。世人知我罪我，褒我贬我，无关于我，惟天关我也，我关天也。我有一丝悖理害道，天谴难逃。吾存此心，立此愿，于道于理，岂可忽乎哉？我造至此，故凡有说举，再思而行，肯甘悖誓愿哉？天知我，我何求人知？此亦如所注本节书，不知者以为浮泛不中于本节，然而此诚中肯之注也。此注必注于此节下者，大有所连接也。考魔叠累重重，正为大道之验。盖因中诸中必形诸外，犬牙错距，形似仲冬冰，珊玕吐钟乳，道藏于中，工夫至此，何以知之？若能如此注，以存心处与修道，则知其内功，必臻此境，故曰中肯。

崔嵬而杂厕兮，交积相支拄。阴阳得其配兮，淡泊而相守。

杏林曰：崔嵬而杂厕，淡泊而相守者，此言丹肇之形象，大药之来就；交积相支拄，阴阳得其配者，此言大道不单行，卦爻有奇偶。当其来复之时，结聚一团，妙合而凝也。阴阳相配，君子造端，朋自远来，《大学》之明德，《中庸》之性命，《周易》之乾坤，《春秋》之元年春王正月，要皆无非隐寓此意也。阴阳配而有得谓之君子，亦即谓之大人。此君子，此大人，此责岂易任哉！功行至此，淡泊以明志，淡泊以成性，亦淡泊而守丹。将一切有形有象之物、后天凡事凡情，皆当看得淡泊，方能修真养性。即至于义忠纯孝，亦无不从淡泊之中来者也。事不淡泊相守，势必争功夺果；道不淡泊相守，势必揠苗助长。淡者，火加水制不上炎；泊者，左水右白也。白为西方金，居虎之方，加水培不克，木内藏水火相生之机。二而之者，其机亦神矣。而之为字，其首本工夫之一工字也。三教圣人皆如此用工而成。下加四竖画者，此四竖乃害人非轻也。害道惟有非轻，而此四竖者，究属何物也？眼、耳、鼻、舌四相是也。眼为人相，鼻为我相，口为众生相，耳为寿①者相，故《金刚经》曰：无人相，无我相，无众生相，无寿者相。是以非从淡泊以用工，而四相之害断难逃也。此而字者，即学而时习之之而字也，非乘上接下之助语词，乃实实落落，去用此淡泊之工夫也。而此工夫究属果？何以用之哉？欲用此工者，当效儒门四勿。若有不明了之处，再将退安老人之八邪改作八正，只言其半，则了然分明矣。四相者，八邪之半也。眼观色，耳听声，鼻闻香，舌贪味。将人有生之初性，为彼绕乱，竟出入莫知其乡矣。而字以用工解者，不过如此。守者，保守也；保守者，看守也；看守者，内收也。收眼回光返照，收耳回听神藏，收鼻一炁在先天，收舌天桥搭卷。如此内外淡泊以用工，而去圣去贤自不远矣。

相者，左目右木也，其中妙旨，不敢明言。字内藏天机，泄字机即泄天机，既不敢明泄，又不敢秘而不言也。今略言其要而阐心传，木者金公之母也，今以木母之宝地，用目力以顾諟天命，此相之一字之天机，秘而略泄，泄而又秘矣。然非经明师指点，究不得知其详。即守之为字也，于宝盖之下、存心之中，而守此淡泊之性，守得尽归于活泼之地，而自缉照光明矣。呜呼，称大忠者，从此淡泊之工而得来者；称大孝者，亦从此淡泊之工而得来者也。学者何不行此淡泊之工哉？

青龙处房六兮，春华震东卯。白虎在昴②七兮，秋芒兑西酉。

杏林曰：妙哉，世之春联有云：太平天子明朝元，五色云中甲六龙。古仙有诗曰：青龙驾火游莲室，白虎兴波出洞房。此个工夫真是巧，得来平步上天堂。青者，东方木也；龙者，眠海底无声之物也；房者，室也；室者，即莲室也，故《易》曰：君子居其室。六者，水也，水生木，龙游于水，处房入室，以了其事也。春华震东卯者，万里苍龙二月雷，龙属木居卯方，得雷声以现功能变化之神通。白者，金也，气也；虎者，在山头有应之物也；七者，火之数；在昴者，承此一阳来复之气，得药归鼎而炼丹，故大易又曰七日来复也。秋芒兑西酉，言无非伏虎以闭塞其兑金，使有收而无走泄之义也。《无根树》云：东家女，西舍郎，配作夫妻入洞房。

---

① 寿，原本作"受"，据《金刚经》改，下同。
② 昴，原本误刻为"昂"字，今改。

情意如胶投漆，存念要正，紧防走漏。古仙又曰：龙吸虎髓，虎吸龙精。降龙伏虎，全在浩气如烟也。

　　此节以五色、十数、五行、四方、八卦、干支以为大道之标准，其理最妙。而大易更有妙旨，曰近取诸身，远取诸物，曰通神之德，类万物之情，曰穷神知化，曰与天地合其德，与四时合其序。而本节一切之理，皆在其中矣。古人曰：道高龙虎伏，德重鬼神钦。学道者，可不知此哉？

　　朱雀在张二兮，正阳离南午。三者俱来朝兮，家属为亲侣。

　　杏林曰：朱雀之在前，以备学者瞻；而取火之精也，又因在张。神已合气，神气二者，得火之数也。神气之为物，曰铅与汞。正阳者，王者之明堂也，故正阳宫乃天子所居之宫也。离居南方，离南午者，子午相冲也。子午相冲，水上火下，而成既济之卦。此借后天已返回我先天者也。三者，三宝也；三宝者，神气与精是也。俱来朝者，如天子当阳居其所，而众星来拱之义也。天子当阳者，如大道止在中庸地，不偏不倚，以临万民者也。三家相见于此，灵丹可结，三五都一，岂无谓欤？家属为亲侣者，即古仙所谓工夫不纯不眷属也。而今工夫已纯一无己之地，君子造端之极，已察乎天地之道矣。侣者，伴也。我与道亲，道与我伴；道即是我，我即是道；我籍道成，道籍我行；道不离人，人不离道；道不可离，可离非道。道者何道也？一阴一阳之谓道也。乾坤者，阴阳也。阴阳之变化无端，为父母，为夫妇，为婴儿姹女，为天地万物。古帝王视天下为一家、中国如一人者，岂无以哉？

　　本之但二物兮，末而为三五。三五并与（一作为，以作危。）一兮，都集归二（一作一）所。

　　杏林曰：二物谓何？曰铅与汞；铅汞谓何？曰阴与阳。本末二物兮，即圣经曰物有本末也。三五者，前已屡言之矣。今再重申之曰：水一火二，簇五行之真气于坎一之中，加离二之炉以炼之。正待九转还丹，炉火纯青之候，结此一粒黍米玄珠于都一之处也。语大莫载，语小莫破，而玄珠神通之变化，岂可测哉？玄珠之为物，虽变化多端，而万法总归于一。天清于一，地静于一，人圣于一，亦即孔子之贯一，颜子之得一，孟子之定一。此一之大至三十三天，下至十八层地狱，中至四大部洲，一道电光，无所不至，无所不有，无所不盈满于其间也。大何如哉？此一以小细如窗影日光之中照出所飞微尘，实无以破，其小何如哉？再观《西游记》所载：行者入北海，至龙宫，取神针，号曰齐天大圣。其针之为物，语大则大，语小则小。此书谓邱祖所传三教归一之道，其言诚不误也。

尝思三五一都是三个字，古人明言知者希。都集归二所，一作一所者，皆无不可也。何则？分而言之，一而二；合而言之，二而一。二者，阴阳二物也；一者，阴阳合同，并归于一所也。阴阳并归之处，原无二所。都集归二所者，言一阴一阳之二物，并集归于都一之所，而产灵丹也。

治之如上科兮，日数亦取甫。先白而后黄兮，赤黑达表里。

杏林曰：治者，定也；之者，往也；如者，如如不动也；上者，乾也；科者，道也；日者，阳也，与乾同数也；甫者，美号之称。此言止于定一之所，群皆上往于乾宫，如如不动，听命于乾君之旋令，得纯阳乾数之一而为道，以取其人得一圣，成此美号之称也。白者，先天真一之祖炁；黄者，后天所赖之生土。白者金也，坎中之满，乃真金也，故淘金者于沙水之中以淘之；黄者土也，乃中央戊己之土，为真土也。先白后黄者，白者，气也，金也；黄者，土也，神也；先者，先天也；后者，后天也。人虽由先天而生，然必籍后天之凡体，以修先天之圣胎也。是以圣经曰：知所先后，则近道矣。先白后黄者，万物皆生于土，故曰先白；万物又皆归于土，故曰后黄也。此言金丹先彼气炼，后归戊己之土，以结成金丹之大道者也。赤者，火之精；黑者，水之精。二精合一，故有坎离交媾之称。达表里者，即用力之久，一旦豁然贯通之效，物之表里精粗，无所不到，而吾身之全体大用无不明矣。

名曰第一鼎兮，食如大黍米。自然之所为兮①，非有邪伪道。

杏林曰：乾为鼎，乾数一，故名之曰第一。噫，五行全处五行聚，阴阳会处阴阳交。万法归一道不二，伏食金丹如黍米。玄珠滚滚过昆仑，

---

① 兮，原本无此字，今补。

金丹大道自然理。吕祖云：一切有为法，俱是地狱人。至哉言也！而黍米乃曰大，总归于锅内煮而得食。鼎即锅也，米大而鼎亦必大。其鼎之大，尚有可言，而其黍米之大，能有几何？然而语大莫载，玄妙难测，君如不信，有古仙诗句为证：一粒粟中藏世界，半边锅里煮山江。其黍米之大为何如哉？然此无为大道，自然之法，非有邪术伪道之行。但此道之微妙，及其至也，虽圣人亦有所不知焉，所不能焉。噫，安炉立鼎法乾坤，煅炼精神制魄魂。大道无为亮堂堂，自然之法妙如神。得此一法，三千六百旁门，七十二种外道，不辟自破，而其所以奥妙，名曰第一者，只在玄关之一窍耳。

山泽气相蒸兮，兴云而为雨。泥竭遂成尘兮，火灭化为土。

杏林曰：此亦承上章而言，邪伪之道，多由造作，惟我圣道，任其自然。何以见其自然？大道不离方寸地，而大道亦不离先天气。方寸之地，出入先天气，未有不遂其自然之理。亦犹人口鼻之气出入，未有不遂自然之理者，一也。然而凡气不离口鼻，道气不离先天地；凡夫口鼻之气无变化，大道先天之气变化无穷。其为气也，直养无害，则塞于天地之间，此气之养也，而孟子亦秘言传之矣。而此气之变，究属果何以明变之哉？其变也，实不离乎乾坤阖辟。《易》曰：阖户谓之坤，辟户谓之乾，气之一阖一辟谓之变。此言道气之明变者也。是以堪舆家以山泽通气为吉者，良有以也。其通之所以为通者，地道通天道，天道通地道，而人道通乎天地之道。天道也，地道也，人道也，要皆不离此真一之气，通而为道也。山泽者，卦之名也。易道无穷，难尽发明，故籍《参同契》之道，以发明大易之道，而略言山泽损之卦义也。艮为山，兑为泽，山泽损，损有孚，孚信也，信不失期，信之属土故也。土旺于四季，而万物育焉。故《书》曰安土敦乎仁也。损者，非伤损之损也，朱子所谓减省是也。减省者，修炼之义也。减而省之，炼而化之。将我之精也，气也，神也，减而又减，省而又省，炼而化之，修而合之，以归有孚之地，而长养万物。其元吉莫比，何咎之有哉？贞者，正也，静也。于齐庄中正有孚之地，以求夫安静虑得之效，则必返损为益，故于损卦之下而列益卦也。朱子注曰：损兑泽之深，益艮山之高，损下益上，损内益外，剥民奉君之象，所以为损也，损所当损而有孚信。呜呼，朱子之注，有功于圣教之神，而后人知者为谁？吾敢殷殷然而伸其注哉！

　　损兑泽之深者，取坎中之一爻也；益艮山之高者，补离中之虚也。艮者，止也，止于至善之地也。止于至善之地者，是谓知其所止也。艮为土，离火之中有真土也；艮为山，山者众妙之门也。人由先天落后天，囤啼一声，头触不周山，天柱折，天降女娲氏，炼石以补天，故曰损下益上也；抽坎中之满，换离中之虚，而成乾坤对待之体，故曰损内益外也。剥民奉君之象者，坎在下而为民，乾在上而为君，以此损所当损，而谁曰不然？孚有信者，信之属土，土旺四季，不失其期，春生夏长，秋收冬藏，而何曾失信于人哉？攸者所也，利有攸往者，往于知先后之所近，大道成性存存，以为得舍利子之计也；有者存也，存而又存，往于其所而止，以待炉火纯青之候，而得此九转还丹也。然而此所，究属果何所哉？此所者，阴阳交界之所，而此所为道义之门。

　　但性之德也，合内外之道也。前言损上下内外者，究属以性德之内言也。再以性德为道之外言之，损之谓言损者，亦非无所损也。非无所损，果何以损？损也者，舍身办道，舍财助道，舍命护道，诚皆损也。而有孚焉，孚者，古言苦尽甜来，此不独天不弃我，而古人为是言者，亦必不我期也。元者，一也，元吉者，以得一为吉也；元者，始也，于一元初复始之所，而为得一之吉所由来也；元者，圆也，功圆果满而后为吉也；元者，首也，头头是道，故元吉也。吉之一字，果何所取义乎？吉之一字者，士下一口谓之吉。此言士乃吾儒门中之人也。口者，即为吾儒门中人，即当得吾儒门口传心授之法为之吉耳。往者，前往则降，后往则升，即在前在后，往来无已也。其往来无已，果何所为乎？为由后天往而返回我先天之大道也，即有所往，而必有所至。

　　天不失信于道，天不失信于人，天不失信于万物也。前言信之属土者，因信之一字在五常之数居第五数也，故吾知其信之一字，在五行属土也。土者，中央戊己之宫，不偏不倚之道，有感而即通。通者，通黄中之理，以正位居体，达于四肢，发于事①业，以不失其信。此孚之所以为信也，此信之所以为土也，此损有孚之所以元吉也。

曷之用，二簋可用享。此曷之一之字者，即朱子所谓常自在之之字也。何以见之？堪舆一书言之详矣。言水流之玄之者，水发源头而来，一湾再湾谓之之，再湾而又湾谓之玄。若是之者，内藏玄也，玄者无他玄，玄者玄关之玄也。玄关之道，即吾夫子所谓人得一窍，不死之道，其常存在神也。《经》言率性之谓道，率字头上一玄字，玄字中下一十字，十上玄而玄下十，玄十相合谓之率，而旁各加两点者，内藏飞四相也。率性者，如此以率，则得其传矣，而其旨亦微妙矣。古人曰：篇篇藏义，字字藏道。诚哉斯言也。其曷之用，二簋可用享，此一节定二用者，以取象于乾坤之二用也。上句之用，乾宫之用九也；下句之用，坤宫之用六也。此二用，其旨深矣，其理奥矣，其用意更玄妙矣。二簋应有时，簋者，磁盘之物也。上一竹字头者，可著箸以食其物也；中一艮字者，取其用土以做成之物也；下一皿字者，不特取其为物之形扁而圆也，皿之一字，在上而为物之盖，在下而为坐之橙。妙哉，簋则簋矣，而特表其用有二者，天机秘秘，在其中矣；天机秘秘，言之不穷矣。二用者，奇偶之用也；二用者，匹配之用也；二用者，取其阴阳互相交姤感之用也。而总之不离天盘、地盘之用耳。曷之用二簋者，此言人身非孤阴寡阳，则必寡阳孤阴，惟玄关则有阴有阳。曷之用者，何不于之玄之处，以全天命之性，合率性之道而用之哉？享者，食也。簋之为物，圆满而形扁，取其得伏食之利。伏食一道，三教之秘传也，前笺注已详，不必复赘矣。享者，又宴乐宾客之谓也。对下十朋之朋以观，而其理自明矣。此言所宴宾客之为朋，即有朋自远方来之朋也。远者，何远也？方者，何方也？此言自十方之远，取其同类为朋而来归也。同类者，何类也？来归者，何事也？同类者，阴阳相同归一而类，以成原始返终之事也，故《经》曰：事有终始。可用享，此三字者，取其阴吸阳精，阳吸阴髓，交感于灵台之中，结丹于至善之地也。《象》曰：损，损下益上，其道上行。秘秘天机，

---

① 事，原本作"四"，据《周易》及前后文改。

尽在此中矣。此即所谓抽爻换象，拆坎补离也，此即所谓由后天返回我先天也。人在先天，居乾南坤北之卦，原为阳上阴下，以落后天，哇的一声，乾失中爻之阳而成离，坤得中爻之满而成坎，阴阳颠倒而变离南坎北之卦，天地否，则水火未济。幸我三生之有幸，今得一十六字心法之传。损下者，抽下坎宫之阳爻；益上者，补还离宫之阴也。而仍返回我先天乾南坤北之卦而成道也。而微哉，道心为人心之危所害。呜呼，其道也，何道也？一阴一阳之谓道也；其道也，何道也？天命之谓性，率性之谓道也。而其道究属果何道也？乃大易之道也；大易之道又何道也？自下逆行，以达于上之道也。故曰其道上行。以画卦之例，自下而上可验，况《易》名曰《大易周》者，岂无以哉？而朱子所谓大学者，大人之学也；大人者，一人得一谓之大人也。此其道上行之道，即是上大人之道也。损而有孚，元吉无咎，可贞，利有攸往。曷之用，二簋可用享。此非重复之句，乃不敢乱经文之义，学者亦宜知也。虽然，乃何于经文损有孚，而加损而有孚哉？加一而字者，此而乃学而时习之之而字也。而字者，用工夫也。用工以学损卦之有孚也。此而字当作用工夫讲，前已注之详矣，兹亦不必复赘矣。但《经》言二簋可用享，《象》曰二簋应有时者，又何也？盖应者，同类相应之应也，亦即此四方应乎中之应也；有时者，必待其有可应之时而应之也。应有时，应于何有之时？于学而时习之之时以应之也。往于中宫戊己之宫，以待有如鸟数飞之景，籍此一阳来复，与我同类同声同气以和应也。而此应可逆不可顺，逆则成仙成圣成佛，顺则生人生物。吾夫子五十学《易》者，即学此易行之学也。于东西南北，逆而行之，以返至于中宫戊己之所，而成乾南坤北之卦，以合天数五，地数五。二五之精，往于五合十之所，妙合凝而结成灵丹者也。但当此应有时之时，非结丹之时也。此时乃一阳初动，子半阳生，初九潜龙无用之时。夫潜龙无用者，即复卦之注云：冬至子之半，天心无改移。一阳初动处，万物未生时。然虽未生，而大有育焉之机，正赖此二簋。一天盘一地盘，一奇一偶，一阴一阳，二气薰蒸，则乘此合一圆满之时，以损其刚而益其柔也。既得有此时，而此时不可失也。此二有时，不可平观，侧重下有时二字。上有时，刚柔相当之时也；下有时，损其盈而益其虚之时也。损者,折也;益者,补也;盈者,满也;虚者,断也;满者,阳也;断者,阴也。则是待其阴阳错综之时,拆满补断,以与此时而偕行者。触一爻动而诸爻皆动,返一卦变而六十四卦俱变,以仍归坤北乾南。此亦即所谓损其有余而益其不足,以合乎无过不及之中庸也。

呜呼,此道岂易能之哉?此道之妙,即配合阴阳而结灵丹,诚万古不泄之天机大道也。此道虽天道,人能成此道者即人道,天道、人道皆归一道。吾将天人归一之道不泄而泄,泄而不泄,待有贤者出,得师口诀,以为考道之试金石也。泄而不泄之泄,果何以泄?即时节之应否,火候之大小,蘖苗之老嫩,随其刚柔配合之宜,以与时之宜而偕行也。呜呼,此道岂易闻哉?闻此道之人岂与世俗之人同哉?此道一闻,顷刻之间,地府抽丁拔黄,天榜标名挂号。而又何况一子得道,九祖升天,此道岂易闻哉?昔吾夫子极而称之曰朝闻道,夕死可矣者此也。

《象》曰:山下有泽,损。此言艮为山,兑为泽,艮上兑下为之损卦。言君子必惩忿窒欲以修身,此君子者,即学大学之道之大人君子也,即造乎夫妇之君子也,即有三畏之君子也,亦即吾夫子所谓人不知而不愠之君子也。然此惩忿窒欲之功,原非躬行实践之君子不能也。欲者,人欲之私也。人欲净尽,天理流行,是以三教圣人皆由此用工,以冀有成。人之不能为圣为贤、成仙成佛者,为私欲锢蔽之累耳。退安老人曰:一念不生全体现,六根才动被云遮。古人又有言曰:心如三更明月,心如真空高悬,心如冷灰一般。景况如此,而欲已窒矣。然窒又非惩欲不可,天生之圣,尘世原无。三教圣人以落红尘,仍归水火未济,离南坎北,必待心花怒发。心花怒发者,即君子惩忿窒欲之道也。

初九者,乃少龙之为象,不能以变。非不欲变,而实难于变,故曰老变少不变也。已事者,已能之事也。遄往者,期于功之必成也,期于速往以益之也。益之者,养之也;遄往者,以直养而无害也。然虽直养无害,而不能不防其咎也。若斟酌失当,亦难免无咎。而酌之何以酌之哉?酌之者,酌之于时节之可否,酌之于火候之大小,酌之于蘖苗老嫩,酌之于刚柔之配和,酌之于盈虚之多寡。必于此种种之间,以斟酌其当宜则宜,当损则损,而亦自无咎矣。噫,虽有三教圣人之聪,而亦不能不于此之间而深加斟酌者焉。此酌也,究果何酌也?此酌也,即虑而后得之义也。至于初九、九二、六三、六四、六五、上九,此其中亦有深意焉,即乾坤为众卦父母之意也。乾之用九,坤之用六,《经》之文皆本乎九、本乎六以立词者,即取其乾坤为众卦父母之意所在也。初之用九者,乾之始也;上之用九者,乾之终也。《经》曰事有终,此事者,即《象》曰已事之事也。故孟子亦曰:必有事焉而勿正,心勿忘,勿助长也。朱子所谓有事于颠奥之事,非也。孟子所谓必有事焉者,此即大易已事遄往之事也;心勿忘者,勿忘于酌损之也;助长者,正因闵其不长,而助之也;而勿正者,此言用功预期之效验,必至于何等地位也。期速效势必于助长,损益失当,揠苗则槁,而岂可不酌损之哉?当损则益,而益者必损。然有余吝于损而不足,将何以益之乎?益不足者,亦犹之乎绝长补短之义也。长者吝于绝,而短者将何以补之乎?甚矣,损之不可不酌也有如是。若于时绝,火候老嫩、刚柔配和之间,不待酌量而从容中道之圣,自古不易得也。是以孟子曰:天下之不助苗长者,寡矣。始而助长,终则获宜,久成自然。此即所谓学而知之者是也。子曰:我非生而好之,好古敏以求之。人不可不酌损之哉?《经》言酌损之者,酌其所当损而损之也。此损何虑无孚之效哉?《象》曰已事遄往者,此伸明本经之文也。尚合志也者,此释本经之旨也。志者,士志于道之道心也;合者,合乎其当得之宜也,亦即酌其所当损而损之也。必如此士之志也,此方合乎其上行之道,情投意合而交接一团也。此士之志也。

九二,利贞者,此言利贞而静也。志正精以自守,不肯妄进,以取凶咎。征凶者,因妄进之动,若以妄进被损,失酌之凶,岂浅鲜哉?前圣有训曰:一阳气发用工夫,日月精华照玉壶。到此紧关休妄动,恐防堕落洞庭湖。此征凶之有明征矣。弗损者,损其所当损,而何损之有哉?弗损益之,损下之损当损,何有损?益上之益当益,诚有益也。《象》曰:九二,利贞,中以为志也。此伸明利贞之益无他故,只在中以合志也。中者,允执厥中之中也;志者,士志于道之志也。允执厥中,十六字心法之传;士志于道,夫子折肱读《易》之功。以为专心致志,以于至中至正之地,如如寂然不动以为之也。

六三，三人行，则损一人。损者，减少也。减去一人，取其奇偶之数合，而阴阳气调，则不至于奇偶之数有余零，以致孤苦零丁，而无配偶也。此损所当损者也。三人行，成其奇偶之数以配之，则余一人之奇；一人行，与奇偶之数以算之，则少一人之偶。今将三人所余之一奇，而配一人独行之无偶，诚奇偶之数咸宜，则得其同类而为友也，此尤益其所当益者也。如是，于奇偶之配数，不余不缺，则同类之友，相应相求，其德之不孤而有邻也，必矣。盖奇偶者，阴阳之数也。必如此以损之益之，庶不至孤阴不生，寡阳不长，此即损刚益柔、损盈益虚，损其有余而益其不足。如此，则与吾儒混然天理，自然得其配和之道，亦无不从容咸宜，即三教圣人之能事毕矣。《象》曰：一人行三。一人行者，此言三人行，若不损一人，则失其所当损；一人行，若不益一人，则失其所当益。于配奇偶之数不合，则于阴阳之道有碍。阴阳同类，原不可离，若一有碍，同类难免无猜疑之嫌。噫，同心不同道，有愧于心；同道不同心，有害于道。《传》曰：性之德也，合内外之道也，是故措一也。内功外行，一有不付，则如一人独行之穷，而终身不得其同心之友。同声失应，同类失求，欲得朋来之乐，不亦难哉？

六四，损其疾，使遄有喜，无咎。夫损者，减也；减者，去也，疾去病也。病者，即内外一切阴柔昏昧污浊不正之气，皆大有害于三教圣人之道。若不甚速以去之，此学道者莫大之病痛也。其病既如此为害之深，去之不可不专，去之不可不坚，去之不可不速，而去之尤不可不净也。孰使其害此病也哉？血心使之害也；孰使其去此病也哉？道心使之去也。血心制退，道心用事，则虽愚必明，虽柔必强，而有喜可望，何咎之有？噫，过则勿惮改，内工外行，两相检点，有疾则去，而去之不可不速。去之愈速，而有喜之期愈近矣，学者何憎而为也？《象》曰：损其疾，亦可喜也。此伸明经文损疾则一，而喜有区别。《经》曰有喜，《象》曰可喜，而且曰亦可喜。盖因喜有大小轻重之分焉，有疾自去，无药可喜。无药之喜，不如得药之喜之为得也。亦可喜者，此言无药有喜之喜也。必待得此大药以后，一切法则皆宜，而结成一粒黍米玄珠。语大语小，莫载莫破，此谓之得大喜也。能知大药之喜之人者，则莫若松下问童子耳。能得大药者，非经真师之传，为尤不可也。采药多，则归于钟南山。此山即是可大可小之处，而勿论其大，亦勿论其小。采取归于中宫而用之，则得其采药之真传矣，而其有喜也，亦自可望矣。虽然若不拨去云雾而见清天，则定必失迷其处，而喜不可得，何疾之甚乎？唐诗有言可征。其诗曰：松下问童子，言师采药去。只在此山中，云深不知处。噫，为此诗者，其知道乎？盖因一切之疾，皆由于云深不拨而得来者也。学者其察之，其深察之。

六五，或益之十朋之龟，弗克违，元吉。十朋之龟，非六五不足以当此。六者，坤宫之用；五者，戊己之中央；十朋之龟，十宝也。非造诣其境，而不得以益之。即造诣其境，亦不能皆得以益之，故曰或以益之。然果何以益之？噫，欲罢不能，何违之有哉？元吉，跟上有喜来，必有喜之后，始能得此元吉也；弗违，对上益之看，因其所当益则益益之，得其当，是以弗克违也。十朋者，以奇数而数之得十数，以偶数而合之则十数，分而又变成五数矣。此皆本三人行，则损一人；一人行，则得友而来也。噫，以十分五，以五合十，此即吾夫子之志。志者，志在学此大易之所学也。其元吉为何如？《象》曰：六五，元吉，自上佑也。此即吾夫子下学上达，知我者之天，而其佑为无量大也。由是与天地合其德，与日月合其明，与四时合其序，与鬼神合其吉凶。天爵愈精，天佑愈深。此何人也？天知之人也。天知之人者，即吾夫子之为人也。其上佑为何如哉？上佑者，由于其道上行得来者也；其道上行者，实由于损下益上之工能得之耳。甚矣，下不可不损，而上尤不可不益。徒损其下而不益其上，生人生物之喜，死期可拭目视之矣。学者所当知也，即知之，弗故违而犯之为急务也。

上九，弗损益之，无咎，贞吉，利有攸往，得臣无家。盖损而益之者，非精于上九之道，不可得而能之。精于上九，离变为乾，损无所损，益无所益。候炉火纯青，以九转而还，益而又益，方无咎也。正以待其吉，利有所往以求得，此公而忘私、国而忘家之臣，只知有道，不知有家，以道为业，以道为家，以道为命，又何知肥私家之有哉？视天下如一家，视中国如一人，自古大圣帝王，舍江山而归修隐。且天下尚易舍，何家之有哉？吾夫子毋我者，而更何家之有哉？家者，私家也。天地无私，吾心与天地同心，尚有私家之累者，吾未之前闻。《象》曰：弗损益之，大得志也。人造至此，永益而弗损。噫，一人得一者，称其大人为得志也。一旦功圆果满，道成天上，传后世，超九玄，拔七祖，永证金身。乐天京，不临凡，逍遥自在功德大。上品莲，灵霄仙客，千千年，万万载，天福无疆。普天下，盖庙堂，香烟俎豆。善者赏，恶者罚，果报在乎手。驾翔鸾，踏云端，天外游走。谁不尊，谁不敬？德名彰彰。

噫，此言警贤不警愚。世之愚人，身落苦海，不知其苦，认假为真，作孽为能，天堂路绝，地狱有缘，诚可悲夫。然此何以故？无大志也矣。呜呼，世有哩言，诚误人不浅：神仙还得神仙作，那有凡夫作神仙。岂知神仙皆是凡人成，焉有天生即神仙。儒曰：舜何人也，予何人也？有为者亦若斯。又曰：人皆可以为尧舜。人皆可以为尧舜，即人皆可以成仙佛。尧、舜、禹为三官大帝，天宫至尊之神，人皆可为。此言岂欺世哉？呜呼，此道何道也？天道也，人道也，天人归一之金丹大道也。儒得之而称圣，释得之而称佛，道得之而称仙，儒、释、道，仙佛合其名而称之曰神。尧、舜、禹、汤、文武神也，孔子、孟子亦神也，而释迦、弥陀皆神也。此无非尊其号，而总称之曰神。乃谁谓之儒教不敬神佛哉？不敬神佛者，行邪道之人也。圣人所谓敬鬼神而远之者，其旨深矣。敬鬼神，敬其德也；远之者，不求媚于鬼神也。正人君子，犹不肯受媚于人，而何况聪明正直之谓神者乎？敬神者，尊神也；媚神者，卑神也。神可敬而不可卑，此即吾夫子所谓敬鬼神而远之也。呜呼，世之无大志之人，以得大位而为得志也。然而古人舍宰相、王以归道，得位不足为得志也；世之无志之人，以得百里而王天下，为大得志。然而古人舍江山以归道，得江山，王天下，不足为得志也。而惟得三教圣人归一之大道者，此谓之大得志也。呜呼，而此道究属果何道哉？乃中庸之道耳。中庸之道，民鲜能久矣。天下可均也，爵禄可辞也，百刃可蹈也，而中庸不可能也。然而今竟能之，非大得其志而何？《经》言弗损之者，此言人已得此大志，自此造就其极，能闻于无声，视于无形，尧、舜、禹、汤、文武、周公、孔、孟皆此道也，尧、舜、禹、汤、文武、周公、孔、孟皆以此为大得志也。但世人欲得此志，非内外兼修不可也。外修者，修其孝弟忠信礼义廉耻也；内修者，修其上药三品，神与气精，而上行是也。前圣有训曰：世人宜假不宜真，难度长生上品经。不免天机重泄漏，灵丹只是气和精。而大易之道不外此乎，《参同契》之道亦不外此乎也，故曰《周易参同契》。世人欲得此大志者，诚有志之士。即有其志，须体其理，但其理从未有能自知者，必低求明师，而不可迟延也。若错过光阴，则虚度岁月，一失人身，万劫难复，诚可惧也。凡三教门中之成道者，谁非有大志之人？非大志不能养大气也，是以孟子曰夫志气之帅也。而孟能①善养，故浩然之气充塞于天地之间耳。今仙翁取此气相蒸，兴云而为雨者，良有以也。兴云为雨，天地阴阳之气，合而相交蒸熬，兴云布雨，而长养万物者也。此天地为道如此，而人身之为道亦必如此。此者，即《参同契》之理。何则泥竭遂成尘，火灭化为土？学道败道，终归堕落，六道难逃。然虽大道莫可测度，而皆不外此同类之气，相从之理。故山泽之气，损以相益。损卦列上，益卦列下，大易之道，从此而生。呜呼，当此之时，十二老母下南阁，暗造金船钓先贤。若要此船重相会，又须十万八千年。噫，身前受困之损，而正为身后获益之端。损于苦海，益于天堂。从来修道难，而得道尤难。而惟当此三曹普度之秋，末劫我齐原人之日，修道益而得道尤益。乃惟办道为最难也，何也？办道、得道、成道，气蒸兴云为雨之兆；闻道、修道、害道，泥竭成尘，火灭化土之征。损人益人、益己损己，今之学道者，其谁知之？今之师者，其酌损之勿违，佛祖调规为元吉也。有志于得大自在者，可不惩忿以窒其欲哉？噫，其知此者为谁？

若檗染为黄兮，似蓝成绿组。皮革煮成胶兮，曲糵化为酒。

杏林曰：此接上章之义，言即得浩然之气以薰蒸，而又得金津玉液之润养，则九转还丹可期必成。然其丹之形，实难以笔墨言语道只字也。故仙翁以物设比曰：若檗色为黄兮，似蓝成绿组。此言檗者，即黄柏皮是也，可入药，颜料内亦用之，而染坊多以打底用此；似蓝者，靛也。檗乃染黄，靛乃染蓝，若先以檗打底，入蓝靛缸内，则可转成绿组矣。而

---

① 此处疑脱一"子"字，即谓"孟子能"云云。

绿之深浅，不尽在靛之多寡，亦只在黄柏打底之厚薄以分之耳。此其中，藏以丹法老嫩配合之妙。皮革煮成胶兮，此言胶乃皮革煮而成，其中不但藏以丹法之变化，且火候大小亦在其中矣。火小则胶不得成，火大则胶枯而无用，与漆则不能相投矣。曲糵者，乃麦以为之，名之曰曲，作酒必用。不用曲则不醉，可饱腹亦无醉，名曰甜酒。然若做酒，用曲不当，则酒坏矣。此其中不特火候必适，亦且藏以多寡、刚柔配合之道。此道也，何道也？天道也，人道也，天人归一之道也。而况民吾同胞，物吾同与。此道又不特天人归一，而万物之道，亦无不归一也。一者，何一也？理而已矣。故既致知在格物，而又曰在即物而穷其理，此无非求其豁然贯通，以明表里精粗，全体大用之效验耳。然而明者，果何以明之？穷其理以明之也；穷其理以明之者，何也？盖其心始得以见性；见性者又何也？能尽其性也。尽性者，尽己之性，尽人之性，尽物之性。能尽物之性者，则能穷万物之理也。如糵之染黄，蓝中求绿，皮之为胶，糵之化酒，此皆无非因我心之灵知，以穷其天下物之性理。物之性有理，而人为万物之灵，人之性岂无理哉？为绿、为蓝、为胶、为曲、为酒，皆无非因其性之理，而成其自然之道也。噫，圣人用心于道，至矣。

同类易施①工兮，非种难为巧。惟斯之妙术兮，审谛不诳语。

杏林曰：同类亦兼内兼外而言也。内同类者，即有朋远来之同类也。稽八卦与八卦同类，五行与五行同类，干、支同类，铅、汞同类，而究不离阴阳为同类，故曰一阴一阳之谓道也。而又曰：道也者，不可须臾离也，可离非道也。此内同类也。外同类者，夫人性之不同，如物性之不齐一也。有仙佛种子，有天堂种子，有异类种子，有地狱种子，各从其类，故曰道不同不相为谋。原人遇道，如胶投漆；异类遇道，如火见水。故曰：真的跟了真的去，假的被了邪的拐。凡与我不同类者，皆异种也。然人之性之不同，非天与之性不同，乃人自习其性之不同耳。无垢子云：法身体若太虚空，性道原来总一同。只因逐妄迷真性，所以轮回六道中。《节要篇》云：隔体神交理甚详，分明下手两相当。安炉立鼎寻

---

① 施，原本作"旋"，据上下文及诸本改。

真种,对景忘情认本乡。挐住龙头收紫雾,凿开虎尾露金光。真铅一点①吞归腹,万物生辉寿命长。乃何尘世之人,以真为假,以假为真,性情颠倒,种类由分。吕祖云:世人宜假不宜真,难度长生上品经。不免天机重泄漏,灵丹只是气和精。此诗上二句是言非种难为巧,下二句是言同类易施工。同类者为原人,原人调,则贤者易施其教化;调工者,易施其效验;非种者,与我不同类也。与我不同类,外功不立,谬行多端,得受口诀,专己求成,昼夜用工,难获效验,每每弄巧反成拙也。紫阳真人云:大道修之有易难,也知由我亦由天。若非积行修阴德,动有群魔作障缘。古仙又曰:只有真人助火候。吾儒亦云:舜何人也?予何人也?有为者亦若斯。又曰:人皆可以为尧舜。由此观之,即天堂种子、仙佛种子,若不积功累德,亦必反易为难。虽地狱种子、异类种子,苟能立大志,积奇功,累奇德,诚访明师,内外加功,苦修苦炼,无论有效无效,一味猛勇前进,素位而行,至死不变,以感动天心。而天地无私,天心至仁,既能返异类而为圣贤者,则必能返地狱而为天堂者也。学道之人,易者可忘其难乎?难者可畏其难而不为乎?

传于亿世后兮,昭②然自可考。焕若星经汉兮,昺如水宗海。

杏林曰:此紧接上章,而言此书、此道、此法、此巧,留传于亿世之后,如经汉之星在天,如群流之水宗海,焕若昺如,理定莫逃,谁人不得见、何世不可考?况大道昭昭明在眼前,三教圣人所留经典,何莫非传道也哉?即五经四书,字字隐意,篇篇藏道,其焕若昺如之可考者,不胜枚举。其如大学之道、率性之道、一贯之道、先后近道、阴阳谓道、本立生道、中庸择道、天一即道,此皆显言道者;在前在后道也、弥高弥坚道也、语大语小道也、十目十手道也、鸢飞鱼跃道也、顾諟天命道也、知其所止道也、如曲肱而枕道也、变食迁坐道也、布有寝衣道也、下学上达道也、山梁雌雉道也,此是隐言道者;非③龙在天道也、与日月合明道也、以大终也道也、元吉在上道也、位正当道也、黄中通理道也,此是显而隐

---

① 点,原本作"占",据文义及《玄要篇》改。
② 昭,原本作"照",据上下文及诸本改。
③ 非,疑为"飞"字之误。

者；原始返终道也、厥性复初道也、大人不失其赤子之心道也、如有所卓尔道也、立则见其参于前也、在舆见其倚衡也，此皆道之隐而显者。呜呼，大道之可考者，为何如哉？考之于书籍，考之于庙堂，考之于所闻，考之于所见，考之共闻、共知、共见之中，无一不昭然也。遍观每朝每代，而成道者历历可考。世人何必狡猾，以坚其顽梗而不从。红纱罩眼，名利熏心，而劫劫落于苦海，不知其苦，诚可悲夫！人在前生修下来生之根者，落于富贵场中，娇妻美妾，无不顺心遂意，儿女满堂，尽皆孝子贤孙，此真乐也。然而不真，即使其为真乐，亦不过梦幻泡影，如雾如电，人生过百，转瞬即无。噫，大厦千间，夜眠不过八尺；良田万顷，日餐只是三饱。宏福享尽，大数来临，三寸气断，空手归阴，万贯家财尽丢，惟有罪孽随身。关圣帝君曰：讃嗟生死好悲伤，翻来覆去几千回。来时不知谁是我，去时不知我是谁。来时父母生欢喜，去时合家痛伤悲。修得无来也无去，也无烦恼也无悲。嗳，前世修下今生之因，今生享尽前生之福，而福尽又遭下来生之孽，来世受苦，皆因前世之福享尽，而享过头之福，所造之余孽也。翻来覆去好伤悲，但是世之受福者，看不破此理；而世之受苦者，亦看不破此理。理者何？亦道而已矣。理之所归，即道之所归。道归于理，犹水归于海。水流千里归大海，道有万化归于理。此道此理，千万亿世亦莫能易。万化生于心，心者天心，即昭然自可考之地也。

　　思之务令熟兮，反覆视上下。千周灿彬彬兮，万遍将可睹。

　　杏林曰：此接上章而言，务令其于大道昭然可考之理，而熟思之也。思之者，即虑而后能得之义也；返覆者，返覆道也；视者，止观也。此言止观纯熟，上覆于下，下返于上，千周万睹，天心识破，自然灿烂彬彬，霞光万道矣。世之返覆沉沦于苦海者，皆因弗囗之过耳，学者可不思之哉？思之可不熟思之哉？

　　神明或告人兮，心灵乍自悟。探端①索其绪兮②，必得其门户。

　　杏林曰：此言上章诚求熟思之效验也。探端索绪，必得门户，此二

---

① 端，原本无，今据上下文及诸本补。
② 兮，原本作"分"，今改。

句已泄大道之秘矣。感格神明，或空中拨治，会得奇缘而会真师，或功高德大之人，蒙神现身亲传，势必心灵心巧，一悟自透。然必得其门户，方能自悟。此门户之名，实难枚举：顾諟之諟、至善之地、天地之位、率性之所、知止之坊、一贯之道，均皆是也。此门户，三教圣人立名不一，总而言之，即玄关是也。《吕氏春秋》所载孔子之言曰：人得一窍则不死，其长存在神也。此一字窍者，仍即玄关是也。古经云：三千六百旁门，人人各自一苗根。惟有些子玄关窍，不在三千六百门。此窍又名曰神气穴。张真人云：此窍非凡窍，乾坤共合成。名为神气穴，内有坎离精。此窍又名鸿濛窍。《节要篇》云：自从凿开鸿濛窍，认得乾坤造化炉。不用神功通水火，自然灵炁透肌肤。朝朝黄鹤藏金鼎，夜夜银蟾贯玉壶。要识金丹端的事，未生身处下工夫。但欲世人得此传者，必迁善改过，克己复礼，低心下气，访求明师。自古三教圣人，皆各自有师。先天大道，不经师传，不能自悟。昔老子师元始，释迦师燃灯，孔子师项橐，吕祖师正阳，邱祖师重阳。黄帝之圣，犹误投七十二旁门，后访广成子而得真传。是以张真人又云：饶君聪慧过颜闵，不遇明师莫强猜。只是丹经无口诀，教君何处结灵胎。古圣所留千经万典，无非教人求师，得此门户。此门户者，即古人所谓生我之门死我之户，几个惺惺几人悟，亦即孔子所谓知生知死之处也。乍自悟者，此言圣人能与人以规矩，不能使人巧。自古仙佛皆自悟，皆自悟其巧，而玄玄而奥奥而妙者，非言不用师传而人能自悟而自知也。

大道无适莫兮，常传与①**贤者。**

杏林曰：大道之传，虽无适无莫，而惟义之于比也。为之于比者，何义也？义之于比者，正传贤之义也。此言大道无私，天心至公，求则有益于得，但非贤者则断断不传也。何则？若误传非人，必遭天谴。是以前圣先贤，皆师师相授，口口相传，未有向竹帛间求而得之者。虽则至今，汗牛充栋，亦未有敢明泄于竹帛间者，此果何故也？盖因世人岂能皆贤哉？丹书与儒书不同者，非道不同，乃势所迫不同也。夫儒书为人

---

① 与，原本无此字，据诸本补。

人必读之书,君子读之,小人亦读之。即小人之尤者,亦未尝不读之。为士者读,为农者亦读,为商者读,为工者亦读,求名者读,求利者亦无不读也。吾夫子乃水精子道君,生周末而为素王,奉上天之命,创儒教之祖,以治世道之衰。发明孝弟忠信、礼义廉耻者,正人伦之大定,入世之道耳。是以每节每章,每篇每句之中,无非以入世之道,内藏出世之道,而其秘而又秘,隐而又隐,概不若丹书直以出世之道明言之者,正为儒书乃人人所必读之书。更为读儒书者,未必尽皆求一,为圣为贤、成仙成佛之人也。丹书虽直传出世之道,则入世之道亦尽在其中矣。古人言天宫无有不忠不孝之神仙圣贤,人人皆知之,人人亦皆信之。若丹书与儒书不同者,此为三教门中之大罪人也。噫,此其不思之甚矣。然独不知丹书、儒书,其造词用典,虽大不同,其道其理,实无分毫不同也矣。然而理同道同,而用典用词,乃何不同?不同者,正为儒教之书,人人皆可读,而实不能人人皆贤也。正因不能人人皆贤,始令人人皆读儒书,化不贤者以至于贤。此圣人治世之切,望人之深,而孰知世人不可为也?知其不可为而为,尽人力也。乃人力之不可为者,实难治人人皆至于圣贤,而人力不可不为者。若无儒教之书,人伦之道绝矣;然而若无丹经之传,则性天大道,又岂不泯于后世乎?虽则不可以书求道,而可以书考道之真假,以为试金石也。而可以书动人好道之真情,以发其性也。盖儒书者,以入世之法教人,内藏出世之道;而丹书以出世之法教人,内藏入世之道。其所异者,此耳。世人欲得其传者,可不贤哉?世人已得其传者,又可不贤哉?世人传此道者,更可不贤哉?

《参同契三相类第二卷秘解》卷七

东汉会稽 淳于叔通[①]撰

下　篇

圆三五,寸一分。

---

① 通,原本脱此字,据上下文补。

上阳子曰:此详明三五一之旨。是书凡言三五者,如《经文》曰:三五不交,刚柔离分。又曰:三五与一,天地至精。《笺注》曰:三五既和谐。上篇曰:本之但二物,末而为三五。此又以三五一为首句者,使人洞明三五一之旨,则知鼎器有三五之妙,药物有一寸之真,火候正一分之用。圆者,熟也。若能圆明熟达三五一之要,可炼大丹。世人不圆斯旨,只泥鼎器方寸尺度,又何浅哉?仲尼曰:三五以变,错综其数,通其变,遂成天地之文;极其数,遂定天下之象。《悟真篇》云:三五一都三个字,古今明者实然稀。东三南二同成五,北一西方四共之。戊己自居生数五,三家相见结婴儿。婴儿是一含真气,十月胎圆入圣机。阴阳之数,以气为主;五行之气,因数而生。故东方青气九,元也,仁也;木德生数三,刚也,精也。《古文龙虎经》曰:变化为青龙。阳木也。南方赤气二,亨也,礼也;火德生数二,柔也,血也。《经》曰:丹砂流汞父。阴火也。阳木生阴火,离为阳中之阴,阴为中女,则离女以震木为父,是木为火侣。其生数二与三,同为一五也,为砂中汞也,为我也,为鼎也。紫阳云金鼎欲留朱里汞是也。西方白气七,利也,义也;金德生数四,雌也,液也。《经》曰:雌阴赭黄金。阴金也。北方黑气五,贞也,智也;水德生数一,雄也,气也。《经》曰:雄阳翠玄水。阳水也。阴金生阳水,坎为阴中之阳,为中男,则男以兑金为母,是金与水同处。其生数一与四,同为一五也,为水中金也,为彼也,器也。紫阳云玉池先下水中银是也。中央黄气,一己也,神也;土德生数五,戊也,信也。老子曰:杳杳冥冥,其中有精;其精甚真,其中有信是也。戊己一合成圭①,二五之精,妙合而凝者,金丹凝结也。是之谓三五一也,是之谓鼎器也。三五一总合而成九数,以还东方青气之元数九,是之谓九还大丹也。此上阳子之注如是也。愚谓世有大志之人,欲于三五之处,成一贯得道圣,非识其分寸之法则不可也,故曰毫发差殊不结丹。欲不差毫发者,非工夫纯熟不可也,非德行圆满不可也。而究其分寸之法则者,果何法则也?总之不离药苗老嫩、火候大小、刚柔配合之道。近是此道,何道也?三五一之大

---

① 圭,原本作"言",据上阳注改。

道是也。

口四八，两寸唇。

杏林曰：上阳子云：四与八合十二，又加两，足一十四。十四者，天上月之初圆，月圆为纯阳。以其阳纯，方能生一阳之金精于鼎之内也。口与唇为金气相胥之门户，是谓鼎之口、器之唇也，是谓二七一十四也，是之为七返之妙义也。世人不明仙翁妙谛，藏妙中之妙，有意外之意。其见口与唇二字，直欲求鼎器之尺寸者，乌知金液大丹，以乾坤为鼎器，欲比量金丹鼎器之尺寸者，是比量乾坤也。且不知将何丈尺比量乾坤？抑不知从何下手而比量也？彼乌知炼丹法象，以天地为炉，以阴阳为火，此谓之炉火。即如人身一小天地，以身为炉，精气为火，却非五金八石之炉火鼎器者也。

按：此节注又加两足十四下，旧误按捣治五金与烟粉投火中注，互相错半页，今改正。谓此按采药归鼎之中，加火以炼金丹之义，正合以天地为炉，以造化为工，以万物为铜，阴阳谓之水火，既济谓之大道也。口与唇合，四与八合，凡心与道心相合，而总之四相合则四大皆空，天地两间，三十六宫，吻合皆春。人心灭而道心存，上下合一，得道成神，神而明之，存乎其人。

长尺二，厚薄均。

杏林曰：上阳子云：尺二者，一年十二月；长者，年年有十二月也；厚，太过；薄，不及也。修行人要知每年有十二月，月月有金水相生之时。鼎器厚，则有望远之嫌；鼎器薄，则有衰弱之患。均者，所以调之、摄之。调摄者，审之候之也。故先哲以一年七十二候，攒簇于一日，一时之内有六候，则一候有三符，止用一符之速，是谓符候。厚薄均，调摄不差一发，方许炼大丹也。此上阳子之注。愚谓我身虽则七尺之躯，能与天地合德，能与日月合明，更能与天地之薄也，厚也，高也，明也，悠也，久也，均相合一，而无毫发之差也。何则？盖因天开于子，地辟于丑，人生于寅，即天、地、人均得一以尽其量也。故天得一清，地得一宁，人得一圣。人之得一而圣者，与天之得一而清，地之得一而静，其中一切之消息法则，无一不合其度。虽则人生于寅，而天开于子，地辟于丑，性理无分毫之差，以尽配天地，列三才之全量也。

腹齐三，坐垂温。

杏林曰：上阳子云：腹者，丹之内室也；齐者，与日月齐光也；三者，必皆初三日也；坐者，待也；垂者，至也；温者，阳气动也。何谓与月齐光？盖天上月，号曰太阴，每月初三日晡，生一阳之光于庚申之上，以象震卦者，微阳乘①二阴也。丹鼎亦然。人间之鼎器，号曰少阴②，亦每月初三之夕，生一阳之气于壬癸之乡，以象复卦。复者，一阳伏五阴也。何谓坐垂温？修行者，已得鼎器，遇其初三之夕，必坐而候之，待其火气垂至，不寒不燥而温然，此其阳气欲动，急可炼丹也。此上阳子之注，诚为吻合中肯之绝唱矣。噫，吾于此节，混言大义，即学而时习之，不亦说乎；亦即有朋自远方来，不亦乐乎。朱子所注厥性复初之功，如鸟数飞之效，正合此节之义，故曰《参同契》。读三教圣人之书者，所宜知也。

阴在上，阳下奔。

杏林曰：上阳子云：阴在器中之水，阳乃鼎中之火。水上火下，水火既济；阴上阳下，地天泰也。紫阳云饶他为主我为宾是也。此上阳子注。

噫，人生之初，性近而习未远，先天真阴真阳，究不失其至善无恶之本质。后天之阴中，藏先天之元阳；后天之元阳，自有先天之真阴。此即人之性命是也，此即上天所与人无不善者是也。是合内外之道，故曰为忠臣者是也，为孝子者是也，为仁、为义、为礼、为智、为信以及一切种种之善行，而皆无外乎是也。是者，究属果何所以为是也？所以为是也者，尽上下迁变之善德，全阴阳原始之真性是也。

首尾武，中间文。始七十，终三旬。二百六，善调匀。

杏林曰：上阳子云：首行武火，炼己之时也；尾行武火，温养之时也；中间却行一符之文火，以炼丹也。始七十，积己之功最难为也；终三旬者，言温养之际，尤当慎也。七十又三旬，并二百六，总三百六十，乃四九之圆数，一周之日足也。比三百六十日，以七分之日炼己，以三分之

---

① 乘，原本作"垂"，据上下文义及上阳子注本改。
② 少阴，原本作"少阳"，据上下文义及上阳子注本改。

日温养。如以一年温养,则先三年炼己,惟中间炼丹之火,止要半个时也,故谓善调匀。其炼丹用半个时中一符文火,却不在七十与三旬,并二百六十之列。学者当详首、尾、终、始四字,则中间文在外而不相干也。世人每见七十与三旬之语,皆为三分文,七分武,岂悟丹经藏机,不敢直吐者也。若洞晓一符之顷为得丹之候,则中间文自融会矣。此上阳子之注,语重千钧,绝不浮泛,内有心得,不拾人牙,九转还丹,炉火纯青之候。故洞明深朗,调无不匀,是以善也。古人虽曰不将火候传于文,则此乃传而不泄之秘机也。调者,调息;调息者,调真息也,非调口鼻凡气之息。而凡气之息匀,亦自在其中,此为善调,然而未尽善也。尽善者,不调而自匀耳。乃其中玄妙之玄机,妙在调息匀之神,神即调匀,文武火候匀之神。神也,文武火以首尾、中间分始终,以七十、三旬论二百六数为调匀。是以圣经以始终为事,而孟子以此事为必有者,良有以也。

阴火①白,黄芽铅。两七聚,辅翼人。

杏林曰:上阳子云:地二生火,天七成砂,此阴火之成数,是一七也;天一生水,地六成铅,此黄芽之合数,是一七也;以铅火之数,合两七聚也。两七一十四也。以此十四之铅火,会于鼎器之中,其功辅翼于人而成丹也。此上阳子之注。

盖此以水火之数目、铅汞之分量,而本天地生成之道,以辅翼人身。合乎小天地之至理,配列三才之定位,炼成无价之真宝,同天理混然之造化,以合德合明,合吉合凶,而成齐天之大圣。噫,此道之尊,此道之尊果何道哉?天人归一之道也;天人归一道何道?三教圣人了凡成圣,性赴天宫,法传后世之大道也。有志之士,于此道岂可忽乎哉?

赡理脑,定玄升。子处中,得安存。来去游,不出门。渐成大,性情纯。却归一,还本原。善爱敬,如君臣。至一周,甚辛勤。密防护,莫迷昏。途路远,复幽玄。若达此,会乾坤。刀圭霑,净魄魂。得长生,居仙村。乐道者,寻其根。审五行,定铢分。谛思之,不须论。深藏守,莫传

---

① 火,原本误作"失"字,今改。

文。

杏林曰：神乎哉，言虽浅近而理玄妙，不明于心，而难见于性。道由口传，传必理明。而此理何理也？即赡理脑之至理耳。而赡理脑之至理，究属果何理哉？亦即《西游》悟空大闹天宫之至理也。非知止而后有定，实难升玄而大闹天宫。虽则知止而升玄，若不生于南山之巅，出于大石之中，降于北海龙宫之底，得来定海神针在手，亦实无大闹天宫之本领耳。及定静安虑而后得，以得安于成性存存之门中，安于成性存存之门中，非无事也，而必有事焉。何事也？即颜子喟然之叹，仰之弥高，钻之弥坚，瞻之在前，忽焉在后，以勋斗云上至天宫，下至龙宫，而四大部洲，来去遂我云游。然而究不出成性存存、道义之门也。初则小渐成大，大则天下莫能载焉。如是性恋情，情恋性，打成一片，则般若波罗蜜已为纯一无杂之性，而万法归一，返本还原，则厥其性而复其初也。然若非择乎中庸得一善，亦实不能正其夫妇之道。乾不舍坤，坤不舍乾，以成造端之君子也。噫，此君子何君子？修己以敬之君子也。修己以敬之君子，即修己以安百姓之君也。既有修己以安百姓之君，必有善治之臣以辅之。于一年之中，以满四九圆数之期，何时而不敢提撕省察、谨小慎微也哉？一人不惮烦于紫府，百尔谁敢辞劳于公廷？君道也，臣道也，欲为君尽君道，欲为臣尽臣道。然而君道即臣道，臣道亦即君道，上与下有同轨焉。君道不明，臣难辞咎；臣道有愧，君难慰情。共修交勉，厥后厥臣，靡不克艰。君南面而听政，臣北面而任职；听政秉临渊之情，任职存履冰之心。君明臣良，上下交济其美，昼夕惕励，莫敢昏迷，克慎克勤，勿怠勿荒。君之爱臣如手足，臣之爱君如腹心。君爱臣，臣敬君，君臣同德，君臣同心。如是则君为明君，臣为贤臣。设教化以正人心，挽颓风而返上古，整法度之不整，振纪纲之不振。饥如己饥，溺如己溺，痛瘵在抱，万邦来朝，必使天下亿兆无一人不被其泽者，此诚天作之圣君也。然虽有圣君在位，一人之寡，难治天下之大，亦不能不假乎于臣宰。乃为人臣者，敬受君命，岂易事哉？立于朝廷，以格君心之非，燮理阴阳，而夺造化之权。鞠躬尽瘁，事君为尧舜之君；力竭股肱，泽民为尧舜之民。尽一生之经营，垂千载之名节，能治主于隆盛之地，必措天下如太山之安。善政流行,共向熙熙之日;德业广被,同乐皞皞之风。君上不忍偷安宴乐,而臣下何敢素餐尸位。上尽忧勤,下益惕励;君分臣责,臣代君忧。交相提撕,保守天民。君尽其爱,臣尽其敬,盛世太平,屈指可及矣。而炼丹之士,如此以炼丹,则混然天理,凝结一团矣。急当防危虑险,以护法身,何敢荒怠,何敢迷昏。苍天路远,十万八千。复见天心,功成转瞬。曲径通幽,透在玄关。玄关大道,非人不传。以经师授,运动浩然。石破天惊,会和坤乾。阴阳交姤之所,刀圭类此霶,魄魂由此净。刀圭霶,魄魂净,即得长生,是谓涅①槃。乾坤藏袖内,生死不由天。身居仙村内,心乐性中天。皆由道寻其根蒂,更由审量五行翻。同归中宫地,以返我先天。相见不相克,铢分定准焉。婴儿姹女驾天秤,天针对地针,对的不差毫厘分。谛思妙真诠,此数铁板存。藏守秘深严,不倚又不偏。从来皆口授,岂泄竹帛间?

御白鹤,驾龙鳞。游太虚,谒仙君。录天图,号真人。

杏林曰:此言三千功圆,八百果满。丹书来召,脱壳升天。群仙来迎,同归灵山。超玄拔祖,踏破云端。幢旛宝盖,稳乘翔鸾。横御白鹤背上,直驾青龙鳞班。太虚任我云游,仙君彼此相参。跪拜瑶池殿下,仰叩金母慈颜。同赴蟠桃大会,常服瑶池圣宴。真人是吾名号,天图早已录焉。永为灵霄宝殿之仙客,今而后再不下南阎。功高德浩大,稳坐九品金莲。修行至此,方不妄临东土,受苦一番。

上阳子注云:是书有大解脱,有大神通。若得闻是书,蛇虎不能伤;得诵是书,疫疠不敢作;得明是书,地狱不拘摄;得行是书,天堂自快乐。是书在处,空中常有金光交射,虚室生白,人若见之,延寿六六,供养信受,其福无边,况坚修而勤行乎?

后 叙

(原叙)

《参同契》者,敷陈梗概。不能纯一,泛滥而说。纤微未备,阙略仿

---

① 涅,原本作"捏",今改。

佛。今更撰录,补塞遗脱。润色幽深,钩援相逮。旨意等齐,所趣不悖。故复作此,命《三相类》。大易情性,各如其度。黄老用究,较而可御。炉火之事,真有所据。三道由一,俱出径路。枝茎华叶,果实垂布。正在根株,不失其素。诚心所言,审而不误。

杏林曰:体会入微,性圆理明,此即所谓秋水文章不染尘。

第三十卷

《参同契》诸家序跋汇编

一、《参同契》之序跋提要类

1. 赞魏伯阳《参同契》

隋 青霞子

魏君三卷《参同契》,于中一一言真谛。子细说还丹,还丹事,不难制,何所似,黄白如鸡子。小小一事中,乾坤法象同。

——出《正统道藏》之《诸真论还丹诀》

按:青霞子苏玄朗,隋代人,精内外丹法,尝以《古文龙虎经》、《周易参同契》、《金碧潜通秘要》三书,文繁义隐,乃纂为《龙虎金液还丹通玄论》。其之赞《参同契》云"一一言真谛",可见当时丹道大家之重视此书矣。

2.《参同契》序

元 吴澄

《参同契》有可知者,有不可知者。悉可知则泄天,悉不可知则绝道。此书意也,彭真人知其所不可知,而不知其所可知;邹道士知其所可知,而不知其所不可知。葆真道人之述,其在彭、邹之间乎?他日相与言,请阙其所不可知者,而既其所可知者,可哉?岁在先天大过月辟乾日后天井辰直九二,临川真隐道士讃。

——出《全元文》卷四八十二

按：吴澄此篇《参同契》序，当为葆真道人之《参同契》注解所作之序，谓其注在彭、邹之间。所谓彭注，即彭晓之注解，邹注即朱熹之注解，而葆真道人系何人，未可知也。

3.《古文周易参同契》序

明 杨慎

《参同契》为丹经之祖，然考隋唐《经籍志》，皆不载其目，惟《神仙传》云：魏伯阳，上虞人。通贯诗律，文辞赡博，修真养志，约《周易》作《参同契》。徐氏景休笺注。桓帝时，以授同郡淳于叔通，因行于世。五代之时，蜀永康道士彭晓分为九十章，以应火候之九转；余《鼎器歌》一篇，以应真铅之得一。其说穿凿，且非魏公之本意也。其书散乱衡决，后之读者，不知孰为经，孰为注；亦不知孰为魏，孰为徐与淳于，自彭始矣。朱子作《考异》及解，亦据彭本。元俞玉吾所注，又据朱本，玉吾欲分三言、四言、五言各为一类而未果，盖亦知其序之错乱，而非魏公之初文，然均之未有定据尔。余尝观张平叔《悟真篇》云：叔通受学魏伯阳，留为万古丹经王。予意平叔犹及见古文，访求多年，未之有获。近晤洪雅杨邛崃宪副云：南方有掘地得石函，中有古文《参同契》，魏伯阳所著，上、中、下三篇，叙一篇；徐景休《笺注》亦三篇，后序一篇；淳于叔通补遗《三相类》上下二篇，后叙一篇。合为十一篇，盖未经后人妄紊也，亟借录之。未几有人自吴中来，则有刻本，乃妄云苦思精索，一旦豁然，若有神悟，离章错简，雾释冰融。其说既以自欺，又以欺人甚矣。及观其书之别序，又云：有人自会稽来，贻以善本，古文一出，诸伪尽正。一叶半简之间，其情已见，亦可谓掩耳盗铃，藏头露足矣，诚可笑也。余既喜古文之复出，而得见朱子之所未见，为千古之一快。乃序而藏之。呜呼，东汉古文存于世者几希，此书如断圭复完、缺璧再合，诚可珍哉。若夫形似之言，譬况之说，或流而为房中，或认以为炉火。使人陨命亡身，倾赀荡产，成者万无一二，而陷者十之八九。班固有言：神仙者，所以全性命之真，而无求于外者也。聊以荡意平心，同大化之域，而无怵惕于胸中。然而或者专以是为务，则怪迂之文，弥以益多，非圣人之所以教也。旨哉其言,辄并及之。

嘉靖丙午仲冬长至后十日洞天真逸成都杨慎书

——出清《学津讨原》之蒋一彪《古文参同契集解》

按:杨慎(1488—1559)字用修,号升庵、博南山人、洞天真逸、金马碧鸡老兵。四川新都人,祖籍庐陵。正德六年(1511)状元,官翰林院修撰。嘉靖三年(1524),因"大礼议"受廷杖,谪戍终老于云南永昌卫。有明一代记诵之博,著述之富,慎可推为第一。其著作达百余种,后人辑为《升庵集》。杨慎不特长于文章诗词歌赋、论古考证,对于道家丹法也有会心。张天粹于明嘉靖三十七年戊午(1558)"跋"杨慎《洞天玄记》云:"此传玉液、金液之机,全形延命之术,无不具载。洞泄玄机,阐古先不阐之秘,神化性命,通一无二者矣……真逸仙翁盖欲泄造化之秘藏,引后人以同登道岸,其至人之心也。"可知杨慎于嘉靖二十五年丙午(1546)序古文《参同契》后,仍习闻丹家修炼之说。

《古文参同契》造端于俞琰,撰成于杜一诚。而能影响至远者,则因杨慎之一序,遂使明清两代知有《古文参同契》矣。而一诚之原本固已亡佚,但冠以杨慎序的《参同契》却流行不衰,故慎实为《古文参同契》之功臣。朝鲜李时善(1625—1715)所著《松月斋先生集》卷四有"参同契经序"一篇,全摘杨慎序文,可见古本之远流殊域。至于序中诋一诚公案,明季徐渭已为辨之,今人余嘉锡复又陈之,可参详。

4.《古文参同契》后序

明 张愈光

孔子《内谶》云:乱吾书,董仲舒。不独圣经为然,《参同契》为彭晓所乱,后代不见魏伯阳古文,久矣。吴中掘地,乃得石本,又与楮氏之遗书得于石楲、汲冢之周书存于竹简,二事相类,文字在堪舆间,自有神物护持。而何物妄人,乃攘前人之名为私己之有,又与郭象窃向秀之《庄注》,宝月盗紫廓之《诗》歌相类,甚矣,无愧而不知耻也。太史升庵杨子,腹笥有兰台、羽陵之藏,手校无焉乌帝虎之谬,晚乃得此,喜而寄舍,敢肆雕龙,辄因附骥云尔。

——出明·张愈光《张愈光诗文选》卷之八

按:张含,字愈光,号禺山外史,永昌卫(今云南保山)人。正德中举乡试,与杨慎同学,工诗,著述有《禺山文集》、《禺山诗选》、《禺山七言律钞》,明嘉靖年间,杨慎辑其诗文名《张愈光诗文选》。此序殆系杨慎得《参同契》石函古本,寄与愈光,愈光作此后序为古本张目。其序意乃信石函出古本《参同契》,嗤杜一诚本之"攘前人之名为私己之有",则愈光于《参同契》实无所见,故为杨慎之说所误耳。

5.《参同契分节》序

明 徐献忠

予所见《参同契》诸解类肤浅,不中魏公旨意。吴门所刊古本,黜去诸解,似可读,而以大易与黄老金丹并列为三图,所见殊谬。乃魏公本意,谓易道至广大,圣人治世与内养金丹三者皆根本于《易》,非谓《易》止圣人一端,与内养金丹并列也。且内养金丹皆出于黄老,今又析言之,益谬。因为看详其伪,分离条节,读者因辞探旨,可洞然见矣。其上篇治理与月令相符,而金丹之符火寓焉。惟坎戊月精一条,是药物要旨。中篇内养景象甚玄,而知白守黑一条是鈆金论。后系青州徐从事笺注,及淳于叔通《三相类》,相与发魏公所未备。而《三相》独绪论金丹,首尾详焉。予谓此书惟上智人观览,自能言下解悟,虽千百世亦能契合轨辙。自非上智人,虽读解注,无益也,故不复释义。

——出明·徐献忠《长谷集》卷五

按:徐献忠(1493—1569),字伯臣,一作伯宗,号长谷,华亭(今上海松江)人。嘉靖四年(1525)举人,官奉化令,有政声。后归隐吴兴山中,闭门著述,及卒,门人私谥贞宪先生。徐氏著作甚富,有《吴兴掌故集》、《水品》、《乐府原》、《六朝声偶集》、《长谷集》等。《参同契分节》,《千顷堂书目》又作《参同契心测》,据此序末"故不复释义"一句,故知徐献忠序此书时,尚未注《参同》,其《复蔡白石》一书云:"黄老之教,固先天精微之旨,其说尽于《参同契》。世远迹陈,乱其故籍,注者虽多,真诠悉昧。其首论圣人以月令治天下,而金丹之符火寓焉。其言黄老养性与服食妙用,魏公与徐君景休互相发明。窃不自量,分条释义,颇亦自信,俗氛拘缠,尚未全完。其诸结胎进火,上合天符,又皆口口相传,不见于文字,其说附见白玉蟾与陈隐之书内。"后来注解书成,则命名《参同契心测》。此书今未及见,恐已亡佚,仅存此一序,也弥足珍贵矣。

6. 跋《参同契》后

明 熊过

熊子曰:《参同契》所由来久矣,葛稚川称魏伯阳作《参同契相篇》,凡二篇。然玄光先生言徐从事拟龙虎天文作《参同契》上篇传魏君,魏君作中篇传于淳于叔通,叔通为列下篇,以表三才之道,亦异矣。其后见至游子别述首篇,若为魏君疏其义者,文本不逮而于义亦倏有离合,中引葛、郑辞佐其说,是出魏君后明矣,将至游子自作耶?中篇言娄敬著《参同契》,自号草衣子,颛主两肾朝帝君以为丹,谓铅生左肾,汞生右肾。下篇乃言魏君游长白山,遇真人告以铅汞龙虎,作书十八章,皆不如魏君书。魏君书自作也。观三书者,要为裁之。庚戌人日,南沙居士跋。

——出明·熊过《南沙先生文集》卷之五

按:熊过,字叔仁,四川自贡富顺人,明朝嘉靖八年(1529)年进士,礼部主事,历员外、郎中。坐事斥为民,著有《南沙先生文集》、《周易象旨决疑》、《春秋明志录》等,卒年七十五岁。此跋在嘉靖二十九年庚戌(1670),杨慎序《古本参同契》在嘉靖二十五年丙午(1546),熊、杨二人友善,又皆喜丹家养生之言,故熊过当知古本《参同契》之事。而此篇以读宋人曾慥(号至游子)《道枢》中三篇《参同契》,而证之以葛稚川之言,颇疑出于曾慥之自作,而非伯阳之亲著。熊过之于《参同契》盖亦有说,其《答石通判书》,在调和仙佛异同之余,尝论云:"《参同》举大易、黄老、炉火三道由一,黄老者,虚无之谓也,但读者不晓耳。《楞严》药圆成者,外丹也;精圆成者,内丹也。皆以有讥切风力所转者,有取败耳。在《金刚》无寿者相,是欲以虚无为宗也,缘督子《仙佛同源》,然亦不能明此义也。"

7.《考定周易参同契》序

明 王樵

　　元俞琰氏谓《参同契》有四言、五言、散文之不同，上篇有乾坤、坎离、屯蒙、七八、九六等语，中篇复有之，恐其为两人之语，因欲以四言、五言、散文各从其类分而为三，庶经、注不相混淆。今按魏君本序云：歌叙大易，三圣遗言，此言其参《易》而为说，所谓乾、坤、坎、离等是也；又曰：引内养性，黄老自然，此言其中，专明内养之事者也；又曰：配以服食，雄雌设陈，此言其终，药石铢两以类相况者也。因结之曰：罗列三条，枝茎相连，同出异名，皆由一门。言三篇所明者一事，所以命之曰《参同契》也。后又补塞遗脱，命《三相类》。其曰：大易情性，各如其度，即歌叙大易也；其曰：黄老用究，较而可御，即引内养性也；其曰：炉火之事，真有所据，即配以服食也；又总之曰：三道由一，俱出径路，枝茎华叶，果实垂布，正在根株，不失其素，诚心所言，审而不误，亦正与序意相应。故今以托《易》为论者为上篇，专明内事者为中篇，类况药石者为下篇。其文虽有四言、五言、散文之分，然今亦难定其孰为魏君之本文、孰为徐从事之注文？但以四言与五言各从其类，则理在必然。近有托言掘地得石函，中有古文《参同契》，魏伯阳本书上、中、下三篇，叙一篇；徐景休笺注三篇，后叙一篇；淳于叔通补遗《三相类》上、下二篇，后叙一篇。合为十一篇。果若此，亦奇矣。然而细读之，文意血脉，仍有未相贯通处，盖亦近时人所为耳。因为更动数处，文意更觉连贯，经、注各三篇，篇各分章，整然有伦，未必非魏书之旧也。自彭晓以来，术家多逐句为解，不识其大义所在，故分章多错，虽以大儒朱子尝为之注，又以诸本参校其同，冀而于此有未暇及焉。故予不自揆，窃成其志云。注解以朱子为主，诸家之近理者附之。《三相类》、《鼎器歌》，石函本分为上、下二篇，又以《三相类》之起语为后序，皆误也。又彭晓序但言魏公复传授同郡淳于叔通，遂行于世，不言补遗为叔通所作，石函不知何据？亦妄耳。

——出明·王樵《方麓集》卷二

按：王樵，（1521—1599）明金坛（今属江苏）人，字明远，号方麓，嘉靖二十六年（1547）进士，历刑部员外郎。张居正柄政，起补浙江佥事，擢尚宝卿。旋家居十余年，再起后，累迁南京刑部右侍郎，擢右都御史，以老致仕。潜心经学，于《易》、《书》、《春秋》皆有纂述。著有《方麓集》、《尚书日记》、《读律私笺》、《周易私录》、《春秋辑传》、《老子解》等，《明史》有传。王氏《考定》序既谓注解"以朱子为主"，则恐于丹家之说未能深究。

8. 注《参同契》序

明 徐渭

徐君景休所注《参同契》存，而诸家云亡者，以偶不谅古人著述之体故也。后儒于书，句句而训之，章章而贴之，故经自为经体，而注自为注体。古人则不然，其注经也，取于明经而已，注之之体，或不章贴而句训，编而次之之人，亦无从章析而句分。兼乏作述之手，韵调不远，古今相隔，考问无由，指存为亡，转传转信矣，景休之注之湮也，坐于是。景休之注湮，而魏公之《经》亦泯，拔景休所以起魏公也。诸家言《经》者，欲拔景休而不得，甚至欲分四言为经、五言为注，是止凭字数以别唱随，遂起吴伧妄裂亚掇，如万手缫丝，不胜其乱。好古者尚谲，又从而谬序以信之，注未及还，经且尽失。予觉其然，乃取庐陵陈氏所注，分章上下。久之，一日试挈某篇与某篇相印，一经一注，母子灿然，以逐他篇，莫不毕尔。辟如陆逊束炬先攻一营，遂晓破蜀之法，连营七百里，一旦席卷。魏经徐注，既蚀复明。夫长者赀财，记分众子，帐籍自别。然当其未分，不特为众子画饼，抑且起众子支属，妄拟某物当付某房，夸示眷戚，注未分，《经》亦复如是；及至分赀，妄拟俱歇，注分经定，亦复如是。虽然贯穿文义，印字晓人，亦小补耳。若悟真机，字乃无只，故分经、分注，援笔于既悟之后则可，牵文于未悟之先则不可，不然抟控糟粕，希不见诮斲轮矣。

皋皋冬冬，有上无下，有西无东，贯心于中，开户支窗，参之斗蓬，一用寄衝，主言始终，言终于甘，始于十兄，若问吾心，正兔三双，而鸡十双。苍箕中人叙言。①

——出明·徐渭《徐文长文集》卷二十

按：徐渭之注《参同契》，时正身系牢狱之中，其取元朝陈上阳之《参同契分章注》为据，作《古注参同契分释》，以己之自悟而立论，见其慧业识见之所在。徐渭虽系文人，但早年曾与乃兄同拜师炼外丹，又曾得五雷法，其自谱且记载有实践道家辟谷之经历，故徐渭对丹道之学有相当之了解。此篇序文，要在斥责杜一诚编定之古本《参同契》，以及杨慎"好古者尚谲，又从而缪序以信之"的石函古本《参同契》，是以徐渭注解《参同契》则不信古本之说矣。其后所作数篇《奉答冯宗师书》、《答人问〈参同〉》、《书〈古本参同〉误识》诸篇，皆是论说古本之谬。

9.《古文参同契集解》序

明 蒋一彪

丁酉仲夏，予恙起，摄静中，曾博观诸玄籍，欲取为内养资也。阅及《参同契》，有注释者，茫然不解所谓，因而置之，迄今甲寅，越岁一十有八矣，心恒念之。以此书为丹经之祖，何乃晦昧无条理，若是令人难解晓也耶？昨偶检先大夫云龙公遗籍，得《古文参同契》一帙，魏伯阳所著，上、中、下三篇，叙一篇；徐景休《笺注》亦三篇，后叙一篇；淳于叔通补遗《三相类》上、下二篇，后序一篇。合为十一篇，惟白文无注，是未经后人妄紊者，为成都升庵杨慎氏所叙本。览之，始知往年所阅者，乃以魏君叙及景休、叔通二家之注、叙窜入于魏君经文中，大相混乱。后人注者，不知所自，讹以因讹，经、注莫辨，皆缘饰以成文，则不无牵引附会之误，又无怪乎最后之观者，见其重文复义，不达所旨，咸即成说，而一切草草错会焉，殊不知乱肇自何人，而升庵公谓于彭始。予今厘正其伪，一以古文为准，别出魏君经文，取彭晓、陈显微、陈致虚、俞琰四子之注，节集于各段之下，以显其义。若俞注，其文与经，尤为碎裂，错杂

---

① 《徐文长文集》卷二十有批云：极类长公禅喜文字。

难择,甚至有逐一、二句相间乱,非段节如彭、陈者,故择之大费精力焉。第其间或有一、二神理不相蒙贯者,以被徐、淳注、叙混误注之失耳。是以于上下不相联属处,则以一圈间之。笥中止有此四注,故不能多及。若徐之《笺注》、淳于之《三相类》,亦照古本录其文,而以四家之注各附于下,其各叙惟录白文而不入注。分为二卷:以魏君《参同契》为上卷,徐、淳之《笺注》、《三相》为下卷,成此完书,俾千载之讹,一旦遽还其初,且得睹彭、陈诸人之所未睹,真一大快事也。庶后之览者,明知魏君作《契》之旨,而经、注不为所淆矣。其古文之出,杨谓是南方因掘地而得诸石匣中,由委悉杨叙,兹无赘。然详观《参同》中语,意多与《龙虎经》文相似,则是魏君用《龙虎经》而畅演其义者,非竟效法乎《易》也。盖《龙虎》作之最先,而《参同》则拟《龙虎》,徐与淳于又各拟而自发其所见也。古来罔究之,乃致混之为一,则谬甚矣。余曾遇至人,蒙授丹诀,至易至简,不过一二语便了足,无多谈也。如是则《参同契》之作,无乃属骈疣乎?不然,夫欲开示来学,多为旁喻曲譬,玄隐其说,乃是不欲直露真诠,使人委婉究绎,得其旨于语言之外,盖珍其事,故不得不迂秘其文耳。如以片言道尽,此为口诀,无论道不可一概轻泄如此,而人且易视其言,不无忽嫚之心,于修为之际,未肯坚固其念,纯一其志,则大道终难成矣,此又为魏君借《易》辞演丹法作《参同》意也。其下篇曰:露见枝条,隐藏根本,托号诸名,覆谬众文。此之谓也。予集是《解》,虽不敢任为魏君功臣,而于彭、陈诸子,亦未必无少助,盖当年一片探索苦心,至今日始为不虚也,已是为序。

明万历甲寅孟夏望日,东越余姚复阳子蒋一彪书
——出1922年上海博古斋景印明·毛景辑《津逮秘书》

按:复阳子蒋一彪此序在明万历四十二年甲寅(1614),而其十八年前,即明万历二十五年丁酉(1597),蒋氏读《参同契》时,尚不知有古本之存在。及见清人序见古本《参同契》之惊喜,故知虽古本《参同契》自杨慎嘉靖二十五年丙午(1546)序,自蒋氏万历四十二年甲寅(1614)"偶检大夫云龙公遗籍,得《古文参同契》一帙",已越半个世纪,古本《参同契》仍未盛行,虽历有其刊,却未能广为丹家所参用。蒋氏之序,

但言集彭晓、陈显微、陈上阳、俞琰四注，割裂原注，分附于古本原文之下，自谓"虽不敢任为魏君功臣，而于彭、陈诸子，亦未必无少助，盖当年一片探索苦心，至今日始为不虚也"，颇能见其自珍自矜之情。惟蒋氏集注但只言"笥中止有此四注"，而《集解》卷下"以金为隄防"一段之注末附明彭好古之注解，不知是否为蒋氏之原本所存，抑或为明毛晋汲古阁校本所增益乎？

10. 敬书西厓先生手写《参同契》卷后

西涯先生文章勋业不说，其学既的周子于主静之训，主静之学蹉则易入于空，善学者与程子之定敬一也。当时或疑其近禅者，无乃见其主静之意多，而又看手书道书如是卷者而云耶？晦庵何以附注，而与西山讲确不置也。余有感于是而识之。

——出李万敷（朝鲜）《息山先生文集》卷十八

按：西厓先生即柳成龙（1542—1607），朝鲜人，传世著作有《西厓先生文集》二十卷。其《文集》卷一有"读道书"一诗，前有小序云："《参同契注》有百刻之中，切忌昏迷之语。盖一日百刻，一月三千刻。一年则三万六千刻。如使百刻中能不昏昏，则三万六千刻不昏昏可冀也，所谓了得一，万事毕。与吾家三月不违仁之功，同一精切，特向往处异耳。呜呼，岂易言哉。感而题二绝：须慎昏迷百刻中，此心提掇日生东。直将宇宙为田地，鱼跃鸢飞上下同。天道无他只自然，着来毫发已非天。光风霁月无边地，只在昭昭不在玄。"柳氏之序及诗，殆虽言《参同契》与儒家之功有共通处，但《参同契》终究是"向往处异耳"，是又门户之见甚深矣。

李万敷（1664—1732），朝鲜人。今检阅昔高丽诸贤文集，多有吟述及《参同契》者，可知《参同契》一书也为高丽国人所习闻。一般士人，既读《参同契》，却又因卫儒教而辟之，见地终落下乘，惟付诸一叹而已。

11.题《古文参同契》后

朝鲜 许筠

《参同契》古文,出于永乐年间。有耕者于瑞州山中,劂地得石函,有三卷,书绢而朱字。杨用修氏奇之,断以为是焉。其书合四言为伯阳所述经文,合五言为徐景休所注,又以《三相类》为淳于叔通所著。井井甚明,其果是也耶?是书之行殆千载,注之者亦百余家,莫有悟其舛者。岂道书微旨,且多隐语始辞,未易晓否?虽然真一(彭晓)、抱一(陈显微)、上阳(陈观吾)三子者,世皆谓得道,而皆注此书,不悟其非。三子既得道,则必飞神上清,控摄诸真,而伯阳、景休亦必先在帝傍,可与商榷其义,诬其纰缪处。今既不能,然彭晓辈抑不得道耶?虽已得道,不飞升玉京。著此注于人间,然后上仙也欤,是未可知也。古文既分章不紊,不如旧书散乱无统,吾姑以是为正而读之也。叔通、景休俱与伯阳同诬仙道者,其文其义,本无轩轾,读者遍读详味,则当自得之也。

——许筠(朝鲜)《惺所覆瓿稿卷》之十三

按:许筠(1569—1618),朝鲜人。此序为许氏推重古文《参同契》语,其谓古文《参同契》出于明永乐年间,有耕者得于瑞州山中石函,"书绢而朱字"。朱长春《参同契解笺》又谓:"虞长孺尝为予道:'《契》有古注本,国初宋景濂于秘书中检出布行,必淳于叔通所作。'"据此,似古文《参同契》别有渊源,而杜一诚之"精思豁悟"之说,或即有所本耶?

12.《参同契衍义》序

清 汪琬

神仙之学,贵乎内外交养,或养外而遗内,或养内而忘外,此庄生所以讥张毅单豹者也。魏伯阳《参同契》数言坎离龙虎,由内丹言之:龙者,精也;虎者,气也。由外丹言之,龙者,汞也;虎者,铅也。精若汞阳也,坎之物也;气若铅阴也,离之物也。内、外丹之指,殊流而同源,然后世猝不能相合,何也?以予所闻,则又有与庄生异者,内丹既成,苟无外丹以佐之,惟能延年却病而已,欲期变化超举,不可得也。若内丹未成,而骤服外丹,则精耗气散,譬诸厝火积薪之下,鲜不焚者,固当用内丹为主也。注《参同契》者数家,其说纷纭不齐,而吾里中子佩周先生所撰《衍义》一书,则专主内养之学,章分句晰,悉出于自得。至于解上德无为章,如上闭则称有,下闭则称无,以上为上兑,兑为口;以下为下兑,兑为精门。则尤非诸家所知,亦渊微矣哉。

先生今年七十余矣,颜色頳润如婴儿,步履饮啖过人,常若三、四十岁者,自言内丹已成,洵乎所养之有验也。傥复济以外丹,不将乘云气而游汗漫、偕伯阳相揖让哉?抑予复闻之昔颜鲁公不屈于李希烈,及既殁,而握拳不开,手爪俱透掌背,时人称其尸解;间又阅《十二真人传》,有斗中真人降于曲阜兰氏,自称孝弟王授兰至道,且言晋真仙许逊传其孝道之宗,是为众仙之长。然则忠之与孝,固吾儒立身之本,而亦神仙家变化超举之要术也。今先生之门,则忠孝其兼得之矣。忠介公侃侃义烈,既不忝于鲁公,虽受逆阉之祸,吾度其精爽可畏,必且翱翔天壤,迄今不死,亦如鲁公之尸解者也。若先生直一孤童耳,数千里刺血上书,竟白其父冤,而肆奸党于市。自其少时,至性已卓荦如此,岂非斗中孝弟王所欲降而求之、引以超举者乎?先生盖姑俟之。然则先生之当仙也,予固不仅以此书决之也。承先生命,姑叙书之大略云尔。

——出清·汪琬《尧峰文钞》卷三十

按:周茂兰,字子佩,生于明神宗万历三十年乙巳(1605)三月,卒于清康熙二十五年丙寅(1686)年正月,得寿八十二岁。其注《参同契》,黄宗羲所撰《周子佩先生墓志铭》谓子佩"子佩颇留心二氏,好与其徒往来。是时天童、三峰两家,纷拏不解;青原、南岳,又争其派数之多寡。子佩以调人为之骑邮,不辞劳攘。又尝病危,遇异人授以养练之法,疾寻愈,信之甚笃。过中不食,饮茶数杯而已。晚年注《参同契》。入僧舍,坐四十九日乃出,故其去来翛然。属纩时,曰今日方闲,非有所得而能如是乎?"王弘撰《山志》卷六亦谓:"子佩年几八旬,每朔望入城谒忠介公祠,健步不异少壮,时注《参同契》,皆能言其实义,不为玄妙之词,盖其有得于养生之道者深矣。"故知周子佩于仙道、禅宗皆有得于心者。其注《参同契》,孙枝蔚《饮子佩霜英堂同徐朧庵作》云:"双聋徐积耳(子佩耳聋,年七十有七。),特注伯阳书(注《参同契》将成)。更是黄公辈,从来不忍疏。"则子佩之注《参同契》,其在暮年,当是积平生之仙佛心得而成,惜此注今无存也。至若汪琬序,虽其系一文人,但其论内外丹之关系,足征汪氏亦精于此道。

13. 参同契校正序

朝鲜 朴守俭

紫极肇位,黄枢顺轨。首出最灵,三绕一理。羲文膺箓,素王赞翼。三圣同伦,万世仰墨。嬴刘递迭,大经沦没。九流分派,改易弦辙。飞龟舞蛇,背正趋邪。混世聋昧,窘步挟邪。太虚流珠,真气相须。云牙魏师,拔萃东都。迹晦幽谷,心运玄极。精穷造化,歌叙三易。言遵庶圣,洞观内性。按图摘符,配诸炉鼎。始蘂真契,略破蒙翳。重申相类,垂耀裔世。世之章甫,读碍简古。妄辄更改,杂列笺注。契类相混,经注错乱。旨意等齐,莫辨真赝。嚱呼丑朽,晚形宇宙。铭肝秘诀,深扣玄牖。下帷穷年,怳若神传。分群聚类,爰整简篇。卦日莫违,弦候应期。阴阳顺序,动静随时。金华玉液,互胥为宅。鼎器调和,灵丹可掬。独惜乎三田就荒,药物迎霜。岁暮乾坤,畴与周章。时宪上元,甲配子冲。斗建月门,乌纳兔宫。天三在左,卦右居右。十分处下,冠首戴首。最灵竖畔,验体成耦。营心役手,寓诸四友。

——出朴守俭(朝鲜)《林湖集》卷六

按:朴守俭,明崇祯二年己巳(1629)十一月初七日生于湖西奈堤晚知谷里,卒于康熙三十七年戊寅(1698),终年七十岁。据《年谱》记载,朴氏之校正《参同契》是在六十二岁,此年他"绝意仕宦,卜筑于林湖下,以为烟霞之计,始校正《参同契》。"其所校正之《参同契》今固未能见,考其序谓"妄辄更改,杂列笺注,契类相混,经注错乱",似乎所校之本重在古文《参同契》之说。

14.《参同契证易解》序

清 屈大均

屈子曰：吾尝读《参同契》，而知古神仙之学皆得之于《易》。《易》之道，广大精微，与天地相准，得其一端，可以出有入无为神仙，况吾儒得其大中至正者乎！王文成云：吾儒亦有神仙焉，颜氏子是矣。昔孔子赞《易》，谓颜子其殆几至以列于《系辞》，直接夫伏羲、神农、黄帝、尧、舜、文王之统，夫何尝以其年之弗永而置之乎？复卦为天地之根本，造化之心，因之而见以颜氏配复之初，即配乾之初也。乾之初，潜龙勿用，子曰龙德而隐者也。夫龙而潜，人而仙，虽一阴一阳，变化不测，亦何尝一息而不在人世乎？今读《易》而恍然，见庖羲以下九圣之神明，洋洋耳目之间，与日月同其盈虚，与四时同其消息，亦何疑于颜氏之子乎？魏伯阳氏得斯意，故其于《易》，动则循乎卦序，静则准乎象辞，表以为历，终而复始，遂以穷神知化，通德三光，而蝉蜕人世。今观其书言，言歌叙大易，绝不及《道德》、《南华》一语，诚可谓能尊三圣者。但其言秘奥幽渺，非知夫《易》之源者，不可以知其流。今方外士，有知《参同》而不知《易》者矣，未有知《易》而不知夫《参同》者也。朔方郭子少习丹家言，笃信《参同》，玩味十余年，未达其旨。其后南游至韶阳，师事彬如郁先生，得其后天象数之传，因以所闻诠释《参同》，以《易》为证。予读之以为《易》传也，不知其为《参同》之传也。噫，亦至矣哉！因谓郭子曰：子之师彬如先生，殆儒而仙者也。吾闻其在高凉，梦有潘茂名真人者，为讲益卦，至水道乃行，豁然有省，叹曰：真人于我神友，我于真人心师。因建仙易亭于鉴江之上，以识所得。临终无疾，过子丹霞之堂，朗诵《定性书》，端坐而逝。噫嘻，此非伯阳之所谓化形而仙，沦寂无声者乎？今子之于《易》也，合天人而一之，贯佛老而通之，其将为颜氏子乎？为伯阳乎？使仙家得子以为仙，何如吾儒得子以为儒乎？孰正孰偏，孰修孰短，子之智必能辩之。

——清·屈大均《翁山文外》卷二

按：屈大均（1630—1696），字翁山、介子，号菜圃，广东番禺人，明末清初之学者、诗人,著作有《翁山诗外》、《翁山文外》、《翁山易外》、《广东新语》及《四朝成仁录》等书。此篇序言系为郭朔方之注解《参同契》所作。屈之序,亟称魏伯阳能得大易之旨,然却云魏氏只是推尊三圣而不及老庄,可证屈氏之不能读《参同契》者也。郭氏之注解,既名曰证《易》,当是以易学解证《参同契》,似非纯以丹家内修或炉火为旨矣。

15. 注石函古本《参同契》自序

清 陈其扬

伯阳此书,方外之书也。而参同于《周易》,何也?《周易》一书,无乎不贯者耳。其书直以乾坤为体,坎离为用,余六十卦为消息流行之序而已。此上篇之旨也。中、下二篇,则释体而言用,然于坎、离、震、兑、巽、复、姤、屯、蒙之象,随其所在,无不吻合,故曰《周易》一书无不贯者也。自前代以来,注《参同》者数十家,莫不从旧本错简为之,乾隆七、八年间,偶于方外得石函古本,归而读之,初不敢信,及考伯阳自言,有曰:书成,密献徐从事,徐为立注。从事即今本景休其人也,而非伯阳之弟子。高象先云叔通从事魏伯阳,是叔通者,乃伯阳之弟子也,亦既实有其人矣。又按:景休上、中、下三篇,于伯阳三篇次第,发明不爽毫发,叔孙[1]自谓补遗,篇中实有补遗之语,其文理又皆不爽。然则此书决非好事之流故为矫诞以瞽嗜古者之目可知矣。昔朱文公亦知此书方外之书也,而以参同于《周易》,故反覆于其间,惜其所得皆错简本,今得此书,则条理脉络井然矣。夫积千百年不解之疑,一旦自我解之,而不彰阐以散于人间,与读书粗知其解,而不急于出所见就正有道,俾得证其所是而教其所非者,皆过也,因敬注而刊行之。

——出自清·罗汝怀辑《湖南文征》卷六十三

按:陈其扬,字禹封,号航斋,湖南益阳人。清雍四年(1726)丙午中武举人。通经史百家,兼工书法,寿至百岁始卒。有《习是斋文集》、

---

[1] 叔孙,当为"叔通"之误。

《注古本参同契》等著作传世。观此序，则陈其扬之注解乃笃信石函古本之《参同契》，但以徐景休非魏伯阳之弟子一说，又非古本之旧论，故知其扬别有所解也。

16.《参同契》序

清 程嗣立

方子虞文手徐文长先生《分释古注参同契》一编示予，曰：是书也，予购之数十年，始得之于吴门书肆，盖虫鼠灰烬剥蚀之余，仅而存焉者也。断烂不可读，欲更求一副本，遍东南藏书家访之，不可得。是书之成距今裁二百年，其仅存者若是。文长之书亡，伯阳之书终古尘封矣。谋欲与吾子广其传，踪迹南北少得合并，而深心好古之士力能办此者，又难其人，是以忍之至今。予闻而疑焉，文长去伯阳二千载，世以景休注窜入伯阳《经》，承伪袭缪，补苴割裂，□□相抵，予读之不能尽卷即弃去，孙过庭所谓食多骨鱼，得不偿失者也。文长明通博洽，必不雷同傅会。然听远不闻其声，视远不察其形，居二千载之下，厘正二千载上之书，又当舛错伪缪，补苴割裂之余，欲铢两不失，一复乎作者之旧，难矣。因受而读之，其分经分注，绝不同世所传本，合所离，离所合，因文求义，各有条贯，引注会经，转相发明，悉见归趣。于诸家补苴割裂、异同之说，条分缕晰，而著其失。予虽未见伯阳原《经》，知伯阳之《经》必当如是也。文长有言曰：若悟真机字，乃无只分经分注，援笔于既悟之后则可，牵文于未悟之先则不可。由此观之，文长自有其《参同》一书，与伯阳千载相视而笑。其厘正伯阳，不啻伯阳之自为厘正也，宁有断膑绝脉之患哉！文长平生著作，虽笔墨游戏木石虫鱼之类，今人得其一纸，珍如拱璧，知此书者绝少，以必可传必不可传之书，几几乎不得传，则深心好古如吾虞文者，又曷可少哉！虞文曰：此文长苍筤中所撰，伯阳书与《周易》相表里，文长为此，亦演卦意也。予曰：然自经、注混淆，邪说横行，修养家不见真谛，谓此为长生梯筏，非予所敢知也。因为弁数语以归之。

——出清·程嗣立《水南先生遗集》

按：程嗣立（1698—1744），字风衣，号篁村，江苏淮安人。嗣立工书、画，善诗，性好客，结交名士，谈诗作画，晚好道家之说。此篇《参同契》序，乃以方虞文欲重刊徐文长《参同契分释》一书，故为序而尊古本《参同契》。

17. 刻《参同契》序

清 朱骏声

《参同契》者，东汉上虞魏伯阳所撰也。书成密示青州从事徐景休，景休为之注，至桓帝时，授同郡淳于叔通，乃行于世。考《说文》易字注，引《秘书》说日月为易，盖《契》下篇之语，时书未行，故谓之秘，许君博采通人，伯阳亦其一矣。书理谊奥衍，文辞该赡，音韵雅古，假《周易》为论说，而非拟经；取人伦以罕譬，而非导淫；举纳音以纪名，而非遁甲。渊懿邃赜，一归于正，洵抱朴、希夷之祖典，而空同、苦县之演流。学者深造自得之，殆将与道大适，迥非异端所为教也。第其书自后蜀永康道士彭晓妄分九十章，割裂本经，阑羼笺注，散无友纪，如堕云雾中，其自撰《参同契明鉴诀》一卷，今亦不传。后儒大氐依据彭本，其间复有同异，朱子晚年作《考异》一书，疑晦未祛。夫欲甄理古书于千余年后，谈何容易，矧今距宋又五、六百年乎？余老而慕道，喜读其文，病真本之不传，积棼丝而难纪箸。雒君滩之岁，偶检书簏，得先君子手钞古本，如获鸿宝。先君子中岁精进学道，历有年所，所录珍秘道书，不翅数十卷。余少壮寡昧，置勿究心，未省兹善本。今幸阅而稽之，知《通志·艺文志》所载《阴阳统略周易参同契》三卷、《参同契三相类》一卷，此朱子所未见者也。按：参者，三也，天、地、人三才也；同者，合会也；契者，大凡也。言人身与天地二而一，是书约举其要最也。三即参也，相类亦即同也，易其文耳。又魏君自序委时四句隐巍字，巍从嵬委也；化形四句隐伯字，伯从人白也；陈敷四句隐阳字，阳从阜易也；柯叶二句隐牒字，牒从片叶也，叶即札也，札即《契》也。末云吉人乘真者，仙人变形而登天也，古文作帍，今误作负也。安䉪长生，䉪者，所依据也，古字多借隐，今俗作稳也。此八字者，以身教也，曩也，迷离宿胸，怅莫剖决，幸睹手泽,昭若发矇,不能私衷为枕中秘,亟出授梓,公之世云。

——出清·朱骏声《传经室文集》卷四

按:朱骏声(1788—1858),江苏长洲人,清代著名之文字训诂学家,著有《说文通训定声》等著。此篇乃朱氏出其家藏之抄本古本《参同契》而刊刻之。朱氏既为训诂之名家,垂老慕道,以《参同契》"书理谊奥衍,文辞该赡,音韵雅古",并谓"洵抱朴、希夷之祖典,而空同、苦县之演流",推溢之情于斯毕见。但解《参同契》之书名,殊未合于魏伯阳之旨,由此也见朱氏未能深入《参同契》一书,惟以见朱子所未见为喜,实不知古本《参同契》之变迁源流也。

18. 书《参同契》

清 余廷灿

《参同契》三篇,自谓歌叙大易,壹秉三圣遗言,彼其括一岁之四时、二十四气、七十二候,簇于一月,一月之气候簇于一昼夜,一昼夜更簇于一时、一呼吸。生死互根,仇德并居,辐辏混沌,周流六虚。其运布六十卦、三百六十爻,几至微,功至密,极之造次须臾,无不与元命相赓续,可不谓深于《易》者乎?若夫参用纳甲,即可考证先天卦位,尤非无所渊源付受。然予尝究厥旨趣,知白守黑,义佥德孤,则弟括以潜龙勿用一爻而已,无余蕴,安用《易》之演为三百八十爻也。惟其推测乾坤,符契坎离,校度阴阳消息,屈伸始终之故,壹返而验诸吾身,确乎其得所依据,此又读《易》微旨。知东汉人受经释经,尚非去圣人久远,微言乖隔比者。盖《易》与天地准,《易》之大也;《易》与吾身准,又《易》之精也。若《参同契》之于《易》,用其大而未推广其大,亦知其精而犹未妙析其精者欤!

——出清·余廷灿《存吾文稿》

按:余廷灿,字卿雯,号存吾,湖南长沙人。乾隆二十六年辛巳(1761)进士,改庶吉士,授检讨,"其学兼综经史及诸子百家,象纬、勾股、律吕、音韵,皆能提要钩玄,尝与休宁戴震、河间纪昀相切劘。"(见《清国史·儒林传》卷八),可见余氏也系乾嘉时之学者。此篇评论《参同契》，认为《参同契》之于《易》"用其大而未推广其大，亦知其精而犹未妙析其精者"，则知余氏视《参同契》能得《易》旨而不能造其精妙，然而《参同契》乃以明大易、黄老、炉火三道之旨，何尝偏执于大易一端而作述哉？

19.《参同契》识

清 王谟

右《参同契》三十四章，《通考》本作《周易参同契》三卷，晁氏曰：汉魏伯阳撰。伯阳，会稽上虞人，约《周易》作此书，以授同郡淳于叔通，因行于世，隋唐书皆不载。按：唐陆德明解易字云，虞翻注《参同契》言易字从日下月，今此书有日月为易之文，其为古书明矣。朱子以其词韵皆古，奥雅难通，读者浅闻，妄辄更改，比它书尤多舛误，乃合诸本，更加雠正，为之《考异》。又谓《参同契》为艰深之词，使人难晓，而其中有千周万遍之说，欲令熟读以得之也。鄱阳马氏以此为道家炼养之术，谓欧阳文中公尝删正《黄庭》，朱文公尝称《参同契》，二公大儒，攘斥异端，不遗余力，独不以其说为非，山林独善之士，以此养生全年，未尝得罪于名教也。

朱长春真人序此书，又以为出于《阴符》而参于《易》，皆为道大宗，而谓之《参同契》者，言同契于《易》也，故朱氏《经义考》以附《周易》。今仍《丛书》原本列入诸子，且以次《阴符经》后云。汝上王谟识。

——出清·王谟编《增订汉魏丛书》

按：《汉魏丛书》始编于明万历年间程荣，稍后何允中辑录有《广汉魏丛书》，至清季乾隆年间，江西金溪人王谟字（仁圃），又有《增订汉魏丛书》一刻。此序其旨以《参同契》明道家养生之道，未尝得罪名教，故不为儒家所排斥，所以有朱熹之订《参同契》及欧阳修之删正《黄庭经》，可见王氏能略识道家养生之妙。

20.《周易参同契》序

清 郑观应

《参同契》者，言易道、丹道参之而相同如契也，故首言易道。乾坤者,易之门户,盖乾坤之理莫过于《周易》,是借易卦发明金丹之道耳。或问:凡物之成乎形象者,久则必毁,何乾坤之不毁乎?物之萃于精华者,久则必散,何日月之不散乎?木、火、水、土者,其质终坏,何真金之不坏乎?沙石草木者,其性可死,何真丹之不死乎?余曰:此无他,皆物之至神者尔,是以仙家金丹之号,非苟而取金丹者。法天地升降之理,取日月生成之数,身中用年月,日中用时刻,先识龙虎,次辨坎离,收真一,察二仪,分四象,遵五行,气传子母,造端夫妇,二气相交,三田反覆,炼成至宝,形住长生,此所以不毁、不散、不坏、不死者欤!大哉金丹之道,御空抱一,阴尽纯阳,胎仙自化,身外有身,非三千六百旁门之所望也。先圣钦重道宝,惧泄非人,每以心传,不形竹素。东汉魏伯阳先生虑斯道之失绪,悯志士之无师,祖述《周易》、《阴符》、《龙虎》、《道德》诸经,假象托趣,缤而伸之,纾发丹秘,晓之未晓,名之曰《周易参同契》。其辞意古深,人病难读,世多注解,邪正不分,惟上阳子所注、济一子顶批以醒其秘旨者为正。且指陈明切,真机透露,步步引人入胜,嘉惠曷有极耶?官应不才,昧之而恍然悟,乃知物之成形而不坏者,以其至神,聚则成形,散则成气,如天地之久、日月之恒焉。问者忻然而退,爰书此以为序。

——出自夏东元编《郑观应集》下册,略订断句及标点

按:郑观应一生好道,至老不倦,结识道家名师甚多,刊刻道书复又不少,暮年追随式一子万启型学道。万氏自号东华正脉,师南宋抱一子陈显微为师,显微有《周易参同契解》一书,则郑氏最后之道脉即东华正脉一派,以陈显微之丹法为皈依。此篇序言,乃是序济一子傅金铨顶批元人陈上阳之《参同契分章注》,谓此书"指陈明切,真机透露,步步引人入胜"。陈上阳之注解,向来被视为丹家之必读书,傅金铨顶批之文,未能发上阳子丹法之蕴,惟极力鼓吹阴阳丹法之存在而已矣。

21.《参同契》写本跋

马一浮

《参同契》为丹经之祖,其言物之变化,以同类为功。

——出《马一浮集》第二册

按：马一浮为近代大儒，与陈撄宁友善。陈先生谓马先生藏有清朝仇兆鳌原刻《古本周易参同契集注》，且陈先生曾为马一浮讲过《参同契》之奥义。马氏写本"跋"语，寥寥数字，即已点睛《参同契》之要旨："同类为功"，盖有深味乎魏伯阳真人之心衷也。

22. 庚辰孟春仙学院听讲《参同契》已毕作歌见意

闽西无余子

仙宗道学追黄老，四千余年风教早。
长生久视道成仙，华夏伊谁继探讨。
虚灵湛寂先天体，鸿濛未判本如是。
自然一炁产阴阳，乾坤二用从兹始。
二用循环有屈伸，始终无尽自相因。
五行顺布趋生灭，万象森罗历劫尘。
抑扬造化仰羲文，画卦明爻剖秘门。
夫子赞之成十翼，古圣学说至今存。
东汉伯阳得其旨，天人合发无彼此。
大易黄老炉火三，三者同契内丹理。
内丹之事非诡异，颠倒坎离法既济。
运行进化是仙才，无之为用有为利。
丹经首创肯垂慈，恐泄天符故慎之。
隐藏根本枝条露，孔窍其门作乱辞。
木火水金一三五，东南西北走龙虎。
奇词奥语竟连篇，谁能不畏《参同》苦。
千载以下有述义，诸家各逞其私智。
漫夸已会古仙心，我见未除乃大忌。
偏执清静犯孤修，九鼎何堪称好逑。
注释愈繁文愈晦，要求正义费冥搜。
我昔家山研学殖，三读《参同》三太息。

卦爻律历象何凭,铢两尽寸纷难识。
葛藤满纸障思潮,恰似乘槎遇暗礁。
安得高人借慧炬,照我迷津烟雾消。
伯阳仙去今邈矣,独坐中宵怀彼美。
金罍山上草色深,荒凉古道谁践履①。
吾师□□矫不群,为怜学者堕疑云。
救弊补偏奋袂起,声教如雷贯耳闻。
音容未接神已驰,天涯何幸遇相知。
三载工夫求印证,鱼书往返褒美词。
蒙庄之学许相若,玄关一窍云不错。
但愁修道未修丹,衰病两侵无妙药。
去冬来沪秉至诚,水陆兼程风鹤惊。
仙学院中亲尘范,立谈已足慰平生。
晨昏侍候百余日,叩问玄机欣入室。
方知口诀非寻常,简易工夫上乘术。
太乙含真气不竭,觅之杳冥与恍惚。
问师药产在何时,遥指庚方一钩月。
《悟真》讲罢说《参同》,此理分明一贯通。
岂徒扫尽江湖诀,更使前贤叹折衷。
人将师比毛西河,疏解经书抗辩多。
师言予辩不得已,黜伪辟邪敢避苛。
由来大道无言说,无言又惧真诠绝。
欲浚仙源伏众魔,端赖吾师笔与舌。
手握智珠胸似雪,仙道凋凌肠百结。
誓将正法铁肩担,狮吼一声魔胆裂。
四十年来富经验,旧学新知称博赡。
出入三教亦何拘,混俗和光昔自敛。

---

① 原注云:金罍山,在浙江省上虞县,乃伯阳仙翁之故乡。

天运循环应有待,国粹微茫源流在。
承先觉后仗斯人,照古证今长焕彩。
三生愿力一身系,未了宿因感淹滞。
他年倘续海山缘,万壑千崖从此逝。

按:陈撄宁先生昔日在仙学院讲《参同契》,有其弟子汪伯英之记录本,陈先生又亲笔撰写了《参同契辞解》,以补讲义之未竟意。此歌乃当时福建无余子吴竹园先生,听陈先生讲《参同契》后所作,刊载于《仙道月报》第十九期中。

23.道家类《参同契》案语

任松如

《唐志》列《参同契》于五行,固为失当;朱彝尊《经义考》列《周易》之中,则又不伦。惟葛洪所云得魏伯阳作书本旨。若预睹陈抟以后,牵异学以乱圣经者,是此书本末源流,道家原了了,儒者反愦愦也。今仍列之于道家,庶可知丹经自丹经,易象自易象,不以方士之说,淆羲文周孔之大训焉。

——出任松如撰《四库全书答问》

24.《周易参同契注》三卷

（江苏周厚堉家藏本）

明张位撰。位有《问奇集》,已著录。是书章次,一依陈致虚本而别为之注。大抵参取诸家之说,以己意发明之。其震庚兑丁诸图,及上下弦诸图,皆位所补入也。

——出清·《四库全书总目》卷一四七

25.《参同契注》二卷

（江苏巡抚采进本）

国朝陈兆成撰。兆成字宜赤,上虞人。案《浙江遗书目录》载有两陈兆成,其作《太极图说批注解》者,称为常熟陈兆成,康熙初人;作此书者,称为上虞陈兆成。然《太极图说批注解》末有乾隆戊辰,兆成子鲁附记,凡例称是书与《参同契》互有异同,是刻可分为二,可合为一云云,则似乎二书又出一人,疑不能明也。其书尽废诸家旧注,独以文义推寻,分《参同契》为三篇,以《补塞遗脱》为后篇,亦分为三,与前篇相配。又统分为二十九章,大旨谓首篇专明易理,御政章乃言人君治世之事,即《易》之神化流通处。其后乃配以服食之法,而总不外乎《易》之中。又自作《释例》一篇附于末,反复推阐,其说颇详。

——出清·《四库全书总目》卷一四七

26.《古参同契集注》六卷

（江西巡抚采进本）

国朝刘吴龙撰。吴龙,字绍闻,南昌人,雍正癸卯进士,官至都察院左都御史。是集前有自序,称《参同契》自明杨慎掘地得原本,经、传始分,因本元俞琰《发挥》而为是注。前载慎序,谓《参同契》书,隋唐《经籍志》,是书原未著录,盖据《读书志》之说。考《旧唐书·经籍志·五行类》有《周易参同契》二卷,魏伯阳撰,《周易五相类》一卷,亦魏伯阳撰。《新唐书·艺文志》同。晁氏所说,未免失考。慎述之,亦为沿误。至慎所称古本,云掘地得之石函,夫文字托于金石,尚不免剥蚀销泐,石函所藏,如在彭晓以后,则五代至宋不应无一人见之,至明始出。如在彭晓以前,则绢素纸札,入土五六百年,尚完全无阙,有是理耶？至俞琰之《发挥》,实不及彭晓、陈致虚所注,独据以为本,亦未为确论也。

——出清·《四库全书总目》卷一四七

二、诸家论《参同契》类

1.《参同契》论

宋 蔡权

庆元丁巳春,先公因与朱文公先生注释六经、《语》、《孟》、《学》、

《庸》之书而谪舂陵。正月初八日，夜宿寒泉，相与订正《参同契》，终夕不寐，经今四十余年。或问于权曰：汝祖季通与朱晦庵注《参同契》，以党异端乎？抑为佛老二氏益寿之资乎？予曰：生可养，寿不可益。或又曰：生既可养，寿不可益，子之言何相悖也？权曰：生可卫养差无病，寿之修短系于天，孰能违天而益之？不过以子时为一阳之生，当得调摄之法。彼佛氏之明心见性，似吾儒之尽心知性，其修心炼性，似吾儒之存心养性，而实相去不啻千里。兹特相与辩明，以斥二氏之非，岂注之以党异端乎？然则今之修炼者何如？先公曰：世之人虽知养生之理，不悟修身之法，则生亦不长；虽知修炼之方，不知养生之道，则修亦无验。善养生者，必先曲为之防，行不多言，恐神散而损气；睡不张口，恐气泄而损神。临危登高，则魂魄散荡；玩杀看斗，则气结惊忧；吊死问病，则哀心流动；卧湿当风，则真气泄弱。古庙幽祠不可入，入则神悸；狂禽异兽不可戏，戏则神恐。对三光濡溺，折人年寿；负四重深恩，减人大数。饮宴于圣像侧而魂魄飞，坐卧于塚墓间而精神耗。枯木大树之下不可息，防阴妖触人阳神；深水大湍不可凭，恐寒威逼人真气；奇花异卉莫拆，防招妖怪入室；非时果实勿食，防带邪气入腹。妄言绮语非患难不可频说，说之减人正寿；肥甘醴酒非会合不可频饮，饮之除人之本禄。负德忘义必招祸，轻人毁物天不祐。世人若能慎于此，寿殀由之而定，是亦修炼之一法。或曰：吾儒之事果若斯乎？权曰：吾儒则异于是。仁义存于己，道德备于身，孝亲而敬兄，忠君而爱民，隆师而亲友，不绝物而弃智，不贪生而罔利，使天地万物各得其所，是则吾儒格、致、诚、正、修、齐、治、平之学也，岂佛老二氏外物以为智利而遗世者可同日而语哉！或曰：禁防诚为修炼之法，敢问颜回大贤也，得天地淳和之气，必能禁防而修身，奚短命而夭死？柳展雄大盗也，负凶暴狼戾之资，必不能禁防而修身，何高寿而长存？予前以子之言相悖者正为是也。权曰：昔日程子有云，衰周和气有限，养得仲尼已是多，颜子之夭，乃世之变，而不可以常理论也。修为者乌可视颜、柳而遂懈其志哉！君子惟其是而已，其修短一付之于天。因作《参同契论》以解世人之疑云。嘉熙己未春上元日。

——出《全宋文》卷七七六二

按：《参同契》之学，虽曰为神仙之道，但君臣治国之御政，黄老修身之养性，俱备其理，为入世修身之准则。仙家之学，则逆世法而修，迥然大丈夫之能事矣。至若蔡权所云之格、致、诚、正、修、齐、治、平之学，固已包含无遗，岂独能遗世而高蹈山林，不致力于修德养性乎？诚能得其用则致世，不得其时则涵养修炼，以俟机缘。

蔡权，字仲平，号静轩，建阳（今福建建阳）人，蔡沈之子，蔡元定之孙。是篇乃蔡权以其先祖好《参同契》，人以为异端，故为之辩。惟其偏专儒门，不读《参同》，故虽论《参同》，而实不甚了了。

2. 钟筠溪论《参同契》

（一）

吴草庐谓《参同契》摄生之一术，予取读之，大要不过凝神安志，抱玄守真，回光内照，呼吸太和，心与息相依，神与气相守，下至坤脐，上至乾顶，精气满盈，周流不息，是即谓之丹成，非别有所谓丹也。东汉魏伯阳，会稽上虞人，其著此书，专为发明丹法，而驰骋泛滥，假托诡秘，设为龙虎铅汞，雌雄黄白，鼎炉流珠，神水华池之类，名号不一。又借《周易》，以乾坤为鼎器，坎离为药物，六十卦为火候，如庄周寓言，不可执以为据。《离骚·远游》篇云：毋滑而魂兮，彼将自然，一气孔神兮，于中夜存，灵以待之兮，无为之先。杨子云曰：藏心于渊，美厥灵根。修养要诀无出于此，而方士每神秘其术，多为之辞。其称文武火候，似不越乎呼吸导引，如许旌阳《铁剑子》[①]之所云，庄子熊经鸟伸、华陀五禽之戏之所为者。而此书一切非之，岂真有奥妙难以言传者乎？白玉蟾有云：心者，神也，神即火，气即药也。以火炼药而成丹，即以神御气而成道。此言指摘明白，丹家机要，神字尽之，非但养生，亦可养性。而所谓卦候者，特以明其运行不息耳，不必泥也。人身血脉流行，与天地气候相应，昼夜一万二千五百息，皆自然而然，非假造作，《内经》固已言之。

[①] 铁剑子，疑即题名许旌阳之《灵剑子》及《灵剑子导引子午记》二书。

才有壅滞，即生诸病，故曰：常使气冲关节透，自然精满谷神存。吾儒所当知者，不过如此，奚以丹法为哉！草木惟松柏最寿，彼有何术？其余萎老摧折者，谁劳役之而耗其精乎？生则有死，人道之常，修短定数，万物莫能违焉。善保摄者，若灯在密室，得永其明，久之膏竭，则亦灭矣。人之永年以尽天数，亦犹是尔，岂有遗世独存之理哉？盖自秦皇迷谬浪游，而神仙之说始炽。及汉武惑于方士，而海上燕齐间，争来言神仙者甚多，于此之时，奇诀秘术世所不得闻者，帝皆闻之，而往往试之，卒无征验，故曰：天下岂有仙人，尽妖妄耳。此万世之鉴也，而至今学孔氏者乃犹惑之，何耶？然则摄生非所急欤？曰：噫，孰急于是？然吾儒有大道焉，曰齐明盛服，非礼不动，曰惩忿窒欲，曰养心莫善于寡欲，曰慎言语，节饮食，曰斋戒以神明其德，曰不愧屋漏，曰上帝临汝，无贰尔心，摄生养性之要，何以加此？司马光曰：致中和可以却病。人能体之，则内不汩于七情，外不挠于物欲，性天湛然，而仁且寿矣，何必为彼之纷纷哉！

（二）

苏子由《龙川志》载：仙都山道士言丹有内外，养精气为内，金丹为外。金丹可以点瓦砾，化皮骨，然内丹未成，服外丹者多死。子由善其言。后于南京张安道家，见有道士为公养金丹，用紫金、丹砂，费数百千，期年乃成。公喜欲服，谓子由曰：《抱朴子》言以手握之如泥出指间者，药成也。子由为述仙都所闻，遂未敢服。噫，金丹之说，盖惑于《参同契》而误焉者也。自汉武好神仙，海上之士争来言神仙事，各献奇技，投帝所好，此丹经所自来。魏伯阳推演其义，以为《参同》一书。初犹甚微，后乃寖盛，为之注者数十家，惟俞琰[①]注近正。谓炉鼎药物、火候铅汞等皆寓言，其云金性不败朽，金砂入五内，皆设象比喻，非真谓朱砂水银，文修武炼，非真用火。紫丹一丸，刀圭入神，乃自泥丸金鼎化为玉浆入口，而非真丹。方士不知，乃附会为烧炼之术。及服金丹而死，则又诿曰内丹未成，所以多死。呜呼，内丹虽成，亦无不死之理，加以金

[①] 俞琰，原本作"余琰"，误，今改。

丹燥烈，是又促其死也。苏子读书明义理，然且信之，余何责哉！

——出明·钟芳《筠溪文集》卷十

按：钟芳（1476—1544），字仲实、中实，号筠溪，原籍琼山县，出生于崖州高山所（今海南省三亚市崖城镇水南村）。明正德三年（1508）举进士，选为翰林院庶吉士，授编修，先后多地为官，被称为"岭南巨儒"。本篇钟氏所论《参同契》两篇，意谓修养之道儒家自有其珍，不必依凭《参同》之道。其论实为辟《参同契》，其于朱子之用心，真若天壤之别矣。

3. 徐文长论《参同契》

一、奉答冯宗师书

渭妄注《参同》，师翁谬取其大旨，而小摘其编次，何幸蒙知若此哉。然编次之敢，盖亦有说。缘世以徐注混《经》，遂误赚经文，满册重复牵杂，至不可解。今圆三五章之言鼎器，即法象章中升熬至相守义也；其言两七聚至末简之图《五相类》，即青龙至一所义也。其言日数、黄白、黍米、及审谛等义，细玩之，俱与圆三五章中互相印证。如以为魏公既作法象章，又作圆三五章，则重复之病不犯前辙耶？又前简上、中、下三篇散列，不应无结，而《经》语主隐，注解语主显，圆章近稳，法象近显，故知圆章是结经，法章是结注也。由此观之，圆即《经》之乱词，不特法为注之乱词也。至于《参同契》者，敷陈梗概，至尽矣一段，乃是作《五相类》之引。《五相类图》比于乱词，则尤为约矣。盖经、注中历历指五行为同类，乃一书要诀，观其图真可默会，不烦片语。其他皆枝叶花果，惟此图为正在根株也。若以御政等三事当之，谓五为三，则御政等直篇目耳，非要语也，何烦魏公特云故复作此哉？即欲明三事为一，则直曰三物出一门足矣。今曰作此，将执何为作耶？三物亦何庸于作耶？如此则惟昔一章当置于何地，不特智者而得之矣。况其中随旁风采，指画古文等语，绝印吾不敢虚说，仿效圣人文等语。不特此也，虚心观之，印处甚多，独徐、魏同时，徐似不宜以惟昔目[①]魏，然二公注述，并皆隐名，惟者之言，亦少神其说耳。吾甚伤之，自任之语，口气带自上文，与若夫至圣者，自任之语不同。至圣章自任之语，可以属作《经》，不可以属作注；惟昔章自任之语，可以属作《经》言者，亦可以属作注者言也。况徐之注《经》，其于各章虽详略后先与《经》绝不相印，却未尝遗其一简。姑无论其紧要本旨，即赞前训后之语，亦无不印之。如是非历藏章，则印以世人好小术，是了养性一目矣。若炉火一目，其在魏《经》如巨[②]胜尚延年，如欲作服食仙，如世间多学士，如若夫至圣，如吾不敢虚说，其实赞前训后者若此屡屡矣。徐注印之其最可见者，特唯昔圣贤一章耳。他若太阳流珠之尾不得其理一段，如审遭逢之尾审专不泄一段，悉是相印之词。

　　今略举其显而细者，徐之殚竭家财，妻子饥贫，非印魏之耗火亡资财，徐之立竿见影，呼谷传响，非既魏之金砂入五内，雾散若风雨哉？苟细玩之，无不皆然。其苦人者，独所谓详略后先之异，不随处证见耳。然此等处，姑略而不辨，犹之可也，何者？法象章便作是魏公结炉火，乃绝不及工夫，继以圆三五章。虽于炉火犯重复矣，然腹齐三，坐垂温，却是做工夫语也。据此借口，犹可以避重复，乃冠以惟昔章为引首，亦何不可之有？若以五相类为三相类，以象彼仲冬节为当升于内甲之后，此则诸家大谬，决不可从者也。五相类既辨之如前矣，若象彼仲冬节一段，乃魏公于此特地衍明正在根株，而非枝叶花果之意。首句吊起象字，而后曰别序四象，以晓后生，此即魏公之自注也。内甲七、八、九、六，特衍三十为晦之说，且止有八数是兑象，至其六、九、七皆无卦无象也。如此则谓之一象可矣，谓之四象可乎？又有何要义而用以晓后生耶？且内甲一了，即接到八卦布列曜，何等次序，如入此一段，则大梗文脉矣。俞氏本拟四言为《经》，五言为注，久之不得，见内甲章与此音韵相叶，又阳气索灭藏与仲冬摧伤影响仿佛，故便指鹿为马，杜氏之滔天，

―――――――――

[①] 目，原本作"日"，据明《徐文长三集》本、民国二十五年上海广益书局《徐文长全集》本改（下简称广益本）。

[②] 巨，原本作"臣"，据《徐文长三集》本改。

俞氏之滥觞也。且闭口不谈,即是养性篇塞兑义,匡廓消亡即是养性篇隐明义。理至要至精之旨,故终篇特为挑剔,以丁宁后生,正恐人专着枝叶花果,茫无下手处也,此诚不可不辨。惟师翁胸次莹虚,见道真切,推移不泥,环转衡权,而青州一脉,千载攸赖,从事有灵,岂能忘情?生愚狂僭,正所谓以管窥天耳。言筌以上,尚有纤微,未敢辄及,惟函丈垂谅,不以囚累而犬豕之。万一少缓刀锯,尚有《广陵》一曲,挥手谢响,而后引颈就缠也。桎挛之所,涉笔为艰,遽不尽展。

阜阜冬冬,亦是离合体。言五句是隆庆二字,第六句三年二字,第七句十月二字,主言者,註字也;甘者,廿二两字也;十兄者,初九也;吾心者,悟字也;正兔句,正六月也;而鸡句,二十日也;苍箕者,苍龙七宿中之箕星也,箕星今绘者为点者四,月缕围牵,口中加以人字,乃囚字也。汉武召东方朔,隐语枣为来来。又古纬书曰卯金刀为刘,白水真人,真下之贝为具,准之古书,偏旁大抵皆漫,故渭亦漫之耳。不宣。①

——出明·徐渭《徐文长文集》卷十七

二、答人问《参同》

象彼仲冬节十四句,本居大易性情十四句之后,是魏公临了丁宁后生语,俞本升居于仲尼赞鸿濛二十四句之后。姑就其意而论之,如以为仲冬子半,草木尽落,人君闭关,静养微阳,天道至此而极其收敛,玄幽虚寂,日月至此而合璧躔度,匡廓消亡,有似于上文内甲所云之:坤乙三十日,东方丧其明,四者合三十,阳气索灭藏。如此则犹之可也。如反取上文之七、八、九、六之四数,以为下文别序斯四象之四象,则不通矣。盖上之所列日魄,止是八日在丁方之时,有兑之象,其七日、九日、六日,则未闻其属何卦,为何象也。如是则所云象者,止于八日之兑,谓之一象可也,何以谓之四象耶? 如以为此三也、七也、九也,即无卦象,然自月魄逐霄而视之,皆象也。则一月三十日中,皆是象矣。又何以止曰四象也? 又借曰魏公文多谬说,彼特假七、八、九、六之数以合三十日,正欲以明月尽之晦日为坤体,特举此三十之为晦,有何要义? 又何以晓后

---

① 原批云:真有识辩,非揣摩影响之言。

生之盲耶？况上文二十四句，历八卦之体，以准月魄盈亏之象，至坤卦而了矣。故于紧紧接过：八卦布列曜，运移不失中，元精渺难睹，推度效符证，居则观其象，准拟其形容。则谓之八象可也，谓之四象又可乎？盖缘魏公以《参同》一书，其在上、中、下三篇，散布甚矣，故作圆三五章以结之。然犹以为属敷陈泛滥也，而于微妙纤细处，尚有缺略之弊，而终属于仿佛也。故谓之曰未纯一，曰未备，曰遗脱，曰不幽深，曰不相钩援也，故复作《五相类图》以约之。正以纯一其敷陈，满其纤微，补塞遗脱，润色其幽深，而钩援以相逮之，其旨意始齐一而不悖，故曰大易之性情尽矣。

夫易者，日月也；日月者，坎离也；性情者，坎离入而为情，出而为性也。坎水有金，离火有木，而土各具焉，又非五行之相类而何哉？故下文句：正在根株，不失其素。此正专指五相类而言也。正在根株，言尽去其言语文字之枝叶也；不失其素，素者，太素之素也，即虚无也。言后生用功，正在虚无安静也。虚无安静，则大易之性情准矣。黄老之御，御此者也；炉火之据，据此者也。一也，而无有二道也。然其象云何耶？乃象彼仲冬之节，子半之候，草木尽凋落也，人君深藏也，天道至玄寂也，日月正撑持而匡廓消亡也。此守黑之妙，至静至默之道也。而不知者，顾谩譊于言语文字之间，则反自败伤也，岂魏公约而为图之意旨哉？故曰：谬误失事序，言还自败伤，别序斯四象，以晓后生盲者此也。故观于象彼仲冬之象字，而下文四象可知矣。下文举四象，而先系一象字于首句，此解魏公之自注也。虽然，下文四者之象，乃无象之象也，篇终矣，不得已而形容之，以丁宁学者，恐其求之于枝叶花果，差毫厘而谬千里也。若俞本之升次此章使居于魏公徐注敷陈卦象月魄之后，乃正值其不铺漫序律历之简也，何暇辄及丁宁后生，以梗断其文脉如此乎？即有丁宁，其辞气亦宜随章不迫，如所谓居则观其象等，如可不慎乎等是也，不应曰别序，又曰晓后生盲，如此乎谆切也。至若某以圆三五章而意则相承，总是一章，又以法象章之乱辞为是注圆三五章者，盖亦有说。缘魏公书三篇，其下篇六章，一向散说炉火，而却以圆三五一篇结之，故亦自不得外鼎器炉火，而别设一种物象以形容也。于是徐注以乱辞印之,自升熬于甑山至淡泊相守,并是鼎器炉火事也。魏公下篇之说炉火,一向以五行配合,但亦病于散见耳,故至《五相类》则用图而合于一处,于是徐注之乱辞印之。自青龙处房六至三五并危一,都集归一所,并是五行合于一处事也;至于其中所云日数取甫,则即圆三五章中之节候;先白后黄,则即圆三五章中之火白芽黄;至于反覆研悟等语,亦即圆三五章中寻审、谛思等语也。其章章如是,细以篇目相俟,则徐注之法象章,非徐注一书之乱辞而何哉?魏公之圆三五篇,非魏公一书之乱辞而何哉?不然,则圆三五章语,即法象章语;法象章语,即圆三五章语。魏公亦床上叠床,屋下驾屋,甚矣。如此,则惟昔圣贤一章,非注吾不敢虚说一段而何注哉?盖怀玄抱真至变形而仙,本魏公之成功;而忧闵后生至志士家贫,本魏公之成书而言;吾甚伤之至末,乃徐从事本自己之注此书而言。而其尤可证者,则随旁风采,指画古文数句,为印证吾不敢虚说至对谈吐所谋数句;智者审思,用意观焉,是印学者加勉力数句是也。其中少似碍者,则以徐、魏同时,何至称惟昔之圣贤耶?而不知当时两人,一作一述,并隐己名,故徐目魏以惟昔,亦少神其说耳。后之注书,而往往托名于古者,皆是也。由斯以谈,诸篇之次,某岂敢草率而附会之哉?不特此也,凡魏公诸篇,徐未尝不逐篇印而注之。不特肯綮处为然也,即诸训戒后生,赞扬前贤,亦悉印注,但有详略颠倒互见互隐之不同。或以一字而檗印一篇,檗印数句;或以数句而解一字,解一句。或注在后而反印经之前,或注在前而反印经之后。但在人提摘操纵而互观之耳。某之与诸注同异,大略如是。而于杜氏尤水火之甚,盖他注虽谬,尚未坏经也,杜氏虽不著经,然以四字为魏《经》,五字为徐《注》,惟有甚坏《经》耳,其他一无所藉也。

　　胡粉章始终相因之同类,以铅汞砂银喻之,是直指五行之同类也;又曰杂性不同类,安肯合体居,是反说以明五行之不同类也。而徐注有:白①子五行始,三物一家,都归戊己,是亦直指五行同类也;又曰:药物非种,名类不同,是亦反说以明五行之同类也;其最后又曰:同类易施

---

① 白,疑为"自"字之误。

功，非种难为巧，而其上文则又先列以五行，是又直指五行之同类也。由是而知，五行者，五相类也。丹之成否，莫要于此，舍此更无可诀而传者。

魏公以诸篇散见，颇属遗脱，故既作乱辞，而复图以更约之，所谓正在根株也。而杜氏以三道为相类，夫所谓三道，特言书篇之名目耳，何要事也，而魏公乃补其遗脱，特作此《三相类》耶？夫御政之政，火候也；养性者，正御政之政也；伏食者，火候之准而成功者也。一事也，不可以谓之类，况得而谓之相类耶？若金、木、水、火、土，乃心、肝、脾、肺、肾也。当其始时，一寸水耳，固无所谓类也。及生成而各居，人但知其不类耳，所谓一者以掩蔽此也。故魏公吃紧为人曰：此五之不类者，乃汝之同类也。犹言仁、义、礼、智、信，同一性也，发而应迹则分而五属矣。孔孟原其本而告人曰：五者是汝之一类也。今于此则姑舍之，而偲偲然举其《论》、《孟》之篇目曰：《学而》与《为政》与《八佾》三相类也，《梁惠》与《公孙》与《万章》三相类也，可乎不可乎？

阜阜冬冬数句，非紧要语也，缘其分注此书，终于隆庆之三年十月廿二，始于此月之初九，而悟则悟于此年之正六月二十。故吾心者，悟字也；鸡十双者，二十日也；正兔三双者，正六月也。言悟于正六月二十日也。主言者，註字也；甘者，廿二也；十兄者，九也。十字寄中竖画之一衡于用字之中，设用字还其竖画之衡于一字之中，则为十月两字也。言注此书始于十月初九，终于廿二也。阜阜冬冬者，隆之左旁为阜，其下为缶，缶音同阜，是为阜阜也。隆之首文，为有上而无下之冬；慶之脚文，亦为有文而无下之冬。是为冬冬也。虚挂慶之下文于隆字，漫取冬冬以叶阜阜之双文韵耳。而慶字尚未完也，开户之户，言慶之广，户字之下缺，故曰开户也。支窗之窗，言慶之北似窗楞之支于户间也。然北少东之一画，似窗之有西楞而无东楞也。贯心，言慶之必也。自阜阜至贯心，并离合隆庆二字也。参之斗篷，参，三也，斗上加以宀，若蓬然。年字也，此一句，离合三年二字也。苍箕中人者，言囚字也。东方苍龙七宿为箕四星，四点㊂，图星纪者类以色笔带其三面，设更加一面，则成㊂矣。㊂中加以人，非囚字乎？秦田水月者，田水月，渭字也。秦首三画,以徐旁三画彳准之,则徐字也。且徐、秦同姓,犹紫阳本朱某之于邹䜣也。初某注此书,不欲章己之名,而又不欲尽没其迹,故为此隐诀,以庶几于德祖之知,然亦要紧事也。故漫而不工耳,不特漫而不工,且偏旁亦多讹谬。然汉武以隐语召方朔云,先生来来,解云来来枣也,而枣从朿不从来。纬书卯金刀为刘,而刘从亚不从卯,货泉为白水真人,货从贝不从具,盖讹谬相袭,自古而然耳。故魏公自叙篇:敷陈羽翮,东西南倾。某为离合为阳字,偏旁皆不合者,有见于此也。汤遭厄际,水旱隔并,之为阳,人人知之,且既有一阳,不容重出,但味其文义,如所谓敷陈羽翮,如所谓东西南倾,诘屈窘迫,似有牵凑离合之意。不然,文势到此,自宜作明易铺叙也。重一阳字,想亦笔下偶然捏弄,以混人耳。如此并属微细,故不大著解,如欲解此等,则尚有数段稍关于义者。如既言配以伏食,雌雄设陈,则继之曰挺除武都,八石弃捐。盖恐人误认作雌黄、雄黄也。《悟真篇》云休炼三黄及四神,亦此意也。审用成物,世俗所称,成物者,成金银也;审,果也。言设果成物,为世俗所称者也。五言用八石者,不能成物也。其他律历章中,俞注详矣。但任畜微稚之任,作南昌之南,义见《白虎通》及《史记·天官书》。可不慎乎章:营括微密,开舒布宝。营为锁营,括为约囊,布为泉布,俱须与拈出,各所见诸书文义,庶几使后生易读也。至于形容伏食既成之神,尚有金砂入五内,刀圭沾,净魄魂。痴人尚泥为入口下吭之证,而不知金是吾身之水,金砂是吾身之木汞,向来泄漏则出五内矣。今不泄漏,而积而至于结丹,则此即为入,即此为沾矣,乌取于口与吭,而后可云入、云沾哉?至于俞本危一之从,以其深合房六、昴七、张二四宿之义。王震泽集中内甲之对,比于诸说,尤为简明。诸如此者,皆宜稍与拈出分疏,而某当其时,则惟汲汲于大义,固不得不详于彼而略于此也。虽然,鸳鸯绣出从君看,莫把金针度与人,则某于火记篇中之注,有去乾、坤、坎、离并有两个取其上德者是已,却亦莫便认取两个不活动者之上德也。晦朔章注中有出入两刻等字,消息露于此矣。不然,则研章索句,解得差与解得不差,并无得于身心。象山之答问紫阳论太极云:作大传时,不言无极太极,何尝同于一物,而不足为万化根本。此切中谈文论字者之病矣。

敷陈泛滥等说，虽是指上、中、下三篇之文，不指圆三五章，然却是要作《五相类图》，而先为引之如此，亦不是除却圆三五章而言也。

出入为性情，虽带坎言，其实只是禽之一物，然莫便看做人心也。

上德篇：金炁亦相须。炁字是水字。

——出明·徐渭《徐文长文集》卷十七

三、书古本《参同》误识

此本为姑苏云岩道人杜一诚（字通复）者，当正德丁丑八月所正而序之者也。分四言者为魏之《经》，五言者为徐之注，赋乱辞及歌为《三相类》，为淳于之补遗，并谓己精思所得也。而不知欲分四言、五言者各为类，乃俞琰之意也，一诚其殆善继俞志者乎？渭细玩之，如此分合，乃大乖文理。俞琰盖幸而徒兴是念耳，使果为之，其罪不在杜之下矣。

成都杨慎为之别序此书，乃云：近晤洪雅杨印崍宪副，云南方有掘地得石函古文《参同》者，正如杜编者。借录未几，乃有吴人刻本，而自序妄云精思所得。夫慎之序既如此，而一诚有别序，则又云：窃弄神器，以招天谴。其从父号五存者，跋其书，又云：书未出而为人窃去冒托。观此，则慎之所闻于杨宪副者，乃他人窃得于一诚而托以石函者也。慎不玩其理，乃轻信而訾一诚，反以一诚为窃盗。夫一诚之可訾，乃特在妄编耳，岂窃盗于石函者哉？乃若谓一诚之盗窃，直谓其盗窃琰之意，而以为出己意则可也。一诚失于信人，慎失于信古，务博而不理，述书多至八十种，诚如此类，岂可尽信哉？又有王围山人者序此书，有云：故人自会稽来，贻善本，遂捐俸以刻。则王围当是一官人而刻此者也。慎都不检点，以为杜一诚既云精思自得，又云友人自会稽来贻善本，谓一诚自露其情，掩耳盗铃如此。则慎将谓一诚即王围矣，疏一至此耶？

此书王围山人序一（嘉靖癸巳秋七月，不著姓名。），《参同契跋》一（号五存，不著姓名。《跋》中称仲子，其必一诚之仲父也。），杜自序，又别序一，杨慎序一。愚揣诸序之迹，王围之刻（以人窃得杜本而托名石函），杨慎之序（则杜本始出矣，而他人复刻之者）。王①围序（嘉靖癸巳

---

① 王，原本误作"黄"，今改。

秋作,中有故人自会稽来,贻善本,而已捐俸以刻之语。),五存跋(正德己卯二月作,中有仲子敬心颂读有得,经、注一正。书未出而为人窃去,冒他人姓以觅利,反谤其伪作之语。敬心,杜幼时字也,以其称字,故知为仲父。),杜一诚自序(序后列凡例云:一,经文三篇为一册;一,《三相类》为一册;一、经文笺注、《三相类》篇末各有自序;一,《经》多四言,间有散文,注虽五言,或有四言句;一,《三相类》文体无待更订,而经、注节次或有差错,以待后贤。),杜一诚别序(不著日月,中有窃弄神器,招以天谴,则非仆所敢望也之语。),杨慎序(嘉靖丙午仲冬作,中有:会杨宪副说南人掘地得石函,有《参同》古本,借录之。未几人自吴中来,得刻本,妄云精思豁悟。及观其书之别序,又云友人自会稽来,贻以善本。半简之间,其情已见,亦可为掩耳盗铃之语。今杨慎亦窥此本中,则非杜①盗其书也可知矣。)。②

——出明·徐渭《徐文长文集》卷三十

按:徐文长之论《参同契》,其《参同契》亦分经注。经文即魏伯阳所作,注文则徐从事所注,惟《参同契》一书经、注混并一处,其间互相印证发明,要在读者之细为研读方悟。文长之所以深恶痛疾古文本者,即杜一诚继俞琰之欲分《参同》四言为经、五言为注之谬种,以此写为定本。文长之意,《参同》经、注固无所谓四言、五言之分,强为割裂,为文长所耻也。

4. 朱晦庵谓《参同契》非虚语辨

朝鲜 李德弘

参,杂也;同,通也;契,合也。谓与《周易》理通而义合也。后汉魏伯阳,会稽上虞人,修真养志,著此书,密示清州徐从事,徐乃隐名而注之。桓帝时,授同郡鲜于叔通。遂行于世。

神仙之书,是则已,若非则君子所当斥而非之,欲其火之者也。今

---

① 杜,原本作"特",据明《徐文长三集》及广益本改。
② 原批云:考核详慎。

《参同契》之为书，本出于至人内丹之法，而想无成有者。其书之虚诞，其法之不纯，盖可知矣。我考亭先生疏注而传之，讳名而录之。隐若信其书守其道者，何也？曰：朱夫子岂信之哉，不得已也。况其说本于羲易而近于有理者乎。然则虽以为非虚语，可也；虽发明而注之，亦可也。何者？北风其凉，神州陆沉，一介书生，抱道无庸，汲汲焉，遑遑焉。退而不得施行道济世之责，进而不得举讨贼复雠之谋；不忍见汉炎之欲灰，不敢谈如惔之隐忧；抱孔圣乘桴之志，效屈子远游之意。托之于羽化之人，发之于一书之中，其志岂浅浅哉？盖此书之义，虽出于神仙之术，而实本于易理之妙。何以明之？其为法，亦以六十四卦，为作神仙之工程；以乾与坤为炉鼎，以坎与离为水火；以三十卦属望前之一气，以三十卦属晦前之一气。则一日得二卦二六之爻，而一时得一爻一象之义矣。故于所当之卦，所逢之爻，潜其心，注其意，无一息之或间，无一毫之或伪。月盈则抽之，月虚则添之。小有忘之，则谓之文火；小有助之，则谓之武火。不文而不武，勿忘而勿助。必有事于其间，而效天地自然之运，得造化无为之妙。久久烂熟，至于三霜而后骨换神变。然则其为说非有理，而其为法非至密乎？此朱子之所以宁为此而遗世，不与世而栖栖者矣。若固有远游遗世之志，而是此虚无荒唐之说，则无乃有怨天尤人之失，而失其是非之本心乎？曰：不然。君子居庙堂之上则忧其民，处江湖之远则忧其君。进亦忧，退亦忧，无一时之不忧。而其忧之之意，发于言语之间，溢于文辞之外，是非之间，本心莹然。则其言虽出于远游之意，其心实出于忧国之诚。岂仁人君子而有怨尤之心，失是非之鉴乎？孔子曰：恶似而非者，此非近理而乱真者乎？曰：此书之秘，此法之妙，暗合于君子养心之法、居敬之妙。而其法至微，其功至严。学者苟能学是道，传此学，则深有功于圣学矣，安有近似而乱真者乎？然则朱子虽无远游之志，遗世之心，亦非等闲无益之事，索隐行怪之道也。况乎先生诗曰：我欲往从之，遗世在云间云，则其不有远游之意乎？但恐逆天理，偷生讵能安云，则其果信神仙之术乎？不信其术而反欲效之，则其忧之深，可知也。其忧之也深，则其言之也详，亦可知也。然则此非所以是神仙之术也，是《参同契》之言，近于易理也，非所以为似是而非者也,假此书以见己志也。故曰:是岂信之哉,不得已也。论者不以辞害意可也。

——出李德弘(朝鲜)《艮斋先生文集》卷之七

按:李德弘(1541—1596),朝鲜人,著有《四书质疑》、《周易质疑》、《心经质疑》、《古文前后集质疑》、《家礼注解》、《艮斋先生文集》等。本篇之要在为朱子注《参同契》一事辩,认为朱子注《参同契》与屈原作《远游》之意同,此可谓得朱子之心云尔。

5.《参同契》句读二则

清 张尔岐

管括微密,阖舒布宝。要道魁柄,统化纲纽。爻象内动,吉凶外起。五纬错顺,应时感动。四七乖戾,誃离俯仰。文昌统录,结责台辅。百官有司,各典所部。原始要终,存亡之绪。

人身之中,有管括则甚微密,阖舒则能布宝者,是要道之魁柄,统化之纲之纽也。若爻象一动乎内,吉凶必起于外,如五纬之在天为错为顺,应时而感动,与二十八宿之互相乖戾誃离俯仰之不同,统黙运于无声无臭之内也。学道法乎此,则文昌统录,结责台辅,百官有司,各典所部,而不至有妄动之凶矣。其道如何?亦惟原其始,要其终。斯吾心存亡之端绪,可得而验也。原其始,察念所自起以审真妄;要其终,顺念之既止以返虚无。则此心或存或亡,不至有昧,而虚极静笃之境可渐至矣。

旋曲以视听,开阖皆合同。为己之枢辖,动静不竭穷。离气内荣卫,坎乃不用聪。兑合不以谈,希言顺鸿濛。三者既关键,缓体处空房。委志归虚无,无念以为常。正难以推移,心专不纵横。寝寐神相抱,觉寤①候存亡。

吾身有旋曲以通视听,或开或阖,皆合同而不离者,斯乃为己之枢辖,时而动,时而静,无竭穷之期者也。学道者,于离目则收视而内营

---

① 寤,原作"晤",据注文改。

卫,于坎耳则返听而不用聪,于兑口则不以谈而希言以顺鸿濛。三者既关键而不为外驰,惟和缓四体以处空房。其摄乎外者如此,委顺其志以归虚无,无所思念,以为常道。其心之正则难以推移,其心之则不纵横。寝寐也,则神与相抱;觉寤也,则候察心之存亡。其持乎内者如此。内外交养,清静之旨备矣。

——出清·张尔岐《蒿庵闲话》卷之一

按:张尔岐(1612—1678),字稷若,号蒿庵,今山东济阳店子乡人,为明清季著名经师,顾炎武与友人《论师道书》谓尔岐"独精《三礼》,卓然经师,吾不如张稷若",推重之情毕见。尔岐《参同契句读二则》约作于清康熙初年,虽寥寥数言,但能发修心修身之诀,言简而义赅,堪可熟玩。

6. 读《参同契》

清　王钺

汉魏伯阳撰其书,大都论作丹之意,而假借爻象为说。朱子曰:《参同契》文章极好,盖后汉之能文者为之,其用字多根据古书,非今人所能解。以故,皆为人妄解。今此书不见注,读之不得其解。以朱子言观之,就令有注,亦自索解不得,固难读也。

——出清·王钺《读书丛残》卷上

王钺(1642—1705),字仲威,号任庵,诸城市相州镇人,此篇王钺据朱子之言,以《参同契》难读无注,"就令有注,亦自索解不得",真应了仙家之学尚师传也。

7. 李光地论《参同契》

至尊常谕:朕看《参同契》,恐俱是说人身上的话,未必是说别项。地奏曰:臣向来正是如此说,如《阴符》说绝利一源,用师十倍,绝利是将诸般利欲都断绝了,只在源头上专一用工,便如用师十倍。三反昼夜,用师万倍,是说工夫不断,刻刻相续,便如用师万倍。复蒙谕云:正是如此。又奏：臣一亲戚好道家说，臣尝问之云：铁亦好物，可以定子午，道家总不贵重，只说丹砂铅汞，岂以其物为炉鼎之用，烹炼大药可以服食耶？他应曰：然。臣曰：以愚观之，殊不尔，盖铜铁炼到底只是铜铁，惟砂里有金，铅里有银，都非从外觅得可以炼出宝来，以喻人血之躯有至宝存焉。天之明命在其中，可以炼得出来，只是要不断火，如所谓必有事焉，勿正勿忘勿助长也。又蒙谕云：如此方是他本意。因说绝利一源源字好，不然便向别瓦砾中寻宝，如何能得？但须三反昼夜，不断工夫方好。绝利一源，吾儒之持敬也；三反昼夜，吾儒之集义也。时甲午四月十六日。

某因《参同契》悟得《易经》道理。《参同契》只说一身，其实一身即天地。凡阴皆魄也，凡阳皆魂也，阴以阳为本，阳以阴为基。天之神气包乎地外，然离地便散漫无归，却要观注地中，以成岁功。地若不资天之神气，便成顽块，何能生物？如人之形体，不禀命于心之神明，则五官百骸皆不得所。然心神若不宅此形体，何以为寄托之地？故魂守魄，即魄拘魂，初无二候。

乾坤合撰，天地同符，但看世间凡气所贯皆天也。地在天中，初非截然，天为一物，地为一物也。说《易》者见以乾为君，坤为臣，即以君臣论，君要留心臣民，所谓天道下济也，亢则有悔矣；臣要一心王室，所谓承天时行也，否则有咎矣。其理亦是如此。《参同契》以人身言乾坤，则神魂其乾也，体魄其坤也。神不得形何所附丽，故为游魂；形不得神何所作为，故为滞魄。惟刻刻相守，合而为一，形即神，神即形，则丹还矣。此即天地交泰，水火既济之理。从来说《易》者却不曾说到，又发明出先天图位，故知其传授必有端绪。

《参同契》取象龙虎，是窃用《周易》龙马而变其号。龙取变化飞腾，却潜藏于渊，以譬人心骛八极，一收便在腔子里，是魂也；虎伏于山林，人不能见，然一啸风生，却威猛不过，是魄也。但马比虎更觉稳妙，马本是乾，而坤为牝马，如牡马行到那里，牝马亦行到那里，本是一物，但有牝牡之分，更精。

《参同契》向日分章段，颇觉不错，今又见得明白些，其警发于吾身心者甚切。大约先黑方白而终于红,是谓之丹。日之出也,先红而白而黄而黑,人与草木之生也亦然。而道家工夫反之,所谓顺则为人,逆则成仙也。他的黑是收视返听,不说话,将耳、目、口三宝闭塞了,直使形如槁木,心如死灰,久之,黑中生出明来,便是白,所谓虚室生白。到得魂受魄,魄拘魂,魂不游而魄不昧,便是黄。后来一团纯阳真火,阴邪之气都烧化了,所谓童颜是也。这便是红,红则丹成矣。吾儒工夫亦然,以《中庸》言之,戒惧,黑也;慎独,白也;致中和,黄也;至天地位万物育,红也。佛家工夫亦同,云发大愿力,即吾儒之立志;其云悟,即吾儒之致知;其云修,即吾儒之力行。明儒说三教源头本同,但工夫各别,却反说了。工夫却同,只是源头不同。发愿力同,为甚么发愿力便不同,吾儒是大公的,从天地万物道理上起。见道家却只为一己,只要神气常存;佛家看这个犹粗,只要此心光明照彻乾坤,亦是为一己。不特佛老,就是市井人亦必先发愿要做财主,方讲取利之法,然后经营力作。所以元亨利贞四字,夫子作四项极当。亨与贞都是同的,元与利却不同。佛老与百工技艺俱有做到亨通之时,只是问他大不大耳;俱有守之而不变处,只是问他宜不宜耳。吾儒便大、便宜,所以五性最重仁义。问:道家如此用工,果能使此身常存否?曰:亦不知如何,想必神气久长些,他并不是糊糊涂涂做神仙也,他仅千思万想,天地阴阳,万物变化,人身形神都要知其故,亦不是寻常人。问魄拘魂,魂守魄,如何用工?想亦不过定心。心不放,则魂魄俱安矣。曰魂守魄,即魄拘魂,无两层。心定自是主宰,亦要明魂魄之理。问:他千思万想,岂不耗心气?曰:他所思想者即是他的事,不是游思妄想,如一想魂即如见自己的魂,一想魄即如见自己的魄,与寻常思想不同。若是心如顽石,只像劳山上人,懒久神气足,不须饮食,年岁长远,一无所知,不过如土石、龟鹤耳,有何足取。问:他只说黑、白、黄、赤是水、金、土、火,何为不说青?曰:想是怕人恋住生气,他结末却说丹成后须要在人世立功,功行圆满,方能升天。吾儒将仁放在头上,他将仁放在尾上。

《参同契》道理就是吾儒亦用得著一半,其要在慎言语,节饮食,惩忿窒欲而已。慎言语与惩忿为一边事,惧耗气也;节饮食与窒欲为一边事，惧损精也。至那一半成仙事却用不著。如孙吴兵法亦有一半用得著，整行阵，严纪律，卫民保境，是所用也。其说得疑鬼疑神处，便为吾儒所不道。

《参同》不取铜铁之类而取丹砂铅汞者，取其中有至宝，以喻人躯壳中有至宝耳。丹，朱砂也，中有白金；砂即披砂见金之砂，中有黄金。铅汞中皆有白金，四者不加淘洗烹炼，不过是丹砂铅汞，一加淘洗烹炼，便有至宝。人不去修炼，不过是一皮囊，与草木朽腐，一经修炼，便可成圣贤，岂非至宝？问：还丹何义？曰：丹原非一件物事，不过是赤色。谓之还丹者，初丹，后不丹复归于丹，故曰还。人初生本红，故曰赤子，后长大渐白，由白而黄，死而黑。凡草木之芽先红后青白，后黄落，后枯黑。日初出红后白，晚黄夜黑。仙家当人红白时，他只守黑，所谓玄之又玄，众妙之门。到得人死时，他活起来；人黑时，他亮起来。一直复还婴儿之赤，故谓之还丹。

《参同契》言甚简易，其言天地阴阳即吾身之阴阳也，其言黄老清静而天下治，如吾身之虚静水火调伏，而寿命长也。其下手工夫，不过魂守魄，魄拘魂。魂者灵明动作，但任其浮驰，则为游魂；魄者寂嘿坚定，但任其昏颓，则为滞魄。当魂放逸时，须把心捉来，不许妄为纷杂，是为魄拘魂；魂为魄所拘，则魂常精明不散，而魄亦不颓然昏惰，是为魂守魄。问：《参同契》之说《易》，与吾儒合否？曰：彼不过仍汉儒之言耳，汉儒言《易》以六十四卦配合年月日时、七十二候、二十四气，虽逐日之阴晴，皆为豫定。又不是推得一年，便可印板凿定，明年又有活法。又参之以人事，如人事变易，象亦应之，《参同》之言《易》仍是如此。问：修炼工夫，何以与此相应？曰：有死子午，有活子午。死子午者，天之子午也，自子至午为阳，宜饮食动作；自午至子为阴，宜闭户守中。活子午者，吾身之子午也。但倦怠时是子也，便宜吐气运行，不使冥昧；觉得有放逸荡散意思，是午也，便宜收视反听，寂然不动。问：与七十二候、二十四气有相应处否？曰：亦相应，到那节气换时，比常时工夫又加谨，若后来道家炉丹及守庚申诸说，皆诞漫不经，《参同》无是也，妙在与吾儒说工夫处都是一样，即佛家亦是如此。大约三教工夫，都是从收放心做起，而吾儒看得一草一木，遂生得所，无一不与我性分相关。佛、道两家连自己父子兄弟夫妇亦视为膜外，此处道理大不相同。

《参同契》首尾武，中间文，与吾儒工夫一样。初时立志要勇猛直前，及末后直达天德，竿头更进又要武，中间勿忘勿助却要文。

道家从汉便分两路，魏伯阳修心性，张道陵讲符法，佛教兼此两种。大约释道二教其初亦是隐居修道人，因他枯槁清寂，岩居穴处，恐招异物之害，故学些术法以御之及。其苗裔欲为表章，遂说元说怪，张皇附会，无所不有，却失了他本来面目。

致命遂志，致吾之祸福寿夭于命，而必求遂吾志也。如致其身亦是利害生死，悉置度外，非以殒身为致也。古人说命字都是指天命，今以属人如身字一般，经书中无是也。此想起于道家，道家以心之灵明元神谓之性，身之元精元气不死者谓之命，修性修命是两样工夫，两者俱进是性命双修，命字属人矣。问：修命者务一切不管，心死而后气足，倘修性则必穷理致知，苦思劳心，岂不有碍于修命之说？曰：观《参同契》说千周万遍，可见穷理致知他都有，只是穷他修性修命之理，致他修性修命之知耳，如此焉得有碍于修命乎？

某深信得人有长存之理，万物之生人为贵，草木有数千年不死者，禽兽亦有千年者，岂人之寿止于百年乎？盖人之不死者，在神明而不在形骸。闻山左劳山、湖广武当山，皆有数百年不死之人，不饮食，不水火，身轻体健，如鸟兽然，蹑峻跳涧，如履平地。然此乃道家所贱，彼言修炼亦重神气，不贵此也。由此观之，圣贤自有长存不敝者，神明耳。

《阴符经》著语太险，不如《参同》平易浑穆。其书只虚说在这里，随人用，用他修道亦可，用他行兵亦可，用他治国亦可。分那一段是说道，那一段是说兵，那一段是说治国，便呆了。只是以阴为主，便露杀机，乃黄老之指，非圣贤之道也。

——出清·李光地《榕村语录》卷二十

按：李光地虽尊崇儒家，但是其论《参同契》亦有味。大约以儒理释《参同契》，虽未全合《参同契》之旨，但也未尝以儒而辟《参同契》也。

8. 吴名凤论《参同契》

魏伯阳《参同契》三卷，道家修炼之遗书也。《汉魏丛书》分为三十四章，极明晰。五代彭晓注分上篇、中篇、下篇，为九十章，以应阳九之数，抽去第三十三章为《鼎器歌》殿于后，以应水一之数，已嫌傅会割裂。朱子以其词韵皆古奥难通，读者浅闻妄辄更改，比他书尤多舛误，乃合诸本，更加雠正，为之《考异》，曰：《参同契》本不为明《易》，姑借此纳甲之法，以寓其行持进退之候。此语括尽通书大指。

李榕村《参同契章句》分为二书，以前四章为上篇，发明易道；五、六、七章为中篇，发明黄老之要；八、九、十、十一章为下篇，发明丹经之旨；十二章为《参同契后语》；十三章为《炉火说》；第十四章割取后半为《炉火后语》；以末章第三十四提在此间，为《参同契后序》。以下为《三相类》书，与上《参同契》书枝枝相对，叶叶相当，眉目清矣。但不免截趾适履，舍古人次第而从我耳。

夫伯阳第言修炼之方，其言易象，言黄老，均为修炼引证，若判为二书，各分三篇，岂不艮其限而列其夤乎？如乾坤设位章第一曰：易谓坎离，坎离者，乾坤二用，二用无爻位，周流行六虚，往来既不定，上下亦无常云云。李谓发明易道。朱子曰：二用虽无爻位，而常周流乎乾坤六爻之间，犹人之精气，上下周流乎一身而无定所也。如此看，则坎为中实，阳变生水，水曰润下，乃人身之精也；离为中虚，阴合生火，火曰炎上，乃人之气也。润下者宜上行，炎上者宜下奔，心肾相交，水火既济。此修炼家切要处，故首章特与指出。若作泛言易道，则失之矣。又第三章详言纳甲之法，朱子曰：一息之间，便有晦、朔、弦、望。上弦者，气之方息，自上而下也；下弦者，气之方消，自下而上也。望者，气之盈也，日沉于下而月圆于上也。晦朔之间，日月之合乎上，所谓举水以灭火，金来归性初之类是也。愚谓人身一天地也，修炼家导引胎息，元气流行。生明，上弦气之伸也；生魄，下弦气之屈也。一月如是，一岁如是，万年如是，一呼一吸亦如是。《参同契》纳甲喻调气，非为纳甲作训诂也。又第五章曰：内以养己，安静虚无，元本隐明，内照形躯，闭塞其兑，筑固灵株,三光陆沉,温养子珠云云,此则正言内事与黄老初不相涉;第六章言炼丹之事,亦非发明黄老;第八章曰:《火记》不复作,演《易》以明之,盖为炉火之说而演《易》,非专为明《易》作也。下云:偃月法鼎炉,白虎为熬枢。汞日为流珠,青龙与之俱。举东以合西,魂魄自相拘。朱子曰:坎离、水火、龙虎、铅汞之属,只是互换其名,其实只是精气二字而已。精,水也,坎也,龙也,汞也;气,火也,离也,虎也,铅也。其法以神运精气,结而为丹。阳气在下,初成水,以火炼之,则凝成丹。其说甚异。愚按:此节正言炼丹之事,要看白虎为熬枢句。北辰,北极,天之枢也。修炼者以心为枢,以心运气。气之所行如白虎之所向无前,由心而肝而肺而脾而肾,以至于丹田,此所谓阳下奔也;再由丹田提起,此心由命门而脊膂而脊背,而项颈而脑后,以至于顶心,此所谓阴在上也。阴阳相合,心肾相交,则铅虽刚也,以火炼之而汞为流珠矣;汞亦水也,以火炼之,而金复其故性矣。心火,气也;白虎,金也。金能生水,炼以火,则仍成金,此丹之所由成也。又关键三宝章曰:耳目口三宝,固塞勿发扬云云。朱子曰:离气内营卫,尝见前辈读内为纳,其说是也。愚按:此节榕村以为《三相类》中,申明黄老之要,实则正言修炼之事耳。离气内营卫,是目无所见也;坎乃不用聪,是耳听无所闻也;兑合不以谈,则塞兑不言也;委志归虚无,无念以为常,则屏除妄想也;寝寐神相抱,觉寤候存亡,则所谓心存其体面,九窍、五脏、四肢至毛发,皆令其至觉也。迨至气如云行,淫淫液液,从头流达足,究竟复上升,则所谓其气云行体中,于鼻口中达十指末也。反者,反息也;弱者,微息也。火下水上,转相呼吸,以气运水,以水灭火,以火炼金,而丹成矣。又鼎器妙用章第三十二,彭本移作末章为《鼎器歌》,亦属强古就我。榕村以此作《三相类》之《炉火说》,而以补塞遗脱章为《三相类》序,又割大易情性十四句作《炉火后语》,又割象彼仲冬节十四句移插第三章,更属牵强。愚按:修炼之方,有谓炼之于腹者,有谓炼之于鼎者。《参同契》有鼎器章,言高圆厚薄之分寸,火白铅黄之节度,似丹成于鼎矣。然自七窍辅翼以下,仍指人心言之耳。李注亦:谓鼎非器也,正位凝命者也;火非由外烁我也,我固有者也。其中阴在上,阳下奔二句,则为炼丹者之要法。盖阴者,精也,水也;阳者,气也,火也。阴不在上而下泄则为情欲,阳不下奔而上炎则为忿怒。惩忿制欲,为吾儒学道之本原,亦修炼家学仙之秘旨也。

又按:朱长春作《参同契》序,推奖太过,谓伯阳真人绍《十翼》七篇而作《契》,未免言大而夸,拟人不于其伦。试思伯阳为何等人?《参同契》作何等语?可与羲、文、周、孔四圣人之《易》相提并论乎?惟《易》中之理无所不赅,《契》中之言可与易理相参者,亦为君子之所不废。且其文古雅奥衍,朱子称为后汉之能文者为之,近世刘须溪亦谓古书唯《参同契》似先秦文,用韵亦古,体备《诗》《骚》。其大义总言修炼之术,初非为《周易》而作也。《神仙传》亦言魏伯阳作《参同契》,五行相类,凡三卷,其说是《周易》,其实假借爻象以论作丹之意,而世之儒者不知神丹之事,多作阴阳注之,殊失其旨。此论先得我心,余今者因朱子《考异》录此耳,其为朱子所不论者,不遍详也。

——出清·吴名凤《此君园文集》

按:吴名凤(1767—1854),字伯翔,一字竹庵,直隶宁津人。乾隆三十七年(1772)举人,先后多地任官,居官清廉,政绩卓然,为民所拥戴。名凤工文章、篆隶,喜考据之学,著述亦富。本篇系名凤读朱子《参同契考异》而作,兼论及李光地《参同契章句》分章之割裂。此论专明《参同契》本不为明《易》而作,乃专在修炼之学,并略疏注《考异》言内养之道。究而言之,吴氏之论《参同契》,仍在卫儒家之正宗,而旁及修养之小术。

9. 孙诒让论《周易参同契》

(朱子《考异》本)

清 孙诒让

经营养鄞鄂,凝神以成躯。又云:性生处内,立置鄞鄂。案:鄞鄂,即垠堮也。《淮南子·原道训》云:出于无垠之门。《文选·张衡〈西京赋〉》云:前后无有垠锷。李注引许慎《淮南子》注云:垠锷,端崖也。《说文·土部》云:垠,地垠也。《一切经音义》引作:地,垠鄂也。字并通。

汤遭厄际，水旱氓并。案：氓与隔通。《后汉书·顺帝纪》云：阴阳隔并。《朗顗传》云：岁无隔并，《陈忠传》云：隔并屡臻，李注云：隔并，谓水旱不节也。《刘瑜传》云：天地之性，阴阳正纪，隔绝正纪，隔绝其道，则水旱为并。此即氓并之义。(《素问·气交变大论》篇云：气并氓中，痛于心腹。)

吉人相承负，安稳可长生。案：此隐寓造字也，汉隶造字或变告为吉(见韩勅《礼器》、《孔龢》诸碑)，故有吉人之语。《颜氏家训·书证》篇云：《参同契》以人负告为造(郭忠恕《佩觿》亦有此语)于形离合，而告人承负义不可通，疑后人妄改。此章自委时去害，依托丘山以下，隐寓魏伯阳造四字，并离析字形为之，与六书不尽合也。

——出清·孙诒让《札迻》十一卷

按：孙诒让(1848—1908)，名效洙，又名德涵，字仲颂(一作冲容)，别号籀庼，浙江瑞安人。诒让为有清一代经学宗师，被誉为"有清三百年朴学之殿"。此篇虽只分析《参同契》之片言只语，但也为研究《参同契》文本方法之一端，可资参考。且清季经学家如段玉裁、张惠言、桂馥等，均有涉《参同契》部分字义，因文过简，故未录。

10. 杭辛斋论《参同契》

(一)

魏伯阳之学说，亦本于老子，为道家言修养者所宗。借易象以明丹学，取天地法象，与人身相参合，故曰参同。其阴阳升降，与《黄帝内经》相表里。陈振孙《书录解题》曰：《参同契分章通真义》三卷，《明镜图诀》一卷，真一子彭晓秀川撰。有水火匡廓图、三五至精图、斗枢建子午图、将指天罡图、昏见图、辰见图、九宫八卦图、八卦纳甲图、含元播精图、三五归一图。其水火匡廓图及三五至精、三五归一三图，合之即周子太极图。据彭序称广政丁未，乃蜀主孟昶年号，广政十年为丁未，当后汉高祖之天福十二年，亦在希夷之前，可见阴阳八卦之图，在唐及五代久已盛行。而魏氏当日传授纳甲，亦未必无图。彭氏称伯阳修真潜默，养志虚无，博瞻文词，通诸纬候，得《古文龙虎经》，尽获其妙云云。则魏氏所受，更可想见。特自永嘉而后，中原板荡，典章图籍，沦佚殆尽。又值王弼之学盛行，扫象蔑数，古来图说，无人顾问，而道家则山林潜遁，灯火不绝（魏伯阳之前，茅山之学早传于世。所谓《龙虎经》及斗建水火各图，或云传自河上公，参观道书源流可悉也。）。此所以宋前之《易》无图，至朱汉上震，以濂溪太极图缮奏经筵（按朱震奏进《易》说十有三册，陈、邵河洛先后天各图均在其内，不仅濂溪一图也，时在绍兴六年以后。）。朱紫阳以康节诸图，弁诸经首，而后《易》之与图，不复能离。汉学家虽尽力攻击，终不能摈诸图于《易》之外，盖圣人且言不尽意，不能不立象以尽意。后学求窥圣人之意者，得图以证象，亦未始学《易》之一助也。

（二）

《参同契》，原名《周易参同契》，汉魏伯阳撰。虽非以注《易》，然两汉说《易》之书，存留至今，未大残阙者，实只此一书。魏为今上虞人，虞仲翔生与同里，故虞氏《易》袭用伯阳之说最多。原书三卷，《旧唐书·经籍志》两部，与《新唐书·艺文志·五行类》，皆作二卷，另有《周易五相类》一卷，亦魏伯阳撰。伯阳密授青州从事徐景文，徐为之注，桓帝时复授同郡淳于叔通，遂行于世（据彭晓《参同契序》）。五代之末，蜀彭晓又为之注，分为十九篇（杨升庵序谓分九十篇以应火候之九转，又与此异。），且为图八环，成于广政丁未，乃蜀孟昶广政十年，后汉高祖之天福十二年也（见陈振孙《书录解题》）。嗣后传者，注与本文混杂不分，篇帙亦参差不一。朱子之注，托名邹䜣，而削其图。杨升庵所序，称为《古文参同契》，上中下三篇，徐景休笺注亦三篇，淳于叔通补遗《三相类》上下二篇，后序一篇，合为十一篇。明万历甲寅间，余姚蒋一彪，据杨本为准，并节录彭晓、陈显微、陈致虚、俞琰四家之注于本文之后，此为最完善之本矣。《易》家虞氏之纳甲，荀氏之升降，其原固悉出于此，即邵氏先天八卦方位，此书亦已隐发其端。其日月为易之义，所传尤古，许叔重《说文》易字下引《秘书》日月为易，而不言《参同契》，可见魏君亦必有所受。杜征南谓汲郡发古塚者，得古书甚多，《周易》有上下经无《十翼》，而另有《阴阳秘书》一卷。则此塚所藏，必在孔子以前，其所谓《秘书》者，未知是否为伯阳所受与叔重所引，要之为《易》之古义，可断言也。汉人说《易》，及《易纬》所述，当不乏《秘书》所传之故训。惜原书久佚，无从质证，良可憾焉。今日《易》注流传虽多，要皆宋以后之书，盘旋于程朱脚下者，十居七八，求其能参考古训，引证明确者，已如凤毛麟角，而又墨守一家，鲜能会通其说。不知古人文字单简，非荟萃各家之说，参观互证，往往不能喻其意义所由来，及其精妙之所在。故得宋后之书百，不如得汉人之书一。汉人之书，虽单辞只义，首尾不完，亦必有所取证，足为引伸充类之助，况其首尾完备如《参同契》者，可不宝哉。

——民国·杭辛斋《杭辛斋易学七种》

按：杭辛斋为清末民初易学大师，负誉一时。杭氏之论《参同契》，乃着眼于易学，谓《参同契》之易学有本有源，且为汉人易学象数一派完备之典籍，弥可珍宝。今人欲了解《参同契》之易象数理，杭氏之文可作初学之指南。惟于丹道之功夫，则当会象得意，方为《参同契》所作之初衷也。

11.《古文参同契集解》三卷（明蒋一彪）

余嘉锡

魏伯阳作《参同契》原本三篇，自彭晓分章作解，后来注家，虽递有并析，而上、中、下篇之次序俱仍旧目。至明杨慎始别出一奉，称南方掘地得石函，中有古文《参同契》上中下三篇，叙一篇，徐景休笺注亦三篇，后序一篇，淳于叔通补遗《三相类》上下二篇，后序一篇，合为十一篇，自谓得见朱子所未见。一彪此注，即据慎本而作，故谓之古文。其彭晓、陈显微、陈致虚、俞琰四家之注，悉割裂其文，缀于各段之下，故谓之集解。今考其书，于旧文多所颠倒，以原本所有赞一篇，则指为景休后序；原本补塞遗脱一章，亦析出为叔通后序。案《参同契》一书，自虞翻注《易》引其日月为易一语外（见唐李鼎祚《周易集解》），他书罕所称引。其授受源流，诸书亦不具载。所可据者，惟彭晓之序为古。晓序但称魏君示青州徐从事，徐隐名而注之。郑樵《通志·艺文略》有徐从事注《阴阳统略参同契》三卷,亦不言为徐景休,何以越二千年,至慎而其名忽显?其赞序一首,朱子尝谓其文意是注之后序,恐是徐君注,而注不复存。今此本乃适与相合,岂非因朱子之语而附会其说欤?若淳于叔通不过传授此书,旧时道家,有徐从事、淳于叔通各序一篇之语,彭晓已据唐时刘知古《日月元枢论》极辨其误。慎乃复以《三相类》篇为出叔通,是又借晓所驳之说,证成其为唐以前本也。不知《参同契》本末,汉、魏遗书虽无文可证,若晋以来书,则葛洪《神仙传》固云伯阳作《参同契行相类》凡三卷。唐以来书,则《旧唐书·经籍志》(案《旧唐书》著录之书,并据《开元内外经录》。),固云《周易参同契》二卷,魏伯阳撰,《周易五相类》一卷,魏伯阳撰矣。慎所谓古本,何代之古本乎?

嘉锡案:杨慎序(见本书卷首)云:伯阳约《周易》作《参同契》,徐氏景休笺注。桓帝时以授同郡淳于叔通,因行于世。五之之时,蜀永康道士彭晓分为九十章,以应火候之九转,余《鼎器歌》一篇,以应真铅之得一。其说穿凿,非魏公本意也。其书散乱衡决,后之读者,不知孰为经,孰为注;亦不知孰为魏,孰为徐与淳于,自彭始矣。朱子作《考异》及解,亦据彭本。元俞玉吾所注,又据朱本,玉吾欲分三言、四言、五言各为一类而未果,盖亦知其序之错乱,而非魏公之初文,然均之未有定据尔。余尝观张平叔《悟真篇》云,叔通受学魏伯阳,留为万古丹经王。予意平叔犹及见古文,访求多年,未之有获。近晤洪雅杨邛崃宪副云,南方有掘地得石函,中有古文《参同契》,魏伯阳所著上、中、下三篇,叙一篇;徐景休笺注亦三篇,后序一篇;淳于叔通补遗《三相类》上下二篇,后叙一篇。合为十一篇,盖未经后人妄紊也,亟借录之。未几有人自吴中来,则有刻本,乃妄云苦思精索,一旦豁然若有神悟,离章错简,雾释冰融。其说既以自欺,又以欺人甚矣。观其书之别序,又云有人自会稽来,贻以善本,古文一出,诸伪尽正,一叶半简之间,其情已见,亦可谓掩耳盗铃,藏头露足矣,诚可笑也。

今案:陶弘景《真诰》卷十二引《参同契》,只言桓帝时上虞淳于叔通,受术于青州徐从事,不云徐为《参同契》作注。彭晓始云伯阳示徐,徐隐名而注之。其事之有无已不可知,若淳于叔通则据《真诰》及彭晓、张平叔之言，皆只是传此书之人，安得有所谓《三相类》及后一序者，《提要》之考证甚精核，惜其未引《真诰》耳。考明徐渭《青藤书屋文集》卷三十《书〈古文参同契〉误识》云：此本为姑苏云岩道人杜一诚（原注：字通复。）者，当正德丁丑八月所正而序之也。分四言者为魏之《经》，五言者为徐之注，赋乱辞及歌为《三相类》，为淳于之补遗，并谓己精思所得也。而不知欲分四言、五言者各为类，乃俞琰之意也，一诚其殆善俞志者乎？渭细玩之，如此分合，乃大乖文理。俞琰盖幸而徒兴是念耳，使果为之，其罪不在杜之下矣。成都杨慎为之别序此书，乃云：近晤洪雅杨邛崃宪副，云南方有掘地得石函古文《参同》者，正如杜编者。借录未几，乃有吴人刻本，而自序妄云精思所得。夫慎之序既如此，而一诚有别序，则又云：窃弄神器，以招天谴。其从父号五存者，跋其书，又云：书未出而为人窃去冒托。观此，则慎之所闻于杨宪副者，乃他人窃得于一诚而托以石函者也。慎不玩其理，乃轻信而訾一诚，反以一诚为窃盗。夫一诚之可訾，乃特在妄编耳，岂窃盗于石函者哉？乃若谓一诚之盗窃，直谓其盗窃琰之意，而以为出己意则可也。一诚失于信人，慎失于信古，务博而不理，述书多至八十种，诚如此类，岂可尽信哉？又有称王围山人者序此书，有云：古人自会稽来，贻善本，遂捐俸以刻。则王围当是一官人而刻此者也。慎都不检点，以为杜一诚既云精思自得，又云友人自会稽来贻善本，谓一诚自露其情，掩耳盗铃如此。则慎将谓一诚即王围矣，疏一至此耶？徐氏又载杜一诚《凡例》云：经文三篇为一册，笺注三篇为一册，《三相类》为一册，经文、笺注、《三相类》篇末，各有自序。《经》多四言，间有散文；注虽五言，或有四言句。《三相类》文体无待更订，而经、注节次或有差错，以待后贤。与杨慎所言古本悉合，是一诚自以其意为之分析，犹朱子之改《大学》、蔡沈之考定《武成》，虽不免窃取朱子赞序是注之后序及俞琰三言、四言、五言各为一类之说，而讳所自来，然未尝托之石函之古本。杨慎云：有人自吴中来，则有刻本。而王围山人为杜一诚本作序，亦自言捐俸以刻。其序作于嘉靖癸巳秋（见徐氏引），是为嘉靖十二年，而慎序末题嘉靖丙午仲冬长至日，则嘉靖之二十五年，在王围刻书后十三年。杜一诚序题丁丑,其从父五存跋题正德己卯,则更远在杨慎作序之前二十余年。是杜一诚书先成,刻本亦先出,而杨慎本后出。慎特指一诚之书即石函中之古本,而非慎所作伪也。慎意以为一诚得见石函古本,窃之以为己作。夫古本之不可信,《提要》纠之已详,然徐渭已先辨之矣。五存跋云:仲子敬心(徐氏云敬心,杜幼时字也。)颂读有得,经、注一正。书未出而为人窃去,冒托他姓以觅利,反谤其伪作(各序跋大意及年月均附见徐氏文后),是则一诚刻本未出,而书先传,因有人托为发地得古本。慎既先得其书,后见刻本,故反以一诚为窃自石函。渭以慎为轻信,是也。慎平生好依托古书,后人因并疑此本为慎所伪作,不知实非其罪,故因徐渭之言,辨之如此。

——出余嘉锡《四库提要辩证》卷十九子部十

12. 马叙伦读《周易参同契》

《周易参同契》,《隋书》、新旧《唐书·经籍志》皆不载。据《神仙传》,谓出魏伯阳。《抱朴子》自叙篇列所著书,虽有其名,然文至不类,且《老子传》云,洪以为老子云云,与《抱朴子》曰者异例。盖亦出于道流附会。又《抱朴子·遐览篇》列叙道家著作,有魏伯阳《内经》,而无有《周易参同契》之名。《颜氏家训·书证篇》曰:《参同契》以负为造。是颜氏犹见其书,稚川自无不见之理。即《遐览篇》无之,则自古有《参同契》,非此书。且《抱朴子》中皆犹遵道家,于《易》无取。而此书附会易象以论神丹,篇题则仿诸纬。观其义实和会儒佛而成修养之术(其文多五字句,亦仿佛经)。杨用修从洪阳杨氏得《古文参同契》,凡五字,均为徐景休笺注。然据彭晓序,则徐为伯阳弟子。汉人文字具存,无此体,必非汉人所作,亦恐非稚川所谓《内经》者也。至陆元朗云:虞翻注《参同契》云,易从日下月。晁子止以此证为古书,亦不。《说文》易字下云:日月为易。凡许称秘书者,即诸纬也。然则亦可证古自有易纬名《参同契》,仲翔所注,是彼非此,伪作者既冒其名,后人转揉而一之,适为所欺矣。

——出马叙伦《读书小记》卷二

按：马氏此篇之意，盖谓今本《参同契》系伪书，惟其所论，实未能成立。及1933年《河南教育月刊》第10期刊载了署名季和所作的《周易参同契真伪考绪言》也对今本《参同契》的真伪提出质疑，其"绪言"末写到："现在辨别《参同契》的真伪，拟从下面五层入手：1. 就正史《后汉书》、《三国志》、《晋书》、南北史、隋唐书……等是否提到伯阳其人及其书？——关于与道家有连系之人物如襄楷、崔浩……尤要。2. 汉唐人笔记杂著中，是否有批评或采取其人其书。3. 汉唐书目对于《参同契》有无著录及其著录的情形怎样？4. 从文词及思想上，判定他的时代性。5. 古文《参同契》的评价（明人善作伪书，古文《参同契》恐怕亦难逃例外。）"而今人孟乃昌《周易参同契考辨》一书皆已辨之，可参看。

13.《参同契》的年代

胡　适

《参同契》一书的年代，颇不易考定。《四库提要》（卷一四六）似信其为后汉之书。

《提要》于彭晓《参同契通真义》条（页三四）下论彭晓序云：晓序谓伯阳先示青州徐从事，徐乃隐名而注之。至桓帝时，复以授同郡淳于叔通，遂行于世。而传其诀者颇鲜。其或然欤？

这里还有怀疑之意。又于蒋一彪《古文参同契集解》（四十）条下云：案《参同契》一书，自虞翻注《易》引其"日月为易"一语外（见李鼎祚《周易集解》），他家罕所称引。其授受源流，诸书亦不具载。

今查李鼎祚《集解》（《雅雨堂丛书》本），卷十三引虞翻曰："……日月为象。"

又卷十五"易者象也"下引虞翻曰："易谓日月在天成八卦象，县象著明莫大日月，是也。"

诸条皆不说是引《参同契》。惟陆德明《经典释文》卷一"易"字下云：此经名也。虞翻注《参同契》云字从日下月。

阮元《校勘记》云：闽监本同。宋本下有"正从日勿"四字。

《释文》的一句，前人读错了，以为虞翻注《易》引《参同契》。张惠言《周易虞氏义》(《皇清经解》第一四一种)始更正旧说云:《参同契》云:"日月为易"，虞君注云:"易字从日下月。"

此说似得《释文》原意。大概唐以前有一种本子，称为虞翻注本。《隋书·经籍志》不载此书，虞翻本传也不说他有《参同契注》。

《提要》(四一)又说:《参同契》本末，汉魏遗书虽无文可证，若晋以来书，则葛洪《神仙传》固云伯阳作《参同契》，《五行相类》凡三卷；唐以来书，则《旧唐书·经籍志》(案《旧唐书》著录之书并据开元内外经录)固云《周易参同契》二卷，魏伯阳撰，《周易五相类》一卷，魏伯阳撰矣。

《神仙传》有魏伯阳传，传末云:伯阳作《参同契》，《五相类》，凡二卷。其卷如似解释《周易》，其实假借爻象以论作丹之意。而儒者不知神仙之事，多作阴阳注之，殊失其奥旨矣。(此依《云笈七签》本。《太平广记》本"五相类"作"五行相类"，"二卷"作"三卷"。文字也有小差异。)

此言若真是葛洪(死时约在330)说的，其时已有《参同契》注本，则魏伯阳当是后汉晚年的人。(《抱朴子》卷十九《遐览》篇列举道书之目，中有《魏伯阳内经》，而不提《参同契》。)

葛洪以前已有注本，则旧说徐从事作注，非不可能；虞翻作注，也非不可能。依李鼎祚所引，可见虞翻确承认"日月为易"之说。《神仙传》说伯阳是吴人，其弟子有姓虞的。虞翻也是一个怪人，他虽不信神仙，但他做了《易注》奏上孙权说:臣郡吏陈桃梦臣与道士相遇，放发，被鹿裘，布易六爻，挠其三，以饮臣，臣乞尽吞之。道士言，"易道在天，三爻足矣"。岂臣受命应当知经？

这可见他也很有点"方士易"的臭味。故他作《参同契》注不是不可能的事(虞翻死时约在240)。

《参同契》最重坎离，以坎离为日月。虞翻注《易》，也有"坎月离日"之说。《参同契》用京房"纳甲"之法，虞氏《易注》也采纳甲之法，故也说"甲乾乙坤，相得合木；……丙艮丁兑，相得合火；……戊坎己离，相得合土；……庚震辛巽，相得合金；……天壬地癸，相得合水。"张惠言《周易虞氏消息》云，"戊己壬癸皆坎离也。"这都是东汉的方士易的风气。

朱熹说：《参同契》文章极好，盖后汉之能文者为之。读得亦不枉。其用字皆根据古书，非今人所能解，以故，皆为人枉解。(《语类》卷百二十五，页十四)

朱熹作《周易参同契考异》，自跋云：右《周易参同契》，魏伯阳所作。魏君，后汉人，篇题盖放纬书之目，词韵皆古奥，雅难通。读者浅闻，妄辄更改，故比他书尤多舛误。……

朱熹勇于疑古，他对此书却深信为后汉人之作。

《参同契》用的韵也很古。但我们知道声韵的变迁在时间上往往需要很长的时间，在地域上又有一个地方变了而别一个地方继续保持古音的，所以用音韵来考证年代是很冒险的，不能算作可靠的根据。我个人的意见颇倾向于承认《参同契》是一部二世纪晚期的书。

十七年十月十八日记
廿四年十月一日改定
——出安徽教育出版社《胡适全集》第四卷

按：胡适此文最初是记录在日记中，后来改定了此文，认定《参同契》是汉末的书，而不是伪书。文末，胡适表示用音韵来证明《参同契》的年代是很冒险的，即不把从音韵来考定《参同契》出于汉代的主要证据，因为一般研究《参同契》者，都认可朱熹说的此书"词韵皆古奥，雅难通"。在日记中，胡适还提到当时国学大师黄季刚也说《参同契》的音韵很古老的。

附录

《周易参同契》研究文献索引

一、《周易参同契》注本存世目上录

按：本编虽然称为《周易参同契注解集成》，但因限于我们搜集资料的能力，尚有十余种《参同契》的注解被国内各大图书馆所收藏，沉寂于书海，难以编入本书为遗憾。现将我们查询到失收诸家《参同契》注解的情况附录于书后，以备有心人留意，或将来这些资料他日能公诸于世，翘首以盼之。

1.〔明〕徐渭《古注参同契分释》三卷，明刻本，中国科学院国家科学图书馆藏。

2.〔明〕王九灵《校注古文参同契》三卷，《参同契补遗三相类》二卷，明万历十九年辛卯（1592）刻本，复旦大学图书馆藏。

3.〔明〕九暎道人（甄淑）《周易参同契译》五卷，首一卷，明崇祯九年（1636）序刊，日本公文书馆、红叶山文库本、内阁文库藏。

4.〔清〕姜中真《参同契注》，清康熙三十三年甲戌（1694）尺木堂自刻本。

5.〔清〕尧衢老人定本《参同契》两卷，《图像略》一卷，《笺注》一卷，附《补遗》、《考异》，清康熙五十七年戊戌（1718）刻本，清徐乃昌校勘顶批，复旦大学图书馆藏。

6.〔清〕刘吴龙《古参同契注》六卷，清雍正十三年乙卯（1735）金陵刊本，中国科学院国家科学图书馆藏。

7.〔清〕谷睿清《周易参同契浅显解》，清乾隆二十年乙亥（1755）刻本，国家图书馆藏。

8.〔清〕黎世序《周易参同契注释》,《周易三相类注释》三卷,清道光三年癸未(1823)谦豫斋刊本,中国科学院国家科学图书馆藏,台湾东海大学图书馆藏。

9.〔清〕郭嵩焘批校《周易参同契分章注解》三卷,清敦本堂刻本,见《湖南省古籍善本书目》。

10.〔清〕龚易图批注《古本周易参同契集注》二卷,清光绪十六年庚寅(1890)年龚易图(号含晶子)批注仇兆鳌《古本周易参同契集注》,台北国家图书馆藏。

11.〔清〕袁昶批校《朱子周易参同契考异》一卷,光绪十八年壬辰(1892)袁氏西林舍抄本,苏州大学图书馆藏。

12.〔清〕《参同契图解》一卷,清抄本,湖南省图书馆藏。

13.〔民国〕黄葆年《参同契批注》七卷,国家图书馆藏。①

二、《周易参同契》研究论文

(1933年—2011年)

1.《周易参同契》真伪考绪言

作者:季和 刊名:河南教育月刊 出版日期:1933 期号:第10期

2. 唐以前之《参同契》

作者:范午 刊名:责善半月刊 出版日期:1940年1卷11期

3.《周易参同契》考证

作者:王明 刊名:"国立中央研究院"历史语言研究所集刊 出版日期:1948

4.《周易参同契》——世界炼丹史上最古的著作

作者:袁翰青 刊名:化学通报 出版日期:1954

5. 说《周易参同契》

作者:陈国符 刊名:天津大学学报 出版日期:1957 期号:第3期

6.《周易参同契》及其中的化学知识

---

① 按:此注疑为抄录〔清〕朱元育《参同契阐幽》而成。

作者:孟乃昌 刊名:化学通报 出版日期:1958

7.《周易参同契》的哲学思想

作者:王占元 刊名:光明日报 出版日期:1961

8.论中国古代炼丹书《参同契》

作者:李俊甫 刊名:河南师范大学学报(自然科学版) 出版日期:1963 期号:第 1 期 又刊 新乡师范学院学报 出版日期:1963 期号:第 1 期

9.说《周易参同契》与内丹外丹

作者::陈国符著 见《道藏源流考》出版日期:1963

10.陆西星之《参同契测疏》(英文)

作者:柳存仁(澳) 刊名:《清华学报》(台) 出版日期:1968

11.儒家之徒歪曲化学成果的一份记录——批判朱熹的《参同契考异》

作者:李晓 刊名:化学学报 出版日期:1975 期号:第 1 期

12.论《周易参同契》

作者:周士一 潘启明 刊名:湘潭师专学报 出版日期:1980 期号:第 2 期

13.《周易参同契》微言

作者:萧天石 刊名:道教文化(台湾) 出版日期:1980

14.《参同契》及其作者

作者:范方晶 刊名:气功杂志 出版日期:1981

15.《周易参同契》选释

作者:杨福程 刊名:气功杂志 出版日期:1981

16.《周易参同契》是本什么书

作者:吴家骏 刊名:中华医史杂志 出版日期:1982 期号:第 1－2 期

17.《周易参同契》科学思想发挥(摘要)

作者:胡孚琛 刊名:中山大学研究生学刊(社会科学版) 出版日期:1982 期号:第 3 期

18. 古璧新辉

作者：张盛良 刊名：读书杂志 出版日期：1982 期号：第 3 期

19.《周易参同契》的实验和理论

作者：孟乃昌 刊名：太原理工大学学报 出版日期：1983 期号：第 3 期

20. 中国科学史上的《周易参同契》

作者：胡孚琛 刊名：文史哲 出版日期：1983 期号：第 6 期

21.《周易参同契》究竟是一本什么书

作者：王晓鹤 刊名：陕西中医学院学报 出版日期：1983

22.《周易参同契》作于汉代考

作者：胡孚琛 刊名：中国哲学史研究 出版日期：1984 期号：第 1 期

23. 也谈《周易参同契》究竟是一本什么书

作者：陈澍 刊名：陕西中医学院学报 出版日期：1984 期号：第 2 期

24. 再谈《周易参同契》

作者：吴家骏 刊名：陕西中医学院学报 出版日期：1984 期号：第 2 期、第 4 期

25. 也谈《周易参同契》究竟是一本什么书

作者：陈澍 刊名：陕西中医学院学报 出版日期：1984 期号：第 4 期

26. 中国哲学史上的《周易参同契》

作者：胡孚琛 刊名：中国哲学第 14 辑 出版日期：1984

27.《参同契》功法初探

作者：顾启欧 刊名：气功与科学 出版日期：1984 期号：第 8 期

28. 试论《参同契》对"纳甲法"的应用

作者：詹石窗 刊名：宗教学研究 出版日期：1984

29.《周易参同契》渊源初探

作者：刘仲宇 刊名：宗教问题探索 出版日期：1984

30. 关于朱熹《周易参同契考异》

作者：吾妻重二（日） 刊名：《日本中国学会报》第 36 集 出版时间：1984

按：此文翻译后收录在《思想与文献——日本学者宋明学者儒学研究》中，华东师范大学出版社，2010

31.《周易参同契》是气功理论最早著作

作者：钱学森 此文为钱学森在"人的最佳控制数学模型初谈"报告后的讲话《实践、唯象理论到现代科学》中的一篇 时间：1985年

32.《周易参同契》研究琐谈

作者：胡孚琛 刊名：齐鲁学刊 出版日期：1985 期号：第2期

33.《参同契》炼丹功法初探

作者：顾启欧 刊名：宗教学研究 出版日期：1985

34. 周易参同契

作者：东汉·魏伯阳 刊名：气功杂志 出版日期：1985

35.《默悟寻源解论参同契养病法》中的健身法

作者：傅景华 刊名：生命在于运动 出版日期：1985 期号：第1期

36.《周易参同契》的体育价值及其研究史探略

作者：姚品荣 刊名：体育文化导刊 出版日期：1985 期号：第1期

37.《周易参同契》版本谈

作者：朱山海 刊名：气功杂志 出版日期：1986

38.《周易参同契》与气功

作者：刘化冬 刊名：气功杂志 出版日期：1986

39.《周易参同契》与飞腾八法

作者：麻福昌 刊名：气功杂志 出版日期：1986

40. 读《周易参同契新探》

作者：安静然 编 出版社：新乡市工会气功研究会出版 出版日期：1986

41.《周易参同契》与《河图·洛书》

作者：刘化冬 刊名：气功与体育 出版日期：1987 期号：第1期

42.《参同契》的易学与服气之道

作者：潘雨廷 刊名：中华气功 出版日期：1987 期号：第1、2期

43.《参同契》作者及成书年代考

作者:潘雨廷 刊名:中国道教 出版日期:1987 期号:第 3 期

44.《周易参同契》与古代气功

作者:丁贻庄 刊名:中国气功 出版日期:1987 期号:第 3 期

45.《参同契》和《老子》论"守一"

作者:李向荣 刊名:气功与科学 出版日期:1987 期号:第 6 期

46.《古本周易参同契》传文释译

作者:朱山海 刊名:气功与体育 出版日期:1987、1988、1989

47.《古本周易参同契》经文释译

作者:朱山海 刊名:中国气功 出版日期:1987、1988

48.《周易参同契》四言、五言、散文合璧考

作者:李广然 刊名:气功杂志 1987 年 9 期

49、英译《周易参同契》序言

作者:李约瑟(英国) 刊名:人民日报(海外版)出版日期:1987

(按:此序系李约瑟在 1985 年 10 月,为湘潭师范学院周士一英译《参同契》所作的序言。)

50.《周易参同契》的初步研究

作者:孟乃昌 季鸿昆 刊名:扬州师院学报(自然科学版)出版日期:1987

51.《古本周易参同契补遗》释译

作者:朱山海 刊名:武当 出版日期:1988 期号:第 1 期

52.《周易参同契》与气功科学理论

作者:潘世宪 刊名:周易研究 出版日期:1988 期号:第 1 期

53.《周易参同契》是气功史上划时代的著作

作者:张鸣珂 刊名:中华气功 出版日期:1988 期号:第 2 期

54、论《参同契》人体生命动态模型

作者:萧汉明 刊名:宗教学研究 出版日期:1988 期号:第 2、3 期

55.《周易参同契》的著录和版本

作者:孟乃昌 刊名:中国道教 出版日期:1988 期号:第 2 期

56.《周易参同契》的"火候"初探

作者:霍斐然 刊名:中华气功 出版日期:1988 期号:第2、3期

57.《周易参同契》书名解说

作者:季信灵 刊名:中国气功 出版日期:1988 期号:第3期

58、从特异密码谈《周易参同契》的真气运行符号

作者:李立 刊名:中华气功 出版日期:1988 期号:第3期

59.《参同契》的三种气行周期

作者:李向荣 刊名:气功与科学 出版日期:1988 期号:第3期

60.《参同契》的养生之道

作者:顾启欧 刊名:宗教学研究 出版日期:1988 期号:第4期

61.试析《参同契》的注释版本

作者:潘延川 刊名:中国道教 出版日期:1988 期号:第4期

62.《周易参同契》知识简介

作者:王志义 刊名:气功与体育 出版日期:1988 期号:第5期

63.《周易参同契》通考

作者:孟乃昌 刊名:气功杂志 1988 年

64.万古丹经王——《周易参同契》直译

作者:杨福程 刊名:中华气功 出版日期:1988

65.万古丹经王——《周易参同契》译释

作者:马济人 刊名:中华气功 出版日期:1988

66.《周易参同契》之环境观

作者:张剑军 焦枝兰 刊名:气功与科学 出版日期:1989 期号:第1期

67.《周易参同契》与现代科学

作者:夏宗经 刊名:湖北师范学院学报(自然科学版) 出版日期:1989 期号:第2期

68.《周易参同契》纳甲正解

作者:李广然 刊名:中国气功 出版日期:1989 期号:第2期

69.从《参同契》到《悟真篇》

作者:丁贻庄 刊名:社会科学研究 出版日期:1989 期号:第2期

70.《周易参同契》的最新研究

作者:刘浙伟 刊名:气功与科学 出版日期:1989 期号:第2期

71.《周易与参同契》之探讨

作者:黄本英(台) 刊名:中华易学 出版日期:1989

72.《参同契》时间观念与生命奥秘发微

作者:罗光第 刊名:按摩与导引 出版日期:1990 期号:第3期

73.《周易参同契》通解

作者:孟乃昌 孟庆轩 日期:1990 会议名称:中国科学技术史国际学术讨论

74.论《周易参同契》丹法的哲学思想

作者:郭树森 刊名:江西社会科学 出版日期:1990 期号:第6期

75.《周易参同契》解题

作者:孟乃昌 刊名:学术月刊 出版日期:1990 期号:第9期

76.《周易参同契》与我国炼丹术

作者:潘延川 刊名:中国道教 出版日期:1991 期号:第2期

77.《参同契批注》的破句与失校

作者:乌恩溥 刊名:古籍整理出版情况简报 出版日期:1991 期号:第247期

78.《周易参同契》体系与月经周期

作者:钮祜禄·翰济 杨仪伶 刊名:四川中医杂志 出版日期:1991 期号:第3期

79.《周易参同契》的哲学基础

作者:乌恩溥 刊名:周易研究 出版日期:1991 期号:第4期

80.《周易参同契》作者考

作者:方春阳 刊名:周易研究 出版日期:1992 期号:第3期

81.《周易参同契》外丹著作考

作者:王祖陶 毕桂欣 刊名:自然科学史研究 出版日期:1993

82.《周易参同契》研究

作者 杨效雷 见黄明兰等主编 洛阳市第二文物工作队编《河洛文

明论文集》出版日期:1993

83.朱熹与《参同契》

作者:柳存仁(澳) 见《国际朱子学会议论文集》出版日期:1993

84.论佛教曹洞宗与《参同契》、《易经》之关系

作者:静华(台) 刊名:内明 出版日期:1993

85.《周易参同契》秘传仙术的来龙去脉

作者:胡孚琛 刊名:世界宗教研究 出版日期:1994 期号:第2期

86.试论《周易参同契·鼎器歌》

作者:任法融 刊名:中国道教 出版日期:1994 期号:第3期

87.论《周易参同契》的外丹术

作者:郭东升 刊名:江汉大学学报(综合版) 出版日期:1994 期号:第6期

88.《周易参同契》与八卦太极图

作者:李仕澂 刊名:中国气功 出版日期:1994 期号:第10期

89.论《周易参同契》物性可变的自然哲学

作者:李刚 刊名:宗教哲学 出版日期:1995

90.论《周易参同契》的丹道与天道

作者:张广保 刊名:宗教哲学 出版日期:1996

91.《参同契》的作者及分篇浅议

作者:陆峥嵘 刊名:气功杂志 出版日期:1996 期号:第6期

92.我命在我不在天——从《周易参同契》谈中国古代炼丹术

作者:曲黎敏 日期:1996 会议名称:国际中医与周易学术研讨会

93.《周易参同契》外丹著作考商榷

作者:杨效雷 刊名:象数易学研究第一辑 出版日期:1996

94.《周易参同契》考述

作者:杨效雷 刊名:文献 出版日期:1997 期号:第4期

95.《周易参同契》的易学特征

作者:萧汉明 刊名:道家文化研究第十一辑 出版日期:1997

96.略论《周易参同契》的外丹术

作者:萧汉明 郭东升 刊名:道家文化研究第十一辑 出版日期:1997

97.论唐五代道教的生机观——《参同契》与唐五代道教的外丹理论

作者:卢国龙 刊名:道家文化研究第十一辑 出版日期:1997

98.《参同契》与唐宋内丹道之流变

作者:卢国龙 刊名:道家文化研究第十一辑 出版日期:1997

99.《周易参同契》的教育思想

作者:瀚青 刊名:中国道教 出版日期:1998 期号:第2期

101.破译《周易参同契》

作者:于东 刊名:中国气功科学 出版日期:1998 期号:第4期

102.谈谈《周易参同契》

作者:何建新 刊名:中国气功科学 出版日期:1998 期号:第8期

103.《周易参同契》指迷

作者:通灵山人 刊名:中国气功科学 出版日期:1998

104.魏伯阳及相关人物生平考

作者:萧汉明 刊名:上海道教 出版日期:1998

105.《周易参同契》书后

作者:方春阳 刊名:气功杂志 出版日期:1999

106.《周易参同契》的丹道与易道

作者:张广保 刊名:宗教哲学 出版日期:1998

107.《周易参同契》与道家养生学

作者:叶芳扬 刊名:现代养生 出版日期:1999 期号:第7期

108.《周易参同契》白话解

作者:方煦 刊名:气功杂志 出版日期:1999

108.《周易参同契》的月体纳甲学

作者:周立升 刊名:周易研究 出版日期:2000 期号:第4期

109.有关《周易参同契考异》的几个问题

作者:汤勤福 日期:2000 会议名称:纪念朱熹诞辰870周年、逝世

800周年国际学术研讨会

110. 解读《周易参同契》

作者：方亮 刊名：中华养生保健 出版日期：2001 期号：第2期

111. 切磋琢磨，霜刃利器——《〈周易参同契〉研究》书评

作者：蓝甲云 刊名：湖南大学学报（社会科学版） 出版日期：2001 期号：第3期

112. 试论《周易参同契》以"易"为核心的发展变化观

作者：陈进国 刊名：周易研究 出版日期：2001 期号：第4期

113.《〈周易参同契〉研究》

作者：黎心平 刊名：周易研究 出版日期：2001 期号：第4期

114.《周易参同契》几个功法的诠释问题

作者：方素真（台）刊名：成大宗教与文化学报 出版日期：2001

115.《参同契》——建筑炼丹术

作者：阮庆岳（台） 刊名：台湾建筑报导杂志 出版日期：2001

116.《周易参同契》对魏晋思想的影响——从丹道思想观察

作者：刘慧珍（台）刊名：魏晋南北朝文学与思想学术研讨会论文集（第四辑）出版日期：2001 出版社：台北文津出版社

117.《周易参同契》外丹炼制探幽

作者：曹剑波 刊名：宗教学研究 出版日期：2002 期号：第1期

118.《周易参同契》的丹道易学

作者：周立升 刊名：周易研究 出版日期：2002 期号：第1期

119.《周易参同契》的"先天——后天学"与"内养——外炼一体观"

作者：赖锡三 刊名：《汉学研究》第20卷 出版日期：2002 期号：第2期

120. 道教内丹修炼思想的理论化与朱熹的《参同契》注解

作者：钦伟刚 日期：2002 会议名称：2002年道教教义与现代社会国际学术研讨会

121. 彭氏与俞氏注《契》之比较研究

作者：林雪燕（台）日期：2002 大易情性——第二届海峡两岸青年易学论文发表会论文集

122. 太一生水与《周易参同契》的关系

作者：方素真（台）刊名：成大宗教与文化学报 出版日期：2002

123.《周易参同契》与外丹铅汞论——中国古代炼丹术何以推崇铅汞大丹

作者：容志毅 刊名：河南师范大学学报（哲学社会科学版）出版日期：2003 期号：第2期

124. 钟吕内丹思想与《周易参同契》关系试析

作者：谢正强 刊名：宗教学研究 出版日期：2003 期号：第3期

125.《参同契》之丹道要旨

作者：容志毅 刊名：宗教学研究 出版日期：2003 期号：第4期

126. 朱熹《周易参同契考异》试探

作者：杨雅妃（台）刊名：问学 出版日期：2003

127. 南宋初期《参同契》文献实态的考察（上）

作者：钦伟刚 刊名：宗教学研究 出版日期：2003 期号：第4期

128. 储华谷《周易参同契》注年代略考

作者：章伟文 刊名：中国道教 出版日期：2003 期号：第6期

129. 南宋初期《参同契》文献实态的考察（下）

作者：钦伟刚 刊名：宗教学研究 出版日期：2004 期号：第1期

130. 黄钟、黄钟学说及其对《周易参同契》的影响

作者：谢爱国 刊名：中国道教 出版日期：2004 期号：第1期

131.《周易参同契》与内丹学的形成

作者：戈国龙 刊名：宗教学研究 出版日期：2004 期号：第2期

132.《参同契》与道教丹药学说

作者：容志毅 刊名：弘道 出版日期：2004 期号：19

133. 朱熹删改《参同契》经文考

作者：钦伟刚 刊名：宗教学研究 出版日期：2004 期号：第3期

134.《周易参同契》的黄老养性术

作者:朱越利 刊名:宗教学研究 出版日期:2004 期号:第4期

135.修丹与天地造化同途——试论"外丹"与"内丹"派对《周易参同契》的不同诠释路径

作者:段致成(台) 刊名:辅仁宗教研究 时间:2004

136.《周易参同契》及其诗解

作者:伍伟民 刊名:《上海道教》出版日期:2005年 期号4期

137.试论早期道教与易学的关涉——兼论《周易参同契》反映了汉代金丹道教的思想

作者:章伟文 孔祥宇 刊名:中国道教 出版日期:2005 期号:第5期

138.试论储华谷《周易参同契》注中的道教易学思想

作者:章伟文 刊名:周易研究 出版日期:2005 期号:第6期

139.修炼成仙——魏伯阳和他的《周易参同契》

作者:齐石 刊名:科学养生 出版日期:2005 期号:第9期

140.朱熹与《周易参同契考异》

作者:苏敏 徐炳兴 刊名:江西社会科学 出版日期:2005 期号:第10期

141.俞琰《参同契》注解所见全真教文献

作者:钦伟刚 会议名称:全真道与齐鲁文化国际学术研讨会 时间:2005

142.《周易参同契》卦爻涵义再探

作者:张其成 刊名:周易研究 出版日期:2006 期号:第1期

143.徐渭诠解《参同契》方法蠡测

作者:周群 刊名:淮阴师范学院学报(哲学社会科学版) 出版日期:2006 期号:第4期

144.太极拳与《周易参同契》

作者:张方 刊名:武林 出版日期:2006 期号:第5期

145.索解《周易参同契》金丹之秘

作者:毛翔 毛珺 刊名:中国道教 出版日期:2006 期号:第6期

146.朱熹与《周易参同契考异》

作者:苏敏 刊名:上饶师范学院朱子学研究所 时间:2006

147.张伯端《悟真篇》与《周易参同契》的关系

作者:段致成(台) 刊名:丹道研究 时间:2006

148.《周易参同契》作者新证

作者:汪启明 刊名:周易研究 出版日期:2007 期号:第1、2期

149.论朱熹《周易参同契考异》的阴阳观

作者:李新 刊名:济宁师范专科学校学报 出版日期:2007 期号:第2期

150.魏伯阳与《参同契》

作者:袁志鸿 刊名:三联竞争力 出版日期:2007 期号:第9期

151.隋唐五代《参同》和非《参同》清修内丹术

作者:朱越利 刊名:宗教哲学 出版日期:2007

152.《周易参同契》作者地望的文献学初探

作者:汪启明 刊名:宗教学研究 出版日期:2008 期号:第1期

153.《周易参同契》关于《周易》"变化"理论的运用

作者:王林森 刊名:上海道教 出版日期:2008 期号:第1期

154.试论李光地视域中的《周易参同契》

作者:冯静武 刊名:周易研究 出版日期:2008 期号:第2期

155.《参同契》与中国古代炼丹学说

作者:容志毅 刊名:自然科学史研究 出版日期:2008 期号:第4期

156.《周易参同契》月体纳甲说探

作者:刘会齐 刊名:唐都学刊 出版日期:2008 期号:第4期

157.20世纪以来的《参同契》研究

作者:王国忠 作者:连晓鸣主编《天台山暨浙江区域道教国际学术研讨会论文集》出版日期:2008

158.道教论易:以《周易参同契》为例

作者:陈应伟 日期:2008 会议名称:2008易学与建筑文化高层研讨会

159.从与马王堆文献的比较看《周易参同契》对方仙道炼气方术

的发展

作者:曾传辉 日期:2008 刊名:"道教与养生"研讨会论文集

160.《参同》、《阴符》、《清静》三道书幽旨发微

作者:李欣复 纪燕 刊名:甘肃理论学刊 出版日期 2009 年 期号:第 1 期

161.太极拳与《周易参同契》

作者:张方 刊名:武林 出版日期:2009 期号:第 2 期

162.《周易参同契》简析

作者:高少才、王志勇 刊名:陕西中医杂志 出版日期:2009 期号:第 4 期

163.《周易参同契注解》与韩国丹道易学

作者:问永宁 刊名:武汉大学学报(人文科学版) 出版日期:2011 期号:第 1 期

164.从《周易参同契》看易学在道教中的传播与影响

作者:孙亦平 刊名:周易研究 出版日期:2011 期号:第 2 期

165.《周易参同契》注者储华谷考

作者:朱越利 刊名:中国道教 出版日期:2011 期号:第 3 期

166.论《周易参同契》的文本系统

作者:路永照 刊名:周易研究 出版日期:2011 期号:第 3 期

167.关于《参同契》注解的一些问题

作者:钦伟刚 刊名:宗教学研究 出版日期:2011 期号:第 3 期

168.《周易参同契》之"鄞鄂"义考

作者:鲁进、束景南 刊名:周易研究 出版日期:2011 期号:第 5 期

三、《周易参同契》研究学位论文

(1982 年—2011 年)

1.中国科学史上的《周易参同契》

作者:胡孚琛 学位授予单位:中山大学 学位名称:硕士 学位年度:1982

2. 元代参同学——以俞琰、陈致虚为例

作者:曾传辉 学位授予单位:北京大学 学位名称:博士 学位年度:2001

3. 道教丹道易学研究——以《周易参同契》与《悟真篇》为核心的开展

作者:段致成(台) 学位授予单位:台湾师范大学 学位名称:博士 学位年度:2004

4.《周易参同契》思想研究

作者:马宗军 学位授予单位:山东大学 学位名称:博士 学位年度:2006

5.《周易参同契》易学思想研究——以"月体纳甲"说为中心

作者:刘会齐 学位授予单位:复旦大学 学位名称:硕士 学位年度:2006

6.《周易参同契》丹道时间养生思想探析

作者:袁浩 学位授予单位:西南大学 学位名称:硕士 学位年度:2011

7. 清代《周易参同契》丹道学研究

作者:张国华(台湾)学位授予单位:台湾高雄师范大学国文学系 学位名称:博士 学位年度:2011年

四、《周易参同契》研究专著

(1938年—2009年)

1.《参同契》讲义(稿本)

作者:陈撄宁(讲) 汪伯英(记录) 时间:约1938年前后

2.《参同契》辞解(稿本)

作者:陈撄宁 时间:约1953年前后

3.《周易参同契》新探

作者:周士一 潘启明著 出版日期:1981 出版社:湖南教育出版社

4.《周易参同契》集注——附翻译研究

作者:周士一主编 出版日期:1983 出版社:湘潭师院中国科技史研究室

5.《周易参同契》讲解

作者:方煦 系《中国气功四大经典》之一种 出版日期:1989 出版社:浙江古籍出版社

6.《周易参同契》通析

作者:潘启明著 出版日期:1990.07 出版社:上海翻译出版公司

7.《周易参同契》研究

作者:赵春明著 出版日期:1991 出版社:南海出版公司

8.《周易参同契》释义

作者:任法融著 出版日期1993 西北大学出版社 东方出版社2009再版

9.《周易参同契》考辩

作者:孟乃昌著 出版日期:1993.03 出版社:上海古籍出版社

10. 万古丹经王《周易参同契》三十四家注释集萃

作者:孟乃昌,孟庆轩辑编 出版日期:1993.09 出版社:华夏出版社

11.《参同契》解读

作者:通灵山人 真元子同著 出版日期:1996 出版社:青海人民出版社

12. 新译《周易参同契》

作者:刘国梁注译 黄沛荣校阅 出版日期:1999 出版社:三民书局股份有限公司

13.《周易参同契》研究

作者:萧汉明 郭东升著 出版日期:2001 出版社:上海文化出版社

14. 中国古代医家与道家之人体学与生命学:《周易参同契》窥探

作者:胡仲实主编 出版日期:2001 出版社:香港新风出版社

15.《周易参同契》解读

作者:潘启明著 出版日期:2004.09 光明日报出版社

16. 朱熹与《参同契》文本

作者:钦伟刚著 出版日期:2004.10 出版社:巴蜀书社

17.《元代参同学》—以俞琰、陈致虚为例

作者:曾传辉著 出版日期:2004 出版社:宗教文化出版社

18.《周易参同契注译 悟真篇注译》

作者:陈全林注译 出版日期:2004 出版社:中国社会科学出版社

19.中国汉代神仙家之神仙方术考:《周易参同契》

作者:胡仲实著 出版日期:2005 出版社:田园书屋

20.图解《周易参同契》:认识道藏养生智慧

作者:(东汉)魏伯阳著 出版日期:2008.12 出版社:陕西师范大学出版社

21.《周易参同契》与道家养生

作者:周文王 魏伯阳、张伯端原著 出版日期:2009.01 出版社:山西科技出版社

22.《我说参同契》

作者:南怀瑾 出版日期:2009.05 出版社:东方出版社

五、英、韩、日《周易参同契》研究专著及论文

(1932年—2010年)

1. *An Ancient Chinese Treatise on Alchermy, entitled Tsan Tung Chi*

作者:Wu luchenina and T. L. Davis 刊名:Isis 期号:第18卷 出版日期:1932

(按:此即戴维斯(美)与吴鲁强合作翻译编著的《〈参同契〉——中国古代的炼金术著作》。)

2.《周易参同契》和宋学

作者:今井宇三郎(日本) 出版日期:1960 出版社:东京教育大学

3.仙书《参同契》

作者:幸田露半(日本) 出版日期:1963 出版社:角川书店

4.《周易参同契分章通真义》校本

作者:今井宇三郎(日本) 出版日期:1966 出版社:东京教育大学

5.《参同契》の思想史的考察

作者:石岛快隆(日本) 出版日期:1967 刊名:驹泽大学文学部研究纪要

6.《周易参同契》考

作者:福井康顺(日本) 出版日期:1972 刊名:东方学会创立二十五周年记念东方学论集

7.《周易参同契》

作者:铃木由次郎(日本)译注 出版日期:1977 出版社:明德出版社 按:此书于2001年韩国汉城又重印。

8.《周易》、魏氏《参同契》、曹洞五位及太极图形成过程에 미친 影响에 关한 考察

作者:蔡桢洙(韩国) 出版日期:1981

9.《周易参同契》에 대한 概略的考察

作者:崔一凡(韩国) 出版日期:1983 出版社:东洋哲学研究会

10.朱子《周易参同契考异》について

作者:吾妻重二 出版时间:1984 出版社:日本中国学会

11.道教의内丹·外丹과그起源에对하여:《老子》、《庄子》、《参同契》、《抱朴子》와关联하여

作者:张成秀(韩) 出版日期:1985 出版社:东洋哲学研究

12.《周易参同契》

作者:福井康顺(日本) 出版日期:1987 出版社:法藏馆

13.《〈周易参同契〉索引、〈黄帝阴符经〉索引》

作者:(日本)北原峰树 杉田茂夫编 出版日期:1988 出版社:北九州中国书店

14.《周易参同契演说》과朝鲜道教

作者:梁银容(韩国) 出版日期:1988 出版社:韩国宗教学会

(按:《周易参同契演说》系朝鲜姜献奎(1797—1860)辑录,全书辑录中国道家丹法文章多篇:太上感应篇、丹药十八诀、摄养、呼吸精工妙诀、不炼金丹、取精、养气、存神、重阳仙师功行说、十二段锦、内

丹三要节、行住坐卧说、最上一乘妙道。观此目,可知非专为《参同契》而发,然既以《参同契》为名,姑著录此书,以备参考。)

15. 참동계천유(参同契阐幽)

作者:李允熙(韩国) 出版日期:1990 出版社:骊江出版社

按:此书系研究朱元育《参同契阐幽》专著,后附录《阐幽》全书,1996再版。

16. 단학의 최고경전)주역참동계(周易参同契)

作者:崔亨柱(韩国)解译 出版社日期:1995

按:此书系解译朱元育《参同契阐幽》一书。

17.《参同契》

作者:崔昌录(韩国)编著 出版日期:1995

18.《周易参同契》의 성립과 그 성격

作者:朴柄秀(韩国) 出版日期:1996 出版社:新龙教学会

19. 中国の性爱文献(13)《周易参同契》三卷

作者:土屋英明(日本) 出版日期:1998 出版社:东方书店

20.《参同契》의气功哲学研究

作者:许一雄 林采佑(韩国) 出版日期:1998 出版社:艺体能论集

21. 朱熹と《参同契》テキスト

作者:钦伟刚 出版日期:2000 出版社:东京大学中国哲学研究会

22. 周易과气功:《周易参同契》를中心으로

作者:朴演鉉(韩国) 出版日期:2001 出版社:韩国精神科学会志

23. 周易参同契를 이용한气功修炼관한考察

作者:朴演柱(韩国) 出版日期:2001 出版社:庆熙大学校

24.《参同契》与太极图

作者:徐大源(韩国) 出版日期:2006 出版社:东洋哲学研究会

25. 外丹《参同契》

作者:徐大源(韩国) 出版社日期:2006 出版社:东洋哲学研究会

26.《周易参同契》에 나타난易学思想研究

作者:李道正(韩国) 出版日期:2009 出版社:釜山大学校

27.《周易参同契》

作者:任明进(韩国) 出版日期:2010 出版社:大田大学校

后　记

忆昔初学《周易参同契》时，当读到《契》文中"千周灿彬彬兮，万遍将可睹"句时，大有所感，遂下定决心，将《参同契》诵记于心。及后来广搜《参同契》诸家注解，参究其中奥义，每每乐此不疲也。

庚寅秋，《悟真抉要》甫脱稿，盛克琦兄就嘱以汇集《周易参同契》诸家注本，并加以整理点校。遂于每日工作之余，矻矻于斯，甚至常常通宵达旦而为之。其间南京王志毅先生、成都谢正强先生、都江堰二王庙汪登伟炼师、天津滕树军先生、重庆蒋智明先生、哈尔滨闫晓飞先生，或代为搜寻资料，或指正书稿中的错误，得此增上缘，谨当铭感于心。

《周易参同契注解集成》一书能够顺利出版，得到了《唐山玉清观道学文化丛书》主编董沛文道长的大力支持，允纳入为《丛书》之一种。《丛书》执行主编盛克琦兄在自身工作很繁重的情况下，为《集成》一书从选题到审稿校阅、提出建议，付出很多精力，故仍《悟真抉要》之例，同署名本书作者，不没盛兄拳拳于《集成》之功。

最后，仍然要感谢我的家人，如果没有她们的理解和支持，就没有这本书的问世。

周全彬

2011年11月28日写于四川绵竹同尘斋